노찬전 회평

노회찬 평전

2023년 6월 21일 초판 1쇄 펴냄
2023년 7월 10일 초판 3쇄 펴냄

기획 평등하고 공정한 나라 노회찬재단
지은이 이광호

편집 임현규·정용준·한소영
표지디자인 kafieldesign
본문디자인 민진기·김진운
본문조판 홍영사
사진제공 평등하고 공정한 나라 노회찬재단
마케팅 김현주

펴낸이 권현준
펴낸곳 ㈜사회평론아카데미
등록번호 2013-000247(2013년 8월 23일)
전화 02-326-1545
팩스 02-326-1626
주소 03993 서울특별시 마포구 월드컵북로6길 56
이메일 academy@sapyoung.com
홈페이지 www.sapyoung.com

ISBN 979-11-6707-110-1 03990

노회찬 평전

평등하고 공정한 나라

노회찬재단

기획

이광호

지음

사회평론

『노회찬 평전』을 세상에 내놓습니다. 노회찬이 세상을 버린 지 5년 만이고, 그가 세상에 남긴 흔적을 갈무리하기 위해 '평전기획위원회'를 구성한 지 4년 만의 결실입니다.

그 기간 동안 상당히 많은 작업을 했습니다. 노회찬재단은 노회찬의 말과 글과 행적을 모아 '노회찬 아카이브'를 구성했고, 이 평전의 저자인 이광호 씨는 그 아카이브의 내용에 노회찬의 가족, 동지, 친구들의 기억을 보태 방대한 원고를 정리했으며, 기획위원회는 이를 검토하는 과정을 거쳤습니다. 그 과정을 함께한 모든 이의 노력이 이 한 권의 평전에 모여 세상에 나왔습니다.

이 평전은 노회찬이 이 세상에서 보낸 예순두 해 삶의 기록입니다. 우리는 그가 '살맛 나는 세상', '평등하고 공정한 나라'를 이루기 위해 무슨 생각을 하고 어떤 행동을 했으며 어떤 꿈을 꾸고 그 꿈을 실현하기 위해 무슨 기획을 했는지 살펴보았습니다. 그 과정에서 그가 어떻게 사랑하고 무엇을 이루었는지 혹은 이루지 못했는지 알게 되었습니다. 우리 눈에는 노회찬이 기뻐했던 일과 고민했던 사안도 들어왔으며, 그가 정말 원하지 않았지만 그럼에도 하지 않을 수 없었던 일도 알 수 있었습니다.

이런 모든 일을 한데 모아 노회찬의 삶과 꿈을 입체적으로 복원하는 것이 이 평전의 기본적인 목표였습니다. 그렇게 노회찬을 되살려낼 수 있다면 안타깝게도 중도에 부러져 미완으로 끝난 그

4

의 삶과 꿈을 가능태 혹은 지향점의 형태로 우리 곁에 다시 불러낼 수 있으리라 생각했습니다. 그것은 노회찬과 함께 한국 사회에서 진보정치의 깃발을 굳게 붙들고 나아가는 일이 될 것입니다.

이를 위해 평전의 몇 가지 지향점을 마련했습니다. 그중 첫째는, 너무도 당연하지만, '있는 그대로 기술한다'는 원칙이었습니다. 바꿔 말하면, '위인전'을 쓰지 않는다는 것이었습니다. 아마도 이 책이 그런 식의 전기가 된다면 가장 먼저 반대할 사람이 노회찬 자신일 것입니다. '함께 사는 세상'을 이루기 위한 노회찬의 고민과 그 과정에서 내릴 수밖에 없었던 결단, 그에 따른 인간적 고뇌와 극복의 노력 등이 그의 삶의 전 과정을 관통하는 기조였고 이 책이 바로 그 이야기를 담고 있다고 할 수 있습니다. 우리는 독자들이 이 책에서 사실상 자신과 다를 바 없는 상식적인 인간이면서 자신과 비슷한 고민을 꽤나 고통스럽게 밀고 나갔던 인간 노회찬을 만날 수 있기를 기대합니다.

그다음으로 '2023년 현시점의 정본(正本) 전기'를 지향하고자 했습니다. 노회찬의 전기 또는 평전은 시대와 상황에 따라 얼마든지 다시 쓰일 수 있고, 또 그렇게 되어야 마땅합니다. 그만큼 그의 생각과 행동의 폭이 넓고 웅숭깊으며 새로운 상황에서 새로운 시사점을 끊임없이 제공하기 때문입니다. 우리는 겨우 그의 5주기를 지나고 있습니다. 이제 비로소 추모의 시기가 지나고 노회찬을 객관적으로 파악할 수 있는 최소한의 시간적 거리를 확보한 셈입니다. 그런 점에서 이 책은 노회찬에 대해 쓰일 수 있는 '첫 평전'이라고 할 수 있습니다. 현재의 문제의식과 자료 수집 능력의 범위 안에서 우리가 노회찬재단과 함께 최대한 나아갈 수 있는 지점까지 취재와 집필 작업을 하고자 했습니다. 부족한 점이 많겠지만, '첫 평전'이라는 점을 감안하고 읽어주기를 바랍니다.

평전기획위원회의 지향점을 한 가지 더 이야기한다면, 그것은 '운동'이 아니라 '사람'을 보여준다는 것이었습니다. 노회찬의 삶을 어떻게 혁명적 노동운동 또는 진보적 대중정당 운동과 분리해 설명할 수 있겠습니까? 그렇지만 우리의 관심은 그 '운동사'가 아니라 그런 운동의 과정을 온몸으로 겪어낸 노회찬의 삶과 꿈이었기에 이를 둘러싼 이야기들 가운데 필요한 부분만 간추리고 나머지는 접을 수밖에 없었습니다. 구절양장처럼 이어져온 2000년 이후 진보정당의 흐름과 각종 선거의 역사는 그 흐름 속에서 우리가 주제의식을 잃지 않을 정도로만 소개했습니다.

이런 노력의 결과물이 이 평전입니다. 이 책이 노회찬을 얼마나 잘 보여줄 수 있는지는 아직 잘 모르겠습니다. 그럼에도 우리가 기대하는 바는 있습니다. 많은 사람이 "지금 노회찬이라면 뭐라고 말할까?"라고 묻곤 합니다. 이 책은 그에 대한 직접적인 답을 담고 있지는 않습니다. 현재와 미래의 문제적 상황은 과거의 그것과 같을 수 없기 때문입니다. 그러나 노회찬이라면 지금과 같은 상황에서 이런 식으로 고민하고 이러저러하게 생각을 진전시켜나갔을 것이라는 시사점만은 충분히 제공하리라고 생각합니다. 부디 독자들의 기대에 부응할 수 있기를 바랍니다.

이 책을 펴내는 시점에 우리의 고민을 한 가지 고백합니다. 이 책이 과연 말 그대로 '평전'이냐, 아니면 '전기'냐는 문제입니다. 당초 이 책이 저자의 문제의식과 일정한 가치판단이 담긴 평전으로 기획된 것은 사실입니다. 또 일정 부분 그렇게 기술되기도 했습니다. 그렇지만 이 책은 노회찬의 삶을 다룬 '첫 평전'이기에 저자는 자신의 판단을 적절히 자제하고 사실관계의 맥락을 최대한 부각하려 노력했습니다. 그런 점에서 이 책은 평전과 전기의 중간 지점 어딘가에 위치합니다. 이를 감안하고 읽어주면 고맙겠습니다.

우리 평전기획위원회는 2019년 5월에 발족해 꼭 4년 동안 가동했습니다. 그 기간 동안 함께해온 기획위원들은 노회찬 삶의 일정 단계에서 그보다 더 긴 시간을 함께했거나 그 단계를 객관적으로 살필 수 있다고 보아 노회찬재단이 위촉한 분들로, 권우철, 김윤철, 김진희, 김창희, 윤영상, 전홍기혜, 조현연, 최영민 씨 등입니다. 그동안 조돈문 전 이사장과 조승수 현 이사장, 김형탁 사무총장이 지원과 격려를 아끼지 않으셨고, 박창규 전 실장과 박규님 실장은 기획위원회와 소통하고 지원하는 큰 수고를 도맡으셨습니다.

이 평전의 저자인 이광호 씨와 기획위원들도 이제 몇 년에 걸친 노회찬과의 동거, 동행을 일단 마무리합니다. 그리고 독자의 자리로 옮겨 앉아 이 책을 살펴보겠습니다. 노회찬의 삶을 깊이 이해하고 그의 꿈을 널리 퍼뜨리는 일에 과연 이 책이 도움이 될지도 따져보겠습니다. 그것은 여러 독자들과 함께 이렇게 묻는 일이기도 합니다. "지금 노회찬이라면 뭐라고 말할까?"

2023년 6월
노회찬평전기획위원회의 뜻을 모아
김창희

2018년 12월 27일, 그해 여름 무더위 속에 그가 떠난 후 설립된, 고인의 이름을 딴 재단이 마련한 송년 모임을 갖던 날이었다. 재단 사무실이 있는 마포 인근의 한 식당에 제법 많은 사람이 모였다. 매섭게 추운 날이었지만 나를 비롯한 몇몇은 모임 도중 담배를 피우기 위해 밖을 들락거렸다. 그러다 그날 '흡연 동지' 중한 사람이었던 조현연과 단둘만 있게 되었을 때 그가 넌지시 물었다. '노회찬 평전'을 써보지 않겠냐는 것이었다. 노회찬의 가까운 동지이자 한국정치사를 전공한 학자인 조현연은 노회찬재단 출범에 중요한 역할을 했을 뿐 아니라 출범 이후에는 상근 특임 이사를 맡고 있었다. 나는 그의 '비공식' 제안을 그 자리에서 거절했다. 그런데 그날 이후 거절 의사와는 무관하게 나의 심장이 독립적으로 반응했다. 쓰고 싶다는 욕심과 덜컥 수락한 후 닥칠 어려움 사이에 마음이 오락가락했다. 이런 내적 갈등은 깊은 고민보다는 결단으로 정리될 것이었다. 그사이 재단은 평전기획위원회를 꾸리면서 다시 한번 집필 의사를 물어왔다. 내가 그 제안을 수락한 것은 2019년 5월이었다.

나는 평전 1차 원고를 탈고한 후, 그러니까 첫 제안이 있은 지 2년 몇 개월이 지난 후 그에게 왜 내게 집필을 제안했는지 물어봤다. 그는 내가 노회찬이라는 인물을 최대한 '객관적'으로 서술할 수 있는 조건을 갖춘 적임자 중 한 사람이라고 판단했기 때문이라고 했다. 그리고 내가 노회찬과 별로 가까이 지내지 않았다는 점도 이유로 들었다. 실제로 나는 민주노동당 창당 때부터 노회찬과 함께 당 활동을 했지만, 당 기관지를 만드는 일과 사무총장, 국회의원 업무는 서로 독립된 영역이어서 공적으로도 자주 마주칠 일이 없었다.

이와는 좀 다른 맥락이지만, 몇 차례의 평전기획위원회 회의에서는 '작가의 관점'이 투영될 필요가 있다는 주문도 적지 않았다. 객관성을 버리라는 것은 당연히 아니었고, 작가의 시각과 해석이 필요한 대목에서는 그것을 분명히 하는 게 좋겠다는 얘기였다. 하지만 나는 작가의 관점보다 노회찬의 노선과 입장을 가능한 한 객관적으로 다루는 것이 더 중요하다고 봤다. 이 두 가지 관점이 꼭 상충되는 것은 아니었고, 세상사 많은 일이 그렇듯 이것도 양단 간의 선택 문제라기보다 결국은 정도의 문제였다. 객관적 사실을 기록했다는 연보나 일지도 '사실의 선택'일 수밖에 없으며, 작가의 주관적 평가를 강조했다는 평전도 객관적 사실에 근거하지 않으면 위험한 억견에 지나지 않는다.

노회찬에 관한 책을 써야겠다고 결심했을 때, 나는 '노회찬 정치'에 대한 평가보다는 그의 62년 삶의 여정을 기록하는 게 내가 해야 할 주된 일이라 생각했다. "노회찬을 모르는 사람은 없지만, 그를 잘 아는 사람도 없다"는 말은 노회찬 정치에 대한 평가가 부족해서 나온 말이 아니라 그의 삶에 대한 정보가 부족하기 때문에 나온 말이라고 해석했다. 일대기든, 전기든, 평전이든 글 쓰는 이의 해석과 평가가 들어갈 수밖에 없다. 다만 '평가'에 관한 한 노회찬의 덩어리째 삶을 그 대상으로 삼을 수는 없다. 구체적인 행위,

공개적으로 밝힌 그의 노선과 철학을 평가할 수는 있겠지만 누구도 타인의 삶을 '총체적이고 객관적으로 평가'할 수 없다는 게 나의 생각이다. 그의 삶을 재현하는 데 필요한 객관적 사실과 정보는 그를 아는 사람들의 기억과 관련 기록 속에서 최대한 찾아내고, 해석과 평가는 공적이고 구체적인 행위와 노선에 한해서 필요한 경우 언급하는 것으로 내 나름대로 결론을 내렸다.

책을 쓰면서 노회찬의 삶과 밀접한 연관은 있지만, 당대의 정치사회사나 진보정당 운동사 성격의 내용이나, 전체 흐름상 따로 다룰 필요가 있는 부분은 별도의 '상자' 안에 집어넣었다. 상자 속 내용이 본문에 비해 덜 중요하거나 더 중요하다는 뜻은 아니다.

노회찬은 나보다 한 살이 많지만, 고입 재수를 1년 했기 때문에 그의 고교 동기들은 대부분 나와 동년배다. 평생을 혁명가, 정치가로 살겠다고 마음먹기 시작한 그의 고교 시절은, 시간대는 나와 일치하지만 공간적으로는 십만 팔천 리 떨어진 곳에 있었다. 그가 유신정권에 맞서 저항한 운동권 고등학생이었을 때, 나는 이태원 클럽에서 밴드를 하던 불량 학생이었다. 그가 데모하기 위해 대학에 들어갔을 때, 나는 대학에 갈 마땅한 이유를 찾지 못해서 중도에 고등학교를 그만두었다. 그가 인천에서 지하 혁명가로 고투하고 있을 때, 나는 지상에서 노동운동과는 멀리 떨어진 채 책을 만들고 기사를 쓰는 일을 하고 있었다.

노회찬이 자기 생전에 경험할 줄은 꿈에도 몰랐다는 1987년 7~9월 노동자 대투쟁 때 나는 노동조합 위원장이 됐다. 1990년 대 초 노회찬을 처음 만났을 때 나는 전국언론노동조합연맹 정책

실장이었다. 그리고 2000년 민주노동당이 창당되었을 때 노회찬과 같은 공간에서 일하게 되었다. 내가 민주노동당 기관지『진보정치』의 논조 방향을 잡는 데 어려움을 겪을 때 노회찬의 시각에 많은 빚을 졌다. 그러나 2008년 분당 때는 서로 다른 입장이었고, 그 이후 진보정당의 이합집산 과정에서는 한때 다른 당의 당원이기도 했다. 그가 당내 주요 직책의 경선에 출마했을 때 나는 그의 경쟁자를 지지했다. 요약하면 나는 젊은 시절에는 운동권과 멀리 떨어진 곳에서 살았으며, 민주노동당 시절에는 그의 탁월함에 의지했고 기대를 걸었지만 그와 같은 편에 서 있지는 않았다.

내가 노회찬에 대한 책을 쓰고 있다는 사실을 알고 있는 사람들은 거의 모두가 나에게 "노회찬은 한마디로 말하면 어떤 사람이야?"라고 물었다. 한 인간을 한마디로 표현하는 게 아주 불가능한 일은 아니지만, 그 한마디로 그를 온전히 설명하는 일은 불가능하다. 사람들의 질문에 처음에는 '불가능' 운운하면서, 심지어는 한 인간을 한마디로 표현하라고 하는 것은 폭력일 수도 있다면서 답을 얼버무렸다. 그러나 곰곰 생각해보면 그 질문은 관심과 애정에서 나온 것이고, 저자는 그 질문에 답을 해야 할 의무가 있지 않을까 하는 생각을 하게 되었다. 그리고 "그러면 어떻게 대답했을까"라는 질문으로 이어졌다.

"노회찬은 대한민국에 명실상부한 대중적 진보정당을 '만들고' 진보정치 시대를 대중적으로 '열어간' 대표 정치인이었고, 진보정당의 집권으로 세상을 바꾸기 위해 자신의 온 삶을, 영혼까지 바친 '우직한' 정치인이었다."

이것이 내가 찾은 대답이다. 2000년 민주노동당이 창당되자 그는 "인생 목표의 절반이 해결됐다"라고 말했다. 나머지 절반의 목표였던 진보정당의 집권은 자신의 사후 50년이 되어야 이루어질 수 있는 일이라고 말하기도 했는데, 2004년 민주노동당이 국회의원 10명을 배출한 이후에는 생전에 가능한 목표일 수도 있고 가능하게 해야 한다고 했다.

'노회찬'이 어떤 사람인지 내가 한두 마디로 정리한 답변은 나무에 비유하자면 뿌리와 곧게 뻗은 줄기만 설명한 것이다. 노회찬은 크고 작은 가지와 이파리, 꽃과 열매로 울창한 숲을 연상시키는 나무였다. 그 나무에서 뻗어 나온 것들을 묘사하기 위해서는 여러 언어가 필요하다.

사회적 약자에 대한 사랑을 실천한 현명한 무신론자, 마음이 따뜻한 유물론자, 마키아벨리스트와는 거리가 먼, 순진한 구석이 있었던 정치인, 과묵한 달변가, 변화에 열려 있고 첨단을 즐길 줄 아는 원칙주의자, 베토벤, 차이콥스키, 쇼스타코비치의 교향곡을 좋아한 음악 애호가, 박학다식을 뽐낸 음식 마니아, 요리를 즐긴 남자, 소년의 호기심을 지닌 어른, 페미니스트라는 이유로 비판받지 않았던 페미니스트, 이반에게 감사의 상패를 받은 일반, 술과 예술을 즐긴 불온한 낭만주의자…. '노회찬'을 말하는 이 언어들이 어느 정도로 특별함이나 칭송을 담고 있는지는 모르겠지만 적어도 노회찬의 총체적 삶이 농밀하고 풍요로웠음을 확인시켜준다고 생각한다. 월등하게 많은 시간과 에너지가 정치인 노회찬의 삶에 투여되었지만, 인간 노회찬은 삶을 뜨겁게 사랑하고 즐긴 '슬기로운 이중생활'의 주인공이었다.

12

이 책을 쓰면서 나는 '특권'을 누렸다. 그를 떠나보낸 지 얼마 되지 않아 슬픔의 자장에서 벗어나지 못하고 있던 유가족과 평생 친구들은 내가 필요할 때 언제나 연락할 수 있도록 허락해주었고, 금싸라기 같은 시간을 아낌없이 내주었으며, 오래된 기억을 재생하기 위해 힘들게 애썼다. 어린 시절 친구들, 노동운동과 진보정치 운동을 같이했던 동지들, 그리고 인터뷰에 응해주었던 모든 분에게 감사드린다. 이 책에 앞서 발행된 각종 인터뷰 기사와 인터뷰 책자, 연구 서적에 큰 신세를 졌다. 모든 저자께 감사드린다. 만만치 않은 분량의 평전 원고를 꼼꼼히 읽고, 귀한 조언과 비평을 해준 평전기획위원회 위원들은 사실상 공저자다. 위원들에게 감사드린다. 집필 기간 중 물심양면으로 지원을 아끼지 않았던 노회찬재단 분들께도 깊은 감사의 말씀을 올린다. 그리고 인터뷰를 함께 진행하고 정리에 도움을 준 오진아 씨에게도 감사드린다. 당초 계획보다 터무니없이 길어진 원고를 샅샅이 살펴보고 소중한 조언으로 더 나아진 책이 나오게 해준 출판사 관계자들께도 고마운 마음을 전한다. 이 책의 집필을 고민할 때 지지와 용기를 준 아내와, 아버지의 작업에 관심을 보여준 두 아들에게도 고맙다는 말을 전한다.

차례

제9장 '정치적 사형' 그리고 부활

2012~2016년: 사민주의와 진보의 '세속화'를 내세우다

제10장 노회찬의 정신과 이념

휴머니즘-사회주의-사민주의

새로운 정치언어의 탄생

2004년 3월 20일 토요일 밤 10시, 여의도 KBS 본관 〈심야토론〉 출연자 대기실에 여야 5개 정당의 '싸움꾼' 의원들이 속속 도착했다. 11시로 예정된 생방송이 20분 늦춰졌다. 전국에서 쏟아져 들어오는 촛불집회 보도로 9시 뉴스가 길어져서 생긴 일이었다. 그날 오후 6시, 광화문광장에는 30여만 명이 운집했고, 부산·대구·광주·대전 등 전국 40여 개 도시와 미국·캐나다·호주 등 해외에서도 수십만 명이 촛불을 밝혔다. 헌정사상 최초로 대통령 탄핵 소추안이 통과되었고, 이를 용납할 수 없었던 시민들이 거리로 뛰쳐나왔다. 인터넷 생중계로 이날 촛불집회 현장을 지켜본 사람들도 40만 명이 넘었다. 〈심야토론〉이 시작될 때까지 광화문 심야집회는 끝나지 않았다.

탄핵 정국 이후 시사 토론 프로그램의 시청률은 두 배 이상 뛰었다. 출연자 대기실을 찾아온 담당 PD는 최근 시청률이 10%대를 돌파했다며 매우 경이로운 기록이라고 했다. 담당 PD는 KBS 〈심야토론〉 시청률이 경쟁 프로그램인 MBC 〈100분토론〉 시청률을 앞섰다는 이야기도 빼놓지 않았다. 출연자들에게 자랑하고 싶은 마음도 있었겠지만, 무엇보다 오늘 토론에 단단히 신경 쓰라는 언질이었다. 거리에서 촛불을 든 사람들과 그 장면을 인터넷으로 본 사람을 합친 수보다 갑절 이상 많은 사람이 곧 TV 앞에서 토론을 지켜볼 참이었다. 스마트폰이 없던 시절이었다. 시청률 10%면

300만 명 정도가 TV를 본다는 것을 의미했다. 제17대 총선은 한 달도 남지 않았다.

　원래 이날 민주노동당의 토론자는 노회찬이 아니었다. 전황이 심상치 않게 돌아가자 각 당은 기존의 출연 예정자들을 교체하고 전투력이 강한 토론 선수들을 링 위에 올렸다. 민주노동당은 오후 5시에 이 사실을 알고서 긴급회의를 열고 노회찬을 교체 투입하기로 결정했다. 이날 시청자들의 관심은 탄핵을 주도한 139석의 한나라당과 115석에서 의원들의 대거 탈당으로 59석이 된 새천년 민주당 대 새천년민주당 탈당파가 만든 47석의 신생 여당인 열린 우리당 간의 격돌에 집중되었다. 의석수 제로인 민주노동당은 주목 대상이 아니었다. 탄핵소추안이 통과된 직후 열린우리당의 지지율은 천정부지로 수직 상승해 50~60%에 이르렀고, 다른 두 당은 급락했다. 국민 10명 중 8명은 민주노동당을 모르거나 이름 정도만 알고 있을 때였고, 그때까지 노회찬은 일반 국민에게 '듣보잡' 정치인일 뿐이었다.

　밤 11시 20분, '온에어' 사인에 빨간불이 켜지고 토론이 시작되었다. 프로그램 제목 로고와 "급변하는 민심 어떻게 볼 것인가"라는 타이틀이 큼직하게 화면을 가득 채웠고, 광화문에서 서울시청까지 도로를 메운 촛불과 탄핵소추안이 통과되던 날 국회의 아수라장 장면을 교차 편집한 영상이 빠른 템포의 배경음악을 타고 화면을 덮었다. 예상대로 먼저 덩치 큰 3당의 탄핵 공방전이 시작되었다. 토론은 격렬한 듯이 보였지만 예상을 벗어나지 않은 진부한 발언과 주장으로 지루하게 전개되고 있었다. 노회찬의 첫 발언 순서가 왔다. 방청객은, 시청자도 마찬가지였겠지만, 노회찬의

160초 첫 발언에서 과거 어떤 정치토론에서도 들어본 적 없었던 새로운 정치언어를 만났다. 노회찬은 평범한 일상 언어로 기상천외한 은유를 구사하며 한순간에 토론 분위기를 주도했다.

열린우리당이 한 일이라곤 3월 12일 국회에서 끌려 나온 것밖에 없습니다. 열린우리당의 높은 지지율은 한 일에 대한 평가에 기초한 게 아니라 길 가다가 지갑 주운 것처럼 횡재한 건데, 이거 경찰서에 신고해야 되는 거 아닙니까?

민주당에서는 조건부 탄핵이라고 했는데, 사과만 했으면 탄핵은 안 했을 거라는 얘기로 들립니다. 그렇다면 사과하면 끝날 일을 가지고 대통령을 탄핵한 겁니까? 길거리 가다가 부딪히면 사과하면 될 일인데, 사과 안 했다고 흉기로 찌르는 불량 학생과 뭐가 다릅니까?

도무지 웃을 일이 없는 주제였는데, 방청객은 물론 토론자도 사회자도 노회찬이 발언할 때마다 웃음을 참지 못했다. 골리앗 정당들은 '양비론 짱돌'을 들고나온 원외 소수정당 소속 무명 정치인의 공격 앞에 마땅히 대응할 말을 찾지 못했다. 그들은 노회찬이 쏟아내는 낯선 듯 낯익은, 싱싱하고 팔딱팔딱 대는 활어 같은 일상언어들을 어떻게 맞받아칠 수도, 따라잡을 수도 없었기 때문이다. 거기다가 노회찬의 깊숙이 파고드는 공격은 희한하게도 비명보다 웃음을 짓게 만드는 힘이 있었다. "권력에 대한 가장 강력한 저항은 농담"이라는 말이 틀리지 않았다. 이날 끝까지 웃지 않았던 단한 사람은 노회찬이었다. 그는 양미간을 찌푸린, 약간 화난 듯한 특유의 표정으로 발언을 이어갔다. 이날 〈심야토론〉 전체 1시간 52분 중 노회찬의 발언 시간은 10분 남짓, 발언 횟수는 7회, 발언 당 평균 시간은 2분 안팎이었다. 각 발언마다 유머와 정곡을 찌르는 한 발 이상의 실탄이 장전되어 있었다.

야당이 편파 방송 운운하는 게 이상하게 들립니다. 그날 탄핵한 걸 지금도 잘했다고 생각하고 있는 한나라당, 민주당은 탄핵 장면을 TV에서 하루 12시간 틀어주면 KBS에 고맙다고 해야 되는 거 아닌가요?

한국의 야당은 다 죽었습니다. 그런데 누가 죽인 것이 아니라 다 자살했습니다.

한나라당과 민주당이 촛불집회의 배후가 있다고 하는데, 만약 있다면 그 배후는 바로 한나라당과 민주당입니다.

우리 국민의 제일 골칫거리가 그전에는 대통령인 줄 알았는데, 이번에는 야당이 골칫거리입니다.

이번 총선에서 중요한 것은 제대로 된 진보 야당을 세우는 것입니다. 한국 정치가 발전하려면 열린우리당과 민주노동당의 대결과 경쟁으로 이 나라가 움직여야 합니다. 그래야 조금이라도 더 발전이 있을 수 있습니다. 한나라당과 민주당, 그동안 고생 많이 하셨습니다. 이제 퇴장하십시오.

노회찬의 신선한 언어는 단시간에 시청자들의 눈길을 사로잡
았고, 깊은 인상을 남겼다. 방송 내내 사람들은 노회찬의 순서를
기다렸고, 그의 입에서 나올 말들을 궁금해했다. 어느덧 마무리 발
언 1분만 남았다.

우리 국민들도 50년 동안 썩은 판을 갈아야 합니다. 50년 동안
똑같은 판에다 삼겹살 구워 먹으면 고기가 시커메집니다. 판을
갈 때가 이제 왔습니다.

언론이 "정치사에 남을 촌철살인 비유"라고 평가한 삼겹살 불
판 발언은 그가 준비했던 마무리 발언의 핵심 메시지였다. 토론회
가 끝나고 출연자들은 서로 악수를 한 뒤 헤어졌다.

네티즌들은 토론회가 끝난 심야와 새벽 사이에 노회찬의 다
른 어록을 모조리 찾아내 이를 인터넷에 퍼뜨렸다. 그리고 언론은
그 내용을 기사로 썼다. 인터넷 포털 실시간 검색어 상위에 '노회
찬'이 올라갔고, 적극적이고 발 빠른 사람들은 다음 날 '노회찬 국
회보내기 운동본부', '노회찬을 지지하는 사람들'이라는 이름의 인
터넷 카페를 개설했다. 민주노동당 홈페이지의 방문자 수도 급증
했다. 사람들은 막혔던 가슴을 뻥 뚫어줘서 고맙다 했고, 4월 총선
에서 민주노동당을 찍겠다고 했다. 민주노동당은 인터넷 당 게시
판에 "〈심야토론〉을 보고 방문한 네티즌들께"라는 제목의 글을 따
로 올려 이렇게 호소했다. "노회찬 총장은 민주노동당 비례대표

국회의원 후보로 나왔으며 최소한 15%는 득표해야 국회의원이 될 수 있는 순번입니다. 노 총장의 원내 입성을 원한다면 민주노동당이 꼭 15% 이상 득표해야 합니다." 그해 4월 총선에서 민주노동당 후보들은 삼겹살 불판을 직접 들고 골목과 식당을 돌아다니면서 선거운동을 했고, 사람들의 반응은 폭발적이었다.

사람들은 노회찬의 발언이 가슴을 뻥 뚫어주는 사이다 같다고 입을 모았지만, 한편으로 그의 발언은 세상을 또렷하게 바라볼 수 있게 해주는 안경 같은 역할을 했다. 보는 것과 생각하는 것, 생각하는 것과 행동하는 것은 서로 연결되어 있다. 소설가 조세희가 노회찬의 언어를 "변화를 가능하게 하는 새로운 언어, 새로운 생각을 하게 하는 특별한 말"이라고 한 것은 이런 맥락에서 이해할 수 있다. 노회찬의 언어는 민초들의 입장에서 세상을 바라보고 해석해주는 도수 맞는 안경 같은 것이었다.

이날 TV를 본 시청자들에게 노회찬은 갑자기 나타난 정치인이었지만, 그는 지난 20여 년 동안 '세상을 바꾸는 정치인'으로서 부단히 자신을 단련시켜 왔다. 사람들은 노회찬이 어떤 사람인지 궁금해 했다. 이제 그를 찾아가는 여정을 시작한다.

제1장

"나를 키운 8할은 학교였다"

1950~1972년:

2개의 고향, 반항적 모범생

노회찬은 이산가족 자녀다. 한국전쟁(6·25전쟁) 시기에
함경남도 흥남에서 피란길에 올랐던 그의 아버지
노인모와 어머니 원태순은 거제에서 만나 결혼했고,
휴전되던 해에 부산으로 집을 옮겼다. 부산에서 태어난
노회찬은 줄곧 흥남을 자신의 정신적 고향으로 생각했다.
노회찬은 부산 시절 자신을 키워준 8할은 '학교'라고 했다.
정치인이 된 이후에는 자신을 있게 한 모든 가치의
출발점은 어린 시절 학교에서 배운 '교과서'였다는 점을 늘
강조했다. 그는 자신을 '모범생'이자 '반항아'라고 했지만,
모범생에 가까웠다. 부산은 어린 시절 그의 가치관을
형성하고 그를 키워준 곳이지만 벗어나고 싶은 곳이기도
했다. 그는 부산을 벗어나지 않았다면 정치인 노회찬은
없었을지도 모른다고 했다.

어머니의 피란길

1950년 12월. 전쟁은 계속되었고, 함경도의 추위는 혹독했다. 스물한 살 원태순은 다섯 살 아래 동생 원태진과 함께 '바람 찬 흥남 부두'에서 군용 상륙선(LST)에 올랐다. 전쟁은 가장 멀리 떨어져 있어야 할 젊음과 죽음을 손에 닿을 듯 가까운 거리에서 마주보게 했다. 왼쪽으로 한 걸음이 죽음이고 오른쪽으로 한 걸음이 삶이다. 꼼짝 않고 가만히 있더라도 세상이 왼쪽 혹은 오른쪽으로 움직이면 결과는 마찬가지다. 태순의 아버지는 두 자녀를 죽음과 최대한 멀리 떨어뜨려놓아야 했다.

태순의 아버지는 흥남에서 해산물 가게를 경영했다. 태순의 어머니가 흥남 인근에 작은 절을 세울 만큼 불심도 재산도 넉넉했다. 하지만 그들은 삶의 터전을 버리고 피란길을 택할 수밖에 없었다. 태순의 아버지는 자식 6남매 가운데 셋째(둘째 딸) 태순과 넷째(둘째 아들) 태진만 먼저 피란 보내기로 했다.

1929년생인 태순은 흥남에 있는 서호국민학교와 함흥에 있는 영생여자고등보통학교를 졸업했다. 흔히 고보라고 불리는 고등보통학교는 요즘 식으로 하면 중·고등학교를 통합한 학교였다. 일제강점기 때 고보 졸업은 현재 고등학교 졸업 자격과는 비교할 수 없는 높은 학력으로 인정되었다. 1935년 기준 고등보통학교 입학률은 해당 연령대 인구의 0.09%에 불과했다. 1947년 영생여고보를 졸업한 태순은 그해 서호인민학교 교사가 되었다.[1] 남동생 태진은 피란 당시 흥남 제1고등학교에 다니던 중이었다.

장남 태호는 1944년 징병을 반대하는 유인물을 뿌리다가 체포되어 투옥되었고, 해방이 되자 원산형무소에서 석방되었다. 1947년에는 좌파 청년 조직인 조선민주애국청년동맹(민애청) 중앙위원으로 활동하다 8월에 구속되어 서대문형무소에 수감되었다.[2] 1950년에 풀려났으나 가족은 그를 만날 수도, 생사를 알 수도 없었다. '장남의 실종'으로 인해 둘째 아들 태진이 전쟁 통에서 살아남는 일이 더 없이 중요한 가문의 과제가 되었다. 아버지는 하루라도 먼저, 어쩌면 장남 역할을 하게 될지 모를 차남을 남쪽으로 내려보내야 했다. 상륙선에 오르는 딸에게 비상금으로 금붙이 몇 점을 쥐어주었다.

한국전쟁 때 북에서 남으로 내려온 피란민의 사연은 다양하다. 종교, 정치, 사상 문제로 내려온 사람들도 있고, 미군의 맹렬한 폭격과 혹시 모를 핵폭탄 투하[3]를 우려해서 고향을 떠난 사람들도 있다. 부유한 상인 집안은 해방 이후 공산주의 정권이 들어서면서 '부르주아 계급'이 되었다. 태순네 가족이 피란을 선택한 데에는 이런 정치적, 경제적 배경과 함께 좀 더 직접적이고 구체적인 사연이 있었다.

한국전쟁이 발발한 지 7개월, 낙동강까지 밀렸던 국군과 유엔군은 9월 15일 인천상륙작전에 성공한 이후 빠른 속도로 압록강까지 진격했다. 동부 전선에서도 두만강을 향해 북진하고 있었다. 하지만 10월 중국인민지원군(중공군)[4]의 참전으로 전세는 역전되었고, 38선 북쪽 전역이 다시 인민군과 중공군 수중에 들어갔다.

인민군과 중공군의 진격 속도가 함경도 지역에 있던 국군과 유엔군의 후퇴 속도보다 빨랐다. 원산이 중공군에 함락되면서 함경도에서 남쪽으로 내려오는 육로가 봉쇄되었다. 흥남 부두를 통한 해상 철수가 유일한 퇴로였다.

국군과 유엔군의 철수를 위해 흥남에 있던 미군 장교들은 숙식을 해결할 민가가 필요했다. 그들은 널찍한 태순네 집을 골랐다. 당시 서호진에 살던 주민 상당수는 국군과 미군 장교의 취사반 역할을 했다.[5] 전시에 군인들의 요청은 거부할 수 없는 명령이었을 텐데, 피아가 분명한 상황에서 이 명령을 따르는 것은 목숨을 내놓는 일이었다. 실제로 국군과 유엔군의 흥남 철수 직전인 11월 23일, 북한 내무성은 적들을 환영한 반동분자는 즉결 처분할 수 있다는 명령을 내렸다. 국군과 유엔군을 향해 손만 흔들어도 죽을 판에, 적군 장교에게 숙식을 제공한 '죄'는 더 말할 것도 없었다. 세상이 왼쪽으로, 오른쪽으로 움직이면서 같은 자리에 있던 사람들의 목숨이 왔다 갔다 했다. 그러니 국군과 유엔군에 숙식을 제공한 사람들은 피란 이외에 다른 선택을 하기는 어려웠을 것이다.

이런 상황에서 태순의 부모는 한시라도 빨리 남매를 피란 보내야 했다. 다행히 태순네 집에서 신세 진 미군 장교의 배려로 남매의 피란이 가능했던 듯하다. 가족은 남매보다 며칠 늦게 피란길에 올랐고, 당시 피란민의 집결지였던 거제 장승포에서 다시 만났다.

다른 이들보다 일찍 배를 탄 남매는 마지막 철수 작전의 아비규환은 피했지만 피란살이의 고통까지 피할 수는 없었다. 거제에 도착한 뒤 누나 태순이 식당 주방에서 일하는 동안 동생 태진은 손님들의 신발을 지키는 허드렛일을 하거나 좌판에서 문구를 파는 일 따위를 했다. 죽음의 공포는 멀리 갔으나 그 자리에 가난의 고통이 밀고 들어왔다. 흥남에서 인민학교(지금의 초등학교) 교사였던 태순은 거제에서 운 좋게 유치원 교사가 되었다. 그나마 안정적인 직업을 갖게 된 셈이다. 그러던 중 태순은 인척의 소개로 한 젊은이를 만났다. 태순과 비슷한 시기에 흥남에서 피란 온, '키가 훤칠하고 이목구비가 뚜렷한' 청년이었다. 이름은 노인모였다.

아버지, 하이네를 사랑한 식민지 청년

1944년 9월, 용산역을 출발해 만주로 떠나는 기차에는 1924년생 식민지 조선 청년들이 타고 있었다. 조선 청년에 대한 일제의 징병제가 처음 실시된 해이고, 그들이 전쟁터로 떠나기 시작한 첫 달이었다.[6] 기차를 타고 가던 중 노인모는 책을 펼쳤다. 독일 시인 하인리히 하이네의 시집이었다. 그는 당시 조선 사람들 대부분이 그랬던 것처럼 교육받을 기회가 많지는 않았지만 책과 시와 음악을 좋아한 청년이었다. 노회찬은 훗날 "조국이 침탈당해 징병 가는 마당에 그런 달달한 시를 읽다니 실망했다"라고 아버지를 회고했지만, 문학을 좋아했던 식민지 청년에게는 하이네 시에 녹아 있는 낭만주의의 사랑과 불온성이 크게 와닿았던 것 같다. 그 탓이었을까? 그는 불온하게도 전쟁 중에 탈출을 감행했다. 탈출한 지 얼마 되지 않아 일본은 항복했고, 만주와 베이징을 헤매다 일본이 패망했다는 소식을 들은 그는 멀고 험한 귀향길에 올랐다. 그가 함흥 집에 도착했을 때는 해방된 지 한 달이 지난 뒤였다. 해방은 분단과 함께 왔다. 노인모가 살던 북쪽에는 생소한 사상이 통치이념이 되었다. 그 사상에 따르면 노인모 집안은 지주계급, 다시 말해 '부르주아' 계급으로 분류되었다.

"우리 집안 본적은 함경남도 정평인데 함흥에서 오래 살았어요. 함흥 남쪽에 일본 놈들이 만든 연포 비행장이 있는데, 그 옆이 평야였지요. 우리는 거기에 넓은 땅을 가지고 있었어요. 옥수수도 심고 다른 것들도 심고 과수원 농사도 지었는데 해방되면서 다 몰수됐어요. 토지 가옥 모두. 그리고 흥남으로 쫓겨났어요."[7]

노인모의 조카 노회득의 말이다. 노회득은 1937년생으로, 노인모보다 열세 살 어리다. 회득의 부친이 노인모의 큰형이다. 20세기 초입에 세계를 뒤흔든 혁명 사상은 대를 이어 내려오던 노씨 가문의 가족사를 허리춤에서 싹둑 잘라 단절시켰다. 땅은 지주계급에서 소작농에게로 넘어갔다. 노인모는 유복자였다.[8] 어머니와 3남 1녀가 함께 살았다. 그는 흥남에 와서 도서관 사서 일을 하게 되었다.[9] 흥남으로 이주한 지 5년 만에 전쟁이 터졌다. 노인모와 그의 가족도 원태순 남매처럼 일찍 피란 배에 오를 수 있었다. 서울에 살던 집안 친척 중 국군 특무상사가 있었는데, 그가 마침 흥남에 주둔해 있어 도움을 받을 수 있었다.

거제에 도착한 노인모는 당장 둘째 형수와 어린 조카 3명을 부양해야 했다. 막내가 큰형과 작은형 가족을 먹여 살리는 가장이 되었다. 노인모의 어머니와 형님 가족 등 다른 식구들은 며칠 뒤 흥남을 출발, 거제에 도착했지만 혼란 통에 6개월이 지나서야 만날 수 있었다.

자녀들이 전해들은 말에 따르면, 노인모는 거제에서 미군 방역과 관련된 일을 했다. 다른 친척과 주변 사람들은 그가 '보건소 같은 곳'에서 일했다고 기억했다. 공통적으로 기억하고 있는 것은 직장 이름이 영어였다는 점이다. 주변의 증언을 종합해보면 그가 일했던 곳은 유엔한국민사처(UNCACK, United Nations Civil Assistance Command in Korea, 이하 '유엔민사처')[10]였을 가능성이 높다. 유엔민사처는 교전 지역을 제외한 한국의 전 지역에서 민간인 구호와 원조 업무를 맡았던 유엔군 산하 조직이었다. 이곳의 주요 업무 가운데 하나가 방역과 소독을 맡아 하는 공중위생이다. 노인모의 결혼식 때 축하 전보를 보내준 곳이 '유엔민사처 경남본부'와 '경상남도 보건과'였다는 점도 그의 직장을 추정할 수 있는 유력한 근거다. 노인모는 장승포에서 흥남 출신의, 체구는 작지만 당차고 카리스마 넘치는 다섯 살 아래 여성을 소개받았다. 그녀의 이름은 원태순이었다.

1953년 7월 27일 전쟁이 그쳤다. 그해 겨울 노인모와 원태순은 거제군 하청면에 있는 하청국민학교 교실에서 결혼식을 올렸다.[11] 거제에 있던 10만 명 가까이 되는 피란민들은 짧게는 3개월, 길면 2~3년 정도 살다가 대부분 다른 곳으로 떠났다. 신혼부부 노인모와 원태순, 그리고 다른 가족들도 거제 피란살이 3년을 정리하고 부산으로 집을 옮겼다. 그들은 영화로 인해 유명해진 국제시장 옆 보수동에서 살다가 얼마 뒤 신혼부부만 부산역 앞 달동네 초량동으로 이사 갔다. 부부는 그곳에서 25년간 살면서 딸하나, 아들 둘을 낳고 키운다. 결혼한 이듬해인 1954년에 딸 영란, 1956년에 회찬, 1959년에 회건이 초량4동(지금의 초량6동)에서 태어났다.

삼남매 사진. 오른쪽부터 노회찬, 영란, 회건(1960) ©노회찬재단

약방 집 아들

부산역 역사를 빠져나오면 정면에 좌우로 천천히 흐르는 능선이 보인다. 지금은 역 앞에 높은 건물이 촘촘히 들어서서 산 밑 동네가 한눈에 들어오지 않는다. 1시 방향에 솟아 있는 봉우리가 해발 400미터 조금 넘는 구봉산이다. 산의 5~6부 능선쯤 산꼭대기부터 내려오던 녹색이 끝나는 곳에 횡으로 굽이굽이 이어지는 도로가 있다. 부산의 유명한 산복도로(山腹道路)다. 이 도로를 기준으로 아래쪽이 주거 지역, 위쪽이 산이다.

1954년 여름, 노인모와 원태순은 초량동에 조그만 가게가 딸린 월세 단칸방을 마련했다. 산복도로 바로 아래였는데, 그러니까 산동네의 위쪽 끝자락인 셈이다. 부엌도 없어서 연탄 화덕을 밖에 내놓고 밥을 했다. 다른 집들도 다 그랬다. 노회찬은 어린 시절 살던 동네를 이렇게 기억했다.

우리 집이 산비탈에 있는 마지막 산동네였기 때문에 놀 수 있는
데가 산밖에 없었어요. 늘 산에서 뛰어다녔습니다. 그것이
건강에도 굉장히 좋았죠. 그리고 동물과 식물에 애착이 갔어요.
웬만한 것은 거의 다 집으로 가져와 계속 키웠죠. 그런 것들을
굉장히 좋아해서 중학교에 와서도 생물반에서 활동했습니다.
제가 이런 쪽으로 안 왔으면 그쪽 계통으로 갔을지도 몰라요.[12]

1920년대생인 노인모와 원태순은 식민지 시대에 어린 시절과 청춘을 보낸 세대다. 해방과 분단, 전쟁이라는 역사적 사변이

이들의 삶을 관통하면서 압도적인 영향을 미쳤다. 시간이 만들어 내는 대륙이 역사라면, 이들이 살아온 시간대는 지층이 찢어지는 지진의 시대였다. 찢어진 지층의 단면은 남과 북을 경계면으로 갈리기도 했고, 좌와 우가 기준이 되어 분리되기도 했다. 부와 가난으로 나뉘었는가 하면, 부부(남녀)유별, 장유유서를 조화로운 질서로 받아들이는 전통적 세계관과 악착같이 살아남아야 하는 생존 논리가 충돌하기도 했다.

함경도 사투리를 쓰는 젊은 실향민 부부에게는, 다른 실향민들이 그랬듯이, 가난 탈피와 생존이 가장 큰 당면 과제였다. 녹록지 않은 이 과제를 푸는 데 노인모의 유엔민사처 근무 경력은 소중한 자산이 되었다.

노인모는 유엔민사처 일을 그만두고 부산으로 집을 옮기면서 제약회사에 취직했고, 부부는 단칸방에 딸린 가게에 약방을 개업했다. 약방 영업은 아내인 원태순이 맡았다. 이즈음 첫딸 영란이 태어났다. 제약회사와 약방, 결혼 축전을 보낸 유엔민사처와 경상남도 보건과는 연관성이 있는 곳들이었다. 보건과는 약국 인허가와 관련된 일을 담당한 부서였다. 머리를 맞대고 가난에서 벗어날 길을 찾던 젊은 부부는 남편의 경력과 연줄을 활용하기로 했고, 그 과정에서 제약회사에 취직하고 약방을 개업하게 되었을 것이다. 약방 이름은 신민당약방. 지금도 그 자리에 약국이 있는데, 이름이 노마약국으로 바뀌었다. 당시에는 약품 조제는 못하고 판매만 할 수 있는 약종상 제도가 있었다. 의료 소외 지역을 중심으로 약종상 면허를 발급하여 약방 개설을 허가했는데, 정부가 지정한 지역에만 개설할 수 있었다. 의료 서비스 공급이 양적으로나 질적으로나 모두 열악하던 시절에 도입된 제도였다.

술을 입에 대지 않고 돈 쓰는 일에 지극히 신중했던 노인모는 영업부 평사원에서 전무까지 승진한 성실한 제약회사 직원이었다. 그리고 음악, 사진, 미술, 문학을 무척 좋아한 예술 애호가였다. 그는 가정에서는 자녀들과 잘 놀아주는 인자한 아버지였고, 아내의 의견을 존중하는 착한 남편이었다. 원태순은 새벽 4시에 약방 문을 열었고 밤 12시에 닫았다. 1년 내내 쉬는 날이 거의 없었다. 원태순은 가난한 사람들이 사는 초량동에서도 더 가난한 사람들에게는 외상을 주었고, 가끔은 돈을 받지 않고 약을 주기도 했다. 젊은 아빠는 아이들과 함께 매주 한 번은 사진을 찍거나 영화를 보기 위해 나들이를 했지만, 엄마는 약방을 지켰다. 동네 사람들은 원태순에게 약방 주인 이상의 신뢰를 갖게 되었다. 남편의 월급과 약방의 수입은 자녀 교육비와 문화비 지출이 중심이었던 생활비보다 많았다. 남는 돈은 새는 곳 없이 쌓였다. 삼남매가 유치원과 초등학교에 들어가기 전에 그들은 가난에서 탈출할 수 있었다. 노인모는 1974년경 제약회사를 그만두고 지인과 함께 규모가 큰 화공약품 회사를 창업해 일흔 살 되던 1994년까지 경영했다.

모범생과 반항아 사이

노회찬의 동생 노회건은 초량국민학교(지금의 초량초등학교)에 다닐 때 봤던 형의 인상적인 모습을 예순이 넘은 지금도 잊지 못한다. 학교는 한 반에 80명, 한 학년에 13개 반이었고, 전체 학생은 6,000명이 넘었다. 오전반, 오후반으로 나눠도 학교는 학생들로 넘쳤다.

"쉬는 시간 운동장은 말 그대로 바글바글합니다. 점심시간 때는 더해요. 발 디딜 틈이 없죠. 그런 운동장에서 형이 맨 앞에 서서 뭐라 뭐라 하면서 뛰어가면 그 뒤로 친구들이 우루루 쫓아다니던 모습이 아직껏 눈앞에 선해요."[13]

이 장면은 회건의 기억 속에 남은 유년 시절의 노회찬이지만, 어떤 사람에게는 제목이 '노회찬'인 대하드라마의 예고편으로 보일 수도 있을 법하다.

1966년, 초등학교 4학년 노회찬은 여느 아이들처럼 밖에서 몰려다니며 노는 것을 무척 좋아했다. 친구들은 기발한 발상과 재치 있는 말솜씨로 즐거움과 유쾌함을 쏟아내는 학급 반장 회찬을 좋아했다. 또 회찬은 씀씀이가 커서 군것질거리를 사서 자주 나눠 먹었기에 함께 어울리고 싶어 하는 친구들이 많았다. 한번은 집에서 꽤 멀리 떨어진 용두산공원으로 놀러간 적이 있는데, 친구 전재근은 그날 일어났던 사건을 아직도 또렷하게 기억하고 있다.

당시에는 깡통을 들고 동냥하러 다니는 거지나 길거리에서 구걸하는 사람들이 많았다. 어린 노회찬은 공원 입구에 엎드려서 구걸하는 걸인에게 한 청년이 장난질하는 장면을 목격했다. 동냥 그릇을 발로 툭툭 차면서 돈을 줄까 말까 하고 놀려댔다. 노회찬은 그 청년한테 다가가 "아저씨가 뭔데 그러냐? 왜 불쌍한 사람한테 그러냐?" 하면서 대들었다가 그 청년한테 얻어터졌다. 같이 있던 친구들은 겁이 나서 도망갔다. 노회찬은 얻어맞으면서도 물러서지 않고 덤볐다.[14]

노회찬의 초등학교 시절 교사와 동창들이 전하는 그에 관한 이야기와 당시 자료를 보면 누구나 예상할 법한 몇 가지 공통된 내용이 있다. 학과 공부는 물론 말도 잘하고, 두뇌가 명석하고, 발표력과 통솔력이 출중하고, 신체 건강하고 등등. 대부분 긍정적인 평가다. 과목 평가와 석차, 학교생활 평가가 담긴 생활기록부에는 전교과 우수, 두뇌 발달 우수 같은 내용이 대부분이다. 사실 이런 것은 학과목 성적이 우수하거나 반장을 한 학생에게 으레 따라오는 평가다. 그중에서도 눈길을 끄는 평가가 있다. 예컨대 이런 것. "정의감이 투철하여 비판력이 강하다." 4학년 때 담임인 도경자 선생님의 관찰이었다. 노회찬은 생전 인터뷰에서 자신을 '선생님한테 자주 매를 맞는 반장'이었다고 회상하며 이렇게 말했다. "반장이면서 선생님한테 제일 많이 맞은 사람이기도 했다. 잘못하지 않았는데 학생을 때리면 가만히 있지를 않았다. 꽃병, 망치, 주먹 등으로 많이 맞았다."[15] 또 "조금이라도 부당한 것이 있으면 참지 못하고 바로 대들었다." 어렸지만 나름 정의감의 발로였다.

노회찬이 인터뷰에서 가장 많이 반복해서 강조한 이야기가 '교과서론'이다. 노회찬은 지금의 자신을 만든 원초적 동력원은 학교에서 배운 교과서라고 말했다. 그중에서도 초등학교와 중학교 때를 꼽았다. 노회찬의 말이다.

(초·중등학교 다니던 부산 시절은) 학교나 가정에서 받은 여러
가지 교육을 통해서 아주 원초적 가치관이 형성된 시기였습니다.
… 저보고 '좀 괜찮은 환경에서 좋은 교육을 받았으면 편하게
살 수 있는데 왜 그렇게 험하게 데모하고 감옥 가고
노동운동하고 용접하고, 또 정치를 해도 특수한, 특이한 정치를

하고 살아가느냐?'고 얘기해요. 하지만 그런 얘기에 응수하는 제 첫 번째 대답은 '죄송하지만 저는 학교에서 배운 대로 살고 있습니다' 이것이죠. 그래서 어느 설문조사에서 살아오면서 가장 감명 깊게 읽은 책이 뭐냐고 해서 제가 '교과서'라고 쓴 적이 있어요. 실제로 저는 교과서를 굉장히 좋아했어요. … 지금 돌이켜 생각해보면, 그것이 제 상상력, 감수성 등을 많이 일깨워줬던 것 같습니다.[16]

교과서는 두 가지 상반된 이미지를 가지고 있다. 한편으로는 체제 순응적인 모범생을 길러내는 국가 매뉴얼, 지배 이데올로기 전파와 재생산 수단, 이건 노회찬이 말하는 교과서가 아니다. 다른 한편으로는 인류가 현재까지 성취해낸 자연, 인간, 사회에 대한 과학적 지식, 보편적 가치와 철학으로 채워진 책, 이게 노회찬의 교과서였다.

정의감과 무력 행위

어린 회찬이 가지고 있던 정의감은 학교 교육을 통해 더 중요한 가치로 굳어진 반면, 정의를 실행하는 그의 용기는 어쩌면 승부욕이 강하고 욱 하는 성격에 힘입었을 수도 있다.[17] 어린 시절 노회찬은 스스로 표현한 것처럼 잘 참지 못하고 모난 데가 있었다. 4학년 때 담임선생님이 쓴 "정의감이 투철하여 비판력이 강하다"는 평가에 이어지는 내용이 더 있다. 원문은 이렇다. "정의감이 투철하여 비판력이 강하나 무력 행위가 있다." 무력 행위? 생활기록부에서는 보기 드문 표현이다.

5학년 때 담임 신덕만 선생님의 말이다. "회찬이가 반장이었어요. 아이들이 반장 말 안 듣고 떠들면 고함도 지르고, 윽박지르는 경우가 좀 있었어요. 반을 통솔하기 위해서 그랬던 겁니다."[18] 신덕만 선생님은 반장으로서 필요한 행동이었다고 옹호한 반면 4학년 때 담임선생님은 '무력'이라는 단어로 노회찬을 평가했는데, 이러한 차이는 두 선생님의 성별이 달라서일까? 4학년 학급 반장 회찬의 심정을 들어보자. 1966년 4월 12일, 회찬의 일기다.

> 선생님의 결근. 이틀째! 급장의 책임도 무겁고 혼자서 책임을
> 다할 수 없었던 오늘!! 조용한 자습을 할 수 없는 동무들.
> 어찌나 미운지 때려주고 싶다. 특히 여자 동무들이 시끄러웠다.

조금 다른 종류의 물리력 행사도 있었다. 5, 6학년 때 회찬의 짝이었던 한헌석은 5학년 때 밀양에서 초량국민학교로 전학 왔다. 그런데 전학 오자마자 성질 급한 노회찬에게 많이 맞은 기억이 있다. "별일이 아닌데도 재미있게 이야기하다가 갑자기 주먹이 파바박 날아왔어요." 한헌석은 회찬의 중학교 친구 사총사 중 1명이고, 성인이 된 후에도 가깝게 지냈다.

'무력 행위'라는 예상치 못한 평가가 흥미롭지만, 중학생 이후 노회찬에게 이런 특성이 전혀 발견되지 않는다는 점도 흥미롭다. 거의 모든 사람이 오히려 이와는 반대 방향의 평가를 내렸다. "회찬이가 남을 험담하는 소리는 들어보지 못했다." "화내는 것을 보지 못했다." 중학교 때부터 그가 세상을 떠나기 전까지, 부인 김지

선을 포함해 그와 가까웠던 사람들의 한결같은 증언이다.

승부욕, 욱하는 성질 같은 것은 하루아침에 바람처럼 사라지는 게 아니다. 정확하게 언제, 어떤 이유로 그랬는지는 모르겠지만 노회찬에게 이런 기질이 비활성화 상태가 된 것은 사실인 것 같다. 어떤 일이 있었을까? 단서가 될 만한 노회찬의 흥미로운 발언이 하나 있다. "나는 열한 살 이후 누구에게든 폭력을 행사해본 적이 없다." 2004년 12월 초선 국회의원 때 당시 야당이었던 한나라당과의 폭행 공방전에서 나온 공개 발언이다. 여기서 주목되는 점은 '열한 살'이라는 구체적인 나이를 거론했다는 점이다. 이는 그가 그때부터 무슨 이유인지는 모르지만 의지를 가지고 폭력을 쓰지 않기로 했으며, 그 점을 살아가면서 지속적으로 기억하고 있었다는 것을 의미한다. 세는 나이라면 4학년 이후이고, 만 나이로는 5학년 이후다. 친구 한헌석이 노회찬에게 맞은 것은 5학년 때라고 하니, 아마도 그 이후인 듯하다.

회찬이가 달라졌다? 두 가지 이유가 있다. 하나는 어머니의 지속적인 엄격한 교육이고, 다른 하나는 5학년 이전과 이후가 비교적 뚜렷하게 차이가 날 수밖에 없었던 변화된 주변 환경이다. 먼저 교육 효과를 따져보자. 노회찬은 한 인터뷰에서 학창 시절 자신을 '모범생'이자 '반항아'라고 표현했다. 그런데 노회찬이 빠뜨린 게 있다. 그는 초등학교 시절 '사고뭉치 개구쟁이'였다.

회찬의 누나 노영란의 말이다. "회찬이는 밖에서 친구들과 활발하게 돌아다니는 걸 정말 좋아했어요. 그런 와중에 누굴 때리기도 하고, 각종 사고도 치고, 어머니한테 야단을 많이 맞았죠." 피해를 본 학생의 부모가 집까지 찾아와 항의한 적도 있었다. 그 시절

회찬의 일기장에 이런 기록이 있다. "오늘은 잠이 안 온다. 엄마한테 한 대도 안 맞았기 때문이다."

어린 시절 그의 기록 가운데 일기장 말고, 이름을 붙이자면 '노회찬 수첩'이란 것도 있었다. 초등학교 때 쓰던 수첩이다. 어린 사고뭉치를 어찌할까 하는 고민 끝에 어머니가 만든 것이다.

작은 수첩이 있었는데 학교 가면 담임선생님께 도장을 받아와야 했고, 집에 오면 엄마한테 도장을 받아야 하는 수첩이었다. 그 수첩이 무엇이었느냐면 내가 사고를 안 치면 도장을 받을 수 있는 수첩이었다. 집에 수첩을 가져와 선생님 도장이 안 찍혀 있으면 엄마한테 야단을 맞는 것이고, 학교 가서 수첩에 도장이 안 찍혀 있으면 동네에서 사고를 친 것이기 때문에 선생님한테 야단을 맞았다. 그런 불우한 어린 시절을 보냈다(웃음).[19]

중학교 입시를 치러야 했던 영란과 회찬 남매는 4학년 때까지 어머니께 회초리를 맞았다. 4학년 이후 회초리와 수첩이 없어졌고, 회찬은 좋아했던 만화책도 끊었다. 어쩌면 그의 '때리는 행위'도 이때쯤 멈췄을 것이다. 어머니의 교육이 결실을 맺게 된 데는 두 번째 이유인 새로운 환경이 큰 영향을 미쳤다.

4학년을 마치며 회찬은 '어린놈이 나이에 걸맞지 않은 행동'을 했다. 외식도 예약 문화도 일상적이지 않았던 시절, 회찬은 반 친구들과 이대로 헤어질 수 없다며 4학년 송별 잔치를 기획했다. 장소는 동네에 있던 단팥죽 집, 10여 명의 친구들이 모였고 비용은 회찬이 치렀다. 이날 모임은 5학년을 맞는 행사이기도 했는데,

그 당시 5학년은 중학교 입시 경쟁이 본격적으로 시작되는 학년이었다. 남녀 합반에서 남녀 각반으로, 4년 동안 같은 반에서 함께 어울리던 친구들도 반이 갈리게 된다. 학교도, 교사도, 학생도 수험 모드로 돌입했다. 노회찬과 동기들은 부산에서 중학교에 시험 쳐서 들어간 마지막 학생들이었다.[20]

당시 초등학생들은 어른들이 만든 '입시 지옥'이라는 전쟁터에서 치열한 전투를 치러야 했다. 졸음을 쫓기 위해 각성제를 상습적으로 복용하는 5~6학년 학생들이 많아 심각한 사회문제가 될 정도였다.

노회찬은 5학년 때 담임인 신덕만 선생님을 좋아했다.[21] 그 당시 신덕만 선생님은 유능한 입시 과외 선생으로도 명성을 날렸다. 5학년 때 노회찬을 비롯해 성적이 좋은 같은 반 학생 10여 명이 방과 후에 담임인 신덕만 선생님 댁에서 과외를 했다. 학교가 끝난 뒤 저녁을 먹고 선생님 댁으로 과외 공부를 하러 가면 보통 밤 10시나 되어야 집으로 돌아왔다. 부산의 모든 초등학교가 '지역 명문' 부산중학교나 경남중학교 합격자를 1명이라도 더 배출하기 위해 입시 격전을 치르던 시절이었다. 수험 모드로 바뀐 환경에서 노회찬은 그 이전과는 달라졌다.

초등학교와 중학교로 이어지던 시기, 눈길 끄는 일화가 하나 있었다. 회찬은 초등학교 고학년이던 어느 날 동생에게 저금통을 마련해 함께 돈을 모으자고 제안했다. '어른스러운' 형의 말을 잘 따랐던 회건은 그렇게 하기로 했다. 둘은 1원, 5원, 10원짜리 동전은 물론 기회가 생기면 가끔 지폐도 넣었다. 그러다가 어느 시기부터 돈 모으는 일이 시들해졌고, 저금통 존재도 까맣게 잊고 지냈다.

회찬이 서울에서 고교 재수를 하던 1972년 어느 날 회건은 돈이 필요했고, 문득 저금통 생각이 떠올라 집안을 찾아봤더니 방안 한 구석에 저금통이 있었다. 반가운 마음에 집어든 저금통 무게가 너무 가벼웠다. 열어보니 저금통은 동전 몇 닢만 남은 채 텅 비어 있었다. 대신 처음 보는 쪽지가 한 장 들어 있었다. 펼쳐 보니 '1969년 0일 0일 꺼내감'이라는 글귀가 적혀 있었다. 회찬이 중학교 1학년 때 말없이 꺼내간 것인데, 말보다 확실한 물증을 남겨 놓은 셈이다.

회건은 이 사건을 '저금통 강탈 사건'으로 규정하고 몇 차례 형에게 따져 물었다. 그때마다 회찬은 별다른 이야기를 하지 않고 묵묵히 듣기만 했다. 돈을 가져가야 했던 사정 이야기도, 미안하다거나 어떻게 갚겠다는 말도 없었다. 생각해 보면 물증은 동생에게 남긴 것이었지만, 자신에게 남긴 것이기도 했다. 노회찬의 '묵언 반응'은 명백한 '잘못'을 부끄러워하고 있다는 표시였던 것 같다. 설사 자신의 입장에서 불가피한 이유가 있을지라도, 그것으로 면죄부 삼는 일을 스스로 용납하지 않겠다는 의지가 엿보이는 일화다.

가난을 벗어나다

유치원 진학률이 1980년에 4.1%[22] 수준이었으니, 노회찬이 유치원에 다니던 1960년대 초반은 이보다 더 낮았을 것이다. 그 시기 유치원 진학은 경제적 여건과 부모의 열의가 뒷받침되어야만 가능한 일이었는데, 영란, 회찬, 회건 삼남매는 모두 유치원에 다녔다. 당시 회찬의 부모님은 교육에 대한 열의가 컸을 뿐 아니라 경제적으로도 여유가 있었는데, 흥미로운 것은 노회찬이 이런 사실을 의식적으로 잘 드러내지 않으려 했다는 점이다. 초등학교 생활기록부의 '생활환경'란에는 "부친은 (제약 업체인) 삼영화학의 중견(사원)이며, 모친은 가정에서 약방을 경영하며, 생활은 상류에 속한다"라고 적혀 있다.

짐작건대 제약회사 영업직 평사원의 월급만 가지고는 1954년의 밑바닥 가난에서 짧은 기간 안에 '상류' 가정 수준을 만들기는 쉽지 않았을 터, 약방의 수입이 가정 경제에 크게 기여한 것 같다. 하지만 이때 말한 '상류'란 주변 환경에 비추어서 그렇다는 것이지, 특정 지표에 따른 빈곤층, 중산층 위의 계층을 이르는 것은 아닌 듯하다.

회찬의 어머니는 학부모로서 학교 일에도 적극적이었다. 그 덕분이었는지 회찬의 어머니는 1970년대 초반 박정희 정권 당시 '장한 어머니상'을 받아 대통령 부인이었던 육영수와 함께 식사도 했다.[23] 회찬 어머니의 활발한 대외 활동은 약국 영업에도 도움이 되었을 것이다. 노회찬이 태어날 즈음에는 단칸방 가난을 벗어나지 못했지만, 그 이후 아이들이 커서 학교에 다닐 때쯤에는 경제적 빈곤에서 벗어났다. 집 안에 오디오나 TV는 물론 사진 암실도 있었다. 지금에야 암실을 제외하면 생필품 같은 것이지만, 당시만 해도 라디오가 아닌 오디오 시설이나 TV를 보유했다면 '꽤 잘사는' 축에 속했다. 이런 경제적 조건과 교육, 문화 분야에 관심과 소양이 많았던 부모는 노회찬의 성장 배경을 이루는 중요한 요소였다. 1968년 12월 3일, 무시험 추첨제가 한 해 먼저 도입된 서울을 제외한 전국에서 중학교 입학 필기시험이 치러졌다. 노회찬은 부산중학교에 합격했다. 부산중학교는 1970년 초량중학교로 이름이 바뀌었다가 1992년에 다시 부산중학교가 되었다. 노회찬이 다니던 3년 중 2년은 학교명이 초량중학교였는데, 여기서는 부산중학교로 통일한다.

부산중의 '노괴물'

1969년 3월 9일 일요일 아침, 중학생이 된 까까머리 노회찬이 집을 나섰다. 학교에 가는 길이었다. 중학교는 초등학교보다 집에서 더 가까웠다. 걸어서 5분 거리. 고입 시험을 준비하는 중학교 3학년 선배들이 일요일에도 학교에서 공부하는 것을 보고 회찬도 따라하기 시작한 것이다. 회찬은 일요일마다 교실에 혼자 앉아 공부를 했다. 그러던 어느 일요일, 그는 '1학년이 건방지게 일요일에도 학교에 나와서 공부한다'는 이유로 3학년 형한테 얻어맞았다.

노회찬은 부산 시절 자기를 키운 8할은 학교라고 말했다. 선생님, 친구, 교과서가 있는 학교생활에 대한 만족도가 높았다. 매년 스승의 날에는 10여 명의 선생님께 편지를 보냈고, '다방면의 많은 친구'를 사귀고 있다는 사실에 자부심을 가졌다. 노회찬은 부모님이 자신의 소년기에 끼친 영향은 학교생활에 비하면 '약간의 플러스알파' 정도였을 뿐이라고 평가했다.

초등학교 졸업과 중학교 입학 사이 학교에 가지 않은 3개월 동안 발휘된 부모의 플러스알파 역할은 그를 매력적인 사람으로 만드는 데 적잖이 기여했다. 회찬의 아버지는 중학교 1학년이 된

노회찬의 부산중학교 수험표(1968) ⓒ노회찬재단

아들을 불러서 중학생이라면 들어야 한다며 음반 한 장을 건넸다. 토스카니니가 지휘한 베토벤 교향곡 5번 〈운명〉이었다. 평소 과묵한 아버지가 이날은 아들에게 토스카니니에 대한 강연을 30분 넘게 했다. 회찬은 처음 베토벤 교향곡을 들었을 때는 머리가 깨질 것 같았는데 자꾸 들으니까 좋아졌다고 기억했다. 그래서 100번 이상 들었다. 아버지가 준 베토벤이라는 열쇠로 노회찬은 음악세계의 문을 열었고, 음악은 그의 평생 친구가 되었다. 첼로를 처음 만져본 것도 이때다. 악기 연주는 회찬이 중학교 들어가기 전에 이미 부모의 교육 목록에 있었다. 그 이유가 재미있다. 5학년이 되던 해인 1967년 1월 7일 노회찬의 일기 내용이다.

오늘은 어머니께서 기쁜 이야기를 했다. 내가 목소리가 나빠서 노래도 잘 못 부르니 바이올린을 켜라는 것이다. 저녁에 오신 아버지께 어머니께서 여쭈어보니 아버지께서도 무슨 악기든지 해야겠다고 말씀하셨다. 아직 사지도 않았지만 나는 퍽 기뻤다.

회찬에게 첼로 교습을 해준 선생님들도 눈에 띈다. 한 분은 당시 부산 시향의 수석 첼리스트였던 배종구다. 회찬 누나의 피아노 선생님으로부터 소개받은 분이었다. 회찬이 서울에서 고등학교에 다닐 때도 첼로 교습을 받는데, 이때 선생님은 배종구가 소개한 국립교향악단의 수석 첼리스트였다. 회찬 부모님의 안목과 경제력을 짐작할 수 있다. 아버지는 회찬이 중학교 2학년 때 20만 원짜리 일본산 첼로로 악기를 바꿔주었다. 당시 한 학기 대학 등록금이 5만 원 정도였으니, 상당히 고가의 악기였다.

노회찬은 훗날 인터뷰에서 이렇게 말했다. "(음대 진학을) 생각했어요. 제 재능만 받쳐줬으면 가고 싶었죠. 그런데 음악은 좋아하지만 천재는 아닌 거예요. 제가 잘한 일 중에 하나가 음대 안 간거랑 신춘문예 안 한 겁니다."[24] 음악과 글쓰기를 그만큼 좋아했다는 얘기다.

흔히들 노회찬이 어렸을 때부터 정치와 사회에 관심이 많았을 거라고 생각하는데, 사실 중학교 때까지만 해도 그런 기미는 잘 보이지 않았다. 본인 스스로도 중학교 때에는 정치의식이 없었다고 회고했다. 1971년 노회찬이 중학교 3학년 때 발간된 교지『오륙도』를 보자. 특집「중학생 시사 연구」에 실린 원고 제목은 "한국 경제 및 민족의 갈 길", "월남전과 우리와의 관계", "대미 섬유 수출"이다. 세 편 모두 3학년이 쓴 글이었는데, 필자 중에 노회찬은 없다. 교지에 노회찬의 글이 있긴 하다. 제목은 "젊은 신사의 광장"이다. 졸업을 앞둔 학생회 간부들이 한마디씩 하는 꼭지에 학교 미화부장을 맡았던 회찬이 쓴 미화부 1년 회고의 글이었다. 제목은 그럴싸하지만 학교를 깨끗이 하자는 진부한 내용이었다.

중학교 2학년 때 발간된 교지에는 서울 수학여행 기행문이 실려 있다. 역시 평범한 중학생 수준의 기행문이다. 출발을 앞둔 설렘, 방문하는 곳에 대한 설명과 느낌으로 채워졌는데, 그중 한 대목이 눈길을 끈다. "차 안에 앉고 보니 같이 못 가는 친구가 생각나는구나. 그 친구들 지금쯤 무엇을 하고 있을까? 고르지 못한 세상이 한스럽기 짝이 없구나." 문득 떠오른, 돈이 없어서 수학여행을 가지 못한 친구들을 생각하며 적어놓은 문장이다.

노회찬의 학창 시절 기록 중 흥미로운 대목은 초등학교와 중학교 생활기록부 내용의 차이다. 초등학교 생활기록부에 나오는 단어는 이런 것들이다. '매우 활동적, 남자답게 활발함, 명쾌하고 상냥함, 정의감 투철함, 비판력 강함, 무력 행위 있음.' 작위적인 취사선택 없이 생활기록부에서 그대로 가져온 표현이다. 중학교 3년의 기록을 보자. '근면, 착실, 성실, 유순, 적극적, 모범적, 지도력, 통솔력 발휘, 자주적.'

초등학생 때와 중학생 때의 평가에 차이가 크다. '열한 살 이후 비폭력'이었다는 노회찬의 말이 떠오른다. 꽤 의미 있는 내면의 변화가 이 시기에 일어났음을 보여주는 대목이다. 노회찬은 중학교 3년 내내 반장이었다.

중학교 친구 김봉룡의 말이다. "중학교 때 만난 회찬이는 차분하고 리더십이 있는 친구였어요. 욱하는 성격이요? 그런 점은 전혀 못 느꼈습니다. 가끔 한마디씩 툭툭 던진 말에 우리 모두 포복절도했죠. 그래서 붙여진 별명이 괴물입니다. 노괴물."

노회찬은 영화와 클래식 음악을 좋아했고, 부산 지역 청소년 적십자단(RCY, Red Cross Youth) 모임에 학교 대표로 참가하거나 부산 학도 종합체육대회에 펜싱 선수로 출전하는 등 교외 활동도 활발히 했지만, '수험생'이라는 처지에서 벗어날 수는 없었다. 중학교 시절 노회찬과 부모의 장래 희망은 '경기고와 의대 진학'이었다. 의대는 몰라도 경기고 진학에 대한 노회찬의 열망은 강렬했다.

초등학교는 걸어서 10분 이내, 중학교는 그보다 더 가까웠다. 통학 길에 버스 한 번 탈 일이 없었다. 부산중과 붙어 있는 부산고 진학은 정말 피하고 싶었다. 인생의 가장 중요한 시기에 한동네에서 뱅뱅 도는 것이 너무 갑갑했다. 누나 영란이 공부를 잘해서 경기여고를 가고 싶어 했는데 좌절된 것을 보면서, 회찬은 무슨 일이 있어도 서울에 있는 경기고에 가야겠다고 마음을 먹는다. 사실 노회찬이 직접 언급하지는 않았지만, 물리적 공간에서 탈출하는 것 못지않게 부모로부터 떠나고 싶은 심리적 탈출 욕망도 컸다. 부모와 마찰이 없었다 해도 청소년기에는 누구나 가질 법한 마음이었다. 노회찬이 이 시기에 쓴 일기 가운데 시험 성적 때문에 어머니께 꾸지람을 듣고 괴로움을 토로하는 내용이 종종 눈에 띈다. 부모도 원하는 경기고 진학은 합법적 탈출구였다. 하지만 그는 끝내 부산고에 응시할 수밖에 없었다. 부모님이 어린 회찬이 서울에서 자취하는 것을 내켜 하지 않았기 때문이다. 누나의 경우와 같은 이유였다. 노회찬의 중학교 성적도 경기고 응시를 주저하게 만든 또 다른 이유였다. 노회찬의 성적은 부산고 합격에는 충분했지만 경기고 합격선에는 미치지 못했다.

부산고 낙방 미스터리

1972년 1월 18일, 부산 지역의 고교 입학시험 날. 노회찬도 이날 시험을 봤다. 그리고 합격자 발표 날. 노회찬의 친구 김봉룡은 긴장감이라고는 조금도 없이 합격자 명단을 살폈다. 딱히 학교에 와서 명단을 볼 생각은 없었는데, 심심하기도 하고 학교가 집과 가까워서 한번 와봤다. 합격자 명단에 자기 이름이 있는 건 당연지사. 부산중의 친한 친구들 이름이 죽 이어졌다. 그런데 이게 뭐지? 있어야 할 친구 이름이 없다. 그럴 리가, 하면서 다시 천천히 명단을 읽어 내려갔다. 없다. 중학교 때 사총사로 불린 김봉룡, 배상선, 한헌석은 있는데, 노회찬이 없다. 봉룡은 곧바로 학교 근처에 사는 회찬에게로 갔다. '아니, 뭐 이런 녀석이?' 봉룡은 기가 막혔다. 회찬은 자기 방에서 바둑책을 보면서 혼자서 기보를 복기하고 있었다.

"야, 너. 어떻게 된 거야?"

"그럴 수도 있지."

"너, 일부러 떨어진 거야?"

"에이."

그의 주변 사람들은 이를 '노회찬 부산고 낙방 사건'이라고 부른다. 친구들은 물론 학교 선생님들도, 동네 사람들도 모두 놀랐다. 가장 충격을 받은 사람은 회찬의 어머니였다. 몇 십 년 동안 만나오던 계모임에도 1년 동안 나가지 않았고, 막내 회건의 초등학교 졸업식에도 참석하지 않았을 정도였다. 회찬의 부산고 낙방에 대해서는 두 가지 가설이 있다. 저항설과 약물 부작용설.

저항설은 경기고에 가고 싶어서 일부러 시험을 망쳤다는 것이다. 주로 어머니의 전언을 통해 퍼진 이 가설은, 노회찬이 답안지를 백지로 냈다는 소문이 근거로 제시되었다. 약물 부작용설로는 시험 전날 먹은 감기약 때문이라는 설과 닭고기를 잘못 먹어 생긴 두드러기를 치료하는 항생제 부작용이라는 설이 있다. 시험을 본 지 한 달이 지난 뒤, 노회찬은 일기에 그날의 일을 이렇게 적었다.

예상 외로 내가 떨어진 데 대해 한마디씩 하는 세상 사람들의 말은 그야말로 구구각색이다. 그러나 실제 내가 떨어진 이유를 아는 이는 오직 나 자신뿐이다. 내가 시험을 치르는 날은 하늘에 구름 한 점 없었지만, 하느님도 이것만은 알 수 없었을 것이다.

그 이유는 한편으로 생각하면 너무 엄청나고 또 한편으로
생각하면 너무 억울한 것이기에 나는 단지 내 자신만이
알고 있는 그 억울한 이유마저 없애려고 나의 말초신경
밖으로 쫓아내려 한다. 그러나 그것은 나의 머릿속에서 떠나지
않으려 한다. 아니 내가 도리어 꼭 잡고 있는지 모른다.
왜? 너무 억울한 것이기에? 잊을 수 없다.
내가 잊으려야 잊을 수 없는 것은 이것뿐이 아니다. 나는 내가
서울로 떠나던 날, 나의 잔뼈가 굵어진, 나의 머리가 커진,
정 어린 나의 집을 떠날 때 일부러 밖에 나오시지도 않고
마음속으로 우시면서 애써 태연한 표정을 지으시던 어머님의
그 모습을 잊으려야 잊을 수가 없다. 나를 태운 택시가 떠난 뒤,
아마 어머님은 방 안에 들어가셔서 슬피 우셨을 것이다.
나는 아무 죄도 없는 어머니를 슬프게 한 죄인이다.

하느님도 모를 그 이유를 그는 훗날 인터뷰에서 밝혔다. 감기
약 부작용 때문이었다고. 재미있는 것은 아직도 친지나 지인들 가
운데에는 저항설을 믿고 있는 사람들이 있다는 점이다.
　여느 때보다 긴 일기를 썼던 그날 회찬은 여러 차례 눈물을 흘
렸다. 어머니를 비롯한 가족 생각으로, 정이 어린 고향 생각으로.
회찬은 스스로 '먼 장래를 바라보며 서서히 훌륭한 사람이 될 것'
을 다짐하며 이날 일기를 이렇게 마무리했다.

　나는 노회찬이다. 그렇다. 미래 그 아무 누구도 함부로 대하지
못할 노회찬인 것이다.

노회찬 가족사의 잃어버린 고리, 실향사민

노회찬의 외가 가족은 어머니 원태순과 외삼촌 원태진 외에는 잘 알려져 있지 않은데, 여기에는 사연이 있다.

원태순과 원태진이 흥남에서 먼저 배를 타고 떠난 후 곧이어 태순의 부모, 언니와 조카, 여동생, 남동생 등 6명이 남쪽으로 내려왔다. 태순의 어머니는 부산 보수동에서 떡장사를 하면서 어렵게 살아갔다. 태순의 언니 태숙은 몸이 약한 데다 어린 딸이 있었고, 여동생 태란과 막내 남동생 성삼은 어렸다. 그즈음 태순의 아버지이자 회찬의 외할아버지는 실종되었던 장남 태호가 전쟁 중에 사망했다는 소식을 전해 듣고, 그 충격으로 뇌출혈이 일어나 쓰러진 뒤이내 세상을 떠났다.

1954년 2월 하순 어느 날, 결혼해서 초량에 살던 태순은 여느 때처럼 보수동 어머니 집에 들렀는데 어머니와 다른 가족이 보이지 않았다. 태순의 어머니는 다시 고향 흥남으로 돌아가고 싶어 했다. 거기 가면 땅도 있고 집도 있는데, 이곳 부산에서는 식구들 먹여 살릴 일이 막막했다. 삶의 중대 기로에서 고민하던 어머니는 둘째 딸 태순도 모르게 고향으로 돌아가기로 결심했다. 늦게 피란 온 가족들은 태순과 태진만 남겨놓고 고향 흥남으로 돌아가기로 한 것이다. 두 번째 이산이었다. 태순과 태진 남매 외에 노회찬 외가의 다른 가족 이야기가 별로 전하지 않는 이유이다. 외가의 사연을 아는 극소수 사람들은 이 사실을 주변에 말하지 않았다.

다만 몇 가지 기억과 전언이, 짝이 안 맞는 퍼즐 조각처럼 여기저기서 튀어나와 사연을 짐작하게 했다. 예컨대 이런 것들이었다. 태순의 어머니가 사위한테 부탁해서 미군 협조로 고향에 돌아갈 수 있었다더라. 사라진 어머니를 태순이 찾아냈다더라. 교회 같은 건물에 다른 사람들과 함께 있었다더라. 포로 교환 때 '특별 케이스'로 판문점을 통해 북으로 갔다더라. 가장 엉뚱한 퍼즐 한 조각은 어머니를 비롯한 태순의 다른 가족이 헬기를 타고 어디론가 떠났다는 기억이었다. 이 마지막 퍼즐 조각을 내놓은 사람은 당시 여중생이었던, 태순의 흥남 서호인민학교 교사 시절 제자 이후자였다. 헬기를 타고 간 것만 분명하고, 다른 것은 다 어렴풋했다. 뜬금없고 맥락이 안 닿는 정보였다. 퍼즐 조각들을 맞추기 위한 노력은 벽에 부딪쳐 앞으로 나아갈 수가 없었다. '실향사민(失鄕私民, displaced civilian)'이라는 용어를 만나기 전까지는.

전쟁포로가 아닌 월남 민간인이 판문점을 통해 북쪽으로 넘어갔다는 가족들의 진술이 사실이라면 관련 기록이나 자료가 있을 것이었다. 기록을 찾고 자료를 뒤지는 과정에서 유력한 단서가 될 만한 논문 한 편을 만났다.[25] 김보영 박사가 쓴 논문 「휴전협정 제59조 '실향사민(失鄕私民, displaced civilians) 조항을 통해 본 전시 민간인 납치 문제의 쟁점과 귀결」을 읽으면서 실마리가 풀리기 시작했다.

한국전쟁은 3년간 지속되었지만, 정전 협상은 1951년 7월부터 이미 시작되었다. 협상을 2년이나 끌게 된 이유는 남북 간 경계선 설정 기준과 포로 교환, 이 두 의제를 놓고 양쪽이 팽팽하게 맞섰기 때문이다. 1953년 7월에 합의된 정전협정문 제59조는 포로에 관한 협정 중 '실향사민'에 관한 조항이다. 정전협정에 따르면, 실향사민은 전쟁 발발 이전(1950년 6월 24일)에 '이남 또는 이북'에 거주했으나 정전협정이 효력을 발생하는 시기(1953년 7월 27일)에 '이북 또는 이남'에 있는 민간인을 말한다.

협상 기간 동안 양측은 상대방이 민간인 수십만 명을 납치했다고 공격했지만, 자신들이 납치한 사례는 없다고 주장했다. 북측은 피란민을 납치된 민간인이라고 주장하기까지 했다. 결국 양측은 정전협정문에 납치라는 표현 없이 실향사민으로만 표기하기로 합의했다. 정전협정문 제59조는 실향사민 가운데 원래 살던 곳으로 돌아가고 싶어 하는 사람들은 일정한 절차를 거쳐 되돌려보낸다는 내용이었다. 정전협정문에 따르면, 남북 당국은 실향사민과 관련된 합의 내용을 자기 지역에 있는 실향사민에게 널리 알리고 자의로 귀향하고자 하는 사람에게는 편의를 제공해야 한다.

남쪽에 있던 실향사민 중 북쪽 고향으로 다시 돌아가겠다는 사람은 극소수로, 정부 기록상 집결 인원은 76명이었다.[26] 당시 남한 쪽 관심의 초점은 북으로 돌아가는 사람이 아니라 '납북자 송환'이었다. 북으로 가겠다고 한 사람들은 반공청년단체의 폭력 위협에 노출되었고, 실제로 폭력 때문에 북으로 못 간 사람들도 있었다. 결국 최종 월북 인원은 37명으로, 이들은 결기를 가진 사람들이었을 것이다. 북쪽에서 남쪽으로 넘어온 실향사민은 19명이었는데, 터키인 11명, 백계(白系) 러시아인(러시아 혁명과 내전 과정에서 밀려난 반혁명파 러시아인) 8명으로 모두 외국인이었다. 실향사민에는 외국 국적 민간인도 포함되어 있었다.

2017년, 국무총리실 소속 '6·25전쟁 납북진상규명위원회'는 『6·25전쟁 납북 관련 자료집』을 발간했다. 김보영 박사는 자료집을 만들 때 정부 요청으로 해제 작업에 참여했다. 노회찬 외가의 행적을 찾고 있던 나에게 김보영은 이 자료집에 '이북으로 송환된 실향사민' 명단도 포함되어 있다는 사실을 알려주면서, 해제 작업 때 정부에서 받은 37명의 명단 사본을 보내왔다. 1954년 2월 20일에 작성된 짧은 문서였다. 기대와 긴장 속에 천천히 명단을 훑어 내려갔다. 37명의 이름 가운데 32번부터 36번까지 그들이 있었다. "원성삼(남, 12), 원태숙(여, 28). 현송남(여, 62),[27] 문연히(여, 5),[28] 원태난(여, 16)" 국적은 대한민국, 출생지는 함경남도 흥남시. 노회찬의 외할머니, 이모, 외삼촌, 이종사촌의 이름이 틀림없었다. 다섯 살부터 예순두 살까지, 세 가지 성씨의 3대 5명이 월북 직전에 세상을 떠난 회찬의 외할아버지 유골과 함께 역사의 격랑을 타고 휴전선을 넘어갔다.

이로써 흩어져 있던 퍼즐 조각은 짝을 찾았다. 사위에게 부탁했다는 퍼즐은 노인모가 근무했던 곳이 유엔민사처였다는 사실과 만나면서 놓일 자리를 찾았다. 실향사민 업무를 맡았던 주무 부처가 바로 유엔민사처였다. 헬기 등장이 설득력이 없다고 생각했던 이유는 민간인에게 미군 헬리콥터를 제공하는 상황을 상상하기 어려워서였다. 그런데 이들은 단순한 민간인이 아니라 남북을 넘어 국제적 관심사였던 한국전쟁 정전협정의 주요 합의점 이행 여부를 판별하는 데 아주 중요한 사람들이었다. 헬기 이상의 것도 필요하다면 동원할 수 있었을 것이다. 그러니 태순의 가족이 헬기를 타고 어디론가 떠났다는 기억이 틀린 것은 아닐 것이다.

태순이 수소문 끝에 다른 사람들과 함께 있던 가족을 발견했다는 기억은 부산, 경남 지역에서 월북을 신청한 실향사민이 모여 있었던 장소를 찾아갔던 일로 추정된다. 태순의 가족을 포함한 실향사민은 미군 군용차로 서울까지 이동했고, 경찰차와 장갑차가 이들을 호송했다. 전국에서 모인 '월북' 실향사민은 1954년 2월 24일 을지로에 있던 예전 훈련원 터(지금의 을지로 6가 국립중앙의료원 자리)에 집결했다.

전쟁의 포연이 채 가시지 않은 때였다. 이승만은 정전협정이 '치욕적 굴복'이라며 '남한 단독 북진 통일'을 외치고 있었다. 실향사민 신청자 명단이 사전에 공개될 경우 이들은 위험한 상황에 처할 수 있었다.

심지어 한국 경찰은 월북 실향사민 중에 '붉은 간첩이 잠입'했다며 유엔군 쪽에 간첩 혐의자를 내놓으라고까지 했다. 유엔민사처가 이를 거부하고서 2월 27일 실향사민을 판문점으로 이송하자 남쪽 치안 당국은 다음 날 경찰 심문관을 판문점 임시수용소로 급파했고, 유엔군 쪽에서 결국 3월 1일 간첩 혐의자 2명을 한국 경찰에 넘겨주었다. 이때 남쪽 경찰은 대기 중인 실향사민 전원을 상대로 다시 한번 자발적 월북 여부 등을 심문했고, 심문 결과 간첩 혐의자 3명이 더 있다며 이들을 강제 연행하려 했으나 유엔 측의 거부로 무산되었다. 노회찬의 외가 식구를 포함해 북으로 가는 실향사민 일행은 외줄 타기를 하듯 생사를 넘나드는 공포 속에서 며칠을 떨며 보냈다. 북에서 남으로 오는 외국인 실향사민 19명은 3월 1일 판문점을 넘었고, 남쪽의 37명은 다음 날 북쪽으로 돌아갔다. 남한 언론은 "1일 실향사민을 인수… 외국인 19명뿐, 10만 납치 인사 어디로 갔나?"[29], "월북사민 신분 재심사… 치안 당국자 어제 급거 판문점에"[30], "월북사민 간첩 사건 확대"[31] 등의 제목을 달고 관련 소식을 보도했다. 북으로 넘어간 민간인에 대한 보도는 거의 눈에 띄지 않았고, 외국인 19명만 내려보낸 북한에 대한 비난과 간첩 '혐의' 사안을 주목해서 보도했다. 북한의『로동신문』도 이 시기에 실향사민과 관련된 사실을 판문점발로 연이어 보도했다. "미국 측, 우리 측 실향사민 중 37명 송환", "외국적의 사민들 군사분계선 통과"라는 제목의 3월 4일 자『로동신문』기사를 통해 남북 양쪽에서 실향사민을 상대방 쪽으로 보낸 사실을 확인할 수 있었다.

태순의 내면에는 또 한 차례 지진이 일어났다. 과거의 지진이 그 시절 누구나 겪었던 분단과 전쟁에 따른 강진이라면, 이번 지진은 소문을 낼 수 없는, 오로지 자신과 남동생, 어쩌면 자기 가족에게만 닥친 지진이었다. 이 지진은 태순에게 평생 동안 여진을 남겼다. 연좌제가 서슬 퍼렇게 살아 있던 그 시절, 자의에 의한 귀향(월북)은 알려지면 안 되는 짙은 주홍글씨였다.

노회찬의 부모를 제외한 다른 가족들은 이 같은 사실을 1980년대 말경에 명시적으로 알게 된 것 같다. 어머니 원태순과 흥남 시절 가까웠던, 전쟁 때 남으로 피란 왔던 친구 1명이 미국으로 이민 가서 시민권자가 되었다. 그 친구가 흥남을 방문해서 자신의 가족을 만났는데, 그즈음 회찬의 막내 외삼촌 원성삼을 찍은 비디오를 어머니 원태순에게 전해주었다. 노회찬은 김대중 정부 시절이었던 1990년대 말 어머니와 외삼촌과 함께 연변에서 작은이모 원태란을 만났다. 50년 만에 이루어진 가족 상봉에서 노회찬은 난생처음 만난 이모에게 1954년 당시 상황과 북으로 간 외가 이야기를 들었을 것이다. 1954년 흥남으로 돌아간 다른 외가 친척은 대부분 세상을 떠난 뒤였다. 노회찬은 비극적인 가족사를 누구에게도 털어놓지 않았고, 공인이 된 후 가족관계를 묻는 인터뷰에서도 이와 관련된 이야기는 하지 않았다. 가족에 대한 질문을 받았을 때 "어머니는 1·4후퇴 때 가족과 헤어져 남동생과 거제로 피란 왔다"라고 말했다. 남다른 두 번째 이산에 대한 이야기는 그의 가슴 속에 아픈 기억으로 묻어두었을 뿐이다.

제2장

첼로와 유인물

1972～1975년:

탈출, 자유, 질풍노도의 3년

노회찬은 자신의 공적인 삶의 기원을 서울 생활이 시작된 1972년으로 삼았다. 부산을 '탈출'한 노회찬에게 서울은 해방구였다. 고향과 가족을 그리워하며 눈물짓기도 한 어린 소년이었지만, '학교를 깨끗하게 만들자' 같은 진부한 글을 쓰던 중학생이 '세상을 엎겠다는 꿈'을 가진 고등학생으로 변했다. 이 둘의 간격을 메워준 것은 질풍노도의 고등학교 3년이었다. 세상을 바꾸겠다는 소년의 야망은 정치에 가닿았고, 눈앞의 유신독재에 대한 저항을 자신의 길로 받아들였다. 아직까지는 소년기의 반항 수준이었지만, 시간이 흐르면서 자신은 이 길을 벗어나지 않을 것이라는 운명을 예감했다.

1972년 10월 17일

1972년 10월 17일 화요일, 저녁 어스름. 소년 노회찬은 고입 재수학원에서 수업을 마친 뒤 37번 버스를 타고 여의도에 있는 집으로 가던 길이었다. 라디오에서 긴급 뉴스가 쏟아져 나왔다.

"박정희 대통령은 특별 선언을 통해 오늘 오후 7시를 기해 국회를 해산하고, 정당 및 정치 활동을 중지하며 … 전국에 비상계엄령을 선포하며…."

퇴근길에 조용하던 버스가 더 조용해졌다. 열여섯 살 노회찬은 이해할 수 없었다. 교과서에는 대통령제 아래서 대통령은 국회를 해산할 수 없다고 되어 있는데. 그는 버스에서 내린 뒤 빠른 걸음으로 집에 도착하자마자 중3 사회 교과서를 펼쳤다. 자기 생각이 맞았다. 대통령이 틀린 거다. 그는 서둘러 집을 나와 시내 방향으로 가는 37번 버스에 올랐다. 주변은 이미 어두워졌다. 광화문 중앙청(예전 조선총독부 건물로, 1995년 김영삼 대통령 때 해체되었다)을 향했다. 중앙청 앞에는 무장 군인들과 함께 탱크 2대가 버티고 있었다.[1] 소년은 발길을 옛 국회의사당(지금의 서울시청 옆 시의회 의사당) 쪽으로 옮겼다. 그곳에도 장갑차 1대가 서 있었다.

노회찬은 큰 충격을 받았다. 대통령은 말 한마디로 간단하게 헌법을 위반했는데, 그럼에도 세상은 조용했다. 그는 다음 날 엄청난 데모가 일어날 줄 알았다. '아니, 이래도 되는 건가? 대통령이 헌법을 어겼는데 왜 조용하지?' 4·19 같은 혁명이 일어날 것으로 믿었던 그는 사회의 침묵에 짙은 배신감을 맛봤다.

노회찬은 정치인이 된 후 중요한 계기 때마다 지금의 자신이 형성된 기원으로 1972년 10월 17일의 사건을 꼽곤 했다. 노회찬이 이날 벼락에 맞은 듯 깨달음을 얻은 것은 아니었다. 그가 고입 재수 시절 마주친 것들에서 싹튼 내면의 문제의식과 유신독재라는 외부 상황이 지속적으로 부딪치면서 저항적이고 정치적인 노회찬이 형성되기 시작했다. 이 충돌은 그 뒤 그의 삶의 방향을 정하는 데 큰 영향을 미쳤고, 그중에서도 1972년 10월 17일은 의미가 아주 강력한 원초적 기억으로 남았던 것 같다. 노회찬이 생전에 자주 한 말이 있다. "전쟁을 겪은 소년은 더 이상 소년이 아니다." 그에게는 이날이 그런 날이었다. 이제 서울 시절 그가 만난 것들에 대한 이야기를 시작해보자.

낙방의 행운

1972년 1월 20일경. 부산 초량동에 있는 노회찬의 집에는 무거운 침묵이 흘렀다. 누구도 예상치 못했던 노회찬의 부산고 낙방은 주변 사람들, 특히 어머니를 비롯한 가족에게 큰 충격이었다. 하지만 마냥 충격에만 빠져 있을 수 없었다. 어떻게 해야 할지 당장 결정을 내려야 했다. 재수를 해야 하나? 재수를 하면 부산에서? 서울에서? 2차 학교에 응시해야 하나? 한다면 어느 학교에?

부모님은 회찬에게 물었다.

"앞으로 어떻게 할 거냐?"

어린 회찬에게는 너무 엄청난 사건이었고, 체면도 말이 아니었다. 재수해서 서울에 있는 경기고에 가고 싶은 마음도 있었지만, 그 말을 할 수가 없었다. 대신 이렇게 말했다.

"고등학교 진학을 포기하고 검정고시를 보겠습니다. 대학도 안 가고 바로 사법시험을 치겠습니다."

노회찬은 이렇게 말했지만, 받아들여질 여지가 없는 낙방생의 말일 뿐이었다. 어머니는 서울에 있는 남동생 태진에게 전화를 걸어 SOS를 청했다. 초량 집에 급하게 내려온 외삼촌은 낙방한 조카에게 뜬금없이 숙제를 냈다. "『삼국지』를 읽고 독후감을 써봐라." 중2 때 『삼국지』를 읽은 적이 있었던 노회찬은 독후감을 썼다. 외삼촌은 회찬의 감상문을 다 읽고서 회찬 부모님께 말했다.

"제가 서울로 데려가겠습니다."

조카 회찬의 '싹수'를 알아보기 위한 태진 외삼촌의 시험은 독특했다. 그는 왜 『삼국지』에나 나올 법한 행동을 한 것일까? 조카 회찬의 탈부산 의지를 익히 알고 있던 태진이 시험을 빌미로 누나와 매형의 걱정을 덜어주기 위해 생각해낸 이벤트는 아니었을까?

의도한 것은 아니었지만, 부산고 낙방은 노회찬에게 매우 만족스러운 결과를 가져왔다. 1972년 2월 1일 오후 5시, 노회찬은 부산역에서 기차를 타고 홀로 서울로 떠났다. '부산 탈출'에 성공한 것이다. 서울행 하루 전날 그는 일기장을 샀다. 앞날의 다짐을 짧게 쓴 1월 31일 첫 일기 마지막 대목은 이렇다.

"足下不死 孤不得安"
그대 죽지 않는 이상

유수구 전투에서 위나라 조조를 꺾은 오나라 손권이 조조에게 보낸 편지 구절이다. 젊은 손권이 나이 많은 조조에게 당당하게 던진 저 말이 어린 회찬에게 멋있게 보였던 것 같다.

외삼촌의 아우라, 조카를 물들이다

노회찬의 삶에 지대한 영향을 준 둘째 외삼촌은 어떤 사람이었을까? 원태진은 1934년생이다. 1947년에 서호인민학교를, 1949년에 흥남제1중학교를 졸업했다. 중학교를 졸업한 해에 흥남제1고등학교에 입학했으나 2학년 때 전쟁이 일어나 가족 중 누나 원태순과 함께 둘만 먼저 남쪽으로 내려왔다. 그 뒤 전쟁 중이던 1952년 5월경 대광고등학교 거제분교 3학년에 편입했다. 1950년 12월에 거제로 피란 온 지 1년여가 지난 뒤에야 고교 3학년으로 편입한 이유는 확인되지 않았다. 다만 스스로 생업에 나서지 않으면 안 될 정도로 형편이 어려워 진학이 늦어진 것으로 추측된다. 졸업은 1953년 2월경 대광고등학교 부산분교에서 했다. 그리고 그해 4월 서울대 수학과에 들어갔다.

원태진은 대학에 들어가서도 건강 문제로 2년 동안 휴학을 했기 때문에 1959년 2월에 졸업할 예정이었다. 그런데 졸업식을 3일 앞두고 경찰에 연행되었다. 국가 변란 목적의 이적단체 '반팟쇼투쟁청년동맹'을 만들어 국가보안법을 위반했다는 혐의였다. 그의 판결문에는 직업이 대학생으로 나온다. 졸업하기 전 구속되었기 때문이다. 그해 7월 1일, 그는 15년 형을 받는다. 변호인과 검찰은 1심에 불복해 항소했고, 항소심 법원은 1959년 12월 10일 7년 형을 선고했다. 항소심에 불복한 양쪽은 대법원에 상고했으나 대법원은 1960년 4월 상고를 기각하고 원심을 확정했다. 원태진은 이에 불복 재심을 신청했고, 고등법원은 1962년 1월 이를 기각했다. 결국 그는 1966년 만기 출소했다.

정치적 의도가 깔린 전형적인 '간첩 만들기' 사건이었다. '평화통일'을 주장하면 죄가 되고 간첩이 되던 시대였다. 어떤 사람에게는 정말로 '죽을죄'가 되었다. 원태진의 1심 판결이 나오고 꼭 30일 뒤인 1959년 7월 31일, 평화통일을 주장하던 진보당 대표 조봉암은 간첩죄로 사형이 집행되었다.

원태진은 출소 후 무역과 건설 계통에서 일하다가 1980년대부터 건강식품 전문가가 되어 그 이전과는 다른 삶을 살았다. 노회찬은 상경 후 상당 기간을 외삼촌 원태진과 함께 살았다. 그는 어린 시절 외삼촌을 면회하러 서대문형무소에 갔던 일을 기억했다. 어머니는 막내 회건을 업은 채 회찬의 손을 잡고 부산에서 서울로 면회를 다녔다. 회찬의 아버지도 처남이 만기 출소할 때까지 한 달에 한 번씩 면회 가는 일을 빠뜨리지 않았다. 노회찬의 기억이다.

저는 4·19와 5·16 날이 다 기억나요. 저는 1960년 4월 19일 날 서대문형무소에 있었거든요. 내 나이가 다섯 살 땐데, 엄마 따라 외삼촌 면회 갔다가 나오려 하는데 형무소 근처에서 데모가 벌어지는 바람에 못 빠져나와서 쩔쩔맸던 기억이 나고요. 또 열차 타고 부산에 왔을 때 우리 집 근처에 도지사 공관이

시위 민중들의 돌팔매질로 파괴되고 우리 식구들이
덜덜 떨고 있던 장면이 기억나요.[2]

노회찬이 젊은 시절 남긴 일기에도 태진 외삼촌 이야기가 종
종 나온다. "다행히도 나는 그런 것(사춘기, 청춘: 인용자)들을 잘 이
해한다고 자칭하는 사나이(?)와 생활하는 덕분에 때로는 넘치는
자유를 내 스스로 규제해야겠다는, 장려할 만한 생활 태도를 갖게
되었다." 40대 외삼촌과 10대 조카는 가끔 술을 한잔하면서 이야
기를 나누기도 했다. 이런 기록도 있다. "삼촌의 말씀은 내적 평화
를 가져다줬고, 결(決)을 뚜렷하게 했다", "삼촌의 말씀 들었다. 귀
에 거슬리는 말이 몸에 좋다. 그의 말은 다시금 자신을 돌아보게
했다." 그가 10대 후반 고교 시절에 40대 초반 외삼촌을 '사나이'라
고 기록한 것은 자신을 독립적인 주체로 인정해주고 배우고 싶은
것을 많이 가졌지만 가르치려 들지 않는 어른에 대한 청소년 특유
의 애정 표현이었다.

노회찬이 비교적 이른 나이에 사회운동의 세계에 눈을 뜨게
된 것도 외삼촌의 영향이 컸다. 피란민 고등학생에서 서울대 운동
권이 되었고 졸업식을 며칠 앞두고 구속되어 7년 징역형을 다 채
우고 나온 외삼촌의 아우라가 어린 노회찬에게 준 영향은 압도적
이었다. 고교 시절 읽었던 레닌의 『What is to be done(무엇을 할
것인가)』도 외삼촌의 서가에 꽂혀 있던 책이었다. 노회찬은 고등
학교 때 외삼촌한테 들었던 조언을 훗날 정치인이 된 뒤 인터뷰에
서 다시 되살려내기도 했다. 노회찬은 가까운 주변 사람들에게 태
진 외삼촌을 소개할 때 "오늘의 나를 있게 해준 분, 아버지처럼 모

신 분"이라고 표현했다.

1972년 2월의 서울은 회찬에게 '인생의 가장 큰 전환점'이 된 새로운 시간과 공간이었다. 부산을 벗어난 것은 노회찬 인생에서 최고의 기회이자 선물이었다. 서울이 준 가장 값진 선물 가운데 하나는 자유였다. 기차에서 내려 서울역 광장을 걸을 때면 그는 이렇게 말하곤 했다. "서울의 공기는 자유롭다." 소년 노회찬은 재수생답게 자유를 '절제'로 관리할 수 있었다. 하지만 새로운 '자유의 문물'을 모두 외면할 정도로 '철통' 같은 자제력을 발휘하지는 못했다. 그리고 그 새로운 것들은 이전과는 다른 노회찬을 만들었다.

태진 외삼촌은 조카와 함께 살 집으로 여의도의 시범아파트를 세내었다. 집세는 회찬의 부모가 부담했다. 1971년 10월 완공된 시범아파트는 말 그대로 서울시가 '시범적'으로 튼튼하고 고급스럽게 지은 것으로, 당시에 최초로 엘리베이터가 설치된 초고층, 최고급 신축 아파트였다. 이 집은 청소년기 회찬에게 중요한 공간이 되었다. 고교 시절 친구들과 시국과 인생에 대해 열띠게 토론하고, 성능 좋은 오디오로 클래식 음악 감상을 즐겼을 뿐 아니라, 술을 마시고 담배를 피우는 등 그들에게는 일종의 '해방구이자 아지트'였다. 회찬의 외삼촌은 이런 행동을 '전혀' 간섭하지 않았다.

14년 후 세계정세를 전망한 까닭

부산의 부모가 회찬을 서울로 보내기로 결심한 이유 중에는 대성학원이라는 유명한 입시학원이 있다는 사실도 포함됐다. 당시 입시학원은 주로 대입 재수생을 대상으로 했는데, 그중 세종문화회관 뒤편에 있던 대성학원은 입시 성과가 좋은 학원으로 평가되었다. 대성학원은 그 유명세를 업고 고입 재수생을 대상으로 하는 학원도 운영했다.

회찬과 함께 대성학원을 다닌 허운은 당시 회찬이 외모뿐 아니라 행동도 점잖고 말투도 무게감이 있어 굉장히 어른스러웠다고 기억한다. 그때 대성학원에서는 매달 시험을 치러 1등을 한 학생에게는 학원비를 면제해주었는데, 첫 시험에서는 허운이 1등, 노회찬이 2등이었다. 하지만 두 번째 시험부터 졸업할 때까지 노회찬이 계속 1등을 했다. 학원비가 2만 원 하던 시절이었는데, 집에서는 네가 잘해서 받은 거니 용돈으로 쓰라며 학원비를 계속 보내줬다. 회찬은 그 돈으로 책도 사고 영화도 보면서 문화생활을 즐겼다.

노회찬이 고입 재수 시절에 쓴 일기에는 당시의 시시콜콜한 일상뿐 아니라 소년 노회찬이 세상을 보는 눈을 키워간 흔적도 찾아볼 수 있다. 예를 들어 14년 후 자신이 서른 살이 되는 1986년의 세계정세를 전망한 긴 글을 남겨놓았는데, 이 글을 쓴 이유를 "그때 세상 돌아갈 것을 예측하여 나의 진로를 택해야 할 이 마당에 한번 생각해볼 만도 하다"라고 적었다. "1986년 미국은? 한물간 나라다. 1920년대 경제공황이 그때 다시 올 줄 모른다. 세계적 공황이 없다면 먼로주의[3]를 채택할 것이다." 소련이 시베리아 개발에 나설 것이고 그럴 경우 일본 자본의 참여가 예상된다는 전망도 흥미롭다. 이어 발칸반도, 북유럽, 동유럽, 사회주의화하고 있는 중남미 등 전 세계를 넘나들며 분석한다. 월남전은 무지 오래 끌 것인데 결국 미국이 두 손을 들고 붉은 월남이 될 것이라는 분석도 있다.

실제로 그렇게 되었다. 30년 후 세계는 경제적 고립주의가 지배할 것이고 결국 자원이 많은 나라가 이긴다. 이게 그의 결론이었다.

겁 없는 소년의 글로벌 정세 분석과 전망이 결과적으로 맞았는지 틀렸는지는 중요하지 않다. 이런 분석은 그가 당시에 접한 시사 잡지와 신문 보도 내용을 정리하고 거기에 나름의 생각을 덧붙인 것일 가능성이 높다. 중요한 것은 열여섯 살 소년이 세계를 책상 위의 지구본처럼 바라보며 자기 인식의 대상으로 끌어들였다는 점이다. 이로부터 14년 뒤인 1986년 서른 살의 노회찬은 인천에서 노동자 조직인 '인천지역노동자계급해방투쟁동맹'을 만든 핵심 인물이 되어 있었다.

한편, 고입 재수 시절 회찬에게 이산가족이라는 정체성은 중요한 부분을 차지하고 있었다. 자신이 태어난 부산보다 어머니가 나고 자란 흥남을 자신의 정신적 고향으로 생각했다.

그곳은 함경남도 흥남 서호리, 어머니가 자란 곳이다. 내가 좋아하는 바다가 보이는 곳이다. 통일이 되면 나는 그곳으로 제일 먼저 달려갈 것이다. 금강산보다 먼저 그곳으로. 본적도 그곳으로 옮기겠다. 그리고 늙어 죽을 때까지 그곳에서 살리라. (1972년 8월 11일 일기 중에서)

서점에서 우연히 만난 잡지 한 권

노회찬의 회고와 일기, 친구들과 나눈 편지, 생전의 인터뷰를 종합해보면 고입 재수 1년 동안 그를 지배했던 세 가지는 해방감과 향수, 입시에 대한 중압감이었다. 향수와 외로움을 해방감이 달래주긴 했지만 입시에 대한 중압감 때문에 해방감을 만끽하지는 못했다. 회찬은 '똑같은 공부를 2년이나 했는데 최우수 성적이 안 나오면 웃음거리밖에 안 된다'며 스스로를 다그쳤다.

회찬은 학원에서 받은 장학금으로 극장에서 영화를 보고 서점에서 책을 사서 읽는 것으로 입시의 부담감에서 잠시 벗어나곤 했다. 그러다가 서점에서 우연히 만난 잡지 한 권이 그를 흔들었다. 월간『다리』다. 그는 이 잡지를 보면서 부모나 교과서가 가르쳐주지 않은 것에 대해 눈을 뜨기 시작했다. 세상에 대한 호기심도 부쩍 커졌다. 그는『다리』창간호부터 폐간호까지 모두 구입했다. 다 이해하지는 못했지만 열심히 읽었다.『다리』는 손에 잡힌 첫 번째 고구마였다. 그 책을 파고들다 보니 다른 책들이 땅 속의 고구마처럼 줄줄이 엮여서 지상으로 올라왔다. 이렇게 해서 만난 잡지들이『사상계』,『씨올의 소리』,『창작과 비평』,『대화』등이었다. 영문판『내셔널지오그래픽』과 일본어판『스크린』도 이때 만났다.

잡지뿐만이 아니었다. 그가 고입 재수생 시절에 샀다고 밝힌 책이 몇 권 있다. 그중에는 정음사에서 나온 문고판『경제학 비판 서설』[4]이 있는데, 노회찬이 고입 재수 시절 마르크스 경제학 서적을 읽은 것이 사실 크게 놀랄 일은 아니다. 반공을 국시로 하던 군사독재 시대의 학생들은 공산주의 사상을 배워야 했다. 도덕과 윤리 시간에 유물론, 사적유물론, 변증법, 그리고 헤겔과 마르크스를 배웠다. 이런 '붉은 사상'을 배운 이유는 비판하기 위해서다. 군사독재 시절 학교에서 배웠던 공산주의 사상 비판 교육은 노태우 정권의 북방정책에 맞춰 통일안보 교육으로 방향을 바꿨고, 김영삼 정부 시기에는 안보를 뺀 통일 교육으로 바뀌었다. 반공용 공산주의 사상 교육은 1990년대 초반부터 학교에서 사라졌다.

1972년 10월 17일 화요일, 비상계엄이 선포된 날 저녁에 학원에서 귀가했다가 다시 광화문으로 나온 것은 노회찬의 이런 성장 과정 중에 일어난 '사건'이었다. "열여섯 철없는 소년이 처음 이 길로 나선 날"이며, 그의 '인생의 중요한 전환점'이 된 사건이었다. 정확하게 말하자면 그 후 삶의 향방을 결정지은 '기점(起點)'이었다. 서울에 올라오자마자 그는 이런 약속을 했다.

나는 내가 1년을 다른 아이보다 뒤진 것을 작전상 후퇴했다고
생각한다. 다른 아이들이 고등학교 1학년에 들어가 1년 동안
배운 것보다 더 많은 것을, 더 풍부하고 더 견고한 것을 나는
이 귀중한, 나의 일생의 새 이정표가 될 이 1년 동안
얻을 것이다. 보다 폭넓은 보다 넓은 안목을 가진 사람이 되어
눈앞의 것에만 몰두하지 않고 먼 장래를 바라보며 서서히
훌륭한 사람이 되기 위한 나 스스로의 성을 쌓는 작업을
하는 것이다. (1972년 2월 18일 일기 중에서)

1년이 지났고, 그는 약속을 지켰다.

화동에서 평생 벗들을 만나다

1973년 3월, 서울시 종로구 화동 경기고등학교 1학년 3반. 신입생들의 마음은 창밖의 봄날보다 더 화창했으리라. 1학년은 한

학급에 60여 명씩, 모두 12개 반이었다. 저마다 가슴에 용암 같은 야망을 품고서 입학한 소년들은 낯설고 서먹한 분위기가 교실을 오래 지배하도록 놔두지 않았다. 짧은 '탐색전'이 끝나자 소년들은 친구를 만들기 시작했고, 교실은 점점 시끄러워졌다.

입학 첫 달이 다 가기 전 3반 학생들은 오래 기억될 만한 사건을 목격했다. 독특한 헤어스타일 때문에 메뚜기라는 별명으로 불리던 세계사 선생이 있었는데, 평소 너무 권위적이어서 학생들에게 인기가 없었다. 그날 수업은 북미 대륙의 원주민에 관한 내용이었는데, 선생은 신이 나서 자못 진지하게 수업을 이어가고 있었다. 그런데 학생들이 볼 때는 재미도 없고 과장된 이야기였다. 여기저기서 피식 웃는 소리가 들렸다. 기분이 상한 선생은 "너희들, 내가 한 얘기 텔레비전에 나온 것 못 봤어?"라며 물었다. 여기저기서 "못 봤는데요"라며 건성으로 대답했다.

그때 메뚜기 선생이 돌변했다.

"방금 못 봤다고 한 놈들 다 일어나."

교실에 갑자기 냉기가 돌았다. 다들 잠자코 있던 중에 별로 화낼 일도 아닌 걸 가지고 화내는 선생이 못마땅했던 노회찬이 일어났다.

"너, 정말 못 봤어?"

"집에 텔레비전이 없습니다."

노회찬은 사실을 말했지만, 선생은 반항으로 읽었다. 선생의 매타작이 시작되었다. 왼쪽, 오른쪽 뺨을 번갈아가며 때리고 주먹질과 발길질에다 빳빳한 출석부로 머리를 내리치는 등 5분 넘게 체벌이 계속되었다.[5]

78

경기고등학교 시절 노회찬(1973) ⓒ노회찬재단

입학 직후 목격한 '경기고' 선생의 구타는 학생들을 놀라게 했다. 현장을 목격한 반 친구들은 이 일이 있기 전보다 회찬을 더 또렷하게 기억할 수 있게 되었다. 오로지 이 한 사건 때문만은 아니겠지만, 이 일이 있은 뒤 회찬에게는 가깝게 지내는 동무들이 생겼다. 어떤 집단이든 서로 '배짱'이 맞는 사람끼리 가까워지기 마련이다. 노회찬, 이종걸, 장석, 정광필, 최용석 등 10여 명 안팎의 친구들이 노회찬과 평생 가깝게 지냈다. 장석, 정광필, 최용석은 2학년 때도 같은 반이 되었다.

이 모임은 이름도 회칙도 없었다. 정식 회원이 있는 것도 아니고 회원 수가 고정된 것도 아니었다. 다만 경기고 '범생이' 분위기와는 좀 다른, 비주류를 지향한다는 점은 일치했다. 입시 위주의 학교 분위기에 대한 반감, 사회문제에 대한 관심과 비판 의식, 문화와 예술을 즐길 줄 아는 자유로운 영혼, 이런 것들이 그들이 공유하거나 지향한 가치였다. 물론 그들만 그런 고교 시절을 보낸 것은 아니었고, 당시 대한민국에 이런 생각을 가진 고교생이 그들만도 아니었다. 눈여겨볼 대목은 당시의 고민과 실천이 삶의 행로를 결정하는 데 상당한 영향을 미쳤다는 사실이다.

"정말 진국인 친구들을 이상하게 그때 한꺼번에 만난 거죠. 개인적으로 큰 복이라고 생각하고 있어요. 그중에서도 회찬이는 중요한 인물이었습니다. 정치 지향적이기도 했고, 사회문제에 대해 토론하는 걸 좋아했죠. 물론 전면에 나서지 않았던 친구들도 이런 데 동조했어요. 재미없었을 고등학교 시절을 견딜 만하게 해준 친구들이었습니다."[6]

노회찬보다 먼저 노동 현장에 들어갔던 최용석의 말이다.

"열망하던 고등학교에 입학하자마자 일종의 환상이 깨졌습니다. 이것도 하고, 저것도 하고, 자유로운 생활이 펼쳐질 줄 알았는데…. 고3 교실에 가보니 대입 D-day 며칠 전, 벌써 날짜가 카운트되고 있었어요. 고등학교 생활이 대입이라는 걸로 모아지니까 엄청나게 실망했죠. 대개는 거기에 순응했죠. 입시 위주의 학교 생활에 갇히기 싫다, 이게 큰 이유였던 것 같습니다. 나는 1학년 때 사회문제에 대해 각성이 안 됐어요. 나 같은 애들은 소설이나 문학작품 그런 거에 탐닉했죠."[7]

통영에서 수산업을 하는 친구 장석의 말이다. 그는 성인이 된 후 노회찬에게 음으로 양으로 많은 도움을 준 친구였다.

4·19묘지 참배를 제안하다

4월이 왔다. 교실 창밖 운동장에는 봄날이 한창이었지만, 학교 담장 밖에는 다른 계절도 있었다. 공포정치로 전국이 얼어붙어 있던 유신 시대였다. 하지만 교정 바깥의 정치적 추위가 교실 내부의 분위기에 큰 영향을 주지는 않았던 것 같다.

"큰 영향을 줬다고 보기는 어려울 것 같아요. 오히려 당시 벌어졌던 『동아일보』 광고 탄압 사태[8]에 맞서 격려 광고를 조직한 일이 우리에게는 더 큰 사건이었던 것 같아요. 도대체 세상에 이런 일이 있을 수 있나, 하는 생각에 반별로 모금해서 격려 광고를 냈죠."[9]

『동아일보』 정치부 기자를 오래 했고 노회찬이 종종 정치적 조언을 구했던 고교 동창 김창희의 말이다. 노회찬은 각 반을 돌아다니며 격려 광고에 참여하라며 독려하고 다녔다.

노회찬과 가까운 친구들은 좀 다르게 놀고 싶었다. 이미 언급했던 것처럼 비주류 지향, 비판적 사회의식, '풍류'를 즐기는 자유로운 영혼, 중심을 흔드는 변방의 불온성 등이 이들을 묶어준 차별적 접착제 성분이었다. 1학년 3반 정원 60명 가운데 20명 정도가 지방 출신이었다. 모두가 그런 것은 아니었지만 지방 출신은 상대적으로 가난한 편이었다. 서울 출신이라고 다 부자는 아니었지만 명성이 화려한 집안의 자식들이 적지 않았다. 현역 보안사령관의 아들, 5·16군사쿠데타 때 박정희와 함께 한강 다리를 건넜던 사람의 아들, '대한민국에서 손꼽히는 기업가'의 아들 등. 이들은 신문에 나오지 않는 고급 정보를 종종 반 친구들에게 비밀스럽게 전했다.

노회찬은 마음이 통하는 친구 10여 명을 모아 '계'를 만들었다. 두 달에 한 번씩 치르는 정기 고사가 끝나면 학교 부근에 있는 중국집에 모여 탕수육과 군만두에 빼갈(고량주)을 한 잔씩 하는 '계'였다. 1학년 첫 시험이 끝난 날, 계원들이 '광화문반점'에 모였다. 칸막이가 쳐진 널찍한 중국집 방 안이 왁자지껄했다. 이날 할 말이 있었던 노회찬은 자리가 좀 조용해지자 제안을 하나 했다.

"우리가 그래도 명색이 고등학생인데 4·19혁명의 날을 그냥 넘길 수 있냐?"

"그냥 안 넘기면… 뭘 하자는 거냐?"

"수유리 4·19묘지에 참배 가는 거지."

노회찬이 말을 이어갔다.

"그런데 4월 19일에 가면 국무총리 김종필을 봐야 되잖아.

4·19묘지 수호자상 옆 노회찬(1973) ⓒ노회찬재단

5·16으로 4·19를 찬탈한 놈하고 우리가 같은 날 같은 자리에 있을 수는 없지. 그러니까 우리는 4월 18일 오후 한적할 때 가는 거야. 어때?"

친구들은 노회찬이 제안한 '거사'[10]에 동의했다. 그들은 4월 18일에 묘지를 참배했고, 참배를 마친 뒤 근처 주막집에 가서 교복을 입은 채 막걸리를 제주(祭酒) 삼아 마셨다. 젊은 청춘들은 4·19혁명과 5·16군사쿠데타와 군사독재를 거론하며 울분을 토로했다. 이날 이들의 이야기는 꼬리에 꼬리를 물고 길게 이어졌다.

4·19묘지 참배에 대한 노회찬 친구들의 기억은 다들 조금씩 다르다. 다만 4·19정신을 기리기 위해, 그리고 독재정권을 거부하는 뜻에서 '배짱' 맞는 친구들이 4·19 하루 전에 묘지를 참배했고, 이어 매년 참배한 것은 사실이었다.[11]

세상을 엎어버리고 싶은 소년

노회찬이 몇몇 친구와 가깝게 지냈다고 해서 교우관계가 좁았던 것은 아니다. 관심사가 정치·사회문제에 국한되었던 것도 아니다. 1학년 때 그가 열정을 쏟은 일 중 하나가 학급지를 만드는 것이었다. 『한벗』은 1학년 3반 학생들이 자율적으로 냈던 잡지 이름이다. 공식적으로는 부반장이 편집장을 맡았지만, 사실상 편집장 역할은 노회찬이 했다. 노회찬을 포함한 '비주류 모임' 친구 중 5명이 편집위원이었다. 『한벗』에는 재기와 치기 그리고 호기가 넘치는 글들이 많았다. 노회찬은 "기독교 사회, 그 문제점"이라는 제목의 글을 실었다. 일부 내용을 인용한다.

기독교는 예나 지금이나 가난하고 병들고 헐벗은 자들을 해방해주며, 구원으로 선도해주는 것이다. 이렇게 인간의 세상을 구원한다는 그 과제를 위해 기독교는 탄압 앞에 서기도 하고, 나치 정권에 도전했고, 이 사회와 인류에게 희망과 참삶을 주기 위해 끝까지 불의의 세력과 대항해왔던 것이다. 그런데 유감스럽게도 한국의 기독교는 이렇게 불의에 항거하는 적극적인 참여의 자세보다는 신앙을 지킨다는 수세의 입장이 되어 세상이야 어찌되건 자기 하나만 잘되고 구원을 받으면 된다는 생각에 사로잡히게 된 것 같다. 결국 기독교는 개인주의가 되어버렸고, 대의보다는 소아병에 걸려버린 것이다.

예수는 사랑 때문에 가난하고 병든 자들과 함께하신 것이며, 정의 때문에 '빌라도'의 법정에서 선 것이 아닌가! 고아원이나 방문하고 양로원에 선물이나 보낸다고 해서 사랑을 다한 것이 아니다. 지금도 가난하고 병들고 관권과 금력에 눌려 신음하는 사람이 그 얼마나 많은가! 교회만을 위해 있는 교회요, 안일과 도피 속에서 개인의 이익이나 구하는 집단이면, 교회의 존재 의미를 어디서 찾아야 하며 정말 예수 그리스도는 이런 무리들을 위하여 십자가를 진 것인가?

노회찬은 가지런히 정돈된 논리로 한국 기독교가 예수의 가르침을 잊고 기복신앙에 빠진 것을 비판하고 있다. 이와 함께 민족 전통문화와 유입 종교의 바람직한 관계에 대해 아프리카의 사례를 들어가면서 자기주장을 설득력 있게 펼쳐나갔다. 편집위원들이 머리를 짜낸 기획 꼭지 중에는 앙케트 설문이 있었다. 이런 종류의 잡지에서 흔히 볼 수 있는 설문조사다. 편집위원들이 반 친구들에게 던진 질문은 이랬다.

1. 입학 전에 생각했던 경기와 지금의 경기
2. 하고 싶은데 못했거나 못하고 있는 일
3. 내일 지구가 꺼진다면 오늘은 무엇을 할 것인가?
4. 지금 당신에게 무한정의 돈이 있다면?
5. 좋아하는 소녀상

질문이 빤하면서 풋풋하다. 노회찬의 답이다.

1. GOD → DOG.
2. 이 세상을 한번 엎어보는 일
3. 우리에게 내일은 없다.
4. 먼저 $로 바꿔야겠죠(₩는 워낙… 허허).
5. 남남북녀라, 천리마운동에 한창일 북한 소녀.

그의 답에서 '남남북녀, 천리마운동, 북한 소녀' 같은 단어가 등장한 게 눈길을 끈다. '분단체제'를 사는 의식 있는 젊은이들에게 민족문제가 주된 관심사로 떠오르는 건 당연했다. 게다가 노회찬에게 분단은 정치문제이며 동시에 가족문제였다. 2번 질문에 대한 노회찬의 답은 사춘기 특유의 반항심의 발로이자 못마땅한 정치 현실에 대한 반응이며 세상을 들었다 놓았다 하고 싶은 소년 노회찬의 큰 야망이었다. 그리고 그는 이 야망을 계속 간직했다.

노괴물에서 노지심으로

노회찬은 1972년부터 1978년까지 7년 동안 모두 186회의 일기를 남겼다. 이 가운데 1972년 재수 시절이 37회, 고교 2학년 때가 38회다. 1학년 때는 9회에 지나지 않았다. 그중에서도 절반가량은 고1 여름방학 때 한 달 정도 머문 구례 화엄사 생활에 관한 짧은 메모다. 고1 때는 사실상 일기를 쓰지 않은 것과 마찬가지다. 이때는 일기 쓸 겨를도 없이 몸과 마음이 분주했다.

1학년 여름방학, 회찬은 부산 집으로 내려갔다. 이때도 회찬에게는 따로 계획이 있었다. 해변 캠핑과 산속 사찰 생활. 부산중학교 사총사는 오랜만에 완전체가 되었다. 김봉룡, 배상선, 한헌석은 부산고 2학년, 회찬은 경기고 1학년이었다. 캠핑을 가자는 회찬의 제안에 따라 사총사는 7박 8일 일정으로 방어진에 갔다. 일주일 밤과 낮을 친구들과 같이 있으면서도 회찬은 정치·사회문제는 한마디도 하지 않았다. 캠핑의 재미에 빠져 그런 주제가 생각나지 않았을 수 있다. 하지만 서울에서 열정적으로 만나고 경험했던 '세계'를 가장 친한 친구들과 공유하지 않았다. 노회찬은 생전에 친구들 사이에서 정치 이야기를 하지 않는 것으로 유명했다. 나중에 반독재투쟁에 눈을 떠서 운동에 뛰어들었던 한헌석에게도 마찬가지였다. 친구들이 정치 이야기를 물어도 얼버무렸고, 어린 시절 추억 같은 재미난 이야기만 나누며 평생을 오로지 인간적으로 좋은 친구로만 지냈다.

8월 2일 아침, 7박 8일 캠핑을 끝내고 집으로 돌아온 노회찬은 곧바로 구례 화엄사로 떠났다. 집에서 '가장 멀리 떨어진', 장기

숙박이 가능한 절을 찾아보니 오대산 월정사와 구례 화엄사가 꼽혔는데, 그중 하나를 고른 것이었다. 노회찬은 방학 기간 대부분을 화엄사의 산내 암자인 지장암에 머물렀다. 그곳에서 짧지만 격동의 한 학기를 정돈하고 계획을 세워야 했다. 하지만 화엄사에서 겪은 너무 많은 재미있는 일들이 그 일을 방해했던 것 같다. 대신 노회찬의 유명한 '화엄사 구라'가 탄생했다.

9월, 2학기가 시작되었다. 친구들은 지난 여름방학 때 다른 친구들이 뭘 하고 지냈는지 너무 궁금해했다. 돌아가면서 이야기를 풀었다. 노회찬 순서가 왔다. 회찬은 화엄사에서 겪은 이야기를 특유의 입담과 부산 사투리에 얹어 쏟아냈다. 지리산 화엄사의 스님들이 축구를 잘하더라. 입산 수련하는 도사들이 지리산에 많다. 방학 때 대학 입시 공부를 하러 왔던 고3 학생들이 도사를 만나 학업을 때려치우고 무술을 연마하고 있다. 고수들이 연마하는 모습을 보았더니 생소나무를 정권(正拳)으로 부러뜨리더라. 도사들이 대련을 하는데 장풍을 쓰더라. 주먹이 닿지도 않았는데 나가떨어지더라 등등. 도사들의 믿기 힘든 장풍 대결을 영화의 한 장면처럼 생생하게 묘사했다. 스님들 축구 이야기는 친구들을 운동장의 흥분한 관중으로 만들었다. 이날 이후 회찬은 별명을 얻게 되었다. '노지심'. 수호지에 나오는 말술을 마시고 의협심이 강한 괴팍한 파계승으로, 양산박 108명 두목 중 한 사람이다. 중학교 때 별명인 '노괴물'과 상통하는 별명이었다.[12]

경기고에 들어간 이후 노회찬은 학교 공부에는 신경을 별로 쓰지 않은 것 같다. 반 석차는 1학년 1학기에 중간 수준을 기록한 이후 줄곧 바닥권이었다. 노회찬이 새롭게 만난 세계와 교과서는 학교 공부를 할 동력을 앗아갔다. 고교 시절의 일기에는 종종 입시에 대한 불안과 초조함을 기록해놓았지만, 친구들과는 이런 이야기를 나누지 않았다. 특히 자유로운 영혼들의 '비주류 모임'에서는 공부 이야기가 끼어들 틈이 없었다. 그리고 무엇보다 그 문제는 우선적 고민이 아니었다. 친구들과 함께 나눌 고민은 더더욱 아니었다.

함석헌, 선우휘, 김상현

청년은 자신의 삶을 이기적이고 세속적인 성공을 넘어 공적 가치를 실현하는 데 바치겠다는 다짐을 하곤 한다. 국가와 민족을 위해 살겠다는 다짐은 그중 하나다. 노회찬의 일기에도 '민족의 장래', '민족에 대한 책임감' 같은 표현이 종종 나온다. 법률가나 의사가 되려는 젊은이들이 '정의가 강물처럼 흐르는 사회', '인류를 위한 보편적 봉사'를 강조하는 것도 같은 맥락에서 이해할 수 있다. 가난한 나라, 독재국가에 사는 젊은이들이 이런 꿈과 목표를 더 많이 갖는다. 무엇을 위해 살지 고민하던 노회찬은 우선 책에서 길을 찾고 사람에게서 답을 얻으려 노력했다. 함석헌, 김상현, 선우휘 같은 인사들을 찾아다닌 까닭이다.

1학년 3반 학생들 사이에서 때 아닌 작은 논쟁이 일었다. 세계 일주를 한 여행 작가 김찬삼이냐, 『조선일보』 주필 선우휘냐.[13] 학교 안의 생활관 '화동랑의 집'에서 한 학급씩 돌아가며 며칠 동안 합숙하는 가운데 서로의 관심사를 나누고 동료애를 기르는 프로그램이 있었는데, 그때 외부 초청 강연의 연사를 누구로 할 것인가를 놓고 벌어진 논쟁이었다. 서울 출신들은 대부분 김찬삼을 밀었고, 지방 출신 학생들은 '선우휘 씨한테 시국에 관한 이야기를 듣자'는 노회찬 의견을 지지했다. 양보 없이 팽팽하던 양쪽의 논쟁은 둘 다 부르자는 담임선생님의 중재안이 나오면서 정리되었다. 노회찬은 교복을 입은 채 조선일보사를 찾았다. 어린 학생이 주필을 만나겠다고 하니, 들여보내지 않았다. 포기하지 않고 두 번째 찾아갔을 때, 경비실에서 선우휘 주필의 허락을 받고 들어가게 해 주었다.

노회찬이 선우휘를 점찍은 데는 그만한 이유가 있었다. 1972년 10월에 유신을 선포하기 3개월 전, 반공을 국시로 하는 군사독재정권 아래 살던 남한 사람들을 깜짝 놀라게 한 대형 뉴스가 터졌다. 7월 4일 중앙정보부(국가정보원의 전신) 이후락 부장이 발표한 7·4남북공동성명 보도였다. 남북 양쪽 모두 이 선언을 독재체제 강화를 위해 악용한 것으로 끝났지만, 충격파는 매우 컸다. 당시 노회찬이 즐겨 읽었던 『씨올의 소리』는 1972년 8월호에서 7·4남북공동성명 발표와 관련해서 "7·4남북공동성명과 민족 재통합의 제 문제"라는 제목으로 특집 토론 자리를 마련했다. 이 토론에 참석한 인사들은 함석헌, 장준하, 백기완, 법정 스님, 선우휘 등이었다. 이 잡지에 실린 선우휘의 토론 내용에 마음이 끌렸던 노회찬이 그를 초청하자고 강하게 주장했다. 하지만 정작 학교에서 강의를 할 때는 남북문제 현안에 관한 얘기는 하지 않고 자기 사춘기 시절 얘기만 잔뜩 늘어놓고 돌아가 노회찬의 체면이 크게 구겨졌다.

노회찬이 고입 재수 시절에 즐겨 읽고 가장 큰 영향을 받았던 시사 잡지는 월간 『다리』였다. 월간 『다리』는 1970년 9월에 창간된 잡지로, 비판적 지식인들이 대거 필진으로 참여하는 등 민주화 운동의 기지 역할을 했다. 내용을 다 이해할 수는 없었지만 노회찬의 눈에는 아주 대단한 잡지로 보였다. 도대체 어떤 사람이 이런 책을 내는지 궁금했다.

잡지사로 전화를 걸어 실질적 경영인이던 김상현과 통화를 했다.

"월간『다리』애독자이고, 창간호부터 과월호까지 모두 가지고 있습니다. 잡지에 실린 내용을 가지고 토론하고 싶습니다."

김상현은 방문을 허락했고, 노회찬은 다음 날 학교에서 멀지 않은 잡지사를 찾아갔다. 고등학교 2학년[14] 때였다. 노회찬이 잡지사 사무실에 들어서자, 김상현이 고등학생 교복을 입은 노회찬을 보고 물었다.

"학생이 여기 웬일인가?"

"어제 전화로 만날 약속을 잡았던 사람인데요."

"네가 노회찬이냐?"

어제 자신과 통화한 젊은이가 고등학생일 거라는 생각을 미처 하지 못했던 김상현은 노회찬을 보고 깜짝 놀랐다. 그러고는 타이르듯 한 김상현의 말은 노회찬을 실망시켰다.

"학생, 뜻은 잘 알겠는데 일단 공부 열심히 해서 대학교 들어간 뒤에 다시 와."

김상현은 1971년 대통령 선거 때 야당 후보 김대중의 비서실장을 지낸 사람으로, 여러 차례 국회의원을 지냈다. 훗날 노회찬이 김상현을 만나 이 일화를 얘기했지만, 김상현은 기억하지 못했다.

노회찬은『화엄경』에 나오는 구도자 '선재동자'처럼 자신의 길을 찾기 위해 시대의 불의와 싸우는 어른들을 찾아다녔다. 김상현 다음은 함석헌이었다. 이번에도 먼저 전화를 걸었다.

"선생님을 만나고 싶습니다."

"네가 누구냐?"

"노회찬입니다."

"노회찬이 누군데?"

"만나면 말씀드리겠습니다."

"집으로 오게."

함석헌은 기독교 사상가이면서 반독재 민주화운동의 대표 인사다. 기독교적 세계관을 바탕으로 한 『성서적 입장에서 본 조선역사』(나중에 "뜻으로 본 한국역사"로 제목이 바뀐다)를 썼다. 서울 용산구 원효로 4가 70번지. 대문에 『씨올의 소리』라 써 붙인 함석헌의 자택을 친구 정광필과 함께 찾아갔다. '하늘에서 내려온 신선처럼 수염이 하얀 할아버지'가 두 소년을 맞이했다. 함석헌은 55년의 나이 차가 나는 어린 학생을 앞에 앉혀 놓고 많은 이야기를 해주었다. 나중에는 '사위가 담배를 많이 피워 불만이다. 자네들은 담배를 피우면 못 쓴다'는 이야기까지 했다. 노회찬은 함석헌을 만나고 '범접하기 어려운 고결한 인상'을 가진 어른이라고 생각했지만 그의 말에 고개를 끄덕이기에는 뭔가 부족하다는 느낌을 지울수 없었다. '청교도적 삶과 개인의 처신을 강조하는 기독교적 민족주의자' 함석헌의 이야기를 듣고 자신이 고민 중인 문제 해결의 길과는 거리가 있다는 점을 직감했다.[15]

유신 1주년 기념 '거사'

1973년 12월 1일 토요일. 2교시 수업 중이었다. 각 반 담임선생님들이 수업 중인 교실로 급히 들어왔다. 교직원 회의를 막 마친 뒤였다. 학생들은 갑자기 들이닥친 담임선생님 입만 쳐다보고 있었다. 담임선생님은 오늘부터 겨울방학에 들어가며, 개학은 언제 할지 정해지지 않았고, 나중에 가정통신문을 통해 알려줄 터이니 빨리 집으로 가라고 했다. 1, 2학년 겨울방학이 앞당겨진 것이었다. 전날에도 학교는 1, 2학년에 한해 오전 수업만 끝내고 집으로 돌려보냈다. 학교 당국은 "최근 학원 사태가 어떤 영향을 미칠 것에 대비해서 방학에 들어간 것"이라고 밝혔다.[16] 학생들은 뜻밖의 조기 방학을 기뻐했다.

사실 정부에서는 이미 초·중·고 조기 겨울방학 방침을 며칠 전인 11월 28일에 발표했다. 유가 폭등으로 인한 에너지 절약을 위해 12월 25일 방학을 12월 4일로 앞당기겠다는 것이었다. 그런데 3일을 또 앞당겨서 12월 1일 갑자기 방학을 한 것이다.

그즈음 신문 사회면은 연일 일어나고 있던 대학생들의 반독재 시위 소식으로 채워졌다. 1973년 10월 2일, 서울대 문리대생 500여 명이 '유신철폐' 등을 외치며 시위를 벌였다. 당시 상황으로 보면 대규모 시위였다. 전해 10월 유신 체제가 선포된 후 박정희의 폭압적 공포정치에 대학생들의 저항도 얼어붙어 있을 때였다. 10월 2일 시위는 동토의 침묵을 깨는 첫 시위였고, 연이어 전국의 대학에 유신 반대 시위의 불이 붙었다. 대부분의 대학들도 학기말 시험을 치르지 않고 조기 방학에 들어갔다. 경기고의 조기 방학 소식이 『동아일보』에 1단 기사로 실렸는데, 이날 사회면에 실린 유일한 고교 관련 기사였다. 학생들이 조기 방학을 즐거워할 때 1학년 3반 학생 2명은 아무도 모르는 비밀을 조마조마한 마음으로 즐기고 있었다.

이제는 적잖은 사람들이 아는 이야기지만, 노회찬이 고1 때 벌인 한 가지 사건은 그 뒤 30여 년 동안 단 두 사람만이 알고 있었던 일이다. 유신이 선포된 지 1년, 노회찬은 그냥 넘길 수 없었다. 9월인지 10월인지 민방공훈련(지금의 민방위훈련)을 받던 15일, 노회찬이 정광필에게 조용히 말했다. "유신이 선포된 지 1년인데 가만히 있어서 되겠냐. 뭔가 해야 되지 않겠어." 정광필은 "그렇지" 하며 맞장구쳤다.

노회찬의 기억에 따르면 당시 경기고교생 가운데에는 유신이 뭔지도 모르는 학생들과 알아도 나쁘다고 생각하지 않는 학생들도 많았다. 노회찬은 '유신파'의 대표적인 인물로 황교안(후에 박근혜 정부에서 국무총리를 지냈다)을 꼽았다. 반면 노회찬과 그의 가까운 친구들은 유신독재에 비판적인 편이었다.

둘은 스파이 영화에서 본 온갖 지식을 다 동원해서 한 달 정도 준비했다. '작전' 내용은 유신 반대 유인물을 교내에 살포하는 것이었다. 글은 노회찬이 쓰기로 했다. 유인물은 '형님과 아우들'에게 보내는 격문이었는데, 유인물 작성자가 2학년이라고 생각하도록 의도한 표현이었다. 철저한 보안 속에 유인물을 인쇄하고 배포해야 했다. 컴퓨터는 물론 복사기도 없던 시절이었기에 인쇄물을 제작하려면 직접 등사를 하는 수밖에 없었다. 그런데 철필로 등사원지에 글씨를 쓰면 필체가 드러날 위험이 있었다. 그래서 내용을 타자기로 쳐서 등사하기로 했다. 이 일을 최초로 모의했던 둘은 친구 1명을 더 끌어들였다. 서예를 잘하던 이종걸이었다. 노회찬이 광화문의 한 제과점으로 그를 불러내 빵을 사주면서 부탁했다. 이종걸은 첫 모의와 유인물 살포에는 참여하지 않았지만 준비하는 과정에 결합했고, 3명이 작전을 짜고 여러 차례 사전 연습을 했다.

먼저 을지로 인쇄 골목을 돌며 등사 원지에 타자를 쳐줄 '청타집'을 찾았다. 여러 집을 전전했으나 원고 내용을 보고는 다들 거절했다. 그러다 어느 청타집에 들렀는데, 마침 사장이 자리를 비운 틈에 젊은 여직원이 선뜻 타자를 쳐주었다. 잊을 수 없는 은인이었다. 이제 다음 단계는 인쇄. 청타도 힘든데 인쇄는 말할 것도 없었다. 마침 정광필의 초등학교 동네 친구가 다니는 교회에 등사 시설이 있었다. 광필이 친구에게 부탁했다. 회찬은 당시 부천 소사에 살던 광필의 동네로 갔다. 그때는 전철 1호선이 개통되기 전이라 경인선 기차를 타고 갔는데, 도착하니 한밤중이었다. 둘은 교회에 몰래 들어가 청년부에 있던 등사기로 인쇄를 시작했다. 거의 반정도 인쇄했을 때였다. 누군가 문을 열고 들어왔다. 그 교회 목사였다.[17]

노회찬과 정광필은 순간 몸이 얼어붙었다. 전혀 예상치 못했던 '침입자'를 보고 너무 놀라 서로 아무 말도 못했다. 목사는 천천히 둘이 있는 쪽으로 와서 인쇄물을 집어 들고 훑어보았다. 잠시 깊은 침묵이 흘렀다. 그 목사는 인쇄물을 자리에 다시 던져놓고 둘을 힐끗 보더니 아무 말 없이 자리를 떴다. 경찰에 신고하면 곧바로 감옥행이던 시절이었다.

다음 날, 노회찬과 정광필은 수업이 끝나고 교문이 잠긴 뒤 유인물을 가지고 학교 담장을 넘었다. 둘은 숨소리까지 죽이며 교실마다 유인물을 배포한 뒤 다시 담을 타고 학교를 벗어났다. 둘은 광화문 인근에 있는 포장마차에서 '어묵'을 먹으며 비밀 작전의 성공을 자축했다. 그런데 학교가 발칵 뒤집어졌어야 할 다음 날, 교정은 의외로 조용했다. 학교 측에서 유인물을 미리 발견해 학생들이 보기 전에 모두 수거해버렸던 것이다. 그날 학교 측은 1, 2학년들에 한해 오전 수업만 마치고 서둘러 집으로 돌려보냈다. 난데없는 이른 귀가에 학생들은 신났지만 학교 분위기는 뒤숭숭했다. 1973년 11월 30일 금요일, 겨울방학을 4일 앞둔 날이었다.[18]

서슬 퍼런 유신독재정권 아래 반유신 유인물을 살포한 사건은 학교와 관할 종로경찰서를 바짝 긴장하게 만들었다. 이 사건은 즉각 중앙정보부를 비롯한 상부에 보고되었을 것이다. 당시는 대학생들의 반유신 시위가 전국으로 퍼져나갈 때였는데, 여기에 고교생까지 합류하게 될 경우 정권 차원에서 적잖은 부담을 느낄 수밖에 없었다.[19] '일부 고교에서 교내 시위 움직임'을 포착한 유신정권의 긴급 지침에 따라 서울 지역의 고교는 대부분 방학에 들어갔다. 정광필은 자신들의 유인물 배포 사건을 계기로 조기 방학이 실시된 것은 사실이지만 정확한 날짜는 기억나지 않는다고 했다. 앞에서와 같이 당시 조기 방학이 되었던 정황을 따져보면 노회찬과 정광필이 유인물을 뿌린 날은 1973년 11월 29일이다.

노회찬과 정광필은 이 일을 무덤까지 가져가는 둘만의 비밀로 하자고 약속했지만 지켜지지 않았다. 노회찬이 국회의원이 된 후 언론 인터뷰에서 이 이야기를 풀어놓았기 때문이다.

소년 노회찬의 '잡설'

이런 와중에도 노회찬은 2학기에 학급지『한벗』을 만들었다. 발행 일자는 12월 17일로 되어 있는데 방학 전에 나왔다. 정광필은 2학기 때 부반장이어서『한벗』의 공식 편집장을 맡았다. 광필은 여기에 "독일 역사와 새로운 한국에 관한 연구"라는 제목을 단 장문의 글을 발표했다. 노회찬은 〈대부〉 영화평과 시 그리고 "잡설(雜說)"이라는 제목의 흥미로운 글을 한 편 실었다. 그 전문을 소개한다.

雜說

龍!
어제 두 친구를 버리고 오늘 한 친구를 얻었다.
왜 나에겐 죽마지우도 없느냐?
부모를 팔아서 친구를 산다는 말이 생각나는구나.
어떻게 다가올 개벽까지 그 갑갑한 관 속에서 누워 있겠느냐?
부탁하노니 그림자와 함께 태운 내 육신의 재를 수평선이 보이는
고향 바닷가 경치 좋은 절벽 위에서 뿌려다오.
아! 나는 그제야 만족할 것이다.

蘇크라테스!
당신의 수제자 플라톤은 잘못을 저질렀소.
어떻게 예수도 믿지 않는 나에게 델포이 신을 믿으라는 거요.

당신이 실제 그 말을 했다면 'APOLOGY OF SOCRATES'로
다시금 '소크라테스의 변명'을 요청하지 않을 수 없소.

車이코프스키!
당신은 돈이 좀 모이면 석고로 된 베토벤 두상을 사서 내 방 벽에
걸어놓으려는 나를 질투했소.
나의 비창 LP 케이스는 온통 검은 빛이오.
그것이 차라리 흰 빛이었다면 이 글을 쓰지 않았을는지도
모르지만…
당신의 그 2악장은 베토벤을 버리게 하고 겨우 흉내라도 내게
하던
'G선상의 아리아'를 잊게 했소.
이제 날이 선선해지면 2$이면 살 수 있다는 그 악보를 사겠소.
그리고 연습하겠소.
9층과 7층에서 시끄럽다고 전화가 와도 계속 켜겠소.
레코드판과 똑같은 소리가 날 때 나는 당신을 잊겠소.
그러나 그렇다고 너무 섭섭하게 생각진 마오.

羅폴레옹!
세인트 헬레나의 겨울은 어떠했소?
이곳에서도 겨울을 맞은 나는 눈 덮인 지평선 아래로 꺼져가는
태양을
거미줄 쳐진 방 창문 너머로 쳐다보는 당신을 그리고 싶소.
당신이 엘바섬을 탈출하고 진격했을 때 당시의 파리 신문들은

'전쟁 미치광이 Mr. 羅 엘바섬 탈출'

그리고 당신이 승승장구로 파리 근교까지 진격했을 때 파리

신문들은

'나폴레옹 장군, 파리 육박'

마침내 당신이 파리를 뚫고 들어왔을 때 그들은

'나폴레옹 황제 파리 입성'이라 하였소.

나는 언젠가 당신과 함께─방명록에 교통사고로 죽기 서너 시간

전에 식사를 하고 사인을 한 까뮈의 이름이 있다는─'오텔 뒤

사롱팽'에서 당신네들이 자랑하는 '돌마다키아'나 '무사카' 같은

요리를 먹으며 이 얘기를 당신께 들려주겠소.

헤겔!

먼저, 당신의 사진을 보기 전까지 당신을 마르크스 씨와 같이

수염이 가득 난 할아버지로 알아왔던 나를 용서해주오.

처음 당신의 얼굴을 대하는 순간 '단테'의 얼굴과 비슷하다는

생각도 들었소.

날카로운 콧날, 매서운 눈매, 과연 명저가 나올 만한 얼굴이었소.

당신의 역사철학을 읽어감에 따라 저 킬리만자로의 눈처럼

닿을 수 없는 곳만 같았던 선입감은 사라지게 되고 한겨울,

난롯가에 둘러앉아 존경하옵는 선생님의 이야기를 듣는 것

같은 감명을 받았소. 철학 시간이 있다는 프랑스의 고등학교를

부러워하면서 말이요.

김 모 씨

1,500만의 아버지 선생!

세상은 당신을 20세기 문제아로 만들었소.

Aren't you a solitary man?

매직으로 지워진 레닌의 사진이 실린 잡지를 받았을 때 지워진 그

얼굴이 당신의 얼굴로 보였소.

거기도 좋고 여기도 좋소.

당신과 밤을 새며 이야기를 나누고 싶소.

쿠션 좋은 응접실 소파에 앉아서 말이오.

당신의 관 뚜껑이 닫힐 때 세상 사람들이 뭐라 할지 궁금하지

않소?

생각하매, 당신의 고민이 알 듯 말 듯하오.

Mr. 예수!

나는 당신을 만나면 다짜고짜 매운 고추장과 김치를 먹어보게

하겠소.

그리고 일그러진 당신의 얼굴에서 나온 설교를 기다리겠소.

김치를 먹고 자란 당신의 제자들이 수두룩한 이 땅인데 텃세를

한번 부려보겠소.

이제 당신의 제자들은 당신이 다시 한번 나타나야 할 말세가

왔다고 아우성이오.

당신이 그들을 좀 더 잘 가르쳤다면 그들은 이 땅을 당신이 오지

않으면 안 될 말세로 만들지는 않았을 거요.

최후의 만찬에서 당신의 왼편에서 갖은 아양을 떠는 유다도 역시

당신의 제자였소.

나는 좁은 길을 택하지 않겠소. 투지와 모험을 그리며 넓은 길로
보무당당히 걸어가겠소.
훗날 당신이 나무라시면 믿기지 않아서 버렸노라.

인생살이에 있어서 절대적인 선배나 스승은 없는 것인지도
모른다. 나이 많아 칠팔십의 연륜을 쌓았어도 다섯 살짜리
손자에게서 인생을 배우는 수가 있고, 학식과 수양과 경륜이
뛰어난 석학지사라 하더라도 목로집 작부가 씨부렁거리는 잡담
속에서 위대한 진리를 터득하는 경우가 있다. 세상에 완전한
인간이란 존재하지 않는다. 재(才)가 승하면 덕이 박하다는 말이
있듯이, 학(學)에 장(長)하면 세속에 어둡고, 부에 부족함이
없으면 자손이 시덥지 못한 예를 본다. 권을 누리면 눈이
어두워지고 완력이 강한 사람은 지에 멀어진다.

노회찬이 '잡설' 무대에 올려 세운 사람은 모두 7명. 시공을 넘
나들면서 그들에게 말을 건다. 거칠 것이 없다. 호명한 사람들의
면면 앞에서 조심스럽지만 "인생살이에 있어서 절대적인 선배나
스승은 없는 것"이라고 했다.
첫 번째 인물 '龍(용)'은 부산중학교 사총사 중 1명인 김봉룡
이다. 어린아이가 어머니 젖을 떼듯, 고향 부산과 정을 떼는 의식
을 가까운 옛 친구에게 부탁하고 있다. 김봉룡을 뺀 나머지 호출자
6명에게도 회찬은 친구 또는 동지처럼 이야기를 건다.
소년 노회찬의 기개가 하늘을 찌를 듯하다. 반공의 광풍이 휘
몰아치던 시대에 김일성을, 남북 어느 쪽에 있어도 좋은 응접실로

불러내 이야기를 나누고자 한다. 그의 고민도 알 것 같다면서. 예수는 한국 제자를 잘못 키워서 좋은 대접을 받지 못했다. 회찬은 여기서 '투지와 모험'을 언급하는데, 1학년 여름방학 때 화엄사에 들어가면서도 "모험 없이 발전 없다"라고 쓴 적이 있다. 모험과 긴장은 노회찬이 살아오면서 지속적으로 지향하고 추구했던 삶의 태도였다.

차이콥스키에게 건넨 말도 흥미롭다. 6번 〈비창〉 교향곡, 어떤 아름다운 선율도 비통함의 중력장을 벗어날 수 없는 2악장이 노회찬을 사로잡았다. 베토벤도 바흐도 잠시 잊고 위층, 아래층에서 전화를 걸어 항의해도 맘껏 소리 내며 연습을 강행하겠다고 다짐할 정도로. 당시 그는 국립교향악단 수석 첼리스트 양재표에게 첼로를 배우고 있었고, 여의도 시범아파트 8층에서 살았다.

헤겔에게 던진 말도 눈길을 끈다. 『역사철학』을 읽으면서 킬리만자로 산봉우리처럼 닿기 어려운 곳에 있었던 헤겔이 바로 겨울밤 난롯가 옆에 앉아서 이야기를 해주는 선생님 같았다는 말이 함축하는 바가 적지 않다. 1970년대 우리나라의 상황에서 고교 1학년 학생이 헤겔 책을 손에 잡는 게 흔한 일은 아니었다. 『역사철학』이 헤겔의 다른 책보다 상대적으로 읽기가 수월하다고는 하지만 어디까지나 상대적으로 그렇다는 이야기다. 절대정신의 자기 구현으로서의 세계사, 보편적 자유를 실현하는 과정으로서의 세계사, 노회찬이 헤겔의 안내로 만난 세계를 보는 새로운 시선이었다. 보편적 자유정신의 구현자로서 프랑스 혁명과 나폴레옹을 예찬한 것도 헤겔이 노회찬에게 매력적으로 다가온 이유 중 하나였을 것이다. 유럽 중심이라는 한계는 있지만 세계사 전체를 한 덩어리로 본 헤겔의 철학적 사유는 세상을 뒤엎고 싶은 야망을 가진 소년의 갈증을 채워주었을 것이다. 헤겔과 그의 철학 개념은 당시 일기에 자주 인용되었다. 일기에는 "헤겔을 동양으로 훔쳐오자"라는 구절도 있었다.

새해 첫날 정치를 생각하다

1974년 1월 1일. 노회찬은 일기에 이렇게 썼다.

정치야말로 인간의 하는 일 중에서 최고의 이상을 실현할 수 있는 가장 큰 사업이다.

요시카와 에이지의 『삼국지』에 나오는 조조의 생각을 인용한 부분이다. 2개의 최상급 표현을 동원해서 정치를 칭송하는 이 문장을 노회찬이 새해 첫날 일기에 적었다는 사실은 눈여겨볼 만하다. 고등학교 생활기록부를 보면 1학년 때 노회찬의 장래 희망은 '정치가'로 기록되어 있다. 자신의 이상을 실현하기 위해 정치를 선택하는 문제를 이즈음부터 생각하기 시작했던 것으로 보인다.

2학년이 되었다. 1학년 3반의 비주류 친구들 중 이종걸만 빼고 모두 2학년 2반으로 같은 반이 되었다. 여기에 이범, 최만섭, 한기범이 합류했다.[20] 유난히 개성이 강한 친구들이 많이 모였던 2학년 2반은 '텍사스반'으로 불렸다. 노회찬과 잘 어울렸던 비주류파 가운데 나중에 '운동권'이 된 친구는 5명이다. 사회 변화보다는 기존 체제 내 지배 계층으로의 편입 지향성이 강했던 경기고의 분위기에서는 보기 드문 경우였다.

텍스스반 '비주류들의 일상'을 잠깐 엿보고 넘어가자. 앞서 짧게 언급했던 것처럼, 이들은 2주 정도 걸리는 중간고사, 기말고사 등 정기 고사가 끝나면 가장 먼저 중국집을 찾았다. 경복궁의 삼청동 쪽 건춘문이 창밖으로 내다보이는 중국집 '영춘관' 2층 방이 이들의 해방구였다. 청소년기의 모든 관심 주제가 식탁 위에 올랐고, 노회찬은 정치와 시사 문제에 대해 이야기하는 것을 좋아했다. 늦은 시간까지 이야기가 끝나지 않으면 노회찬의 아파트로 몰려갔다. 그곳은 군만두와 탕수육만 없었을 뿐 공기는 더 자유로웠다. 밤새 마시고, 토론하고, 음악을 들었다. 1970년대 초반에는 '전축'도 귀했는데, 회찬의 집에는 성능 좋은 오디오 시스템이 있었다. 감미로운 모차르트나 조화로운 바흐보다는 폭풍같이 휘몰아치는 베토벤을 더 좋아했고, 당시에는 금지곡으로 판을 구하기도 어려웠던 소련 출신의 쇼스타코비치의 교향곡도 즐겨 들었다.[21]

2학년이 되면서 노회찬은 체계적인 책 읽기가 필요하다고 생각하고 마음이 통하는 친구들과 함께 모임을 만들었다. 이미 그때부터 노회찬의 관심사는 유신 반대, 데모 같은 것들이었는데, 구체적으로 무엇을 어떻게 준비해야 할지 알 수가 없었고 가르쳐줄 만한 사람도 없었다. 고민하다가 생각해낸 것이 독서 모임을 만드는 것이었다. 기초를 튼튼히 다지기 위해서 철학책을 읽기로 했다. 당시 기준으로 '엄청나게 비쌌던' 램프레히트의 『서양철학사』를 사서 강독을 시작했다. 그런데 플라톤, 아리스토텔레스에서 함께하던 친구들이 다 지쳐버렸다. 내용을 이해하는 것도 만만치 않은 데다가 지도해주는 사람도 없어 더 이상 진행할 수가 없었다. 그렇다고 노회찬이 고교 시절 비판적 잡지나 진보적 내용의 사회과학 서적만 읽은 건 아니다. 그의 독서 폭은 방대했고 양도 엄청났다. 불교 경전과 기독교 성경부터 동양 고전과 각종 철학 서적, 그리고 당시 국내에 나온 거의 모든 문학과 사회과학 잡지까지, 그의 표현대로 책은 항상 '줄을 서서 기다리고' 있었다. 탄허 스님의 화엄경 강의를 들으러 갔다가 어린 학생이 기특하다는 칭찬을 듣기도 했다.

소년들을 투사로 만든 시대

소년들의 분주한 일상에 비상한 상황이 발생했다.

1974년 4월 3일 수요일 아침, 안국동 버스 정류장. 만원 버스는 교복 입은 학생들을 쉴 새 없이 쏟아냈다. 경기, 덕성, 풍문, 휘문, 창덕, 중앙 등 안국동 사거리 인근에는 학교가 많이 있었다. 버스 정류장에서 경기고로 가는 안국동 사거리 모퉁이에 풍문여고가 있었다. 적십자 완장을 찬 젊은 사람이 풍문여고 앞에서 경기고 학생에게 다가와 누런 봉투를 건넸다. "이거 학교 가서 읽어보세요." 봉투를 받은 학생은 그 당시 흔했던 헌혈 권유 유인물인 줄로 알았다. 그 학생은 봉투를 교탁 위에 던져놓았다. 아침 수업이 시작되기 전 학생들이 누런 봉투 속 물건을 꺼내봤다가 깜짝 놀랐다. 예상치 못한 내용이었던 것이다. '100만 학도들이여 단결하라, 궐기하라'는 내용의 대학생 시국선언문이었다. 노회찬이 고대했던 대학생들의 반유신 투쟁 기운이 고등학교 교실 안까지 들어왔다. '민청학련'(전국민주청년학생총연맹) 사건이 터진 날이었다.

교실 분위기가 급변했다. 학생들은 긴장했고, 흥분했다. 겁먹은 친구들도 있었다. 누군가 소리쳤다. "야, 문 걸어 잠가." 학생들은 복도 쪽으로 난 창문과 출입문을 모두 잠가버렸다. 노회찬은 사전에 아무런 정보도 없었지만 '드디어 때가 왔다. 오늘이 그날이다'라는 생각에 재빨리 교탁 앞에 서서 큰소리로 유인물을 읽었다. 미리 짠 것 하나 없었지만 반 친구들이 나와서 자유발언을 하기 시작했다. 노회찬과 비주류 친구들은 모두 시국토론장으로 바뀐 교실 연단 위에 올랐다. 다른 학급에서도 비슷한 상황이 펼쳐졌다. 교사들이 급하게 복도를 돌아다니며 교실 문을 열려고 했지만, 학생들은 문을 열어주지 않았다. 학교 측은 오전 수업이 채 끝나기 전에 학생들을 집으로 돌려보냈다. 회찬과 친구들은 도대체 무슨 일이 일어나고 있는지 알 수가 없었다. 걱정과 궁금증이 가득했던 그들은 명동으로 갔다. 비주류 모임 친구들 중 이범은 흥사단 활동을 활발하게 하고 있었는데, 노회찬과 친구들은 종종 백기완 등 당시 비판적 재야인사들의 강연을 듣기 위해 명동에 있던 흥사단 건물에 갔었다. 그날 친구들 예닐곱 명은 흥사단 사무실에서 앞으로 어떻게 해야 할지 논의했지만, 무슨 방안이 나올 리 없었다. 밤이 되어도 이야기는 끝나지 않았고, 소년들은 노회찬의 여의도 아파트로 자리를 옮겼다. 밤늦도록 술을 마시며 세상을 걱정했다. 박정희 유신독재는 나라를 걱정하는 '소년 투사'들을 만들어냈다.

문학과 예술을 사랑한 입시생

노회찬의 고교 생활이 소년 운동권 일화로만 점철된 것은 아니다.

"음악, 철학, 인간, 사회. 이것이 내가 사는 이유들이다", "나의 관심은 역사, 문학, 남북 문제였다", "고등학생 당시 내 관심은 온통 정치와 사회에 있었다".

노회찬이 당시 남겨놓은 기록들이다. 음악은 고교 시절뿐 아니라 그의 삶에서 빼놓을 수 없는 동반자였다. 어렸을 적 아버지가 늘 틀어주신 음악은 집안에 가득한 무형의 내구재였다. 노회찬이 음악을 대하는 태도는 음식을 대하는 태도와 같았다. 그는 평소 주변 사람에게 음식 맛의 차이는 있지만 맛이 없거나 버려야 될 음식은 없듯이 음악도 마찬가지여서 들으면 안 되는 음악은 없다는 말을 종종 했다.

물론 그가 더 좋아하는 음악은 있었다. 베토벤의 〈운명〉과 차이콥스키의 〈비창〉을 좋아했고, 쇼스타코비치의 7번 교향곡 〈레닌그라드〉도 즐겨 들었다. 모두 서사가 있는 대작들이다. 슈베르트와 멘델스존의 곡은 거의 외우다시피 했다. 웬만한 곡들은 100번 이상 들었다. 그는 음감이 좋아 멜로디를 듣고 악보에 옮길 수 있었다.

하지만 노래와 연주 실력은 크게 칭찬받을 정도는 아니었다. 고교 1학년 때 음악 시험은 악기 연주 실습이었다. 친구들은 대부분 쉽게 구할 수 있고 배우기도 수월한 하모니카를 택했지만, 이종걸은 피아노를 쳤고 노회찬은 첼로를 연주했다. 반 친구들은 호기심과 기대감으로 반에서 유일한 '첼리스트' 노회찬의 순서를 기다렸다. 마침 음악 선생님도 첼로 연주자였다. 흐뭇한 눈으로 노회찬을 바라보던 음악 선생님의 표정은 회찬의 연주가 시작되면서 바뛰기 시작했다. 친구들도 노회찬의 '아슬아슬한' 첼로 연주 실력에 '삑사리'를 걱정하며 감상할 수밖에 없었다.

중학교 때는 부산시립교향악단의 수석 첼리스트에게, 고등학교 때는 국립교향악단의 수석 첼리스트에게 직접 배웠다. 노회찬은 2명의 선생님에게 열심히 하라는 말은 자주 들었지만 재능이 있다는 말을 들은 적은 한 번도 없다고 실토했다. 하지만 그는 꿋꿋하게 첼로 연습을 했다. 그렇게 실력을 키운 끝에 2학년 때 이화여고의 학교 행사에 초청받아 첼로 연주를 하고 '출연료'까지 받았다.

시와 소설 읽기, 영화 보기는 빼놓을 수 없는 노회찬의 일상이었다. 그는 고교시절 『창작과 비평』, 『문학과 지성』, 『현대문학』, 『문학사상』 등 4개의 문학 잡지를 정기구독했다. 경기고에서 광화문 쪽으로 걸어가다 보면 경복궁 옆 사간동에 프랑스문화원이 있었다. 프랑스문화원은 영화 마니아들과 불문과 대학생들이 많이 찾는 곳이었다. 영어 자막의 프랑스 영화를 상영했는데, 노회찬도 영화를 보러 자주 찾았다. 지금은 없어졌지만 그 당시에는 '국전'(대한민국미술전람회)[22]이라는 미술 전시회가 있었다. 그는 '인간이라면 빠뜨리지 않고 봐야 하는 것'이 국전이라고 생각했다.

2학년 때의 어느 날이었다. 밥을 먹던 중 회찬은 최근에 읽었던 수필에 나오는 시를 생각하다 문득 시에 부칠 노랫가락이 떠올랐다. 밥을 먹다 말고 노래 한 곡을 만들었다. 시는 시인 서정주가 자신의 수필 「석남꽃」에서 소개한 「머리에 석남꽃을 꽂고」였다. 시의 내용은 『로미오와 줄리엣』의 해피엔딩 버전이다. "스토리도 좋고 감흥이 막 일어서" 즉흥적으로 노래를 만들고 제목은 "소연

가"라 붙였다.[23]

노회찬은 고교 시절 자신에게 선물처럼 주어진 '자유의 시공간'을 다양한 모색과 경험으로 충만하게 채웠지만, 대학입시에 대한 중압감은 어쩔 수 없었다. 그 시절에 쓴 일기를 보면 입시 스트레스를 많이 받았던 것으로 보인다. 2학년 2학기 즈음부터 "얼마 남지 않았는데 책이 손에 안 잡힌다", "아직 결코 늦지 않았다는 생각으로 불안감을 씻고 싶다", "육법전서를 다 외울 시간이 남았는데 왜 방정맞게 불안 초조?", "아직 300여 일이 남았는데 불안 초조 긴장이 엄습", "고지가 바로 저기인데, 절박한 심정으로 와신상담" 등의 표현이 자주 등장한다. 재수를 암시하는 표현도 나온다. 당시 노회찬의 학교 성적은 바닥권이었다. 교과 공부를 거의 하지 않은 결과였다. 친구들은 노회찬이 고교 시절 입시 공부가 아니라 '이상한' 책을 많이 읽고 입시와는 무관한 공부를 주로 했던 걸로 기억하고 있다.

함께 어울렸던 친구들과 진로를 두고 진지하게 토론했던 적이 있는데, 그 가운데 이범, 한기범, 고성국이 육군사관학교(육사)에 들어가겠다고 선언했다. 그 이유가 자못 진지했다. 대학생의 데모만으로는 박정희를 쫓아낼 수 없다, 그러니 육사에 가서 '개혁적이고 민족주의적인 청년 장교'들을 조직해 혁명으로 독재를 타도해야 한다는 것이었다. '쿠데타'를 모의하기 위한 육사 진학이었던 셈이다. 이 문제를 놓고 그들은 밤새 토론했다. 노회찬은 남북이 분단된 상황에서 그 길은 위험하며 대학에 가서 학생운동을 하는 것이 중요하다는 입장이었다. 셋은 소신대로 육사에 응시했으나 모두 낙방했고 고려대 정치외교학과(정외과)에 함께 합격했다(나중에 노회찬이 고려대에 입학했으니 이들이 대학 선배였다).

　1976년 1월 13~14일. 노회찬은 서울대 시험을 보았으나 낙방했다. 2월 5일 후기 시험에 한 대학에 응시해 합격했으나 등록하지 않았다. 질풍노도의 고교 3년은 노회찬을 '소년 운동권'으로 만들어놓고 지나갔다.

제3장

참당암의 결의

1976~1983년:

삶의 목표를 세우고 '민중의 바다'로

스물다섯 살 노회찬은 '출가'하는 심정으로 선운사의 산내
암자 '참당암'을 찾았다. 깊은 사색 끝에 그는 진학
준비보다 운동가로서의 삶의 방향을 선택했다. 대학 재학
4년 동안 그는 노동 현장에 진출하기 위한 준비에
매진했다. 1980년 광주는 그로 하여금 학생운동을 넘어
노동운동가의 길을 걷도록 했다. 그 시기에 많은 젊은이가
선택한 길이었다.

해변 도시의 젊은이들

1978년 7월. 태양은 아침부터 대지를 뜨겁게 달궈놓고 사람들을 바다로 불러냈지만, 20대 젊은이 6명은 해변 도시의 한 단독주택 2층에서 며칠째 나올 줄을 몰랐다. 노회찬과 이범, 정광필, 최만섭, 최용석, 이성우였다. 삼수생 1명과 대학생 5명이 모인 곳은 부산시 사하구 하단동에 위치한 회찬네였다. 하단동은 낙동강이 바다를 만나는 곳이자 부산과 김해를 연결하는 낙동강 하구 둑이 있는 곳으로, 해마다 철새들이 찾아오는 을숙도가 행정구역상 속해 있다. 이런 하단동에 당시 고급스런 2층 단독주택들이 들어서고 있었는데, 회찬네도 1977년 12월에 이 동네의 새집으로 이사를 왔다.

고교 시절 학교 담장 밖에 있던 독재는 이제 맞서 싸워야 하는 적으로서 눈앞에 버티고 있었고, 그사이 담장은 사라졌다. 노회찬의 머리카락은 짧았다. 전해 4월 방위로 입대한 후 영등포구 신길1동 동사무소에서 근무하다가 이해 7월 4일 제대한 직후였다. 어쩌면 엄중한 것은 눈앞의 현실이 아니라 노회찬과 친구들이 선택하려는 현실이었을지 모른다. 어떤 젊은이들에게 그 당시는 선택의 기회가 활짝 열린 고도성장의 시대였다.

고교를 졸업한 지 2년여가 지났다. 이날이 졸업 후 첫 만남은 아니었지만, 여섯 친구는 그동안 서로 다른 세계에서 새로운 인간

관계를 만들어가면서 각자 자기 인생을 살고 있었다. 새로운 세상에서 겪었던 경험과 자극은 조금씩 달랐지만 꿈 많은 스무 살 청년이라는 점에서는 닮아 있었다. 그중 몇몇은 민주화운동을 넘어서 노동운동을 통한 혁명운동의 길로 자신의 보폭을 옮기고 있던 중이었다. 노동 현장에 들어가기 위한 준비, 현장에 투입된 이후 해야 할 일들 같은 아직 경험하지 못한, 선배들로부터도 전수받지 못한 과제에 대한 이야기가 짧게 끝날 리 없었다.

어머니는 아들이 좋아하는 포도주를 손수 담가 2층집 지하에 넉넉하게 준비해놓았다. 그런데 며칠 사이 포도주가 동이 났다. 내내 2층 방 안에서만 지내다 긴 얘기를 마친 그들은 언제일지, 그사이에 무슨 일이 벌어질지 모를 다음을 기약하고 헤어졌다. 부산 모임 이후 친구들은 앞서거니 뒤서거니 감옥으로, 노동 현장으로 또는 제각기 설정한 자신의 길로 떠나갔다.

하단동 모임이 있기 2년 전인 1976년, 노회찬은 고입 재수 이후 3년 만에 다시 재수생이 되었다. 3년 전에는 "똑같은 공부를 2년이나 했는데, 최우수 성적이 안 나오면 웃음거리밖에 안 된다"라며 입시 성공을 다짐했다. 이번엔 좀 달랐다. 서울대 낙방 5일 후 그는 "주어진 무지무지하게 좋은 1년의 기회 동안 모든 일의 '의미'를 찾겠다"라고 다짐했다. 아주 철학적인 재수 생활을 예감케 하는 대목이다. 하지만 재수생 신분으로 1년 동안 해낼 수 있는 과제가 아니었다. 그는 '모든 것의 의미 찾기'와 수험 준비라는 충돌하는 두 과제를 앞에 두고 대입 재수 시기를 맞았다.

노회찬은 1977년 1월에 두 번째로 서울대 시험을 봤으나 또 떨어졌다. 그해 4월 방위병으로 입대했다. 한 해 전 4월 병무청 신체검사를 받고 시력 때문에 보충역 판정을 받아놓은 터였다. 경기도 화전에 있는 제60훈련단(지금의 제60보병사단)에서 입소 3주 훈련을 받고 서울의 영등포구 신길1동 동사무소에서 방위 복무를 했다. 회찬은 방위 복무 중에도 예비고사와 본고사를 봤으나 낙방했다. 합격해도 군 복무 때문에 그해 입학은 어려웠기 때문에 그다지 열심히 준비하지는 않았던 것 같다. 그러나 대학을 가려면 더 이상의 재수는 곤란했다. 대학이 운동을 위해 거쳐야 하는 곳이라는 회찬의 생각에는 변함이 없었다. 친구 광필과 용석은 대학에 들어가서 운동을 시작했고, 광필은 벌써 제적당해서 학교 밖에서 운동을 하고 있었다.

노회찬은 1979년 고려대 정외과에 입학했다. 고등학교 동기들보다 3년 늦게 대학에 들어갔다. 고려대 입학시험 감독이 부산중학교 동창이었다. 그가 정외과를 선택한 이유는 학교 수업에 대한 부담 없이 운동을 할 수 있을 것 같다는 판단 때문이었다. 노회찬이 정외과에 합격하자 어머니는 한편으로는 서운했고 다른 한편으로는 기뻤다. 서운했던 건 서울대 진학에 실패했기 때문이고, 기뻤던 건 정외과를 선택했기 때문이다. 어머니는 경제학과가 마르크스로 가는 길이라고 생각했다.

스무 살의 일기

회찬은 재수 시절과 방위 시절에도 드문드문 일기를 썼다.[1] 그는 스스로 이 시기를 '청년기의 시작'이라고 규정했다. 이때의 일기에도 '자학'과 '자기기만' 같은 젊은 날 감정의 롤러코스터를 보여주는 대목이 없지 않지만, 이보다는 성찰과 개념의 언어들이 더 많이 등장한다. 그는 훗날 자기 인생에서 중요했던 몇 개의 전환점을 이야기했다. 하나는 앞서 언급했던 10대 시절 1972년 10월 유신 선포 때의 충격과 고등학교 시절 '진리 탐구'를 위해 매진했던 독서 경험이었다. 다른 하나는 재수, 방위 시절인 20대 초반이었다. 노회찬은 이 시기에 수험 공부보다는 마르크스주의 관련 책을 탐독했다. 책을 통해 수많은 사회주의 혁명가의 삶을 만나면서, 그리고 먼저 운동의 길로 들어선 대학생 친구들을 보면서 자신의 진로에 대한 고민을 더 숙성시켰다. 노회찬은 이 시기에 역사와 사회 그리고 개인에 대해 깊이 사유했고, 새로운 '교과서'를 읽으면서 형성된 세계관은 그의 진로 선택에 결정적 영향을 미쳤다.

이 시기의 일기에는 이성과 감정에 대한 이야기가 많은데, 감정보다 이성의 압도적 중요성을 강조하는 것으로 항상 끝을 맺는다. 그는 나쁜 습관을 끊지 못하는 것도 의지력이 부족하기 때문이 아니라 이성과 논리적 판단력이 부족한 탓으로 봤다. 1976년 9월 1일, 스무 살 생일 다음 날에 쓴 일기에는 어떻게 살 것인지에 대한 자기 원칙과 다짐이 들어 있다. 좀 길지만 스무 살 노회찬을 이해하는 데 도움이 되겠기에 전문을 옮긴다.

어제로 만 二十年(20년).
하지만 아직도 나를 모르겠으며, 자신을 안다는 것은 자신의 한계도 안다는 것이 되며, 자신의 한계를 알고 거기에 맞추어 생활하기엔 나는 너무나 힘이 넘치며, 불가능이 있으리라고는

믿고 싶지도 않은, '모든 가능성의 덩어리'로서의 나를 인식하고
있기에 무의식적으로 '나를 안다'는 단언을 거부하고 있는지도
모른다. 이것은 다만 저돌적인 배짱이나 계산이 전제되지 않은
낙관주의에서 나온 것이 아니며, 부족한 것을 알고, 필요한 것을
알며 또 어떻게 하여야 한다는 것까지 안 이상 이제 남은 것은
'구현'뿐이라는 극히 당연한 논리에서 나온 것이다.

나의 사춘기는 너무 길었으며, 생각은 조숙했으나, 몸을
담고 있는 현실의 과정은 정상보다 늦었기 때문에 '생각'과
'현실의 과정'을 밟는 것이, 소위 정상적인 이들이 범하기
쉬운 시행착오는 이미 없었으나, 비정상으로서의 갭(gap)은
상대적으로 커져 그간의 방황과 혼란의 주범이 되었다. 해가
바뀌어 긴 사춘기가 끝남에 따라 그 바탕에서 존재했던 모든
관념과 심지어는 友情(우정)까지 뿌리를 잃고 쓰러져갔으며
이제 닥쳐올 새로운 현실을 앞둔 애매모호한 시기를 폐허가
장식하고 있을 뿐이다.

역사는 천재를 요구하며 천재만이 가장 뜨겁고 짙게 살 수 있는
것인즉 앞으로 모든 생활 규범은 바로 천재가 가는 길, 그것과
동일하여야만 할 것이다. 신념이나 자신이나 노력이나 혹은
智力(지력)까지도 천재를 목적으로 갖추어져야 하며 또 그에
맞는 양으로 갖추어져야 할 것이다. 실제 미치지 않고서는
인간이란 존재는 이 세상을 뜻있게 살 수 없으며 그러지 않은
삶은 이미 그 가치를 잃은 것이 된다.

理性(이성)만이 思考(사고)의 全部(전부)를 차지해야
하며 感情(감정)은 뜨거운 이성의 틈틈에서 피어나는

斷想(단상)이어야 한다. 어떠한 상황에 처하건 나의 두뇌는
조금도 쉼이 없이 움직여야 하며 나의 '목표를 향한 意志(의지)'는
끊임없이 나를 충동질하여야 할 것이다. 타협을 거부할 것이며,
특히 남의 도움을 거부할 것이며, 육체의 안락을 거부하며, 나의
정신력에 의해서만 움직이는 육체임을 증명해야 할 것이다.
보다 넓게, 보다 멀리 바라보아야 할 것이다. 거기에 보이고 있지
않는가! 現狀(현상)의 고통을 잊기 위해 오늘을 잊고 내일을
생각하자는 것이 아니다. 나에게 있어서 모든 理想(이상)은
실현됨을 전제로 존재하고 있는 것이며 따라서 목표물을 가끔은
쳐다봄은 현재의 위치를 인식하는 동시에 가야 할 길을
다짐하는 것이 되어야 할 것이다.
이제 내가 가는 곳이 곧 길이니라.

남에게는 드러낼 수 없는, 일기에만 쓸 수 있는 자부심과 인텔
리 의식이 팽팽하다. 이 글에 응축되어 있는 노회찬의 성찰, 고뇌,
다짐은 20대를 넘어 그의 삶 전체를 통해 관철된 원칙의 원형질을
구성하는 것들이다. 예컨대 "모든 이상은 실현됨을 전제"한다는
표현은 철저한 현실주의자 노회찬의 면모를 보여주는 것으로, 훗
날 노회찬 정치의 핵심 가치 중 하나가 되었다.

'의지를 앞세우지 않는 직업전투원'

그가 1977년에 쓴 일기 중에 몇 가지 눈길을 끄는 표현이 나
온다. "매사 의지를 앞세우지 않는 직업전투원". 조해일의 소설

『왕십리』에 나오는 구절로, 외국에서 14년 동안 용병 생활을 한 후 살인 기계가 된 소설 속 주인공 준태가 전장의 경험에서 터득한 생존 방책을 의미하는 표현이다. 항상 지근거리에 죽음을 달고 다니는 용병에게 전투 현장에서의 '의지'는 정세 판단을 위한 냉철한 계산에 치명적 오류를 가져올 주관적 요소에 불과했다. '직업전투원'과 같은 맥락으로 사용된 "70% 긴장 유지"라는 표현도 일기에 몇 차례 등장하는데, 이 둘은 한 문장에서 만나기도 한다. 1977년 9월 9일 일기에는 이렇게 쓰기도 했다. "네 서 있는 곳을 알아라. ⋯ 생각을 철저하게 하는가. 뜨겁게 그리고 차갑게 살고 있는가. 늘 긴장된 전투태세인가?"

일기에 수차례 눈에 띈다는 이유만으로 이런 표현에 주목한 건 아니다. 그보다는 오랜 시간이 지난 후에도 그가 같은 표현을 반복해서 사용했기 때문이다. 2004년 9월 국정감사가 있던 날, 초선 의원 노회찬은 출근길에 자신이 좋아하는 노래와 연주만을 모아 직접 만든 음반 CD를 틀었다. 첫 곡은 조선의 항일독립군과 스페인 내전 때 민병대가 불렀던 군가 〈최후의 결전(Varshavianka)〉이었는데, 노회찬은 이 노래가 "70%의 긴장을 유지하는 데 필요한 곡"이라고 일기에 썼다.[2] 2011년 8월 6일 대한문 앞에서 농성 중일 때에는 트위터에 이런 글도 올렸다.

소설『아메리카』,『겨울여자』,『왕십리』의 저자 소설가 조해일 선생님께서 농성장을 방문해 환담하고 있습니다. 단식 시작 한 달쯤 전에 갑자기『왕십리』생각이 나서 예전 문고판으로 다시 읽었는데, 예서 만나니 감회가 새롭습니다.

처음 읽은 뒤 35년 가까이 지나서 갑자기 다시 읽고 싶어진 소설이 『왕십리』였다. '직업전투원'과 '70%의 긴장'은 활동가, 정치인으로 살아오면서 노회찬이 일관되게 견지했던 태도를 잘 드러내 보여주는 표현이다. 나중에 상세히 살펴보겠지만, 민주노동당이 2004년 국회에 처음 입성할 때까지, 그가 미리 예상했던 징검다리들, 예컨대 1인 2표제 도입을 위한 2000년 선거법 위헌 소송, 2002년 12월 대통령 선거 TV 토론회의 참석 권한을 얻기 위해 설계된 그해 6월 지방선거 정당 득표 전략, 국회의원이 된 후 주요 입법 활동 등은 대부분 현실의 강한 반발력을 뚫고 직업전투원의 자세로 이루어낸 성과였다.

이런 습관이 반드시 거창한 목표를 달성할 때만 발휘된 것은 아니었다. 노회찬은 국내외 여행을 할 때도 준비가 철저하기로 유명했다. 유적지에서부터 맛집까지 현지 안내인보다 노회찬이 더 많이 알고 있는 경우도 흔했다. 함께 영국을 여행했던 일행이 영국사를 전공한 영국인 안내자도 모르는 사적지의 역사적 배경이나 일화에 대한 노회찬의 청산유수 같은 설명을 듣고 혀를 내둘렀다는 이야기도 있다.

노회찬은 늘 손바닥만 한 수첩을 가지고 다니면서 회의석상이나 술자리에서도 수시로 기록했다. 나중에는 수첩 대신 스마트폰의 노트 애플리케이션을 활용했다.[3] 그는 100여 개에 가까운 폴더와 450여 개의 해시태그를 활용해 각종 정보를 분류하고 관리했다. 노회찬의 메모 폴더는 예술(art), 영화(cinema)부터 가야사, 세월호, 역사, 노동, 국정원, 민영화, 아랍, 여성 등등 매우 다양했다.

이처럼 성실하고 꼼꼼한 기록과 정보 수집을 바탕으로 바둑에 비유하자면 남들보다 여러 수를 내다보는 '고수'가 되었고, 착수까지 시간이 많이 걸리는 '장고' 스타일의 기사가 되었다. 정치인으로서 그의 판단과 행동도 이와 같았다. 정치부 기자들이 여의도 정치판의 흐름을 파악하기 위해 가장 자주 연락하고, 대체로 만족할 만한 '코멘트'를 들을 수 있던 취재원 노회찬은 이런 과정을 통해 만들어졌다.

노회찬은 또 정세를 정확하게 내다볼 수 있는 능력을 키우기 위한 자기만의 훈련법도 고안해냈다. 노회찬의 신문 읽기 노하우라고 할 만한 것인데, 방법은 단순하다. 오늘 자 신문을 읽으면서 내일의 정세를 예측해보고, 다음 날 자신의 예측이 잘못되었을 경우 그 원인을 차근차근 복기하는 것이었다. 이런 신문 독법은 예측력을 높이는 데 기여했을 뿐 아니라 사회·정치 현안에 대한 관심의 끈을 팽팽하게 유지하는 태도를 몸에 배게 만들었다. 비단 신문을 읽을 때만 이런 태도를 가졌던 것은 아니다. 일상생활에서도 자신이 내렸던 판단을 다시 돌아보고 평가 대상으로 삼는 게 습관이 되어 있었다.[4]

노회찬이 『왕십리』를 오래 기억했던 또 다른 이유는 소설 속 주인공의 오랫동안 변하지 않은 순애보 같은 삶이 자신과 닮았다고 느꼈기 때문이다. 노회찬의 이루지 못한 초등학교 때의 첫사랑은 18년 동안 이어졌다. 그는 '한번 좋아하면 아주 길게 가는' 스타일이었다.[5]

어떤 위기 상황에서도 호들갑 떨지 않고 차가운 계산이 가능한 냉철함, 항상 사태의 전모를 파악하려는 집요한 노력, 순애보적

기질 같은 이질적이거나 모순적인 요소가 자연스레 어우러진 소
설 속 주인공의 캐릭터는 노회찬과 닮은 구석이 있다. 삼중당 문고
판 『왕십리』는 그의 유품으로 남아 있다.

잘 알려지지 않은 대학 생활

1979년 노회찬은 대학생이 되었지만 새로울 거라곤 없었다.
그해 10월 박정희가 총탄에 맞아 사망했고, 다음 해에는 더 포악
한 방식으로 권력을 찬탈한 군인 대통령이 등장했다. 그의 고교
동기들 중 몇몇은 이미 제적되었거나 감옥에 있었다. 고교 동기
이범이 입학식도 열리기 전인 2월에 회찬을 찾아왔다. 이범은
1976년 고려대 정외과에 입학한 후 1년 휴학해서 노회찬이 입학
하던 해에 정외과 3학년이 될 참이었다. 그는 노회찬에게 자신이
곧 구속될 것 같다며 자신이 맡고 있는 지하 서클을 대신 맡아 지
도해달라고 부탁했다. 이범은 고교 시절 육사에 응시했다 낙방한
친구들 중 1명으로, 그의 예측대로 24일 긴급조치 제9호 위반으
로 구속되었다.

노회찬은 대학 입학식도 치르기 전에 대학생들을 지도하게
되었지만 사실 그전에 이미 관악경찰서의 요시찰 인물로 명단에
올랐다. 그가 입학하자 관악서에서 노회찬을 '인계'받은 성북서
고려대 담당 총책임자가 찾아와 "까불지 말라"며 위협한 적도 있
었다.[6]

노회찬의 대학 생활은 알려진 게 별로 없다. 학교에도 잘 나타
나지 않았다. 노회찬의 경기고 후배인 예종영과 김헌은 노회찬과

같은 해에 고려대 정외과(정경계열)에 입학했다. 이 둘은 다른 사람들보다 노회찬을 비교적 자주 만났다. 예종영은 3학년 때 수학여행 답사를 노회찬과 다녀올 정도로 가까웠다. 셋은 가끔 어울려 막걸리를 마시고 이야기도 많이 나눴지만, 운동과 관련된 것보다는 일상적인 이야기를 주로 했다. 같은 1학년이었지만 고교 선배인 노회찬을 둘은 깍듯이 대했다. 이렇게 가끔 만난 것도 1979~1980년 때였다. 1981년 이후로는 수학여행 답사를 간 것 말고는 거의 본 기억이 없었다.

노회찬은 '복학생'들과 종종 어울렸는데, 교내 시계탑 앞 벤치가 정외과 복학생들이 잡담하는 장소였다. 노회찬은 거침없는 화술로 분위기를 휘어잡았다. 그 자리에 종종 함께 있었던 정외과 동기 남수원이 아직도 기억하는 이야기가 하나 있다. 노회찬이 '로미오와 줄리엣'의 원본이 우리나라 전설에 있다면서 들려준 '석남꽃 이야기'였다. 그가 만든 노래 〈소연가〉의 배경 이야기였다.

노회찬은 학생운동에는 가담하지 않았다. 데모하기 위해 대학에 가야겠다던 그가 학생운동을 하지 않은 데는 몇 가지 이유가 있다. 고려대는 운동권 내에서도 나이보다 학번 우선 원칙이 철저하게 지켜지는 학교였다. 게다가 서클에 소속되지 않고는 학생운동을 할 수 없었는데, 나이 차이가 나는 노회찬이 참여할 만한 마땅한 서클이 없었던 듯하다.

그리고 노회찬은 대학에 들어갈 때부터 노동운동 현장으로 이전할 마음을 먹고 있었다. 특히 1980년 광주항쟁을 거치면서 이 생각이 더욱 굳어졌다. 당시 현장으로 가기로 결심한 학생들 사이에서는 신분 노출 등의 위험을 피하기 위해 학생운동에 적극적으로 가담하지 않는 분위기도 있었다. 노회찬은 '학생운동의 한계를 느끼고 노동운동을 통해 사회 변혁으로 나가야 한다는 것을 자각한 첫 세대'의 앞자리에 있었다. 현장으로 갈 모든 준비는 대학교 3학년 때 끝냈다.

아무리 나이가 들어서 대학에 들어갔다 해도 노회찬은 청춘이 누릴 수 있는 낭만까지 거부하지는 않았다. 무엇보다 입학하던 해에 사랑을 했다. 여자 친구를 사귈 조건도 분위기도 아니었고 미팅에는 관심이 없었던 그가 사랑을 시작할 수 있었던 것은 연애 대상이 초등학교 때부터 좋아했던 '첫사랑'이었기 때문이다. 고등학교 때도 많이 보고 싶어 했지만 만나지는 않았다. 노회찬의 초등학교 4학년 때 일기를 잠깐 들여다보자.

이틀째 사생(사회생활: 인용자) 공부를 열심히 하였는데 오늘
시험에서 꼭 알아야 할 문제, 그리니치 천문대는 경선인 것을
나는 X표 하여 틀렸다. 이 문제도 윤희순(가명: 인용자)에게 졌다.
부끄럽고 분하다. 꼭 윤희순을 따라내어야('앞지르다'는 뜻의
경상도 사투리: 인용자) 하겠다. 집에 가서 열심히 공부하였다.
그런데 9시가 되면 잠이 온다. 잠을 이겨야 하겠다.

10년이 지나도 잊을 수 없었던 첫사랑은 '라이벌' 윤희순이었다. 노회찬은 서울대에 다니는 그녀를 찾아가 만났다. 회찬이 대학 1학년이었을 때 그 친구는 4학년이었다. 이후 둘은 2년 정도 만났다. 노회찬이 노동 현장에 들어가기 위한 준비를 시작할 무렵, 연인관계를 지속할 것인지 중단할 것인지 결정을 내려야 했다.

1980년 서울의 봄, 2학년이 된 노회찬은 여전히 학생운동에는 깊숙이 개입하지 않았지만 시위에는 열심히 참여했다. 5월 15일 서울역 집회에서 동생 노회건을 만났다. 형제는 염리동에서 함께 자취를 하고 있었다. 서강대 2학년이었던 노회건은 그즈음 염리동 자취방에서 회찬 형이 했던 말을 잊지 않고 있다. "한집에 한 사람이면 되네." 노회찬은 다른 이의 삶에 대해 이런 식으로 얘기하는 사람이 아니었다. 어떤 선택이라도 존중해주던 그가 동생에게 운동을 만류하는 말을 한 셈이었다. 이 얘기를 하는 노회찬의 뇌리에는 어머니의 얼굴이 떠올랐으리라. 노회찬은 1980년 봄 시위를 마지막으로 노동 현장에 들어갈 준비를 본격적으로 시작했다.

노회찬은 1980년 광주의 비극을 목격하면서 '뜨거운 눈물'을 흘렸다고 말한 적이 있다. 그는 광주항쟁 때 부산 집에 있었다. 당시 부산에서는 일본 NHK 전파가 잡혔다. 일본 방송을 통해 광주의 참상을 접하면서 그는 광주 시민들에 대한 연민 때문에 눈물을 흘렸다. 그는 상황이 허락되면 맨 먼저 광주를 방문하기로 결심했다. 광주항쟁이 군부에 의해 진압되고 얼마 지나지 않아 노회찬은 혼자만의 진혼제를 올리기 위해 광주에 갔다. 그곳에 다녀온 노회찬이 가까운 고교 친구 최만섭에게 한 말이다.

내가 마음이 힘들어서 광주를 다녀왔다. 충장로와 금남로 술집을 순회하면서 일부러 고향 사투리를 쓰면서 '부산에서 왔습니다' 하니까 그분들이 내 말 듣고 따뜻하게 맞아주시더라.[7]

노회찬은 고등학교 시절에 학생운동을 시작한 이후 계속 그 길을 가리라는 짙은 예감을 가지고 살아왔지만, 간혹 다른 생각을 한 적이 없었던 것은 아니었다. 아주 잠깐이지만 사법고시를 준비할까도 생각해봤고, 공부를 계속해서 비판적 지식인의 길을 가는 것도 고민한 적이 있었다. 실제로 그의 가족은 노회찬이 몇 년 뒤 노동운동의 길을 가겠노라 말하기 전까지는 그가 학문의 길을 갈 거라고 생각하고 있었다. 20대 중반, 남은 인생을 어떻게 살 것인가? 노회찬에게는 정리의 시간이 필요했다.

선운사 참당암에 간 까닭

1981년 8월. 노회찬은 너무 짙어 무너져 내릴 것 같은 녹색으로, 뜨거운 햇볕을 막아내고 있는 울창한 여름 나무 밑을 걷고 있었다. 동백으로 유명한 고창 선운사 동구 길이었다. 동백은 지난봄에 다 졌고, 단풍은 들기 전이었다. 그가 한 달 동안 머물 산내 암자 참당암(懺堂庵)은 선운사에서 천천히 걸어도 1시간이면 넉넉히 도착할 만한 거리에 있었다. 신라시대에 창건된 참당암은 과거 대참사(大懺寺) 또는 참당사(懺堂寺)로 불릴 정도로 한때는 제법 규모가 큰 사찰이었다. 절 이름으로는 특이하게 뉘우치고 참회하는 곳이라는 뜻을 담고 있다.[8]

노회찬이 참당암에 도착했을 때 객이 머물 수 있는 방은 고시 준비생들이 다 차지하여 남은 방이 없었다. 암자를 지키던 스님이 명부전이라도 좋겠냐고 해서 노회찬은 거기 들었다. 명부전, 이승에 마련된 저승이다. 방 안에서 박쥐가 날고, 바닥에서는 한여름에도 냉기가 올라왔다. 그는 이곳에서 한 달 동안 수염도 깎지 않고 삼베옷을 입고 지냈다.

책을 좋아한 회찬은 마르크스, 레닌 원전 수십 권을 가지고 왔다. 하지만 회찬이 참당암을 찾은 까닭은 한 달 동안 은거하며 책을 읽기 위해서가 아니라 생각을 정돈하고 결의를 다지기 위해서였다. 참당암의 결의는 숲속의 두 갈래 길 중 하나를 선택하는 종류의 것이 아니었다. 예컨대, 불교에 관심을 갖고 계속 공부하며 출가를 고민하다가 최종적으로 언제 출가할 것인지를 결정하는 것과 같은 결의였다. 실제로 노회찬은 그때 '출가하는 심정'이었다고 회상했다.

당시 노회찬은 몇 가지 정리해야 할 문제가 있었다. 대학에 들어가 다시 만난 초등학교 때의 첫사랑 여자 친구와의 관계가 그중 하나였다. 노회찬은 훗날 지나고 보니 그럴 필요까지는 없었다고 회한 어린 말을 한 적이 있지만 당시에는 매듭을 지어야만 할 문제라고 생각했다. 그의 결론은 '사랑하기에 헤어져야 한다'였다. 자신이 투신할 '대망의 길'은 여자 친구에게는 '험한 시련의 길'이 될 것이 분명했다. 사랑하는 사람의 행복을 바라는 자신이 그 길을 함께 가자고 하는 것은 모순이라고 생각했다. '직업전투원'의 차가운 계산이 젊은이의 뜨거운 열정을 이겼다.[9]

여자 친구 문제 말고 노회찬이 붙잡고 있었던 또 다른 화두는 집안 문제였다. 부모님은 회찬이 참당암에서 내릴 결정은 짐작도 하지 못한 채 아들이 대학에 잘 다니고 있는 줄 알고 있었다. 여기서 '잘 다닌다'는 말은 운동권이 되지 않으리라고 생각했다는 뜻이다. 외가 집안의 내력을 알고 있던 장남 노회찬은 부모님, 특히 어

참당암에서 나온 직후(1981) ©노회찬재단

머니의 마음에 자신의 결정이 일으킬 파문을 충분히 예측할 수 있었다. 그는 한 달 동안 마음을 어지럽히는 생각을 정리하고 '하산' 했다.

1981년 여름 나는 전북 고창 선운사 참당암에서 한 달을 보냈다. 당시 나의 화두는 어떻게 살아갈 것인가였다. 지금에 와서 생각해보면 이때가 나의 인생의 진로를 결정한 중요한 시기였다. 성찰(省察)하고 또 성찰했다. '물의 흐름'처럼 역사에 나를 맡겨야 한다는 결론을 내렸다. 명예나 이익을 탐하기보다 시대가 요구하는 일을 하는 것이 도리라고 판단했다. 어릴 때부터 배운 '대의(大義)에 서라'를 떠올렸다. 상식이 통하고 약속이 지켜지는 '정의가 바로 서 있는 사회'를 만드는 데 힘을 보태기로 마음을 굳혔다. 참당암을 나선 나는 전기용접 기능사 자격증을 따고 민중의 바다로 나아갔다. 진보정당을 만들고 국회의원까지 지냈지만 나는 아직도 참당암의 여름에 내린 결심에서 벗어나지 않고 있다.[10]

참당암에서의 결단이 노회찬이 하고자 하는 일의 내용을 바꾼 건 아니다. 전후가 달라질 이유가 없었다. 그는 이미 그 이전부터 노동 현장에 가기 위한 준비를 차곡차곡 하고 있었다. 다만 이제 '잔도를 끊어낸 이후'라는 점이 달랐다. 그 다짐의 상징으로 삼고 싶었을까? 그는 명부전 촛불을 받쳐주었던 촛대를 살아생전 가지고 있었다.[11]

노동 현장으로 떠날 준비를 하다

노회찬은 노동 현장에 진출할 준비를 하기 위해 방대한 분량의 자료를 수집하고 연구했으며, 현장 경험을 전해줄 만한 사람들도 만났다. 그는 어떤 일을 하기 전에 집요하다 싶을 정도로 철저하게 준비를 하는 스타일이었다. 노회찬은 초등학교 시절 우표 수집 취미가 있었다. 그때도 초등학생의 취미 활동이라고 보기 어려울 정도로 수집한 우표의 종류와 양이 방대하고 분류 방식도 체계가 있어 보는 사람마다 놀라워했다.

노회찬에게는 대학 4년이 사실상 노동 현장으로 이전하기 위한 준비 기간이었다. 그가 직업학교를 다니던 시기에 현장 이전 준비를 얼마나 철저하게 했는지 알 수 있는 자료가 남아 있다. 노회찬이 직접 손으로 작성한, 표로만 빽빽하게 채워진 대학노트인데, 여기에 전국 사업체를 업종별, 지역별, 종업원 규모별로 분류해놓았다. 세부 사항으로 노동조합 현황, 남녀 조합원 수와 비율을 정리한 것은 기본이고, 외국인 투자 기업체 현황, 미조직 사업장 현황까지 온갖 내용이 다 담겨 있다. 사업체는 산업 분류표에 따라 정리했는데, 전문 연구자가 아니면 필요할 것 같지도 않은 각종 통계표를 직접 만들었다.

경인 지역의 경우 인천, 부천, 수원, 송탄, 평택, 용인, 안성, 화성, 남양주, 성남, 광주, 안양, 시흥으로 세분해서 규모별 사업체 현황표를 작성했고, 인천 지역의 공단별 사업체, 노동조합 현황표도 있었다. 당시 활동가들이 많이 들어가 있던 부천의 경우는 내동, 도당동, 약대동, 삼정동, 춘의동, 송내동, 소사동, 심곡동, 원미동,

오정동, 역곡동 등 17개 동별 100인 이상 업체와 노동조합 현황까지 일일이 표로 만들어놓았다. 그가 당시 지방 노동청, 노동조합, 노동 관련 단체 등을 찾아다니며 조사 수집한 각종 통계를 종합하고 분류한 표들이었다. 인터넷은 물론 개인용 컴퓨터도 대중화되기 훨씬 이전이었다. 그가 시간과 공력을 얼마나 많이 쏟았는지 확인할 수 있는, 혀를 내두를 수밖에 없는 자료다. 물론 당시 노동 현장에 내려간 활동가들이 이런 종류의 조사를 하는 것은 흔한 일이었지만, 혼자서 이처럼 방대한 자료를 일일이 정리한 경우는 보기 힘들다.

1970년대 민주노동조합(민주노조) 활동가들과 비판적 지식인들이 함께한 크리스천아카데미 노동 교육도 일정, 참석자, 교육 내용 등 기본적인 것은 물론, 참석자들의 육성 평가 내용 등을 빠짐없이 노트에 일일이 기록해놓았다. 또 노회찬은 자신이 들어갈 공단의 지도를 사서 공장별로 참고 사항을 세세하게 표기했다. 지도를 비롯해 그가 모으고 재조립한 자료는 실제 현장에서 요긴하게 사용되었다.

이 무렵 노회찬의 고교 동기 정광필과 최용석도 같은 과정을 밟고 있었다. 정광필은 감옥과 군대를 다녀온 후였고, 최용석은 친구들 중 맨 먼저 노동 현장으로 들어갔다. 현장으로 들어갈 모든 준비를 마친 노회찬은 학교에서 공장으로, 서울에서 인천으로 주 활동 무대를 옮긴다. 이제 현장 진출을 위한 마지막 한 단계가 남았다.

구원과 깨달음

노회찬은 1982년 여름, 노동 현장에 진출하기 위한 마지막 준비로 서울기계공고 부설 영등포청소년직업학교에 들어갔다. 평생 노동운동을 하려면 먼저 노동자가 되어야 했고, 기술을 배워야 했다. 그는 기술을 습득하기가 상대적으로 쉽고 취업 기회도 넓은 용접을 택했다. 1983년 2월 직업학교 졸업식 때 노회찬은 졸업장과 함께 우등상장, 용접 2급 기능사 자격증을 받았다. 훗날 노회찬은 직업학교에 다니던 6개월이 자신의 인생에서 '가장 아름다웠던 장면'이라며, 혈육보다 더 소중한 사람이 있을 수 있다는 사실을 깨닫게 해준 시기라고 했다.[12]

노회찬은 직업학교를 졸업한 뒤 현장에 취직해 용접 노동자의 삶을 시작했다. 노동자 노회찬이 처음 맞닥뜨린 노동 현장은 충격적이었고, 이는 그를 또 한 번 크게 변화시켰다. 현장에서 만난 노동자들의 삶은 자신이 지금까지 엘리트 의식을 벗어나지 못했다는 사실을 자각하게 했다. 이른바 '명문' 중·고교와 대학을 다니고, 가난을 모른 채 첼로를 켜고, 오페라를 감상하러 다녔던 자신을 되돌아보게 되었다. 노회찬은 이 같은 성찰과 자각이 자신을 구원에 이르는 길로 안내했다고 말한다. "노동 현장에 가서 굉장히 충격을 받아서 바뀌었죠. 거기서 고생하는 사람들, 그리고 내가 그 나이까지 살아오면서 못 만났던 사람을 만났거든요. 내가 그런 노동자들 속에서 큰 게 아니었기 때문에, 머리로만 한 거죠. … 제가 노동운동할 때 사람들이 저보고, 너무 고생스럽지 않으냐 물었을 때, 전 오히려 난 구원받았다, 여기 오지 않았으면, 이 일을 하지 않

직업학교 수료증(위), 직업학교 상장(아래) ⓒ노회찬재단

았으면, 깨닫지 못했을 그런 것들을 여기 와서 깨달았다, 그래서 난 정말 고마웠다, 예를 들면 내가 대학 나왔는데, 좋은 기회가 있었는데, 그걸 포기하고 여기 들어간 사람이 아니라, 오히려 운이 좋아 가지고 노동 현장에 온 것이고, 결과적으로 크게 구원받은 것이다, 그런 생각을 새롭게 하게 되었어요. 지금은 그 연장선에 놓여 있는 거죠."[13]

노회찬이 자신이 선택한 길을 '구원과 깨달음'의 과정이라고 말한 대목은 주목할 만하다. 스무살 무렵 일기에서 '이성과 논리 중심의 삶', '직업전투원의 삶'을 살겠다고 다짐했고 그렇게 살아왔던 그가 '구원과 깨닮음의 삶', '논리와 지식보다 헌신과 애정을 중시하는 삶'을 앞세웠다. 물론 이 둘이 양자택일의 선택지는 아니다. '혁명운동에 투신한 과학적 사회주의자'에서 '실천하는 휴머니스트'로 지향점이 바뀐 것은 단절이 아니라 연속이었다. 어쩌면 둘은 동전의 양면일 수도 있다. 노회찬으로서는 그가 유일하게 스승으로 존경했던 신영복이 말한 '머리에서 심장으로의 긴 여행'을 한 것이었다. 그 긴 여정에서 그는 직업학교 학생으로, 용접 기능공으로, 활동가로 '가족보다 중요할 수 있는' 많은 사람들을 만났고, 그 시간과 사람들이 그를 바꿨다. 참당암에서 내린 실존적 결단이 이성, 논리, 대의를 바탕으로 그린 삶의 지도에 관한 것이었다면, '충격'을 던져준 노동 현장은 그 지도를 보고 도착한 구체적 공간이었다. 지도가 아닌 현실의 장소에서 그는 자신의 길, 자신이 살아야 하는 이유와 삶의 의미를 찾을 수 있었고, 그런 자각과 깨달음이 노회찬에게는 구원이었다. '진보정당 운동의 본령은 정치적 이해관계에서 계산된 행위가 아니라 영혼을 가지고 진심으로 행하는 실천'이라는 인식은 그 여행이 노회찬에게 준 고귀한 선물이었다.

젊은날 노회찬의 선택에서 우리가 눈여겨봐야 할 것은 그가 운동을 일찍 시작했다는 사실이 아니라 평생 변치 않고 그 길을 갔다는 점이다. 그는 자신의 일을 좋아했고, 잘했다. 그것이 평생 그 길을 멈추지 않고 걷게 만든 기본 동력이었다. 이런 동력이 있었기 때문에 누구에게는 피하고 싶은 험지였을 노동 현장이 그에게는 구원의 장소가 될 수 있었다.

자녀가 없는 노회찬이 사랑했던 조카들이 있다. 2014년 명절 차례를 지내기 위해 가족들이 모였다. 삼성 X파일 대법원 판결로 의원직을 박탈당하고 동작구 보궐선거에서도 낙선해 힘든 시절이었다. 회건의 장남 선덕에게 해준 큰아버지 노회찬의 말은 그 동력에 관한 것이었다.

"내가 왜 잘 되지 않는 일(진보정치)을 계속하는지 아냐? 진짜 좋아하는 일이라서 그래."[14]

1983년 2월, 노회찬은 대학 졸업과 동시에 직업학교를 졸업하면서 노동 현장으로 가는 마지막 준비 과정을 끝냈다. 단절된 건 아니지만 그의 삶은 이제 전과는 다른 시간이 될 것이었다. 스물일곱, 적은 나이도 아니었다. 노동운동가 노회찬의 삶이 시작되었다.

의형제 김종해

1998년 8월 1일 토요일, 밤 10시 35분. 김종해는 충주 집에서 TV를 보고 있었다. 목포 한라조선소에 다니고 있던 그는 여름휴가를 집에서 보내던 중이었다. 그는 평소에 시사 토론 프로그램을 즐겨봤다. 마침 KBS의 심야 생방송 토론회가 막 시작되었다. 토론회 주제는 '개혁리포트: 위기의 노사정, 개혁인가, 공멸인가.' 느긋한 자세로 TV를 보던 그가 깜짝 놀라 벌떡 일어났다. 그렇게 찾았는데도 만날 수 없었던 '사람 좋은 형'이 거기 있었다. 그것도 방청객이 아닌 토론자로. 그사이 10년도 훨씬 더 지났다.

"아니, 이럴 수가. 저 형이 왜 저기 있지? 어디서 용접하고 있을 사람이? 사람이 착하고 좋기만 해서 이 노가다 판에서 굶어 죽지는 않았는지 걱정하고 있었는데…. 형이 대학 나온 사람이었다고?" 암만 봐도 화면 속 인물은 오래전에 의형제를 맺었던 회찬이 형이 분명했다. 시간이 어떻게 갔는지도 모르게 토론회가 끝났다. 그는 좀처럼 잠을 이룰 수 없었다. 16년 전 일들이 두서없이 마구 떠올랐다.

1983년 2월 26일. 노회찬과 김종해, 서승일 등은 영등포시장 골목의 허름한 술집에 있었다. 서울기계공고 부설 영등포청소년직업학교 졸업식 날이었다. 그 하루 전날에는 고려대 졸업식이 있었는데, 노회찬은 대학 졸업식에 가지도 않았을 뿐 아니라 직업학교 동기들 중 그가 대학에 다닌 사실을 아는 사람은 아무도 없었다. 직업학교 동기들은 '꽃다발도 카메라도 없는' 졸업식을 마치고 시장으로 몰려가 소주를 마시며 졸업을 축하하고, 용접 기능사 자격증을 갖고 더 나은 직장에 취직하기를 서로 기원했다. 노회찬은 훗날 자기 삶에서 가장 행복했던 순간은 바로 이날이었다고 말했다.

조촐했지만 행복한 자축 술자리였다. 왁자지껄한 분위기 속에서 김종해는 몇 번이나 눈물을 흘렸다. 찢어지게 가난한 빈농의 자식으로 태어나 초등학교를 겨우 졸업하고, 어렵게 들어간 야간 중학교는 2학년 때 중퇴했다. 가난을 벗어나고 싶어 고향 보은을 떠났다. 고향은 벗어났지만 가난은 벗어날 수 없었다. 야간 직업학교에 입학해 6개월간 기술도 배웠지만, 정말 많이 얻어맞았다. 어떻게든 자격증을 따야 한다는 절실한 마음이 없었다면 그 서러움을 참기 힘들었을 것이다. 직업학교 전기용접과 입학생 40명 중 졸업생은 11명뿐이었다.

김종해는 직업학교를 졸업한 후 서울에서 공장을 다니다 견디지 못하고 고향으로 내려갔다. 그때 노회찬이 어떻게 알았는지 고향 집까지 찾아왔다. 놀랍고 반가웠지만 가난한 집이라 손님 들일 자리도, 대접할 음식도 없었다. 둘은 삼겹살을 조금 사서 인근 강가에 갔다. 많은 이야기를 나눴다. 서울로 올라간 노회찬이 김종해 앞으로 편지를 한 통 보냈다. 편지 내용은 이제 기억이 가물가물하지만 그 안에 함께 들어 있던 신문 조각은 아직도 또렷이 기억난다. 거제 대우조선에서 용접공을 모집한다는 신문 광고를 오려서 보낸 것이다.

1984년, 김종해는 거제로 내려가 시험을 쳐서 대우조선에 입사했다. 차가운 바닷바람이 불던 초겨울에 그는 노회찬이 보내준 소포를 받았다. 겨울 점퍼와 내복이 들어 있었다. 『전태일 평전』도 보내주었지만 열심히 읽지는 않았다. 그 이후 가끔 연락을 하다가 1985년 말부터 끊겼다. 노회찬이 인천 지역 노동운동가 조직을 만들기 위해 바쁘게 움직이고 있을 때였다. 그 무렵 김종해는 연락이 끊긴 노회찬을 열심히 찾아다녔지만 끝내 찾지 못했다.

TV 토론회 다음 날 아침, 김종해는 수소문 끝에 노회찬의 전화번호를 알아냈다. 전화기 저쪽에서 거짓말처럼 노회찬의 목소리가 들려왔다.

"종해야, 지금 어디 있느냐?"

"충주에 살고 있습니다."

"뭐하고 사냐?"

"용접합니다."

"우리 당장 만나자."

노회찬은 만사 제쳐두고 다음 날 충주로 내려갔다. 노회찬에게는 "연애할 때보다, 짝사랑할 때보다 더 설렜던 날"이었다. 40대 초반의 두 남자는 주변의 눈치를 볼 겨를도 없이 버스터미널에서 서로 부둥켜안은 채 한동안 눈물만 하염없이 흘렸다. 직업학교 동기인 노회찬, 김종해, 서승일의 만남은 다시 이어졌다. 자주는 아니었지만 부부동반 모임도 이후 한동안 지속했다.

제4장

지하에서 꿈꾼 지상의 혁명

1983~1992년:

투쟁과 사랑으로 뜨거웠던 젊은 날들

용접 노동자가 된 노회찬은 인천으로 갔다. 지하 노동운동 시기였다. 지하운동은 전두환 군부독재 시절에 불가피한 선택이었다. 인천에서 '남한 최대 지하 조직' 인천지역민주노동자연맹(인민노련)을 만들었고, 1989년 구속되어 2년 이상 감옥살이를 했다. 그가 감옥에 있는 동안 그의 동지들은 비합법 전위정당인 한국사회주의노동당을, 그리고 합법 대중정당인 한국노동당과 통합민중당을 만들었지만 현실 정치권에는 진출하지 못한 채 실패를 맛봤다. 그는 이 시기에 한 여성을 만났고, 자신이 인생에서 가장 잘한 일 가운데 하나로 꼽은 결혼을 했다.

조직책 노회찬을 기억하는 사람들

오순부는 1940년생이다. 중학교를 중퇴한 후 1965년 인천에서 노동자 생활을 시작했다. 1980년 7월 대우중공업에서 어용 노동조합과 맞서다가 해고되었다. 투쟁 끝에 이듬해 대우중공업의 위장 계열사인 우일정밀에서 일하게 됐다. 그 과정에서 오순부는 장명국의 도움을 받았다. 장명국은 1970년대부터 노동 교육과 상담을 했다. 『새벽』이라는 노동 잡지를 발행했고, 『노동법해설』(석탑출판사, 1982)을 펴냈다. 그 책은 당시 100만 부 이상 팔린 베스트셀러였다.

1984년 어느 날, 오순부는 서울 사무실로 한번 나와달라는 장명국의 전화를 받았다. 가서 보니 젊은 친구 한 명이 있었다. 오순부는 처음 보는 젊은이가 자신에 대해 소상히 알고 있어서 깜짝 놀랐다. 젊은이는 인천에 내려간 지 얼마 되지 않은 노회찬이었다. 그 무렵 인천 지역은 몇 남지 않았던 민주노조마저 전두환 정권이 들어서면서 모두 와해된 상태였다. 이런 상황에서 노회찬으로서는 오순부 같은 40대 중반의 활동력 있는 현장 노동자를 알고 지내는 것이 중요했다. 나중에 일이 생겼을 때를 대비해서 노회찬과 오순부는 그날의 만남에 대한 알리바이를 미리 만들었다. 둘은 종로 3가가 아니라 인천에 있는 사회과학 서점 '광야'에서 우연히 처음 만난 걸로 하고, 만난 날짜도 정했다. 현장 노동자들을 만나 인연을 맺고 관계를 유지하는 일은 당시 노회찬의 중요 과제였다.

그날 이후로 노회찬은 1주일에 한 번씩, 검은 비닐봉지에 소주만 한 병 달랑 사 들고 오순부 집을 찾았다. 만나는 횟수가 늘어나면서 오순부는 말이 별로 없고 주로 자신에게 이것저것 많이 물어보는, 전혀 '학출'(대학생 출신을 일컫던 은어) 같아 보이지 않는 노회찬에게 호감을 갖게 되었다. 노회찬은 현장 노동자들을 가르치려 들지 않았다. 여느 학출 활동가나 위장 취업자들과는 느낌이 사뭇 달랐다. 나중에는 오히려 열여섯 살 많은 오순부가 속상하거나 고민되는 문제들을 노회찬에게 털어놓는 일이 잦아졌다. 그 당시 노회찬은 많은 현장 노동자를 만나고 다녔지만, 오순부에게 그런 이야기를 하지는 않았다. TV 토론회를 통해 노회찬을 알게 된 사람들은 그가 '유쾌, 통쾌, 상쾌'한 달변가라고 생각하지만, 사실 평소 노회찬은 과묵한 편이다.

노회찬과 인연을 맺은 현장 노동자들의 노회찬에 대한 인상은 오순부와 거의 같았다. 노회찬이 그들에게 좋은 평가를 받을 수 있었던 것은 직업학교를 거치면서 스스로에게 했던 다짐이 바탕에 깔려 있었기 때문이다.

어떤 곳이든 신뢰는 논리와 지식으로부터 나오는 것이 아니라 헌신과 애정으로부터 나온다고 믿습니다. 마음을 완전히 비우고 나 스스로가 노동자가 되어야 한다고 생각했지요. 항상 실천을 앞세웠고, 실천에 앞장섰습니다. 설득력을 갖기 위해선 우선 일부터 잘해야 한다고 생각했어요. 기술을 습득하고 일을 잘하는 데 정말 '연구와 노력'을 경주했습니다.[1]

1981년 고려대에 입학한 박병우는 학생운동을 하다가 제적, 구속되었다. 출소 후 노동 현장에 진출하기 위한 준비 기간을 거쳐 인천으로 갔다. 작업 환경이 열악하고 위험하기로 소문난 경동산업에 들어갔다. 그는 3년 넘게 경동산업에 다니면서 매주 한 번씩 노회찬을 만났다. 노회찬은 박병우가 야간조일 때는 낮에, 주간조일 때는 밤에 그의 자취방을 찾아갔다. 현장 상황을 보고받고 정세 관련 이야기를 나누는 일종의 현장 지도였다. 박병우는 노회찬의 지침에 따라 경동산업 파업을 조직했고, 배후 조종자로 몰려 해고된 뒤 감옥에 갔다.

당시 노회찬과 정기적으로 만난 활동가들은 많았지만 다들 그때 무슨 이야기를 나눴는지 기억하지 못했다. 하지만 인민노련 조직원에 대한 검찰 공소장에는 대화 내용을 짐작할 수 있는 대목이 있다. 인민노련 부평지구위원회(1지구 위원회) 위원장으로 지명된 오동렬이 정광필의 지침에 따라 윗선인 조직국장 노회찬과 만나서 나눈 얘기다.

"(오동렬은) 인민노련 조직국장 노회찬(가명: 김재홍)과 접촉하여 1지구 위원장의 임무에 대한 설명을 듣고 그 후 주 1회 가량씩 동인과 정기적으로 만나 '1988년 상반기 인천 지역 노동자 계급의 대중 투쟁의 전망과 정치 조직의 임무, … 노동운동사 속에서의 7, 8월 투쟁의 의의와 한계, 인민노련 기관지『노동자의 길』의 발간 형태 및 배포 문제, 예비 사원(예비 조직원-인용자) 선발 및 훈련 문제' 등에 대하여 논의"했다. 지금 같으면 단톡방에서 손쉽게 논의할 수 있지만 당시는 일일이 개별적으로, 최대한 보안을 유지하며, 직접 만나서 낮은 목소리로 이야기해야 했다.

임영탁은 대학 시절에 노회찬의 영향을 받아 노동운동을 하게 되었다. 그는 노회찬의 동생 회건 씨와 가까운 친구다. 노회찬은 군 복무를 마친 그를 1983년 고교 동기인 정광필에게 소개했다. 감옥과 군대를 다녀온 정광필은 노동 현장으로 가려던 참이었다. 둘은 서울대 교정에서 비밀리에 접선했다. 당시는 대학 안에 상주 경찰과 정보과 형사들이 득실대던 시절이었다. 정광필은 임영탁에게 읽을 책을 몇 차례에 걸쳐 건네주었고, 다른 동료 학생과 함께 성수동에 있는 노동야학에 가라고 했다. 그는 1983년과 1984년에 야학 활동을 했고, 방학 동안에는 온수동에 있는 작은 공장에서 용접을 배우며 공장 활동을 했다.

임영탁은 1985년 말인 3학년 때 대학을 그만두고 학교 동기 3명과 함께 인천으로 갔다. 처음에는 대학 선배 황광우의 신혼집에서 2주 정도 숙식하면서 노동자용 교재로 사용할 책을 만들었다. 그는 당시 대학생들이 노동 현장으로 이전하는 통상적인 경로를 밟았다. 보통 학내 시위 이후 감옥과 강제 징집을 거친 후 공장으로 가는 경로였는데, 선배들이 먼저 자리를 잡으면 그 선을 따라 움직이면서 노동야학과 공장 활동을 시작했다. 임영탁은 1987년 인민노련이 출범하고 한참 지나서야 노회찬이 인민노련 조직 책임자라는 사실을 처음 알았다.

1987년 11월 부평 공단에 있는 태연물산에서 노조와 회사가 심하게 충돌했다. 회사의 폭력적 대응으로 유혈 사태까지 발생했다. 임영탁은 당시 우후죽순처럼 생겨나던 민주노조를 지원하기 위해 인천 지역의 각 활동가 그룹들이 조직원을 파견해 만든 '인천지역 민주노조 건설 공동실천위원회'(공실위)에서 일하고 있었다.

태연물산 노조를 지원하는 것이 그의 임무였다. 노동자들이 태연물산 정문에서 항의를 하던 중 갑자기 회사 쪽 사람들이 긴 나무에 '회칼'을 꽂아 만든 흉기로 노동자들을 공격했다. 정문 앞에 있던 노동자들은 겁에 질려 도망갔다. 그날 어느 노조에서 100여 명의 조합원이 지원을 나왔는데, 회사 쪽 사람들이 그 노조 위원장을 붙잡고 안으로 끌고 들어갔다. 온몸을 던져서 노조 위원장의 '납치'를 막았던 임영탁은 갑자기 정신을 잃었다. 구사대(求社隊, 노동운동을 진압하기 위해 회사 측에서 동원한 사람들)가 휘두른 몽둥이에 어깨를 맞고 쓰러졌는데, 쓰러지면서 머리를 인도 끝 모서리에 부딪치는 바람에 정신을 잃었다. 곧장 병원에 실려갔지만, 의사가 회복을 장담할 수 없다고 할 만큼 상태가 심각했다.

다행히 다음 날 의식을 되찾은 임영탁은 눈을 떴을 때 맨 먼저 걱정스런 표정으로 자신을 지켜보고 있는 노회찬을 보았다. 인천에 내려간 지 3년이 다 됐는데, 그때 처음으로 노회찬을 만났다. 그제야 임영탁은 언제, 어디서든지 노회찬이 자신을 지켜보고 있었다는 느낌을 받았다. 3년 동안 얼굴 한 번 보여준 적 없어서 임영탁은 '내가 버림받았나, 잊혔나' 하는 생각까지 했었다. 이날 그동안 회찬이 형에게 품었던 서운함이 모두 사라졌다.

앞의 일화들은 노회찬이 인천 시절에 '비상하게 치러야 했던 일상'의 많은 부분을 설명해준다. 사람 이름만 바꾸면 수백 가지 일화가 생겨날 것이고, 대상, 시기, 지역에 따라 일화를 채우는 내용은 달라질 것이다. 정확한 수를 파악하긴 힘들지만, 노회찬은 대학 출신 활동가, 현장 노동자들과 정기적, 비정기적 모임을 지속했다. 활동가 개인마다 편차는 있지만 대다수의 연결 고리는 협소한 범위에 한정되었다. 자기 직속 위아래 '선'만 만났으며, 그나마도 서로 상대방을 많이 알려고 하지 않았다. 조금 알고 빨리 잊어야만 하던 시절이었다. 이런 상황에서 조직의 전모를 파악하고 있던 유일한 사람이 조직책 노회찬이었다. 조직원들은 물론 핵심 지도부도 노회찬의 동선을 알 수 없었다. 당시 노회찬과 접촉했던 사람들은 그의 동선과 만나는 사람, 활동 반경을 몰랐지만 그의 인상과 행색에 대한 기억은 여전히 또렷하게 간직하고 있다.

난 노회찬이 나이가 무지 많은 사람인 줄 알았어요. 당시 거의 매일 만나서 조직 일을 논의할 때였죠. 그는 조직 담당이고 나는 이념, 선전 등을 다루는 정치 담당이었습니다. 얘기를 나누면서 노회찬이 현장 노동자 출신일지도 모른다고 생각했죠. 밖으로 보이는 모습이 그랬죠. 출신 학교, 나이 같은 건 몰랐으니까. 자기 입장을 강하게 내세우지는 않았는데 아는 건 많았고, 모든 주요 활동가에 대한 정보를 상세하게 알고 있어서 놀랐습니다. (정대균, 인민노련 활동가)

구월동 살던 황광우 선배가 어느 날 저한테 심부름을 시켰어요. 주안 어디 어디 가면 '이마 넓고, 농촌스럽게' 생긴 사람이 있을 건데, 그 사람한테 물건 건네줘라, 이게 끝인 거예요. 길거리에서 만나는데 그렇게만 얘기하면 어떻게 찾느냐고 했더니, 걱정 말고 가라고 했어요. 제 걱정은 기우였어요. 딱 보니까 알겠더라고요. 시커먼 얼굴, 낡을 대로 낡은 점퍼, 도시 지식인 냄새라고는 전혀 없던 모습이 지금도 안 잊힙니다. 그때가 86년이었죠.
(홍승기, 인민노련 활동가)

노회찬 선배와 가짜로 부부 행세를 하며 주안 한 아파트에서 같이
산 적이 있어요. 그 집은 회의 장소로 많이 사용됐고, 우리 둘은
일정과 동선이 안 맞아 자주 만날 기회는 없었는데, 페미니즘
시각에서 봤을 때 노 선배는 독보적이었어요. 젠더, 권위주의
의식으로 문제 삼을 게 하나도 없었죠. 다른 운동권 남성
선배들과 많이 달랐습니다. (이희경, 인민노련 활동가)

노동운동가 노회찬을 만났던 사람들이 말하는 그에 대한 인
상이다. 노동자들에게 '친숙한' 외모, 꿰맨 점퍼 패션, 말이 없지만
필요할 때는 정확하고 간결하고 쉽게 얘기해주는 사람, 무엇을 물
어보더라도 대답이 막힌 적이 없는 사람, 많은 사람이 공통적으로
기억하는 노동운동가 노회찬의 모습이었다.

주안과 하인천을 무대로

박종혁은 1978년 고려대에 들어갔다. 1979년 학내 시위로 구
속되었고, 1980년 복학해서 본격적으로 학생운동을 했다. 정학,
수배, 복학을 거듭하다가 1982년 다시 구속되었다. 그는 감옥에
있는 동안 노동운동을 하기로 결심했다. 그런데 노동 현장에 들어
가려면 자취방을 얻을 돈이라도 있어야 했다. 그는 우선 돈부터 마
련하기 위해 출판사를 운영하는 선배를 찾아가 번역 일을 부탁했

다. 그러자 선배는 박종혁한테 제안을 하나 했다.

"너하고 같이 노동운동 하면 좋을 사람이 있다. 군대도 다녀오고, 나이도 많은데, 79년에 입학했다. 그래선지 친구 사귀는 것도 학생운동 하는 것도 쉽지 않은 것 같더라. 사람은 워낙 좋다. 지금 노동운동 하려고 혼자 움직이고 있는 중이다."[2]

박종혁의 출판사 선배는 노회찬과 경기고의 비주류 그룹 친구 이범이었다. 노회찬이 대학에 입학도 하기 전에 신입생 학습을 맡아달라고 부탁하고 감옥에 갔던 그 친구였다.

노회찬과 박종혁은 1983년 6월 서울에서 처음 만났다. 첫 만남 이후 둘은 인천으로 내려가기 전까지 한 달에 두세 차례 만나 필요한 논의를 이어갔다. 그즈음 노회찬은 직업학교를 졸업한 후 서울 독산동에서 첫 직장인 대림보일러에 다니고 있었다. 이보다 먼저 기아자동차에 합격했지만 대학 출신이라는 사실이 알려져 들어가지 못했다. 노회찬은 보일러 회사에서 6개월 일한 후 산업재해(산재)를 당해 3개월 정도 쉬었다. 산재 기간 동안 장명국이 경영하는 석탑출판사에서 『노동자와 노동절』이라는 제목의 책을 펴냈다.

그의 용접 기술은 수준급이었다. 보일러 회사에서 받은 그의 초임은 일당 5,000원이었다. 주방용품 전문 기업으로 유명한 경동산업[3]의 그 당시 초임이 일당 1,800원이었다. 현대철구(실제로는 현대철구의 하청업체였을 가능성이 높다)에 다닐 때는 일당 6,500원이었다. 최고는 아니었지만 용접 경력 1년도 채 안 된 노동자치고는 꽤 많은 임금을 받았다. 노회찬이 이때 용접한 H빔 철강은 당시 지하철 2호선의 강남 구간 공사에 납품되었다.

인천을 활동의 근거지로 선택한 이유에 대해 노회찬은 현장 이전을 함께 준비했던 동료들과 토론한 결과라고 말한 바 있는데, 그 동료 중 한 사람이 박종혁이었다. 서울에는 큰 공장이 없었고, 구로공단은 섬유, 전자 등 여성 노동자가 많은 직종이 주류를 이뤘다. 서울과 가깝고 공단이 많은 인천 지역 중 주안과 하인천 쪽을 선택했다. 그 한 해 전부터 성수동, 청계천 등지에서 선반 노동자 생활을 했던 정광필은 이미 인천에서 활동 중이었다.

노회찬은 용접 자격증을 따기 전인 1982년 대학 4학년 때 노동 현장 경험을 쌓기 위해 작은 공장 몇 곳을 다녔다. 그가 주안으로 간 것은 1983년 말 무렵이었다. 노회찬과 박종혁은 인천으로 간 이후에는 매주 한 번씩, 3년 이상 계속 만났다. 그렇게 오랫동안 만났지만 술을 좋아하던 두 사람이 함께 술을 마신 적은 한 번도 없었다. 시간이 갈수록 노회찬이 매주 정기적으로 만나는 사람이 늘어났다.

1980년대 초반만 하더라도 노동 현장으로 가는 대학생은 몇몇에 불과했는데, 1984년 이후부터 그 수가 크게 늘어났다. 노회찬의 표현을 빌리자면 '트럭에 실려오는 것'처럼 몰려들었다. 광주 항쟁을 겪었거나 그 비극을 알게 된, 1970년대 후반 혹은 1980년대 초반에 대학에 들어간 학생들이 그 중심에 있었다.[4] 많은 활동가들이 서울과 가까운 인천을 선택했지만, 서울의 구로공단, 성수공단으로도 갔다. 안산, 부산, 광주, 울산, 창원, 구미 등 노동자들이 모여 있는 공단에도 학생들이 모여들었다. 이들이 공장으로 향한 시기는 대학 입학 후 시위, 구속, 제적, 강제 징집을 거치면서 학교를 떠난 시기와 맞물린다.

정부나 언론에서는 노동 현장의 학생 활동가들을 불법적인 '위장 취업자'라고 부르고 사회 혼란과 노사 분규를 야기하는 불순 세력이라고 규정했다. 이런 탓에 그들은 공개적으로 활동할 수 없어서 불가피하게 '지하 세력'이 되었다. 1983년부터 1986년까지 많은 수의 대학생들이 공장에 취업했다. 연구자에 따라 전체 규모는 3,000명에서 1만 명까지, 남녀 학생 비율은 50 대 50 수준으로 추정했다.[5] 세계적으로 유례를 찾아보기 힘든 현상이었다. 노회찬은 이 큰 흐름의 앞 물결을 탔다. 그는 이 젊은 전사들을 "추수에 대한 희망도 없이 씨앗을 뿌리려는 아름다운 윤리적 주체"라고 표현했다.

노회찬의 임무는 이 '아름다운 윤리적 주체'들을 담아낼 그릇을 만드는 일이었다. 젊은 혁명가들을 찾아내고 훈련시키고 배치할 참호와 진지를 구축해야 했다. 노회찬의 인천 활동은, 언론에서 '한국전쟁 이후 최대 지하 조직'이라 부른 인민노련을 중심으로 설명된다. 인민노련은 1987년 6월 26일 시위 현장에서 세상에 이름을 드러냈지만, 이미 1984년부터 1985년까지 그 핵심이 구성되었다.

노회찬과 박종혁은 인천으로 몰려오는 고려대 후배 활동가들을 주안과 하인천에 집중적으로 배치했다. 주로 1970년대 후반, 1980년대 초반 학번인 이들이 주안-하인천 노동운동 서클인 일명 주하그룹의 토대가 되었다(주하그룹은 당시 불리던 조직 이름은 아니고, 시간이 지난 후 구성원들이 자연스럽게 부른 명칭이다). 주하그룹은 인천 지역에서 가장 규모가 큰 비밀 조직 가운데 하나였다. 초기에는 노회찬, 박종혁, 이경재, 이희경, 김혜영이 노동 현장에서 일하면서 공동지도부 역할을 맡았다. 그 뒤 조직원의 수가 늘어나면서 조직 내부의 체계를 잡고 다른 지역의 서클과 접촉해 조직을 확대하는 일을 책임지고 수행할 수 있는 리더가 필요했다. 조직에서 노회찬에게 책임자 역할을 맡아줄 것을 요청했고, 노회찬은 이를 받아들였다. 이후 주하그룹은 노회찬 단일 지도 체제로 전환되었다. 이때부터 수평적 관계였던 공동지도부가 노회찬을 '상부'로 하는 수직적 관계로 재편되었다. 인민노련을 구성하는 핵심 조직 중 하나가 주하그룹이었다.

어머니의 스크랩북

1985년이 왔다. 외면하려 했지만 그런다고 피할 수 있는 일도 아니었다. 항상 마음 한구석에 납덩이처럼 매달려 있던, 몇 년을 미뤄왔던 숙제를 이제 해야 했다. 노회찬은 부모님을 더 이상 속일 수 없었다. 3월 13일 부산으로 향했다. 3일 전에 『노동자와 노동절』이라는 노회찬이 쓴 첫 책이 나왔지만, 부모님께 선물로 드릴 만한 분위기는 아니었다. 동생 회건도 함께 갔다. 회건은 1983년 1월에 입대했다가 이듬해 3월에 제대한 뒤 서울 염리동에서 회찬과 함께 자취를 하고 있었다.

노회찬의 부모는 장남이 대학을 졸업하고 석사 과정을 밟고 있는 줄 알고 있었고, 이어서 박사 공부를 할 것으로 믿고 있었다. 부모님의 계산대로 하면 1985년은 노회찬이 대학원을 졸업하는 해였다. 대학 졸업식 때는 부모님께 참석하지 마시라 했지만, 대학원 졸업식까지 그렇게 말씀드리기는 어려웠다.

부산 하단동 집에 도착한 노회찬은 그날 부모님 앞에서 말했다. "공장에 다니면서 노동운동을 하고 있습니다. 사회 변화를 위해 운동의 길을 가겠습니다." 4년 전 참당암에서 정한 길이었다. 공부해서 학자가 될 줄 알았던, 그 길을 좋아했던 어머니, "내가 하는 사업을 물려받았으면 좋겠다"라고 말했던 아버지. 두 분은 갑작스럽고 예상치 못한 장남의 통보에 충격을 받았다.

"왜 하필 이 길이냐."

어머니의 한마디는 짧았지만 대하소설만큼 긴 사연이 그 안에 들어 있었다.

진실과 사랑을 바탕으로 삶을 이으련.

너의 뜻 아무 하자 없는데도

父母님은 말리고, 거절하고, 나무라고, 외면도 불사하려니…

그 누구의 탓도 아닌데…

만족하지 못하고 고독하고 험난한 일을 그 누가 힘쓰랴만

애써 나서는 놈 칭찬은 고사하고 울분으로 대하느니

이제 너의 길이 苦行이 아니겠나.

설혹 넘어진다면, 아니! 힘 있으니, 올바르니 넘어질 일 없겠으나

혹, 혹, 혹, 넘어진다면

이 스크랩이 지팡이 되리라. 어미는 믿고, 계속하리라.

진정 착실한 아들인데… 빛을 밝히오며.

1985年 3月 13日

어머니는 장남의 통보를 듣던 날 스케치북을 마련하고 노동

관련 뉴스를 스크랩하기 시작했다. 스크랩북 뒤표지에 쓴 어머니의 기록이다. 오빠와 남동생이 운동의 길로 접어들었기에 그 길의 고단함을 알고 있던 어머니는 장남을 생각할 때마다 '설마'와 '혹시' 사이를 오가며 마음이 불안하게 흔들렸다. 영란 누나는 부모님이 어떻게 알게 되었는지는 모르지만 노회찬이 고등학교 1학년 때 유인물 사건의 주모자라는 사실을 알고 있었다고 했다. 장남이 '그 길'로 빠질까봐 마음을 졸였던 부모의 바람은 무너졌고, 설마는 현실이 되었다.

간결하게, 끊어질 듯 이어진 대화와 그 사이를 채운 길고 무거운 침묵. 그렇게 시간이 지나갔다. 자식을 물리고 홀로 피눈물을 뚝뚝 흘리며 늦은 밤 스크랩북에 한 글자 한 글자 써내려갔을 어머니의 모습이 선명하다.

노회찬의 어머니는 1985년부터 2004년까지 20년 동안 줄곧 노동, 진보정치 뉴스를 모은 스크랩북을 만들었다. 기사를 오리고 붙이면서 장남의 '안녕'을 기도했던 어머니는 2004년 국회의원이 된 노회찬에게 스크랩북 20권을 보내주었다.

인천, 한국의 페테르부르크

부산을 다녀온 노회찬은 거주지를 서울에서 인천으로 옮겼다. 주하그룹을 인천 지역 조직으로 확대할 계획을 가지고 있던 노회찬은 부평과 부천에서 활동하고 있던 조직과의 연계가 필요했고, 이 문제를 인천에서 활동 중인 정광필과 상의했다. 이즈음 부평과 부천 지역에서 활동하던 정태윤과 최봉근도 인천 지역을 포

괄하는 활동가 조직을 결성하기 위해 만나고 있었다. 정광필은 노회찬과 둘을 연결해주었다.[6]

정태윤과 최봉근은 노동운동의 이론과 실천에 두루 박학하고 풍부한 현장 정보력을 가진 노회찬이 보여준 조직가로서의 풍모가 인천 지역에 노동운동 조직을 만드는 데 큰 역할을 했다고 평가했다. 3명이 속한 조직은 각각 주안, 부평, 부천 지역에 거점을 두고 활동하고 있었다. 이들은 고립되고 분산된 조직을 통합한다는 데에 이견이 없었지만, 각 조직의 정치 노선을 확인하고 조율하는 데에는 적잖은 시간이 필요했다.

이들에게 노선 토론 못지않게 중요했던 것은 보안 유지와 신변 안전이었다. 안심하고 만날 공간을 찾는 것부터 쉬운 일이 아니었다. 인터넷이나 휴대전화가 없던 시절에 지하 활동은 첩보전을 방불케 했다. 예를 들면 이런 식이었다.

서울 도심의 한 단란주점에서 점심시간에 넥타이 정장 차림으로 만난다. 당시 단란주점 가운데에는 점심시간에 식사 손님을 받는 경우가 있었다. 널찍한 '룸'에 들어가서 음식을 주문하면 주인이 다시 외부 식당에서 음식을 사와서 내오는 식이었다. 식사를 주문할 때도 "한 과장님 뭐 드실래요?" "생산과장님이 결정하시죠"라며 회사 동료들처럼 대화를 주고받았다. 스물다섯 살 한 과장은 최봉근이었고, 스물아홉 살 생산과장은 노회찬이었다. 서른한 살 정태윤도 과장급이었다. 단란주점은 '룸'을 이용할 수 있어 보안 유지가 가능했기에 종종 애용하던 회의 장소였다. 3명이 모이는 장소는 주로 정태윤이 구했다. 한국은행 직원, 외환딜러 같은 전문직 중산층이 사는 아파트 등이 회의 장소로 선택되었다. 3명은 1년 가까이 최상의 보안을 유지하면서 논의를 진행했고, 다음 해에 결실을 맺었다. 인민노련에 대한 검찰의 공소장과 법원 판결문에도 최봉근은 실명이 확인되지 않은 채 "한과장"으로 기록돼 있었다.

1986년 5월, '인천지역노동자계급해방투쟁동맹'(해방투쟁동맹)이 결성되었다. 1895년 혁명을 꿈꾸며 노동자의 도시 페테르부르크로 온 스물다섯 살 레닌이 만든 지하 혁명 조직 '페테르부르크 노동자계급해방투쟁동맹'을 본뜬 이름이었다. 해방투쟁동맹은 비공개 지하 조직이었는데, 당시 이런 이름의 조직이 있다는 사실을 아는 사람은 극소수였다. 해방투쟁동맹은 1년 후 인민노련이 결성되면서 자연적으로 해체되었다. 노회찬과 그의 동지들은 이 조직을 모태로 한 비합법 전위정당[7] 건설을 목표로 정했고, 5년 후 한국사회주의노동당이 건설되었다. 노회찬의 말이다.

> 페테르부르크 노동자계급해방투쟁동맹이 나중에 이러저러한
> 많은 과정을 거쳐서 당이 되듯이 … (91년 전위정당
> 한국사회주의노동당 건설은) 이미 우리가 마음속으로
> 다 준비하고 있었던 일이 진척된 것에 불과한 겁니다.[8]

노회찬에게 노동운동은 노동자 정당 건설운동의 다른 이름이었다. 독자적 노동자 정당 건설 노선은 그 당시 노동운동 진영의 내부에서도 소수파였지만 그는 끝까지 이 목표를 수정하지 않았다. 이는 과학적 사회주의를 내세운 대부분 정파들의 공통된 목표였는데, 특히 '정치를 통한 세상의 변혁'을 중시했던 그에게는 절

실한 꿈이었다. 10여 년 후 민주노동당이 출범하던 날 노회찬은 인생 목표의 절반을 이뤘다고 말했다.

혁명적 노동운동 조직들이 지하에서 움직이고 있을 때, 전두환의 공포정치 아래 출구를 찾지 못한 국민의 분노도 수면 아래에서 꿈틀대고 있었다. 노회찬과 그의 동지들이 새로운 조직 건설에 한창이던 1985~1986년에는 정치·사회적 격변을 예고하는 징후 같은 사건들이 수면 위로 떠오르고 있었다.

1985년 2월 총선에서 창당한 지 채 1개월이 되지 않은 신한민주당(신민당)이 돌풍을 일으키며 전두환 정권 시기의 관제야당을 누르고 제1야당 자리에 올랐다. 신민당은 신군부에 의해 정치 활동이 금지되었다가 풀려난 김대중과 김영삼이 주도해서 만든 정당이다. 전두환의 임기가 2년 남아 있던 때였다. 양 김씨와 야권은 개헌 투쟁의 포문을 열었다. 1986년 1월 전두환은 신년 벽두부터 개헌 불가 입장을 밝혔고, 김대중과 김영삼은 전국을 돌면서 직선제 개헌 투쟁에 불을 붙였다. 연인원 100만 명에 가까운 국민이 전국 주요 도시에서 개헌을 요구하는 집회에 참여했다.

1986년 5월 3일은 인천에서 개헌 집회가 예정된 날이었다. 인천의 경우 다른 지역과 달리 격렬한 시위가 벌어졌는데, 수도권 전역에서 공개 혹은 비공개로 활동하던 노동운동 세력이 총집결했기 때문이다. 노동운동 진영 중에는 양 김씨 중심의 보수정치권이 주도하는 직선제 개헌 투쟁의 한계를 지적하면서, 직선제 개헌을 넘어선 사회 변혁의 요구를 관철하려는 움직임도 있었다. 보수정치권과 혁명적 노동운동 세력의 입장 차이가 5월 3일 인천 집회에서 분명히 드러났지만, 국민 다수의 호응 속에 정세 변화를 주도한 건 양 김씨 중심의 보수정치 세력이었다.

앞서 1985년에는 2개의 대형 사건이 노동 현장에서 터져나와 사회의 이목을 집중시켰다. 4월 16일 대우자동차 파업과 6월 24일 서울 구로 동맹파업은 사회적 파장도 컸지만 노동운동의 내부에 던져준 충격도 상당했다. 대우자동차 파업은 대학생 출신 노동자들이 처음부터 끝까지 자신의 신분을 드러내고 투쟁을 주도함으로써 당시 풍미하던 비공개 소그룹운동 방식에 큰 충격과 자극을 주었다.[9] 한국전쟁 이후의 최초 동맹파업으로 평가받는 서울 구로 동맹파업의 파장도 심대했다. 이 파업의 배후 주모자로 경찰의 장기 수배자가 되었던 심상정은 뒷날 민주노동당 시절 노회찬과 정치적 동지가 되었다. 노회찬이 해방투쟁동맹을 만들던 시기에는 인천뿐 아니라 전국에서 유사한 조직들이 만들어졌고, 이들은 1985~1987년 시기에 자기 정체성을 확립해나가고 있었다.[10] 모든 조직은 지향하는 목표가 있고, 주장하는 이념과 노선이 있다. 조직이 여럿 있다는 것은 목표와 이념, 노선이 다양하다는 뜻이다. 남한 사회가 미국의 신식민지이기 때문에 미국이라는 제국주의와 맞서 싸우는 게 우선이라는 조직도 있었고, 식민지 운운은 현실과 맞지 않고 오히려 남한이 독점자본주의 단계의 사회가 되었으니 노동자계급과 함께 자본에 맞서 싸우는 게 우선이라는 조직도 있었다. 이들은 '공동의 적'과 맞설 때는 함께했지만 각자의 주장과 노선이 서로 맞부딪혔을 때는 격렬하게 논쟁했고, 현장 노동자들을 자기편으로 만들기 위해 치열하게 경쟁했다.

정파의 탄생

1980년대 중반 남한의 청년들은 1~2년 후에 철옹성 같은 군부독재를 무너뜨릴 시민항쟁과 노동자 투쟁이 전국을 뒤흔들어놓으리라는 것을, 3~4년이 지나면 유라시아 대륙을 넘어 대서양과 태평양을 건너 현실 사회주의의 조종 소리가 들려오리라는 것을 상상조차 하지 못했다. 그들은 혁명을 꿈꾸며 노동 현장으로 떠났고, 지식인들은 우리 사회의 성격을 규명하고 변혁의 주체와 전략을 모색하는 사회구성체 논쟁에 열을 올렸다. 혁명이론은 혁명운동의 나침반이었고 견인차였으며 배후였다. 소규모 점조직이나 서클 형태로 널리 퍼져 있던 조직들이 혁명이론을 중심으로 모였고, 자신들의 진영을 구축했다. 정파가 탄생한 것이었다.

특기할 만한 것은 이 무렵에 북한의 주체사상을 따르는 민족주의 정파가 만들어졌고 이 노선이 학생운동과 노동운동에 큰 영향을 끼쳤다는 사실이다. 노회찬이 지도하고 있던 주하그룹도 주체사상 태풍의 영향권에 들었고, 적잖은 조직원들이 그 사상에 동조했다. 그 당시 우후죽순처럼 여러 혁명이론이 나올 수밖에 없었던 한국 사회의 갈등구조에 대해 잠시 살펴보고 넘어가자.

박정희, 전두환으로 이어지는 군부독재정권 시기 '사회 민주화'는 운동권뿐 아니라 군부를 제외한 보수정치권, 나아가 모든 국민이 동의하는 과제였다. 또 이 시기에는 고도 경제성장에 따른 불평등 문제 등 자본주의 체제의 부작용을 해결하는 것이 또 다른 중요한 과제로 부각되었는데, 노회찬 세대는 민주화와 함께 자본주의 극복이라는 이중과제의 해결을 조직의 목표로 삼은 최초 세대였다. 체제 갈등은 보수 세력과 진보 세력이 대립해온 주요 축으로, 한국 사회에서는 그때나 지금이나 보수 세력의 힘이 압도적이다. 이와 함께 분단에 따른 이데올로기 갈등도 한국 사회에서는 여전히 영향력을 행사하고 있다. 이 갈등은 국민 수준에서는 태극기 부대와 햇볕정책 지지자들 간의 대립으로, 운동권에서는 그동안 민족주의 그룹과 사회주의 그룹의 대결로 나타났다. 이 세 가지 모순은 우리 사회의 갈등구조의 '기본값'이다. 대선이나 총선 등 권력 교체기에는 예외 없이 이 같은 복합 갈등이 첨예하고 격렬하게 그리고 왜곡되면서 부딪친다.

한국 사회의 주요 갈등과 모순은 분단으로부터 시작된다는 민족해방파(NL, National Liberation, 자주파)와 계급 갈등과 모순을 중시하는 민중민주파(PD, People's Democracy, 평등파)는 이후에도 지속적으로 세력을 유지해오고 있다. 이들은 1987년 인민노련 결성과 2000년 민주노동당 창당 때 한 울타리에서 동거도 해봤지만, 두 차례 모두 실패로 끝났다. 양 진영의 갈등은 여전히 현재형이다.

노회찬은 지식인 사회를 중심으로 진행되고 현장 활동가에게도 광범위한 영향을 끼친 1980년대 사회구성체 논쟁의 관념성과 거기에 직간접적으로 영향을 받은 주요 운동 정파들의 교조적인 노선을 누구보다 강하게 비판했다. 그는 사회구성체 논쟁이 관념적 논쟁일 뿐이라며 노동 현장에 끼치는 심각한 폐해를 우려했다. 또 소련이나 북한의 '국정교과서'를 읽고 두 나라를 맹종하는 운동권 주요 정파들의 교조적 태도와도 맞서 싸웠다. 노회찬이 관념과 교조를 극복하기 위해 내세운 노선은 '실사구시'였다. 그에게 실사구시는 "진보의 생명이자 기본 노선이고 기본 덕목"이었으며 평생 지속적으로 주변 동료들에게 강조한 불변의 노선이었다. 이념과 강령적 사고를 중시하는 경향이 있는 노동운동과 진보정치 판에서 노회찬이 실사구시를 1순위 노선으로 내세운 것은 일종의 '노선투쟁'이기도 했다. 노회찬의 말을 들어보자.

"지식인들끼리 모여서 어려운 이야기 하는 것은 운동으로서 의미가 없습니다. 대중 속으로 파고들어 대중과 함께하는, 실사구시 정신이 대단히 중요하다고 본 거죠. … 또 우리가 경계했던 것은 교조주의였습니다. 소련의 교과서, 북한의 교과서를 보고 두 나라를

천국으로 생각하고 그것을 닮아가려는 노력들은 우리 문제를 푸는데 큰 약점이 됐습니다.[11]

노회찬이 실사구시를 강조하기는 했지만, 해방투쟁동맹을 결성할 당시 혁명론이 없었던 것은 아니다. '혁명적 사회주의자' 조직인 인민노련은 한국 사회가 사회주의 이전 단계의 민중민주주의(People's Democracy) 과정을 거칠 수밖에 없으며, 분단 국가의 특수성에 맞춰 민족해방(National Liberation)도 혁명 과제로 받아들여야 한다고 보고, 민족해방민중민주주의혁명론(NLPDR, National Liberation People's Democratic Revolution)으로 자신들의 노선을 정립했다. 하지만 노회찬은 인민노련의 노선이 당시 사회구성체 논쟁의 틀에 맞추기 위한 도식적인 측면이 있었다고 자평했다. 그래서였는지 인민노련 지도부는 조직원들에게 혁명론과 다른 입장의 자료를 읽게 했다.[12]

지상으로 올라온 투쟁

군부 독재 아래 억눌려왔던 국민의 분노와 저항이 여기저기서 터져나오는 것을 목격한 노회찬과 조직 지도부는 지하 조직만으로는 지상의 투쟁을 주도할 수 없다고 보고, 정세에 적극적으로 개입하기 위해 새로운 조직을 만들기로 했다. 현장에서도 이런 문제의식이 지도부에 전달되었다. 1986년 5·3인천투쟁에서 혁명적 노동운동 세력의 위력을 보여주었기에 어느 정도 자신감도 가지고 있던 터였다.

그런데 1987년 신년 벽두부터 국민을 충격에 빠뜨린 사건이 발생했다. 1월 14일 대학생 박종철이 고문을 당하다 숨졌다. 그 전 해에는 부천서 성고문 사건으로 한 차례 충격파가 지나갔었다. 노 회찬과 조직 지도부는 사건이 발생한 직후 긴급히 모여 기존에 논 의해왔던 투쟁 조직을 만들기로 결정했다. 그 결과 1987년 2월 5 일 '살인·강간·고문 정권 타도를 위한 인천 노동자투쟁위원회'(타 투)[13]가 출범했다. 정태윤은 타투 대표를, 황광우는 홍보 책임을 맡았고, 조직원 다수가 타투로 활동 기반을 옮겼다. 노회찬과 최봉 근은 비공개 지도부로 남아 있기로 했다. 만일의 사태에 대비한 결 정이었다.

노회찬은 형식적으로는 타투 조직과 무관했지만 실제로는 정 태윤과 호흡을 맞추면서 타투 투쟁을 기획, 조직했다. 타투는 이름 그대로 정권에 의해 자행되는 폭력적 상황에 맞서기 위한 '투쟁 조 직'이었지만 현실 정치에 대한 개입 범위를 확대하면서 '노동자 계 급의 정치 구심체'를 형성한다는 정치적 목표도 가지고 있었다. 여 기서 '정치 구심체'란 노동자계급의 '정당'을 함축했다.

노회찬은 타투 대표를 맡은 정태윤과 함께 1987년 초부터 6월 시민항쟁이 일어나기까지 투쟁을 기획하고 집행했다. 2월 7일 박 종철 추모 집회, 3월 3일 박종철 49재 집회, 5월 1일 노동절 유인 물 배포, 5월 4일 노동절 기념행사, 5월 16일 광주 5월 민중항쟁 화보집 배포, 6월 10일 부평역 시민대회, 6월 17일 석바위 사거리 시민대회, 6월 18일 부평역 시민대회 참여…. 6월 26일 인민노련 이 출범하기 이전까지 5개월간의 투쟁 일정이 촘촘하게 기획되고 배치되었다.

타투는 당시 인천 지역에 산재해 있었지만 특정한 정파 조직에 소속되지 않았던 수많은 소규모 모임과 서클들을 공동투쟁을 통해 규합해냈다. 당시 투쟁에 참여한 대부분 사람들은 지침이 어디서 내려오는지, 자신이 속한 조직이 어디인지 모르는 경우도 많았는데, 이런 상황이 당연시되던 시절이었다. 투쟁이 거듭되면서 타투의 동원력과 영향력이 커지고 조직의 위상이 높아졌다.

노회찬은 가두투쟁에서 정권에 대한 민심 이반의 수준을 실감하게 되었다. 데모만 하면 즉시 연행되고 시민들은 겁먹고 바라만 보던 그런 시절이 더 이상 아니었다. 서울 남대문 일대에서 벌어진 대규모 가두투쟁 때 시장 상인들이 나서서 경찰과 싸우고, 시위대를 박수로 응원하고, 음료수를 건네고, 쫓기는 학생들을 숨겨주는 모습을 보고 민심의 흐름을 체감할 수 있었다. 큰 변화가 올 것 같다는 예감은 시위 현장에 있던 상인과 시민들의 체온을 통해 확신으로 굳어졌다. 타투를 넘어선 조직이 필요한 때라고 판단했다.[14]

타투 대표인 정태윤이 인천과 수도권의 각 조직 대표들을 만나 의사를 타진했다. 이 제안에 호응한 일부 NL 세력이 있었고, 그들과 함께 만든 조직이 인민노련이었다. 해방투쟁동맹, 타투는 PD 계열이다. 오래가지는 못했지만 경쟁하던 두 정파가 하나의 깃발 아래 뭉치게 되었다.

한편, 정태윤은 타투 대표로 가기 전 노회찬과 최봉근에게 자신의 빈자리를 채워줄 사람을 추천했다. 둘은 정태윤이 추천한 인물을 여의도에서 만나 '면접'을 봤다. 면접 대상자는 주대환이었고, 그는 얼마 후 해방투쟁동맹 지도부의 일원이 되었다.[15]

인민노련을 결성하다

1987년 6월 26일 금요일, 인민노련[16]이 부평역 광장에서 출범을 선언했다. 그날은 이런 날이었다.

대도시, 심야까지 격렬 시위 … 37개 시·읍서 대행진 공방

서울 부산 광주 등 철야 격돌 … 3,467명 연행, 백여 명 구속 방침

안양경찰서에 화염병

심야 택시 150여 대 경적 시위

차량 경적에 승객들 박수도

진압 사복조 각목 마구 휘둘러

흰 가운 의대생 시위 현장 진료

신부 수녀 앞장 가두 행진

금남·충장로에 5만여 명

경찰관서·시청·민정당사 52곳 불타고 파손

김영삼 총재, 닭장차 타보긴 처음

6월 27일 자 『동아일보』 1면과 사회면을 뒤덮은 기사 제목들이다. 이날 『연합통신』은 인천의 상황을 짧게 타전했다. "인천, 부천 지역 대학생 시민 등 4천여 명은 경찰의 봉쇄로 예정된 행사가 무산되자 6시 20분경부터 27일 새벽까지 부평로 등 시내 곳곳에서 시위를 벌였다."

그날 실제로 참여한 사람들의 수는 기사에서 밝혀놓은 것보다 훨씬 많았다. 그 현장에서 인민노련이 출범했다. 출범 선언문은

수배 중이던 황광우가 낭독했다. 노회찬도 그 자리에 있었다. 노태우의 6·29선언이 나오기 3일 전이었다.

사실 인민노련은 당시 여기저기서 등장하던 여러 단체 중 하나였고, 그날의 출범 선언문은 현장에 난무하던 유인물 중 하나였다. 인민노련이 다른 조직과 비교해서 월등한 대중적 지도력을 가진 것도 아니었다. 다만 활동가들과 이들과 연계된 현장 노동자들 사이에서 정치적 구심으로 확고히 자리를 잡은 것은 사실이었다.[17] 물론 국민에게는 김대중, 김영삼의 정치적 영향력이 압도적이었다.

인민노련의 출범을 며칠 앞둔 어느 날, 사전에 구성된 인민노련 홍보팀이 서울 양평동에 모였다. PD와 NL 정파의 구성원들이 인민노련의 이름 아래 처음으로 함께 모인 자리였다. 홍보팀뿐 아니라 조직팀, 정책팀 등 팀마다 각기 다른 장소에서 회의를 했다. 26일로 예정된 인민노련 출범식의 슬로건을 무엇으로 할 것인가를 결정하는 회의였다. 언뜻 보면 별 차이 없는 두 주장이 치열하게 맞붙었다. '직선제 개헌 대 민주헌법 쟁취.'

직선제 개헌을 내세운 NL 쪽은 대선에서 비판적 지지 입장을 고수했고, 민주헌법 쟁취를 주장한 PD 쪽은 대선에서 진보진영의 독자 후보를 출마시켜야 한다는 입장이었다. 노회찬은 직선제 개헌은 중요하고 필요한 요구이지만 그것을 넘어 민중의 생존권 요구가 반영된 개헌안을 밀어붙여야 한다는 입장이었다. 대선 방침 논쟁은 이후에도 수십 년 동안 반복되면서 운동권 내부를 갈라놓았고, 지금까지도 활화산 같은 쟁점으로 남아 있다. '반독재 민주연합' 노선은 반민자당, 반MB, 반박근혜로 이름만 바꾸어가면서 생명력을 유지해왔다.

이들은 오랜 토론에도 합의를 이끌어내지 못하자 홍보, 조직, 정책 등 모든 팀의 소속 인원들이 표결에 참여하여 다수결로 결정하기로 했다. 표결 결과 NL 쪽이 이겼다. 출범식 때에 한해서 '직선제 개헌 쟁취'가 슬로건으로 확정됐다. 하지만 논쟁은 계속됐다. 인민노련이 출범하고 이틀이 지난 28일에도 홍보팀의 토론이 이어졌다. 밤샘 토론에도 결론을 내리지 못하고 다음 날(29일) 다시 토론을 이어나가기로 했다. 그런데 엉뚱한 사람이 논쟁을 정리해주었다. 노태우가 대통령 직선제를 수용하는 6·29선언을 전격적으로 발표했던 것이다.

투쟁 국면에서 선거 국면으로 정국은 급변했다. 김대중과 김영삼은 협력관계에서 경쟁관계로 변했다. '시민'들은 가두에서 일상으로 돌아갔다. 독재 타도를 외치며 거리에 나섰던 그들은 제도 정치권에서 벌어지는 권력 게임의 관전자가 되었다.

민주화로 열린 공간에 시민이 물러나고 노동자들이 등장했다. 1987년 7~9월 노동자 대투쟁이 시작되었다. 1987년 7월 이후 한 해 동안만 3,000여 건의 파업이 발생했고, 1,000여 개의 신규 노조가 생겨났다. 역사상 전무후무한 일이었다. 울산에서 시작된 파업의 불길은 빠른 속도로 북상했다. 노회찬은 살아생전 그런 광경을 보리라고는 상상도 하지 못했다. 예기치 못한 혁명적 상황에 노회찬의 머리와 손발이 바빠졌다. 노회찬은 조직에 비상을 걸었다. 각 지역의 책임자들을 다 불러 모아놓고 이제껏 한 번도 보여준 적 없는 상기된 표정으로 길게 얘기했다.

이제까지 노동운동은 다 잊어먹어라. 지금 한 번도 상상도 못하고 겪지도 못한 새로운 상황에 이미 우린 들어와 있다. … 그리고 6월항쟁의 성과와 한계 속에서 배제되었던 노동이 들고일어나는 상황이 왔다. 이 규모가 어떻게 될지 우리는 짐작을 못한다.[18]

노회찬은 '지하에서 지상으로, 배후에서 전면으로, 인천에서 전국으로'라는 기본 지침 아래 조직을 새롭게 개편하고 운영 방식도 쇄신했다. 그는 인민노련의 주요 활동가들을 '달달 들볶아서' 지역마다 노동자 교육과 상담을 할 수 있는 합법적 공간을 만들었다. 인천과 부천의 '민중교육연구소'(민교연), 노동상담소 '새날'과 주안의 '골목집'(일명 '내일을 여는 집')'은 이렇게 해서 마련된 공간이었다. 이곳은 지하에서 움직이던 활동가와 현장에서 쏟아져 나오는 해고자들의 지상 거점이 되었다. 활동가들도 배후가 아닌 전면에 나서서 노조 간부 같은 직책을 맡아 적극적으로 활동하라는 지침을 내렸다. 이와 함께 인천, 부천 지역의 활동가들을 전국 주요 지역에 파견하는 문제를 검토하기 시작해 1988년부터 실행해나갔다. 인천을 넘어 전국 조직을 결성하기 위한 사전 작업이었다.[19]

노회찬은 1987년 7~9월 노동자 대투쟁이라는 혁명적 사건에 인민노련이 비교적 잘 대응했다고 자평했다. 해방투쟁동맹의 조직 책임자 노회찬의 활동은 긍정적으로 평가할 수 있다. 하지만 NL과 PD 세력이 동거하던 인민노련은 출범 직후부터 내부 노선 논쟁에 빠져 일다운 일을 하지 못했다. 해방투쟁동맹에서 떨어져 나온 타투와 NL 세력 중 일부가 함께 만든 인민노련은 양쪽 모두

전 역량을 투입해 만든 조직은 아니었다. 주대환, 노회찬, 최봉근 등 해방투쟁동맹 지도부들은 인민노련이 출범할 때 참여하지 않았다. 상대방 쪽도 마찬가지였다. 조직의 무게가 100% 온전히 실리지 않은 취약한 구조였다.

1987년 10월 9일 금요일 오후. 추석 연휴 마지막 날이었다. 사당역 부근에 있는 예술인 마을의 어느 집으로 10여 명의 사람들이 발소리까지 조심하며 모여들었다. 집주인인 시인 황지우 동생 황광우는 예정된 사람들이 다 모이기 전에 긴장된 마음으로 동네를 한 바퀴 돌았다. 과학적 설명이 불가능한 특유의 '촉'으로 체포 등 위험을 피한 경험이 몇 번 있었던 황광우가 낮은 목소리로 말했다. "분위기가 안 좋아." 사람들이 모이고 있는 중에 장소를 급히 평창동으로 옮겼다. 황광우의 친구인 박윤배 집이었다. 그곳에서 인민노련이 출범한 이후 첫 대의원대회가 열렸다.

이날의 주요 의제는 12월 대선 방침에 대한 결정이었다. 참석 대의원은 모두 13명. 조직, 홍보, 정책 부서에서 투표를 통해 선출된 대의원들이었다. 앞서 노회찬 등 해방투쟁동맹의 '지하 지도부'는 무슨 수를 써서라도 대의원 다수를 확보하라는 지침을 내렸다. 온갖 수단을 동원했던 해방투쟁동맹 쪽이 9 대 4로 더 많은 대의원을 확보했다. 표결 결과는 예상대로였다. 창립대회 슬로건 표결에서 여유 있게 이겼던 NL 쪽이 방심한 결과 뒤통수를 맞았다. 뜻밖의 1패를 당한 NL 그룹은 다음 날 회의 도중에 자리를 떴고, 조직에서도 철수했다. 조직 노선, 정치 노선이 갈렸던 두 정파의 동거 실험은 3개월로 끝이 났다. NL과 PD는 10년 후 1997년 대통령 선거 때 권영길 후보를 내세운 '국민승리21'에서 재결합했고 2000

년 민주노동당 때 한집 식구가 되었으나, 그 이후에도 갈라지고 만나고 헤어지는 일을 반복했다.

1987년 10월 제1차 대의원대회 이후 NL이 철수한 인민노련에 해방투쟁동맹과 타투가 결합했다. 해방투쟁동맹과 타투는 사실상 해체되었고, 노회찬, 주대환 등 비선 지도부도 인민노련으로 이전했다. 노회찬은 인민노련에서도 조직 책임자로 활동했다. 이때부터 인민노련은 자기 정체성을 가진 활동을 본격화했다.

인민노련은 당시 학맥, 인맥 중심으로 분산된 서클 수준의 조직을 정치와 조직 노선 중심으로 통합했고, 전국 단위의 노동자 정치조직(진보정당) 결성을 목표로 하는 등 자기 정체성을 분명히 했다. 주하그룹, 해방투쟁동맹, 타투를 잇는 인민노련은 이후 한국사회주의노동당, 한국노동당, 민주노동당으로 이어졌다. 군부독재 시절부터 민주화 이후까지 진보정당 건설이라는 목표를 내려놓지 않았고, 인민노련이 결성된 지 10여 년 뒤에 마침내 목표를 달성했다.

1987년 대통령 선거

1987년 6월 시민항쟁은 군부독재를 무너뜨리고 민주화 시대의 문을 열면서 정치를 복원했다. 이어진 7~9월 노동자 대투쟁은 민주주의와 사회개혁의 새로운 주체를 탄생시키면서 노동운동의 새 지평을 열었다. 혁명적 노동운동 세력은 시민항쟁 과정에서는 군부독재라는 공동의 적을 상대로 보수 야당 세력과 함께 싸웠으나, 민주노조 진출 과정에서는 주도적 행위자가 아니라 목격자에 가까웠다. 노조를 결성하고 지원하는 사업은 이제 그들의 역할 범위 밖에 놓였다. 대신 봇물처럼 쏟아지는 신생 민주노조의 조직 노선과 정치 노선을 제시하고 지도하는 일이 중요한 과제로 떠올랐다. 서로 다른 노선과 이해관계를 갖고 있는 수많은 정파가 새로운 민주노조 진영에서 영향력을 확보하기 위해 치열하게 각축을 벌였다. 특히 민주노조의 조직 노선을 둘러싼 논쟁은 기존의 사회구성체 논쟁과는 달리 당면한 현실 문제와 직결된 이슈였다. 민주노조 진영의 전국 조직을 어떻게 건설할 것인가 하는 문제는 조직 발전 노선을 둘러싼 대표적 논쟁거리였다.

노회찬은 이 논쟁에 주도적으로 참여했다. 기존 한국노총을 민주화하자는 장명국의 노총민주화론, 한국노총을 탈퇴해서 민주노조의 독자적 중심을 만들자는 이목희의 제2노총 건설론에 대해 노회찬은 민주노총 건설론을 주창했다. 한국노총 소속을 일정 기간 유지하면서 지역별 민주노조협의체를 만들어 지역 및 전국적 연대를 강화하고 민주노총을 건설하자는 입장이었다. 혁명이론 논쟁에는 참여하지 않았던 그가 이 논쟁에서는 한 치의 물러섬 없이 단호하게 대응했다. 현실은 노회찬의 주장과 근사하게 전개되었다. 1980년대 인천 지역 노동운동을 연구한 이재성에 따르면, '민주노총'이라는 용어는 노회찬이 이때 처음 사용했다.[20]

민주노조운동을 둘러싼 또 하나의 중요한 쟁점은 정치세력화 방안이었다. 노회찬의 생각은 분명했다. 1987년 7~9월 새롭게 등장한 조직된 노동자 세력이 자신들의 정치적 이해를 대변할 노동자 정당을 만들고 그 해에 있을 대통령 선거에도 독자 후보를 내세워야 한다는 입장이었다. 노회찬은 6월 시민항쟁의 결과로 형성된 '87년 체제'는 보수 야당의 '보수성'으로 인한 한계를 가질 수밖에 없다고 봤다. 노동자 중심의 진보적 대중정당을 만들어 6월 시민항쟁을 주도한 정치 세력의 부족한 부분을 메우고 연대와 견제 속에 함께 전진하는 것이 한국 민주주의의 발전 경로라는 게 그와 인민노련의 입장이었다. 하지만 노회찬의 정치 노선은 노조는 물론 운동권 다수로부터 거부되었다. 사실 1987년 7월 이후 만들어진 신생 '민주노조' 세력이 노회찬이나 인민노련의 정치적 입장을 받아들이기는 쉽지 않았다. 그 뒤 10여 년 동안 노회찬의 노동자 중심 진보정당 건설 노선은 운동권 내부에서도 소수파 신세를 면치 못했다.

그렇다고 1987년 12월 대통령 선거를 피해갈 수는 없었다. 인민노련은 대의원대회에서 1987년 대통령 선거에 독자 후보를 내기로 결정했지만 후보가 없었다. 노회찬은 최봉근, 주대환과 함께 백기완을 두 차례 찾아가서 후보로 나와달라고 요청했다. 두 번째 찾아간 날은 출마 선언 전날 밤이었다. 이들은 새벽 5시까지 간곡하게 출마를 요청했다. 당시 백기완의 출마에 가장 앞장섰던 쪽은 제헌의회(CA)파와 인민노련이었다. 결국 백기완은 후보로 나설 것을 수락했다. 유권자 대다수에게 백기완의 대통령 후보 출마는 에피소드 수준이었을 테지만, 그들에게 다른 정치를 추구하는 세력이 있다는 걸 알렸다는 점에서 의미가 있었다. 백기완 후보는 대선 투표일을 이틀 앞두고 김대중과 김영삼의 후보 단일화를 촉구하며 후보직을 사퇴했다. 어느 정도 예상된 일이었다. 6월 시민항쟁의 결실은 노태우의 대통령 당선으로 군부 잔존 세력과 보수 야당에게 돌아갔고, 이때 운동권에서 보수정치권으로 '수혈'된 사람들은 '386 정치인'이 된다.

노회찬이 숱한 반대 속에서도, 국민 대다수의 정권교체 열망을 배신하는 행위라는 비판에도 독자 후보를 강하게 주장한 것은, 그것이 진보정당을 만드는 길이라는 판단 때문이었다. 그것이 대통령 선거보다 더 중요한 과제였다. 1988년 3월 합법 진보정당인 '민중의 당'이 창당된 것은 이런 문제의식과 계획 속에서 나온 결과였다.

민중의 당은 백기완 선거운동본부(선본)에 참여했던 단체들이 모여서 만든, 1988년 총선을 겨냥해 급조된 정당이었다. 당대표는 정태윤이 맡았다. 인민노련의 입장에서는 지도부 중 1명을 당에 파견하는 '큰 투자'를 한 셈이었다. 또 다른 합법 진보정당인 '한겨레민주당'도 3월에 창당되었다. 1988년 총선에서는 김대중, 김영삼, 김종필이 이끄는 야당이 노태우의 민정당을 누르고 '여소야대' 국회를 탄생시켰다. 민중의 당은 16명 출마, 득표율 0.33%라는 저조한 결과를 기록하며 해체되었다. 한겨레민주당은 63명 출마, 전국 득표율 1.3%를 기록했다.

연애 그리고 결혼

1987년 10월, 관악산에서 인천지역해고노동자협의회(인해협) 주최로 등반대회가 열렸다. 인해협은 같은 해 7월에 800여 명의 인천 지역 해고자가 모여 만든 단체로, 공개 활동을 해오고 있었다. 이날 행사에는 비공개 노동운동 조직과 서클의 현장 활동가까지 70~80명 정도가 참가했다.

그런데 등반대회에 '등반'이 아닌 다른 목적으로 참석한 두 사람이 있었다. 노회찬과 김지선이었다. 등반대회가 열리기 한참 전, 노회찬이 인해협 대표인 오순부 집에 갔다. 소주를 한 잔 마시고 나서 노회찬이 조심스럽게 얘기를 꺼냈다.

"김지선 사무국장을 소개해주고 싶은 사람이 있는데, 자리를 좀 만들어주시죠."

"그게 누군데?"

"그런 사람이 있습니다."

오순부는 노회찬의 말을 김지선에게 전했다. 김지선은 오순부의 제안을 거절했다. 그녀는 결혼할 생각이 없었다. 시간이 좀 흘렀다. 노회찬이 다시 오순부에게 같은 얘기를 꺼냈다. 오순부가 물었다.

"누가 그렇게 김지선을 만나고 싶어 하나?"

짧은 침묵이 흐른 뒤 노회찬이 대답했다.

"접니다."

오순부는 예상치 못했던 노회찬의 대답에 깜짝 놀랐다. 쉽지 않을 것 같긴 했지만 한 번 만나게 해주고 싶었다. 마침 인해협 등반대회가 예정되어 있었다. 오순부는 김지선에게 등반대회에 꼭 참석하라고 얘기해놓았다. "한 번 거절했는데, 시간이 좀 지나서 오순부 선배가 또 얘기를 하는 거예요. '정말 좋은 사람이 있는데, 한 번만 만나봐.' 일단 만나서 거절 의사를 분명히 밝혀야겠다고 생각했죠." 김지선의 말이다. 물론 누군지 궁금한 마음도 없지 않았다.

김지선은 등반대회에 참석한 남자들을 유심히 살펴봤다. 한

번 돌아보고 나니 걱정이 앞섰다. 맨 아저씨들뿐이었다. 그중에서도 '저 사람은 무조건 아니다'라고 찍은 사람이 몇 있었는데, 그중 대표적인 사람이 노회찬이었다. 서른한 살 노회찬은 너무 늙어 보였다. 그날 저녁, 오순부 집에 노회찬과 김지선, 그리고 인해협에서 일하는 몇 사람이 자리를 같이했지만 사람들이 많아서 소개하는 일은 '흐지부지'되었다.

노회찬은 오순부에게 따로 만나게 해달라고 다시 요청했다. 얼마 지나지 않아 세 사람이 한자리에서 만났다. 술도 한잔하면서 이야기를 나눴다. "오순부 선배도 같이 있었는데 끝까지 안 가는 거예요. 아마 내가 금방 거절할까봐 그랬던 것 같아요. 내가 오 선배한테 따로 말했어요. 다음에는 오지 마시라, 둘이 만나서 얘기하겠다고 했죠." 그래서 처음으로 둘이 만나는 자리가 만들어졌다. 동인천역에 있는 서점 앞 길거리에서 만난 둘은 바로 옆에 있는 중국집에 갔다. 김지선은 짜장면을, 노회찬은 짜장면 곱빼기를 시켰다. 둘이 나눈 이야기는 100% 운동에 관한 것이었다. 항상 그랬다. 거기에 책 이야기가 조금 보태질 때도 있었다. 둘은 짜장면을 다 먹고 '2차'를 갔다. 당시 유행하던 '호프집'에서 생맥주와 안주로 노가리를 주문했다. 한 잔을 비운 후 노회찬이 단도직입적으로 말했다.

"우리 결혼합시다."

김지선에게는 난데없는 청혼이었지만, 노회찬으로서는 장고 끝에 내린 선택이었다. 김지선은 진지하게 대답했다. 자신은 평생 노동운동을 하면서 살 것이다, 관심을 보여줘서 고맙지만 결혼할 생각이 없다. 사실 김지선은 이미 몇 차례 구속과 고문까지 당한 단련된 활동가였을 뿐 아니라, 노회찬이 청혼하기 몇 해 전에 동지들과 평생 결혼하지 않고 노동운동만 한다는 '언약식'을 맺은 열성 직업운동가였다.

노회찬은 한 시간 만에 '딱지'를 맞았다. 일단 물러날 수밖에 없었다. 가슴은 아팠지만, 그렇다고 누구를 원망할 일도 아니었다. 오랜 사귄 것도 아니었고. 석 달이 지났다. 그는 편지 한 통을 호찌민 평전[21] 책갈피에 꽂아 책과 함께 그녀에게 보냈다. 열심히 일하는데 마음을 심란하게 해서 미안하다, 그러나 내 마음은 여전히 변하지 않았다, 이런 내용이 담긴 편지였다. 이번에도 별 반응이 없었다.

상심해 있던 노회찬에게 기회가 왔다. 1988년 총선에 노회찬의 권유로 인해협 대표 오순부가 출마하게 된 것이다. 오순부는 조직도 학벌도 돈도 없는 놈이 무슨 국회의원이냐 하며 출마를 거부했지만, 노회찬은 그를 설득해서 후보로 내보내고 자신은 선거 참모가 되었다. 노회찬은 후보 연설, 기획, 정책을 모두 담당했다. 당시 인해협 사무국장이던 김지선 또한 오순부 선거운동본부에서 일하게 되었다. 노회찬의 은근하면서도 적극적인 접근은 자연스레 데이트로 연결되었다. 노동운동에는 고수지만 연애는 초보였던 둘의 데이트는 늘 100% '시국 토론'이었다. 알콩달콩 재미있는 얘기는 없었다. 선거운동이 끝나는 밤 10시부터 시작된 이 커플의 데이트는 밤새 이어졌는데, 주로 골목길을 걸으며 이야기하다 다리가 아프면 계단에 앉아서 이야기를 나누는 식이었다. 새벽까지 이야기를 나누고도 끝이 나지 않을 때는 첫 버스를 타고 종점까지 가면서 연애를 했다. 어떤 얘기라도 달콤하지 않을 수 없었던 시절이었다. 김지선은 '이 남자와 함께 살아도 운동을 할 수 있을까?'라는 스스로의 질문에 답을 얻어야 했다. 그에 따라 결혼 여부를 결정할 것이었다. 그렇게 많은 얘기를 했지만 서로 개인적인 이야기나 과거에 대해서는 묻지 않았다. 노회찬이 고려대에 다녔다는 사실을 김지선은 결혼 후 남편이 감옥에 들어갔을 때 시어머니를 통해서 처음 알았다.

노회찬은 사람에게 쉽게 마음을 내어주는 스타일이 아니다. 하지만 한 번 마음을 주면 깊게 사귀는 편이었다. 그는 평생 두 번의 사랑을 했다. 첫사랑은 초등학교 동창생이었고 대학에 진학한 후 다시 만났지만, 1981년 참당암 결의 때 정리했다. 김지선은 그의 두 번째 사랑이자 마지막 사랑이었다.

오순부 선거운동본부에서 일하며 틈틈이 데이트를 하던 어느 날, 노회찬이 김지선에게 정식으로 청혼했다. 김지선은 자신은 부모님도, 돈도, 학벌도 없고, 준비도 안 된 상태라며 확답을 안 주었다. 노회찬은 "우리가 부자로 살 것도 아닌데, 신경 쓸 거 없다"라며 부산행을 밀어붙였다. 당시 노회찬의 부모님은 아들이 언제 잡혀가거나 않을지, 결혼은 할 건지 걱정이 태산이었다. 그러니 장남이 결혼을 하겠다고 하면 언제든 반길 준비가 되어 있었다.

노회찬의 재촉에 김지선은 결혼할 생각은 있지만 부모님의 반대를 무릅쓰고 그것을 극복하기 위해 노력하면서까지 하고 싶은 생각은 없다고 말했다. 노회찬이 섭섭하게 들었는지는 모르겠지만 그게 솔직한 마음이었다.

1988년 가을, 김지선은 노회찬과 함께 부산에 갔다. 잘사는 그의 집을 보니 자신과는 안 맞는다는 느낌이 들었다. 그런데 노회찬의 어머니는 이미 며느리감에 대해 다 알고 있는 것 같았다. 이

노회찬-김지선 결혼식 사진(1988) ©노회찬재단

날 이야기를 주도했던 어머니는 결론처럼 한마디했다. "둘이 잘 맞는 것 같다." 아마 이미 준비된 말이었을 것이다. 아무 말이 없던 노회찬의 아버지는 자리가 파할 무렵 지나가는 말로 "부모도 없이 동생 돌보면서 사느라 힘들었을 텐데, 사람 얼굴이 맑고 티가 없다. 인상도 좋다"라고 했다. 노회찬은 이 말이 '찬성 의사 표시'라며 기뻐했다.

1988년 12월 17일 두 사람은 부산의 한 호텔에서 결혼식을 올렸다. 적잖은 사람들이 와서 축하를 해주었다. 수배 중이었지만, 무탈하게 잘 치렀다. 인천에서는 조화순 목사와 최봉근 등 소수만 신부 쪽 하객으로 참석했다. 고교 친구 최만섭이 사회를 봤고, 이종걸이 피아노를 쳤다. 주례는 김지선이 제안하고 노회찬이 동의한, 해고 노동자 출신 황영환이 맡았다. 그들은 인천 만수동에 신혼집을 얻었다. 노회찬이 구속되기 1년 전 일이었다.

인민노련의 기관지

1989년, 노회찬과 권우철, 주대환, 최봉근, 황광우 등 인민노련의 초기 지도부는 전국 차원의 사업을 위해 인천에서 서울로 활동 근거지를 옮겼다.[22] 전국 사업이란 노선이 같은 전국의 조직을 하나로 묶어서 정당을 창당하는 일이었다. 이때까지만 해도 인민노련은 비합법 전위정당 노선을 포기하지 않았다. 이 과정에서 인민노련이 발간하는 기관지가 큰 역할을 했다. 당시 정파들 간의 논쟁은 주로 각 조직의 기관지를 통해서 이뤄졌다. 1987년에 대중용 기관지인 월간 『노동자의 길』과 비정기 간행물인 이론지 『정세와 실천』이 창간되었고, 이후『노동자의 길』로 통합되었다. 조직의 기관지는 전국 곳곳으로 비밀리에 배포되었는데, 특히『노동자의 길』은 사회과학 전문 서점에서도 인기가 있었다.

전국사업팀은 1989년 8월 '전국적 정치신문'을 표방한『사회주의자』를 창간했다. 편집위원은 노회찬, 주대환, 황광우와 새로 합류한 유인열 4인이었다. 황광우는 3,000만 원의 사비를 끌어들여 인쇄 기계를 사서 숙원이었던 인쇄소를 비밀리에 마련했다. 『사회주의자』창간호와『노동자의 길』종간호가 같은 장소에서 같은 시간에 인쇄되었다.『노동자의 길』은 그해 9월 41호를 내면서 종간되었다.

노회찬은 고교 시절 러시아의 '『이스크라』편집진'을 동경했다. 세상을 뒤집는 일의 대의에 유혹되었고, 편집진 개개인의 매력에 빠졌다. 레닌, 트로츠키, 플레하노프 등이 당시『이스크라』편집진이었다. 노회찬의 말이다.

> 『러시아 혁명사』 같은 거 읽으면서 굉장히 감동했던 건 뭐냐
> 하면…,『이스크라』라고 혁명가들이 만든 신문 있잖아요?
> 편집진이 당시 핵심 혁명가들이었는데, 서술한 내용을 보면
> 문학과 예술에 대한 조예가 상당히 깊었어요. 사실 봉건시대
> 이전의 교양인은 귀족이었죠. 그런데 봉건시대 이후의 교양인은
> 혁명가였어요. 문학, 과학, 예술, 철학, 이런 것에 대한 이해가
> 굉장히 풍부했고, 그런 것들이 혁명에 영향을 많이 미쳤다고
> 생각을 했기 때문에 우리도 그런 걸 굉장히 중시해야겠다,
> 혁명가가 되려고 음악을 좋아한 건 아니지만.[23]

그가 말한 것처럼 혁명가가 되려고 음악을 좋아한 것은 아니었지만, 매력과 실력을 갖춘 혁명가가 되려는 노회찬의 낭만적 의지가 르네상스적 전인(全人)을 추구하게 만들었다. 그는 남보다 뛰어남이 아니라 어제보다 탁월함을 지향했다. 어쩌면 그가 추구했던 목표는 북극성 같은 것일 수 있다. 도달할 수는 없지만 그것이 없으면 전진할 수 없는 표상 같은 것 말이다. 노회찬이 가지고 있던 교양인, 지성인, 예술인으로서의 풍모는 이 과정에서 빚어졌다.

인민노련에서 내는 기관지와 『사회주의자』는 현장 활동가들에게서만 주목받은 게 아니었다. 이들 못지않게 주목했던 쪽은 경찰이었다. 인민노련의 활동이 활발해지자 경찰은 전담팀을 꾸려 이 조직을 주시했다.

1988년 12월 말에 노태우는 특별 지시를 통해 '노동조합은 사회 불안을 야기하는 좌경 세력'이라고 몰아붙이며 강도 높은 탄압을 예고했다. 1987년 10월 대의원대회 이후 인민노련에서 갈라져 나온 NL파는 1988년 인천부천지역민주노동자회(인노회)를 결성했다. 공안 당국은 1989년 2월과 6월 인노회 조직원들을 검거했다. 인노회 대표였던 안재환은 6월 치안본부에 연행되어 조사를 받았다. 그는 거기서 인노회는 물론 인천 지역 비공개 단체들의 조직표가 벽면에 붙어 있는 걸 봤다. "다음 차례는 인민노련"이라는 말도 들었다.[24] 이 소식이 밖으로 전해지자마자 인민노련 전 조직에 조직 보위 지침과 함께 A급 비상경계령이 내려졌다. 하지만 경찰은 이미 인민노련이 출범한 직후인 1987년 9월부터 수사를 시작했고, 조직의 전모를 비교적 소상하게 파악하고 있었다. 1989년 10월 15일 경찰은 기관지를 찍어내는 비밀 인쇄소를 덮쳤고 핵심 조직원 17명을 검거했다.[25] 인민노련 조직원의 대규모 구속 사태와 그 이후의 전개 과정에서 눈여겨볼 대목이 하나 있다. 이 시기 비밀 지하 조직의 평균수명은 1년 내외로 매우 짧았다.[26] 핵심 조직원의 대량 구속 이후 조직이 와해로 이어지는 게 통상적이었다. 하지만 인민노련은 핵심 조직원이 대거 구속된 이후에도 새로운 지도부가 구성되어 조직이 가동되었고, 전국 사업도 그대로 진행할 수 있었다. 조직 책임자인 노회찬과 명민한 활동가들이 자신들의 부재 상태에서도 조직이 가동될 수 있도록 만들어놓았기 때문이다.[27] 노회찬은 본궤도에 오른 전국 사업을 진행하는 동시에 와해된 인민노련 지도부를 다시 세워야 했다.

"바다가 보고 싶다"

1989년 12월 어느 토요일, 노회찬과 3명의 친구가 신촌의 한 고깃집에서 만났다. 사총사로 불리던 중학교 동창들이었다. 노회찬은 옛 친구들과 만나면 운동에 관한 이야기를 전혀 하지 않았다. 물어봐도 아무 말도 하지 않으니 나중에는 아무도 물어보지 않았다. 이날도 마찬가지였다. 오랜만에 만난 옛 친구들은 1차에 이어 2차로 신촌역 앞의 어느 2층 술집에 들어갔다. 늦은 시간이었다. 가게 안에는 노회찬 일행만 남았다. 그들은 얘기와 노래를 술에 타서 마시면서 즐겼다. 주인도 가게 문을 닫고 합류했다. 당시 노회찬은 두 달 전에 대량 구속 사태를 겪은 인민노련 조직을 재정비하기 위해 신경을 곤두세우면서 동분서주하고 있었다. 하지만 친구들은 그에게서 인민노련이라는 이름조차 들어본 적이 없었다. 겨울밤이 어둡고 긴 터널을 느릿느릿 지나고 있을 때 노회찬이 뜬금없는 한마디를 불쑥 내뱉었다.

"바다가 보고 싶다."

그들은 경포대행 첫차 시간에 맞춰 술집을 나섰다. 술집 주인이 자기도 같이 가고 싶다 해서 그러라고 했다. 고속터미널에서 6시에 출발하는 첫차를 탔다. 경포대에 도착해서 회를 안주로 해서 술을 마시기 시작했다. 친구 김봉룡의 말이다.

"회찬이는 우리한테 청록파 시인 3명이 만나면 2박 3일 술을 마신다, 1명이 피곤해서 쉬면 2명이 마시고, 교대로 마시고, 이런 얘기를 하면서 그게 그렇게 좋게 보이고, 그렇게 하고 싶다는 말을 자주 했죠. 그날은 1박 2일이었지만."[28]

그렇게 '경포대 번개'를 마치고 서울로 돌아왔다. 노회찬은 친구 1명과 신촌의 그 술집에 다시 가서 술을 마셨다. 다음 날 새벽까지. 2박 3일을 마신 셈이었다. 경포대에 다녀온 지 1주일 정도 지난 날이었다. 김봉룡은 아침 일찍 배달된 『한겨레신문』을 펼쳤다. 신문 사회면에는 친구 노회찬의 구속 소식을 전하는 기사가 큼직하게 실려 있었다. 김봉룡은 한참 지나서야 동해에 가던 그즈음에 경찰의 추적이 노회찬의 목전까지 조여오고 있었다는 사실을 알게 되었다.

동해 바다를 보고 온 뒤 노회찬은 다시 인민노련을 재건하는 작업에 매진했다. 1989년 12월 23일 크리스마스를 이틀 앞둔 토요일, 노회찬은 인민노련 일에서 잠시 떠나 있던 권우철을 대방동 삼거리에 있는 지하 다방에서 만났다. 어둠이 눈높이까지 내려온 겨울 저녁 5시경이었다. 둘이 이야기를 시작하자마자 치안본부

대공 수사관들이 들이닥쳤다. 권우철의 뒤가 밟혔다. 국가보안법 상 이적 단체 가입 혐의로 둘 다 체포되었다. 크리스마스에 구속영장이 발부되었다. 노회찬, 권우철까지 구속됨으로써 인민노련은 적잖은 타격을 받았지만, 진행되고 있던 전국 수준의 정치 조직 사업은 중단 없이 계속되었다.

둘은 홍제동 경찰청 대공분실에서 조사를 받았다. 당시 면회가 금지되었는데, 김지선은 매일 홍제동 대공분실에 갔다. 거기서 면회를 시켜줄 때까지 쉬지 않고 싸운 끝에 노회찬을 면회할 수 있었다. 김지선은 면회를 할 때면 노회찬이 갈아입을 속옷도 넣어주었다. 어느 날 빨랫감으로 속옷이 나왔다. 김지선도 노동운동을 하면서 구속, 고문 등 산전수전 다 겪어봤다. 그는 속옷의 고무줄 부분을 유심히 살펴봤다. 손가락 끝마디 촉감이 미세하게 다른 곳이 느껴졌다. 종이를 아주 가늘게 말아서 만든 쪽지가 들어 있었고 이름이 여럿 적혀 있었다. 경찰에서 찾고 있는 명단이었다. 인민노련 말고 다른 조직의 명단도 있었다.[29] 김지선과 노회찬은 두 차례 정도 그런 방법으로 소통했다.

감옥에서 보낸 휴식의 시간

노회찬은 베를린 장벽이 무너지는 소리를 들으면서 감옥생활을 시작했다. 1심에서 징역 2년 6개월, 자격 정지 3년을 선고받았다. 2심, 3심의 결과도 같았다. 1심 판결 이후 서울구치소에서 안양교도소로 이감되었고, 그 뒤 청주교도소로 옮겨 출소할 때까지 그곳에서 지냈다. 감옥 안에는 노동운동을 하다 들어온 사람들로 넘쳐났다. 인민노련의 핵심 활동가 대부분이 감옥에 있었다. 노회찬 얼굴을 그때 처음 본 사람들도 있었다. 공안 정국을 조성한 노태우 정권의 '운동권 소탕 작전'의 결과였다.

몸이 갇힌 신세가 됐지만, 아이러니하게도 감옥은 그에게 실로 오랜만에 자유와 휴식을 맛볼 수 있는 시간을 선물해주었다. 심지어 부모님께 효도할 기회도 생겼다. 짧은 면회 시간이었지만, 어머니는 그동안 쉽사리 만날 수 없었던 장남을 바깥에 있을 때보다 더 자주 볼 수 있었다. 노회찬은 부모님의 건강이 염려되어 면회를 적게 오시라 했지만, 부모님은 아랑곳하지 않았다. 그래서 "면회 자주 오는 것이 도움이나 위안이 되는 것이 아니고, 모처럼 찾은 안정도 깨지는 경우가 있다"라는 말까지 해야 할 정도였다.

노회찬이 감옥에서 가장 하고 싶었던 일은 책을 실컷 읽는 것이었다. 그런데 그의 독방에 찾아오는 감방 손님들이 너무 많아 독서하는 데 자주 방해를 받았다. 결국 교도관에게 밖에서 문을 잠가달라고 요청한 적도 있다. 노회찬은 곤충, 산, 물고기에 관한 책뿐 아니라 요리와 대중가요 책도 즐겨 봤다. 뭐 그런 책까지 다 보느냐는 주변의 질문에 그는 "운동하는 사람은 많은 것에 시야를 열어놓아야 한다"라고 대답했다. 하지만 그의 주요 독서 목록은 마치 '원전으로 돌아가라'는 숙제를 받은 학생의 그것과 같았다. 『맑스엥겔스선집』시리즈, 『자본론』1~3권, 『레닌 저작집』등 마르크스, 엥겔스, 레닌의 주요 저작을 망라했다. 중국 혁명론이나 유물론 해설서, 소련의 정치경제학 교과서 시리즈도 다수 포함되었다.

노회찬이 사회주의 국가 대붕괴의 흙먼지가 자욱할 때 구좌파의 체취가 진하게 배어 있는 책 더미에 둘러싸여 씨름하고 있었던 이유를 알 수는 없다. 어쩌면 흔들리는 마음을 다잡기 위한 것이었는지도 모르겠다. 청주교도소에 함께 있었던 노동운동가 신언직은 당시 많은 활동가가 그랬던 것처럼 사회주의 국가의 몰락을 보면서 노회찬에게 고민을 털어놓았다. 그때 노회찬이 이렇게 말했다고 한다.

> 영화 〈바람과 함께 사라지다〉를 보면 마차를 탄 주인공이 큰불이 난 지역을 탈출하는 장면이 나온다. 말이 불길에 놀라서 앞으로 가지 않고 멈춰 서자 주인공은 검은색 천으로 말의 눈을 가리고 채찍질을 해서 불구덩이를 돌파한다. 지금은 우리도 이런저런 계산을 하지 말고, 검은 천으로 눈을 가리고 앞으로 직진해야 한다. 우직하게 앞으로 나가야 할 때다.[30]

노회찬이 감옥 안에서 독서를 비롯해 배구, 농구, 테니스, 요가, 단전호흡, 배드민턴 같은 운동을 꾸준히 하면서 수행한 특별한 임무가 하나 있었다. 당시 PD 계열 조직인 '노동계급' 사건으로 1990년 1월에 구속된 이진경이 다음 해 말에 출소할 때까지 서울구치소와 청주교도소에서 노회찬과 함께 지냈다. 노회찬이 검거 직전까지 집중했던 사업은 노동운동 전국 통합 조직을 결성하는 것이었는데, 중요한 통합 대상 조직 중 하나가 '노동계급'이었다. 각자 조직의 지도부였던 노회찬과 이진경은 감옥에서 조직을 통합하는 데 합의했고, 이는 바깥에서 진행되던 통합 작업이 진전되는 데 중요한 계기가 되었다. 주대환, 최봉근, 황광우 등이 밖에서 전국의 PD 계열 조직을 통합하기 위해 한참 뛰고 있을 때였다.

해바라기를 기르며

1990년 늦은 가을, 안양교도소에서 청주교도소로 이감되었다. 노회찬은 독방 철창을 통해 밖을 보다가 마당 가장자리에 볼품없이 조성된 작은 화단을 발견했다. 그때 자신에게 약속을 하나 했다. '봄이 오면 저 화단에 뭔가를 심어보자.'

봄이 왔다. 원예반에 출역하는 한 일반수에게 해바라기 씨앗을 가져다 달라고 부탁했다. 부탁을 받은 재소자는 큼직한 해바라기 한 송이를 전해주면서 이렇게 말했다. "해바라기 씨가 간식으로는 그만이지." 생각은 사람마다 다른 법이다.

노회찬은 하루 5분씩 습기 찬 침구를 밖에 내다 말리는 시간에 해바라기 씨앗을 화단 한 귀퉁이에 심었다. 매일 5분 동안 물도 주고 흙도 돋워주면서 알뜰하게 땅 밑의 씨앗을 돌봤다. 얼마 후 해바라기 싹이 얼굴을 내밀었다. 기쁜 마음도 잠시 행여 밟히지나 않을까 걱정이 앞섰다. 그는 땅인지 화단인지 구분이 안 되는 마당 가장자리에 잡초와 함께 자라는 해바라기 싹을 하루에도 몇 번씩 쳐다보며 무사하기를 기원했다. 그러던 어느 날 아침, 걱정했던 일이 일어났다. 아직 한 뼘도 안 되게 자란 해바라기가 밤사이 망루 교대 근무자의 군홧발에 밟혀 바닥에 깔려 있었다.

침구 말리는 시간까지 기다려야 하는데, 시간이 너무 안 갔다. 마당에 나가자마자 해바라기를 다시 조심스럽게 세워주었다. 그 후로 책을 읽다가도 밖에 인기척만 나면 창문으로 달려가 해바라기의 안녕을 살폈다. 해바라기는 그 후 몇 차례 더 밟혔고, 그는 그때마다 정성스레 다시 일으켜 세워주었다.

그러던 중 대형(!) 사고가 터졌다. 풀 뽑는 사역을 나온 재소자 1명이 잡초와 함께 해바라기를 뿌리째 뽑아버렸다. 마침 그 장면을 목격한 노회찬이 어찌나 크게 고함을 쳤는지, 깜짝 놀란 재소자가 곧장 해바라기를 다시 제자리에 심었다. 다음 날 다시 그 5분을 기다리는데, 이번에도 너무 더디게 왔다. 해바라기 때문에 노심초사하는 것을 보고서 주변 동료들이 포기하라고 조언했지만, 노회찬은 그럴 수 없었다.

가을이 왔다. 몇 차례 밟히고 뽑히기도 했던 해바라기는 어느덧 씨를 맺기 시작했다. 한 번 뽑혔을 때 가운데 큰 줄기가 꺾이는 바람에 선산의 등 굽은 소나무 모양을 하고 있었지만, 늦가을 찬기운에도 씨앗이 알차게 여물어갔다.

이듬해 봄 노회찬은 보통 해바라기 씨의 절반도 안 되는 크기의 씨앗을 다시 화단에 심었다. 그 봄에 노회찬은 출소했고, 뽑히고 밟히면서 자란 그 해바라기 씨앗 몇 개를 가지고 나와서 부산 집 마당에 심었다. 그 씨앗은 자라서 엄마 해바라기보다 두 배는 더 큰 해바라기가 되었고, 해를 거듭하며 밭을 이룰 정도로 마당에서 무성하게 자랐다. 그는 몇 년 뒤 김지선과 함께 해바라기 밭에서 웃는 얼굴로 사진을 찍었다.

1994년 노회찬이 진보정당 건설의 전망이 잘 보이지 않아 어려움을 겪던 시절, 그는 청주교도소 같은 척박한 환경에서 죽지 않고 살아난 해바라기를 떠올리면서 이렇게 기록했다. "해바라기를 길러본 사람은 알 것이다. 해바라기는 어떤 땅에서도 다 잘 자란다. 그 자태는 숱한 잡종교배 끝에 만들어낸 화려한 꽃에 비할 수 없지만, 그 열매는 어떤 화초보다도 크고 풍성하다."[31] 해바라기는 진보정당의 은유이기도 했다.

1989년 베를린 장벽이 무너지고 1991년 소련이 해체될 때 감옥에 있었던 노회찬에게 사회주의 국가의 몰락은 충격이었다. 운동권 내부의 사소한 차이를 가지고 논쟁할 때가 아니었다. 감옥 안에서 이진경과 조직 통합에 합의한 배경이기도 했다. 노회찬은 그때 반드시 소련이라는 현장에 가보겠다고 다짐했다. 자신이 알지 못했던 사회주의 소련의 문제가 무엇이었는지 현장에서 확인하고 싶었다. 함께 있던 이진경과 같이 가자고 약속했다. 한참 뒤인 1996년 둘은 약속대로 러시아에 갔다. 노회찬은 '망할 만하니까 망했다'는 생각을 하게 되었지만, 소련 사회가 추구했던 여러 가지 소중한 가치들까지 함께 떠밀려 내려가는 것을 보고 굉장히 마음 아파했다. 망한 것은 '잘못된 사회주의 국가'이지 '사회주의적 이념과 이상'이 실패한 것은 아니라는 게 노회찬의 결론이었다.

감옥에서 보낸 마지막 편지

노회찬이 감옥에서 꾸준히 한 일 중 하나는 부모님에게 편지를 보내는 일이었다. 어머니가 아들에게 보낸 편지 172통, 아들이 어머니에게 보낸 편지 83통, 2년 4개월여 동안 평균 3~4일에 한 번씩 편지를 주고받았다. 매번 봉함엽서 앞뒤를 가득 채운 노회찬의 사연은 공판 소식과 감옥 안의 자잘한 일상, 집안일과 부모님 건강에 대한 관심, 조카들 이야기, 이산가족 상봉에 대한 기대, 평생 힘없는 사람의 권익을 위해 싸울 것이라는 다짐, 일본어와 러시아어 학습 이야기, 국내와 세계 정세에 대한 자신의 견해 등 폭넓고 다양했다.

아버님, 어머님, 저는 오래전부터 지금과 같은 상황을 예상해왔기 때문에 매우 담담한 마음으로 현실을 받아들이고 하루하루 생활해가고 있습니다. 그러나 부모님께 충격과 근심을 안겨드리게 된 점은 참으로 송구스럽게 생각합니다. 아버님, 어머님의 근심을 줄이기 위해 노력하겠습니다. 그러나 아버님, 어머님, 비록 걱정이 되시겠지만 제가 이곳에 있는 것을 부끄럽게 여기실 필요는 없습니다. 제가 죄를 지은 것도 아니며 떳떳지 못한 일을 한 것도 아닙니다. 저의 사건은 순전히 정치적인 것이며 따라서 정치적 변화에 따라 그 처리가 크게 달라지는 것입니다. 크게 절망할 필요가 없습니다. 오히려 침착하고 냉정하게 기다리는 것이 최선의 대응일 것입니다. (1990년 1월 31일 편지 중에서)

하루 벌어 하루 사는 일이 평생의 운명처럼 되어 있는 수많은 사람들을 생각할 때, 비록 신체적 자유가 구속되어 있다고는 하나 이곳에서 편안히 독서하고 운동하며 또 일주일에 한두 번쯤 상추쌈까지 먹을 수 있는 저의 처지는 여전히 혜택받는 계층에 속한다 할 것입니다. (1990년 5월 26일 편지 중에서)

어머니의 편지가 쌓이는 만큼 시간이 흘렀다. 어느덧 감옥에서 세 번째 새해를 맞았다. 그해 4월 1일이면 만기 출소다. 1992년 3월 25일, 출소를 일주일 앞둔 이날 노회찬은 집으로 보내는 마지막 편지를 썼다. 평소보다 두 배나 길게, 봉함엽서 두 장을 작은 글씨로 빽빽하게 채운 장문의 편지였다.

노회찬 옥중 편지(1992) ©노회찬재단

아버님, 어머님께.

… 2년 반 동안 172통의 어머님 편지를 받았습니다. 깊은 사랑의
무게를 느끼게 됩니다. … 지난 2월 面會(면회) 時(시)에 출소하면
바로 下釜(하부)하여 계속 부산에서 살아야 한다는 말씀을 듣고
그 자리에서도 간략히 답변 드렸지만 그 후에도 많은 생각을
하게 되었습니다. 부모가 자식에게 함께 살자고 요구하는 것은
人之常情(인지상정)이며 자식이 위험한 지경에 처하는 것을
피하게 하려는 것도 당연한 일이라 생각합니다. 그런 의미에서
저는 부모님의 염려와 희망 모두를 잘 이해할 수 있으며 되도록
그렇게 하는 것이 사람 된 도리라고 생각합니다. 만일 제가
서울이나 인천에서 어떤 장사를 하는 처지였다면 저는 부산에서
함께 살기 위해 가게를 처분하고 업종을 바꿔서라도 내려갔을
것입니다. … 그런데 지금 저의 처지에서 부산에 내려가 산다는
것은 제가 그동안 젊음과 정열을 바쳐가며 노력해왔던 일,
바로 저의 직업을 완전히 포기하는 것을 의미하는 것입니다.
문제는 바로 여기에 있는 것입니다. 그렇기 때문에 저는 자식
된 도리를 다하면서 동시에 한 인격체로서 자신의 인생 항로를
분명히 해나가는 두 가지 일을 조화시켜 둘 다 이루어낼 방법을
찾아내려고 노력할 것입니다. … 가족과 화목하게, 오래오래
동고동락하며 생활하는 것은 그 실현 여부를 떠나 모든 인간의
보편적인 희망이라 생각합니다.
바로 그렇기 때문에 부산에 내려가 살자는 말씀을 들으며
다른 한편으로는 큰 아픔을 느끼기도 했습니다. 수십 년간
자신의 정열과 노력을 다 바쳐 자신의 음악 세계를 구축한

피아니스트가 "당장 피아노 치는 일을 그만두고 시골에 내려와 농사를 지어라"는 말을 듣는 것 같은 심정이었습니다. 자신의 음악 세계에 대한 몰이해도 섭섭한 일이지만, 37살 먹은 피아니스트에게 직업을 바꾸라는 얘기는 무얼 의미하는 것입니까? 그것은 바로 그 나이가 될 때까지 해온 일을 아무 쓸모없는 일이라 규정하는 것과 다를 바 없습니다. 이제까지 헛살았으니 이제부터 딴 일 하며 바로 살란 얘기입니다. 바로 저를 체포한 수사관들이 그랬습니다. 검사도 그랬고, 유죄를 선고한 판사도 그랬습니다. 그들은 모두 저에게 "백해무익한 일 그만두고 딴 일 하라"고 요구했습니다. 실제로 검사는 제게 반성문을 쓰면 바로 내보내주겠다고 얘기했었죠. 제가 한 일이 정당하고 올바르다고 믿기에 저는 반성문 쓰길 거부하고 대신 2년 6개월의 징역살이를 택했습니다. 그간의 징역생활을 여유 있고 안정된 마음으로, 열심히 공부하고 열심히 운동하면서 지낼 수 있었던 것은, 단 한순간도 후회하거나 신세를 한탄하는 일이 없이 꿋꿋하고 낙천적으로 보낼 수 있었던 것은, 물론 가족, 친지들의 따뜻한 사랑과 격려도 도움이 되었지만 그 바탕에는 무엇보다도 제가 한 일에 대한 확신, 그 정당함에 대한 자부심, 이런 것들이 깔려 있었기 때문입니다. 그렇기 때문에 남들은 하루를 살아도 지옥을 경험한 것처럼 싫어하는 징역살이를 웃으며 보낼 수 있었던 것입니다.

…

아버님, 어머님!

인간이 인간을 부당하게 억압하고 착취하는 일을 근절시켜

모든 인간이 인간답게 사는 세상을 만드는 일―그런 사회운동,
정치운동을 펼치는 것이 바로 저의 직업입니다. 이것은 무슨
이상한 사상에 물든 결과가 아닙니다. 義(의)롭게 살아야 한다.
불의와 싸우는 용기를 지녀야 한다. 개인의 출세와 영달보다는
사회 전체의 이익을 위해 살아야 한다. 자신을 희생하더라도
옳은 일을 위해 싸우는 사람보다 훌륭한 사람은 없다. 이 모든
것들은 제가 국민학교에서부터 대학교에 이르기까지 개근상을
받으며 열심히 공부하면서 배운 내용이며 또 그것을 실천하고자
노력해온 것들입니다.

간혹 여쭤보고 싶은 것이 있었습니다. 어머님께서는 그리
간절하게 제가 좋은 학교에 입학하길 원하실 때, 어머님께선
제가 그 학교를 졸업하고 어떤 사람이 되길 바라셨습니까? 저는
지금도 잊지 않습니다. 바로 20년 前(전) 1972년 2월, 돌아서서
눈물을 감추시는 어머님을 뒤로하고 정든 집을 떠났습니다. 그날
기차가 낙동강 변을 거슬러 올라갈 때 붉은 태양이 강물을 비추며
서쪽으로 지고 있었습니다. 그 태양을 보며 저는 맹세했습니다.
"객지 타향에 가더라도 한눈팔지 않고 이를 악물고 열심히
노력하여 반드시 훌륭한 사람이 되어서 사회에 기여하겠다"고.
20년이 지난 지금에 와서 돌이켜볼 때 보다 더 열심히 살지 못한
점들이 반성되고 부모님을 보다 기쁘게 해드리지 못한 점이 가슴
아픕니다. 그러나 저는 제가 학교에서 배운 대로, 또 제가 다짐한
대로 正道(정도)만을 곧게 걸어왔다고 생각합니다. 그리고 계속
이 길을 가야 한다고 생각합니다. 보다 편하게 사는 길들도
있다지만 저는 그런 인생의 길에선 아무런 살 의욕을 느끼지

못합니다. 비록 힘든 길이긴 하지만 그간의 노력으로 저는 일정한 역량을 쌓았고 또 남달리 이런 일에 재질이 있다고 생각합니다. 남들이 볼 때는 고생스럽게 보이기 때문에 부모님께서도 염려하시는 것은 잘 알고 있습니다. 그러나 다른 사람들이 보는 것보다는 덜 힘들며 무엇보다도 義(의)롭고 보람된 일이며 다른 사람들은 하지 않는다 하더라도 저처럼 오랫동안 마음먹고 노력해왔으며 또 재질을 가진 사람들이 앞장서서 이 일을 해야 한다고 생각합니다. 어린 학생들이 오직 정의감 하나 갖고 앞뒤 가리지 않고 화염병을 던지거나 밀가루를 뒤집어씌우는 것[32]과는 질이 다릅니다.

현실적 조건에 맞춰 합리적이고 현명한 방법을 찾아나갈 것입니다. 그렇기 때문에 저의 직업과 그것에 대한 저의 생각을 널리 헤아려주시기 바랍니다. 먼 길에서 돌아온 아들을 불을 끄고 글씨를 쓰게 한 후 아직 멀었다며 바로 쫓아낸 한석봉의 어머니처럼 제가 올바르게 살아가고 있는지, 불의와 타협하지는 않는지, 성실하게 일하는지 늘 관심을 갖고 채찍질해주시기 바랍니다. 훗날 후손들에게 '아무것도 물려주지 못했으나 이 나라와 민중을 위해 열심히 일하고 살아왔다'는 자부심을 남겨줄 수 있도록 도와주십시오. 부모님의 이해와 격려는 제가 이 세상에서 뜻을 펴고 또 사회에 기여하는 데 그 무엇과도 바꿀 수 없는 큰 힘이 될 것입니다. 저 역시 자식 된 도리를 다하면서 또 저의 직분을 다하는 데 진력을 기울일 것입니다. 猛將(맹장) 아래 弱卒(약졸) 없듯이 강한 부모 밑에 약한 자식 없을 것입니다. 보다 강하게 이 험한 세파를 헤쳐나갈 수 있도록 도와주십시오.

타의에 의해 강제된 징역생활이었지만 유익한 시간으로 활용함으로써 결국 승리했다고 생각합니다. 부모님의 사랑과 지원에 깊은 감사 드립니다. 승리한 사람들답게 웃는 얼굴로 만나기 바랍니다. … 또 늘 화목한 분위기를 유지하도록 하는 데 큰 노력을 기울이겠습니다. 하룻밤을 꼬박 새우게 되는데 아버님께선 이곳까지 안 오셨으면 합니다. 제가 찾아가서 뵙는 게 도리일 듯싶습니다. 어머님께선 멀미 예방약으로 '귀밑에(붙이는 약 이름: 인용자)'를 이용하십시오. 안녕히 계십시오.

1992년 3월 25일 회찬 올림

이 편지에는 노회찬의 많은 것을 이해할 수 있는 단서들이 숨어 있다. 예컨대 이런 질문들, 그가 왜 노동운동에 발을 들여놨는지, 왜 직업혁명가, 직업정치인이 되었는지, 왜 평생 그 길을 벗어나지 않았는지, 그 동력은 무엇이었는지에 대한 답이 편지에 들어 있다. 이 편지의 주요 내용은 노회찬이 생전에 반복해서 했던 이야기이기도 하다.

감옥에서의 마지막 편지가 이처럼 무거워진 것은 한 달 전에 면회 온 어머니의 '귀향 권유' 때문이었다. 그 당시만 해도 '죽음, 의문사, 실종'은 노동운동, 진보정치운동을 따라다니던 단어들이었다. 가족사와도 연동된 부모의 자식 걱정을 노회찬이 모를 리 없었다. 그럼에도 불구하고 노회찬의 태도는 조심스럽지만 강하고 단호하다. 노회찬의 진심이 진하게 묻어 있는 편지다. 어떤 이는 역사와 나라에 자신을 맡기는 이립(而立)의 30대 노회찬의 결단에 감동했을 테고, 어떤 이는 부모의 간청(귀향 권유)이 공안 당국자들의 말(전향 권유)과 무엇이 다르냐는, 평소 그라면 결코 사용하지 않았을 표현의 '과도함'에 서늘함을 느꼈을 수도 있겠다. 긴 편지 내용 중에서 눈에 띄는 단어 가운데 하나가 '직업'이다. 노회찬은 1981년 참당암에서 '직업혁명가', '직업정치인'의 길을 가기로 결심했지만, 부모 입장에서는 '젊음의 호기'로 떠난, 언젠가는 돌아올 걸음일 거라는 기대를 버리지 않았던 것이다. 결혼하면 그만둘지도 모른다는 일말의 기대도 있었으리라. 부모님은 끝내 '출가'한 자식에 대한 미련을 버리지 못했다. 노회찬은 부모님의 미련이 남아 있다는 것을 확인한 후 다시 한번 분명하게 자신의 입장을 못박는 편지를 쓴 것이다.

노회찬이 마지막 편지를 쓰던 날 조간신문들의 1면 머리기사에서는 '민자당 총선 참패, 여소야대, 정계 개편 회오리' 등으로 야당의 선전을 언급하고 있었지만, 민중당의 의석 확보 실패를 알리는 기사는 찾아보기 어려웠다. 선거 패배 후유증이 퍼져 있던 그해 4월 1일 노회찬은 출소했다. 밖에서는 아직 떠나지 않고 남아 있던 동지들이 그를 기다리고 있었다.

한국사회주의노동당과 신노선

1991년 8월, 계룡산. 전국의 노동운동 지하 조직 대표자 18명이 등산복 차림으로 모였다. 5년 전 출범했던 '인천지역노동자계급해방투쟁동맹'의 목표였던, 노동자 계급의 전위정당을 출범시키기 위한 모임이었다. '드디어, 마침내' 또는 '역사적인'이라는 수식어가 따라붙어야 마땅했지만, 현실은 그렇게 극적이지 않았다. 5년의 시간은 많은 것을 바꿔놓았다. 1987년 6월 시민항쟁과 7~9월 노동자 대투쟁, 소련의 해체와 사회주의의 몰락은 지하 전위정당 노선에 대해 근본적인 재검토를 요구했다. 더 이상 '지하'도 '전위'도 요구되지 않는 세상이 온 것 같았지만, '오래된 신념'에 관성의 법칙이 작용한 탓일까? 어느 누구도 이 길이 맞는 걸까 하는 마음속 의문을 밖으로 드러내지 못했다. 그러는 사이 관성의 힘은 조직 건설로 모아졌다.

주대환, 최봉근, 황광우 등 전국사업팀은 1990년 초, 그 몇 년 전부터 기관지 사업을 매개로 꾸준히 관계를 맺어오던 안산, 대구, 광주 등 20여 개 지역 조직과 함께 '사회주의자연합'을 만들었다. 조직 건설에 주도적 역할을 한 인민노련은 사회주의자연합 소속 조직이 되었다. 전국 조직 사업을 주도하다 수감된 노회찬은 감옥에서 이 소식을 들었다.

다음 단계는 사회주의자연합과 전국 조직망을 갖고 있었던 또 다른 조직인 삼민동맹과 노동계급의 3자 통합이었는데, 이 작업은 노회찬과 이진경의 옥중 합의 이후 탄력을 받게 되었다. 1991년 6월 사회주의자연합과 삼민동맹, 노동계급이 통합에 합의했는데, 이는 전국 단위 비합법 전위정당 건설 주체가 형성되었다는 것을 의미했다. 주대환은 계룡산 모임을 하기 전에 PD 계열 조직인 남한사회주의노동자동맹(사노맹)과 반제반파쇼(제파)PD로 불리는 정파에 함께하자고 제안했으나 거절당했다. 주대환이 사노맹의 백태웅과 은수미를 만나 통합을 위해 대화했지만 무산되었고, 제파PD 쪽의 이종회 등과도 만나 논의했지만 마찬가지였다.

이 같은 조건 아래서 계룡산 모임은 '한국사회주의노동당(한사노당) 창당준비위원회'를 출범시켰다. 주대환이 중앙집행위 위원장으로 선출되었고, 대구의 민영창이 사무국장, 안산의 전성이 조직국장, 인천의 구인회가 정책이론부장, 인천의 임영탁이 노조사업부장, 삼민동맹의 이용선이 대외협력부장으로 선임되었다. 등산복을 입고 동창회로 위장한 이날 모임은 저녁이 되기 전에 서둘러 끝났다. 그런데 관성의 힘보다 더 센 역풍이 일어나 결국 이날 창당 모임은 처음이자 마지막 모임이 되었다.

1991년 12월 3일. 8월에 계룡산에 모였던 사람들은 경주 보문단지에 있는 콘도 '도투락월드'에서 다시 만났다. 이날 회의에서 결정한 것은 불과 3개월 전에 출범한 한사노당(준)의 해체였다. 출범한 지 3개월 남짓 된 당을 해체하고 새로운 당을 만들기로 한 것이다. 당의 이름은 정해지지 않았지만 비합법 노동자 전위정당이 아닌 노동자가 중심이 된 합법적, 진보적 대중정당을 창당하기로 했다. 참석자들은 합법적 진보정당으로 곧 있을 1992년 3월 총선을 치르기로 결정했다. 1박 2일 회의가 끝난 뒤 참석자들은 불국사 앞에서 '얼굴을 드러내놓고' 단체 기념사진을 찍었다. 지하 조직 때라면 상상도 할 수 없었던 시도였다. 지상으로 올라오기로 한 결정에 어울리는 상징적 행위였다.

3개월 사이에 무슨 일이 벌어진 것일까? 이른바 '신노선'이 등장했다. 주대환은 계룡산 모임 직후인 1991년 9월 "회사의 노동자정당 건설 전략에 대한 재고를 요청함"이라는 제목의 문건에서 노선의 전환, 즉 '신노선'을 제출했다. 이어 황광우가 "새로운 전략을 지지하면서", 권우철이 "회사의 기존 노선에 대한 재고"라는 제목의 지지 문건을 발표했다. 전 조직원 600여 명에게 문건을 회람하게 하고, 각 조직 단위별로 토론한 후 의견을 수렴하도록 했다.

1989년 부평에서 울산으로 파견되었던 최영민의 말이다. "신노선에 대한 문건을 읽고 토론했어요. 전체가 다 모일 수는 없고, 그룹별로 따로 모여서 의견을 수렴했습니다. '언더팀', 민중당 파견팀, 현대중공업, 현대정공 등 분회. 이걸 총합해서 중앙에 보고하는 식으로 진행됐어요. 울산에서는 반대가 별로 없었죠. 시기를 늦추자는 의견은 있었어요. 울산 지역에서 조직 사업이 활기를 띠던 때였으니까요. 의외다 싶을 정도로 의견 통일이 쉽게 이루어진 걸로 기억하는데, 그게 구사회주의권의 몰락, 6월 시민항쟁 이후의 민주화 등 외부 환경의 변화에 대한 평소의 고민 때문이기도 했겠지만, 지도부에 대한 신뢰가 컸기에 그러지 않았을까 싶어요."

약 두 달 동안 토론이 진행되었으며, 그 결과를 가지고 신노선의 채택 여부를 결정하는 자리가 경주에서 열린 제2차 한사노당 임시 중앙위원회였다. 현장 토론 결과 조직원 다수가 신노선을 채택하는 데 동의했다. 신노선의 핵심 내용은 첫째 전위정당 노선 폐기, 둘째 폭력혁명 노선 포기, 셋째 프롤레타리아 독재 노선 포기 등이었다. 새로운 노선에 다수가 내용적으로는 동의했지만, 너무 급작스런 전환에 대해서는 불만과 문제 제기도 없지 않았다. 하지만 노선 전환이라는 큰 흐름에 영향을 줄 정도는 아니었다. 경주 모임은 표결을 통해 신노선을 채택했다. 노회찬은 이 같은 노선 전환의 방향은 불가피했지만 전환 과정이 너무 조급하게 진행됨으로써 조직원들에게 '혼란과 배신감'을 주는 결과를 가져온 측면도 있다고 평가했다.

경주 모임 이후 1992년 1월 19일 합법 정당 노선에 따라 결성된 '한국노동당' 창당 발기인대회가 서울 강남 코엑스 회관에서 27개 지역, 5,000여 명이 참가한 가운데 열띤 분위기 속에서 진행되었다. 총선을 2개월 앞둔 시점이었다. 주대환이 창당준비위원장으로 선출되었지만, 그와 민영창, 이용선, 전성 등 지도부는 창당 발기인대회가 열리기 이틀 전에 국가보안법 위반 혐의로 경찰에 연행되어 그 자리에 참석할 수 없었다. 감옥에 있던 노회찬은 창당 소식을 듣고 기뻐했고, 감동을 담은 축하 편지를 대회장에 보냈다.

하지만 한국노동당은 한사노당만큼이나 단명했다. 창당 발기인대회가 열린 지 한 달도 되지 않은 2월 7일 한국노동당 창당준비위원회는 1990년 6월 창당된 민중당과 우여곡절 끝에 통합했다. 당명은 '통합민중당'으로 했다. 한사노당부터 통합민중당까지의 경로를 보면, 눈앞에 닥친 총선을 치르기 위한 것이라고는 하지만 짧은 기간 동안 전략 노선이 바뀌고 당명이 두 번이나 바뀌는 일은 정상적인 창당 과정으로 보기 어려웠다. 게다가 이 과정에서 운동권 내부에 파장을 일으킨 이른바 '탄원서' 사건이 발생해 조직 내부의 혼란을 가중시켰다. 탄원서 내용은 한국노동당이 과거 비합법 전위정당 노선에서 합법 대중정당 노선(신노선)으로 전환한 만큼 과거 일로 구속하지 말아달라는 것이었다.

탄원서는 한국노동당 창준위와 민중당이 통합 발표를 하기 3일 전인 2월 4일 자로 작성되었으며, 계룡산 모임에 참석한 18명이 서명했다. 구속 중이었던 주대환이 '강력히 종용'한 결과였다. 처음에는 18명이 경찰에 출두해서 조사를 받는 쪽으로 얘기가 되었지만, 곡절 끝에 탄원서 형식으로 결정되었다. 서명 당사자 사이에서도 적잖은 논란이 있었다. 주대환은 훗날 "한 분파가 살기 위해 운동권 전체의 체면을 손상하고 공안 당국의 권위를 살려주었다고 비판받을 수 있는 일이었지만 총선 준비 등 갈 길이 급한 상황에서 어쩔 수 없는 선택이었다"라고 밝혔다.

탄원서 제출에 대한 평가는 다양했다. 합법정당으로서 임박한 총선에 대응하는 것은 조직을 살리는 데 불가피했으며 따라서 탄원서 제출도 그런 맥락에서 이해될 수 있다는 입장에서부터, 그동안 인민노련이 쌓아왔던 성과에 치명적 타격을 주었으며 탄원서 제출로 인민노련의 명성이 붕괴되었다는 평가도 있었다. 탄원서 제출은 잘못되었지만 인민노련의 이전 성과가 부정되어서는 안 된다는 시각도 있었다. 한국노동당 지도부는 탄원서 제출과 함께 정부 당국에 자신들이 노선을 전환한 배경과 의미를 설명하는 등 합법 정당의 출범을 위한 사전 작업을 했다. 하지만 한국노동당이 창당되기 이틀 전에 지도부 4명이 구속되었고, 정광필, 임영탁, 최정식, 구인회, 이상민, 여을환 등 한사노당 관련자 다수도 뒤따라 구속되었다.

1992년 3월 총선에서 통합민중당은 당선자 없이 득표율 1.5%에 그쳐 선거법에 따라 정당 등록이 취소되었고, 사실상 해산 수순을 밟았다. 인민노련, 한사노당, 한국노동당, 통합민중당으로 이어지는 노동자 민중의 독자적 정치세력화 노선은 본격적으로 대응한 첫 총선에서 패배했다. 총선 패배 이후 통합민중당은 분열되었다. 구민중당 세력은 당을 떠났고, 남은 사람들은 1992년 4월 15일 진보정당추진위원회(진정추, 대표 최윤)를 만들었다.

한사노당과 한국노동당을 주도한 세력은 비합법 노동운동 진영에서는 일정한 영향력을 발휘했지만 일반 국민의 평가는 냉정했다. 노동자 대중과의 계급적 연대는 거의 이루지 못한 채 일부 선진적 노동운동가 중심의 상층 연대를 통한 노동자 정당 건설의 한계가 드러난 사례로 평가를 받았다.[33] 이 시기를 전후로 활동가 상당수가 운동을 그만두었다.

한사노당의 출범부터 통합민중당의 선거 패배까지 일어났던 일에 대한 노회찬의 평가는 비판적이었다. 그는 한사노당 그룹이 지하 정당에서 지상으로 올라오면서 자신들의 역량을 과신했고, 정세를 안일하게 봤으며, 일을 풀어가는 방식이 서툴렀고 오만했다고 평가했다. 탄원서 제출은 조급증이 낳은 대표적 결과라고 비판했다.

그는 '프로그램으로서의 신노선'이 '철학과 자세의 신노선'으로 이어지지 못한 점을 지적했다. 비합법 전위정당은 자신이 운동적으로 대중의 지도자임을 자임하는 노선인데 그 노선을 실질적으로 청산하지 못한 채 여전히 지도성을 가지고 있는 것처럼 행동한 것이 많은 잘못을 낳았다는 것이다. "껍데기만 버리고 알맹이는 못 버렸다"라는 게 노회찬의 냉정한 평가였다.[34]

제5장

창당으로 가는 여정

1992~2000년:

흔들림 속의 전진, 창당을 위한 파종

감옥에서 나온 노회찬은 운동권 내에서 '왕따'를
당하면서도 독자적 진보정당 건설 노선을 포기하지
않았다. 감옥에서 나온 이후 그의 모든 시간을 지배한 것이
'진보정당 건설'이었다. 진보정당추진위원회(진정추)
대표가 되었지만, 힘들고 외로운 시간을 보내야 했다.
'동지는 간데없고 깃발만 나부끼던' 시기도 있었지만 그의
의지를 꺾을 수는 없었다. 1997년 대선을 계기로 진보정당
건설 노선은 운동권 다수파가 되었다. 권영길을 대선
후보로 세우고, 국민승리21을 주도적으로 만들었다.
마침내 진보정당 창당으로의 긴 여정이 결실을 맺었다.
노회찬은 자신의 인생에서 볼 수 있으리라 상상하지
못했던 일들, 1987년 노동자 대투쟁과 20세기 후반 현실
사회주의 국가의 몰락을 목격했다. 운동의 노선도
방법론도 바뀌었지만, 그의 원칙과 목표는 변하지 않았다.
혁명적 노동운동가 노회찬은 직업정치인이 되었으나,
본질은 동일했다.

백의종군, 다시 시작하다

1992년 4월 2일, 노회찬이 출소한 다음 날 송영길이 찾아왔다. 그는 노동운동을 그만두고 사법시험을 치르겠다고 말했다. 동유럽 사회주의 국가의 몰락과 통합민중당의 실패를 겪은 뒤 진보정당 건설을 함께했던 동지들이 떠나기 시작했다. 남은 사람들도 힘들어했다. 인민노련의 마지막 대표를 맡았던 김창한은 당시 상황을 이렇게 전했다.

"민중당이 깨진 이후 우리 조직은 완전히 박살 난 거나 마찬가지였어요. 제 바로 앞 인민노련 대표를 맡았던 박병우와 나는 '이 난국을 헤쳐나갈 사람은 노회찬밖에 없다'고 생각했어요. 선거한 방에 조직도 깨지고 떠날 사람들은 다 떠났죠. 정광필 씨가 남아서 많이 받쳐줬기 때문에 그나마 조직을 지탱할 수 있었어요."[1]

여기서 조직은 인천 지역을 말하지만 다른 지역도 큰 차이는 없었다. 한때 혁명가였던 이들은 전망을 상실했고, 생계가 걱정거리로 떠올랐다. 많은 사람이 유학생, 고시생, 입시학원 선생이 되었다. 인민노련 출신만 따져봐도 이즈음 사법고시에 합격한 사람이 15명 정도 되었다. 그나마 적잖은 수의 활동가들이 노동운동에 계속 몸담을 수 있었던 것은 1987년 이후 성장한 민주노조의 여러 조직에서 '유급 활동가'로 일할 수 있었기 때문이다. 정당운동을 포기하고 시민운동 쪽으로 이동한 사람들도 적지 않았다.

노회찬이 출소하자 그를 아끼던 주변 사람들은 당분간 사태를 관망하면서 몸을 좀 추스른 뒤에 운동 일선에 복귀하라고 조언했다. 그가 출소한 지 2주가 지났을 때 진정추가 출범했다. 진정추는 1992년 총선 패배 이후에도 떠나지 않고 독자적 진보정당 운동 진영에 남아 있던 사람들이 만든 조직으로, 인민노련, 한국사회주의노동당, 한국노동당을 잇는다. 진정추 사람들은 노회찬에게 하루라도 빨리 복귀해 사태를 수습해달라고 요청했다. 노회찬은 백의종군을 조건으로 복귀를 결심했다. 그러고는 사진까지 붙인 이력서를 진정추에 제출했다. 출근 전날, 그는 문자 그대로 목욕재계를 했다. '옛날 사람'처럼 보일 것도 같은 이런 행동에서 노회찬이 당을 대하는 태도를 엿볼 수 있다. 그는 복귀 초기에는 아무런 직책 없이 매일 아침 일찍 출근해서 사무실을 쓸고 닦는 일부터 했다. 목욕재계와 청소는 노회찬이 평생 지켜온 '선당후사', '선공후사' 원칙을 몸으로 다짐하는 행위였다.

역사적 낙관주의자

위장취업자 노현기는 다른 조직에서 활동하다가 인민노련 기관지를 '탐독'하면서 인민노련 조직원이 되었다. 1987년 민주노조 운동이 들불처럼 타오를 때 신이 나서 열심히 운동했지만 몇 년 지나지 않아 사회주의권은 붕괴되었고, 노태우 정부의 강공책으로 노조운동도 어려운 시절을 보내고 있었다. 현장에 우글우글하던 '학출'들은 썰물처럼 빠져나갔고, 남아 있는 사람들은 움츠러들었다. 답답하고 암울했던 노현기는 노회찬의 출소 소식을 듣고 곧바로 그를 찾아왔다. 둘은 전철 1호선 동암역 부근의 동암다방에서 처음 만났다. 노회찬에 대해 익히 들은 바가 있던 노현기가 현장 활동가들과 노조 간부들의 기를 북돋워줄 교육을 요청했다. 노회찬은 바로 그 자리에서 열강을 시작했다. 시간 가는 줄 모르고 이 야기에 빠져들었는데, 다 듣고 나니 4시간이 지나 있었다. 노현기는 교육 내용은 좋으나 너무 기니 1시간 30분 정도로 줄여서 강의를 해달라고 부탁했다. 하지만 현장 교육 역시 4시간 30분 동안 이어졌다. 노현기는 평소에 교육 시간이 1시간을 넘으면 지겨워하던 노동자들이 상황이 절박해서 그랬는지, 강의가 훌륭해서 그랬는지, 교육 시간 내내 다들 눈이 똘망똘망했다고 기억했다.

노회찬의 교육 내용은 이랬다. 노조운동의 전망이 어둡거나 안 좋은 게 아니다. 우리처럼 짧은 시간에 비약적으로 노조운동이 불타오르고 활동성이 높아진 경우는 없었다. 1987년 7~9월 노동자 대투쟁과 그 후 몇 년 동안의 노조운동의 성장과 발전은 세계 노동운동사 100년의 경험으로 보면 오히려 비정상이다. 노조운동은 급격한 성장기를 지난 뒤에는 퇴조기에 접어들 터인데, 이는 너무 당연한 현상이다. 가까운 과거를 생각하며 풀 죽지 말고 노조의 일상 활동을 통해 현재의 난국을 풀어나가야 된다. 지금 우리 상황은 아주 정상적이다.[2]

당시 상황은 한두 번의 교육으로, 한두 사람의 노력으로 변화될 국면이 아니었다. 노회찬이라고 해서 고민이 없었던 것은 아니었다. 그러나 이날 강의는 현실에 뿌리를 둔 역사적 낙관주의자 노회찬의 면모를 여실히 보여주었다. 노조운동보다 훨씬 난관이 많은 진보정치운동에서도 그는 한결같은 모습이었다.

동지는 간데없고

1992년은 대통령 선거가 있는 해였다. 진정추는 통합민중당이 해체된 후 독자 정당 노선을 지지하는 몇몇 조직과 함께 1992년 12월 대통령 선거를 치렀다. 당시 백기완 후보가 무소속으로 출마했고, 노회찬은 선거운동본부 조직위원장으로 뛰었다. 백기완 후보는 23만 8,000여 표, 득표율 1%를 얻는 데 그쳤다. 재야와 노동운동권 다수는 김대중 후보를 지지했고, 노태우와 손을 잡은 김영삼 후보가 득표율 42%로 대통령에 당선되었다. 백기완 후보가 무소속으로 출마했지만, 결과는 독자적 진보정치 실험의 실패라는 점에서 그해 3월 통합민중당의 패배와 동일 선상에 있었다. 두 선거 모두 당선자를 배출하기보다는 의미 있는 성과를 토대로 진보정당 건설의 지렛대가 될 것으로 기대했으나, 선거 결과는 오히려 사람들을 맥 빠지게 만들었다.

1993년 노회찬은 진정추의 제2대 대표를 맡았다.[3] 이 시기 노회찬의 화두는 하나였다. '통합민중당은 왜 실패했나?' 그는 그동안의 실패 과정을 진지하게 복기하고 면밀하게 분석했다. 그가 내린 결론은 세 가지였다.

첫째, 진보진영의 다양한 정파들이 함께하지 못했고, 둘째, 정당의 주요 기반이 될 노조 등 대중조직의 공식적 지지를 획득하지 못했으며, 셋째, 진보진영에 불리한 제도적 장애물을 제거하지 못했던 점, 이 세 가지가 실패의 주요 원인이었다는 게 그의 진단이었다. 그리고 이에 대한 논리적, 현실적 처방은 정파 연합과 대중조직의 동의에 기반한 정당 건설이었다. 노회찬은 진정추를 이른 시일 안에 정당으로 전환하자는 내부 의견에 대해 '과거의 실패를 극복해야지 반복해서는 안 된다'며 속도 조절을 주장했다. 노회찬의 이러한 진단과 처방은 민주노동당이 창당된 이후 분당과 재분열을 거친 과정, 다시 말하면 정당 내의 정파 간 갈등이 격심했을때도 그가 견지한 원칙이었다. 하지만 현실은 그의 원칙대로 전개되지 않았다.

노회찬이 각별하게 신경 쓴 부분은 전국 단위 노조 조직의 공식적인 지지를 확보하는 것이었지만 상황이 녹록지는 않았다. 당시 민주노조의 전국 조직이던 전국노동조합협의회(전노협) 중앙위원의 40% 이상이 진정추 회원이었지만, 공식적인 지지가 없는 상황에서 진정추가 정치적 영향력을 행사하는 데는 한계가 있을수밖에 없었다. 나중에 언급하겠지만, 진보정당의 전신인 국민승리21이 1997년 정파 간 연합 조직으로 출범할 수 있었던 데는 민주노총의 조직 차원의 동의가 결정적 역할을 했다.

그는 사무직 노조의 연대 기구인 전국업종노동조합대표자회의(업종회의)의 권영길 의장, 제조업 중심인 전노협의 단병호 위원장을 비롯해 민주노조 진영의 주요 간부들, 노조에서 활동가로 일하고 있는 진정추 회원들을 자주 만나 노동자 정치세력화의 당위성과 필요성을 설득하고 강조했다. 이와 함께 노동운동가들의 연대 조직인 전국노동운동단체협의회(전국노운협)의 김승호 대표등 노동계 인사들을 두루 만나고 다녔다. 당장 정당을 다시 만들수는 없더라도 정당 건설의 토대가 될 수 있는 노동운동 진영의 네트워크를 형성하는 데 주안점을 두었다. 이는 실패의 반복을 막기위한 행보였다.

하지만 이 시기는 민주노조 진영의 힘이 커지면서 진정추 등 활동가 단체의 영향력이 줄어들던 때였다. 또한 노동계로서는 전노협과 업종회의, 현대그룹노동조합협의회(현총련), 대우그룹노동조합협의회(대노협) 등으로 나뉘어 있던 지역, 업종, 재벌별 노조 조직을 민주노총이라는 전국 단위의 단일 조직으로 통합하는 일이 우선순위 1번의 과제였다. 특히 1992년 총선과 대선에서 의미 있는 성과를 내지 못한 상태여서 노동자 정치세력화는 노조 활동가들의 우선 관심사가 아니었다.[4]

노회찬은 선배 그룹이라고 할 수 있는 김근태, 장기표, 김문수, 이태복 등을 찾아가 함께할 것을 강력하게 요구했으나 성과는 없었다. 김근태는 오히려 노회찬에게 김대중 정부를 세우는 데 먼저 힘을 합치고 이후에 진보정당을 같이하자고 역제안했다. 하지만 김대중 정부가 출범한 이후 진보정당 건설에 함께한 사람은 없었다. 노회찬만으로, 진정추만으로 진보정당을 건설하는 건 불가능한 일이었다. 그들은 운동권에서 '외톨이'가 되었고, 노조로부터 '외면' 당했다.[5]

진보정당을 건설하려는 노력은 결과적으로 민주화운동의 전선을 흩뜨리고 훼방 놓는 일이라는 생각을 가진 사람들이 많았고, 아직도 진보정당을 향한 이런 시각은 다 사라지지 않았다. 노회찬이 2010년 서울시장에 출마해 완주했을 때 그에게 수많은 비판과 욕설이 쏟아진 것도 같은 맥락이다.

세 번째 실패 요인이었던 제도적 장애물을 제거하는 것과 관련해 노회찬은 중요한 아이디어를 내놓았다. 헌법재판소에 현행 선거법에 대한 위헌 소송을 제기하는 것이었다. 진정추는 당시 선거제도 개혁을 주요 사업 중 하나로 삼았다. 정책국장 마은혁이 중심이 되어서 구체적인 선거제도 개혁안을 마련했는데, 이때 1인 2표 연동형 비례대표제도가 제안되었다. 노회찬과 주대환이 이 제도의 도입을 지지했고, 노회찬은 한 걸음 더 나아가 선거법 위헌법률심판 청구 아이디어를 내놓았다. 노회찬의 이 제안은 '당시로서는 아무도 생각할 수 없었던 놀라운 전술'이었다고 마은혁은 평가했다. 위헌법률심판 청구의 법률 대리인은 당시 변호사로 활동하고 있던 노회찬의 고교 동창 이종걸이 맡았다. 그러나 이 위헌법률심판 청구는 2년 후에 헌법재판소에서 청구 기간이 지났다는 이유로 각하되었다.[6]

1995년 9월 24일 진정추는 1992년 백기완 선거운동본부에서 함께했던 민중정치연합과 통합해서 진보정치연합을 출범시켰다. 노회찬은 김철수와 함께 이 조직의 공동대표가 되었다. 진정추는 이날 대의원대회 결의로 해체되었다. 두 조직의 통합은 운동권 내부에서 그리 큰 관심사가 아니었다. 양쪽 모두 조직세가 하락하는 국면에 어쩔 수 없이 선택한 통합이었고, 그로 인한 시너지 효과는 없었다. 노회찬과 그의 동지들은 진보정당 창당 여정에서 가장 힘든 시절을 보내고 있었다. 그의 표현대로 "실로 동지는 간데없고 깃발만 나부끼던 계절이었다."[7]

40대 위기론을 '떠벌리고' 다닌 까닭

이즈음 악전고투하던 30대 후반의 노회찬이 '주변에 떠벌리고' 다녔다는 이론이 하나 있었다. 이른바 '40대 위기론'이다. 노회찬은 40대에 접어든 선배들이 흔들리는 모습을 보고 이를 '위기'라고 표현했지만, 그가 염두에 두었던 40대 선배들의 입장에서 보면 변화된 정치사회적 환경에 맞춰나가려는 적응 노력이었다.

군부와 손을 잡은 김영삼은 대통령 자리를 차지했고, 군부는 정치 공간에서 급속도로 밀려났다. 운동권은 보수정치권의 상징인 양 김씨(김대중과 김영삼)의 깃발 아래로 급속히 빨려 들어갔다. 인민노련을 같이 만들었던 정태윤, 감옥으로 면회를 와서 노회찬에게 토플러 책을 권했던 김문수, 이재오, 이우재 등은 김영삼 정권의 개혁을 성공시켜야 한다는 명분을 앞세워 민주자유당(민자당)에 입당했다. 이들은 모두 통합민중당 지도부였다. 김근태는 김대중 진영으로 옮겨갔다. 선배들이 '당당히 옆으로' 떠나는 것을 보면서 노회찬은 '멀쩡하게 운동 잘하던 선배들이 40대 언저리에 달라지는 이유'가 무엇일까 깊이 생각했다.

떠나는 사람들의 논리는 대개 이런 식이었다. '살아생전에 불가능한 일은 추구하지 않겠다. 그것은 가족과 대중에게 무책임한 일이다. 가능한 일 한 가지라도 하는 것이 대중에게 더 도움이 된다.' 사실 한 번밖에 없는 삶이라는 절대조건 아래서 설득력이 없는 논리도 아니었다. 하지만 노회찬은 이들의 선택을 '도도한 역사의 스케줄'을 개인의 짧은 인생 계획표 안에 무리하게 집어넣는 행위라고 생각했다. 김문수가 '혁명의 시대는 끝났다'며 김영삼 정부에 합류했지만, 그 말은 중요한 핵심을 설명해주지 않는다. 하필 왜 거기로?

노회찬은 선배들의 이런 종류의 설명은 초조해진 '위기의 40대'가 내세우는 자기방어 논리일 뿐이라고 평가했다. 역사의 스케

줄과 자신의 인생 목표를 일치시키고 기꺼이 복무하고자 노력했던 그다운 해석이었다. 40대를 앞둔 노회찬은 선배들의 이런 모습을 지켜보면서 스스로 경각심을 불어넣기 위해 주변 동료들, 특히 후배들에게 40대 위기론을 '일부러 널리 떠벌리고' 다녔다.

결과적으로 노회찬은 40대의 위기를 겪지 않았지만, 과연 일말의 흔들림도 없었을까? 40대 위기론을 만들어 스스로에게 경각심을 불어넣으려 했다는 그의 말은, 관리 가능한 수준으로 끝난 내면의 동요를 얼핏 보여준 것은 아닐까? 이와 관련해 '공자 말씀'에 대한 노회찬의 주석이 눈길을 끈다. "열다섯에 학문에 뜻을 뒀고(十有五而志于學), 서른에 제 발로 섰으며(三十而立), 마흔에 세상 일(유혹)에 흔들려 판단이 흐려지지 않게 되었고(四十而不惑), 쉰에 하늘의 뜻을 알았다(五十而知天命)." 이렇게 이어지는 『논어』 구절에 대한 그의 주석이다. 노회찬에 따르면 『논어』 구절은 공자 같은 사람에게나 해당되는 이야기이고 보통 사람들은 이를 역설적으로 해석해야 한다. 예컨대 유혹에 초탈해지기는커녕 오히려 유혹이 더 많아지는 40대에는 그것에 걸려 넘어지지 않도록 조심해야 하고, 50대가 되어도 인생의 의미를 모르는 수가 많으니 천명을 생각해야 한다는 것이다. 노회찬은 공식 인터뷰뿐 아니라 사석에서도 이 이야기를 자주 했다. 흥미로운 건 노회찬이 마흔 살이 되던 1996년, 그 또한 유혹에 빠진 것이 아닌가 하는 세간의 의심을 샀던 정치적 선택이 있었다는 점이다. 그 이야기를 하기 전에 노회찬이 언론사 대표가 된 사연부터 먼저 소개한다.

『매일노동뉴스』 창간

진정추 노동위원회 소속이었던 김태균은 매일 발행되는 노동 뉴스 전문 매체를 만들자는 아이디어를 제안했다. 노동 뉴스만 다루는 매체를 그것도 매일 발행한다는 계획에 다들 회의적이었지만, 노회찬은 좋은 제안이라며 반겼다. 그는 진정추의 공식 회의에 이 사업의 추진을 안건으로 올려 통과시켰다. 매체 이름은 『매일노동뉴스』로 정했고, 1993년 창간호를 냈다. 주변에서 '미친 짓'이라 했지만 노회찬은 아무리 어렵더라도 매일 발행한다는 의지로 신문 제호에 '매일'을 집어넣었고, 초대 발행인 겸 대표가 되었다. 초기에 숱한 어려움이 있었으나 점차 자리를 잡아갔다. 시간이 지나면서 『매일노동뉴스』는 노동 현장은 물론 기업 노무 관련 부서, 정부 관련 부처에서도 필독하는 매체가 되었다. 노동부 장관이 매일 아침 첫 번째로 보는 신문이라는 이야기가 나올 정도였다.

창간 초기 『매일노동뉴스』를 만들던 사람들은 임금을 아예 받지 않거나 아주 적게 받았다. 인건비 부담을 최소화한 것도 『매일노동뉴스』가 버티고 성장하는 밑거름이 되었다. 수익성을 확보하는 것도 중요한 과제였지만, 노동운동에 기여하는 매체라는 운동 차원의 의미도 컸다.

한편, 전국에 있는 진정추 조직은 『매일노동뉴스』의 지사 역할을 하며 배포망을 구축했다. 조직이 움직이기 시작했고, 약간의 수입도 발생했다. 무엇보다 현장 출입이 쉬워졌다. 진정추의 지역 활동가들이 신문사 지사 소속 직원이 됨으로써 노동 현장을 업무 차원에서 쉽게 드나들 수 있게 된 것이다. 울산, 대구, 창원, 광주 등의 많은 지구당에서『매일노동뉴스』와 관련된 사업을 했다. 노동문제, 노사관계 정보를 체계적으로 수집하고 전달하는 데 성과를 거두면서 현장 노동자들에게 신뢰를 쌓게 되었다.

시간이 지나면서『매일노동뉴스』는 진정추에서 분리되어 독립적인 언론사가 되었다. 진정추가 진보정당 건설을 향해 나아가고『매일노동뉴스』가 언론기업으로 성장하면서 자연스럽게 각자의 길을 가게 된 것이다.『매일노동뉴스』는 운동 조직이 아니라 기업 조직이 되었고, 노회찬은 진보정당 운동가이면서 동시에 기업주가 되었다.『매일노동뉴스』의 노조가 결성되던 날, 노회찬은 축하의 말을 하며 "내 인생에 사용자가 되는 계획은 없었다"라고 했지만, 계획에 없던 기업 경영과 진보정당운동이라는 두 가지 역할 모두를 잘해낼 자신감도 있었던 듯했다.

경영자로서의 노회찬에 대한 당시 구성원들의 평가는 대체로 박하다. 진보정당 운동가로서는 존경할 만하나 기업 대표로서의 역할을 충실히 수행하지는 못했다는 것이다. 하지만 이를 개인적 불성실의 문제로 보는 이는 없다. 두 가지를 모두 성실히 수행하기 힘든 상황에서 노회찬의 선택은 분명했다. 대중적인 진보정당 건설이라는 목표가 '국민승리21'의 출범으로 구체화되면서 하루 24시간이 모자랄 정도로 바빠졌다. 당연히 노회찬은 운동가로서의 역할에 더 큰 비중을 두었다. 그러니 경영자로서의 역할은 최소화될 수밖에 없었다. 1997년 대선 즈음에는 몇 달간 아예 출근을 하지 않았다.

그렇다고『매일노동뉴스』에서 완전히 손을 뗀 것은 아니었다. 이때에도 선거운동본부로 담당자를 불러 필요한 결정을 하고 운영 자금을 확보하기 위해 노력했다. 적자가 계속되는 상황에서도 신문 발행은 멈추지 않았고, 저임금일지언정 한 번도 임금을 체불한 적은 없었다. 여기에는 경영자로서 노회찬의 힘겨운 노력이 있었다. 매출이 정체되고 적자가 누적되는 상황을 타개하기 위해 외부 투자를 받아 인터넷방송 사업을 시작했지만 결과는 실패였다. 이후 재정난은 심화되었다.

『매일노동뉴스』는 노회찬의 업적과 경력으로 평가된다. 노사관계 전문 일간지라는 모험을 10년간 이끌어왔다는 점을 인정하는 것이다. 여러 사람이 함께 이룬 성과이나 그 중심에는 노회찬이 있었다. 『매일노동뉴스』 발행인의 지위는 장외 정치인이었던 노회찬에게 활동 영역이나 관계를 확대하는 기회였지만 이를 유지하는 고통은 너무 컸다. 재정 책임은 오롯이 그의 몫이었다. 당장 현금이 필요한 상황에서 카드 돌려막기를 반복하다 결국 신용불량자가 되었다. 그는 고통 속에서도 끝까지 지키고 싶었지만 재정난을 더는 견디지 못하고 2003년 『매일노동뉴스』를 매각했다.

『매일노동뉴스』를 경영한 10년은 노회찬의 삶에서 '외도(外道)'일 수 있다. 그러나 노회찬에게 『매일노동뉴스』는 '진정추 노동위원회 사업을 지속'하는 것이었고, 노동운동에 대한 관심과 애정을 놓지 않는 일이었으며, 진보정당 정치인으로서 다양한 사람들을 폭넓게 만나는 통로이기도 했다. 길에서 벗어난 게 아니라 새로 개척한 또 하나의 길이었다.

노무현과 노회찬이 같은 당?

1996년은 총선이 있는 해였다. 노회찬이 공동대표로 있던 진보정치연합은 정치 조직으로서 총선에 대응하지 않을 수 없었지만 당을 만들 힘은 없었다. 1995년 10월 진보정치연합은 임시대의원대회를 열어 장을병 교수와 홍성우 변호사 등이 주도하고 3김 시대 청산과 개혁을 앞세운 개혁신당에 참여해 총선에 대응할지 여부를 논의했다. 회의 결과 개혁신당에 참여하는 것을 포함해 각 지역의 상황과 조건에 맞춰서 대응하는 것으로 결정되었다. 노회찬은 개혁신당 강서을 지역구 후보 공천을 받았다. 이때 거주지를 인천 만수동에서 서울 강서구로 옮겼다.

당시 총선 경쟁구도는 민자당에서 신한국당으로 이름을 바꾼 김영삼 정부의 여당과 김대중이 새로 만든 새정치국민회의, 민자당에서 쫓겨난 김종필이 만든 자유민주연합(자민련)이 겨루는 형국이었다. 여기에 의원들이 새정치국민회의로 대거 탈당해서 소수당이 된 민주당과 3김 정치 청산과 개혁정치를 앞세운 개혁신당이 출전했다. 민주당과 개혁신당은 1995년 12월 통합하고 당명도 통합민주당으로 바꿨다. 통합민주당의 첫 공동대표는 김원기 전 의원과 장을병이었다. 이에 따라 개혁신당 후보였던 노회찬은 통합민주당 후보가 되었고, 이 통합으로 노회찬과 노무현은 잠시 같은 당 소속이 되었다. 1996년 총선을 거치면서 김문수, 이재오, 이우재 등은 신한국당, 김근태는 새정치국민회의의 의원이 되었다. 통합민주당 후보로 나온 노무현, 장기표 등은 낙선했다.

사실 노회찬은 당시 피선거권이 없었다. 주변에서 이 사실을 아는 사람은 소수였고, 당에서도 몰랐다. 노회찬은 선거 전에 비공식 경로를 통해 사면복권 가능성을 타진했다. 그가 공천을 받은 후후보 자격으로 선거 유세를 다니고 선거 포스터 작업까지 진행했던 것으로 보아 사면복권을 낙관했던 것 같다. 하지만 결과적으로 복권이 되지 않아 출마를 접어야 했다. 이 사실이 후보 등록 직전에야 공개되어 당에서는 부랴부랴 새로운 후보를 찾아야 했다. 평소 용의주도한 일 처리를 자랑하던 그답지 않은 모습이었다.

노회찬의 통합민주당 후보 경력은 후에 정치적 경쟁자들의 비판과 공격의 빌미가 되었다. 2007년 민주노동당 당내 대선 후보 경선 때 경쟁 후보 진영에서 이 문제를 끄집어내 공격하기도 했다. 하지만 당시 총선 출마는 그의 개인적 선택이 아니라 그가 속해 있던 진보정치연합의 공식 결정에 따른 것이었다. 이 결정 내용에는 총선 이후 출마 정당에서 철수해 진보정당운동으로 복귀한다는 조건이 붙어 있었다. 노회찬은 이 같은 총선 대응 방침이 '진보정당 추진 세력을 보존하고 장기적으로 재창당을 대비하기 위한 고육지책'이었으나 실패한 전술로 끝났다고 평가했다. 하지만 일부에서는 이 선택을 두고 진보정치의 한길을 걸어온 노회찬이 '유혹'에 굴복하여 외도를 한 것이 아니냐며 의심에 찬 시선을 보내기도 했다. 스스로 후보를 내기 어려워 '남의 당' 후보로 출마할 수밖에 없었던 어려운 시절이었다. 그는 1995~1996년을 자기 인생에서 가장 힘들었던 슬럼프 기간으로 기억했다.

나이 마흔에 떠난 첫 해외여행

1996년, 마흔 살에 맞이한 봄은 노회찬에게 조금 황량했을지도 모르겠다. 그나마 작은 위안이 될 만한 일이 생겼다. 총선이 끝나고 한 달 뒤인 5월에 영국 옥스퍼드 대학 코리아포럼의 초청을 받았다. 그는 옥스퍼드 대학에서 '진보정당 건설과 한국의 노동운동'이라는 주제로 강연을 했다. 포럼이 끝난 뒤 런던에 온 그는 찾아가야 할 곳이 있었다. 한 손에는 여행자 지도를, 다른 한 손에는 'Dean Street 28'이라는 주소가 적힌 쪽지를 들고 런던 중심지 소호 거리를 혼자 헤맸다. 쪽지에 적힌 주소는 마르크스가 『자본론』을 집필하던 무렵에 살던 집 주소였다. 그때는 가난한 사람들이 살던 지역이었지만, 지금은 그 4층 건물의 1층에 고급 레스토랑이 들어서 있었다.

노회찬이 식당 문을 열고 들어가 지배인에게 마르크스가 살던 집이 근처 어디인지 아느냐고 물었다. 그는 '바로 이 집'이라고 했다. 그 말을 듣고 다시 보니 그 건물 3층 외벽에 '1851~1856년'에 마르크스가 살았던 곳이라는 파란색 둥근 명판[8]이 있었다. 그것 말고 마르크스의 흔적은 없었다. 노회찬은 방문 기념으로 건물 전체를 사진에 담기 위해 길 건너편에서 카메라를 꺼냈다. 초점을 잡는데 그제야 1층 레스토랑의 간판이 눈에 들어왔다. 'Quo Vadis(쿼바디스)'. 그는 사진을 찍다 말고 한참 동안 간판을 바라보았다. "Quo Vadis, Domine(쿼바디스 도미네: 주여, 어디로 가시나이까?)"라는 유명한 성경 구절이 '어디 다른 데 가지 말고 여기로 들어오라'는 호객용 식당 이름으로 쓰이고 있었다. 하지만 노회찬에게는 이 식당 간판이 3층에 살았던 마르크스에게 묻는 질문 같았다. "Quo Vadis, Marx?(마르크스여, 어디로 가시나이까?)" 소련 등 사회주의권이 붕괴하던 당시에 노회찬뿐 아니라 많은 사람이 마르크스에게 묻고 싶었던 말이기도 했다.[9]

런던에서 며칠 지내는 동안 노회찬은 민중당의 학생 조직에서 활동하다 그곳에 유학 와 있던 양난주에게 신세를 졌다. 하루는 노회찬이 양난주에게 입장권 두 장을 보여주었다. 〈레미제라블〉 뮤지컬 표였다. 그때까지 뮤지컬은 꿈도 못 꾸고 저녁마다 주재원 자녀들에게 과외 수업을 하며 생활비를 벌었던 양난주는 처음으로 런던에서 뮤지컬을 봤다. 그녀는 함께 뮤지컬을 보면서 '엄청 감동하던' 노회찬의 모습을 기억하고 있다. 노회찬은 런던을 떠나면서 그녀 앞으로 봉투를 하나 남겼다. 나중에 열어보니 생활비에 보태라는 편지와 함께 100달러가 들어 있었다. 생각지도 못했던 지원에 당황스럽기도 했지만 가난한 유학생 처지에 무척 감사한 일이었다. 노회찬의 몸에 밴 작은 배려였다.

노회찬은 런던에 있으면서 기차로 5시간 넘게 걸리는 스코틀랜드 에든버러를 하루 만에 다녀왔다. 런던에서 에든버러까지 기차로 왕복 10시간이 넘게 걸리니 당일치기를 하기에 만만한 거리가 아니었다. 어떤 강력한 힘이 그를 에든버러로 이끌었던 것일까? 알 수 없다. 혹시 에든버러 방문만이 목적이 아니었던 건 아닐까? 자본주의의 발상지인 영국을 남북으로 종단하며 자본주의의 질주를 알린 기차를 타고 떠난 '사유 여행'은 아니었을까? 'Quo Vadis, 남한 진보정당'이라는 화두와 함께. 노회찬은 돌아오는 기차 안에서 엽서를 한 장 썼다.

사랑하는 지선.

에든버러에서 런던으로 돌아가는 열차 안에서 이 글을 쓰고

있소. 에든버러는 스코틀랜드의 수도인데, 영국이라는 한

나라의 다른 나라라 할까? 역사와 문화가 매우 이질적인 곳이오.

런던으로부터 650km 떨어진 곳이니 부산-평양 거리쯤 될까?

… 가난했던 스코틀랜드의 옛날은 찾을 길 없고, 중세 때부터

지배계급이던 귀족들의 城(성)들로 도시가 가득 차 있소.

마치 옛날엔 모두 그런 큰 집에서 살았던 것처럼. 여행이

길어지면서 당신 생각도 깊어가오. 한번 꼭 같이 왔으면 좋겠소.

96. 6. 6. 런던행 기차에서 당신의 찬

노회찬은 도시를 옮길 때마다 엽서를 한 장씩 써서 집으로 보냈다. 그리고 런던을 떠나 독일로 향했다. 귀국하면 또 언제 올지 모른다는 생각이 들었기 때문이다. 마침 예전에 함께 감옥살이하면서 밖에 나가면 망한 사회주의 국가를 같이 가보자고 약속했던 이진경이 독일에 있었다. 노회찬은 이진경과 베를린에서 유학 중이던 또 다른 친구와 함께 독일에서 꼭 가고 싶었던 곳을 찾았다. 노회찬이 좋아했던 로자 룩셈부르크의 묘지였다. 노회찬은 그녀의 이름과도 같은 장미 한 송이와 가게 문이 닫힌 일요일에 친구를 졸라 사오게 한 소주 한 잔을 제삿술로 올렸다. 노회찬은 역사 속 인물과 이야기 나누는 것을 좋아했는데, 이는 고등학교 시절 그가 썼던 '잡설' 형식의 글에서도 엿볼 수 있는 그만의 '역사와의 대화법'이었다. 아마 그날도 그랬으리라. 노회찬이 그날 망자와 어떤 대화를 나눴는지는 알 길이 없으나, '짧지 않은 생애에서 한 번도

독일 베를린 외곽의 로자 룩셈부르크 묘를 참배하는 노회찬(1996) ⓒ노회찬재단

뒤돌아보지 않고 목표를 향해 직진한'[10] 자신과 닮은 로자의 48년 짧은 삶에 연민과 동지애를 짙게 느꼈을 것이다.

노회찬은 오래된 약속을 지키기 위해 그때까지 옛 소련 여행을 미루고 있었던 이진경과 몇 달 뒤 모스크바에서 만나기로 하고 헤어졌다. 그들은 약속대로 다시 만나 모스크바와 페테르부르크로 이름이 바뀐 옛 레닌그라드 거리를 돌아다녔다. 노회찬이 모스크바에 도착한 후 가장 먼저 달려간 곳은 러시아에서 록(Rock) 음악의 영웅으로 불린 한국계 러시아인 빅토르 최의 무덤이었다. 노회찬과 이진경은 시장과 길거리를 많이 다녔고, 특히 노회찬이 좋아하는 건축물과 미술관 관람에 많은 시간을 보냈다.[11] 노회찬은 소련이 해체된 후 정치와 경제를 민주화하기보다 급격하게 자본주의화한 러시아가 민중을 위한 소련 시대의 소중한 제도까지 폐기한 것은 목욕물을 버리면서 아기까지 내던져버린 꼴이라며 안타까워했다.

"권 위원장님, 대선에 나가시죠"

1996년 귀국 후 노회찬을 기다린 것은 암담한 현실이었다. 진보정당 추진 세력은 4년 전 통합민중당이 총선에서 실패했을 때보다 더 진이 빠진 채 출구가 보이지 않는 어둡고 긴 터널 속을 지나고 있었다. 1987년 민주화 이후 지방선거, 총선, 대선 등 몇 차례 선거를 치렀지만, 결과는 '아무리 해도 안 되는' 현실을 확인한 것이었다. 1995년 11월 출범한 민주노총은 노동자 정치세력화를 주요 사업 과제로 정했지만, 이 과제는 실천이 뒷받침되지 않는 원론적 수준의 목표일 뿐이었다.

러시아에 다녀온 지 한 달이 지났을 때 노회찬은 문건 하나를 발표했다. 제목은 "이대로 멈출 순 없다"였다. 일이 잘 풀릴 때는 이런 제목을 달지 않는다. 제목의 비장함은 희망 없는 현실의 다른 모습이었다. 노회찬은 '조직 활동을 계속 할 것인지, 활동을 중단하고 조직을 해체할 것인지'의 기로에 선 현실을 토로했다. 실제로 내부에서도 다수는 아니었지만 조직을 해체하자는 주장까지 나왔다. 1년 후에 있을 대통령 선거에서 후보도 못 내는 조직으로서는 할 수 있는 일이 없었다. 멈출 수는 없었지만, 앞으로 나아갈 길이 보이지 않았다. 그해 말에 노회찬은 히트작이 될 『어 그래 조선왕조실록』 원고를 쓰고 있었다.[12] '밤에서 새벽까지, 3주 만에 탈고' 했다고는 하지만 상대적으로 덜 바빴기에 할 수 있었던 일이다. 그런데 1996년 달력의 마지막 장을 넘길 무렵 눈이 번쩍 뜨일 만한 대형 사건이 터졌다.

1996년 크리스마스 밤의 여운이 가시지 않은 12월 26일 새벽 4시, 서울 시내 4개 호텔에서 은밀하게 대기하고 있던 한 무리의 인파가 비상 전화를 받고 일제히 관광버스에 올랐다. 두목급으로 보이는 몇몇은 승용차에 탔다. 이들은 어둠과 추위를 가로지르며 극비리에 여의도 국회의사당에 '잠입'해 신속하게 본회의장을 '점거'했다. 신한국당 국회의원들이었다.

새벽 6시 정각, 개회를 알리는 방망이 소리가 유난히 컸다. 이후 7분 동안 찬물을 끼얹은 듯 고요한 본회의장에서 의원들은 세번 일어섰다가 앉았고 노동법과 안기부법 개정안이 '날치기'로 통과되었다. 노동법은 정리해고, 파견근로, 변형근로, 파업 기간 중

무노동 무임금 도입, 노조의 정치 활동 금지 등 '경악'할 만한 수준으로 후퇴했다.

민주노총은 26일 오후부터 즉각 전국 총파업에 돌입했고, 이 파업은 이듬해 1월 18일까지 계속되었다. 민주노총 조합원의 81.1%, 연인원 360만 명의 노동자가 총파업에 참여했다. 임금 등 노동 조건의 개선 문제가 아닌 정치사회 이슈로 총파업을 한 것은 1948년 정부 수립 이후 처음 있는 일이었다. 『뉴욕타임스』, 『월스트리트저널』, 『르몽드』, 『아사히신문』 등 전 세계 주요 언론은 '신자유주의에 대한 노동자들의 거대한 저항'이라는 관점에서 이 문제를 크게 다뤘고, 당시 김영삼 정권에 비판적이었던 국민도 민주노총에 우호적이었다. 여론조사 결과 총파업 지지율이 50%를 훌쩍 넘어섰다. 정부가 합법 조직으로 인정해주지 않아 법외 노조였던 민주노총은 하루아침에 유력한 사회 세력으로 급부상했으며, 위원장 권영길은 나라 안팎에서 노조 지도자로 주목받았다. 국민적 인지도가 급상승하면서 노동계 지도자로 우뚝 선 권영길의 등장은 노회찬으로서는 놓쳐서는 안 될 천재일우의 기회였다. 이제 노회찬에게 긴급 과제가 생겼다. 바로 '권영길을 대통령 후보로 만드는 일'이었다. 다시 바빠졌다.

총파업이 끝난 지 얼마 되지 않은 1997년 3월 노회찬과 권영길은 지하철 2호선 삼성역 부근의 한 식당에서 만났다. 노회찬이 요청한 자리였다. 그전에도 둘은 여러 차례 만나 노동자 정치세력화에 대한 이야기를 나눴지만 이번에는 달랐다. 연말연시에 국내외 언론의 집중 조명을 받았던 권영길은 '유명인사'가 되어 있었다. 노회찬이 권영길에게 말했다. "올해 대선에 후보로 출마하셔야 합니다." 노회찬이 처음 제안했고, 권영길도 처음 듣는 말이었다.

총파업이 끝난 뒤 민주노총과 재야운동 세력의 연합 조직인 전국연합에서는 독자적인 진보정당을 만들기 위해 논의하고 있었지만 대통령 후보 얘기는 나오지 않았다. 권영길도 자신이 대선 후보로 나간다는 생각은 전혀 하지 않고 있었다. 그보다는 총파업 이후 민주노총을 추스르고 내부를 정비하고 강화해야 할 때였다. 권영길의 표현에 따르면, 그때부터 노회찬의 '공작'이 사방에서 시작되었다. 노회찬은 민주노총의 주요 간부들을 만나 권영길을 대선 후보로 내보내야 한다고 설득 혹은 읍소를 하고 다녔다. 인민노련과 진정추 활동을 같이했던 권우철, 윤영상, 윤철호 등을 대동해서 권영길의 집에까지 쳐들어가서 밤새 출마를 설득했다. 이렇게 배후와 면전에서 필사의 노력을 기울였다. 노회찬은 전국연합을 비롯한 다른 운동 단체의 인사들도 광범하게 만나면서 1997년 대선에 대응하고 그를 발판으로 정당 건설을 함께할 것을 요청했다.

노회찬의 판단에 따르면 권영길의 대선 출마는 통합민중당의 실패 요인, 즉 모든 정파를 아우르지 못하고 민주노총의 공식 지지도 받지 못했던 한계를 거의 완벽하게 해소할 수 있는 놓칠 수 없는 기회였다. 때마침 민주노총 정치위원회는 1997년 3월에 진보정당 건설을 구체적 시간표와 함께 추진할 것을 결정했다. 그동안 민주노조 진영이 정치세력화에 대해 취해왔던 소극적 태도에 비춰보면 획기적인 결정이었다. 하지만 1997년 대통령 후보 출마에 관해서는 결정된 것이 없었다.

민주노총과 진보정치연합 그리고 전국연합은 1997년 6월과 7월에 각각 대의원대회를 통해 대선에 공동 대응한다는 정치 방침을 결정했다. 노회찬 진보정치연합 대표, 양경규 민주노총 정치위원장, 최규엽 전국연합 정책위원장은 대선에 대응하기 위한 실무 논의 기구의 총괄 책임자들이었다. 이들은 수시로 만나 이견을 조정하고, 공동 선거기구를 조직하고, 대선 후보를 세우기 위한 일을 했다. 권영길에게 대선 출마를 권유한 주변 사람이 물론 노회찬만은 아니었다. 민주노총 내부에서도 그가 출마해야 한다는 목소리가 적지 않았다. 하지만 가장 적극적으로, 실효적으로 권영길을 설득한 사람은 노회찬이었다. 노회찬은 확신에 찬 목소리로 권영길에게 이렇게 강조했다. "진보정당이야말로 21세기 한국 최대의 히트 상품, 신상품이 될 것입니다." 권영길은 흔들렸고, 출마하는 쪽으로 마음을 굳혀갔다. 21세기까지 몇 년 남지 않았다.

'국민승리21', 실패가 남긴 소중한 성과들[13]

1997년 9월 3일 오후. 노회찬과 단병호 금속연맹 위원장이 대학로의 한 찻집에서 만났다. 노회찬이 먼저 연락했다. 노회찬은 단병호에게 권영길이 대선 후보로 나가야 하는 이유를 설명했다. 이런 기회가 다시 오기는 어렵다, 재야 세력과 노동운동 진영 모두가 이견 없이 동의하고 함께할 수 있는 유일한 후보가 권영길이다, 민주노총 내부의 이견도 잠재울 수 있는 후보다, 노동자들이 진보정당을 만드는 데 같이 나서야 한다, 단병호 위원장이 나서서 도와달라 등등. 단병호가 듣기에 틀린 말은 아니었다. 하지만 단병호와 금속연맹은 반대 입장이었다. 대중적 지도력이 확고하게 구축된 지금이야말로 권영길이 민주노총의 전략 과제인 산별노조 건설

등 조직 사업에 적극 나서야 한다, 민주노총이 더 성장하고 토대가 튼튼해지고 조합원들의 정치의식이 성장했을 때 권영길이 나서야 한다는 것이 단병호의 입장이었다. 둘은 의견을 모으지 못하고 헤어졌다.

다음날, 9월 4일 저녁. 권영길과 단병호는 양재역 사거리 인근의 허름한 술집에서 단둘이 마주 앉았다. 권영길이 만든 자리였다. 둘은 소주 세 병을 다 비울 동안 거의 말이 없었다. 먼저 만나자고 연락을 했으면 무슨 말이라도 해야 할 것 아닌가. 단병호는 기다렸지만 '침묵의 리더십'으로 유명한 권영길은 끝내 침묵했다. 결국 단병호가 먼저 입을 열었다.

"권 위원장님, 꼭 가셔야겠습니까?"

"민주노총은 다른 사람이 맡아서 해도 될 것 같습니다. 노동자 정치세력화 과제는 내가 맡아야 할 것 같습니다."

이야기는 짧게 끝났다. 두 사람은 다음 날 다시 보기로 하고 헤어졌다.

1997년 9월 5일 오후, 성균관대학교 유림회관. 민주노총 대의원대회가 열렸다. 권영길이 국민승리21의 대통령 후보로 나가는 데 동의할 것인가, 반대할 것인가를 결정하는 임시대의원대회였다. 의장을 맡은 권영길은 고뇌 끝에 결단한 자신의 심경을 밝혔다. 그는 반대 토론을 유도했으나 발언하는 사람이 없었다. 금속연맹 위원장 단병호가 발언권을 얻어 마이크를 잡았다. 일순 대의원들은 숨을 죽이고 반대 입장을 가진 금속연맹 위원장의 발언에 집중했다. 단병호는 자신과 금속연맹이 왜 반대하는지 길게 설명했다. 그리고 결론을 이야기했다.

"권영길 위원장은 대선 후보로 나갈 때가 아닙니다. 1996~ 1997년 총파업을 성공적으로 이끈 지도자로서 출범한 지 2년이 채 안 된 민주노총을 강화하는 데 앞장설 때입니다. 하지만 권 위원장이 뜻을 분명히 밝히고 있으니 나와 금속연맹은 반대 입장을 철회하고 지지하겠습니다."

대의원대회가 끝나자 현장에 있었던 노회찬이 단병호에게 다가가 악수를 청하며 고마움을 전했다. 대통령 후보로 출마하는 것은 애초 특정 개인이나 조직에 공이 환원될 일이 아니었다. 굳이 개인을 꼽자면 권영길이 출마하는 데 결정적 역할을 한 사람은 권영길 자신이었다. 민주노총 내의 강한 반대를 뚫고 나가는 것은 그의 몫이었기 때문이다. 다만 노회찬이 제시한 설득 논리와 미래 비전이 권영길이 결단하는 데 결정적 기여를 한 것만큼은 분명했다.

1997년 9월 7일, 여의도 63빌딩 국제회의장에서 '국민 후보 추대와 국민승리21(가칭) 준비위원회'가 출범했다. 이 자리에서 권영길은 국민 후보로 공식 추대되었다. 이어 10월 26일에는 국민승리21이 준비위원회라는 명칭을 떼고 선거법상 정식 정당으로 출범했다. 노회찬은 기획위원장을 맡았다. 제15대 대통령 선거 결과, 김대중 후보가 40.3%의 득표율로 당선되었다. 김대중의 당선은 대한민국 정부 수립 이후 50년 만에 처음으로 선거를 통해 여야 간에 첫 정권교체를 이뤘다는 데서 큰 의미를 가졌다. 권영길 후보는 30만 6,026표(1.2%)를 얻어 기대에 크게 못 미쳤다. 하지만 국민승리21은 민주노총 등 대중조직의 공식 지지를 바탕으로 탄생한 첫 대중적 진보정당이라는 점에서 진보정당 역사에서 중요한 의미를 가진다. 인민노련이 출범한 이후 10년 만의 일이었다. 국민승리21 출범의 의미에 대해 노회찬은 이렇게 설명했다.

> 진보정당운동의 시행착오를 극복하기 위한 새로운 시도였다.
> 그로 인해 민주노동당이 창당됐고, 결국 원내 진출로까지
> 이어졌다. 진보정당의 오랜 단절 끝에 대중적 진보정당 시대가
> 열리는 계기를 마련한 조직이었다. 국민승리21은 애초에 그런
> 용도로 설계되었다.[14]

선거가 끝난 뒤 마포에 있던 국민승리21 선거대책본부(선대본) 사무실은 폐허처럼 고요했다. 당시 여당이었던 신한국당 선대본 사무실과 규모가 비슷했고 선거운동에 참여한 사람도 한때 200명이 훨씬 넘었던 곳이었다. 사람들은 썰물처럼 빠져나갔고 권영길, 노회찬 등 10여 명은 짐을 싸서 삼선교 부근의 허름하고 어두침침한 사무실로 옮겼다. 하지만 대선을 치르면서 국민승리21이 남겨놓은, 손에 잡히는 성과가 전혀 없는 것은 아니었다. 전국에 걸친 80여 개 지부, 220여 개 선거연락사무소, 700여 명의 상근자와 1,500여 명에 달하는 자원봉사자, 4만여 명의 회원.[15] 선거 후 상근자는 크게 줄고 자원봉사자도 모두 제자리로 돌아갔지만 그간 쌓인 경험과 남은 인력은 이순신의 12척 배보다도 더 든든한 성과였다. 노회찬도 몸과 마음을 추스르고 다시 전선에 서야 했다. 1998년 지방선거와 2000년 총선이 앞에 있고, 또다시 진보정당을 세워야 하리라. 노회찬은 이럴 때일수록 건강해야 된다고 주변 사람들을 독려하며 스스로 매일 아침 수영장에 다녔다.

혁명을 하겠다고 나선 20대부터 합법적 대중 진보정당을 만

국민승리21 삼선교 시절 상근자들(1998) ©노회찬재단

들기 위해 노력하던 40대까지 노회찬은 당 건설을 향해 우직하게 전진했다. 목표는 변함이 없었고, 과정에서 양보도 없었다. 유연한 방법론을 내세웠고 설득 방식도 다양했지만, 원칙과 목표를 향해 가는 길에서 흔들림은 없었다. 그는 진보정당 건설 과정을 이렇게 회상했다.

참 어려웠다. 새로운 역에 도착할 때마다 많은 동료들이 하차했다. 장기전을 유지해온 동력은 맨 처음 출발할 때 가졌던 정신과 의지와 열정을 잃지 않았던 것이다. 처음 출발할 때 나를 이끌었던 그 기관차를 타고 계속 달렸다.[16]

동료들이 줄어들기만 한 건 아니었다. 새롭게 기차에 올라탄 사람들도 생겨났다. 그래서 함께하는 사람들의 층이 더 두터워진 면도 있었다. 특히 민주노총의 참여는 결정적이었다. 민주노총처럼 덩치가 큰 조직은 결정하기까지 시간도 많이 걸리고 합의를 모아내는 데 어려움을 겪지만, 일단 합의를 하게 되면 그것을 뒤집거나 바꾸기는 더 어렵다. 1997년 대선 이후 2000년 1월 민주노동당 창당 이야기를 하기 전에 집안 이야기를 하고 넘어가야 할 것 같다.

위기의 부부

부부는 서로 사랑하면서도 싸우는 사이다. 김지선, 노회찬 부부도 예외는 아니었다. 둘 사이의 갈등 요인은 한 가지였다. 김지선에게 노회찬은 말이 없는 남편이었다. 특히 노회찬은 밖에서 하는 자신의 '일'에 대해 전혀 공유하지 않았다. 김지선은 같이 운동하는 부부로서 이런 상황이 용납이 안 되었다. 몇 차례 문제를 제기했고 다투기도 했지만 상황은 개선되지 않았다.

1998년 무렵, 결국 이 문제로 크게 싸워서 헤어지자는 얘기까지 나왔다. 그 2년 전에 노회찬이 국회의원에 출마하면서 그들은 인천에서 서울 강서로 집을 옮겼다. 인천이 주 활동 무대였던 김지선에게 서울은 낯선 공간이었다. 그렇다고 김지선이 집에만 있었던 것은 아니었다. 1년여 동안 지역의 여성 활동가들과 함께 준비한 끝에 1998년 6월 '강서양천 여성의 전화'를 만들었고, 초대 대표가 되었다. 그런 가운데에서도 남편과의 소통에 대한 문제의식은 계속되었고, 가벼운 우울증이 생겼다. 주변 사람의 추천으로 애완동물 햄스터도 키워봤고, '하늘이'라는 이름의 강아지도 키우기 시작했다. 김지선은 대화가 없는 결혼생활에 대한 자신의 심정과 문제의식을 담은 장문의 편지를 써서 남편에게 주었다. 노회찬은 아내에게 이렇게 답했다.

사랑하는 당신에게

며칠째 당신의 편지를 갖고 다니면서 읽고 또 읽고 있소. 하고 싶은 말이 많은 만큼 나도 글로 쓰는 것이 좀 더 차분하게 내 생각을 전할 수 있을 것 같아 이 편지를 쓰게 되었소. 부부란 서로에 대한 믿음과 신뢰, 사랑이 있어야 건강하게 유지될 수 있다고 당신은 말했소. 그리고선 우리는 왜 함께 사느냐고 물었고. 이제 내가 답변할 차례요.

나는 당신을 사랑했기에 결혼하려 했고, 지금까지 당신에
대한 사랑과 믿음은 변함이 없소. 그래서 이제까지 단 한 번도
당신과의 결혼을 후회해본 적이 없소. 그래서 당신 문제에
관한 한 나는 늘 마음의 안정과 평온을 유지하며 살아왔소.
다른 사람과 결혼했다면(사실 이런 상상조차 한 일이 없지만)
얻지 못했을 가능성이 큰 안정과 평온을 누려왔기에 나는 가끔
당신과의 결혼을 '잘한 결혼'으로 스스로 재확인하고 또 이따금
주위 사람들에게도 그렇게 말하고 있소. 사랑하기에 결혼했고
사랑이 변치 않았기에 같이 산다. 이것이 나의 답변이오.

당신은 이제까지 나에게 참 잘해주었소. 그래서 사소한 일상사로
당신에게 불평한 적은 있었지만 가정생활에 관한 당신의 근본
태도에 대해 내가 문제 삼은 적은 없소. 결혼 과정에서나, 감옥에
있을 때나, 그리고 지금까지도 당신은 나보다 더 자신의 역할에
충실하였다고 생각하오. ⋯ 둘 다 똑같은 바깥일을 갖고 있는데도
불구하고 가사 일이나 전체 가정 일에 당신의 수고가 훨씬 더
컸소. 이 부분은 내가 늘 미안해하고 동시에 고맙게 생각하고
있는 대목이기도 하오.

반대로 나는 남편으로서의 역할을 잘, 제대로 수행해오지
않았음을 인정하고 있소. 그중 일부는 내가 처한 상황, 내가 하는
일 등으로 변명의 여지가 있는 것도 있지만 다른 일부는 그런
것을 감안하더라도 변명의 여지가 없다는 것을 잘 알고 있소.
비록 둘 다 운동한다고는 하나 그렇다 해도 불만을 가질 수 있는
여러 일들에 대해 당신이 참고 견뎌준 것에 대해 고맙게 생각하고

있소. 변명의 여지가 없는 것 중의 하나가 바로 '대화'에 관한
것이오. 솔직히 말해서 나는 당신과의 대화에 큰 문제의식이
없소. 대화의 내용이나 양이 나로서는 큰 불만도 없고, 만족할
만한 수준이오. 대화를 안 하거나 줄일 이유가 하등 없고 그래서
필요한 대화는 하면서 살고 있다는 게 평소 나의 인식이었소.
그러나 수차례에 걸쳐 당신은 대화의 부족을 지적하였소. 그래서
나는 생각했소. 대화에 관한 당신의 요구 수준과 나의 생각에는
일정한 갭이 있다는 것, 당신의 요구 수준에 다 맞추기는
어렵지만 중간 수준 정도에서 타협점을 찾아야겠다는 것, 그런데
결과적으로 볼 때 나는 그 중간 수준에도 부응하지 못한 것 같소.
그 이유는 바로 나의 노력 부족이고, 또 당신의 요구에 대한 배려의
부족임을 인정하오. 노력이 필요했다는 게 지금 나의 생각이오.
그런데 이 문제와 관련해서도 몇 가지 하고 싶은 말이 있소.
당신은 '끊임없는 관심'을 거론하였소. 그렇소. 부부 사이에
서로에 대한 관심은 필수적인 것이지요. 그런데 대화가 좀
부족하다고 해서 그것을 바로 관심의 부족으로 연결 지어
말한다면 나로선 억울할 뿐이오. 당신은 나와 함께 사는 사람일
뿐 아니라 모든 면에서 가장 가까운 사람이오. 그래서 당신의
생각이나 처지, 기분 등에 대해선 늘 보고, 또 읽어내고 있소.
끊임없는 관심을 갖고 있소. 수년 전 일이 생각나오. 그때 당신은
인천여노회(인천여성노동자회: 인용자) 일로 내가 보기에 '심각한
상태'에 놓인 것 같았소. 나는 그때 당신에게 자세한 자초지종을
설명해달라고 요구하지 않았소. 오히려 나 스스로 질문을
피하는 편이었소. 그러나 나는 상황이 상황인 만큼 매우 긴장한

상태에서 사태를 주목하고 당신이 가끔 하는 말을 통해 사태를
나름대로 진단하고 있었소. 마치 5분 대기조처럼 필요한 경우에
필요한 말 혹은 도움을 주기 위해 늘 긴장하고 있었소. 이것이 내
스타일이오. 겉으로만 본다면 당신은 심각한 사태에 놓였고 나는
그저 무심히 바라만 본 것처럼 보일 수도 있겠지요.

이 문제와 관련한 나의 바람은 이런 것이오. 관심이 없다고
속단하지 말았으면. 나도 당신의 요구에 부응하기 위해
노력해야겠지만 당신도 나의 스타일과 대화에 관한 나의 인식을
이해는 해줄 것등이오. 한 가지 변명할 것은 "서로 깊이 있는
대화를 안 하는 것이(혼자 해결하는 것이) 나의 성격이라고"
내가 말했다는 부분이오. 내 말의 의미가 좀 와전된 것 같소.
어려서부터 지금까지 살아오면서 수없이 많은 어려운 고비,
중요한 고비를 넘겨왔소. 나의 경우는 그럴 때, 대부분 나 혼자의
힘으로 해결해왔다는 뜻이오. 다른 사람의 도움을 받기 어려운
경우도 많았고, 가끔 도움이 있었지만 큰 도움이 되지 못했다는
말이오. 지금도 나는 하루에도 수많은, 골치 아픈 문제에 대해
고민하고 결정을 내리는 처지에 있소. 그리고 내가 관련된 일로
많은 고민거리를 안고 있소. 특히 92년 출소 후로는 산 넘어
산이라는 말을 자주 실감하고 있소. 그래도 이만큼이라도 온
것을 보면 그 많았던 난관들을 어떻게든 넘어온 것이지만 동시에
바로 앞에는 다시 수많은 난관이 기다리고 있다는 것을 매일같이
느끼면서 일하고 있소. 특히 근년에 들어서서는 머리카락이 많이
빠지고, 큰일을 치를 때마다 풍치로 어금니가 빠져나가고, 가까운
글씨가 잘 안 보이는 상태를 겪으면서 참담한 마음이 되기도

했소. 그럼에도 불구하고 내가 용기를 잃지 않는 것은 미래에
대한 낙관의 근거가 있어서가 아니라 이제까지 대체로 무난히
난관을 이겨왔으니 앞으로도 잘되겠지 하는 생각 때문인 것이오.
당신은 아마 이렇게 말하겠지요. 그렇게 힘들고 어려운 일을 함께
공유하고 대화해야 제대로 된 부부관계가 아니냐. 이론적으론
옳은 말이지요. 내가 아주 얘길 안 한 것은 아니지만 적게 하는
이유는 바로 이 같은 일을 어머니에게 안 하는 것과 비슷한
배경이라 볼 수 있소. 게다가 집에까지 와서 그 수많은 일에 얽힌
수많은 얘기를 하기엔 내가 너무 지쳐 있기도 한 것이오.
물론 이런 것은 다 변명이오. 내가 대화 노력의 부족을
인정하면서도 이런 변명을 하는 것은 대화 부족 문제를 그 원인에
대해서나 결과에 대해서 너무 확대 해석하진 않아야 된다는 말을
하고 싶었던 것이오. 특히 당신이 '뜻과 생각과 지식이 통할 수
있는 상대'를 거론하는 것을 보고 그런 생각이 들었소. 당신은
인정할지 모르겠지만 나는 살아오면서 당신이 꽤 고집이 강하며
당신의 생각이나 주장을 쉽게 꺾지 않는다는 인상을 받아왔소.
그러나 나는 당신을 '뜻과 생각과 지식'이 통하지 않는 사람으로
생각한 적이 한 번도 없소. 나는 '뜻과 생각과 지식'이 잘 통하리라
생각해서 당신과 결혼했고 지금도 그때의 내 판단이 옳았다고
생각하고 있소. 나는 사람을 가리지 않고 잘 사귀긴 하지만 같이
살 사람, 마음을 주고받는 친구를 고를 때는 상당히 까다로운
사람이기도 하오. 나의 친구들, 지금 내가 같이 살고 있는 사람
중에서 생각이 서로 통하지 않는 사람은 단 한 사람도 없소.
당신이 혹시 학력과 지식수준이 높은 사람을 지칭하는 것이라면

나는 생각이 많이 다르오. 나는 학력과 지식수준이 높은 사람들과 자주 만나지만 '학력 혹은 지식'과 '마음을 주고받는 문제'는 전혀 별개의 문제라는 것을 수없이 경험해왔소. 대화는 마음을 주고받는 상대이냐 아니냐에 달린 것이지 결코 학력 혹은 지식에 따라 달라지는 것이 아니라는 것이 이제껏 살아오며 확인한 진리 중 하나라고 생각하오.

살아온 환경의 차이, 문화적 차이, 조건의 차이도 거론하였지요. 나는 그러한 차이가 있음을 인정하오. 동시에 나는 한집안 출신이 아닌 한 모든 사람이 환경, 문화, 조건의 차이가 있다고 생각하오. 같은 동네에서 같이 자라나 같은 학교를 다니고 같은 경제 수준을 누렸던 친구들에게서도 환경, 문화, 조건의 차이를 느낀 경우도 많소. 나는 오히려 그런 친구들보다 당신에게서 그 차이를 훨씬 적게 느끼고 있소. 그렇기 때문에 나는 모든 사람이 거의 다 환경, 문화, 조건의 차이를 갖고 있으며 그것이 같이 살거나 우정을 맺는 데 전혀 방해가 되지 않는다고 생각하고 또 그렇게 살아왔소. 반대로 흔히들 얘기하는 '비슷한 집안, 비슷한 조건'이라는 게 실제 생활에서는 별 의미 없는 허구적인 것이라는 걸 살아오면서 절감하기도 했소.

많은 얘길 한 것 같소.

결론적으로 말하자면 나는 이번 사태를 통해 당신이 많이 힘들어한다는 것을 실감하게 되었소. 그리고 그렇게 된 데는 나의 책임이 훨씬 크다는 것도 알고 있소. 당신에 대한 배려와 노력이 많이 필요하다는 것도 알게 되었소. 이런 문제로 대화를 나눈

것이 처음은 아니지만 과거 어느 때보다도 많은 것을 생각하게
되었고 또 큰 변화가 필요하다고 생각하고 있소. 그러나 나는
낙관적이오. 크게 장담할 일은 아니지만 나는 상황에 밀려서가
아니라 나 스스로의 판단으로 필요한 노력들을 해낼 각오와
자신이 있소.

이제껏 당신에게 제대로 못해줘서 미안할 뿐이오. 당신도 상황을
너무 비관적으로 보지 않기 바라오. 비관적으로 보기 시작하면
자기 자신을 비롯해 이 세상의 그 무엇도 다 파멸시킬 수 있는
것이 인간이오. 낙관적으로 보고 좀 참으면서 함께 노력합시다.
당신에게 그런 것처럼 나에게도 가정은 소중한 것이오. 인간으로
태어나서 큰일은 못하는 한이 있더라도 소중히 가꾸어나갈 것이
바로 가정이라고 생각하오. 내가 이 가정에서 구하고자 하는 것은
심신의 안정과 평안이오. 가정에서조차 구하지 못한다면 나는
안정과 평온을 포기하고 살아야 할 것이오. 다행히 나는 당신의
도움으로, 당신이라는 존재 그 자체만으로도 안정과 평온을
누려왔소. 그러나 당신은 그러지 못한 것 같소. 나의 책임이 크오.
이 문제를 해결하기 위해 노력할 준비가 되어 있다는 것을 말하고
싶소. 그리고 나는 지금도 당신과 결혼하게 된 것을 행운으로
여기고 있음을 말하고 싶소.

1998. 8. 14. 당신의 찬.

노회찬이 편지에서 말했고 김지선도 인정한 것처럼 부부 사
이에 아예 아무런 대화가 없었던 것은 아니었다. 집에서 둘이 가끔
술도 마시면서 대화를 했지만 노회찬은 일과 관련된 내용은 언급

하지 않았다. 김지선은 이것을 문제라고 했지만, 노회찬은 자기 기준으로는 할 만큼 했다고 생각했다. 그는 집에서 종종 혼자 와인을 마시면서 음악을 들을 때가 있었는데, 바깥 일이 잘 풀리지 않을 때 그랬다. 김지선은 이때 같이 이야기를 나눴어야 한다고 생각했지만, 노회찬은 틈을 열어주지 않았다.

특정 사건 때문에 돌출된 것이 아니라 관계 안에서 누적되어 생긴 문제였기에 단칼에 완벽하게 해결할 수 없었다. 한 사람이 완전히 바뀌거나 둘이 상당히 바뀌어야 가능한데 그게 쉽지 않은 일이다. 여느 부부가 그렇듯이 그들도 마찬가지였다.

"노력해서 고치겠다고는 했지만, 그 나이에 변하면 얼마나 변하겠어요. 나도 안 변하는데. 크게 기대하지 말자고 생각했어요. 내가 접은 거죠. 사실 남편은 나한테만이 아니라 누구한테도 속상한 이야기나 힘든 이야기를 꺼내놓지도 않고, 의논도 하지 않는 스타일이에요."

남편 노회찬에 대한 김지선의 평가는 노회찬 주변의 많은 사람이 동의하는 내용이기도 했다. 그런 노회찬이 이 편지에서 자신의 어려움을 처음으로 솔직하게 털어놓았다. 그만큼 결혼생활에서 불거진 문제가 중대함을 인식했다는 뜻이었다.

집안 이야기 한 가지만 더 하고 넘어가자. 1989년 12월 경찰에 체포되어 홍제동 대공분실에서 취조를 받을 때 노회찬은 문득 슬픈 생각이 떠올랐다. '아, 이제 아이를 갖기는 어렵겠구나.' 당시 노회찬은 결혼한 지 1년이 지났지만 원하던 아이가 생기지 않았다. 그동안 전국 규모의 정치 조직을 결성하기 위한 사업에 집중하느라 집에 들어갈 수 없는 날이 더 많았다. 그런데 또 족히 몇 년은 갇혀 있어야 할 상황이었다. 출소할 때쯤이면 30대 후반이 될 텐데, 부부가 아이를 갖기는 쉽지 않을 것 같았다. 예상대로였다.

아이를 좋아했던 김지선은 자신도 엄마가 되길 바랐고 시어머니의 강한 요청도 있어서 의술의 힘을 빌리기로 했다. 벌이가 없던 부부 대신 시댁에서 시험관 시술 비용을 대주었다. 두 차례 정도 시도했으나 성공하지 못했다. 김지선은 몸에 큰 부담을 주고 성공 가능성도 높지 않은 시술을 더 이상 하지 않겠다고 마음먹고 자신의 뜻을 남편과 시댁 부모에게 전했다. 아쉬운 마음이 있었겠지만 모두 김지선의 뜻을 존중했다. 김지선은 입양을 고민했다. 노회찬은 아내를 말리지는 않았지만 적극적이지도 않았다. 입양을 알아보던 김지선은 자신들은 입양 부모로서 자격이 미비하다는 사실을 알게 되었다. 입양 부모의 자격 요건과 입양 절차는 꽤 엄격했다. 특히 '충분한 재산'이라는 자격 조건을 충족할 수 없었다. 그들은 집도, 고정 수입도 없는 처지였다. 신혼 때 노회찬이 약속한 결혼생활을 위한 의무 수입은 15만 원 수준이었고, 입양을 고민하던 시기에는 많이 올라 50만 원 안팎이었다. 당시 임금 수준이 가장 낮았던 단순 노무직 평균 임금보다 낮은 액수였다. 포기할 수밖에 없었다. 부부의 상실감은 컸으나 방법이 없었다.

조카들을 사랑했던 노회찬은 가끔 자신에게 딸이 있다면 참 많은 얘기를 해주었을 거라고 생각했다. 그리고 그 얘기를 책으로 만들어볼까 하는 생각도 했다. 아마도 그 책은 가상의 열아홉 살 딸에게 아빠가 살아온 이야기부터 역사와 정치, 패션과 음식, 영화와 음악, 건축과 미술 등 자신이 사랑하고 관심을 가졌던 것들에 대해 전해주는 내용으로 채워졌을 것이다. 만약 딸이 쌍꺼풀 수술이나 코를 높이는 수술을 하겠다고 하면 노회찬은 어떻게 했을까? 그는 한국에서 사는 아버지로서 그 요구를 들어주게 될 것 같다고 했다. 인간으로서 자연스러운 욕망과 사랑스런 자식의 사회경쟁력을 높이는 효력이 있을 터이기 때문에. 다만 그는 그렇게 하는 게 옳으냐고 물으면 '단호하게' 아니라고 답할 것이라고 말했다. 하지만 딸에게 주고 싶은 책은 아쉽게도 세상에 나오지 못했다.[17] 책이 나왔다면 그의 히트작 『어 그래 조선왕조실록』보다 더 많은 사람이 읽지 않았을까?

혁명은 CMS에서

1998년 5월 노동법 개정으로 노조의 선거운동과 정치자금 모금 및 기부가 허용되었다. 국민승리21과 민주노총은 그 기회를 적극 활용했다. 그해 6·4지방선거에서 국민승리21은 민주노총과 손잡고 공동후보단을 꾸려 무소속으로 출마시켰다. 출마자 49명 가운데 23명(45%)이 당선되었다. 이때 울산에서는 기초단체장을 2명이나 배출했다. 조승수 북구청장과 김창현 동구청장의 당선은 노동자들의 '계급투표'(선거에서 자신이 속한 계층이나 계급의 이익을 대변하는 후보 또는 정당을 찍는 투표 행위) 가능성을 보여주었고, 진보정당 건설운동은 탄력을 받았다.

1999년 1월 진보정당 창당 제안자 331명이 참가한 가운데 열린 제1차 원탁회의 이후 국민승리21과 민주노총이 중심이 되어서 창당 시간표를 만들었다. 노회찬은 창당 추진위원회 기획팀장과 정치개혁특별위원회 위원장을 맡아서 창당 설계도를 작성하는 일을 주도했다. 1999년 10월 창당기획단 회의는 '창당 일정, 지역 조직 편제, 당원 모집, 당면 현안 기획 사업, 총선 기획' 안을 놓고 창당에 관한 주요 골격을 논의해 결정했다. 안을 제출한 사람은 노회찬이었다. 그는 스스로 말한 것처럼 '진보정당 원천 기술자'로서의 임무를 수행했다. 노회찬은 일머리를 틀어잡고 속도감 있게 일을 해내는 데 최적화된 사람이었다. 그는 한시적인 조직이었던 국민승리21을 안정적인 정당 조직으로 발전시키는 데 매진했다. 대선에 대응하기 위한 가설 정당 성격을 가졌던 국민승리21은 1999년 7월 10일 공식 해산했다.

전국교직원노동조합(전교조) 조합원 최철호는 1997년 대선이 끝난 뒤 서울 삼선교의 허름한 사무실에 남아 있던 10여 명 가운데 한 사람이었다. 국민승리21의 회원 명단을 정비하고 그들에게 회비(당비)를 걷는 방안을 마련하는 게 그의 주요 임무 가운데 하나였다. 살림살이를 책임진 그에게 가장 중요한 것은 살림 밑천을 마련하는 것이었는데, 회원에게 회비를 걷는 것 말고는 다른 방법이 없었다. 회비 징수 방법을 고민하던 그가 CMS 자동이체라는 제도를 알게 되었다. '이렇게 좋은 방법이 있다니….' 최철호는 반색하며 국민승리21에 이를 도입하리라 마음먹었다. 지금은 일반화되었지만 당시만 해도 CMS는 금융결제원이 인가한 공신력 있는 금융 쪽 대기업만 이용할 수 있었다. 최철호는 바로 금융결제원에 문의했다. 전례 없는 요구를 받은 금융결제원의 담당자는 당황해하며 난색을 표했다. 당연한 반응이었다. 최철호는 "국민승리21은 대한민국 중앙선거관리위원회가 인정한 어엿한 정당 조직이다, 우리의 공신력을 믿지 못한다는 건 중앙선거관리위원회를 못 믿겠다는 것이나 다름없다, 금융결제원은 중앙선거관리위원회가 믿지 못할 조직이라고 생각하는 거냐"라며 다그쳤다.

그는 금융결제원에 항의, 설득, 읍소해서 결국 CMS 이체를 가능하게 만들었다. 그런데 문제는 안에서 발생했다. 누군가가 이 방안에 대해 이의를 제기했다. 기획위원장을 맡고 있던 노회찬은 정당이라면 당 활동가가 평당원들을 한 달에 한 번 정도는 만나서 정세 얘기도 하고 의사소통도 하면서 당비를 걷어야 한다고 생각했다. 최철호는 노회찬이라면 그런 생각을 할 수도 있겠다고 이해했지만 동의하지는 않았다. 그는 노회찬이 바닥에서 일일이 돈 걷는 일이 얼마나 힘든지 몰라서 하는 소리라 치부하고 그 말을 무시했다. 대중정당에 반드시 필요한 거라는 최철호의 확신을 노회찬이 꺾을 수는 없었다. 얼리 어답터를 자처하던 노회찬의 반응치고는 낯설다.

당시 주대환은 "혁명은 CMS에서 시작될 것이다"라고 했다. 실제로 그랬다. 국민승리21이 최초로 개척한 비기업 분야의 CMS 개통 소문이 퍼지면서 참여연대 등 여러 사회단체에서 방법을 알아보기 위해 삼선교의 조그만 사무실을 찾았다. 최철호는 CMS 프로그램 시험판을 제작하기 위해 만든 명단에 자기 이름을 제일 먼저 올리게 되었는데, 그 뒤 이 국민승리21의 회원 번호가 그대로 민주노동당의 당원 번호가 되면서 여기서도 1번을 차지했다. 당시 2번은 민중당과 한국사회주의노동당 때부터 같이 했던 이근원이었고, 찢어진 청바지를 입고 출근했다가 노회찬에게 "형편이 그리 어렵나? 바지 하나 사줄까?"라는 이야기를 들은 오현아가 3번이었다. 겉보기엔 초라했지만 혈기와 꿈이 넘쳤던 삼선교 사무실의 젊은이들이었다. 노회찬과 그동안 고락을 함께한 사람들이 대부분 앞 번호 당원이 되었다. 노회찬은 입력 실수로 1000번 안에도 들지 못했다. 그는 이에 대해서 두고두고 많이 섭섭해했다.

제6장

민주노동당 창당과 일생일대의 승부

2000~2004년:

'쇄빙선' 리더십, 여의도 상륙 작전 진두지휘

나이 마흔넷에 노회찬은 인생 목표의 절반을 이루었다.
2000년에 창당된 민주노동당의 '개념설계자'였던 그의
일생일대의 승부가 민주노동당 4년 동안 펼쳐졌다.
'쇄빙선의 선장'이 된 노회찬은 2004년 결정적 시기를
향해 돌진했다. 그가 준비해놓았던 전략 무기였던 1인
2표제가 헌법재판소의 현행 선거법 위헌 판결로 국회의원
선거에 처음 도입되었다. 2002년 지방선거에서 제3당이
되었고, 그해 대통령 선거에서도 인상적인 성과를
거두었다. 노무현 탄핵이라는 역풍에 '삼겹살 불판'
발언으로 맞섰다. 국민은 노회찬과 민주노동당 쪽으로
고개를 돌리기 시작했다. '진보정당을 만든 사람' 노회찬은
진보정당이 대중에게 뿌리내리는 데도 없어서는 안 될
정치인이었다.

"내 모든 시간을 지배한 진보정당"

1992년 4월 1일 청주교도소를 만기 출소한 이래 눈을 뜨고 있는
모든 시간을 지배한 것은 '진보정당 건설'이었다. 그해 4월 민중당
해산과 함께 진보정당은 이제 끝났다는 분위기가 퍼져나갈 때
'진보정당추진위'로 남은 동지들과 함께 새로운 항해를 떠났다.
동지는 간데없고 깃발만 나부끼는 '고난의 행군'이 수년간 계속될
때는 생애의 마지막 순간까지 '진보정당 만들기'만 하다가 끝날
수 있다는 생각도 들었다. 그럼 또 어떠랴. 그러나 1997년 봄부터
모든 일이 계획대로 진행되었다. 1997년 대통령 선거에 후보를
내고 이를 바탕으로 창당한다는 계획은 1999년까지 순조롭게
실현되었고, 마침내 2000년 1월 30일 '민주노동당'의 이름으로
세상에 나왔다.[1]

새천년이 시작되는 2000년 1월 30일. 서울 잠실의 역도경기
장은 민주노동당 창당대회에 참여한 3,000여 명 당원들의 뜨거운
함성과 열기로 가득했다. 해방 후 최초로 명실상부한 대중적 진보
정당이 탄생한 날이었다.[2] 8년 전 청주교도소에서 한국노동당 창
당을 축하하는 축전을 보내는 것으로 만족해야 했던 노회찬은 이
날 부대표로서 단상에 올라 꽃다발을 받으면서 창당의 기쁨을 맛
봤다. 축전도 받았다. 멀리 프랑스 사회당과 공산당, 스페인과 뉴

질랜드 좌파 정당에서 보낸 것이다. 노래패 꽃다지와 윤도현 밴드가 축하 공연을 했고, 참석한 당원들은 신이 나서 함께 노래를 부르고 춤을 추었다. 이날 행사장에는 아이들이 유난히 많이 눈에 띄었다. 주최 측에서 별도 공간에 마련한 '어린이방'에는 100명 가까운 어린이들이 뛰어놀았다. 당의 주축이었던 30~40대 당원들의 자녀들이었다.

이날은 마흔네 살 노회찬의 인생 목표 절반이 이루어진 날이었다. 1988년 민중의 당, 1991년 비합법 정당인 한국사회주의노동당, 1992년 한국노동당과 통합민중당, 1997년 국민승리21 등 그가 관계했던 정당 이름들이 주마등처럼 스쳐 지나갔으리라.

민주노동당 건설에 소요된 시간은 착공 시기를 언제로 하느냐에 따라 다를 수 있다. 노회찬과 그의 동지들은 1986년 해방투쟁동맹, 1987년 인민노련 시절에 이미 합법, 비합법 진보정당을 구상하고 있었다. 노회찬의 입장에서 보면 구상과 설계, 시공 기간까지 모두 합쳐 10년을 훌쩍 넘겼다.

저는 직업으로서 정치를 하겠다고 했습니다. 하지만 진보정당이 없는 정치를 생각한 적은 없습니다. 진보정당을 만드는 일이 제 삶의 목표였습니다. 그것이 과연 제가 살아 있을 동안 만들어질까? 그렇게 의심해본 시간도 있었습니다. 그래서 민주노동당이 만들어졌을 때 제 인생 목표의 절반이 해결됐다고 표현한 것입니다.[3]

절반의 목표를 달성한 이후 남은 절반의 목표는 무엇일까? 그것은 진보정당의 집권이었다. 그는 집권이 아니라 집권을 통해 '세상을 근본적으로 바꾸는 것'이 자신의 최종 목표라는 점을 누누이 강조했지만, 이를 위해서는 진보정당의 집권이 반드시 동반되어야 했다. '눈을 뜨고 있는 모든 시간을 지배한' 당 건설이라는 목표를 달성한 후 이제 노회찬은 "밥 한 숟갈 뜨더라도, 물을 한 모금 마시더라도 그리고 사소한 활동 하나를 하더라도 집권과 무엇이 연관이 있는지 생각해야"[4] 하는 시기로 접어들었다. 그는 창당 이후 일찍부터 '진보정당 집권'을 목표로 한 중장기 전략 수립의 필요성을 강조했다.

　노회찬의 이런 태도에 대해 현실성과 설득력이 부족한 주장은 오히려 대중의 신뢰를 떨어뜨리는 일이라며 비판하는 목소리도 적지 않았다. 그러나 노회찬은 집권 목표를 분명히 해야 중간 기착지가 분명해지고, 그곳에 이르는 맞춤형 전략을 세울 수 있으며, 정파 간의 경쟁도 보다 진취적이고 생산적이 될 수 있다고 믿었다. 그는 또 "진보정당 집권, 그게 되겠어?"라고 말하는 내부의 패배주의 시각을 불식하고 싶었다. 집권은 개인이 아니라 정당이 하는 것인 만큼 그의 집권의지, 권력의지는 개인 노회찬보다 정당을 중심에 놓는 실천으로 나타났다. 정당은 궁극적으로는 선거를 통해 대중에게 평가받는다. 노회찬은 강한 정당은 이념, 노선이 선명한 당이 아니라 국민 지지율이 높은 정당, 즉 선거에서 이기는 정당이라는 점을 역설했다. 국민은 집권의 꿈과 전략이 없는 정당에 대해서는 집권당으로 선택할지 말지 아예 고민 자체를 하지 않을 것이기 때문이다.

　민주노동당이 출범한 2000년 1월은 총선 두 달 전이었고 지방선거와 대통령 선거를 2년 앞둔 때였다. 민주노동당이 진검승부를 펼쳐야 하는 2004년 총선에서 의미 있는 승리를 거두려면 세 번의 전국 선거가 있는 4년의 기간을 잘 건너야 했다. 치밀하고 빈틈없는 사전 준비가 체질화되어 있는 전략가 노회찬은 50여 년 보수의 아성이었던 거대 양당 체제에 틈새를 내기 위한 전략을 준비해놓고 있었다. '쇄빙선' 선장, 야전 사령관의 면모를 보여주었던 4년 동안의 노회찬의 행보를 살펴보기 전에 이 시기를 함께한 일군의 '젊은 동지들' 이야기를 잠깐 먼저 해야겠다.

민주노동당호에 오른 젊은 선원들

노회찬이 민주노동당호를 타고 새로운 항해를 시작할 즈음 새로 배에 오른 일군의 젊은이들이 있었다. 1960년대 후반에서 1970년대 초반에 태어난 그들은 당시 나이가 20대 후반에서 30대 초반이었다. 그중에서도 1970~1971년생이 압도적 다수였다. 인민노련과 진정추 시절 노회찬과 함께했던 동료들이 떠난 뒤 그 빈자리를 채운 이들은, 1980년대 초 노동운동을 하려고 인천으로 떠날 무렵의 노회찬과 같은 또래들이었다. 그 대부분은 1987년 6월 시민항쟁과 7~9월 노동자 대투쟁 때 고등학교를 다녔고, 명지대 학생 강경대가 전투경찰의 과잉 진압으로 사망하고 이어진 1991년 '분신 정국'과 1992년 백기완 대통령 후보가 '대선 투쟁'을 하던 노태우 정부 시기에 대학을 다녔다. 이들은 '강경대 세대'라고 불렸다. 전교조 교사들의 영향을 받은 일부 학생들은 고등학교를 졸업하고 운동에 뛰어들었다. 이른바 386세대는 1987년 거리에서 승리를 경험했지만, 이들은 거리에서 처절한 실패를 맛본 세대였다. 동유럽 사회주의권의 붕괴와 소련 해체를 목격했기에 사회주의 사상에 교조적으로 구속되지 않았고, 비합법 전위정당이라는 레닌 모델을 벗어나 합법적 진보정당운동에서 가능성을 본 젊은 이들이었다. "혁명이 아닌 정치를 운동의 중심에 놓은 최초의 세대"[5]라는 평가를 받기도 한 이들이 민주노동당에서 노회찬을 만난 것은 필연이라고 볼 수 있겠다.

중앙당과 각 지역의 당 조직에서 많은 또래 젊은이들이 열악한 환경 속에서 당 만드는 일을 하고 있었다. 창당 초기에 이들은 대부분 무급이나 교통비 정도만 받고 일해야 했다. 이들 중 상당수는 그 후 20년 가까이 민주노동당에서 일하면서 당의 탄탄한 허리가 되었고, 일부는 지도부가 되었다. 언론에서는 이들을 노회찬과 심상정을 이을 진보정당 2세대로 불렀다. 이들은 대부분 PD라 불리던 평등파에 속했고, 일부는 창당 초기에 '화요모임'이라는 이름으로 자신들의 이념과 힘을 조직화했다. 2003년 당의 발전 방향을 놓고 평등파와 NL이라 불리던 자주파가 정면 대립했을 때, 이들은 당시 사무총장이었던 노회찬이 평등파로서 분명한 노선을 주장하지 않고 수습과 봉합에 연연했다며 비판하는 등 한때 노회찬과 불화의 시간을 보냈다. 노회찬은 다양한 정파가 연합해서 만든 정당에서 '특정한' 이념을 전면에 내세우면 안 된다는 입장이었다.

2020년 정의당 대표가 된 1970년생 김종철도 화요모임 소속이었다. 그는 2014년 서울 동작구 보궐선거에서는 노동당 후보로 정의당 노회찬과 경쟁했으며, 2016년부터 노회찬의 마지막 비서실장을 지냈다. 이들은 노회찬을 지지했든 비판했든 창당 이후 오랫동안 서로 함께한 동지들이었다. "대부분은 여러 여정을 거치면서 결국 노회찬 지지자로 회귀했고, 그것이 바로 노회찬의 힘이라고 봅니다." 사법연수원을 마치고 첫 직장으로 최저임금에도 못 미치는 월급을 주는 민주노동당에 '취직'했던 1971년생 김정진의 말이다. 김정진은 정의당 부설 정의정책연구소 소장을 지냈다. 1970년생 김문영은 민주노동당가 노랫말을 쓴 사람이다. 김문영과 또래 친구들은 대학에 다닐 때의 소원 가운데 하나가 진보정당이 창당되는 날 행사장 앞에서 안내 팸플릿을 나눠주는 자원봉사자가 되는 것이었다고 한다. 노회찬은 그에게 창당대회 문화 기획을 맡겼다. 김문영의 말이다. "자원봉사자라도 충분했는데 창당대회 기획을 맡아 했으니, 내 꿈이 다 이뤄진 거죠."

진보정당 창당이라는 시대적 과제를 공유한 사람들의 필연적 만남이었다. 많은 동료를 떠나보내야 했던 노회찬의 항해에 반가운 새 손님들이 집단 승선을 한 셈이었다.

2000년 총선, 씨앗을 심다

2000년 4회. 2004년 2,504회.

노회찬이 언론에 보도된 횟수다. 2000년의 4회는 모두 단신 동정 기사다.[6] 민주노동당의 경우 2000년 202회, 2004년은 2만 회에 육박했다.

노회찬은 500배 이상, 민주노동당은 100배 가까이 늘어났다. 4년 동안 민주노동당의 의석수는 0석에서 10석이 되었다. 2000년과 2004년, 이 사이 무슨 일이 일어난 걸까? 2000년 이쪽에서 2004년 저쪽으로 건너가려면 필수적으로 거쳐야 할 징검다리가 있다. 2000년 총선, 2002년 지방선거와 대선, 그리고 2004년 총선이다.

2000년부터 2004년까지의 네 차례 선거는 막 태어난 민주노동당의 사활이 걸린 과제였고, 노회찬 정치 인생의 일대 승부처였다. 진보진영의 정치 자원이 사실상 총집결해서 만들어진 민주노동당이 4년 동안 성과를 내지 못할 경우 그 동력은 급속하게 상실될 수밖에 없었다. 노회찬은 2002년 지방선거와 대선, 2004년 총선에서 선거대책본부장을 맡아 선거의 전 과정을 진두지휘했다.

노회찬은 당 기관지인 주간 『진보정치』 2000년 신년호에 그해 정치를 전망하면서 민주노동당이 조봉암의 진보당 이후 최초로 총선을 돌파하는 정당이 될 것으로 전망했다. 노회찬의 이 같은 기대 섞인 예측은 일종의 다짐일 수도 있겠지만, '울산 북구'를 염두에 둔 발언이었다. 울산은 이미 2년 전 북구와 동구에서 노동운동가 출신 구청장을 배출했다. 당에서는 총선 방침을 놓고 서로 다른 입장들이 부딪쳤다.[7] 무소속 출마론, 전면 출마론 같은 주장도 있었지만 현실적으로는 민주노동당에 유리한 전략 지역에 집중할 수밖에 없었다. 민주노동당은 이해 총선에 모두 21명의 후보를 냈다. 이 중 울산과 창원은 대표적 전략 지역이었다. '과학적 선거운동'을 주창했던 노회찬은 사전에 전략 지역에 대한 여론조사를 실시했다. 울산 북구와 일산, 창원 순으로 가능성이 높게 나왔다. 노회찬은 권영길에게 일산 출마를 권했지만, 권영길은 창원을 선택했다. 단 1명이라도 국회의원에 당선되는 게 꿈이었던 민주노동당 당원들에게 현대자동차 노조원들이 많이 살고 있던 울산 북구는 희망의 근거지였다.

하지만 높은 당선 가능성이 독이 되었다. 현대차 조합원의 지지가 중요한 북구 후보는 현대차 노조의 대의원 경선을 통해 정하는 것이 정파들 간에 합의된 규칙이었다. 당시 현대차 위원장을 지낸 이상범이 후보자로 뽑혔다. 문제는 다음 단계에서 터졌다. 당의 규정상 후보는 울산 지역 당원의 총투표로 결정되는데, 이 과정에서 이상범 외에 자주파가 지지하는 최용규 후보가 갑자기 등록하는 돌발사태가 발생했다. 평등파 쪽에서는 자주파가 약속을 어겼다며 격하게 항의했고, 자주파는 당헌에 규정된 절차를 위반한 것이 아니므로 문제가 없다고 주장했다. 최용규는 세종공업 노조위원장 출신으로, 인지도 등 여러 측면에서 이상범 후보보다 경쟁력이 약하다는 평가를 받았다. 그런데 당원 총투표 결과 최용규가 이상범을 누르고 최종 후보로 확정되었다. 내부에서 격한 항의가 터져나왔고, 극심한 내부 갈등 속에 선거가 치러졌다.

선거 결과 최용규 후보는 득표율 41.8%를 기록, 563표 차이로 낙선했다. 분노의 한숨 소리가 곳곳에서 들려왔다. 창원에 출마한 권영길은 38.7%, 울산 동구에서는 이갑용이 35.1%의 지지를 얻었으나 둘 다 2위로 낙선했다. 이번에도 진보정당은 당선자를 1명도 내지 못했다. 21개 출마 지역에서 얻은 표는 22만 3,000여 표로 득표율 1.2%를 기록했고, 출마 지역의 평균 득표율은 13.1%였다. 중앙선거관리위원회는 총선 한 달이 지난 4월 14일 정당 등록이 취소되었다는 공문을 민주노동당에 보내왔다.[8] 총선평가위원장이었던 노회찬은 충분한 가능성이 있었음에도 의원을 배출하지 못한 것은 당 차원에서는 명백한 패배였지만, 일반 대중의 시선에서 보면 패배와 가능성이 공존한 선거였다고 평가했다.[9] 민주노동당은 공식적으로 울산 총선을 '심각한 종파 행위'에 따른 패배로 규정하고 책임자들을 당기위원회에 회부해 징계했다.

4년 뒤인 2004년 총선을 전망하는 데 중요한 전진 기지가 될 수 있었던 2000년 총선의 '원내 교두보 확보' 계획은 실패로 끝났다. 노회찬은 이때 1명의 국회의원을 배출했다면 2004년 총선에서 더 높은 지지율을 얻을 수 있었을 텐데 그 기회를 놓친 것을 크게 아쉬워했다. 하지만 울산, 창원 등 노동자 밀집 지역의 높은 득표율은 노동정치의 가능성을 보여주었고 민주노동당 사람들에게 희망의 씨앗을 안겨주었다고 평가했다.

1인 2표제, 한국 정치사의 일대 사건

만약 독일식 정당명부 선거제도 도입만 가능하다면 내가
악마에게 영혼이라도 팔겠다.[10]

선거제도만 바꿀 수 있다면 나는 평생 국회의원 안 해도 된다.
내가 여기서 물구나무라도 서겠다.[11]

총선과 대선을 다 양보하고 선거제도 개편 하나만 획득해도
된다.[12]

노회찬의 말이다. 악마가 그의 영혼을 사고 싶어 한들 현행 선

거법 아래 기득권을 누리고 있는 기성 정당이 선거법 개정을 양보할 리가 없기 때문에 거래는 결코 성립될 리 없었다. 민주노동당이 창당될 무렵 새천년민주당, 한나라당, 자민련 3당은 선거법 개정 협상을 하고 있었다. 주요 쟁점은 중선구제와 1인 2표제의 도입 여부였다. 이를 예의 주시하고 있었던 노회찬은 민주노동당 창당 직후인 2월 7일부터 1인 2표제 도입을 촉구하기 위한 길거리 서명 등 다양한 행동을 진두지휘했다. 하지만 예상했던 대로 기존 정당은 선거개혁 입법을 무산시키고 기성 정당의 기득권을 강화하는 법안에 합의했다. 권영길은 김대중 대통령에게 법률 거부권 행사를 촉구하며 단식농성에 돌입했고, 노회찬은 7년 동안 주머니에 넣어두었던 카드 한 장을 꺼내들었다. 1인 1표로 지역구와 비례대표 의원를 선출하던 기존 선거법에 대한 위헌법률심판 청구였다. 1993년 진정추 시절 헌법재판소에 신청했던 위헌법률심판은 청구 기간이 지났다는 이유로 위헌 여부를 다퉈보지 못한 채 각하됐었다.

위헌법률심판 청구 대상은 1인 1표 득표 결과에 따른 정당의 전국구(비례대표) 의석 배분 방식, 국회의원 입후보자의 과도한 기탁금 및 낙선자 기탁금 반환에 관한 선거법 조항 등이었다. 법률대리인은 이덕우 변호사가 맡았고, 실무 준비는 노회찬의 법률 자문역을 해왔던 박갑주, 김수정 변호사가 함께했다.

2001년 7월 헌법재판소는 노회찬이 위헌법률심판을 청구한 법률에 대해 위헌 판정을 내렸다. 헌법재판소의 위헌 판정은 '한국 정치사에 획을 그은 일대 사건'이었다. 이로써 노회찬이 생각했던 진보정당 건설의 세 가지 전제 조건, 곧 정파 연합과 노조의 동의,

선거법 개정 등 세 가지가 충분하지는 않지만 이루어졌다. 정치권 바깥 사법부의 판결로 1인 2표제라는 제도가 한국 사회에 처음 도입되었다. 헌법재판소의 위헌 판결이 가져올 효과를 알고 있는 당원과 진보정당 지지자들은 환호했다. 하지만 노회찬은 아직은 '김칫국'을 마실 때가 아니라면서 냉정한 현실 인식을 주문했다.

이제 겨우 작은 문이 하나 열렸을 뿐이다. 김효종 재판관이
주심을 맡은 헌법재판소 전원재판부의 위헌 결정은 227명의
의원을 뽑는 다수대표제에 관한 것이 아니라 비례대표제로
뽑는 단지 46명의[13] 전국구 의원 선출 방식에 대한 것일 뿐이다.
한국에서 전국 명부와 전면 비례대표제를 쟁취하기 위한
길은 멀고 험하다. 세계 각국의 정당명부 비례대표제 역사는
오직 노동자 계급을 비롯한 민중들의 투쟁으로써만이 기득권
보수정치 세력의 양보를 얻어낼 수 있다는 사실을 말해주고
있다.[14]

노회찬의 말처럼 그 길은 멀고 험해서 20년이 지난 지금까지도 미완의 과제로 남아 있다. 하지만 눈 밝은 사람들은 그 작은 가능성을 놓치지 않고 2004년 민주노동당의 여의도 진출을 전망하기 시작했다. 노회찬은 총선으로 가는 징검다리 선거로서 2002년 지방선거 전략도 철저하게 1인 2표제 활용을 중심으로 짰고, 그 결과 성과를 거두었다.

"눈떠보니 제3당… 우리도 미래가 있구나!"

2002년 3월 16일. 민주노동당 정기 당대회에서 노회찬은 사무총장으로 선출되었다. 이날 권영길은 경선 끝에 대표로 재선되었고, 부대표 후보 4명과 사무총장 후보 1명은 찬반 투표로 결정되었다. 눈길을 끄는 대목은 노회찬 사무총장 후보에 대한 반대표가 다른 후보에 비해 눈에 띄게 많았다는 점이다. 부대표 후보들이 300명대 후반과 400명대 초반의 찬성표를 기록한 반면, 노회찬은 296명의 찬성과 110명의 반대표를 받았다. 당내 노회찬 비토(veto) 혹은 견제 세력의 존재를 확인해준 투표였다. "이러다가는 노회찬 당 되는 거 아냐? 그렇게 놔둘 수는 없지." 잠재적 경쟁자들 가운데는 이런 말을 하고 다니는 사람도 있었다. 함께 당을 키워나갈 생각보다 당내 세력관계를 앞세운 전형적인 정파 중심 사고였다.

사무총장이 된 후 노회찬은 "민주노동당 역사에 전설적인 사무총장으로 남겠다"고 선언했다. 원외 정당의 사무총장이 '전설'이 되기는 어렵다. 그렇기 때문에 역설적으로 전설이 만들어질 수도 있겠다. 사람들이 그를 보고 전설적 사무총장이라고 말하지는 않았지만, 그와 함께 일했던 당 사람들은 그를 '유능한 야전 사령관'으로 불렀다. 야전 사령관이나 장수는 그야말로 전쟁에서 진가가 드러나는 존재다. 정당의 입장에서 선거는 사활이 걸린 전쟁이다. 사무총장 노회찬 앞에는 6·13지방선거와 12·19대통령 선거가 기다리고 있었다. 이 두 전쟁을 성공적으로 돌파해야 2004년 총선에서 진보정당의 의회 진출을 기대할 수 있었다.

2002년 9월, 대선을 앞두고 노회찬은 대선연수단 단장 자격으로 브라질 노동
자당을 방문했다. 그해 10월 노동자당 룰라가 대통령에 당선됐다. 노동자당을
방문한 대선연수단.(2002) ⓒ노회찬재단

2002년 5월 23일, 민주노동당은 중앙위원회를 열어 6·13지방선거의 4대 핵심 목표를 정했다. 광역단체장 당선, 광역단체장 선거 전국 합계 득표율 2% 돌파, 정당명부 전국 득표율 5% 이상 달성, 전국적 당 조직의 토대 구축이었다. 영남권 선거대책위원장은 권영길 당대표가, 수도권은 천영세 부대표가 맡았고, 노회찬은 전국 상황을 총괄하는 전국 선거대책본부 본부장을 맡아 선거 전략을 짰다. 지방선거를 돌파하기 위한 핵심 전략은 광역의회의원 선거에 처음 도입된 1인 2표제의 효과를 극대화하는 것이었다. 2002년 지방선거에서 유권자들은 처음으로 후보에 대한 투표와 함께 정당에 대한 투표를 했다.

1인 2표제가 도입되기는 했지만 정작 선거관리위원회나 언론에서는 그리 큰 관심을 보이지 않았다. 기성 정치권도 새 선거제도에 신경을 쓰지 않았다. 그들은 광역단체장 투표 결과에만 관심을 집중했다. 유권자들에게 바뀐 제도가 충분히 알려지지 않으면 민주노동당이 수립한 지방선거 핵심 전략에 차질이 생길 수밖에 없었다. 노회찬은 전국의 민주노동당 선거운동본부에 각자 자기 지역의 선거관리위원회 앞에서 항의성 기자회견을 열라는 지침을 내렸다. 중앙선거관리위원회의 직무 유기를 비판하고 1인 2표제를 적극 홍보할 것을 촉구하는 내용이었다.

노회찬이 선거 사상 처음 실시되는 정당 투표 득표율 제고를 전략적 요체로 본 것은 광역의회 의원 당선이라는 직접적 기대 효과와 함께 지방선거 정당 득표율을 12월 대선에서 TV 토론회 참가 자격을 결정하는 데 중요한 기준으로 삼을 수 있을 것이라는 판단 때문이었다. 노회찬이 평소 그답지 않게 '격문'을 당 기관지에

실은 것도 이 때문이었다.

> 1인 2표 정당명부 투표! 이것은 민주노동당이 헌법재판소로부터
> 위헌 판결을 받음으로써 직접 쟁취한 성과이다. … 민주노동당은
> 믿는다. 결국 정당 투표제가 썩은 한국 정치를 근본적으로
> 바꾸게 될 것이라는 사실을. … 1인 2표제는 민주노동당에 의한,
> 민주노동당을 위한, 민주노동당의 선거제도이다. 알리자! 찍자!
> 민주노동당!
> …
> 6·13은 전쟁이다. 적과 아를 선명히 구분하는 전쟁이다. 적을
> 최소화하고 아군을 최대로 늘리는 전쟁이다. 아무도 이 전쟁을
> 피할 순 없다. 적이 아니면 동지이다. 동지들! 싸우러 가자!
> 만나러 가자! 배우러 가자!

신생 정당의 패기와 열기를 총력 집중하기 위한 야전 사령관의 '독전(督戰)' 선언이었다. 물론 선언에만 그친 것은 아니었다. 노회찬은 출마 후보를 발굴하고 독려하기 위해 전국을 돌아다녔다.[15]

선거는 '한나라당 압승, 민주당 참패'로 끝났다. 동시에 언론에서는 "민주노동당 약진 '제3당' 떠올라", "정당 투표제 민주노동당 3위 돌풍", "자민련 위기, 민주노동당 기염", "민주노동당 당당한 지역 2당" 이런 제목을 달아 민주노동당의 약진을 알렸다. 언론은 정당 득표율 8.1%를 기록하며 의원 19명을 보유한 자민련을 누르고 제3당이 된 민주노동당의 깜짝 등장에 주목했다.

노회찬의 말처럼 "자고 일어나 보니 제3당이 되어 있었다". 기

초의회의원은 108명이 출마해 31명이 당선되었고, 광역의회의원은 91명이 출마해 11명이 당선되었는데, 이 중 9명이 비례대표 후보였다. 정당 투표제 도입에 따른 성과였다. 6·13지방선거에서 민주노동당은 당초 목표를 초과 달성했다. 선거 결과에 대한 평가와 그 의미를 노회찬의 입을 통해 들어보자.

> 정당 투표 결과는 당의 정치적 위상을 제고하고 사회적 발언권을 신장시켜준다는 점에서 이번 선거에서 거둔 최대의 성과가 아닐 수 없다. 특히 정당 투표제의 도입이 민주노동당의 위헌 제청에 따른 헌법재판소의 결정으로 이뤄졌으며, 정당 투표의 득표율 제고를 위해 다소 무리해 보이는 7개 광역단체장 선거에 후보를 내고, 전국 16개 광역의회에 모두 비례대표를 출마시켰으며, 막대한 재원을 정당 투표 홍보에 투입한 결과로서 목표를 달성했다는 사실은 목적의식적이며 과학적인 노력의 산물이라는 점에서 당 활동의 새로운 경지를 이뤄낸 의의가 있는 것이다. … 6·13지방선거는 우리에게 특히 소중한 자신감을 안겨주었지만 갈 길은 너무 멀고 극복해야 할 문제는 더욱 많이 남아 있다. 당분간 자만은 우리에게 최대의 적이 될 것이다.[16]

선거 기획자로서, 최전선 집행 책임자로서 노회찬의 역할이 탁월했다는 점에 대해서 이견을 보일 사람은 없겠지만, 6·13지방선거 결과를 만든 공로를 특정한 몇 사람에게 돌리는 것은 온당치 않은 일이다. 당선 가능성을 제1의 목표로 삼지 않은 민주노동당의 지역 출마 후보들은 자신보다 당에 투표해줄 것을 호소했다.

"정당 투표는 민주노동당"이라고 외치며 골목과 대로를 누볐다. 수많은 당원과 당직자들의 집합 의지는 행동으로 이어졌다. 득표율 8.1%는 이런 노력으로 얻은 소중한 결실이었다. 지방선거 기간 동안 중앙당에서, 그리고 지역 출장길에 동행하며 노회찬과 가장 많은 시간을 보냈던 박권호 사무국장은 선거 후에 노회찬을 다시 보게 되었다. 그는 선거 결과를 보고, '아, 우리 당도 가능하겠구나, 노회찬과 함께라면 해볼 만하구나' 하는 생각을 하게 됐다. 민주노동당의 3위 득표는 박권호뿐 아니라 전국의 수많은 활동가에게 당의 가능성과 미래에 자신감을 갖게 해주었다.

6월 14일 오전 11시 30분경, 여의도 두레빌딩에 입주해 있는 민주노동당 중앙당 사무실의 전화벨이 울렸다. 박권호 사무국장이 전화를 받았다. 수화기 너머에서 들려오는 목소리는 정중했다. "민주노동당이죠? 중앙선거관리위원회 정당과입니다. 어제 선거에서 2% 이상 득표하셨기에, 내일 이사분기 정당보조금을 지급하려고 합니다. 계좌번호를 알려주셨으면 합니다."

전화를 끊은 박권호는 이 소식을 번개 같은 속도로 민주노동당 홈페이지에 올렸다. 당원들의 환호성이 인터넷을 타고 퍼져나갔다. 다음 날 민주노동당 통장에는 1억 3,392만 9,550원이 입금되었다.[17] 중앙선거관리위원회가 보낸 정당 국고보조금이었다. 진보정당 역사에서 처음 있는 일이었다. 노회찬과 민주노동당은 2004년 총선을 향한 첫 번째 징검다리를 이렇게 건넜다.

100만 표를 넘겨라

2002년 7월 13일. 지방선거가 끝난 지 한 달이 지난 날 충주 수안보에서 민주노동당 열성당원 전진대회가 열렸다. 1,000명의 당원과 간부들이 모였다. 6월 지방선거 결과에서 얻은 자신감을 12월 대선까지 이어가기 위한 '부흥회'였다. 행사장에 걸려 있는 현수막에는 "6월에서 12월로"라는 구호가 적혀 있었다. 참석자들이 가장 많은 관심을 보인 프로그램은 '민주노동당 대선 방침 패널 토론'이었다. 대선기획단장 노회찬이 발제를 했다.

그는 민주노동당이 6·13지방선거의 성과를 계승해 제3당의 지위와 영향력을 공고히 하고, 당원 5만 명을 확보해 전국 정당화의 기초를 마련하며, 진보진영의 정치적 대표체로서 위상을 확보하는 것을 제16대 대통령 선거의 목표로 설정했다. 득표 전술 기조는 '미디어 우선, 현장 중심, 정책 위주'로 설정했다. 노회찬의 발제 내용은 당의 방침으로 결정되었다. 당시 대외적으로 발표를 하지는 않았지만 목표 득표율은 '4%, 100만 표'였다.

제3당의 지위 확보와 영향력 공고화는 단지 득표율에서 3위에 오르는 것만을 뜻하는 것이 아니었다. 한국 정치는 오랫동안 영호남을 근거지로 하는 보수 양당 체제가 견고하게 작동했다. 이것을 깨려는 노력은 주로 제3의 인물을 통해서 시도되었고, 예외 없이 실패했다. 정주영, 정몽준, 문국현, 안철수 등이 그들이었다. 민주노동당은 제3의 인물이 아니라 제3의 정치 세력, 즉 진보정당으로 이를 대체하려는 것이었다. 보수·수구 세력의 한나라당과 자유주의 개혁 세력인 민주당 그리고 진보정당 3주체가 경쟁하는 판을 상정했다.

　노회찬은 제3당이 의미 있는 정당으로 서려면 한국 정치 현실에서는 원내교섭단체를 구성할 수 있는 수준, 즉 15~20%의 지지율로 의석수 20석은 확보해야 가능하다고 생각했다. 이는 집권 과정에서 반드시 통과해야 할 전략 지점이었다.

　원내교섭단체 확보라는 먼 길을 가기 위해서는 2002년 대선에서 성과를 거두어야 했고, 수치화된 목표는 100만 표 돌파였다. 1992년 무소속 백기완은 23만 8,648표(1.0%), 1997년 국민승리21 권영길은 30만 6,026표(1.2%)를 얻었다. 이전 득표보다 300~400% 높아진 목표였다. 이를 위해 반드시 필요한 것 중 하나가 유력 후보들과 한자리에서 만날 수 있는 TV 토론회 입장권이었다.

　당시 노회찬은 "방송사 합동토론회에는 무슨 일이 있어도 나가야 한다. 사활을 건 싸움이다. 만약 막는다면 방송국 앞에서 TV 수십 대 놓고 불태우는 작업을 할 수밖에 없다"[18]는 '과격한 발언'을 서슴지 않을 정도로 TV 토론회에 참가하는 것을 중요시했다.

　사실 6·13지방선거 결과를 놓고 일부 언론에서 민주노동당의 '돌풍'이라고 표현했지만, 2002년 대한민국에 불어온 2개의 거대한 태풍에 비하면 그것은 미풍에 불과했다. 첫 번째 태풍은 노회찬이 사무총장에 당선되던 3월 16일 광주에서 불기 시작한 노무현 바람, '노풍(盧風)'이었다. 노무현 바람은 이회창 대세론을 단숨에 꺾었고, 여당의 유력한 후보였던 이인제를 날려 보냈다. 노무현 바람은 또 다른 '노풍(勞風)', 즉 노동자 바람을 기대하고 조직해야 했던 민주노동당에겐 예상치 못했던 태풍이었다. 노무현 후보의 개혁적 언행과 개인적 매력은 그가 속한 정당의 보수적 성격을 잊게 만들었다. 민주노동당은 노풍이 최고조에 이르렀던 4월에 노회찬을 '2002 선거기획단장'으로 선임하고 우선적으로 '노무현 돌풍(노풍)' 종합 대책을 마련하도록 했다. 노회찬은 '노풍에 흔들리면 다 죽는다'는 내용의 글을 민주노총 기관지『노동과 세계』에 긴급 기고했다. 기고문의 일부를 읽어보자.

> 정치적 단결을 이루지 못할 때 노동자의 단결은 완성될 수 없다. 그래서 우리가 즐겨 부르는 노래는 이렇게 시작된다. 흩어지면 죽는다! 파업 투쟁에서도, 정치 투쟁에서도, 지방선거에서도, 대통령 선거에서도 정치적 단결 없이 흩어지면 죽는다. 이 노래의 두 번째 소절은 '흔들려도 우린 죽는다'로 이어진다. 그렇다. 지난 20년 동안 흔들리지 않고 노동자 후보를 대통령 선거에 출마시킨 브라질 노동자당은 드디어 올해 선거에서 당선권을 넘보게 되었다. 우리의 노동자 정당, 민주노동당이 출범한 지 겨우 2년이 되었다. 지금 흔들리고 있는 것은 수십 년 동안의 보스를 잃은 보수정치권이지 우리가 아니다. 정치적 단결, 이것은 '해골 두 쪽 나도' 지켜야 할 '동지의 약속'이다.[19]

노동자들의 단결 때문은 아니었지만 다른 여러 가지 요인으로 노풍은 주춤했다. 그러나 또 다른 이름의 태풍이 정치판에 상륙했다. 2002년 월드컵 축구에서 한국 대표팀이 '4강 신화'를 썼다. 역대급 태풍이 불어왔다. 아버지 정주영이 못 이뤘던 대통령의 꿈을 이루겠다며 축구협회장 정몽준이 대선 출마를 선언했다. 노무현과 정몽준은 우여곡절 끝에 단일화에 합의했으나 투표 전날 밤에 정몽준이 합의를 파기했다. 이 같은 대형 이슈 속에 원외 소수 정당 후보 권영길의 존재감은 미미했다.

권영길은 단독 TV 토론회에 몇 번 나갔지만, 인지도와 지지도는 올라가지 않았다. 권 후보의 지지율은 선거 2개월을 앞두고 0.9~3.0% 수준이었다. 민주노동당 당원들은 '노사모'(노무현을 사랑하는 사람들의 모임)의 열정을 넘어서지 못했고, 민주노동당 후보는 민주당 후보보다 대중에게 매력적이지 않았다. 이런 와중에 중앙선거관리위원회는 대통령 후보 기탁금을 5억 원에서 20억 원으로 올리는 선거법 개정안을 제출했다. 노회찬은 민주노동당의 '명운을 건 투쟁'을 선언했다. 노풍의 영향력을 차단하고 노무현, 이회창과 함께 TV 토론회 연단에 서는 것을 목표로 삼았는데, 중앙선거관리위원회의 선거법 개정안 저지 싸움도 발등의 불이었다.

대선을 3개월 앞둔 9월 10일. 민주노동당 마포 지구당 사무실에 전화벨이 울렸다. 사무국장 정경섭이 전화를 받았다. 중앙당의 호출이었다. '즉각 출동' 지침을 받고 여의도 당사에 가니 25인승 버스가 기다리고 있었다. 버스 안은 곧 서울 각 지역 지구당의 상근 당직자들과 중앙당 상근자들로 채워졌다. 노회찬이 타자 버스는 출발했다. 움직이는 버스 안에서 노회찬은 우리가 왜 과천 중앙선거관리위원회에 가는지, 왜 강력한 항의를 조직해야 하는지, 이일이 민주노동당에 얼마나 중요한지에 대해 설명했다. 기탁금 400% 인상 등의 내용을 담은 중앙선거관리위원회의 선거법 개정안을 규탄하기 위한 행동이었다. 그의 '논리적 선동'은 버스에 탄 사람들의 전의를 북돋웠다.

노회찬은 중앙선거관리위원회에 도착하자 로비 안으로 돌진하라는 지침을 내렸다. 그는 "내가 책임질 테니 걱정 말라"라며 로비를 시위장으로 만들었다. 구호를 외치던 당직자들 중에 누군가 말했다. "사무총장님, 배고파요." 노회찬은 즉석에서 짜장면 20여 그릇을 배달시켰다. 로비는 짜장면 냄새와 구호 소리로 가득했다. 30대 안팎의 젊은 당직자들은 쩔쩔매는 선거관리위원회 직원들을 보면서 '아, 당이라는 게 센 거구나' 하는 생각을 했다. 그들에게 그 자리는 교육실습 현장이었다. 서울뿐 아니라 부산, 대전, 경남, 광주 등 전국에서 중앙당의 지침을 받고 각 지역 선거관리위원회 앞에서 선거법 개정안 철회를 촉구하는 기자회견을 열었다. 선거관리위원회가 제안한 선거법 개정은 여론의 반대로 결국 무산되었다.

10월 28일. 정경섭은 또 한 번 중앙당의 호출을 받고 여의도에서 버스를 탔다. 이번엔 방송통신위원회가 있는 목동 방송회관이었다. 노회찬은 이번에도 버스 안에서 작전을 짜고 지시를 내렸다. 목적지가 어디인지, 왜 거기로 가야 하는지를 상세하게 설명했다. 노회찬은 '대통령 선거 토론위원회'(대선토론위원회)가 어떤 결정을 내리느냐에 당의 명운이 달려 있다, 지금 위원 중 찬성이 몇 명이고 반대가 몇 명인데 간당간당한 상황이다, 조금만 더 밀어붙이면 TV 토론회에 참가할 수 있다며 독려했다. 이날은 대선토론위원회 제2차 회의가 열리는 날이었다. 버스 안에 있는 젊은 당직자들은 투지를 불태우면서도, 자신들이 마치 여기저기 투쟁 현장에 동원되는 데모 용역이고 노회찬은 두목 같다며 키득댔다. 노회찬은 이번에는 방송통신위원회 복도 점거 농성 지침을 내렸다. 정경섭의 눈에 비친 노회찬은 '전선의 맨 앞에 서서 진두지휘하는 야전 사령관'이었다.

대선토론위원회 위원은 모두 10명이었다. 권영길을 토론회에 참가시킬 것인가 말 것인가, 이것이 대선토론위원회의 거의 유일한 쟁점이었다. 토론회에 참석할 자격 기준을 교섭단체 정당, 여론조사 결과 10% 이상의 지지를 받는 후보로 하자는 주장이 있었다. 이렇게 되면 권영길은 참석할 수 없었다. 당시 권영길의 지지율은 2% 내외였다. 민주노동당에서 들이밀 수 있는 유일하고 유력한 기준은 직전 전국 선거 득표율 8.1%였다.

이상기는 당시 기자협회 회장으로 대선토론위원회 대변인이었다. 정당 추천 위원들은 민주노동당 후보의 참가를 반대했고, 방송국 보도 책임자 자격으로 위원이 된 사람들은 '민주노동당 후보가 끼면 시청률이 안 나온다'는 이유를 대면서 탐탁지 않아 했다. 한양대 교수였던 정대철 대선토론위원회 위원장은 시청률 핑계를 대는 방송국 쪽 위원들의 발언에 제동을 걸었다. 결국 위원 10명의 무기명 비밀투표로 결정할 수밖에 없었다. 표결 끝에 6대 4로 권영길 후보의 참가가 확정되었다. 대선을 한 달 앞둔 11월 15일 대선토론위원회는 TV 토론회 참가 기준에 교섭단체 후보, 여론조사 지지율 10% 이상 얻은 후보와 함께 직전 전국선거에서 5% 이상 득표한 정당 후보를 포함하기로 결정했다. 6월에 쏘아올린 지방선거 8.1% 득표율이라는 화살이 6개월 후 대선 TV 토론회 참가라는 과녁에 명중했다. 민주노동당은 12월 3일, 10일, 16일 각각 맞붙게 될 후보 간 토론회를 준비하는 데 모든 역량을 배치했다. 다른 정당도 마찬가지였다. TV 토론회의 최고 시청률은 38.5%를 기록했다.

권영길, 노무현, 이회창 세 후보의 제1차 TV 토론회는 판세가 요동칠 만한 충격을 주지는 않았지만, 후보 간의 팽팽한 접전에서 권영길의 '선전'은 다른 후보 진영의 신경을 곤두서게 만드는 변수가 되었다. 민주노동당은 국민의 시선이 집중되는 연단을 얻었고, 권영길이라는 메신저를 통해 당의 메시지를 국민에게 전달할 수 있었다. 권영길은 거대 양당의 대결에 등장하지 않았던 메뉴를 토론회의 도마 위에 올려놓음으로써 여야 후보와 정당의 '좌클릭'을 유도하여 정책 중심 토론으로 이끌었다는 평가를 받았다. 그는 민주노동당이 무엇을 하려는 정당인지, 어떤 사람들이 누구를 위해 만든 정당인지 알려주는 메신저 역할을 충실하게 해냈다.

　　부유세와 무상교육, 무상의료 공약은 다른 후보가 회피할 수도 마냥 반대할 수도 없는, 국민에게는 낯설었지만 귀를 기울이게 만든 이슈였다. 선거 이틀 전 민주노동당이 실시한 여론조사 결과 응답자의 70.7%가 TV 토론회와 뉴스 등을 통해 후보와 당에 대해 좋게 생각하게 되었다고 응답했다. 이 중 11.8%는 2004년 총선에서 민주노동당에 투표하겠다고 했다. 대선을 거치면서 당의 인지도와 호감도가 높아졌고, 잠재적 지지층도 늘어났다.

　　권영길은 95만 7,148표(3.9%)를 얻었다. 5년 전보다 세 배 이상 늘었다. 노회찬은 이런 결과에 대해 '어느 정도 성공적'이라고 평가했다. 목표 득표치 4%, 100만 표에 다소 못 미치긴 했으나 근접했고, '제3당으로서의 지위와 영향력'을 공고히 했으며, 이를 발판으로 2004년 총선에서 더 많은 성과를 내기 위한 교두보 마련이라는 목표도 달성했다. 두 번째 징검다리도 넘어지지 않고 잘 건넜다.

보수 양당의 진보정당 봉쇄

두 차례의 선거를 치르면서 국민의 민주노동당 인지도는 85% 수준에 이르렀다. 신생 진보정당에 대해 호감을 갖고 있다는 국민도 50% 가까이 되었다.[20] 국회의원 1명 없는 원외 정당으로서는 나쁘지 않은 지표였지만 이들 중 어느 정도가 실제 지지로 이어질지는 알 수 없었다. 노회찬은 2004년 총선에서도 총선기획단장, 선거대책본부장을 맡았다. 울산, 창원 등 노동자 밀집 지역 이외에 지역구 당선 가능성이 높지 않았던 민주노동당은 1인 2표제의 도입에 따른 정당 투표에 명운을 걸 수밖에 없었다. 하지만 헌법재판소의 위헌 판결에도 불구하고 기존 정당들이 담합해 전체 비례대표 의석수를 줄이면 이 제도의 도입 효과는 무력화될 수도 있었다. 이 같은 '재앙'을 막기 위해 민주노동당은 '정당명부 추진 운동본부'를 만들어 대응했고, 사무총장 노회찬이 직접 본부장을 맡았다. 노회찬은 정치 인생의 최대 승부처가 될 2004년 총선에서 승리하기 위해 자기 한 몸을 '갈아 넣을' 준비가 되어 있었다. 하지만 먼저 처리해야 할 일이 하나 있었다.

당시 서울 강서을 지구당 위원장이었던 노회찬은 지역구 출마 여부를 결정해야 했다. 노회찬은 진보정당으로서는 '정초 선거'가 될 이번 총선에서 성과를 내는 것이 절체절명의 과제라고 생각했다. 그런 만큼 자신이 선거대책본부장으로서 전국 선거를 책임져야 한다는 각오를 하고 있었고, 자신감도 있었다. 지역구 출마로 발이 묶일 경우 이 일을 할 수가 없었고, 그를 대신할 만한 사람도 없었다. 가까운 동료들은 대부분 비례대표 후보로 출마할 것을 권했지만, 지역구 후보로 출마해야 한다는 의견도 있었다. 특히 강서 지역 당원들 중 그런 의견을 가진 사람이 많았다.

한편 비례대표 후보를 내는 당내 몇몇 정파는 경쟁자를 줄이기 위해 노회찬이 지역구 후보로 출마해야 한다는 주장을 퍼뜨리기도 했다. 그 주장이 설득력이 아주 없는 것은 아니었다. 정당 득표율을 높이기 위해 민주노동당이 가용할 수 있는 가장 확실한 자원은, 선거 기간 동안 현장을 누비면서 민주노동당을 지지할 것을 호소할 '지역구 후보'였다. 그러기 위해서는 지역구 후보가 최대한 많이 나와야 했다. 하지만 당시 당의 역량으로 볼 때 쉽지 않은 일이었다. 특히 대부분 지역의 경우 당선보다는 정당 투표를 많이 얻기 위한 '전사(戰士)'로서의 의미가 강한 출마였기 때문에 후보를 발굴하기가 더 어려웠다. 당내에서 전략 지역을 정해서 출마시키자는 의견과 가능한 한 많은 수의 후보자를 출마시키자는 의견이 부딪치고 있었던 것도 이런 배경 때문이었다. 선거대책본부장 노회찬은 이 논쟁을 솔직한 표현으로 짧고 명료하게 정리했다. "당을 위해 희생타를 쳐달라. 그것을 딛고 당이 전진하겠다."

노회찬에 대해서는, 당원들에게 희생을 요구하며 지역구 출마를 독려하던 선거 책임자가 정작 자신은 비례대표 후보로 나오는 건 문제가 있다는 지적이 있었다. 노회찬은 강서을 지역구의 당원들과 이 문제를 상의했다. 논의 결과 노회찬이 아닌 다른 지역구 출마자를 찾자는 결론이 나왔고, 당시 지구당 사무국장 김단성이 후보로 나섰다.

2004년 총선은 1인 2표제가 실시되는 첫 국회의원 선거였다. 당시 국회의원 정수는 273석으로 지역구 227석, 비례대표가 46석이었다.[21] 민주노동당이 몇 명의 국회의원을 배출할 것인가는 정당 득표율과 함께 비례대표 의석수를 결정하는 기존 정당들의 선거법 협상 결과에 좌우될 수밖에 없었다. 기존 정당들은 의회 안에서는 서로 격렬하게 갈등하지만 민주노동당의 원내 진출을 달갑지 않게 본다는 점에서는 닮아 있는 '기득권'이었다. 자신들에게 특별히 유리할 게 없는 비례대표의 의석수를 늘리는 데 관심을 가질 리 없었다. 오히려 비례대표 의석수를 줄이고 지역구를 늘리고 싶어 했다.

2003년 임기를 시작한 노무현 대통령은 정치개혁을 주요 과제로 들고나왔지만, 임기 첫해 내내 민주당은 내분에 휩싸여 급기야는 당이 쪼개졌고, 그해 11월에 열린우리당이 창당되었다. 의석수 40여 석의, 사상 초유의 미니 여당으로서는 정치개혁보다는 2004년 총선 승리가 최우선 과제가 될 수밖에 없었다. 실질적 개혁은 실종되었고, 항상 그랬던 것처럼 총선에서의 유불리가 유일한 기준이 되었다.[22]

기존 정당들은 진보정당의 원내 진입 장벽을 최대한 높이려 했고, 정치개혁의 기치를 들고나온 열린우리당도 마찬가지였다. 2003년 11월 출범한 범국민정치개혁협의회(정개협)는 보수와 개혁 진영을 망라한 시민사회가 중심이 된 단체로, 국회 정치개혁특위의 공식 자문기구다. 정개협의 개혁안에는 지역구 199석, 비례 후보 100석으로 하자는 내용이 포함되었다. 민주노동당과 대부분의 시민단체들은 이 안을 지지했지만 기존 정당들은 정개협 안을 거부하고 기존 제도에 역행하는 내용에 합의했다.

합의안의 주요 내용에는 비례대표 의석 10석 이상 삭감, 정당 투표 홍보물 불허, 여성 전용 선거구제 도입, 투표 시간 연장 불허, 노조 정치자금 기부 금지 등이 들어 있었다. 1인 2표제의 효과를 최소화하고 진보정당의 진입을 막는 기존 정당들의 노골적인 담합 결과였다. 노회찬은 이 합의 내용을 '가히 최악의 개정안'이라 규정하고 강도 높은 투쟁 계획을 마련했다. 하지만 원외 소수정당의 힘만으로 돌파하기에는 버거운 일이었다. 당의 강력하고 직접적인 투쟁을 선두로 노동·시민단체와 특히 여성계의 연대를 이끌어내는 게 절실히 필요했다.

창원에서 지역구 선거운동에 집중하고 있던 권영길 당대표도 모든 일정을 취소하고 급거 상경했다. 권영길은 청와대 앞 1인 시위에 돌입했고, 이어 여의도에서 당 차원의 노숙농성에 돌입했다. 민주노동당 출마 후보들과 당원들이 농성에 합류했다. 이와 함께 노동·시민사회·여성단체들과 선거법 개악을 반대하는 투쟁의 연대 전선을 구축하기 위해 당의 자원을 총동원했다. 이 모든 투쟁 작전의 컨트롤 타워는 매일 수시로 열리는 민주노동당 선거대책본부 기획조정회의였다. 아침마다 열리는 기획조정회의 외에도 수시로 긴급회의가 소집되어 숨 가쁘게 돌아갔다.[23]

선거법 협상의 최종 결과, 273석이던 의원 정수가 지역구 16석, 비례대표 10석이 더 늘어나 총299석이 되었다. 민주노동당의 힘만으로 기존 정당들의 선거법 개정 협상에 영향을 미쳐 이 같은 결과를 얻은 건 아니었다. 하지만 선거법 개정의 방향을 정확하게 틀어잡고 시민사회가 여기에 동의하고 함께할 수 있게 한 데에는 민주노동당 선거대책본부장 노회찬의 판단과 기획이 키잡이 역할을 했다.

그 무렵 노회찬은 거의 집에 들어가지 못했다. 늦은 귀가는 일상이었지만 불가피한 공적 일정을 제외하면 외박은 하지 않았던 그에게 귀가를 허락하지 않던 나날이었다. 두 달 만에 집에 들어간 어느 일요일, 아내 김지선과 함께 장을 본 사실을 뿌듯해하며 일기에 남기기도 했다. 선거대책본부장으로서 온갖 일을 처리하는 와중에도 전국 곳곳에서 총선과 관련된 강연 요청이 쇄도했다. 그는 선거에 도움이 되는 것이라면 외면하지 않았다. 지역구 후보 선출 대회에도 빠짐없이 다녀야 했다. 하지만 부산에서 전해온 급박한 연락에는 응할 수 없었다.

2004년 2월 20일 늦은 밤, 부산 본가에서 급한 전갈이 왔다. 지병이 있던 어머니가 응급실에 실려갔다는 소식이었다. 하지만 그는 부산으로 내려갈 수가 없었다. 어머니가 위급한 상황을 넘긴 뒤에 서울 집으로 모셨다. 그런데 다음 날 늦은 밤에 아내로부터 급한 호출이 왔다. 어머니가 위독해 119를 불러 목동에 있는 병원 응급실로 갔다는 소식이었다. 멀리 떨어지지 않은 여의도에 있던 그는 이번에도 전화 통화를 한 후 '즉각'이 아니라 하던 일을 끝내고 가야만 했다.

노무현 탄핵 폭풍, '해석 투쟁'에서 승리하다

선거법 개정 국면이 지나가자 예기치 못했던 탄핵 폭풍이 불어왔다. 총선을 한 달 앞둔 3월 12일, 한나라당, 민주당, 자민련은 국회에서 열린우리당의 반대 속에 선거 중립 위반 혐의 등을 이유로 노무현 대통령 탄핵소추안을 가결했다. 정국은 급격하게 탄핵의 소용돌이 속으로 빨려 들어갔다. 거대한 전함들이 맞부딪쳐 싸우는 포연 자욱한 해전 한복판에서 돛단배 수준인 민주노동당호가 급격히 출렁거렸다. 여기서 중심을 제대로 잡지 못하면 항로를 잃을 수 있었다. 탄핵 반대 촛불을 든 사람들이 광화문광장으로 쏟아져나왔다. 노무현 대통령과 소수 여당인 열린우리당에 대한 국민의 지지가 눈에 띄게 치솟았다.

노회찬은 이날 오전 11시 55분 국회에서 탄핵소추안이 가결되었다는 소식을 TV 중계를 통해 확인한 후 즉각 긴급회의를 소집해 당의 입장을 정리했다. 탄핵 정국의 본질을 신속하게 규정하는 것이 무엇보다 중요했다. 회의가 진행되는 동안 중앙당의 전화통에 불이 났다. 전국 광역시도지부, 지구당에서 탄핵에 대한 당의 입장과 지침을 빨리 내려달라는 전화였다. 선거대책본부 회의에서 다양한 의견이 제출되었지만, 정리가 되지 않자 선거대책본부장 노회찬에게 판단을 맡기기로 했다.

탄핵에 대한 '해석 투쟁'에서 밀리지 않고 진보정당의 담론을 링 위에 올려놓아야 했고, 민주노동당의 '공식 해석'에 동의하는 범위를 넓혀야 했다. 노회찬은 "탄핵은 한마디로 16대 국회가 저지른 마지막 범죄 행위"라고 규정했고, 헌법재판소를 향해서는 탄핵소추안을 빠른 시일 내에 기각 처리할 것을 촉구하는 것으로 당의 입장을 정했다. 여기서 키워드는 '국회'였다. 대중이 탄핵 주체나 탄핵을 당한 편 중 한쪽으로 지지가 쏠릴 때, 노회찬은 '국회'라는 이름으로 기존 정당들을 모두 불러내 범죄 집단으로 규정한 것이다. 총선에서 승리하기 위한 정당 간의 이전투구 행태를 민주(노무현-열린우리당) 대 반민주(한나라당, 민주당, 자민련) 세력 간의 투쟁으로 왜곡하고 탄핵 세력에 대한 응징과 민주 세력에 대한 지지로 형성된 전선에 균열을 내야 했다.

노회찬이 피아가 분명해진 탄핵 전쟁터에서 인기가 없는, 나아가 죽음을 자초할 수도 있는 '양비론'을 꺼내든 이유다. 노회찬은 이날 오후 기자회견을 통해 "탄핵 사태는 노무현 대통령과 한나라당, 민주당, 열린우리당 공동책임"이라는 점을 강조하고, '보수정치권 심판 비상 국민행동'을 구성할 것을 제안했다.

탄핵소추안이 가결된 날, 마침 민주노동당사에서 전국민중연대 회의가 열렸다. 전국민중연대는 민주노동당과 민주노총, 전국농민회총연맹(전농), 전국연합 등이 만든 조직이었다. 탄핵에 대한 입장을 놓고 논란이 이어졌지만 결론을 내지는 못했다. 탄핵에 대한 진보진영의 입장을 조율하는 것이 만만치 않았다. 이날 밤 8시, 민주노총은 긴급 중앙집행위원회를 소집해 탄핵에 대한 입장을 정리할 참이었다. 민주노총의 입장은 다른 조직에도 큰 영향을 끼칠 수 있었기 때문에 이날 회의의 결론은 중요했다. 노회찬은 가만히 있을 수 없었다. 그는 선거운동을 중단하고 창원에서 급히 올라온, 초대 민주노총 위원장 출신인 권영길 당대표를 대동하고 민주노총 회의에 직접 참석해 민주노동당의 입장을 설명했다. 이날 민주노총은 회의를 마치고 탄핵 사태와 관련해 "부패 보수정치권을 심판하고, 민주노총의 적극적인 투쟁으로 탄핵 국면을 '진보 대 보수'로 전환할 것"이라는 입장을 발표했다. 이어 전농과 전국빈민연합(전빈련)도 민주노동당의 입장을 받아들였다. 다양한 입장이 난무했던 탄핵 전선의 내용이 통일적으로 정돈된 중요한 순간이었다. 노회찬은 탄핵 정국이 민주노동당에는 위기이자 기회라고 보고, 당을 중심으로 주요 대중조직을 결속하고 당의 독자적 지지 기반을 튼튼히 하는 기회로 만들기 위해 전력을 기울였다. 그 결과 성과도 있었다.

3월 15일 월요일. 이날은 민주노동당 비례대표 후보의 선출 결과가 나온 날이었다. 탄핵 사태의 한복판에서 치러진 당내 선거였다. 선거 결과 노회찬은 비례대표 순번 8번을 받았다. 당시 많은 사람의 전망으로는 당선을 기대하기 어려운 순번이었다. 충분히 서운할 만한 결과였다. 그러나 8번을 받은 노회찬의 심정은 아무도 모른다. 그는 이와 관련해 어떤 감정도 드러내지 않았다. 다만, 순위 8번이라는 기록은 그가 당내 역학 관계의 냉정한 현실을 새삼 확인한 계기가 되었다. 선두에서, 중심에서 당을 만들고 중요한 선거를 이끌었던 그였지만, 다수 당원들은 비례대표 후보를 선택하는 기준에서 그런 것들을 중시하지 않았다. 이에 대한 어떤 '감정'이 있었다면 그건 아마 '고독감'에 가깝지 않았을까?

노회찬은 이날도 기획조정회의를 열고 탄핵 정국을 돌파할 방안을 논의했다. 이 회의에서 그는 탄핵 반대 촛불집회가 열리는 광화문광장 대신 제3의 장소에서 민주노총과 전농 등 대중조직과 함께 당이 따로 집회를 열어 독자적인 목소리를 내야 한다고 주장했고, 이는 그대로 당의 방침으로 결정되었다.

마침 이날 순번이 정해진 민주노동당 비례대표 후보들이 함께 모여서 탄핵 정국을 돌파할 방안을 논의했다. 그 자리에서 노회찬은 앞서 기획조정회의에서 내린 의견을 제출했다. 회의 참석자들은 광화문광장이 아닌 별도의 장소에서 집회를 갖는 것에 대해 여러 이유를 들며 난감해했다. 특히 전농이 낸 비례대표 후보인 강기갑, 현애자는 광화문광장 집회에 적극 참여하여 그곳에서 대중을 '견인'해야 한다는 전농의 조직 방침을 전달했다. 회의에서는 분명한 결론을 내리지 못했지만, 광화문 집회에 참여하자는 의견이 다수였다. 노회찬은 선거대책본부 회의 참여 멤버인 황이민 상황실장(사무부총장)을 전농과 민주노총 연석회의에 참석시켜 독자적인 장소에서 집회를 열 수 있는 방안을 찾아보도록 했으나, 노동자, 농민의 대중조직인 두 단체는 집회 장소를 광화문광장으로 결정했다. 노회찬은 이 같은 결정이 아쉬웠지만, 다른 도리가 없었다. 그는 3월 15일 자 「난중일기」에 이렇게 썼다. 노회찬의 「난중일기」는 17대 총선 기간 중인 2004년 1월 5일부터 3월 31일까지 다양한 선거 활동 이야기를 적어놓은 기록이다.

진보진영의 혼란이 그 어느 때보다 심각하다. 사태를 종합적으로 규명하지 못하다 보니 한나라당, 민주당을 '수구 보수 세력'으로 규정하고 탄핵 사태의 성격을 '우익 쿠데타'로 파악하기도 한다. 노무현 정부의 1년을 당해보았으면서도 노무현과 열우당(열린우리당: 인용자)을 '개혁 세력'으로, 민주당을 '수구 세력'으로 바라본다. … 그를(노무현을: 인용자) 구출하는 것이 사회주의자의 임무인 양 주장하는 경우도 있다. 탄핵 정국을 '6·15정신'을 파괴하려는 미국의 음모로 보는 시각까지 등장하였다. … 오랫동안의 소외감은 많은 사람들에게 광화문에 가고 싶은 유혹을 자극시킨다. 그러나 먼 길을 가는 사람은 때론 외로움도 견딜 줄 알아야 한다. 당장의 손해를 감수하더라도 진실을 외면할 순 없다. 우리는 지금 역사를 쓰고 있다.[24]

불판을 타고 탄핵의 강을 넘다

예상치 못했던 탄핵 후폭풍은 총선 판도를 뒤흔들어놓았다. 지역구 당선의 유력 지역으로 꼽고 있던 권영길의 창원과 조승수가 나온 울산에서는 연일 노회찬 선거대책본부장에게 '급보'를 올려 보냈다. 열린우리당의 지지율이 무섭게 상승하고 있다는 전갈과 대응책을 시급히 마련해달라는 요구였다. 다른 지역도 마찬가지였다. 노회찬이 이미 탄핵 정국에 대한 당의 입장을 분명히 하고 대중조직도 동의하게 만드는 데까지는 성과를 냈지만, 폭풍의 영향권을 벗어날 도리는 없었다. 국민에게 민주노동당의 논리와 입장을 정확하고 분명하게 전달해 존재감을 알려야 했지만 방도가 없었다. 탄핵 정국에 진보정당의 목소리에 귀 기울이는 언론은 없었다.

이런 와중에 나가게 된, 3월 20일 KBS 〈심야토론〉은 노회찬으로서는 절대 놓쳐서는 안 될 기회였다. 토론 주제도 탄핵 국면에 '급변하는 민심'이었다. 탄핵 국면을 압도하던 담론 지형에 새로운 시각, 진보정당의 입장을 전달해 국민을 설득할 수 있는 최적의 공간이었다.

노회찬이 이날 언급한 모든 낱말과 문장이 사전에 준비된 것은 아니었겠지만, 토론의 목표와 공격 대상, 논리 전개 방식은 탄핵 국면을 잘 타고 넘어 민주노동당의 존재감을 각인시키려는 전략에 맞춘 것이었다. 보수 양당을 '시커메진, 갈아치워야 할 삼겹살 불판'에 비유한 양비론은 놀라운 효과를 보여주었다. 비유의 효과는 논리적 설득을 압도했다. 단지 시청자들의 속을 후련하게 해주었다는 청량제 수준을 넘어선 중요한 정치적 의미를 내포한 발언이었다. 이날 노회찬은 시청자들의 속을 사이다처럼 후련하게 해준 재담 정치인이 아니라, 탄핵 정국 쓰나미에 맞서 진보정당의 최전선에서 악전고투하는 장수였다. 총선 전망이 갈수록 암울해지고 있던 상황에서 당의 무게중심을 잡고 열린우리당 쪽으로 쏠린 총선 지형을 타고 넘어 민주노동당 바람을 일으킨 것은 노회찬 일생일대의 대승부였다. '삼겹살 불판'이라는 비유는 탄핵을 둘러싸고 온갖 해석이 난무하는 전장에서 독자적인 진보정치의 공간을 만들어준 일등공신이었다.

사실 '판갈이론'은 노회찬의 불판 발언 이전부터 있었다. 보수정당의 물갈이에 맞서 진보정당으로 판갈이를 해야 한다는 주장이었다. 정치학자 조현연은 2004년 2월, 기관지 『진보정치』에 "정당구도 재편(판갈이)을 전제하지 않은, 또는 그것과 함께하지 않는 인물 교체(물갈이)로는 일시적인 대중적 카타르시스 효과를 줄 뿐 정치를 바꿀 수는 없다"라고 썼다.

3월 26일 당의 중앙선거대책본부는 전체회의를 열고 제17대 총선 캐치프레이즈 "부자에게 세금을, 서민에게 복지를"을 최종 확정했다. '복지국가 지향'이라는 진보정당의 성격을 분명히 하고 '조세혁명, 복지혁명, 완전고용 실현'이라는 민주노동당 공약의 핵심 목표를 잘 표현했다는 평가를 받았다. "야당 교체는 민주노동당"이라는 정당 홍보 구호도 결정했다. 탄핵 정국의 출구 전략과 당의 정체성 강화를 연결한 것들이었다.

3월 28일 「난중일기」에 노회찬은 이렇게 썼다. "탄핵 정국으로 초반에 주춤거리고 뒤로 빠졌던 지지세는 거의 회복되었다."

『진보정치』172호 표지 갈무리(2004)

보름 동안의 격전에서 얻은 성과였다. 아직도 많은 사람이 노회찬의 불판 발언은 기억하고 있지만 시커먼 불판은 여전히 바뀌지 않고 있다는 사실에는 덜 주목하고 있다.

상선약수 리더십

노회찬은 자신이 생각하는 바람직한 리더십을 설명하면서 서로 배치되는 두 가지 비유를 들었다. 쇄빙선과 상선약수(上善若水, 최고의 선은 물과 같다). 북극해의 쇄빙선처럼 최전선에 서서 얼음을 깨부수면서 진로를 개척하는 리더십과 물처럼 인위적인 힘을 가하지 않고 자연스럽게 아래를 향해 흐르는 무위의 리더십은 난관 돌파라는 공통의 목표를 향한 다른 접근법이었다. 전자가 진보정당 바깥의 경쟁자들을 상대할 때 발휘된 리더십이라면 후자는 조직 안에서 그가 지향했던 리더십의 면모였다.

당내 투표 결과 노회찬이 비례대표 후보 8번을 받았다는 사실은 앞에서 얘기했다. 민주노동당은 투표권이 있는 당원 1명당 모두 4표를 주었다. 여성 할당이 50%였고, 후보 명단은 여성과 일반이 따로 있었다. 여성 후보들 중 2명에게 각 1표씩, 일반 후보들 중 2명에게 각 1표씩 행사할 수 있었다. 남녀를 구분하지 않고 등록할 수 있는 일반 후보 명단은 모두 남성이었다.[25]

노회찬은 8번 후보가 되었지만 득표수로는 9위를 기록했다. 사람들은 노회찬이 앞 순위로 당선되지 못한 것에 대해 의아해하면서 그 이유를 궁금해했다. 결과가 노회찬의 기대에 못 미치긴 했지만 이변은 아니었다. 2004년 비례대표 후보를 정하는 당내 경선에서는 정파 간 대결이 극심하게 펼쳐지지는 않았다. 그 이유는 우선 총선에서 8명이나 비례대표 당선자를 낼 것으로 예상한 사람은 아무도 없었기 때문이다. 선거가 코앞인 3월 말 여론조사에서 민주노동당의 지지율은 탄핵 역풍을 벗어나지 못한 채 3~6% 수준이었다. 이 정도 지지율이라면 2~3석 안팎에 그칠 것이고, 2년 전 지방선거 때의 득표율 8.1%를 얻으면 5석이 가능했다. 전리품이 크지 않을 것으로 예상되는 전쟁터였으니 비례대표 후보 자리에 대한 경쟁이 그리 치열하지 않았다.

당시 비례대표 후보의 순번 결과를 놓고 보면 노동자, 농민 조직의 대표성을 가진 후보를 지지하는 흐름이 뚜렷했다. 표를 많이 얻은 단병호, 심상정은 민주노총, 강기갑, 현애자는 전농 출신 후보였고, 천영세도 민주노총의 지지를 받았다. 당시 민주노동당 당원 중 민주노총 조합원이 차지하는 비율은, 정확한 통계 자료는 없지만 40% 안팎으로 추정되었다. 이들은 노동계를 대표하는 국회의원을 만드는 게 가장 중요한 투표 기준이었고, 그것은 자연스러운 일이었다. 정당운동과는 사실상 무관했던 강기갑, 현애자가 순위에 오른 것도 전농 출신이라는 점 때문이었다. 노회찬의 경우 민주노총, 전농 같은 대중 단체의 조직적 지지는 기대하기 어려웠다.

민주노동당 비례대표 후보자 마감을 10여 일 남겨놓은 2004년 2월 14일 저녁 7시 대구. '17인 모임'[26]이라 불린 민주노동당 내 범좌파(평등파) 협의기구 모임이 열렸다. 민주노동당 비례대표 후보 중 지지 후보를 정하는 자리였다. 단병호, 심상정을 지지하는 데에는 이견이 없었다. 쟁점은 노회찬을 지지 후보에 포함할 것인가 여부였다. 복잡한 논의 끝에 단병호, 심상정을 공식 지지 후보로 결정했고, 나머지 표는 조직의 재량에 따라 행사하는 걸로 결정했다. 결국 노회찬은 민주노총의 지지도, 당내 범좌파의 공식적 지지도 받지 못한 채 전체 9위 득표, 비례대표 후보 8번이라는 결과를 받게 되었다. 그는 1~8번 후보자 가운데 유일하게 조직적 지지표가 없던 사람이었다. 그게 당시 당내 현실이었다.

노회찬은 '조직적으로 고독'한 정치인이었다. 그의 지론 가운데 하나는 대중정당의 지도자는 대중의 지지를 많이 받는 사람이어야 한다는 것이었다. 그것이 '앞을 다투지 않는' 물처럼 순리를 따르는 길이었고, 상선약수 리더십의 실현이었다. 하지만 민주노동당 내부의 권력 경쟁은 정파와 조직을 중심으로 전개되었다. 노회찬은 대중조직 출신이 아니었고, 노선은 평등파였지만 자신이 리더였던 정파 조직은 없었다. 노회찬을 지지하는 당내의 인사들이 중심이 된 '혁신네트워크'라는 조직이 있긴 했지만, 당내의 권력 경쟁에 영향을 줄 만한 규모는 아니었다. 노회찬 스스로 정파 중심의 사고와 조직 운영에 비판적이었기 때문에 정파를 조직하거나 이용하는 데 적극적이지 않았다. 노회찬의 이 같은 태도는 대선 후보, 당대표 선출 같은 중요한 당내 경선에서 패배할 수밖에 없었던 배경으로 작용했다.

하지만 돌이켜보면 2000년 창당 이후, 좀 더 길게 잡으면 1997년 국민승리21 출범 이후 국회에 진출한 2004년까지 근 8년간은 노회찬 인생에서 가장 신나게 일했던 시간이었다. 그리고 그 일들은 노회찬의 계획에 크게 어긋나지 않고 순조롭게 진행되었으며, 성과를 눈으로 확인할 수 있었다. 출중한 전략가로서, 쇄빙선의 최선두에 선 선장으로서 리더십을 보여준, 상대적으로 행복했던 시기였다.

2000년 창당 이후 2004년까지 그가 보여준 것은 쇄빙선 리더십의 모범이었다. 자칭 '창당 원천 기술자'로서의 역할, 거대한 얼음덩어리 같은 거대 양당 체제에 1인 2표제라는 작은 못질로 균열을 낸 일, 삼겹살 불판 발언으로 노무현 탄핵 정국을 돌파한 일 등이 대표적 사례다. 노회찬은 특히 초창기에 당이 허약할 때는 관리자형 리더십이 아니라 개척자형 리더십이 절실하다고 봤다. 그는 '쇄빙선처럼 얼음장을 깨고 나아가는 능력, 정치력, 돌파력'이 필요하며, '신념과 철학이 확고하고 그것을 현실에서 잘 구현'할 수 있는 리더만이 이 역할을 할 수 있다고 강조했다. 흥미로운 것은 이 시기에 당대표를 맡았던 권영길은 통합과 관리형 리더였다는 점이다. 당내의 복잡한 정파 간 갈등 상황을 관리하고 조직을 통합하는 데 권영길의 리더십은 큰 역할을 했다. 여기에 노회찬의 돌파형 리더십이 성공적으로 결합된 것이 이 시기 당의 성공적 운영을 설명하는 중요한 요인 중 하나였다.

상선약수는 노회찬이 꼽는 '내 인생의 한 문장'으로, 그가 생각하는 리더의 기본 철학이었다. 쇄빙선이 돌파하는 리더십이라면 상선약수는 순리를 중시하는 리더십이다. 출발점이 어딘지 묻지 않고 끊임없이 합해지고, 일시적으로 갈라지더라도 다시 모여 더 넓은 물줄기를 이루며, 난관에 부딪쳐도 포기하지 않고 흐르는 물의 속성이야말로 리더가 갖춰야 하는 자질이었다. 그는 진보정치가 자신이 희망하는 민중의 바다로 나아가기 위해선 더 낮은 곳으로 임해야 하고, 방향이 같다면 다투지 말고 문호를 넓혀가야 하며, 어떤 악조건 속에서도 끝내 포기하지 않는 리더의 존재가 필수

적이라고 생각했다.

하지만 자연스러움, 순리 같은 가치를 바탕으로 하는 상선약수 리더십은 현실 정치, 특히 당내의 권력 경쟁 정치에서는 힘을 발휘하지 못하는 측면도 있었다. 노회찬은 정파 간 거래, 협상, 타협 등 정치적 일상 행위를 자연스럽지 못한 행태로 봤기 때문에 거기에 능하지 못했다. 당내 경쟁자들은 노회찬의 이런 측면을 그의 약점 또는 순진함으로 평가했다. 앞서 말한 당내 주요 경선에서 노회찬이 패배한 것은 리더십에 대한 노회찬의 이 같은 인식과도 연관되어 있었다. 이 문제는 나중에 다시 살펴볼 기회가 있겠다.

제7장

눈부신 활약과 분당의 아픔

2004~2008년:

성공-실패, 승리-패배의 롤러코스트

노회찬은 화려한 조명을 받으며 무대 위로 올라왔다. 국민은 보수 양당의 오랜 '적대적 공생' 관계에 파열구를 낼 진보정당의 필요성을 인정했다. 초선 의원 노회찬의 활약은 눈부셨다. '삼성과 미국'을 건드리면 안 된다는 여의도의 불문율을 깨뜨렸고, 세상의 중심인 '아픈 곳'으로 달려가 그곳에 있는 사람들과 공감하고 소통하고 함께 현안을 풀어나가는 정치인이 되었다. 하지만 '승자의 저주'는 민주노동당에도 찾아왔다. 2007년 당내 대선 후보 경선에서 예상치 못한 참패를 맛보았고, 꿈에도 생각지 못했던 분당을 막을 수 없었다.

인생에서 가장 화려했던 날

2004년 4월 15일 오후 6시 60초 전. 카운트다운이 시작되었다. KBS, MBC, SBS 등 방송 3사 개표 방송은 1분 후면 각 당의 당선자 수를 예측하는 출구조사 결과를 발표할 참이었다. 여의도 한양빌딩 5층에 마련된 개표상황실은 100명 가까운 기자들로 이미 한 시간 전부터 북적댔다. 로이터통신, ANSA(이탈리아의 최대 뉴스통신사) 등 외신 기자도 취재 중이었다. 공중파를 비롯한 각종 방송사 카메라 20여 대가 강기갑, 노회찬, 단병호, 심상정, 이영순, 천영세 등 민주노동당 비례대표 후보의 얼굴을 비추고 있었다. 의자에 앉은 사람보다 서 있는 사람이 더 많았다.

5, 4, 3, 2, 1. 출구 조사 결과가 번쩍하며 화면 가득 떴다. "열린우리당 압승, 과반 확실" 첫 자막이 뜬 후 곧이어 "민주노동당 9~12석" 자막이 올라왔다. 팽팽한 긴장감을 누르고 있던 침묵이 단숨에 날아가버렸다. 환호와 박수 소리가 침묵이 물러난 공간을 꾹꾹 채워 터질 것 같았다. 맨 앞자리에 앉아 있던 노회찬 선거대책본부장이 벌떡 일어나서 천영세, 단병호 등과 반갑게 악수를 나누었다. 사람들은 얼싸안고, 박수 치고, 악수하고, 큰 소리로 외쳤다. "제3당, 진보야당!" 구호가 건물 밖으로 퍼져나갔다. 그 소리는 당사 밖에 설치된 200인치 대형 TV 앞에 있던 당원과 지지자들의 함성과 부딪치며 공중으로 솟구쳤다.

노회찬도 흥분했다. "다음 총선에는 100석 이상을 차지해 제1 야당이 되겠습니다. 아직도 목이 마릅니다." 노회찬은 소감을 묻는 기자들에게 이렇게 말했다. 당내 비례후보 출마 출사표에서는 목표 의석이 80석이었는데, 20석을 더했다. 당선이 확실시된 1번 심상정과 2번 단병호에게 기자들의 인터뷰가 쇄도했다. 뉴스 앵커들도 민주당, 자민련을 누르고 제3당이 된 민주노동당 관련 뉴스를 깜짝 놀란 목소리로 전달했다. 흥분의 첫 파도가 지나가고 나서 잠시 후, 이번에는 창원과 울산의 권영길, 조승수 후보가 선두를 기록했다는 뉴스가 나오면서 환호성이 또 한 번 당사 안팎에서 울려 퍼졌다.

오후 8시가 넘으면서 어두워진 당사 바깥은 집에서 TV를 보다 흥분을 참기 어려웠던, 성질 급한 열혈 당원들과 지지자들로 채워지기 시작했다. 그들은 길바닥에 비둘기 떼처럼 둘러앉아 맥주를 마시고 폭죽을 터뜨리며 "노동자, 농민 앞장서서 진보정치 구현하자"는 구호를 외쳤다. 그러다 갑자기 "노회찬"을 연호하는 목소리가 터져나왔다. 개표 상황실에서 방송에 내보낼 '그림'이 될 만한 장면 촬영을 끝내고 선거대책본부장 노회찬이 밖으로 나왔다. 그는 당원들 앞에서 마이크를 잡았다. "아직 밥을 못 먹었는데, 사발면 남은 것 있습니까?" 앞줄에 있던 사람들은 사발면 대신 웃음과 박수를 건네며 그의 다음 말을 기다렸다.

"출구 조사 결과대로라면 열린우리당이 15년 만에 강력한 집권여당으로 탄생하게 됐습니다. 그러나 이것은 열린우리당이 잘해서 된 것이 아닙니다. 국민에게 가불을 한 것입니다. 열린우리당이 제대로 개혁을 해나가지 않는다면 가불해간 돈도 갚으라고 해서 아예 해고를 시켜버리도록 하겠습니다." 폭소가 터졌다.

밤 10시. 당사 안에는 내일 갑자기 할 일이 많아진 당직자들만 남았다. 나머지 사람들은 밖으로 나와 당원과 지지자들과 어울리거나 주변 주점에 몰려가 한잔하면서 TV 개표 중계를 봤다. 권영길, 조승수 후보의 당선이 확정되었다. 당사 주변은 물론 근처 술집은 이날 기쁨을 만끽하려는 사람들로 넘쳐났다. 늦은 시간이었지만 여의도로 오는 사람들도 있었다.

출구 조사에서 13%였던 민주노동당의 예상 득표율은 저녁 9시 뉴스에서 11%대로 떨어졌다. 노회찬 본부장은 선거대책본부 회의를 열고 다음 날 오전에 지역구 당선자를 비롯해 모든 당선자가 모여서 '제17대 총선 승리 특별 기자회견'을 갖기로 했다. 노회찬의 당선 가능성이 멀어지는 듯했다. 그는 사무총장실에 들어가 잠을 잤다. 자정이 가까워지자 최소 7명까지는 비례대표 당선이 가능할 것이라는 예측이 나왔다. 비례대표 후보 8번의 당선 여부가 초미의 관심사가 되었다. 국회의원 정원 299명 중 단 1명만 당선이 확정되지 않았다. 민주노동당과 자민련의 싸움이었다. 보수 정치계의 거목, 9선의 김종필과 진보정치의 떠오르는 신인 노회찬의 심야 결투가 제17대 총선의 대미를 장식하고 있었다. 사람들은 손에 땀을 쥔 채 TV 화면을 지켜봤다.

새벽 2시가 넘어가면서 승부가 났다. 민주노동당 8번 노회찬이 자민련 1번[1] 김종필을 누르고 '당선 확실'이라는 보도가 나오기 시작했다. 사무실에 있던 노회찬의 오랜 동지 윤영상이 이 소식을 알리러 사무총장실 문을 열었다. 자고 있던 그를 깨우면서 큰소리로 말했다. "총장님, MBC, KBS에서 당선 확실 보도가 나오고 있습니다." 노회찬이 눈을 뜨면서 말했다. "AFKN에서는 어떻게 나와?" 당사를 중심으로 반경 수백 미터 안에서 그날 밤 가장 높은 데시벨의 함성이 터졌다. 숨 막히는 '레이스'가 끝나고, 노회찬은 더할 수 없이 극적으로 한국 정치 무대에 등장했다. 다음날 아침 MBC 뉴스는 이렇게 보도했다.

"간신히 3%대를 유지하던 자민련의 정당 득표율은 자정쯤 2.9%로 떨어지고 맙니다. 이후 2.9와 3 사이를 오락가락하기 두 시간. 김종필 후보와 노회찬 후보의 당락도 덩달아 엎치락뒤치락한 두 시간이었습니다. 하지만 새벽 2시가 지나자 2.9는 3으로 돌아오지 못했습니다. 차이는 불과 0.1%. 결국 0.1% 때문에 보수정객 김종필은 퇴장하고 노동운동가 출신 노회찬은 한국 정치의 전면에 화려하게 등장했습니다."

1960년 4월혁명 직후 치러진 총선 이후 44년 만에 처음으로 진보정당 의원 10명이 탄생했다. 노회찬은 이날을 자기 인생에서 가장 화려한 날이었다고 말했다. 민주노동당 당원과 진보정당 지지자 모두에게도 정말 좋은 날이었다.

제17대 국회 개원 첫날인 5월 31일 노회찬을 포함한 민주노동당 초선 의원들이 나란히 서서 국회의사당을 향해 걸어 들어오는 사진은 꽤 인상적이어서 적잖은 사람들의 뇌리에 남아 있다. 국회 본청의 계단을 통해 첫 등원하는 그들을 향해 카메라를 든 기자들이 몰려왔다. 소감을 묻는 질문에 노회찬은 이렇게 대답했다.

당사에서 여기까지 걸어오는 데는 5분밖에 걸리지 않았지만,
우리 서민들 노동자 농민 대표가 여기까지 오는 데 사실 50년이

제17대 국회 개원 첫날인 2004년 5월 31일, 국회에 등원하는 민주노동당 의원들. 왼쪽부터 최순영, 노회찬, 단병호, 권영길, 천영세, 심상정 의원(2004)

걸렸어요. 걸어서 5분이면 올 거리를, 차로는 1분일 것이고…
정치적으로 오는 데는 50년이 걸렸어요.

초선 의원 노회찬의 아주 오래된 꿈

지하혁명 조직에서 감옥을 거쳐 지상의 합법적 정당운동 공간으로 나왔던 노회찬은 이제 '무대' 위로 화려한 조명을 받으면서 등장했다. 그곳은 대중이 지켜보는 무대였고, 권력을 놓고 쟁투하는 사람들의 '링'이었다. TV, 신문, 잡지, 인터넷 매체 등 언론은 모두 링 아나운서가 되어 노회찬이라는 신인 선수가 누구인지 집중적으로 소개했다.

마흔여덟 살이라는 젊지 않은 나이에 초선 국회의원이 되어 링 위에 오른 노회찬을 어떻게 소개할 수 있을까? 그는 무엇보다 '대중적 진보정당을 만든 사람'이었다. 평생의 목표였던 제대로 된 진보정당을 건설하는 데 앞장섰고, 40대 중반에 이루어냈다. 기대 혹은 예측보다 일찍 창당을 이루어냈으니 이미 평생 목표의 절반이 실현되었다.

노회찬은 왜 기존 정당에 입당하는 대신 진보정당 창당을 선택했나? "정치를 하려면 큰 정당에 가야지, 취직도 못하는 놈이 기업을 만들겠다는 거나 마찬가지 아니냐?"라며 노회찬의 선택을 이해하지 못하는 사람이 많았다. 한국에서 진보정당을 한다는 것은 전망이 불투명하고 위험하기도 한 일이었다. 하지만 노회찬은 진보정치가 아니라면 굳이 정치를 할 이유가 없었다. 그에게 정치, 더 정확하게 말하자면 진보정치는 개인의 영달을 위한 것이 아니라 세상을 바꾸는 수단이었다. 그러나 그것은 목표와 직결된 수단이어서 그 중요성이 목표와 거의 동급이었다.

노동운동에서 비합법 전위정당, 합법적 대중정당으로 노선과 방법은 시대와 사회적 조건에 따라 변해왔지만, 그가 정치를 통해 바꾸려고 했던 세상은 바뀌지 않았다. 그의 꿈과 목표는 '인간 해방, 노동 해방'이라는 사회주의적 이상과 원칙이 구체적으로 실현된 사회를 만드는 것이었다. 그는 자신의 꿈을 이렇게 설명했다.

나는 다시 꿈을 꾼다. 대학 서열과 학력 차별이 없고 누구나
원하는 만큼 교육받을 수 있는 나라, 지방에서 태어나도 그곳에서
교육받고 취직하고 결혼하고 아이를 낳고 기르는 데 아무
불편함이 없는 나라, 비정규직이라는 이유로 차별받지 않는
나라, 인터넷 접속이 국민의 기본권으로 보장되는 나라, 그리고
무엇보다 모든 국민이 악기 하나쯤은 연주할 수 있는 나라,
토머스 모어는 고작 하루 노동시간을 여섯 시간으로 줄여놓고 그
섬을 존재하지 않는 섬, 유토피아라 불렀지만 나는 그보다
더 거창한 꿈을 꾸지만 단지 꿈이라 여기지 않고 있다.[2]

어찌 보면 소박한 꿈처럼 보이지만, 이 꿈이 이루어지려면 세상이 바뀌어야 했다. 아직 미완인 이 꿈은 노회찬이 고등학교 때부터 줄곧 꾸어왔던 꿈이다. 2007년 민주노동당 대선 후보 경선에서 그는 '제7공화국 건설'이라는 캐치프레이즈로 자신이 꿈꾸는 세상의 모습을 제시했다. '삼겹살 불판 갈기'는 이 목표의 다른 표현이었다. 그가 생각한 바뀐 세상은 막연하게 좋은 세상이 아니었다.

민주노동당 대선후보 출마선언(2007) ⓒ노회찬재단

그 사회가 어떤 사회로 불리든 자본주의를 넘어선 사회였고, 그가 생각한 자본주의는 이론이나 개념이 아니라 지금 여기 우리가 살고 있는 사회였다.

당을 만들어 인생 목표의 절반을 이룬 초선 의원 노회찬의 다음 목표는 진보정당의 집권이었다. 누군가는 비현실적이라 했고 또 누군가는 멀고 험한 길이라고 했지만, 오래 걸린다고, 험한 길이라고 해서 다른 무언가와 바꿀 수는 없는 목표였다.

집권에 관한 노회찬의 생각 하나만 기억해두자. 그는 진보정당의 집권이 목표라 하면서도 집권만으로는 세상이 바뀌지 않는다는 것을 기회가 있을 때마다 강조했다.

민주노동당이 '세상을 바꾸자'는 슬로건을 걸고 있는데, 과연 '민주노동당이 집권을 하면 바뀝니까?' 전혀 그렇지 않다고 봅니다. 세상을 바꾸기 위한 좀 더 좋은 고지, 좀 더 유리한 정세를 만들지는 몰라도 민주노동당이 집권하면 세상이 바뀐다, 이런 건 아니라 봅니다.[3]

그렇다면 정말로 세상을 바꾸는 길은 무엇인가? 이에 대한 노회찬의 생각은 무엇인가? 이 질문에 대한 그의 답은 뒤에서 들어보기로 하고 여기서는 초선 의원 노회찬의 이야기를 좀 더 해보자.

2004년 제17대 국회의원의 공식 임기가 시작되기 전인 5월 어느 날, 김지선은 서재로 쓰는 작은방에 들어갔다. 책상 위에 종이 한 장이 있었다. 노회찬이 아내 김지선에게 쓴 편지였다. 노회찬은 아무 말도 하지 않고 출근했다. '연서'를 바란 것은 아니었지만, 조금의 기쁨이나 설렘의 표현도 없이 마치 '전투 현장'으로 가는 사람이 쓴 편지 같았다. 김지선은 남편이 국회의원이 되는 게 목표도 아니었고 그동안 살아온 걸로 보면 편지 쓸 때의 마음이 이해가 되긴 했지만, '내가 무서운 사람하고 사는구나' 하는 생각이 들었다. 편지 전문이다.

사랑하는 당신에게

다시 광야에 섰습니다.
험한 세월, 모진 풍파 모두 뒤로하고
한 번도 가본 일 없는 낯선 길 앞에 섰습니다.

당신과 함께한 지난 16년
우리는 서로 마주 보는 것보다 함께 같은 곳을 바라보는 것이
더 중요하다는 믿음으로
여기까지 헤쳐왔습니다.

그러나 당신의 부르튼 발을 닦아주고
상처받은 마음을 따뜻하게 감싸주며
지난날의 회한을 삭일 겨를도 없이
다시 비바람 거센 광야에 섰습니다.

지금 우리 앞에 놓인 이 새로운 길은
어쩌면 더 큰 희생, 더 큰 시련, 더 많은 고통만이 예정된

고난의 길일지도 모릅니다.

그러나 나는 외롭지 않습니다.
비록 우리의 청춘은 짧았고
기쁨보다 고통의 시간이 더 길었지만
무엇보다 소중한 것은 사랑하는 당신과 지금 함께 있다는 것이고
이 낯선 길도 함께 가리라는 것입니다.

진보정당의 초선 의원 노회찬에게 국회는 "젖과 꿀이 흐르는 특권과 기득권의 천지가 아니라, 지배계급의 대표 선수들과 사생결단의 격전을 치러야 하는 전투장"[4]이었고, 그는 '직업전투원'이었다. 당시 노회찬의 자세를 엿볼 수 있는 또 다른 글이 있다. 2004년 9월 30일, 첫 국정감사를 앞두고 쓴 의정일기다.

아침 출근길에 어제 구운 CD를 틀었다. 가을에 듣기 위해 2개의 CD를 구워 하나는 동생에게 선물했다. 가을엔 역시 장중한 곡이 좋다. 첫 곡은 〈최후의 결전(Varshavianka)〉. 20세기 초 〈인터내셔널가〉와 함께 가장 많이 불렸던 노래다. 우리나라에선 항일무장투쟁 시기 '최후의 결전'이란 제목으로 독립군들이 불렀고, 스페인 내전 당시에 '바리케이트를 향해'란 이름으로 민병대원들이 즐겨 불렀던 노래이다. 70%의 긴장을 유지하는 데 필요한 곡이다.[5]

제국주의와 파시스트 정권에 저항하던 군인들이 부른 '군가'

를 첫머리에 올린 CD에는 쇼스타코비치의 〈왈츠 2번〉, 김광석이 부른 〈타는 목마름으로〉, 김삼연의 〈이 산하에〉, 신촌블루스의 〈골목길〉, 마야의 〈진달래꽃〉도 들어 있었다. 눈길을 끄는 것은 독립군이 불렀던 〈최후의 결전〉 가사에 "판가리(판갈이)"라는 표현이 나온다는 점이다. TV 토론회에서 말한 '판갈이' 비유는 그때나 지금이나 현실의 과제였다. 노회찬의 글에서 눈길을 끄는 대목은 "70%의 긴장 유지"라는 구절인데, 그가 고교 시절과 20대 초반에 일기에 자주 썼던 표현이다. 70%의 긴장은 '의지를 앞세우지 않는 직업전투원'의 긴장감이기도 했다. 마침 이때 잠시 후에 살펴볼 미군기지 이전 문제를 놓고 초선 의원 노회찬이 국방부와 치열한 전투를 치르고 있었다.

당을 만들고, 선거대책본부장을 맡아 네 번의 전국 단위 선거를 치르고, 군가를 들으면서 국회에 출근할 정도로 오래 이어진 생활의 긴장은 그의 몸 이곳저곳에 흔적을 남겼다. 우선 치아가 흔들리기 시작했다. 노회찬은 2004년 국회에 진출한 이후 장기간에 걸쳐 치아 9개를 빼고 임플란트 시술을 받아야 했다.

정치인가, 정책인가

민주노동당 당원 이준협은 2000년부터 민주당 안영근 의원의 보좌관 일을 하고 있었다. 향후 진보정당이 의회에 진출할 것을 대비한 선택이었다. 안영근 의원도 그 사실을 알았고, 양해해주었다. 2001년부터 민주노동당 정책위원회에서 일하고 있던 박창규는 민주노동당의 원내 진출 후 노회찬 의원의 보좌관으로 합류했다. 그는 다른 보좌관을 물색하는 임무를 맡게 되었고, 이준협에게 같이 일해보자고 제안했다.

이준협은 면접을 보기 위해 노회찬과 만난 자리에서 정책에 유능한 초선 의원이 되는 것도 중요하지만 국민의 마음을 얻는 '정치'를 하는 '다선급' 의원의 역할이 중요하다며, 자신이 어느 쪽에 중점을 두고 보좌해주기를 원하는지 노회찬에게 물었다. 정책이냐 정치냐를 선택하라는 주문은 사안을 너무 단순화한 부적절한 이분법일 수도 있지만, 이런 식의 이분법을 이전에 생각해보지 않았던 노회찬에게는 충분히 자극이 될 만한 질문이었다. 노회찬의 답변은 '정치'였다. 중요한 것은 답변 내용이 아니라 질문 형식이었다. 그렇게 이준협은 노회찬의 보좌관이 되었다.

훌륭한 정책을 창고에 가득 쌓아놓는다고 해서 집권을 하는 건 아니다. 정치는 국민의 마음을 얻는 일이고, 집권을 가능하게 하는 힘도 국민의 믿음에서 나온다. 정책만 잘하는 초선 비례대표 의원이 재선되는 경우는 드물다는 사실을 이준협은 잘 알고 있었다. 노회찬이 4년 후 지역에서 당선되려면 '정치'를 잘해야 했다. 노회찬이 국민의 마음을 얻을 수 있었던 삼성 X파일 폭로는 정책 이슈가 아니었다. 이준협은 노회찬이 정치는 물론 정책까지 다 잘했으며 특히 '집권을 위한 정당 중심 정치'를 늘 중요시하고 강조했던 정치인으로 평가했다. 집권 주체가 정당이라는 점에서 이런 태도는 당연하지만, 모든 정치 행위에서 당을 앞세우는 원칙을 유지하는 것이 쉬운 일은 아니다.

시간이 좀 지난 뒤 둘이서 술자리를 갖게 되었을 때, 노회찬은 이준협에게 그때 그 질문에 충격을 좀 받았다며 국회에 와서 무엇을 어떻게 해야 할지 깊이 생각하게 된 계기가 되었다고 했다.

　노회찬이 정치의 중요성을 간파했다고 해서 정책의 중요성을 가벼이 본 것은 아니다. 그는 정책 경쟁보다는 권력 투쟁에 익숙한 보수정당들에 진보정당이 대안 정책을 활발하게 제시하는 것이 당에 대한 국민적 신뢰를 쌓는 데 필수적이라고 봤다. 국회 진출에 따른 국고보조금 등으로 과거보다 상대적으로 많은 예산이 확보되자 노회찬은 이를 모두 인재 영입에 쓰기로 했다. 그 결과 당시로서는 매우 혁신적인 보좌관 채용 방식을 도입하게 되었다.

　2004년 총선 후 민주노동당은 예산과 인력을 정책 역량을 구축하는 데 집중 투자했다. 늘어난 국고보조금과 당원들이 내는 당비 등을 재원으로 보좌진과 정책연구원 100명을 공개 채용하기로 했다. 과거에는 상상도 할 수 없던 일이었다. 서류 전형과 면접을 거쳐 뽑았는데, 노회찬은 4명의 면접관 중 한 사람이었다. 선발된 100명 중 60명은 의원 10명의 보좌진, 40명은 공동정책연구원이 되었다. 공동정책연구원은 중앙당 정책위원회 소속이었다.

　민주노동당은 중앙당 차원에서 소속 국회의원의 월급을 노동자 평균임금인 180만 원으로 정했다. 당시 국회의원의 1년 세비가 1억 원 수준이었는데, 의원들은 180만 원을 제외한 전액을 중앙당에 납부해야 했다. 국회의원 연봉 2,160만 원, 국회 역사상 전무후무한 일이었다. 대신 막강한 정책 브레인 부대가 구축되었다. 민주노동당의 혁신이 노회찬 개인의 작품은 아니었지만, 제도를 설계할 당시 사무총장이었던 노회찬이 주도적으로 관여해서 이루어낸 것이었다. 의원들의 월급이 적다 보니 보좌진의 월급도 다른 당의 보좌진보다 훨씬 적었지만, 노조 위원장, 사회단체 상근자, 국회의원 보좌관, 교수, 변호사, 석·박사급 연구원, 공무원, 대기업 사원, 해외 유학파 등 다양한 사람들이 응모했다. 공채에 500여 명이 응모해 경쟁률이 5 대 1 수준이었다.[6]

이 같은 혁신적인 당 운영 방식과 노동자 평균임금만 받겠다는 민주노동당 국회의원들의 결정은 국민의 시선을 끌었고 당에 대한 기대를 높였다. 당 지지율은 이해 5월 21.9%를 기록하여 창당 후 처음으로 20%대를 돌파했다. 처음이자 마지막이었다. 실질적인 지지율이라기보다 '민주노동당 정치'의 예고편이 맘에 든 관객들의 기대 지표였다.

법사위 보이콧

2004년 5월 9일부터 11일까지 민주노동당 국회의원 당선자 10명과 당직자들은 전북 남원에 있는, 폐교를 수리해서 만든 당 교육연수원에서 워크숍을 열었다. 50명이 넘는 기자들도 그곳까지 와서 취재했다. 그 자리에서 원내대표단 선임, 상임위원회(상임위) 선정 및 의원 배치, 의정 활동의 전략을 논의하고 결정했다. 국회 상설 상임위는 모두 14개, 당선자들은 뜨거운 논쟁과 표결 끝에 10개 상임위를 먼저 선택했다. 법사위원회(법사위)와 국방위원회(국방위)는 표결 결과 제외되었다. 이어 당선자들은 자기가 원하는 상임위를 제시했다. 대부분 원하는 대로 되었지만, 몇몇 상임위는 경합이 벌어졌다. 경제를 다루는 재정경제위원회(재경위)는 노회찬과 심상정이 지원했다. 노회찬은 진보진영이 상대적으로 취약하다고 평가받아온 실물경제 분야를 오히려 의정 활동의 중심으로 삼아보고자 했다.[7] 하지만 그는 재경위를 심상정 의원에게 양보하고 차선책으로 재벌과 금융 문제를 다루는 정무위원회(정무위)를 선택했다.

노회찬은 당 차원의 상임위 배정이 끝나자 보좌진을 꾸렸다. 박권호, 박규님, 권우석 등 정무 보좌관 3명, 이준협, 김민영, 하준 등 정책 보좌관 3명, 이종민, 박영선 등 인턴 보좌관 2명으로 구성되었다. 정무위에서 일할 수 있는 박사급 경제 전문가 2명을 보강한 라인업이었다. 공정거래위원회 등 소관 부처의 담당 공무원을 불러 현안 보고를 받는 등 '선행 학습'도 열심히 했다. 노회찬은 한 달 이상 국회 개원을 향해 '전의를 불태우는 강행군'을 시작했다. 그는 민주노동당이 금융, 재벌 등 경제 분야에도 강한 면모를 국민에게 보여주는 것이 무엇보다 중요하다고 판단했다.

그런데 일이 생겼다. 7월 5일 비교섭단체 의원의 상임위 배정 권한을 가지고 있던 국회의장단에서 노회찬을 법사위에 배속했다. 거대 양당의 합의에 따른 것이었다. 노회찬은 "내로라하는 일류 일식집 요리사 영입해놓고 개업식도 하기 전에 중국집으로 업종을 전환해야 하는 상황이 된 것"이라며 강하게 반발했다. 민주노동당 의원 10명이 김원기 국회의장을 찾아가 항의했지만 결과는 바뀌지 않았다. 김원기는 "노 의원 말고 누가 법사위를 맡을 수 있겠어"라는 '망치 같은 덕담'으로 노회찬의 법사위행을 못 박았다. 노회찬은 법사위 보이콧에 들어갔다. 일부 언론에서는 항의성 상임위 보이콧 기사를 내보냈다. 사무실에도 며칠간 나가지 않았다. 박권호, 이준협 보좌관이 노회찬 집에까지 찾아갔다.

법사위에 참여할 필요성을 누구보다 잘 인식하고 있었고 당내 비례대표 후보 선거 때 민주노동당 의원의 법사위 참여를 공약으로까지 내걸었던 노회찬이 이처럼 강하게 반발했던 이유는 무엇일까? 더구나 당내에서는 의원 10명 중 9명이 지원했던 상임위에 들어갔기 때문에 '실패하지 않은 협상'이라며 긍정적으로 평가하는 분위기가 우세했다. 하지만 그는 전통적인 진보 의제인 재벌과 금융 관련 정책을 정치 의제로 만들 수 있는 기회를 보수정당이 봉쇄했으며, 당이 이를 정치적 이슈로 최대한 부각했어야 했음에도 그렇게 하지 못했다고 판단했다. 그가 민주노동당 의원들이 이 문제를 놓고 국회의장실을 방문했을 때 항의에 그치지 않고 최소한 사과라도 받아냈어야 했다고 주장한 것도 이런 맥락에서 이해할 수 있다. 물론 두 달 동안 공들였던 노력이 허사가 되고 함께 일했던 보좌관 2명도 떠나보내야 했던 것에 대한 불만도 컸을 것이다. 노회찬은 네 차례에 걸친 법사위 출석 거부 끝에 7월 29일 보이콧을 풀었다.

뜨거운 주한미군 현안, 집요한 추궁

노회찬의 법사위 배정이 결정되기 전인 2004년 6월 10일, 제17대 국회는 개원했지만 거대 양당이 원 구성을 위한 자리싸움을 하는 바람에 개점휴업 상태였다. 이날 노회찬 의원실은 보도자료를 하나 냈다. 중앙 일간지 10곳 중 이 내용을 보도한 곳은 하나도 없었다. 언론은 이 보도자료가 치밀하게 기획된, 폭발력 강한 연쇄 폭로의 시작이라는 사실을 알 수 없었다. 보도자료의 내용은 당시 진행되고 있던 한미 당국 간의 용산 미군기지 이전 협정이 불평등한 내용으로 채워지고 있으며 이에 대해 감사원 감사를 청구하겠다는 것이었다. 보도자료가 나온 지 한 달여쯤 지난 7월 22일, 여야 의원 63명이 노회찬이 제안했던 감사청구인으로 동참했다. 열린우리당은 물론 한나라당과 자민련, 무소속 의원까지 포함되었다. 민주노동당 의원 10명을 빼고도 53명이나 되는 다른 당 의원의 동참을 이끌어낸 초선 의원 노회찬의 역량이 돋보였다. 여기에는 통일외교통상위원회 소속이던 권영길과의 협업도 한몫했다.

마침 이날 워싱턴에서 열린 한미 당국자 간의 용산 미군기지 이전 실무 협상이 타결되었고, 8월 20일 한미 양국은 가서명을 했다. 협정은 4~6조 원 규모의 기지 이전 비용을 한국이 전담하고 349만 평이라는 과도하게 넓은 부지를 제공하는 등 일방적이고 불평등한 내용으로 채워졌다. 국민 여론과 언론 논조도 비판적이었지만, 협상 담당 부처인 국방부와 외무부는 '예상했던 매', 다시 말해 잠시 맞으면 이내 지나갈 소나기로 봤다.

노회찬은 정기국회 중인 9월 21일 준비했던 첫 번째 카드를 꺼냈다. 청와대 민정수석실 산하 공직기강비서실이 그 전해인 2003년 11월 18일에 작성한 "용산기지 이전 협상 평가결과 보고"라는 제목의 직무 감찰 보고서를 공개한 것이다. 보고서를 작성할 당시 민정수석은 문재인, 공직기강비서관은 '민주사회를 위한 변호사모임'(민변) 회장 출신인 이석태였다. 불평등협정이 체결된 것이 미국의 일방적, 고압적인 태도와 미국에 'No'를 못하는 한국 국방, 외교 관료의 저자세 때문이라는 사실은 시민단체와 일부 언론을 통해 알려져 있었다. 하지만 노회찬의 폭로로 실상은 그 이상이었다는 사실이 공식적으로 확인되었다.

306

많은 사람이 놀란 것은 협상 주체인 외교부 관료들의 협상에 임하는 기본 태도였다. 그들은 '노무현 대통령이나 국가안전보장회의(NSC) 인사들이 반미주의자이므로 (용산기지 협상) 문제 개입을 최소화한다'는 자신들의 방침을 가지고 있었다. 협정의 문제점을 해당 정책 부서에서 다루지 않고 '공직 기강' 차원에서 다룬 이유였다. 또한 국민적 관심사였던 이전 비용은 '용산기지 이전은 돈이 얼마가 들든 미국이 원하는 대로 추진해야 한다'는 게 협상팀의 입장이었다. 문재인 민정수석은 이 같은 내용이 그대로 대통령에게 보고되면 '충격을 받을까봐' 요약본만 보고했다.[8] 천문학적 이전 비용을 한국이 전담한다는 사실에 비판 여론이 높아졌고, 언론도 이 대목을 주목했다.

노회찬의 두 번째 카드는 『문화일보』를 통해 공개되었다. 10월 15일 이 신문은 1면 톱과 6~7면 전체를 할애해 미군기지 이전에 대한 한미 당국이 맺은 포괄협정(UA) 문서의 내용을 단독 기사로 보도했다. 석간신문과의 협업이었다. 한국 외무부, 국방부의 굴욕적 협상 태도를 공개한 뒤, 연이어 그 결과 체결된 협정문 전문을 폭로한 것이었다. 굴욕 협상이 아니라고 주장하던 정부에 구체적인 자료로 강하게 반박한 셈이었는데, 파장이 컸다. 이 내용은 같은 날 KBS 저녁 9시 뉴스 헤드라인을 장식했고, 다른 방송사의 저녁 뉴스도 이 폭로를 주요 뉴스로 다뤘다. 다음 날 조간신문은 정부의 해명과 유감을 포함한 후속 기사를 쏟아냈다. 미군기지 이전 협상은 정국의 주요 이슈 가운데 하나로 떠올랐다.

노회찬은 11월 11일 세 번째 카드를 꺼냈다. 국회 본회의 대정부 질의 자리였다. 이번에는 미군기지 이전의 군사적 의미를 드러내는 FOTA(미래한미동맹정책구상) 회의록이었다. 미군기지 이전은 북한에 대한 '선제, 정밀 타격'을 위한 것이라는 충격적인 사실이 공개되었다. 노회찬은 또 미군기지 이전의 또 다른 목적인 주한미군의 '전략적 유연성 확보' 문제도 지적했다. 이는 전 세계 어디서나 미국이 개입된 군사 분쟁이 발생하면 주한미군을 한반도 밖으로 신속하게 출동할 수 있는 기동타격대로 만들겠다는 의도였다. 예컨대, 대만 문제를 놓고 미국과 중국 사이에 군사적 충돌이 발생하면 한반도는 우리 뜻과 무관하게 미군의 군사기지가 되어버리는 것으로, 미중 간의 군사 분쟁에 볼모로 잡힌다는 의미였다. 북한의 '남침'보다 미국·일본과 중국 사이의 군사 충돌 가능성이 더 높은 현실에서 이는 심각한 안보문제였다.

대정부 질의 다음 날, 국방부는 노회찬을 군사기밀보호법 위반 혐의로 고발할 것을 검토하겠다고 밝혔다. 노회찬은 "군사독재 정권 시절 야당 의원을 국회에서 끌어내고 탄압했던 것과 같은 작태"라며 강하게 반발했고, 자신의 주장이 맞다면 이를 부인한 국방부 장관을 위증죄로 고발하겠다며 역공했다. 결국 국방부는 고발하지 않았다.

11월 30일 노회찬은 마지막 카드를 꺼냈다. 주한미군의 전략적 유연성에 동의하는 우리 입장이 담긴 정부 문서를 폭로했다. 이번에는 국회 예산결산위원회 종합 질의 현장이었다. 노회찬이 이날 공개한 「주한미군 지역 역할 수행 대비책」이라는 정부 문서는 미군기지의 평택 이전이 주한미군의 광역기동군화, 동북아 신속 기동군화를 위한 것이라는 사실을 담고 있었다. 시민사회에서 지속적으로 제기해온 주장이 정부 공식 문서로 확인된 것이다. 이날의 폭로 역시 각 일간지의 1면을 장식했다. 결국 미국이 반응했다. 미국 국방부는 노회찬의 잇단 비밀 자료 폭로에 대해 대변인을 통해 '유감'을 표시하는 공식 입장을 발표했다. 한국 정부는 기밀 사항을 고의로 유출한 것이 아니라고 미국 쪽에 해명해야 했다. 노회찬은 즉각 미국 국방부에 공개 질의를 통해 자신이 공개한 기밀 자료에 대한 진실 여부를 밝히지 않았다며 분명한 입장을 내놓으라고 촉구했고, 미국은 응답하지 않았다.

언론은 노회찬의 폭로가 비교섭단체 초선 의원임에도 불구하고 2004년 정기국회에서 나온 가장 두드러진 성과물 중 하나였다고 평가했다.[9] 한탕주의 폭로가 아니라 미군기지 이전의 경제적·외교적·군사적 측면의 문제를 입체적으로 드러냈으며, 집요하고 치밀하게 순차적으로 이슈를 지속적으로 제기했고, 한미 당국의 반응을 끌어냈다. 이슈의 대중화를 위한 언론과의 협업 또는 대언론 작전도 치밀했고, 성공했다. 노회찬의 이 같은 폭로에도 불구하고 미군기지 이전 협정은 그해 연말 국회에서 의원 30여 명의 반대 속에 통과되었고, 미군의 전략적 유연성은 2006년 1월 워싱턴에서 한미 외무부 장관 사이에 합의되었다.

노회찬의 '현안 정치'

노회찬 정치를 이해하는 중요한 키워드 중 하나는 '현안'이다. '이슈'라고 표현할 수도 있고, 조금 넓게 보면 사회적 의제, 시대적 과제라고도 할 수 있다. 정치는 국가 운영에 관한 사안을 다루는 공적인 일이다. 크고 작은 무수한 현안이 매일 발생하고, 현안끼리 쟁투하고, 해결되거나 미해결로 남아 있거나 조용히 사라지거나 처리된다.

노회찬에게 현안은 두 종류였다. 주도적으로 만들어낸 현안과 외부에서 발생한 현안이다. 2004년 첫 번째로 주도한 현안이 '미군기지 이전과 주한미군의 전략적 위상 전환' 문제였다. 노회찬은 의원실 참모들과 매년 그해에 집중할 '기획 현안'을 논의하고 결정했다. 2005년은 삼성 X파일 폭로였고, 2006년은 전관예우 문제와 '유전무죄 무전유죄' 실태의 전면 공개였다. 당내 대선 후보예비경선이 한창이던 2007년에는 카드 가맹점 수수료 인하운동이었다. 그 밖에도 노회찬이 기획해서 만들어낸 현안이 많이 있었다. 노회찬의 기획 현안은 소관 상임위를 넘어서 다양한 분야를 망라했다. 국회의원 배지 한글화, 성소수자와 장애인 문제부터 산업재해, 노동과 부동산, 경제민주화, 공수처 설치 등 사법개혁, 대통령 선거 결선투표제 도입 같은 정치개혁 등 거의 모든 분야를 포괄했다. 보좌관들이 가장 많이 듣는 얘기도 '현안 대응 중시'라는 말이었다.[10]

노회찬이 현안 대응의 중요성을 강조한 것은 의원이 되기 이전부터였다. 2002년 노회찬이 민주노동당 사무총장이었던 시절 함께 일했던 사람들은 "노 총장이 입만 열면 현안 대응의 중요성을 강조해서, 귀에 못이 박힐 정도"였다고 말했다.

외부에서 만들어진 현안에 대해서는 '즉각적이고 정확한 대응'이 중요했다. 주요 정당의 지도부가 아침 회의 때 '모두(冒頭) 발언'을 하면 출입기자들은 발언을 인용하거나 보강 취재를 통해 기사를 작성한다. 이 내용은 매일 신문이나 방송을 통해 국민에게

뉴스 형식으로 전달된다. 노회찬은 초선 시절부터 매일 아침 '모두 발언'을 했다. 다만 말이 아니라 보도자료 형식의 글이었다. 이준협 보좌관은 매일 새벽에 출근해서 모든 언론을 체크하고 이슈가 될 만한 정치 현안을 챙기고 메시지를 작성했다. 노회찬이 사무실로 출근하는 날은 함께 대응할 현안을 챙겼다. 언론사에 보낼 메시지는 단 한 번의 예외도 없이 노회찬이 사전 점검했다.

운동권과는 연고도 경력도 없었던 변호사 김현성은 재미있을 것 같아서 노회찬 의원실에서 낸 구인광고를 보고 '취직'했지만, 기대했던 재미를 찾을 겨를이 없었다. "재미있을 줄 알고 왔는데, 일을 너무 혹독하게 시키는 겁니다. 매일 새벽 출근에, 토요일 하루만 쉴 수 있었죠. 월요일 조간신문에 보낼 보도자료 때문에 일요일은 정상 출근이었죠. 노회찬 의원도, 이준협 보좌관도 일 중독자 같았어요."

노회찬이 매일의 이슈, 현안을 놓치지 않고 천착한 것은 이념의 실현보다 당장의 삶의 문제 해결을 정치의 출발점으로 삼았기 때문이다. 그는 혁명적 노동운동 진영 출신으로서는 보기 드물게 일찍부터 '비혁명적 방식을 통한 진보정치의 실현'을 강조했고, 이를 현실 정치에서 훌륭하게 구현한 정치인이라는 평가를 받았다. 경제결정론을 바탕으로 하는 혁명이론보다 정치를 통한 사회 변혁을 추구하고 실천해왔던 직업정치인 노회찬은 국민과의 소통이 정치이고 가장 효과적인 소통의 매개물이자 정치적 수단이 미디어와 입법이라는 점을 잘 이해한 정치인이었다.[11] 물론 그가 일상의 현안을 정치 행위의 주요 고리로 삼았다고 해서 이념을 중시하지 않았다는 이야기는 아니다. 그의 이념 또는 원칙은 드러나지 않은 채 그의 현안 정치를 받쳐주는 배후 또는 바탕이었다. 현안은 현실의 실상 또는 본질이 드러나는 기회이고, 그렇기 때문에 노회찬의 현안 정치란 그저 눈에 보이는 문제를 해결하는 데 그치는 것이 아니라 오히려 끊임없이 바로 그 실상과 본질을 해결하는 것과 직결되었다.

국회의원들이 자신의 문제의식을 사회적 현안으로 만들 수 있는 유력하고 일상적인 경로들 가운데 하나는 그들의 고유 권한인 입법 과정이다. 노회찬 입법 활동의 전반적 내용은 따로 살펴보기로 하고, '메이드 인 노회찬 의원실'의 두 번째 기획 현안이었던 2005년 삼성 X파일 사건을 들여다보자.

삼성 X파일, 7년 싸움의 시작

2005년 7월 28일. 노회찬 의원실 박영선 보좌관의 전화 통화가 길어지고 있었다. 통화 내용을 급히 받아쓰느라 문장을 이루지 못한 단어들이 박영선의 다이어리 빈 공간을 메우고 있었다.

"테이프 성문 분석, 디지털 CD로 2개, 안기부에서 들은 거보다 더 잘 들린다, 조선일보 ○○○ 기자, 1월에 이미 누출, 안기부 반발, KBS 풀 버전이 안기부 것? 청와대에도 보고하지 않은 것…."

박영선은 메모 내용이 사실인지 확인할 수 없었지만 거의 사실이라고 생각했다. MBC의 이상호 기자, 전화 통화 상대방이 그였기 때문이다. 이상호는 안기부가 불법 도청한 카세트테이프와 녹취록을 처음 입수한 기자였다. 하지만 맨 먼저 보도를 하지는 못했다.

93분짜리 투명 플라스틱 카세트테이프 1개, 표지에 '97년 4월, 9월, 10월'이라고 적혀 있는 A4 용지 묶음 3개. 대선이 있던 해였던 1997년 9월 9일 서울의 한 고급 식당에서 안기부 요원이 비밀리에 녹음한 테이프와 세 종류의 녹취록이었다. 테이프와 녹취록에 등장하는 인물은 삼성 이건희 회장, 그리고 삼성의 2인자 이학수,『중앙일보』회장 홍석현, 이회창, 김영삼, 김대중, 전직 법무부 장관이 포함된 검찰 고위직들이었고, 거기에 담긴 내용은 충격적이었다. 녹취록의 주인공은 삼성 재벌의 2인자 이학수와『중앙일보』회장 홍석현으로, 이 둘은 대선 후보에게 준 거액의 정치자금과 검찰 고위급 인사들에게 돌린 떡값 내역, 삼성의 기아차 인수 음모 등 놀라운 이야기를 하고 있었다. 이른바 '삼성 X파일'이었다. 이상호 기자가 녹취록을 처음 입수한 때는 2004년 10월 26일이었다. 하지만 MBC는 역대급 특종 기사를 놓고 반년 이상 보도를 미루고 있었다. 그사이 소문은 은밀하게 빠른 속도로 퍼져나갔다.

이 초대형 특종은 보도되기 전에 소문부터 났고, 소문은 나중에 거의 대부분 사실로 드러났다. 보도되지 못한 특종이 보도국 안에서 썩어가고 있는 동안 엉뚱한 곳에서 관련 보도가 삐져나왔다. 6월 8일 인터넷 매체 〈데일리서프라이즈〉는 "MBC와 이상호 기자는 침묵을 깰 때"라는 제목의 기사를 내보냈고, 이어 7월 1일 『한겨레신문』은 "이상호 X파일, 끝내 안 열리나", 7월 6일 『미디어오늘』은 "MBC, 거대 자본에 굴복하나"라는 제목의 기사를 보도했다. 타사에서 '당신의 특종을 빨리 보도해주세요' 하는 정말 이상한 풍경이었다. 이 사실을 일찍부터 알고 있었던 삼성의 압박에 MBC는 보도하지 못하고 있었다.

7월 21일 새벽 5시, 이상호 기자는 옆집에 배달된 조간신문을 훔쳐보다 온몸이 얼어붙었다. 큼직한 활자로 박힌 1면 머리기사 제목은 "안기부, YS정부 때 비밀 조직 운영 정(政)·재(財)·언(言) 인사들 대화 불법 도청"이었고, 부제는 "모 재벌·중앙 일간지 고위층, 대선자금 지원 논의 담긴", "MBC가 최근 확보한 테이프도 안기부 작품 드러나"였다. 그의 표현대로 말하면 '애통, 절통, 가슴이 무너졌다.' 옆집 신문은 『조선일보』였다. 이상호는 그동안 회사에 『조선일보』가 냄새를 맡고 취재 중이며 곧 보도할 거라고 보고했지만, 결국 1보를 뺏겼다.

　　삼성도 재빠르게 움직였다. 뒤늦게나마 테이프를 다 '까고' 전면 보도를 준비하던 MBC 보도국에 오후 3시 30분경 서울남부지법에서 연락이 왔다. 이학수 삼성 구조조정본부장과 홍석현 주미대사가 방금 전 보도 금지 가처분 신청을 냈다는 소식이었다. 법원은 이학수와 홍석현의 주장을 대부분 받아들였다. 하지만 보도 자체를 하지 못하게 해달라는 삼성의 요구는 받아들여지지 않았다. 법원은 보도는 하되 테이프에 나오는 실명은 보도할 수 없으며 테이프도 직접 인용할 수 없다고 판결했다. 뉴스가 시작되기 1시간 전이었다. 이를 어기면 보도 1건당 5,000만 원씩 이학수와 홍석현에게 지급해야 된다고 판결했다. 보도는 하라, 하지만 사실은 말하지 말라, 뭐 이런 식이었다. 법원의 이 판결 뉴스를 접한 노회찬은 이렇게 말했다.

　　　　남부지법 판사는 테이프 원음 공개 시 1건당 5,000만 원씩 물리겠다고 했다. 법원이 이 결정을 유지한다면 우리는 1건당

5,000만 원씩 내더라도 알 것은 알아야 한다. 문화방송이 돈이 없다면 국민모금을 해서라도 진상이 공개되도록 해야 한다.[12]

MBC는 준비했던 보도 분량을 대폭 줄였고, 조심스럽게 다룬 기사 네 꼭지만 내보냈다. 같은 시간 KBS는 훨씬 자세하게 여섯 꼭지를 보도했다. MBC 보도국은 초상집 분위기가 되었고, MBC 홈페이지와 인터넷에는 MBC를 비난하는 목소리가 폭주했다.

7월 22일 MBC 〈뉴스데스크〉는 한발 늦게 테이프 내용을 전면 공개했다. 모두 19개 기사가 〈뉴스데스크〉를 뒤덮었다. 삼성의 저지선이 무너졌다.[13]

뉴스를 본 사람들은 경악했고, 정가는 소용돌이 속에 빠졌으며, 나라가 발칵 뒤집혔다. 관련 보도는 모든 주요 신문 방송을 통해 한 달 이상 지속되었다. 박영선 보좌관과 이상호 기자의 7월 28일 통화는 이런 와중에 이루어졌다. 보도할 것인가 말 것인가의 국면은 지나갔지만, 여전히 할 것인가 말 것인가의 문제로 남아 있는 게 있었다. 노회찬과 이준협은 〈뉴스데스크〉의 '떡값 검사' 기사를 주목했다. 기사 내용의 일부다.

"녹취록에는 삼성이 97년 9월 추석을 앞두고 당시 검찰 간부 10명에게 500만~2,000만 원을 건넨 것으로 나와 있다. 전직 법무장관인 ㄱ씨와 ㅊ씨, 전 차관인 ㅎ씨, 당시 지청차장 ㄱ씨, 서울지검 부장인 ㅎ씨 등이 적혀 있다."[14]

자음 1개 뒤에 숨어 있는 '익명'의 주인공들에게 제 이름을 찾아주는 일을 언론은 감히 하지 못하고 있었다. 법원의 실명 공개 금지 판결과 삼성의 완력, 검찰의 보복이 무서웠던 것이다. 하지만 언론계와 여의도 주변 '찌라시'에는 이미 실명이 돌아다니고 있었고, 정확도도 높았다. 누구든 처음으로 실명을 공개한다면 그것은 삼성, 검찰과 전면전을 선포하는 셈이었다.

7월 25일 민주노동당은 '삼성 불법 정치자금 및 안기부 불법 도청 특별대책위원회'를 구성했고, 노회찬이 최규엽과 함께 공동위원장을 맡았다. 민주노동당은 이를 '삼성 게이트'로 규정하고 국정조사와 녹음테이프 전면 공개를 요구했다.

같은 날 노무현 대통령은 청와대 수석·보좌관회의에서 "정부가 중요하게 생각해야 할 것은 국가기관의 불법 행위로, 유사한 일이 다시 발생하지 않도록 단호하게 조처해야 한다"고 말했다. 『중앙일보』는 청와대 소식통의 말을 빌려 '사건의 본질은 불법 도청'이라고 보도했다. 대통령의 시각과 『중앙일보』의 논조에 동의하는 국민은 많지 않았다. 당시 한 여론조사에 따르면 80% 가까운 국민은 이건희와 홍석현을 수사해야 한다는 입장이었다.[15]

7월 29일 노회찬 의원실에서 회의가 열렸다. 참석자는 노회찬과 보좌관 이준협, 박영선, 중앙당 당직자 김성희, 이영태 등 5명이었다. 이날 회의 내용을 짐작할 수 있는 박영선의 메모다.

"다다음 주 법사위에서 추가 내용 공개, 공개 시점에 추가 정보 요구, 특검 분위기 계속 강조, 법무부 차관이 있다는 사실 fact, 삼성과의 전쟁 전환, 삼성+검찰 커넥션, 이건희가 직접 지시한 건데…."

당시 정황을 고려하면 29일 회의 이후 노회찬이 법사위에서 뇌물 검사 명단을 발표한 8월 18일 사이에 이상호 기자가 가지고 있던 녹음테이프 속 음성을 들었을 것으로 추정된다. 정확하게 말하면 녹음테이프가 아니라 '더 잘 들리는 CD'였다.

그즈음 어느 날 MBC 기자 2명이 노회찬 의원의 사무실로 찾아왔다. 박규님 보좌관은 기자 2명 중 1명이 이상호 기자였다고 기억하고 있다. 그들이 가져온 노란 봉투에는 A4 용지가 두툼하게 들어 있었다. 이상호 기자가 잡음을 제거한 원본 녹음테이프를 듣고 풀어 쓴 녹취록이었다. 노회찬은 이 자료를 이준협에게 주었다. 녹취록의 상당 부분은 보도된 내용이었다. 그때까지 노회찬 의원실은 녹음테이프나 CD를 확보하지 못했다. 노회찬과 이준협은 녹취록을 검토한 후 삼성으로부터 돈을 받은 이른바 '떡값 검사' 명단을 공개하기로 했다. 다만 그 이전에 녹음된 목소리를 직접 확인할 필요가 있다고 보고 이상호 기자에게 육성 녹음 자료를 요청했다. 이상호는 자료 제공은 어렵다며 듣기만 할 수 있도록 해줬다. 이준협은 여의도 모처에서 이상호의 노트북으로 녹음된 목소리를 들었다. CD 녹음 상태도 아주 좋은 것은 아니어서, 이준협은 '수백 번' 반복해서 들었다. 그 과정에서 이름이 특정되지 않은 검사의 경우 그 검사를 묘사한 내용을 듣고 이름을 특정해야 했다. 예컨대 "이번에 제2차장이 되어 부산에서 올라온, 내 1년 선배인", 이런 대목을 연결고리 삼아 해당 검사를 찾아냈다.

2017년 이상호 기자는 자신이 삼성 X파일을 보도했을 때 자료를 달라고 요구한 사람은 단 1명밖에 없었는데 그게 바로 민주노동당 노회찬 의원이었다고 했다. 이상호는 몇몇 의원에게 면책특권이 적용되는 국회에서의 발언을 통해 돈 받은 검사의 실명을 공개해줄 것을 요청해놓고 있었다. 그 의원 중에는 심상정도 있었다. 심상정 의원실은 내부 토론 끝에 육성 녹음 자료를 확보하기 전에 터뜨리는 것에 대해서는 신중해야 한다는 입장을 정했다. 노회찬이 음성이 담겨 있는 CD를 입수한 것은 법사위에서 폭로한 이후 시간이 흐른 뒤였다. 노회찬에게 CD를 제공한 사람은 당시 언론노조 위원장이었던 신학림이었다. 그 CD는 미행과 신변 위협까지 당하고 있던 이상호 기자가 만일의 사태에 대비해 보도되기 이전에 신학림에게 비밀리에 건넨 CD 중 하나였다. 신학림은 MBC 사장 최문순에게 사안이 중대한 만큼 사장이 직접 뉴스데스크에 나가 책임지고 녹음 내용을 공개하겠다는 입장을 밝힐 것을 제안했으나 받아들여지지 않았다.

실명 공개가 가져올 엄청난 파장을 누구보다도 잘 알고 있었던 노회찬은 위험을 감수하기로 했다. 노회찬이라고 고민이 없었던 것은 아니었다. 공개하기 전에 수십 번 스스로에게 질문했다. 후회하지 않을까? 다른 방법은 없을까? 공개 이후 어떤 일이 생길지 전혀 알 수 없었다. 예상치 못한 최악의 사태도 감수해야 했다. 하지만 결국 그는 자신이 어렸을 때부터 교과서에서 배워온 대로 행동하기로 결단했다.[16]

2005년 8월 18일 국회 법사위 회의실. 오후 5시가 넘어가면서 법무부의 현안 보고가 시작되었다. 법무부 관료, 법사위 소속 의원, 취재 카메라 기자들이 노회찬의 입을 주목했다. 노회찬은 이미 이날 오전 9시 30분에서 10시 사이, 떡값 뇌물 검사 7명의 실명을 보도자료를 통해 공개했고, 보도자료는 인터넷에도 올렸다. 2명의 전직 법무장관 최경원, 김두희, 법무부 차관 김상희, 전·현직 검찰 고위 간부 김진환, 안강민, 홍석조, 한부환의 이름이 특정되었다. 노회찬이 입을 열어 실명을 폭로했다. 언론은 대서특필했고,

많은 국민이 재벌, 정치권, 검찰의 거대한 기득권 커넥션에 맞서 싸우는 진보정당 초선 의원에게 마음에서 우러나오는 응원을 보냈다. 폭발적 지지의 배경에는 폭로 이후 그에게 닥칠지 모르는 힘센 자들의 반격에 대한 우려와 격려도 포함되었을 것이다. 노회찬이 이날 발표한 글이다.

나를 기소하려면 하라.

오늘 법제사법위원회에서 떡값 검찰 7인의 실명을 공개하기로 결심했다. 그 사실을 미리 보도자료에 담아 배포했다. 면책특권 범위 안이니 밖이니 말들이 무성하다. 나를 기소하고 싶은가? 기소하고 싶으면 그렇게 하라.

국회의원이기 이전에 나는 대한민국 국민이다. 국민의 한 사람으로서, 우리 국민이 꼭 알아야 할 내용은 알리는 것이 도리다. 나라와 국민에게 도움 되고 옳은 일이라면, 법의 잣대에 개의치 않고 나는 한다. 나의 오늘 행동이 공익에 반한다면, 국민이 알 필요도 없는 내용을 공개하고 부당하게 사리(私利)를 추구했다면, 스스로 면책특권을 포기할 것이다. 나 스스로 나의 손목에 수갑을 채울 것이다.

과거 '내부 고발자'들은 범법자였다. 수많은 사람이 법의 잣대로 심판받았다. 그 덕분에 내부 고발자 보호제도가 정착되었다. 만일 내가 도청 테이프에 들어 있는 떡값 검사들의 명단을 보고서도 국민에게 알리지 않는다면 그것이야말로 국민이 선출한 국회의원으로서 직무 유기에 해당한다. 옳다면 해야 한다.

다시 또 이런 상황에 처한다 하더라도 나의 행동은 똑같을 수밖에 없다.

그들은 노회찬을 기소했다. 하지만 시간을 기다렸다. 그들은 노회찬을 기소하기 전에 할 일이 있었다. '도둑'을 풀어주는 일이었다. 2005년 12월 14일 서울중앙지검은 삼성 X파일 사건에 대한 수사 결과를 발표했다. 이건희, 이학수, 홍석현, 떡값 뇌물 검찰 모두에게 '혐의 없음' 결론을 내렸고, 이를 보도한 MBC 이상호 기자는 불구속 기소했다. 그는 후에 유죄 취지의 선고유예를 받았다. 수사 책임자는 서울지검 2차장 황교안이었다. '도둑'을 풀어주었던 서울중앙지검은 2년 뒤인 2007년 5월 21일 "도둑이야"라고 외친 노회찬을 명예훼손죄, 통신비밀보호법 위반 혐의로 기소했다. 민주노동당의 대선 예비후보로 당내 경선이 한창일 때 그들이 준 '선물'이었다. 그때부터 7년 동안의 긴 싸움이 시작되었다.

1심 유죄, 2심 무죄, 대법원 유죄 취지 파기 환송, 서울중앙지법 항소부 파기환송심 징역 4월, 집행유예 1년, 자격정지 1년 선고. 2013년 2월 14일 대법원 재상고심 징역 4월, 집행유예 1년, 자격정지 1년 확정. 국회의원직 상실.

재판이 최종 확정되는 동안 노회찬과 당에는 많은 일이 생겼다. 당내 대선 후보 경선 출마와 낙선, 분당과 합당 그리고 다시 분당, 재선과 국회의원직 상실,

2004년 노회찬이 국회의원이 되자 그를 아끼던 열린우리당의 한 3선 의원이 조용히 그를 불러서 다 좋은데 미국과 삼성은 건드리지 마라, 한국에서 정치하려면, 정치 수명을 길게 누리고 싶으면 그 둘을 건드리지 말라고 말했다. 노회찬은 그 의원의 경고 또

는 조언이 고마웠을 것이다. 그에게 분명한 목표를 갖게 했으니 말이다. 이후 노회찬은 '나는 그 두 가지를 건드리면 되겠구나'라고 생각했다.[17] 2004년 미국을 건드렸고 이어 2005년 삼성을 건드렸으니, 의도한 것은 아니었지만 생각대로 이룬 셈이 되었다.

유전무죄 무전유죄, 전관예우를 입증하다

사법부를 상징하는 '정의의 여신' 디케는 한 손에는 저울, 다른 한 손에는 칼을 들고 있습니다. 하지만, 전직 부장검사가 전화 두 통으로 서민들이 평생 벌어도 못 벌 돈을 벌어들이는 전관예우의 법정에서 과연 법 앞에 만인은 평등합니까? 만 명만 평등할 뿐입니다. 여기에 정의가 어디 있습니까? 오늘날 대한민국 '정의의 여신상'은 한 손에는 전화기, 다른 한 손에는 돈다발을 들고 있을 뿐입니다. (2016년 7월 국회 원내대표 연설)

2006년 초 KBS 탐사보도팀의 최경영, 성재호 기자는 노회찬 의원실을 찾았다. 법조계에 오랫동안 공공연히 떠돌고 있는 전관예우 실태를 심층 취재해 보도하기로 하고, 노회찬 의원실과 협업이 가능한지 타진하기 위해서였다. 얘기로만 떠돌던 전관예우의 실체를 본격적으로 파고들어간 것은 이때가 처음이었다. 노회찬도 이미 전해에 대법관 출신 변호사들의 전관예우 문제를 MBC 〈피디수첩〉 팀과 협력해서 다룬 적이 있었다. '유전무죄 무전유죄'와도 연결되는 이 사안을 노회찬은 2006년의 '전략 현안'으로 보고, 여러 달 동안 KBS 탐사보도팀과 호흡을 맞춰가면서 준비했다. 최경영은 이 특집이 노회찬 의원실과 함께 준비되고 있다는 사실을 취재원들에게 알렸고, 그 사실이 프로그램을 제작하는 데 적잖은 도움을 주었다고 말했다.

6개월 이상 준비한 끝에 KBS는 7월 12일 첫 방송을 했고, 제헌절을 하루 앞둔 7월 16일 〈일요스페셜〉을 통해 "법은 평등한가?"라는 제목의 특집 프로그램을 내보냈다. 사실로 드러난 전관예우, 유전무죄 무전유죄 실태는 사회적 파장을 불러일으켰다. 당시 대법원 공보관이 이를 공식적으로 인정하고 사과하는 장면이 화면을 통해 국민에게 전달되었다. 최경영 기자는 당시를 돌아보며 노회찬 의원실과 '완벽한 협업'을 이뤘다고 평가했다.[18]

"법은 만인에게 평등하지 않고, 만 명에게만 평등하다." 이제는 법언(法諺)처럼 회자되는 노회찬의 말이다. 법언이 법에 대한 보편적 원칙, 당위를 표현한 것이라면 노회찬의 법언은 왜곡된 법적 현실에 대한 날카로운 비판이다.

노회찬은 KBS와의 협업을 통해 확보한 방대한 자료 중 일부를 가공해서 자신의 발언이 사실임을 입증했다. 숫자로 가득한 자료를 캐릭터와 사연이 있는 스토리로 만들었다. 현금 21만 원을 빼돌려 징역 8개월 실형을 받은 비디오방 직원 강씨, 음식 대금 77만여 원을 챙긴 죄로 실형 10개월을 선고 받은 중국집 배달원 정씨와 340억 원을 횡령하고 집행유예를 받은 대기업 대표 최씨의 이야기와 함께 그 실태를 분석한 자료를 만들어 배포했다.[19] 횡령액은 기업체 대표가 723배 많지만 배달원이나 종업원들에 비해 실형 비율이 낮고 집행유예 비율은 월등히 높은 현실을 고발한 기록이었다. 홍보 효과를 높이기 위한 전술이었지만, 항상 어려운 사람

편에 서 있던 노회찬의 원칙이 반영된 작품이기도 했다. 노회찬이 사법부에 던진 아래 발언에도 그의 원칙이 고스란히 담겨 있는데, 이 발언은 만 명에 포함되지 못한 사람들에게 깊은 울림을 주었다.

강압적으로 돈을 받아낸 사람은 징역 3년이 징역 1년으로 되면서 그 사유가 뭔가 하면, '피고인이 3선 국회의원이다', 그다음에 '고령이고 별다른 전과가 없다', 그리고 '깊이 뉘우치고 있다'라고 되어 있습니다. 국회의원이 3선이면 이렇게 감형 사유가 됩니까? … 그런데 서정우 변호사 같은 경우에는 감형 사유에서 '피고인이 오랫동안 법조인으로 사회에 기여했다'는 겁니다. 그리고 이런 것들이 상당히 많습니다. 심이택 대한항공 부회장 사건의 경우, '전문경영인으로서 한 직장에서 수십 년간 성실하게 재직해온 점'이 감형 사유입니다. 저는 많은 재판을 보지 못했습니다마는 '수십 년간 땀 흘려서 농사를 지으면서 우리 사회에 기여한 점을 감안하여 감형한다'거나 혹은 '산업재해와 저임금에도 불구하고 수십 년간 땀 흘려 일하면서 이 나라 산업을 이만큼 발전시키는 데 기여한 공로가 있는 노동자이므로 감형을 한다', 이런 예를 본 적이 없습니다. 혹시 보신 적 있습니까?
그런데 오히려 수십 년간 공직에 있었으면 더 큰 책임이 있을 것이고 더 조심해야 되고 더 많은 것을 알 사람이, 그리고 어찌 보면 그렇게 땀 흘려 일하던 서민보다는 명예까지 포함해서 그 대가를 더 많이 받았던 그런 사람들에게 그런 자신의 지위라거나 경력이 왜 감형 사유가 되느냐 이것이지요. 저는 시중에 나도는 국민들의 목소리를 질의에 담아서 전해드렸습니다.[20]

2007년 기획 현안은 민생특별위원회(민생특위)와 관련된 활동이었는데, 이 내용은 여행 이야기를 잠깐 한 뒤에 알아보자.

몰래 떠난 여행

2006년 6월 27일 오전, 노회찬은 국회 정론관에서 '성전환자 성별 변경 관련 법 제정을 위한 공동연대' 관계자들과 함께 기자회견을 했다. 기자회견을 끝내고 그는 들뜬 마음으로 국회를 빠져나와 인천공항으로 향했다. 너무도 가고 싶었던 여행이었다. 언제나 선당후사 원칙을 지키며 살아왔던 그는, 미안했는지 자신의 '긴 여정'을 박규님 보좌관과 수행 담당에게만 살짝 귀띔했다. 7월 8일까지 '장장' 12일 동안 떠나는 중앙아시아 답사 여행으로, 우즈베키스탄, 투르크메니스탄의 타슈켄트-사마르칸트-부하라-마리-메르브-아시가바트-니사-히바-우르겐치를 다녀오는 일정이었다. 초선 의원 노회찬으로서는 어려운 결정이었지만 차마 그 유혹을 뿌리칠 수 없었다.[21] 게다가 꼭 한번 만나고 싶었던, 실크로드학의 세계적 학자인 정수일이 직접 안내하는 실크로드 지역 여행이라니. 사실 이런 여행은 반드시 해야 한다고 일찍부터 선동한 이가 노회찬이었다는 게 동행했던 고교 동창 장석의 말이다.

2001년 추석, 고향 부산으로 가는 열차 안에서 노회찬은 '오래전에 고향을 떠난 한 사내'의 이야기를 읽기 시작했다. 발간된 지 며칠 안 된 『이븐 바투타 여행기』였다. 노회찬은 "누군가 나에게 세계 5대 여행기에 대해 물으면 나는 이렇게 대답하고 싶다. 세계 5대 여행기는 혜초의 『왕오천축국전』, 오도릭의 『동방기행』,

마르코 폴로의 『동방견문록』, 『이븐 바투타 여행기』 그리고 『정수일의 여행기』이다"라고 했다.[22] 노회찬은 '고향을 떠난 사내' 이븐 바투타뿐 아니라 4대 여행가가 다녀간 지역을 합한 것보다 넓은 지역에 발자국을 찍은, 번역자 정수일의 파란만장한 일생에도 푹 빠져 있었다. 호기심 많고 모험적인 삶을 살고 싶었던 노회찬에게 그의 인생 역정은 자신이 가보지 못한 길이어서 더 매력적으로 다가왔을 것이다.

정수일 또한 12일 동안 함께 여행하면서 노회찬에게서 깊은 인상을 받았다. 그의 기억에 남은 노회찬의 모습은 공교롭게도 하나는 아주 즐거워하던 모습이고 다른 하나는 울먹이던 모습이었다. 우즈베키스탄의 한 지방에 갔을 때, 일행은 동네 식당에 초대를 받아 그곳에서 식사를 했다. 마침 그때 식당 밖에서 민속춤 공연이 열려 동네 사람들이 어울려서 춤을 추었다. 그때 노회찬도 밥을 먹다 말고 맨발로 뛰어나가 그들과 어울려 신나게 춤을 췄다. 노회찬이 보통 사람들과 격의 없이 소박하게 잘 어울리는 모습을 보고 정수일은 노회찬 정치의 '민중성'의 단면을 본 것 같았다고 회고했다.

여행 마지막 날, 일행은 우즈베키스탄의 수도 타슈켄트에 있었다. 두 가지 일정이 남아 있었는데 시간상 한 가지만 가능한 상황이라서 팀을 둘로 나누어 각자 원하는 일정을 선택하기로 했다. 다수는 타슈켄트의 유적지를 둘러보러 갔고, 정수일과 남은 몇몇은 고려인을 만나러 갔다. 노회찬은 '소수파'였다. 소수파는 한 시간 정도 차로 이동해서 '태 아줌마'라고 불리는 고려인 집을 방문했다. 태 아줌마는 아흔세 살 노모와 함께 살고 있었는데, 마침 대학 교수인 태 아줌마의 오빠가 방학이라 우랄시에서 노모를 보러와 있었다. 열세 살 때 함경도 길주에서 러시아로 온 후 겪었던, 고난으로 가득한 태 아줌마 가족의 이야기는 말 그대로 민족 수난사였다. 노회찬은 자신의 가족사를 연상케 하는 그 이야기를 한마디도 놓치지 않겠다는 자세로 열심히 듣고 작은 수첩에 부지런히 적었다. 노모가 하염없이 눈물을 흘리자 노회찬도 울먹이면서 들었다. 태 아줌마 가족과 이야기를 나누던 중 노회찬의 귀를 더 쫑긋하게 만든 이름이 나왔다. 빼어난 단편소설「낙동강」으로 유명한 조명희였다. 식민지 시대를 살았던 조명희는 '조선프롤레타리아 예술가 동맹(KAPF)'에 가입해 활동했고, 나중에 소련에 망명해 연해주 지역 작가동맹 활동도 했다. 스탈린 정권의 대대적인 숙청으로 인해 사형을 당했지만 이제는 명예회복이 되었다. 그 조명희의 박물관이 타슈켄트에 있다는 것이었다. 역사적 인물을 '박제된 기록'에서 해방시켜 차 한 잔 마시며 이야기를 나눌 수 있는 '귀한 손님'으로 만나기를 좋아했던 노회찬이 충분히 흥분할 만한 정보였다. 노회찬은 태 아줌마 집을 나와 서둘러 조명희 박물관을 찾았다. 박물관이라고 하기엔 공간이 협소했지만, 노회찬은 그곳에서 마지막 남은 시간을 보내며 열심히 보고 수첩에 적었다.

함께 갔던 일행 28명은 이처럼 유익하고 유쾌한 여행은 계속 이어져야 한다며 귀국해서 뜻을 모아 무엇인가 해보자는 데 합의했다. 그리하여 2년 후 사단법인 한국문명교류연구소가 만들어졌다. 소장은 정수일이 맡았는데, 그 과정에서 고교 동창 장석이 큰 힘을 보탰다.[23]

민생특위, 상인들의 폭발적 반응

노회찬의 2007년 기획 현안은 대선 출마와 연관이 있다. 민주노동당은 2006년 지방선거에서 좋은 성적을 내지 못했다. 당은 민생정당으로서의 모습을 보여주기 위해 민생특위를 출범시켰다.[24] 당시 대선 후보군이었던 권영길은 원내대표, 심상정은 한미FTA 특별위원회 공동위원장을 맡고 있었지만 노회찬은 맡고 있는 당직이 없었다. 민생 현안을 다루는 민생특위 위원장은 대중과의 접촉면을 넓혀야 했던 노회찬에게 필요한 자리였다.

민생특위는 전월세 인상 5% 상한, 소액우선 변제 대상 확대, 비정규직과 영세상인 연금 보험 지원 등 다양한 의제를 검토했다. 내부 논의 과정에서 박창규가 제안한 영세 자영업자 신용카드 가맹점 수수료 인하안이 주요 추진 사업으로 채택됐다.

2007년 1월 초, 새해가 시작되면서 노회찬은 다양한 자영업자 협회 대표들과 함께 여의도에서 신용카드 가맹점 수수료 인하 입법청원운동 선포식을 가졌다. 사실상 대선 후보로서의 행보가 본격화된 것이다. 입법청원운동 선포식에서 노회찬이 한 발언은 전국의 영세 자영업자들이 일제히 고개를 돌려 민주노동당을 바라보게 만들었다.

연 매출 1억 4,000만 원의 구멍가게가 가맹점 수수료로 250만 원을 내고 있는데, 14억짜리 아파트 소유자가 내는 종합부동산세도 250만 원입니다. 종부세와 똑같은 고액의 수수료를 내고 있는 중소상인들의 고통을 덜어주기 위해 민주노동당은 다시 한 번 거리로 나섰습니다. 대형 병원보다 소형 병원이 더 많이 내고 대형 할인점보다 소형 구멍가게가 더 많이 내는 잘못된 관행을 없애는 데 민주노동당이 앞장서겠습니다.

노회찬은 신용카드 때문에 목숨을 버린 신용불량자, 신용카드 가맹점 수수료 때문에 장사하기 어렵다는 상인들은 많지만 문 닫은 신용카드사는 단 하나도 없다는 사실을 환기시키며, 신용카드사의 폭리와 일방통행을 자신과 민주노동당이 앞장서서 막겠다고 목소리를 높였다. 민생특위는 입법청원운동 선포식을 하기 전에 골프장과 대형 유통업체한테는 1.5∼2%의 낮은 신용카드 가맹점 수수료를 받으면서 중소상인들한테는 3∼5%의 폭리를 취하는 신용카드사들을 향해 선전포고를 해놓은 터였다.

전국의 영세 자영업자들의 반응은 즉각적이고 폭발적이었다. 민주노동당을 '간첩당'이라고 욕하던 상인들도 입법청원 서명 용지를 보여주면 잽싸게 서명했다. 소수당이 주요 민생 의제를 주도했다. 신용카드 가맹점 수수료 인하 입법청원운동은 당시 지지율 추락과 함께 활력이 떨어져 있던 당의 지역 조직들에게도 반가운 일이었다. 지역에서 자영업자들과 함께할 수 있는 효과적인 일상 사업이었기 때문이다.

노회찬은 전국을 돌면서 입법청원 서명운동을 진행했다. 현장에서 만난 자영업자들의 반응은 뜨거웠다. 민생특위 사업은 2007년 당의 역량을 집중하는 사업으로 격상되었다. 한국요식업중앙회, 대한미용사중앙회, 한국서점조합연합회 등의 회원 수천 명이 모인 대규모 집회도 두 차례 열었다.

"상인 여러분, 과연 어느 정당이 카드 수수료를 낮춰주는지 잘 보시고 이번 대선에선 그 점을 유념해 투표해주십시오." 집회에 참석한 노회찬의 발언에 대한미용사중앙회 대표는 "70만 표 드리겠습니다"라는 '덕담'으로 화답했다. 덕담이 모두 지지 투표로 이어지지는 않았겠지만, 600만 명의 자영업자들에게 민생정당이라는 인식을 심어준 것은 커다란 성과였다.

노회찬은 삼성카드, 국민카드 사장과의 공개 토론회를 제안하는 등 가맹점 수수료 인하 압박을 이어갔고, 4월에는 여신금융전문법 개정안을 제출했다. 신용카드사가 민주노동당 출입 기자를 초청해 자신들의 입장을 설명하고 민주노동당은 신용카드사에 출입하는 경제부 기자를 불러 간담회를 여는 드문 풍경도 연출됐다. 대선을 앞둔 터라 각 정당들도 전국 상인들의 요구를 외면할 수 없었다. 결국 2007년 11월 신용카드 가맹점 수수료가 대폭 인하되었고, 전국 160만 업체 중 92%인 147만 업체가 혜택을 받았다.

노회찬의 법안들[25]

3선 의원 노회찬은 한 번도 임기를 끝까지 채우지 못했다. 제17대(2004년 6월~2008년 3월) 때는 2008년 민주노동당 분당, 제19대(2012년 6월~2013년 2월) 때는 삼성 X파일 사건에 대한 대법원의 최종 유죄 판결, 제20대(2016년 6월~2018년 7월) 때는 본인의 사망 때문이었다. 제17대 때는 4년 동안 법사위에서 활동했고, 1년도 채 못한 제19대 때는 정무위에서 활동했으며, 제20대 때는 전반기에 법사위 활동을 2년 동안 했고, 후반기 들어 새로 배정된

국토교통위의 첫 회의가 소집된 날 세상을 떠났다.

노회찬은 의정 활동 기간 동안 모두 127건의 법안, 결의안, 감사 청구안, 소추안 등을 대표 발의했다. 법안 등 그가 발의한 전체 안건 가운데 34건이 국회 본회의를 통과했다. 본회의 통과 비율은 30% 가까이 되는데, 제17대 국회의원의 입법 통과 비율이 20% 수준이었다.[26] 법안을 발의한 횟수나 통과 비율이 중요한 지표는 아니다. 누구의 편에 서서 어떤 내용의 법을 만들려고 했는지가 중요하다. 이미 언급했던 것처럼 국회의원의 입법 활동은 고유한 헌법적 권한이면서 중요한 정치 행위다. 의원들의 입법 행위는 의제 설정, 이해 당사자 조직, 입법을 통한 사회개혁과 갈등 조정 등을 목표로 한다고 할 수 있다. 특히 진보정당 정치인의 경우 진보적 내용의 법안이 보수정당이 지배하는 국회를 통과하기가 어려운 만큼 의제 설정과 이해 당사자 조직이 상대적으로 더 중요한 목표가 될 수밖에 없었다.

노회찬에게도 법안 발의는 현안 대응의 중요한 수단이었다. 특정 법안을 기획 입법할 때도 법안 마련이 완료되면 발의한 것이 아니라 현안 의제로 만들어놓거나 만들어졌을 때, 그래서 사회적 주목도가 높아졌을 때 발의했다. 거꾸로 외부에서 현안이 발생하면 여러 대응 방안 중 하나로 입법을 선택할 때도 있었다. 이와 함께 그를 찾아온 '약자들의 청탁' 입법도 적지 않았다.

노회찬이 제출한 법안 중 다수는 '임기 만료 폐기' 운명을 감수할 수밖에 없었다. 노회찬이 제17대 때 대표 발의한 법안 50건 중 33건이 임기 만료 폐기되었다. 법안이 통과되어도 문제는 있다. 법안의 진취적 내용이 국회의 논의 과정을 거치는 동안 보수정당에서 제출한 법안과 함께 다뤄지면서 '물타기' 효과가 나타나 애초 의도에서 크게 후퇴한 안으로 통과되는 경우가 대부분이기 때문이다. 진보진영의 관심이 반영된 법안이 통과된 후 내부에서 종종 논란이 벌어지는 것도 이 때문이었다. 2021년 1월에 통과된 중대재해

처벌법이 대표적인 사례다.

노회찬이 제17대, 제19~20대 국회의원 시절에 제출한 주요 법안 76건을 몇몇 범주로 분류해서 보면 그가 중요하게 생각했던 사회적 현안 및 과제를 알 수 있다. 그가 가장 신경을 많이 쓴 입법 분야는 '호민관 입법'이라고 부를 수 있는데, 이 범주를 세분하면 노동자·시민의 안전과 기본권 보호(8건), 사회적 약자 보호(24건), 복지사회 토대 구축(15건)을 위한 법안으로 나눌 수 있다. 호민관 입법은 노회찬이 발의한 주요 법안의 60%를 넘는다.

노동자·시민의 안전과 기본권 보호를 위한 법안으로는 2017년 4월에 발의했던 '재해에 대한 기업 및 정부 책임자 처벌에 관한 특별법안'이 있다. 제20대 국회 때 그의 사망으로 임기 만료 폐기가 되었지만, 2021년 중대재해기업처벌법의 제정으로 그의 입법 취지가 아쉬운 수준으로나마 반영된 법안이 통과되었다. 해고 요건을 강화한 근로기준법 개정안, 내부 고발자 보호를 강화한 공익신고자 보호법 개정안, 고령 노동자 산재 축소를 위한 산업안전보건법 개정안 등이 이에 해당된다. 이와 함께 국가인권위원회법을 고쳐 국가인권위원회가 자유권뿐 아니라 사회권에 해당하는 UN사회권위원회의 권고가 이행되는지 여부도 조사할 수 있도록 했다.

가장 많은 법안이 제출된 사회적 약자 보호를 위한 법률은 본문에서 따로 다루기로 하겠다. 복지사회 토대 구축을 위한 법안의 경우 고소득자 세율 인상, 미성년자 상속 재산 할증 과세율 인상, 기업 사내유보금 운영 수익 세율 인상 등 분배 개선과 세수 확보를 겨냥한 각종 세법 개정안과 학교 급식, 고교 무상교육, 국가 균형 발전 관련 법안 등이 있다. 이와 함께 주거권 안정을 위한 주택과 상가임차인 보호 법안, 부동산 투기 수익에 대해 범죄 수익에 준하는 세금을 매기고 아파트 분양가 상한제를 도입하는 법안도 만들었다. 이 부분 역시 일부 세법이 대안이 반영되어 통과된 것을 빼면 대부분 폐기되었다.

두 번째 범주는 '경제민주화 입법'이라고 부를 수 있는데, 여기에는 재벌개혁(3건), 일반 경제민주화(2건) 법안이 있다. 전자의 경우 원청 대기업의 위법 행위에 대한 징벌적 손해배상, 집단 소송제 도입, 재벌에 대해 출자총액제한 제도의 재도입 등이 포함된 하도급 관련법, 독점규제 및 공정거래 관련법 개정안을 제출했으나, 대부분 임기 만료 폐기되었다. 후자의 경우 상법 개정을 통해 노조의 대표소송 제기 권한 보장, 노동자 대표의 사외이사 추천권 보장, 집중투표권의 도입을 주장했으나, 이 법안들 역시 폐기되었다.

노회찬이 관심을 둔 세 번째 범주는 '지배 시스템 개혁 입법'이었다. 여기에는 사법 및 정보기관 개혁(10건), 정치개혁(10건)을 위한 법안이 들어 있다. 노회찬은 사법개혁의 필요성을 평소에 강조했는데, 법사위에서 활동을 많이 한 까닭도 있었지만 무소불위의 권력 기구가 된 검찰개혁이 그가 중요시한 의제 가운데 하나였기 때문이다. 노회찬이 제20대 국회 때 제출한, 독립적 수사권과 기소권을 가진 고위공직자비리수사처(공수처)법은 제21대 국회에 들어와서야 통과되었다. 노회찬이 초선 때인 2005년에 제출한 특별검사 임명 등에 관한 법률은 당시 노무현 정부가 기소권 없는 '무늬만' 공수처법을 내자 이에 대응한 입법이었다. 노회찬은 제17대 국회 때 임기 만료 폐기된 법을 제20대 국회 때 '공수처 설치법'으로 다시 냈으나 또 폐기되었고, 결국 그가 없는 제21대 국회에서 통과되었다. 국가정보원법도 같은 경로를 거쳤다. 노회찬은 2006년에 국가정보원법 개정안을 냈으나 임기 내에 법 개정이 이루어지지 않아 폐기되었다. 이는 삼성 X파일 사건의 후속 조치 성격도 가지고 있었다. 그는 2018년 다시 국가정보원법 전부 개정 법률안을 제출했다. 이 개정안에는 국가정보원의 명칭을 '대외정보원'으로 바꾸고 국내 정치 개입을 금지하는 조항이 들어 있었다. 국가정보원법은 2020년 말 제21대 국회에서 노회찬 법안의 주요 내용이 반영되면서 개정되었다. 법률 개정으로 국가정보원의 국내 정보 수집

업무가 사라지고 대공수사권이 경찰로 이관되었다. 정부와 여당은 국가정보원의 명칭도 '대외안보정보원'으로 변경하겠다고 했다가 번복했다. 이 외에도 공공기관의 채용 비리 등 각종 비리를 막는 법안들도 제출했으나 통과되지 못했다. 국가보안법 폐지 법안은 그가 국회의원이 된 첫해에 제출했지만 폐기되었다.

상대적으로 대중의 눈길이 덜 가는 분야지만 노회찬은 입법을 통한 정치개혁 의지도 꾸준히 보여주었다. 불법 정치자금을 근절하기 위한 금융거래정보 관련법부터 국회 안건 처리 절차를 개선하기 위한 국회법 개정안, 정당의 시도 단위 지역위원회 설치 등을 요구하는 정치자금법 개정안, 대통령 결선투표 도입을 요구하는 공직선거법 개정안 등 다양한 입법 활동을 했다. 특히 대통령 결선투표 도입은 2012년 제19대 국회에 이어 2017년 제20대 국회에서도 연속적으로 제출했다. 2017년에는 지방자치단체장 결선투표 도입도 추가했다. 마치 1993년 진정추 시절 1인 2표제 도입을 위한 선거법 위헌심판을 청구했던 때의 모습을 보는 듯하다. 하지만 주요 정치개혁 관련법은 대부분 폐기되었다. 이 밖에 앞의 범주에 포함되지 않은 법안으로는 2014년 9월 최초 발의한 호주제 폐지(민법 개정안) 법안과 개인정보 보호에 관한 법안 등이 있다.

노회찬의 입법 활동의 특징 가운데 하나는 법사위원회 이외에 보건복지위원회, 산업자원위원회, 행정안전위원회 등 다양한 상임위원회를 두루 횡단하면서 이루어졌다는 점이었다.

아픈 곳이 중심이다

"아픈 곳이 몸의 중심"이라는 어느 시인의 시구에 따르면, 노회찬의 입법은 늘 세상의 중심을 향했다. 사회적 약자를 보호하기 위한 입법은 우리 사회의 아픈 곳, 곧 세상의 중심을 찾아가 그곳이 안고 있는 문제를 치유하기 위한 정치였다.

눈길을 끄는 것은 사회적 약자를 보호하기 위한 법안의 경우 다른 범주의 법안과는 달리 본회의 통과 비율이 월등하게 높았다는 점이다. 정치개혁, 사법개혁과 관련된 법안은 10건 중 각각 2건과 1건만 통과되었고, 노동자·시민의 기본권 보장과 관련된 법안은 8건 중 1건도 통과되지 못했다. 복지사회의 토대를 구축하기 위한 법안은 15건 중 2건, 경제민주화와 재벌개혁 법안은 5건 중 1건만 통과된 데 비해, 사회적 약자 보호법은 발의 법안 24건 중 12건이 통과되었다. 작지만 지속적 개량과 그것의 축적을 중시한 노회찬의 실사구시 접근법의 결과였다.

노회찬은 사회적 약자 보호를 위한 입법 과정에서 당사자들이나 관련 단체들과 최대한 함께하려 했다. 장애인에 대한 차별을 없애고 권리를 구제하는 장애인 기본법인 '장애인차별금지 및 권리구제에 관한 법률'의 대표 발의자는 노회찬이었는데, 이는 장애인 단체의 강력한 요청에 따른 것이었다. 장애인 기본법은 협상보다는 강한 투쟁을 통해서 '쟁취'해야 할 정도로 요구 수준이 높은 내용을 담고 있었다. 전국장애인차별철폐연대 박경석 공동대표는 이 싸움의 선봉에 서서 자신들과 함께 끝까지 싸워줄 수 있는 의원을 물색했는데 결론은 노회찬 의원이었다. 여의도에 처음 입성한 민주노동당에 대한 희망도 한몫했다. 박경석은 "노회찬은 신뢰와 실력을 갖춘 의원, 국회 내 투쟁 전술과 정세 분석을 우리 편에 서서 해줄 최적화된 의원이었다"라고 말했다.

2005년 발의되어 2007년 본회의에서 통과된 이 법안은 노회찬, 민주노동당, 장애인 단체가 연대해 이루어낸 성과였다. 특히 장애인 단체의 경우 다양한 색깔의 관련 단체가 빠짐없이 모였다. 보수와 진보를 포괄하는 전국 장애인 단체가 모두 모인 것은 1989년 민주화 이후 장애인 복지와 고용 촉진을 위한 법률을 만들 때 이후 두 번째였다.

2006년 5월 25일 헌법재판소는 법률이 아닌 보건복지부 부령으로 되어 있는 시각장애인의 안마사 영업 독점권 조항에 대해 위헌 결정을 내렸다. 전국의 시각장애인 안마사들에게 이 판결은 '사형 선고'와 같았다. 생계가 막힐 것을 우려한 그들은 마포대교에 올라 강물 아래로 뛰어내렸고, 고속도로를 봉쇄했으며, 대규모 집회와 화형식을 갖는 등 격렬하게 항의했다. 시각장애 학생들은 수업을 거부했고, 한 시각장애인은 스스로 몸을 던져 세상을 등졌다. 직업 선택의 자유를 주장하는 사람들에게 안마사들은 "우리는 시각장애인을 선택하지 않았다"라며 울부짖었다.

당시 대한안마사협회 경기도지부 재정위원장이었던 김도형은 시각장애인 안마사들이 목숨을 던지려고 모여드는 마포대교에서 노회찬을 만났다. '방송에도 나오는 유명 정치인'이라서 알고 있었던 노회찬 의원이 찾아와 그들과 함께하겠다고 했고, 김도형은 고맙다고 했다. 시각장애인 안마사들에게 동정적이던 사람들도 위헌 판결 앞에서는 대안을 찾는 일을 포기하거나 기존의 기준보다 후퇴된 안을 검토하기 시작했다. 노회찬은 헌법재판소에 대한 현안 질의를 통해 사태 해결의 돌파구를 열었다. 2006년 6월 23일 국회 법사위. 노회찬과 서상홍 헌법재판소 사무처장 사이에 질의와 응답이 오갔다.

노회찬　최근에 사회적으로 크게 문제가 되었던 시각장애인
　　　　안마사와 관련된 헌법재판소 결정이 있었는데요.
　　　　이 결정문을 읽어보면 안마사에 관한 규칙이
　　　　법률유보원칙[27] 위배 또 과잉금지원칙[28]의 위배로
　　　　인해서 위헌이다, 이렇게 되어 있지요?

서상홍　예, 그렇습니다.

노회찬　그렇다면 만일 이 규칙과 동일한 내용을 법률로
　　　　규정한다면, 이 두 가지 위배 중에서도 법률유보원칙
　　　　위배는 해소되는 것이지요?

서상홍　그렇습니다.

노회찬　그런데 제가 각 재판관들의 의견을 죽 보니까 여덟 분
　　　　재판관이 참석을 했던데 그중에서 윤영철, 권성, 두 분은
　　　　법률유보원칙은 위배됐다라고 하고, 과잉금지원칙
　　　　위배는 판단을 안 했거든요. 그다음에 전효숙, 이공현,
　　　　조대현, 세 분은 둘 다 위배됐다고 보고 있고, 주선회
　　　　재판관은 과잉금지원칙 위배이고 법률유보원칙은
　　　　판단을 안 했고, 송인준 재판관은 법률유보원칙은
　　　　위배되지 않았다고 보고 과잉금지원칙은 위배됐다고
　　　　보고, 김효종 재판관은 둘 다 위배됨이 없다라고
　　　　봤습니다. 하여튼 죽 보면 이날 재판에 있어서는 직업
　　　　선택의 자유를 침해하는 과잉금지원칙 위배가 있다라고
　　　　본 분이 5명이에요. 제가 지금 하는 질의 요지가 뭔가
　　　　하면, 그렇다면 문제가 됐던 그 규칙을
　　　　바로 법률로 입법화할 경우에 이날 재판에 따르면,

일단은 과잉금지원칙 위배는 5명만 찬성을 했기 때문에 결국에 위헌 소지를 벗어날 수 있지 않느냐라는 의견이거든요. 물론 누가 위헌 제소를 한다면 새로운 재판을 받아야 되겠지요. 그래서 그 결과를 미리 속단할 수는 없지만 최소한 이 헌법재판소에서 내린 결정의 정신을 정면으로 위배해서 입법하는 것은 아니다라는 것이지요. 그렇지 않습니까? 어떻습니까?

서상홍 예, 지금 현재 숫자상으로는 노 위원님 지적하신 대로 보는 게 옳을 것 같습니다.

노회찬 두 번째 질의는 뭔가 하면 헌법재판소법 제47조 제1항에 보면 "법률의 위헌 결정은 법원 기타 국가기관 및 지방자치단체를 기속한다." 이렇게 되어 있는데 지금 국회에서 여러 안들이 준비되고 있습니다마는 그 규칙을 바로 법률로 해서 다시 입법을 할 경우에 물론 위헌 시비는 있을 것이고, 다시 또 판결받을 때 그 결과는 미루어 짐작할 수는 없지만 최소한 이미 내려진 그 결정, 이미 위헌이라고 했는데 똑같은 내용을 바로 다시 입법하는 것은 아니지 않느냐라는 것입니다. 왜냐하면 지난번 결정에서 과잉금지원칙 위배로 판단을 명확히 한 분은 전체 재판관 중에서 다섯 분밖에 안 됐기 때문에, 과잉금지원칙 위배의 소지가 없는 입법을 할 경우에 명백히 6명 이상의 판단이 아니었기 때문에 괜찮지 않느냐 이렇게 보는데….

서상홍 형식 논리적으로 보면 틀림없는 말씀입니다.

노회찬 고맙습니다.

빠져나올 구멍 없는 깔끔한 논리로 경쟁자를 속수무책으로 만드는 대화술, 그가 좋아했고 잘했던 것 중 하나였다. 짧지만 복잡해 보이는 이 질의와 응답은 대한민국의 시각장애인 안마사들에게는 '복음'이었다. 막혀 있던 '현안'을 깔끔하게 풀어주는 결정적 단서였다. 시각장애인의 안마사 영업 독점권이 보건복지부 부령에서 국회 입법으로 더 강하게 보장될 길이 열렸기 때문이다. 법률유보원칙 위배는 국회 입법으로 해소될 수 있고 과잉금지원칙 위배라며 위헌 판결을 내린 재판관은 위헌 판결 정족수 6명에 1명이 못 미치기 때문에 부령의 취지와 내용 그대로 입법해도 위헌 판정을 받을 소지가 없다는 노회찬의 논리를 헌법재판소 사무처장이 인정한 것은 그 길을 열어준 결정적 계기가 되었다.

"노회찬 의원은 정말 구세주였습니다. 대안을 찾지 못한 채 마포대교에 올라가 극한투쟁을 하던 시각장애인에게 엄청난 힘을 줬고, 투쟁에도 탄력이 붙었습니다." 이제는 대한안마사협회의 사무총장이 된 김도형의 말이다. 시각장애인들은 정부가 대체 입법 방침을 밝힌 후 싸움을 중단했고, 열린우리당과 한나라당은 그제야 경쟁적으로 대체 입법을 만들어 같은 해 6월 20일에 법안을 통과시켰다. 이 법률에 대해 위헌 소송이 또다시 제기되었으나, 2008년 10월 헌법재판소는 합헌 6, 위헌 3으로 합헌 결정을 내렸다. 그 후에도 여러 차례 위헌 소송이 제기되었지만 그때마다 전원 일치 합헌 결정을 받았다. 김도형은 자기 손으로 직접 노회찬에게 안마를 해주고 싶어서 안마소 이용권을 여러 장 주었는데, 노회찬은 한 번만 갔다.

노회찬의 이날 발언은 한나라당 국회의원이었던 정화원의 요청에 따른 것이었다. 정화원은 부산에서 활동하던 시각장애인으로, 한국시각장애인연합회 수석부회장을 지냈고 제17대 국회 때 한나라당 비례대표 의원이 되었다. 시각장애인의 안마사 영업 독점권 부령이 위헌 판정을 받은 후 한나라당은 정화원의 요청에도 불구하고 마땅한 방법이 없다며 뒤로 물러서 있었다. 그때 정화원 의원실의 보좌관 1명이 노회찬이 법사위에서 전개한 논리를 '발견'했다. 정화원은 다음 날 노회찬을 찾아갔다. 그가 판단하기에 '현안'을 풀 수 있는 실력과 신뢰를 가진 사람은 다른 당 의원인 노회찬이었고, 그의 선택은 들어맞았다.

저는 아직도 2006년 헌법재판소 판결 이후로 한강 다리에 투신하던 그 광경을 잊을 수가 없습니다. 국가인권위원회 옥상에 올라가서 절규하던 그 모습도 아직도 뇌리에 새겨져 있습니다. 이런 중차대한 항의들이 단순히 당사자들만의 문제가 아니라 우리 사회가 제대로 된 선진복지국가로 나가는 진통이라고 여깁니다.

노회찬이 세상을 떠나기 두 달여 전인 2018년 5월 3일, 한국시각장애인연합회 회장 이취임식에서 한 말이다. 국회에 들어간 이후 그는 한결같은 모습으로 10년이 넘도록 장애인 단체들의 권리 투쟁과 함께했다. 그가 유난히 장애인 단체 행사에 초청을 많이 받은 이유였다.

낮은 곳, 소수자들과의 연대

2007년 6월 15일. 서울 지하철 6호선 이태원역 부근의 '아워 플레이스', 탤런트 홍석천이 운영하는 식당에 노회찬과 성소수자 40여 명이 모였다. 노회찬은 이날 빨간 셔츠를 입었고, 자신을 '붉은 삼반'이라고 불렀다. "이반보다 뒤늦게 각성한, 그러나 그를 따라가려고 노력하는 것이 삼반"이라는 그의 설명이 덧붙여졌다. '이반'은 성소수자들이 이성애자를 '일반인'이라고 부르는 것에 대비해서 스스로를 부르는 호칭이다.

이날 모임은 당시 민주노동당의 대선 예비경선 후보였던 노회찬의 초청으로 마련된 자리였다. 하지만 득표를 위해 급조된 자리로 인식되지는 않았다. 사실 이 행사가 득표에 도움이 될 여부도 불투명했다. 진보정당은 빨간색으로 상징되는 노동 중심성이 기본이 되어야 하지만, 이것만으로는 당이 경직되기 쉽다는 것이 노회찬의 생각이었다. 그는 여기에 생태와 환경을 상징하는 녹색과 빨주노초파남보가 다 들어와야 한다고 강조했다. 진보정당이라면 모든 종류의 차별을 거부하고 공존을 추구해야 하며, 그럴 때만이 진정한 '붉은색'을 유지할 수 있다는 것이 노회찬의 지론이었다.[29]

대중적으로 널리 알려진 성전환자 하리수는 2017년 5월 결혼 전부터 아이를 입양하고 싶다는 뜻을 밝혔다. 찬반양론이 충돌하면서 이 문제는 사회적 이슈로 부상했다. 하지만 적잖은 사람들이 이 문제를 흥밋거리로만 받아들였다. 현안 대응에 민감했던 노회찬은 그냥 넘어갈 수 없었다. 그는 우선 성전환자 입양 문제를 보는 기본 시각부터 조정하고자 했다. 노회찬은 6월 13일 "사회는 하

340

리수의 가족구성권을 허하라"라는 제목의 보도자료를 통해 자신의 입장을 분명히 했다.

> '입양 촉진 및 절차에 관한 특례법'에도 아무런 걸림돌이
> 되지 않는 하리수 씨의 입양 문제가 가십 수준에서 지나치게
> 이슈화되고 있는 현실이 안타깝다. 하씨의 입양권은 헌법이
> 보장한 인간의 당연한 기본권이다.

> 폭력을 행사하고 아이를 돌보지 않는 일반적인 부모보다는
> 아이를 원하고 사랑해줄 준비가 이미 되어 있는 성전환자, 다양한
> 형태의 공동체 가족, 혹은 동성애 커플이 더 좋은 부모가 될 수
> 있다. 입양을 간절히 원하는 하씨에게 '정상 가족 이데올로기'의
> 잣대를 들이대는 것은 그를 또 한 번 수술대 위로 떠미는
> 행위이다.

노회찬은 흥미 위주의 연예계 가십이 아니라 헌법상 기본권에 관한 문제라고 의미 설정을 다시 함으로써 논의의 물꼬를 제대로 잡는 데 기여했고, 이어 '정상 가족' 중심 사고의 허구성을 비판했다. 인륜, 핏줄이라는 용어로 규정된 '정상 가족'이라는 고정관념을 넘어 사랑의 이름으로 가족의 의미를 확장한 의미심장한 내용을 쉽고 적절한 비유로 설명하는 데 성공했다.

노회찬 의원은 2007년 12월 한국게이인권운동단체 '친구사이'가 주는 무지개인권상 제2회 수상자가 되었다. 그의 사후 2019년 5월에는 '국제 성소수자 혐오 반대의 날'(매해 5월 17일)을 기념

하여 열리는 프라이드 갈라 행사에서 성소수자 인권상인 '프라이드 어워드' 제1회 수상자로 선정되었다. 이 상의 선정위원이었던 영화감독 김조광수는 2013년 9월 7일 우리나라에서 처음으로 공개 동성결혼식을 '일부러' 떠들썩하게 올렸다. 이날 노회찬은 하객으로 조용히 참석해 신랑 김조광수에게 축하 인사를 하며 이렇게 덧붙였다. "동성 부부에게 이성애자 남편이 따로 해줄 말은 없고 결혼을 먼저 한 사람으로 두 분이 대화를 많이 하시라."

성소수자이자 관련 단체의 활동가였던 신필규의 말이다. "연대의 가능성을 믿지 않았고 운동은 희망이 있어서가 아니라 그저 부채 의식 때문에 했다. 그런 그때, 내게 노회찬 의원은 참 신기한(?) 존재였다. 거짓말처럼 꾸준했기 때문이다. … 어쩌면 내가 꽤 오랜 시간 활동을 놓지 않고 이어왔던 것은 꾸준히 연대하며 가능성을 증거로 남긴 사람이 있었기 때문일지도 모르겠다. 노회찬 의원은 내게 그런 인물이었다."[30]

사회적 약자를 위한 노회찬의 입법 목록에는 치료 감호 대상자의 보호와 치료를 위한 치료 보호에 관한 법 개정, 종교적 신념과 양심적 확신에 따른 병역 거부자에게 대체 복무를 허용하는 병역법 개정, 경제적 어려움으로 빚을 갚을 능력이 없는 사람들의 경제적·사회적 재활을 돕는 파산법 개정, 재소자들의 권익과 편의 증진을 위한 관련 입법, 영세 자영업자 보호와 약탈적 대출 규제, 금융소비자 권리 강화, 과잉 대부 금지, 학대 아동 법적 보호를 위한 국선 변호인 선임 의무화, 소방 공무원 국립묘지 안장과 보훈 대상자 지정, 골목 상권 보호를 위한 대규모 점포 개설 제한, 월세 생활자 세금 혜택 등 피가 잘 돌지 않는 사회 구석구석에 있는 약자들에게 필요한 산소와 혈액을 공급해주기 위한 각종 법안이 포함돼 있었다.

입법을 통한 경로 이외에도 노회찬의 아픈 곳, 낮은 곳으로의 연대는 다방면으로 진행됐다. 몇 가지 사례를 더 살펴보자. 미국 메이저리그에서 활약했던 투수 김광현은 안산공고 선수 시절 한 경기에 226개의 공을 던진 적이 있었다. 광주진흥고 투수 정영일은 242개까지 던졌다. 2006년의 기록이다. 투수로 대성할 것이라는 기대를 받았던 정영일은 고교 때 어깨를 혹사한 뒤 선수 생활에 어려움을 겪었다. 국가인권위원회는 2008년 3월 '대한야구협회장에게 고교야구대회에서 투수들이 과다한 투구 및 연투로 인해 신체가 혹사당하지 않도록 대책을 마련하여 시행할 것'을 권고했다. 국가인권위원회가 낸 보도자료 내용 중 일부다.

진정인 A씨(남, 51세)는 고교야구대회에서 특정 우수 투수들이
짧은 대회 기간 동안 경기에서 무리한 투구 및 연투로 선수
생명을 위협받을 정도로 혹사를 당하는 것은 나이 어린 학생에
대한 학대이자 선수 수명 단축 등 신체의 자유를 침해한 것으로,
이는 대회 입상 성적 여하에 따라 고용이 좌우되는 감독의
비정규직 신분 문제, 학생 선수들이 대학 진학을 위해 전국대회에
입상해야 하는 교육과학기술부(구 교육인적자원부)의 체육특기자
대학 입시 기준의 문제에서 비롯된 만큼 대한야구협회가 선수
보호에 필요한 경기 운영과 대책 등을 강구하여야 한다는 취지의
진정을 제기하였습니다.

진정인 A씨는 노회찬이었다. 실사구시와 현장, 현안을 강조했던 노회찬은 법사위 활동도 그렇게 했다. 2004년 법사위 활동을 시작하면서 먼저 전국 6개 교도소를 방문해 재소자 현황과 인권 등의 문제를 파악했다. 그는 1인당 교도소 사용 면적에 대해 주한 미군 최소 2평, 내국인 0.75평, 외국인 0.5평이라는 불평등한 실상을 파악하고 이를 개선했으며, 재소자 노역 단가를 인상하는 등 구체적이고 실질적인 부분에서 성과를 냈다.

제17대 첫 정기국회가 개원하기 전인 2004년 8월 재소자 신창원도 이 과정에서 만났다. 1시간 정도 만났는데, 주로 신창원이 얘기하고 노회찬은 경청했다. 신창원은 특히 사형제도에 대해 관심이 많았다. 이 밖에도 다양하고 긴 대화가 둘 사이에 오갔다. 노회찬은 2004년 8월 신창원과의 첫 만남 이후 평균 1~2년 정도에 한 번씩 꾸준히 그를 면회했다. 박규님 보좌관의 기록에 남아 있는 마지막 면회는 2015년 3월 3일이다. 노회찬이 삼성 X파일 판결로 의원직을 상실하고 2014년 동작 보궐선거에서도 낙선한 후였다. 신창원은 노회찬에게 편지도 여러 통 보냈다. 그는 영치금을 모아 정치후원금을 보내기도 했으나, 선거권이 없는 사람은 낼 수 없게 되어 있는 정치자금법 때문에 돈을 돌려보냈다. 200만 원이었다.

소통과 공감의 정치인

지금까지 2004년 제17대 국회의원이 된 이후 4년 동안 노회찬의 정치 활동을 '현안' 만들기, '현안' 대응이라는 키워드를 통해서 살펴봤다. 다만 입법 관련 사항은 제19~20대 의원 시절까지 포함했다.

노회찬이 추진한 대형 기획 현안 가운데 상당 부분은 그 자신만의 아이디어에서 시작된 것이 아니었다. 미군기지 이전 등의 현안은 이준협 보좌관이 민주당 의원 보좌관 시절에 확보한 자료에서 시작되었고, 삼성 X파일은 MBC 이상호 기자의 취재가 출발점이었다. 전관예우 등 사법 부조리는 KBS 최경영 기자의 제안에 공조했던 사업이었다. 아이디어의 기원보다 중요한 것은 아이디어를 정치적 의제로 만들어낼 정치인으로서 그가 선택되었고 그 일을 성공적으로 해냈다는 사실이다.

공영방송 KBS와 MBC가, 진보와 보수 성향이 섞여 있던 장애인 단체가, 심지어 한나라당 소속 국회의원이 노회찬을 선택했다. 그가 진보뿐 아니라 보수적인 대중의 신뢰까지 얻을 수 있었던 까닭은 무엇일까?

비법이나 왕도가 있는 건 아니다. 정치적 경쟁자들이나 노회찬과 다른 생각을 가진 일반인들도 그를 인정하고 신뢰한 데에는 그가 그들을 이해해주고 그들 주장의 합리적 측면을 인정하는 데 인색하지 않았기 때문이다. 주장을 강하게 몰아붙일 때도 상대방을 무시하지 않았다. 이것은 그의 이념이나 철학 때문이 아니라 그가 사람을 대하는 기본 태도와 연관이 있다. 토론할 때만 그런 것이 아니라 정치인으로서 그가 견지해온 기본 원칙이었기 때문이다. 그는 또 진영 논리에 매몰되지 않았고 진보 진영을 향한 외부 비판도 열린 태도로 받아들였다. 스스로 내부 비판자 역할을 하기도 했다. 이런 점도 그가 두루두루 신뢰를 얻을 수 있는 요인이었다. 다만 도무지 합리적 측면을 찾기 어려운 주장은 가차없이 비판했는데, 이때 그가 동원한 무기는 대개 유머였다. 그의 유머는 실제로는 가장 강도 높은 비판의 다른 표현인 경우가 많았다. 그의 메시지는 전통 가면극의 등장인물 말뚝이의 그것과 유사했다. 양반들의 횡포에 고통받는 백성 편에서 풍자와 해학을 동원해 양반들을 비판하고 조롱하는 말뚝이 발언의 시원함이 노회찬의 유머에도 있었다.

그의 유머가 빛났던 것은, 다른 발언도 마찬가지겠지만, 사안의 본질을 꿰뚫는 통찰력 때문이었다. 또 말과 실천이 어긋나지 않았다는 점도 대중적 신뢰의 바탕이 됐다. 보수와 진보를 막론하고 '노회찬의 생각'을 궁금해했던 까닭이다.

노회찬의 언어와 정치는 보수를 상대로 승리하는 것을 목표로 삼지 않았다. 그는 진보의 보편성을 획득하고 진보적 해법을 상식화하기 위해 부단히 노력했다. 경쟁자와 반대자의 입장을 존중해주고 자신의 한계를 인정하는 데 머뭇거림이 없었으며 논리의 정합성과 정교함을 추구했지만, 사람들의 마음을 열고 그들의 신뢰를 얻는 일이 그런 것들 너머에 있다는 사실을 잘 알고 있었다. 그는 또 말의 내용 못지않게 말투와 말하는 태도가 중요하다는 사실을 아는 사람이었다. 이런 요인들이 노회찬을 '소통과 공감'에 성공한 정치인으로 만들었다.

평양 방문

2006년 10월 2일. 조선사회민주당이 민주노동당 대표단 앞으로 팩스 한 장을 보내왔다. 평양 초대장이었다. 전해에 이어 두 번째 초청이었다. 초청장이 도착한 다음 날 북한은 사상 첫 핵실험을 하겠다는 폭탄선언을 했고, 10월 9일 풍계리에서 핵실험을 강행했다. 이 때문에 정부가 민주노동당의 방북을 허가할지 여부와 함께 민주노동당이 표명한 대북 입장의 내용이 사회적 관심사로 떠올랐다. 노무현 정부는 방북을 승인했지만, 민주노동당 내부에서는 핵실험을 둘러싼 입장 차로 평등파와 자주파 간의 갈등이 고조되었다. 자주파 진영의 이용대 당 정책위 의장은 북한 핵은 '자위적 성격'을 가졌기 때문에 북한의 입장을 옹호한다는 입장을 밝혔고, 이에 항의한 당 정책연구원 27명은 공식 성명서를 통해 이 의장의 발언 철회를 촉구했다. 이런 상황에서 방북을 중단해야 한다는 주장도 나왔지만, 문성현 당대표, 권영길 원내대표, 노회찬 의원 등 당 지도부 13명은 10월 31일부터 4박 5일 일정으로 북한을 방문했다.

민주노동당 대표단을 태운 비행기가 평양 순안공항에 도착했지만 이들을 영접하러 나온 사람은 아무도 없었다. 썰렁한 분위기 속에 공항 건물에 있는 영접실에 도착하자 조선사회민주당 관계자들이 들어왔다. 그들은 남쪽 대표자들에게 "바로 그냥 돌아가시라"라고 했다. 문성현이 인천공항에서 출발하기 전에 기자회견에서 밝힌 "북한의 추가적인 핵실험은 강력하게 반대할 것이다. 핵무장 해제를 위해 설득하고 또 설득하겠다"라는 발언이 빌미가 되었다. 북쪽의 입장에서는 문성현의 발언에 대해 일단 강도 높게 이의를 제기할 필요가 있었을 것이었다. 권영길이 나서서 분위기를 누그러뜨렸다. 그날 저녁 인민문화궁전에서 열린 만찬회 자리. 김영대 조선사회민주당 대표도 당 간부의 공항 발언과 비슷한 취지의 얘기를 이어갔다.

이 같은 양쪽의 '불가피한 핵실험 공방'에도 불구하고 방북한 기간 동안 분위기는 '냉랭함'보다는 화기애애한 편이었다. 노회찬은 첫날 저녁 만찬 자리에서 자신의 발언 순서가 오자 일어나서 말했다. "나는 인사말 대신에 노래를 하겠다." 어딜 가든 사전 준비를 꼼꼼하게 하는 걸로 유명했던 노회찬이 이번에는 노래까지 미리 준비했던 것이다. 이날 그가 부른 노래는 북쪽의 인기 가요 〈휘파람〉이었다. 노회찬은 2007년 4월 개성을 방문했을 때도 북한 가요 〈심장에 남는 사람〉을 열창한 적이 있었다.

노회찬이 당시 당내에서 뜨거운 쟁점이었던 북한의 핵실험에 대해 취한 태도는 눈여겨볼 만하다. 그는 북한이 핵무장의 목적은 자위용, 협상용이라고 주장하고 있는 것이 현실이고, 2005년 6자 회담 '9·19공동성명'에서도 미국이 핵무기로 북한을 공격 또는 침공할 의사가 없다는 것을 확인함으로써 그런 북한의 주장을 인정한 것이라고 보았다.[31] 하지만 노회찬은 북한이 '자위용으로라도 핵을 갖는 것에 동의할 수 없다'는 것이 '반전반핵'을 주장하는 당의 기본 입장이며, 따라서 이용대의 발언은 잘못된 것이었다고 비판했다. 이용대는 결국 당 최고위원회에서 자신의 발언을 사과했다. 노회찬은 당시 당내 논쟁이 '반대와 유감' 사이의 강도 차이를 조정하는 수준을 넘어서 너무 근본적인 문제를 걸고 과도하게 충돌한 것이었다고 평가했다. 2008년 민주노동당이 분당될 때 평등파 쪽에서 이 시기의 당내 논란을 자주파의 '종북'적 행태를 보여주는 주요 사례로 들고나왔지만 노회찬이 거기에 동의하지 않았던 것은 이런 판단 때문이었다.

평소 면류 음식을 즐겨 먹었던 노회찬은 특히 평양냉면을 좋아했다. 2005년 첫 번째 평양 방문 때 그가 옥류관 냉면집에서 한 그릇을 시킨 뒤 사리를 다섯 번 추가해서 '도합 여섯' 그릇을 먹었더니 지배인이 특별 방문록을 들고 와서 서명해달라고 요청했다. 노회찬은 여러 차례 공식적으로 북한을 방문했지만, 정작 북쪽에 있는 친가, 외가 가족은 정상적인 절차를 통해서는 만날 수 없었다. 이산가족 상봉 신청 추첨에서 번번이 탈락했기 때문이다.

대통령 후보 출마는 의무

2007년은 제17대 대통령 선거가 있는 해였다. 국회의원이 300명이라면 여의도에는 대선 프로젝트 300개가 가동되고 있다는 우스갯소리가 있다. 딱 들어맞는 비유는 아니지만, 평사원이나 회사 간부들이 CEO를 꿈꾸는 것과 비슷하다. 신입사원도 그런 꿈은 꿀 수 있다.

2002년 12월 권영길을 진보정당의 후보로 내세워 두 번째 대선을 치른 후, 노회찬의 측근 참모들이 5년 후에는 노회찬을 후보로 만들겠다고 생각한 것은 하나도 이상한 일이 아니었다. 진보정당의 경우 그건 일종의 임무 같은 것이었다.

2002년 대선이 끝난 후부터 오재영, 박권호 보좌관은 노회찬이 대선 후보가 되는 개략적인 로드맵에 대해 의견을 나누기 시작했다. 그들이 공유한 경로는, 2004년 총선에서 국회의원이 되면 의정 활동 결과를 토대로 대선 후보에 도전하고, 만약 국회의원이 되지 못할 경우에는 당대표 선거에 출마해 당선시키고 당대표 활동을 기반으로 대선에 도전한다는 정도의 수준이었다. 특별할 것 없는 누구나 생각해봄 직한 시나리오였다. 이런 문제를 노회찬과 직접 상의하지는 않았지만 이심전심으로 서로 알고 있었다고, 국회의원 노회찬의 정무보좌관이 된 박권호는 말했다. 노회찬은 2007년 대선 출마 여부를 당내 다른 정치인들보다 일찍 고민하기 시작했지만, 그렇다고 이른 만큼 사전 준비가 더 충실했던 것은 아니었다. 그럴 상황도 여건도 못 되었다. 대선 출마 계획을 구체화하기 시작한 것은 2006년부터였다. 이른바 '초동 주체'라고 할 수 있는 사람들은 노회찬이 민주노동당을 만들면서 관계를 맺게 된 후배 세대인 김윤철, 김준수, 박권호, 박창규, 신장식, 오재영, 이준협 등이었다.

노회찬은 2007년 대선과 2008년 총선이 당의 장기적 발전에 중요한 분기점이며, 두 선거를 제대로 치르지 못하면 당의 위기가 장기간 고착될 수밖에 없다고 생각했다. 노회찬의 이 같은 우려는 국회에 진출한 초기의 민주노동당에 대한 국민의 기대가 시간이 흐를수록 실망으로 변하면서 지지율이 급격하게 떨어지는 사정도 반영된 것이었다. 2004년 총선에서 13%를 득표한 이후 당 지지율은 한때 20% 수준까지 기록했으나, 국회에 진출한 지 1년이 지나면서 큰 폭으로 떨어졌다. 2007년 신년 여론조사에서는 창당 이후 최저치인 2.2%까지 폭락했다.[32] 당내 정파 간의 극심한 갈등과 대립, 당권파인 자주파의 패권적 행태와 민생을 외면하는 의제 설정, 일심회 사건 등 당내 인사가 연루된 공안사건 돌출 등이 지지율 하락의 원인으로 꼽혔다.

노회찬은 객관적으로 볼 때도 민주노동당 대선 후보로 자신이 적임자라는 생각을 하고 있었다. "나는 국민에게 진보정당의 정책을 누구보다 대중성 있고 감동 있게 전달할 자신이 있다. 가장 많은 득표를 얻을 자신감도 있다."[33] 그가 대선 경선 전후에 반복적으로 해온 말이다.

대선 경쟁구도도 어느 때보다 좋은 환경이었다. 민주정부 10년에 대한 평가 성격을 띤 2007년 대선은 선거도 하기 전에 이미 다 끝난 것 같았다. 이명박, 박근혜 후보의 지지율을 합하면 70% 수준이었고, 손학규, 정동영, 강금실 등 여권 후보군의 지지율은 모두 합해도 20%에 못 미쳤다. '사표론'으로 진보정당 후보의 사퇴를 압박하는 일이 벌어질 가능성이 낮았다. 후보를 누구로 결정하느냐가 더 중요한 변수가 됐다. 노회찬과 심상정의 출마는 예상 가능했던 변수였다. 당 안팎의 관심은 권영길의 출마 여부에 쏠려 있었다.

권영길의 출마가 확정되기 전 노회찬은 김창현을 만났다. 김창현은 울산연합의 리더로, 범자주파 쪽에서 대선 후보로 내세울 수 있는 거의 유일한 인물로 평가받고 있었다. 그는 경상남도 도의원, 울산광역시 시의원, 울산 동구청장, 나중에 민주노동당 사무총장을 지냈다. 노회찬은 김창현에게 대선 후보로 나설 것을 제안했다. 자주파 내부에서도 그에게 출마하라는 사람이 있었고, 심상정 쪽에서도 다양한 경로를 통해서 그에게 출마를 권유했다. 이런 종류의 정치적 대화는 말하는 쪽의 의도가 액면 그대로 상대방에게 전달되지 않는 법이다. 노회찬은 대선 과정을 거치면서 당에 새로운 활력을 불어넣는 데 김창현의 출마가 기여할 것으로 기대했다. 하지만 김창현이 노회찬의 권유를 자주파 진영을 흔들려는 정치적 의도가 있는 것으로 해석했다고 해서 뭐라고 시비할 수도 없는 일이었다.

김창현은 경청할 만한 의견이고 그런 제안을 해줘서 고맙지만 받아들이기 어렵다고 대답했다. 노회찬이 김창현을 만난 것을 경쟁 진영을 흔들기 위한 이간계로 치부하고 싶은 사람도 있겠지만, 대선과 2008년 총선으로 이어지는, 당의 운명을 좌우하는 결정적 시기에 노골적 정파 투표가 가져올 심각한 후폭풍을 우려했기 때문이라고 해석하는 것이 그가 견지해온 정치 행위의 일관된 원칙에 더 잘 들어맞는다.

결과적으로 권영길, 노회찬, 심상정의 대결구도가 되었다. 권영길은 자주파 성향은 아니었지만 대중적 정치인이 없었던 자주파가 자신들의 등에 태운 후보였다. 노회찬은 훗날 사적인 자리에서 이런 경쟁구도와 경선 결과는 민주노동당의 발전을 20년 이상 지체시킨 결과를 낳았다고 평가했다. 이즈음 노회찬은 여의도 용산빌딩에 선거대책본부 사무실을 얻고 본격적인 대선 출전 채비를 했다. 사무실 보증금은 은행에서 5,000만 원을 대출받아서 마련했다.

2007년 3월 7일 심상정, 3월 11일 노회찬, 4월 26일 권영길이 민주노동당의 제17대 대선 예비경선 후보로 출마할 것을 공식 선언했다. 2007년 정초에 실시한 당원 대상 여론조사 결과 노회찬 (38.7%)은 권영길(36.8%)과 심상정(10.8%)을 누르고 1위를 기록했다. 노회찬 선거 캠프에서는 1차 예선에서 1등을 하기는 어렵더라도 결선 투표에서 승리하는 것을 목표로 선거 전략을 수립했다. 물론 결선에서 겨뤄야 할 대상은 권영길이었다. 8월 20일 제주를 시작으로, 9월 9일 수도권까지 권역별 투표를 앞두고 5개월 동안의 경쟁이 시작되었다.

민주노동당의 당내 경선은 당 안팎에서 예상보다 훨씬 큰 관심 속에 치러졌다. '심상정 바람' 때문이었다. 대부분 노회찬이 손쉽게 제칠 것으로 예상했던 심상정이 무섭게 추격했고, 당원은 물론 언론도 '이변' 가능성에 크게 주목했다. 권영길의 예선 과반 확보, 노회찬과 심상정의 2위 확보를 위한 물러설 수 없는 유세 대결이 벌어져 현장은 매번 열기로 가득 찼다. 당권자 41%가 몰려 있는 수도권 유세이자 마지막 유세가 벌어진 현장으로 잠깐 가보자.

7월 22일 일요일 오후 3시, 서울 대방동 여성플라자. 당원 600여 명이 강당을 가득 메웠다. 전국 순회 합동토론회가 이어지면서 후보 간에 날 선 언어가 쏟아져나왔다. 이날의 연설회를 전하는 한 언론 보도[34] 제목은 이랬다.

심 "가문의 영광 위한 문중정치 중단"
노 "정파 오더 거부하는 평당원의 힘"
권 "나는 1백만 민중대회 조직위원장"

제목을 이렇게 뽑은 데는 이유가 있었다. 마지막 토론회가 열리기 전날 자주파 전국 모임이 1박 2일로 열렸는데, 이 철야 회의에서 그들은 권영길을 지지 후보로 결정했다. 당 안팎에서 '정파 선거'에 대한 우려의 목소리가 커졌다. 진보정당에 정파가 있는 것은 이상한 일이 아니고, 정치적 견해를 같이하는 의견 그룹인 정파가 자신들의 지지 후보를 결정하는 것도 자주파든 평등파든 잘못은 아니다. 문제는 정파의 이익을 당의 이익보다 우선하고 조직원에게 묻지 마 투표를 강요한다는 점이었다. 특히 자주파의 경우 위에서 내려오는 지침은 거의 100% 이행되는 조직 문화가 강했다. 문성현 당대표가 정파 투표를 용납하지 않겠다고 밝혔지만 소용이 없었다. 노회찬과 심상정은 자주파의 이 같은 결정을 강하게 비판했다. 이날 첫 번째 연설자는 심상정이었다.

"수백 년 전에 이 땅에 권문세가의 가문정치, 세도정치가 활개 친 적이 있습니다. 가문의 영광을 위해 문중회의를 열고, 가문의 대표를 뽑고, 정치를 주물렀습니다. 당직 선거, 공직 선거, 대통령 선거까지 오직 우리 가문이 아니면 안 된다면, 또 이명박, 박근혜에 맞서 가장 잘 싸울 수 있는 후보가 있음에도 우리 정파가 아니어서 안 된다면, 조선시대 권문세가의 가문정치와 21세기 이 대한민국 진보정치의 정파주의가 도대체 무슨 차이가 있단 말입니까?"

이어 노회찬이 등장했다. 평당원 혁명과 본선 득표력을 강조하는 연설을 했다.

"권영길 후보는 경기도를 먹으면 한국을 먹는다고 말했습니다. 경기도에서 묻지 마 투표, 몰표가 예약돼 있습니까? 대통령 후보는 서울시 당원이 결정하는 것도 아니고, 특정 노조가 결정하는 것도 아니고, 특정 정파가 결정하는 것도 아닙니다. 10만 당원이 결정하는 것입니다. 누군가를 찍으라는 오더를 거부하는 평당원의 열정으로 대선 승리를 만들어내겠습니다. … 본선 경쟁력은 수년에 걸쳐 축적된 결과물입니다. 국민과 소통하는 힘이 본선 경쟁력입니다. 노회찬에겐 국민과 소통하는 힘이 있습니다."

권영길은 두 후보의 공격에 대응하지 않았고 자신이 내세운

100만 민중대회를 거듭 강조했다. "이제 반격해야 합니다. 100만 민중대회와 미디어 선거를 결합해야 합니다. 그래야 승리합니다. 권영길 선본은 100만 민중대회를 만드는 조직위원회이며 나는 조직위원장입니다."

노회찬의 제7공화국

노회찬은 7월 선거대책본부 출범식에서 '제7공화국 건설운동'을 선포했다. '제7공화국'은 1987년 체제의 한계를 돌파하겠다는 정치적 지향이었으며 주류 386세대들이 1987년 체제의 완성, 즉 민주화 담론에 머물러 있는 것을 넘어서서 새로운 한국 사회를 만들자는 의지를 품은 작명이었다. 현실 정치에 참여한 386세대가 1987년 6월 시민항쟁을 상징한다면 제7공화국은 그해 7~9월 노동자 대투쟁의 정신과 목표를 계승하겠다는 의지를 표현한 것이었다. 민주 대 반민주의 경쟁구도를 사회경제 노선으로 겨루는 진보 대 보수 구도로 바꾸내겠다는 구상이기도 했다.

구체적인 내용은 "7공화국 11테제"라는 제목의 공약으로 발표됐다. '11테제'는 평등과 통일을 양대 가치로 하고 반신자유주의, 교육·의료·주택·일자리의 국가 완전 보장, 통일, 탈동맹 평화, 차별 철폐, 기간산업 사회화, 동일노동 동일임금, 식량주권, 성평등, 녹색국가, 국민주권 등으로 구성되었다.

이 가운데 교육·의료·주택·일자리를 국가가 책임져야 할 4대 기본권으로 못 박았다. 노회찬은 교육공개념, 의료공개념, 주택공개념, 일자리공개념 등 새로운 '개념'을 내세웠다. 구체적으로는

1가구 2주택 이상 보유 금지, 일정 규모 이상 토지 소유 금지의 법제화, 공공부문 중심 양질의 일자리 공급 의무, 건강보험료의 조세지출 방식 전환, 대학 무상교육과 평준화, 대입 폐지와 입학 자격시험 도입을 공약했다. 노회찬은 특히 '주택문제'를 해결하기 위해서는 '사회주의 방식'도 필요하다고 강조했는데, 이는 주택 부동산 소유 제한 입법을 의미했다.

노회찬은 이런 복지체계를 뒷받침하기 위해 제7공화국에서는 정부와 재계뿐만 아니라 노동자, 농민, 서민 대표들이 참여하는 '평등경제위원회'를 만들어 경제 전체의 기본 계획을 짜고 시장을 조절하겠다는 입장을 밝혔다. 제7공화국 공약에 대한 노회찬의 설명이다.

> 노무현 정부만 실패한 게 아니라 지난 20년이 총체적 실패라는
> 것이다. 외형적 정치 민주화는 이뤄졌지만 사회 양극화는 꾸준히
> 증대됐다. 비정규직 850만, 자영업자 650만, 이 현실이 지난
> 20년 동안의 정책 실패로 비롯된 것이라는 의미다. 4번이나
> 정권교체를 이뤘지만 기득권 세력, 강자에 의한 신자유주의
> 노선은 일관되게 이어졌다. '7공화국'이라는 것은 이러한
> 지난 20년과 단절하겠다는 것, 이 20년을 청산하겠다는
> 것이다. 정책 기조와 철학이 근본적으로 다른 반신자유주의
> 공화국을 만들겠다는 것이다. 결국 사회경제 노선의 변화다. …
> '제7공화국'은 총체적 비전이다. … 제가 후보가 되면 각론에서
> 전면적 차별화에 나설 것이다. 그리고 그 전체를 묶는 개념으로
> '7공화국'을 내세울 것이다. 노무현이나 노태우나 김영삼,

김대중이나 다 똑같았기 때문에 이런 결과가 나왔다는 것을 역설적으로 표현하는 어법이라는 것이다.[35]

심상정 후보는 노회찬의 제7공화국 공약이 '서민의 요구를 헌법 개정이라는 틀로 형식화할 우려가 크다'고 비판했는데, 이에 대한 노회찬의 반론은 공약에 대한 부연 설명으로 보면 될 것 같다.

지금과는 전혀 다른 새 세상을 꿈꾸다 보니, (7공화국 공약에는) 초헌법적이고 진보적 상상력으로 가득하다. 헌법을 뜯어고치지 않고서는 11테제에 담긴 공약의 상당 부분이 위헌 소송에 휘말릴 만큼 획기적인 조치들을 다수 포함하고 있다는 의미에서 7공화국 건설운동은 헌법 개정운동을 포괄하고 있다. 중요한 것은, 헌법 개정운동에 진보적 욕구를 가두는 것이 아니라, 근본적으로 다른 새 세상을 향한 진보적 상상력을 펼치다 보니 헌법 개정운동도 뒤따라온다는 점이다. 주객을 전도시켜놓고 비판하는 것은 정당한 태도가 아니다. 7공화국이란 용어를 쓴 이유는 '단절의 정치언어'가 필요했기 때문이다.[36]

정치적 구호로서 '제7공화국 건설'은 이후에도 유시민, 손학규, 김종인 등 여러 정치인들이 차용했다. 노회찬의 제7공화국 건설운동은 2007년 당시 그가 생각하는, 진보정당이 집권했을 때 현실적으로 가능한 새로운 세상의 모습이었다. 2022년 이후 정의당 내부에서는 과거 노회찬이 말했던 '제7공화국 건설' 운동을 새롭게 펼쳐나가자는 의견이 나오기도 했다.

노회찬의 통일 관련 공약도 간단히 살펴보도록 하자. 노회찬은 현재의 2국 2체제를 인정하는 가운데 공존 협력의 과정을 통해 남북의 문제점을 동시에 극복하면서 새롭게 만들어가는 국가 형성 과정의 결과물이 바로 통일국가라고 보았다. 또 통일국가는 이념적으로는 민주적 사회주의, 외교안보적 관점에서는 탈동맹 영세중립국, 국가 운영은 1국 2체제 연방을 넘어선 분권화된 지방자치단체 연방제(미국식 합중국) 형태가 바람직하다고 봤다.

이 중에서도 '탈동맹 영세중립국' 공약이 눈길을 끈다. 한미동맹을 점진적으로 해체하고, 모든 군사동맹에 참여하지 않는 영세중립국을 내외에 선포하고, 남북 통일국가도 초기 단계에서부터 탈동맹 영세중립국을 선언하며 국제적 보장을 받는다는 내용이었다. 그가 당내 경선에서 낙방하면서 영세중립국 노선은 토론 기회를 얻지 못했다. 노회찬은 이듬해 유럽에 사는 민주노동당 당원들의 초청으로 프랑스와 노르웨이를 방문할 기회가 있었는데, 프랑스의 그랑제콜인 '시앙스포 파리(Sciences Po Paris, 파리정치대학)' 강연에서 자신의 '탈동맹 영세중립국' 공약을 소개했다. 2014년 일본 삿포로 홋카이도대학 초청 강연 때도 같은 주장을 했다. 노회찬이 내각제 개헌과 함께 때를 기다리며 주머니 속에 넣어두고 있던 카드가 한반도의 탈동맹 영세중립화였다.

뜻밖의 패배

노회찬 캠프는 높은 국민 지지도가 당원 지지도에도 영향을 줄 것으로 기대했다. 7월 말과 8월 초 각 캠프에서 실시한 당원 여론조사에서도 노회찬은 권영길을 오차범위 안에서 앞섰고 세 곳 모두에서 1위를 기록했다. 판세가 노회찬에게 나쁘지 않았다. 그런데 이때쯤부터 심상정이 20%대를 기록하며 맹렬하게 앞선 주자들을 따라붙었다.[37] 투표는 8월 20일부터 9월 9일까지 진행되었는데, 제주도부터 서울, 경기, 인천까지 순차적으로 투표와 개표가 이루어지는 방식이었다.

8월 20일 투표가 시작되면서 노회찬을 겨냥한 네거티브 선거가 기승을 부렸다. 노회찬의 선전을 막으려는 자주파 쪽이 주도한 것이었다. 20일과 21일 노회찬을 비방하는 동영상 2개가 민주노동당 홈페이지의 당원 게시판 등 인터넷에 올라왔다. 노회찬 의원의 과거 발언을 악의적인 편집을 통해 왜곡한 영상이었다. 1994년 공안 광풍의 신호탄이 되었던 서강대 총장 박홍의 '주사파 발언'과 노회찬의 주사파 통일운동 비판 발언을 노회찬과 박홍이 공안 세력의 '공동앞잡이'가 된 것처럼 보이게 만든, 사실을 날조한 조악한 동영상이었다.

7월 하순 자주파의 권영길 지지 선언 이후에도 당원 여론조사에서 노회찬이 선두를 달리는 것으로 나타나자 자기편 당원들의 표를 단속하기 위해 이런 무리수를 두었을 것이라는 게 노회찬 캠프의 분석이었다. 실제로 자주파의 영향권 내에 있던 당원들 가운데 노회찬을 지지하겠다던 사람들이 많이 돌아서기 시작했다. 이런 노골적인 네거티브 선거는 특정 후보의 득표 유불리를 떠나 정파와 무관한 상당수 평당원들에게 깊은 내상을 안겼다.

노회찬 쪽은 당 대선준비위원회와 중앙선거관리위원회에 신원 불명 당원이 노회찬을 비방하는 괴문서를 기자들에게 배포한 경위, 광주 지역의 문화패가 올린 음해성 동영상과 글에 대한 조사, 진보정치 정보 공개와 관련된 과정 등 세 가지 의혹에 대한 진상조사를 요구했다. 하지만 중앙선거관리위원회는 요구 사항 중 일부인 악의적 편집만을 인정했을 뿐 후속 조치 없이 사안을 종료했다. 화가 많이 난 노회찬 선거운동본부 사람들은 형사 고발을 해야 한다고 목소리를 높였지만, 노회찬은 그 부분에 대해 가타부타 말이 없었다. 고발도 하지 않았다.

권영길 1만 9,053표(49.4%), 심상정 1만 64표(26.1%), 노회찬 9,478표(24.6%).

1차 투표의 최종 결과였다. 노회찬이 3위로 탈락했다. 총투표 수는 3만 8,595표, 투표율은 77.8%였다. 언론은 '심바람 돌풍', '대파란' 등의 표현을 쓰면서 심상정이 만들어낸 '이변'에 주목했다. 심상정 바람은 권영길 대세론을 주춤하게 만들어 1차 과반 득표를 막았고, 노회찬을 예선에서 탈락시켰다. 예선에서 패배한 후 노회찬은 '민주노동당의 변화와 혁신'을 위해 심상정 지지를 선언했다. 결선 투표에서 권영길은 과반수 득표로 후보로 확정되었다. 권영길은 1차 투표 때보다 56표 늘었고, 심상정은 7,058표 늘었다.

"심상정이 노회찬을 이긴 이유는 두 가지라고 봅니다. 정책과 비전에서 앞섰고, 노동 기반이 역할을 했기 때문입니다. 노회찬의 패배라기보다 심상정의 선전이라고 보는 게 맞다고 봅니다."[38]

심상정의 말이다. 심상정이 꼽은 첫 번째 이유에 대해서는 이견이 있겠지만, 두 번째 요인은 사실이었다. 당시 5만여 명의 당권자 가운데 민주노총 조합원 수는 40% 정도였다. 노회찬이 진정추 활동을 하던 1990년대 초반부터 심상정은 전노협과 민주노총 산하 금속연맹에서 20년 가까이 민주노조운동을 해왔다. 노동계 안에서는 노회찬보다 더 많이 알려진 인물이었다. 권영길은 언론노조연맹과 민주노총 위원장을 지냈다. 민주노총 소속 당원의 상당수는 이 두 후보를 지지했고, 노회찬이 파고들 틈은 별로 없었다. 여기에 당내 영향력이 50% 이상이었던 자주파가 권영길을 지지하는 구도였다. 노회찬은 이 벽을 뚫지 못했다.

주목해야 할 부분은 심상정이 노회찬을 누르고 2위가 된 사실이 아니라, 노회찬에게 밀리던 권영길이 노회찬과 두 배 이상의 표차를 보이며 1위를 기록했다는 사실이다. 그사이 자주파의 권영길 지지 방침 결정과 노회찬을 겨냥한 네거티브 공세가 있었다. 당권을 잡고 있었던 자주파의 노회찬에 대한 견제는 경선 국면 이전부터 있었는데, 대표적인 사례가 TV 토론회 출연 문제였다. 자주파가 장악한 중앙당에서는 방송사 쪽에 토론자 섭외 창구를 당으로 단일화해줄 것을 공문으로 요청했고, 노회찬의 출연을 최대한 막으려고 했다. 심지어는 노회찬을 지정해서 출연 요청을 한 방송사에 노회찬 의원실에 연락도 하지 않고 일정이 안 맞는다고 통보한 일까지 있었다.

노회찬은 강한 본선 경쟁력을 선거 기간 동안 줄곧 강조했는데, 결과적으로 보면 밖에서 부는 노회찬 바람이 당 안을 흔들어놓을 정도로 강력하지는 못했다. 노회찬에 대한 국민의 지지도가 당을 흔들만큼 충분히 높지 않아서 그랬을 수도 있겠지만, 정파 연합소수당인 민주노동당의 울타리가 그 바람을 잘 통하게 만드는 재질이 아니었던 탓이 컸다. 나중에 몇 년간 노회찬과 당을 함께했던 유시민은 이렇게 분석했다.

"노회찬의 정치, 조직 활동, 대인 관계 스타일은 작은 정당에서 빛날 수 없습니다. 좀 큰물에서 놀아야 되는데, 그건 본인 선택이니 어쩔 수 없는 일이었죠. 큰 조직은 집권을 노리기 때문에 대중적 인기가 있으면 그 주변으로 사람이 모여들게 돼 있습니다. 큰 조직은 먹을 게 많아서 경쟁이 덜 치열해요. 큰 조직에서 제일 중요한 것은 대중적 지도자입니다. 그것만 있으면 나머지는 따라옵니다. 노회찬이 큰 정당에 있었다면 나 같은 사람 여럿이 모여들고, 온갖 궂은 일들을 다 해주게 돼 있어요."[39]

유시민의 시각에 노회찬이 동의할지는 모르겠지만, 노회찬이 평소에 대중정당의 지도자는 대중의 지지를 받는 사람이 되어야지 정파 지도자가 되어서는 안 된다고 거듭 강조한 대목과 일맥상통하는 의견이다. 하지만 이 같은 민주노동당의 구조적 제약 조건을 돌파하는 길을 노회찬과 선거운동본부는 찾아내지 못했고, 2015년 당대표 선거에서도 상황은 반복되었다.

초라한 대선 성적표

71만 2,121표. 3.0%. 12월 19일 치러진 제17대 대통령 선거에서 권영길이 얻은 득표였다. 원외 정당이었던 2002년 95만 7,148표(3.9%)보다 24만여 표 가까이 줄었다. 10명의 의원이 국회에 들어가 4년 동안 의정 활동을 한 결과였다. 대선과 총선 결과를 단순 비교하는 것은 한계가 있지만, 2004년 총선에서 정당 투표 13.0%(277만 4,061만 표)를 얻었던 것과 비교해 '패배보다 몰락'이라는 평가까지 나왔다. 충격적이었지만 어느 정도 예상된 결과였다. 어느 때보다 구도가 좋았던 것으로 평가되었던 대선의 참혹한 결과는 '후보 요인'이 크게 작용한 것이라고 본 당 안팎의 많은 사람은 대선 후보 권영길을 비난했다.

문제는 결과보다 과정이었고, 과정에서 내연하던, 곧 있을 후폭풍이었다. 선거 평가를 어떻게 할 것인가는 과거에 대한 것이 아니라 민주노동당의 미래와 직결된 현재의 투쟁이었고, 그 내용은 해석 또는 평가를 둘러싼 투쟁일 수밖에 없었다. 정파적 시각으로 보자면 거의 모든 책임은 상대에게 있었지만, 국민 눈에는 다 똑같아 보이는 '그놈이 그놈'일 뿐이었다.

권영길이 2007년 대선 출마를 중요시한 이유 중 하나는 2008년 총선에서의 당선을 염두에 두었기 때문이지만, 그것만으로 그의 출마 이유를 다 설명할 수는 없다. 권영길은 대통령 출마가 여전히 자신에게 맡겨진 시대적 요구였고 충분히 해낼 수 있다고 생각했을 수도 있다. 또 권영길을 지지한 사람들 모두가 정파적 이해를 우선한 것도 아니었다. 안정감 있고, 친숙하고, 연륜 있는, '그래도 권영길'이 대중에게 더 호소력 있는 후보라고 생각했을 수도 있다.

대선 패배의 책임을 후보에게 과도하게 돌리는 것은 온당치 않다. 2004년 이후 4년 동안 민주노동당과 의원들이 보여준 활동에 대한 엄정한 평가였고, 결과는 낙제점이었다. 4년 전 예고편을 보고 기대했던 국민이 민주노동당에 그 책임을 묻고 심판을 내렸다. 다만 자주파 중심으로 꾸려진 선거대책본부 운영의 난맥상, 대중의 요구와 동떨어진 선거 전략 등에 대한 냉정한 평가는 필요하다. 선거 중에 일어난 한 가지 사례가 당시 상황의 심각성을 보여준다.

11월 24일 토요일. 민주노동당 선거 포스터를 인쇄하던 기계가 갑자기 멈췄다. 이미 인쇄를 완료한 포스터 5만여 부가 폐기되었다. 비용만 2,000만 원 상당이었다. 상임선거대책본부장인 김선동은 인쇄가 중단된 데 항의해 선거대책본부장직을 사퇴하겠다며 잠적했다. 사연은 이랬다. 이 일이 있기 며칠 전에 노회찬이 주재했던 선거대책위원회 회의가 있었다. 이 회의에서는 선거 포스터의 내용은 선거대책위원회에서 결정하고 후보의 동의를 얻어야 한다는 점을 확인했다. 포스터가 인쇄되던 24일은 권영길 후보와 선거대책위원장, 선거대책본부장 등이 참여하는 핵심 논의 기구인 전략회의가 열리던 날이었다. 회의 도중에 홍보 업무를 담당하던 당직자 1명의 '제보'로 포스터를 인쇄한 사실이 밝혀졌다. 후보를 비롯한 대부분의 사람들은 그 사실을 모르고 있었다. 포스터를 담당하는 실무 책임자인 미디어홍보위원장도 몰랐다. 사실을 모르고 있었던 사람들은 모두 평등파 소속이었다. 과정도 문제였지만 내용도 문제였다. "세상을 바꾸는 대통령"이 큰 제목이었고, 부제 가운데 하나로 '코리아연방공화국'이 들어갔다. 전략회의에서 포스터 인쇄 중단 결정을 내렸다. 김선동 선거대책본부장과 이용대 정책개발단장 등 자주파 쪽의 핵심 인사들은 이에 반발했다. 결국 부제가 삭제된 포스터가 새로 제작되었다. 이 소동이 벌어질 무렵, 선거 중이었음에도 불구하고 당을 쪼개고 나가서 새로운 진보정당을 창당하자는 문건이 당내 평등파의 주요 인사들에 의해 조직적으로 회람되고 있었다.

제17대 대통령 선거는 역대 최대치인 531만 표 차이로 이명박이 대통합민주당 후보 정동영을 누르고 당선되면서 막을 내렸다.[40] 투표율은 대통령 선거 사상 가장 낮은 63.0%를 기록했다.

노회찬과 그의 선거 참모들이 대선 레이스의 출발점에서 그렸던 그림은 이랬다. 진보정당을 향해 사표 논란이 빚어질 가능성이 거의 없는 절호의 기회를 잘 활용해 보수 양당 후보와 맞서는 3자 대결구도를 만든다, 노회찬이 대선 후보가 되어 20%, 500만 표를 얻는다, 이를 통해 민주노동당이 위기에서 벗어나 2008년 총선에서 교섭단체 수준의 의석을 확보한다, 이어 집권의 먼 여정을 새롭게 출발한다. 하지만 그 그림은 '순진한 오판'인지 여부를 확인받을 기회를 얻지 못하고 사라졌다.

분당의 소용돌이

2007년 대선 결과는 명백한 패배이자 불길한 조짐이었다. 창당 8년, 국회 진출 4년 만에 노회찬이 주도해 설계한 민주노동당이라는 건물이 붕괴될 조짐을 보였다. 이 같은 현상은 참혹한 대선 결과라는 외부 충격 때문이 아니라, 진보정당의 본령을 잊은 채 당내 정파 갈등이 지속되다가 그 누적 하중이 한계를 넘으면서 발생했다. 노회찬의 창당 설계도와 집권 스케줄에 상상으로라도 존재하지 않았던 '내파'였다. 노회찬의 설계도에서 진보정당이라는 건물의 기초에는 정파 간 연합과 노조의 공식 지지라는 두 가지가 필수 조건이었다. 그런데 정파 간 갈등과 균열이 붕괴의 결정적 요인이 되었다. 설계 도면부터 잘못된 것이었나?

노회찬에게 분당은, 진보정당 결성의 필수 조건이었던 정파

간 연합과 노동자 대중조직의 지지가 동시에 무너졌다는 것을 뜻했다. 복원이 대단히 어려운 붕괴일 수밖에 없었다. 노회찬은 처음부터 분당을 완강하게 반대하는 입장이었다. 하지만 선도 탈당을 앞세우고 행동을 시작한 사람들 중에 조승수 등 그의 오랜 정치적 동지들이 많았기에 분당에 반대하는 입장을 고수하기가 어려웠다.

노회찬은 탈당을 주장하고 조직하는 동료들을 만나 갈라서면 안 되는 이유를 설명했지만 설득하는 데 실패했다. 조승수는 처음으로 노회찬과 언성을 높이면서 논쟁을 했다. 평등파 내부도 자주파와의 결별을 기정사실화하고 탈당을 조직하는 선도 탈당파와 남아서 당을 뜯어고쳐야 한다는 쇄신파로 나뉘었고, 둘 사이에 갈등의 골이 깊어졌다.

'종북-패권주의' 논쟁에 대한 노회찬의 입장은 분명했다. 전자와 관련하여 노회찬은 '종북'이라는 표현 자체를 사용하지 않았다. 당내에 주체사상을 지도이념으로 삼는 세력이 존재하는 것은 사실이지만 민주노동당이 공식적으로 표방한 정책, 노선, 실천 활동에서 '종북주의'라고 부를 만한 것은 없었다는 게 그의 생각이었고, 두 정파의 갈등은 당내에서 해결되어야 한다는 입장이었다. 그에게는 자주파의 패권주의가 가장 큰 문제였다. 노회찬의 말을 들어보자.

> 북한을 어떻게 바라보느냐의 문제가 주요한 원인 중 하나였다. …
> 나는 종북주의 단어 자체를 부정했다. '종북주의'라고 일컬어질
> 만큼 어떤 생각이나 행위가 개인 차원에서는 일부 있었을지
> 몰라도 … 종북주의라는 일관된 경향이 당 안에서 강렬하게

유지되어왔느냐? 저는 그렇게 보지 않는다. 북한을 비판할 때 제대로 비판하지 못하거나 좀 애매하게 옹호하는 일들이 있었지만 마음속의 생각은 검열의 대상이 아니다. 그보다는 패권주의가 가장 큰 문제였다. 그 패권주의 힘으로 일심회 문제 등 다른 조직에서 용인될 수 없는 일을 덮어버렸다. 수가 많다는 이유로 말이다. 이것이 잘못된 것이다.[41]

노회찬이 분당을 반대한 또 다른 중요한 이유가 있었다. 분당이 된다면 당을 받쳐주는 주요 기반인 민주노총, 전농과 같은 대중조직 역시 정치적으로 분열될 수밖에 없기 때문이었다. 노회찬은 분당이 민주노총과 전농 같은 대중조직을 분열시키는 결과를 초래할 것이라며 분당 찬성론을 비판했다. 이 같은 생각은 대중조직에서 일하는 사람들이라면 공감할 수 있는 내용이었다. 하지만 현실은 분당을 향해 달려가고 있었다.

2007년 12월 19일 대선 이후부터 2008년 2월 3일 임시당대회 사이의 한 달여 기간은 민주노동당의 명운이 결정된 시기였다. 각 정파 내부도 강온파로 나뉘어 갈등 구도는 더 복잡해졌다. 강경파들은 타협 가능성을 차단하려 애를 썼고, 온건파들은 분당을 막는 타협안을 마련하는 데 분주했다. 대선 직후 당은 비상대책위원회(비대위)를 출범시키려고 했지만 비대위의 권한 등을 둘러싼 이견으로 해를 넘겨 2008년 1월 심상정을 위원장으로 하는 비대위를 꾸릴 수 있었다. 심상정 비대위는 2월 대의원대회까지 수습 방안을 내놓아야 했다.

2008년 2월 3일 서울 강남고속터미널의 센트럴빌딩 밀레니

엄 홀. 분당 여부가 판가름나는 임시대의원대회가 열렸다. 장외에서는 상대 정파를 비난하는 문구가 적힌 각종 피켓과 플래카드가 마주 보고 있었다. 회의가 시작되기 전 맨 앞줄에 앉아 있던 심상정은 옆에 앉은 이정미의 눈이 퉁퉁 부은 것을 보고 '끝났구나'라고 생각했다. 전날 자주파 전체 모임의 결과가 어땠는지 그 모습이 말해주었다.

오후 3시 4분. 이덕우 의장이 개회를 선언했다. 비대위 집행위원장 정종권이 '일심회' 사건에 연루된 최기영 당원이 제명되어야 하는 이유를 설명했다. "북한 및 북한과 연계된 인물에게 전달할 것을 목적으로 당내 동향과 당직자의 신상·성향을 분석한 자료를 유출한 것은 당헌·당규와 당의 기밀을 지켜야 하는 의무를 위반한 것입니다." 하지만 자주파 쪽 당원들은 당원의 양심보다 국정원 수사가 더 중요하냐며 반발했다. 심지어는 민주노동당 안에 국정원 세력이 들어와 있다는 험한 말도 했다. 다른 안건에서도 예외 없이 양쪽이 충돌하면서 장시간의 논의 끝에 비대위의 혁신안을 표결했다.

표결 결과 비대위가 혁신안으로 제출한 주요 내용들 중에서 최기영 제명 안은 삭제되었고, '분명한 참패'로 규정되었던 제17대 대선에 대한 평가는 '실망스러운 결과'로 바뀌었다. "편향적 친북 행위에 적극적 조치를 취하지 않아 친북정당 이미지가 형성되었다"라는 평가 항목도 삭제되었다. 회의를 시작한 지 9시간이 지난 밤 11시 49분에 의사 정족수 부족으로 산회되었다. 50분 전인 10시 59분, 첫 번째 안건이 부결되어 폐기되자 비대위원장 심상정, 노회찬과 평등파 사람들은 자리를 떴다.

다음 날 심상정은 비대위원장직을 사퇴했고, 그다음 날 노회찬은 언론을 통해 탈당 의사를 밝혔다. 2월 3일 당대회에서 비대위 혁신안이 부결되자 평당원들이 대거 탈당하기 시작했다. 특정 정파나 지도자의 지시에 따른 것이 아니었다. 2월 3일의 결정을 예의 주시해오던 당원들이 결과에 실망해 당을 떠났다. 정확한 수치는 확인되지 않았지만 2만 명 안팎으로 추산되었다.

노회찬은 자신을 비롯해 평등파 중 당 쇄신파는 분당을 선택한 것이 아니라 사실상 자주파에 의해 내몰린 것이라고 규정했다. 2월 3일 임시대의원대회 이후 분당은 불가피한 선택이 되었지만, 그에게는 고민이 있었다. 초선 비례대표 의원을 지내고 첫 지역구 도전에서 당선되는 것은 정치인 노회찬에게는 물론 당에도 무척 중요한 일이었다. 그는 신당 후보로 출마했을 때의 당선 가능성이 민주노동당 후보였을 때보다 현저하게 낮아질 수밖에 없다는 점을 잘 알고 있었다. 비례대표 의원이 소속 정당을 탈당할 경우 의원직이 박탈되는 것도 불리하게 작용할 것이었다. 자기 혼자라도 민주노동당에 남아 총선에서 당선된 후 신당으로 옮기는 문제를 깊게 고민했다. 훗날 노회찬은 당시 심정을 이렇게 회고했다.

손해 보더라도 어떤 게 노회찬식이냐, 내가 인생을 사는 법, 혹은 내가 정치를 하는 방법은 무엇이었냐. 이익을 더 얻고자 이 상황에서까지 남아 있는 것, 선거에서 몇 표 더 얻으려고 남아 있는 것은 나한테 안 맞다. 그리고 무엇보다도 그렇게 하고 싶지가 않았어요. 분당을 반대했던 사람이지만 막판에 나갈 때에는 나가서 물에 빠져 죽는 한이 있더라도 나가는 게 맞다는

판단을 했죠. 앞으로 어떤 유사한 일이 나타나도 아마 똑같이 할 겁니다.[42]

동생 노회건의 장남 선덕이 어느 날 큰아버지 노회찬에게 물었다. "미래를 알지 못하면서도 매 순간 선택을 하실 텐데 어떤 기준으로 하시나요?" 노회찬이 말했다. "잘 모르겠을 때는 제일 어려운 게 맞다."[43] 노회찬은 어려운 길을 선택했다. 당을 떠난 평등파 쪽 사람들은 서둘러 창당 작업을 진행했고, 2008년 3월 16일 진보신당을 창당했다. 총선이 한 달도 안 남았다.

분당에 이르기까지

무엇이 분당에 이르게 한 본질적 요인인지에 대해서는 견해가 다를 수 있지만, 범자주파 대 범평등파의 갈등, 특히 자주파의 '종북-패권주의' 논란이 가장 중요한 원인이었다는 점에는 이견이 없었다. 다만 평등파 중에서 '종북'을 문제 삼으면 안 된다는 입장도 적지 않았다. 또 종북과 패권주의를 둘러싼 갈등이 중요한 균열 요인이지만, 탈당과 신당 창당이 정치적, 조직적으로 대안이 될 수 있다는 판단이 분당을 가능하게 한 본질적 요인이라는 견해도 있다.[44]

평등파 내의 이른바 선도 탈당파가 적극적으로 탈당을 조직한 것은 주체사상을 신봉하는 정파가 영향력을 행사하는 민주노동당의 대안 정당이 성공할 수 있을 거라는 기대를 바탕에 깔고 있었기 때문이다. 다만 그 기대가 큰 것은 아니었다. 탈당파들 사이에서 '안에서 굶어 죽든지, 밖에서 얼어 죽든지' 매한가지라는 절망의 표현이 나왔던 것은 이런 예측을 배경으로 하고 있었다. '종북'은 이념과 사상 문제였고 패권주의는 조직 운영과 관련된 사안이었는데, 이 갈등 이슈가 구체적 사건으로 드러난 사례 몇 가지를 소개한다.

2004년 총선 직전에 강운태 민주노동당 고문의 국가보안법 위반 사건이 발생했다. 일본에서 인척의 소개로 조총련 관계자를 만나 '용돈'을 받고 베이징에서 북한 공작원에게 당의 각종 자료를 넘겨주고 금품도 받은 혐의였다. 이 사실을 알게 된 당 지도부는 바짝 긴장했고, 당원인 이덕우 변호사가 이 사건을 맡았다. 이덕우는 핵심 혐의 내용이 사실인 것을 확인하고 강운태에게 즉각 탈당계를 내고 당과 연결하려는 당국의 공작에 넘어가지 말고 사실관계에 입각해 진술할 것을 당부했다. 당에서는 지도부가 북한 당국을 향해 '당 활동에 개입 말라'며 유감을 표명하기로 했으나, 이 결정을 둘러싼 정파 간 이견으로 갈등을 빚었다.

2006년에 발생한 '일심회' 사건은 더 심각했다. 이 사건에 연루된 당시 당 사무부총장 최기영의 처리를 둘러싼 문제가 분당 과정에 결정적인 영향을 미쳤다. 이덕우는 이 사건도 맡았다. 이 사건은 실상보다 부풀려진 공안 사건이었지만, 최기영의 혐의 사실에는 충격적인 내용이 포함되어 있었다. 그가 당내 주요 인사 300여 명의 인적 사항과 성향을 작성해 북한 쪽에 넘겼다는 정보 당국의 발표가 사실이었던 것이다. 자주파는 공식적으로 부인했지만, 이덕우는 최기영의 혐의 내용의 주요 부분이 사실이라고 밝혔다. 상상하기 어려운 최기영의 행위는 당내에 큰 파장을 일으켰다. 하지만 사상과 이념의 차이는 동일한 사건에 대해 큰 시각 차이를 낳았다. 한쪽에서는 '상식적으로 용납할 수 없는 일탈'이었고, 다른 쪽에서는 '반미 통일 투쟁의 일환'이었다.

이와 함께 당의 중요 방침, 특히 북한 관련 현안에 대한 방침을 결정할 때는 예외 없이 양 정파 간에 갈등이 불거졌다. 2005년 북한의 핵 보유 선언과 2006년 북한의 핵실험을 둘러싸고 벌어진 두 정파의 대립은 "차라리 따로 가자"라는 조기 분당론이 나올 정도로 심각했다. 평등파는 한반도 비핵화 원칙 아래 북한 핵에 대한 비판적 태도를 분명히 하자는 입장이었지만, 자주파는 북한 비판이 '미 제국주의' 편에 서는 것이라며 '자위적 핵 보유'를 선언한 북한을 이해해야 한다고 주장했다. 2007년 대선 때는 '코리아연방'을 주요 슬로건으로 내세우자는 자주파와 민생 문제를 중심에 둬야 한다는 평등파 사이의 갈등으로 정상적인 선거운동이 어려울 정도였다.

두 정파 간의 이념 차이가 뚜렷하다는 건 사실 창당 이전부터 누구나 알고 있던 바였다. 문제는 정파 간 이견의 간극을 좁혀가거나 당 차원에서 합의를 이루어내는 조직 문화와 리더십이 부재했다는 점이었고, 패권주의는 이런 토양에서 힘을 발휘했다.

당직과 공직 후보를 결정하는 당내 선거제도는 승자 독식을 보장해주는 장치였다. 당내 세력 분포에서 자주파는 50%를 조금 넘는 우위를 차지했는데, 권력 배분에서는 그들이 독점했다. 비례대표 국회의원 후보 선거제도는 다수파 싹쓸이를 가능하게 하는 1인 7표제, 1인 6표제를 채택했다. 2007년 11월 대통령 선거가 한창일 때 열린 민주노동당 중앙위원회는 2008년 총선 비례대표 후보 선거에서 1인 6표제 도입을 결정했고, 이 결정이 대선 패배와 맞물려 평등파 당직자와 활동가들 사이에서 분노가 폭발하는 기폭제가 되었다. 대선도 치르기 전에 이미 일부에서 조직적 탈당 움직임의 물꼬를 트게 만든 배경이 되었던 것이다.

패권주의는 당내 각급 선거 때 난무했던 각종 반칙 행위를 통해서도 관철되었다. 예컨대, 특정 지역구에 집단 위장 전입, 급조된 당원의 당비 대납, 조직적인 흑색선전, 10~12세 어린이 입당 등이 반칙 목록 중 일부다. 평당원 민주주의를 보장하는 제도를 패권주의가 관철되는 도구로 오염시킨 것이다. 나중에는 평등파 일각에서도 반칙을 하는 경우가 나타났다. 상황이 이쯤 되면 누구도 반칙에 휘슬을 불 수 없는 불치의 고질병 단계로 들어간다. 당을 만든 초기 주도 세력인 평등파에게 분당은, 창당 후 조직적·집단적으로 당에 들어온 자주파의 패권적 행태를 막을 수 없다는 절망적 상황에서 불가피하게 선택할 수밖에 없었던 것이었다. 반면 자주파에게 평등파는 있지도 않은 '종북' 논쟁을 불러일으켜 분당 소동을 일으킨 분열주의자들이었다.

분당에 이르기 전인 2007년 12월 19일 대선 이후부터 2008년 2월 3일 임시대의원대회 사이의 한 달 조금 넘는 기간의 복잡한 국면을 이해하기 위해 세 가지 범주를 정해놓고 살펴보는 것이 도움이 되겠다.

첫 번째 범주는 행위 주체. 평등파 내에서는 분당에 반대하고 당을 개혁하자는 쇄신파와 분당을 '기정사실화' 하고 탈당을 조직한 선도 탈당파로 나뉘었다. 자주파의 경우 분당도 '불사'하며 어떤 양보도 없다는 강경파(경기동부연합 등)와 분당을 막기 위해 타협안을 찾아야 한다는 온건파(인천연합 등)가 있었다.

두 번째 범주는 주체들이 풀어야 할 과제. 그중 핵심 과제는 대선 평가, 당내 현안 쟁점 평가, 2008년 총선 비례대표 후보 선출 방식이었다. 그리고 각 과제에 대한 대책을 만들어 임시대의원대회에 올리는 비대위의 출범과 권한의 범위 설정도 합의가 되어야 했다.

세 번째 범주는 시간. 주어진 한 달은 총선 준비 시기와 맞물려 있었다. 선거를 불과 한두 달 앞두고 당을 쪼개니 마니 하는 논쟁이 당내에서는 절실한 현안이었지만, 국민 입장에서는 이해하기 어려운 일이었다. 조속히 사태를 종결해야 했다.

이제 과제를 풀어내기 위한 각 주체의 전술과 여기에 영향을 주는 시간 변수 등을 교차시키면서 한 달 동안의 상황 전개를 요약해 보도록 하자.

비대위의 조속한 출범과 심상정이 위원장을 맡는 것에는 어느 편이나 다 동의했다. 다만 비대위의 임무와 역할, 권한에 대해서 행위 주체들의 입장은 달랐다. 비대위의 권한을 제한하려는 자주파와 강화하려는 평등파의 입장이 갈렸다. 그 결과 2007년 연말에 출범할 예정이었던 비대위는 2008년 1월 12일에야 가동되었다. 그사이 노회찬은 기자 간담회, 시도위원장 긴급 회동 등을 통해 분당 반대, 비대위 구성 촉구운동을 펼쳤다. 하지만 선도 탈당파는 비대위가 출범한 지 2주가 지난 뒤 '새로운 진보정당운동'이라는 조직을 공식 출범시키고 본격적인 신당 창당 작업에 돌입했다. 조승수, 김혜경, 김석준, 홍세화, 김형탁 등 주요 인사가 여기에 참여했다. 노회찬은 이 같은 움직임이 '또 다른 패권주의'라며 강력하게 비판했지만, 그 흐름을 멈출 수는 없었다.

그다음 풀어야 할 과제는 대선 평가, 당내 현안 평가, 2008년 총선 전략이었다. 여기서는 당내 현안 가운데 뜨거운 감자였던 '일심회' 사건에 연루된 최기영 사무부총장 처리 문제가 핵심 고리였다. 심상정 비대위는 최기영의 행위를 당내 규율 위반으로 보고 '편향된 친북 행위' 사례라 규정했지만, 자주파에게 최기영 '동지'는 지켜야 할 최후의 보루였다. 이 대립의 돌파구를 찾기 위해 심상정은 제명 대신 최기영의 자진 탈당 방책을 제시했다. 이 제안은 온건 자주파인 인천연합 쪽의 지도급 인사에게 전달되었고, 감옥에 있던 최기영도 이 제안을 받아들였다. 하지만 자주파 내의 강경파인 경기동부연합이 이를 뒤집는 바람에 이 카드는 무산되었다. 당은 두 동강이 났다.

제8장

진보신당과 주체의 재구성

2008~2012년:

정당의 이합집산 속 '생활정치' 실천

2008년 분당 이후 4년 동안 노회찬의 당적은 3개였다.
세 번의 전국 선거에서 두 번 낙선했고 한 번 당선되었다.
하지만 임기 1년도 안 되어 의원직을 박탈당했다. 그 뒤
평생 먹을 욕을 다 먹으면서 서울시장 선거를 치렀다. 그가
진보정치의 길로 들어선 이후 가장 힘들고 아픈 날들을
보냈다. 그는 '삼성 X파일 대법원 판결로 의원직을
박탈당했을 때보다 천 배 이상'의 아픔이었다고
표현했는데, 그것은 분당 이후 진보정당이 그린 어지러운
이합집산 궤적과 맞닿아 있었다. 민주노동당, 진보신당,
통합진보당, 사회당의 이름이 사라졌다. 분열과 위기의
시기를 지나면서 그는 진보정당의 새로운 노선과 주체
형성을 고민하고 대안을 찾아야 했다.

첫 지역구 도전과 석패

2007년 9월 당내 대선 후보 경선이 끝난 직후 박권호, 오재영 보좌관은 다음 해 노회찬이 출마할 지역을 정해야 했다. 이들은 우선 관악구와 노원구를 대상 지역으로 정하고 실사에 들어갔다. 과거 진보정당 득표율, 상대 후보, 지역 특성 등 다양한 항목을 살펴봤다. 여론조사도 했다. 두 달 정도 작업한 후 노원구로 결정했다. 노원구 병(노원병) 선거구인 상계동에는 서민층 인구가 많았고, 인근에 지하철 기지가 있어서 지하철노조 조합원들이 많이 살았다. 노회찬은 연고도 없는 노원을 택한 이유에 대해 사실 딱히 할 말은 없었다. 그는 부모 성이 각각 노씨와 원씨인 우연적 사실을 들어 "내가 노원의 아들입니다. 효도하러 왔습니다"라며 기지로 넘기곤 했다.

2007년 12월 24일 크리스마스이브에 마들역 인근에 선거 사무실을 얻었다. 강서구 방화동에서 상계동으로 이사도 했다. 민주노동당이 대선 후 내분의 소용돌이에 빠져들 무렵이었다. 2008년 1월 1일 노회찬은 노원 지역의 민주노동당 당원 20여 명과 불암산 해돋이를 하면서 사실상 선거조직을 가동하기 시작했다. 3월 7일 노회찬은 선거운동 와중에 탈당계를 냈다. 그는 예비후보 등록 때는 민주노동당 소속이었고, 본 선거 때는 진보신당 후보가 되었다. 명함과 선거 홍보물도 바꿔야 했다. 주민 대부분은 이름도 모르는 당이었다. 유권자 입장에서 보면 무모하고 무례한 분당이었겠지만, 도리가 없었다.

3월 27일 오전 11시 40분. 공식 선거운동이 시작된 날이었다. 진보신당 중앙당의 총선 승리 선포식이 마들역 부근에서 열렸다. 중앙당 행사가 이곳에서 열린 이유는 노회찬이 진보신당 대표였기 때문이기도 했지만, 당선 가능성이 높은 후보에게 당의 모든 역량을 모아 지원한다는 뜻도 담겨 있었다. 서울에서 진보정당 후보가 국회의원에 당선된 것은 1950년 서울 성북에서 출마한 사회당 후보 조소앙이 처음이었다.[1] 노회찬은 두 번째 당선자가 될 가능성이 높았다. 모두 열세 차례 한 주민 여론조사에서 노회찬은 한나라당 후보인 홍정욱을 누르고 1위를 기록했다.

총선 승리 선포식에는 널리 알려진 당 밖의 인사들도 참석했다. 현장에 있던 노회찬 지지자들의 일부는 특정 외부 인사들에게 마이크 주는 것을 꺼려 했다. 득표에 도움이 되지 않을 것이라는 우려 때문이었다. 하리수와 김부선. 한 사람은 성전환자였고, 다른 한 사람은 대마초 합법화론자였다. 노회찬은 그들에게 마이크를 주라 했고, 하리수가 지지 발언을 했다. 노회찬 선거운동본부는 그 후에 지역 교회의 목회자들로부터 강한 항의를 받았다.[2]

당시 상계 3, 4동 주민들은 뉴타운 시행을 놓고 첨예하게 대립하고 있었다. 선거를 코앞에 둔 정치인들이 가고 싶어 하지 않는 동네였다. 한쪽 손을 들어주면 다른 한쪽 표는 날아가게 되니 눈치를 볼 수밖에 없었다. "그때 노회찬 대표는 입장을 분명히 했어요. 세입자들 편에 섰죠. 선거 후에도 그분들을 모시고 박원순 시장을 찾아가서 이야기할 수 있게 해줬습니다. 당장 눈에 보이는 성과가 있든 없든, 그 과정에서 주민들은 '아, 이 사람은 그래도 우리 이야기를 들어주는구나' 하는 경험을 실제로 하게 되는 거죠." 상계동 지역에서 당 활동을 하다가 2018년 노원구 기초의회의원이 된 주희준의 말이다.

대한민국 '아줌마'들에게는 노회찬보다 더 유명한 사람이 아나운서 이금희다. 이금희는 선거운동 기간 동안 틈만 나면 와서 유세를 도왔다. 그가 노회찬에게 소개해준 박중훈도 마찬가지였다. 이금희는 시간이 나는 날에는 아침 일찍부터 밤늦게까지 노회찬과 함께 움직였다. 상대 후보가 뉴타운 바람으로 유권자의 지지를 얻는 것을 보고서 답답한 마음에 비슷한 방식으로 대응해야 하지 않느냐고 했지만, 그럴 때마다 노회찬은 허허 웃으며 그렇게는 할 수 없다고 대답하곤 했다.

홍정욱과 혈전을 벌이고 있던 노회찬이라고 고민이 없을 리 없었다. 이미 뉴타운 지역으로 지정된 곳이 여럿인데, 당론은 뉴타운 반대였다. 지역 공약을 담당하던 박창규는 특히 고민이 많았다. 당론대로 선거를 치르자니 도무지 견적이 안 나왔다. "20% 얻고 마는 선거라면 그렇게 할 수 있었겠죠. 당선을 바라보고 있는데 그럴 수가 없죠. 그렇다고 당론을 정면으로 위배할 수도 없고. 후보는 저한테 머리를 짜내보라고 재촉했어요." 그러나 당론에 위배되지 않는 선에서 미세하게 조정한 공약이 효과를 발휘하기는 어려웠다.

선거 판세에 뉴타운 공약이 결정적이었다는 평가가 많았지만, 노회찬과 홍정욱의 승부를 가른 결정적인 변수는 다른 곳에 있었다는 분석도 있다. 투표 엿새 전, 여론조사 공표 금지 기간 동안 심상찮은 흐름이 감지되었다. 민주당 후보는 두 방향에서 막판 총

공세를 펼쳤다. "역전됐다, 빨갱이다" 같은 거짓말과 색깔논쟁이었다. 투표 이틀 전, "김성환 대역전! 성원에 감사드립니다." 글자가 박힌 플래카드가 곳곳에 붙었고 색깔 공세는 입소문으로 퍼져 나갔다. 박창규와 주희준 보좌관은 막판에 민주당으로 가는 표를 잡지 못한 것이 결정적인 패인이라고 평가했다. 물론 뉴타운 바람의 영향이 없었던 것은 아니지만, 그것은 노원에만 해당되는 사항이 아니었다.

노회찬 선거운동본부에서는 여론조사 공표 금지 기간 동안 역전당한 것으로 분석했다. 민주당 지지율을 13% 정도로 묶어두면 노회찬이 홍정욱을 3%포인트 정도 차이로 누를 것으로 예측했다. 여론조사를 보면 가능했다. 주희준은 마지막에 민주당을 13%로 못 잡아두고 3%를 뺏긴 게 패인이라고 분석했다. 노회찬도 패인을 뉴타운 바람과 함께 '경험 부족에서 온 막판 방심의 결과'였다고 평가했다.

투표 결과, 홍정욱 43.1%(3만 4,554표), 노회찬 40.1%(3만 2,111표), 김성환 16.3%(1만 3,036표)의 득표율로 노회찬이 떨어졌다. 진보신당은 정당 득표율 2.9%를 얻어 비례대표 후보 당선자도 내지 못한 원외 정당이 되었다. 민주노동당은 권영길, 강기갑이 지역구에서 당선되었고, 정당 득표율 5.7%를 얻어 비례대표 후보 3명을 의원으로 배출했다. 민주노동당의 의석수와 지지율은 4년 만에 반 토막 났다.

낙선한 다음 날부터 1주일 동안 노회찬은 낙선 인사를 다녔다. 낙선 인사를 하는 첫날 이금희는 하루 종일 노회찬과 같이 다녔다. 낙선 인사를 다니다 들른 어느 술집, 노회찬이 들어서자 한

테이블에서 박수 소리가 나왔다. 그러자 그 술집에 있는 모든 손님이 박수를 쳤다. 노회찬은 당황했다. 노회찬은 낙선의 안타까움을 박수로 대신하는 사람들을 보면서 그들이 피해자이고 자신은 가해자이며 죄인이라는 생각이 들었다.

선거가 끝난 지 1주일 되던 날, 정오쯤 아주머니 한 분이 노원 사무실을 찾았다. 부천시 원미구에서 2시간 반 걸려 난생처음 상계동에 와봤다고 했다. 나이 마흔 살, 두 아이의 엄마인 그 아주머니는 가지고 온 분홍 보자기를 풀었다. 대나무 바구니에 여러 가지 색깔과 모양의 떡들이 정성스레 담겨 있었다. 이날은 40년간 떡집을 운영해온 일흔 살 시어머니가 연로해서 떡집 문을 닫는 날인데, 마지막 떡을 노회찬에게 주려고 시어머니와 함께 새벽 4시에 일어나 만들었다는 것이다. 다음 선거 때는 가게 문을 닫고서라도 며칠간 상계동에 와서 선거운동을 돕겠다고 했다. 노회찬이 라디오 전화 인터뷰를 마치고 나와 보니 떡집 며느리는 어느새 후원당원으로 등록하고 돌아갔다. 박규님 보좌관이 맛을 보라며 떡을 한 접시 담아주는데, 먹을 엄두가 나지 않았다. 새벽부터 저 떡을 빚은 시어머니와 며느리의 정성이 천근만근의 무게로 그의 가슴을 눌렀다.[3] 4월 18일, 그는 선거 결과에 대해 이런 소회를 남겼다.

선거 결과가 발표되자 인터넷에서 일부 격앙된 네티즌들이 노원구 주민을 원망하기도 한다는 얘길 들었다. 그러나 그들이 던지는 돌을 맞아야 할 사람은 바로 나 자신이다. 집값 상승과 뉴타운에 대한 기대감으로 상대 후보를 찍었다는 분들에게도 아무런 유감이 없다. 먹고살기 막막한 상태에서 부동산 가격

상승이 그나마 위안을 주는 유일한 탈출구처럼 여겨지는 것은 안타까운 현실이나 이분들을 탓할 문제는 아니다. 이런 분들에게 우리는 언제 한 번 제대로 된 희망과 대안으로 다가선 적이 있는가? 얼굴이 잘생겨서 상대 후보를 찍었다는 아주머니의 발언은 오히려 희망을 주지 못하는 진보정치에 대한 신랄한 비판에 다름 아니다. 시인 안도현이 우리에게 물었다. 연탄재 함부로 발로 차지 마라, 너는 누구에게 한 번이라도 뜨거운 사람이었느냐. 오늘 나는 나에게 묻는다. 너를 거부한 사람들을 섭섭하게 생각하지 말라, 너는 그들에게 한 번이라도 희망이 된 적이 있느냐. 같은 물음을 제대로 된 진보정당으로 거듭나려는 진보신당에게도 던진다.[4]

노회찬의 이 같은 평가는 뉴타운 열풍, 민주당 후보의 막판 반칙성 선거운동에 원인을 돌리지 않고 철저하게 유권자의 편에 서서 향후 당과 후보의 과제를 도출해내는 책임 정치에 입각한 것이었다. 그는 선거 전후 공적이든 사적이든 민주당에 대한 섭섭함이나 불만을 토론한 일이 한 번도 없었다. 삶이 고단해 절규하는 서민들에게 진보정당이 희망의 연탄불이 된 적이 있는지 준엄하게 묻고 있는 이 성찰은 후에 그의 유명한 '6411 버스 연설'로 이어진다.

노회찬과 심상정의 낙선이 확정되던 4월 9일 밤, 진보신당의 홈페이지 게시판에는 처음 방문한 사람들의 글이 줄지어 올라왔다. 게시판에 쓴 글의 앞머리에는 모두 "지못미"라는 제목이 붙어 있었다. '지켜주지 못해 미안해'를 줄인 말이었다. 노회찬과 심상정의 낙선을 안타까워하는 사람들이었다. 어떤 이들은 당원으로 가입했다. 2008년 4월 10일부터 닷새 동안 진보신당의 홈페이지를 통해 가입한 당원 수는 1,000명이 넘었다. 이른바 '지못미 당원'들이었다. 그리고 그해 5월 광우병 촛불집회 때 많은 당원이 진보신당에 가입했는데, 이들을 '촛불당원'이라 불렀다.

처음으로 당대표를 맡다

2008년 총선 직전에 가건물 상태로 급조해 출범한 진보신당은 예상하지 못한 것은 아니지만 득표율 2%대를 기록하며 원외정당이 되었다. 불과 4년 전의 화려한 등장을 기억하고 있던 사람들은 깊은 패배감과 상실감을 맛보았다. 심상정, 김석준, 이덕우, 박김영희와 함께 공동대표였던 노회찬은 2009년 3월 진보신당 제2기 당대표 선거에 단독 후보로 나와 찬성률 98%를 기록하며 당선되었지만, 그의 입장에서 보면 진보신당은 자신이 설계한 배가 두 동강 난 뒤에 남은 한쪽이었다. 배에 실려 있던 '희망'이란 이름의 적재물은 상당 부분 유실되었지만 반쪽만 남은 배를 마지막까지 버릴 수 없었던 것도 그 '희망' 때문이었다.

총선이 끝나고 3개월 동안 노회찬은 강연 50건, 간담회 40건, 인터뷰 50건의 일정을 소화했다. 그가 "의원 때보다 바빴다", "백수가 과로사한다는 말이 맞는 것 같다"라고 말한 건 괜한 엄살이 아니었다. 노회찬이 당사 건물 앞에서 '수면권 보장' 피켓을 들고 1인 시위라도 해야 될 것 같다고 한 2008년 여름, 어느 하루의 일정을 보자.

새벽까지 부산에서 강의하고 뒤풀이한 후 아침에 김해공항 출발―김포공항 도착, 강원도 원주 전국노점상연합 교육―원주 출발―경기도 김포 도착, 대한항공조종사노조 신입 조합원 교육―김포 출발―충남 천안 도착(22시)―천안 출발, 서울 새벽 도착.

천안에서 서울로 오는 동안 수행 보좌관은 하루 주행거리 1,000km를 돌파했다고 했다. 아침 비행기의 이동거리까지 포함하면 합계 1,400km를 돌아다닌 하루였다. 가장 빡빡한 일정을 예로 들긴 했으나 평소의 일정도 대부분 강행군이었다.

노회찬이 요청받은 강연 혹은 간담회의 주제는 '진보정당이 나아갈 길' 같은 종류가 대부분을 차지했다. 그만큼 당 안팎의 많은 사람이 진보신당의 앞날을 궁금해하고 걱정했다. 그 당시 당대표 노회찬의 유일하다시피 한 과제는 동강 난 배를 정상화시켜 더 튼튼하고 큰 배를 만드는 일이었다. 진보신당의 당세는 과거 통합민중당 시절 수준으로 되돌아갔지만, 당 지도부와 당직자들은 민주노동당의 실패를 거울삼아 새로운 현대적 진보정당을 만들겠다는 의지가 강했다. 민주노총당, 운동권 정당이라는 오해 또는 오명을 벗고 정파의 덫을 넘어 평당원 중심의 '현대적 정당'을 만들기 위한 다양한 시도와 노력이 있었다. 노회찬과 진보신당 사람들이 이즈음 자주 했던 '진보의 재구성', '제2창당', '재창당'이라는 말은 새로운 배 만들기 프로젝트의 다른 이름들이었다. 프로젝트의 구체적 내용은 정당의 주체를 재구성하고, 이념과 노선을 재정립하고, 정당의 일상 활동을 혁신하는 것이었다.

주체의 재구성은 대중정당으로 뿌리내리기 위해 당의 외연을 확장하는 것을 의미했다. 구체적으로는 민주노총 등 노동조직의 바깥에 있는 노동자들과 영세 자영업자, 시민사회와 전문가 집단의 대대적인 진보신당 참여가 필수적이라는 게 노회찬의 생각이었지만 분당이라는 환경 자체가 이 일을 어렵게 만드는 요인으로 작용했다. 다만 진보신당의 초기 당원의 경우 과거 민주노동당 당원이었던 사람은 37%에 불과했고 63%는 진보신당이 첫 당적인 사람들이었다. 후자 중 상당수는 광우병 촛불 정국을 지나면서 진보신당의 문을 두드린 사람들이었다. 이 같은 당원 구성비는 부분적으로 진보신당 운영의 혁신에 따른 결과였다.

중학생도, 동네 할머니도 찾아오는 당

이념 노선을 재정립하는 것과 관련해 진보신당은 강령을 통해 '평등·생태·평화·연대'를 지향하고 '노동자·서민의 정당이자 여성·소수자의 정당, 녹색정당'임을 천명했다. 민주노동당 시절 강령의 한 축이었던 '자주'가 사라지고 생태·평화의 가치를 전면에 내세웠다. 하지만 노회찬이 강령의 선언적, 추상적 내용보다 더 중시한 것은 대중과 밀착한 진보정당으로의 변신이었다. 당대표가 된 후의 제일성은 그의 문제의식을 잘 보여준다.

운동권이 자신의 이상과 신념을 표현하기 위해 만든 당이 아니라 서민들의 부름에 달려가는 당이라는 인식을 만들겠다.

일상 활동의 혁신을 통한 당의 변화와 강화는 노회찬이 대표로서 공을 많이 들인 과제였다. 노회찬은 일련의 혁신운동을 통틀어 '생활진보365'라 불렀고, 자신이 직접 마이크를 들고 전국을 도는 '민생 대장정'에 나섰다. 휴대폰 요금 인하 등 정보 기본권 확대, 은행의 불법·부당 연체 이자 반환, 대입 전형료 실태 조사, 신종 플루 특진비 폐지 및 무상검사·무상치료·무상접종, 건강보험 하나로 운동과 지역 무상의료, 비정규직 차별 철폐, 대기업슈퍼마켓(SSM) 규제, 무상급식 대중화 등이 '생활진보365' 캠페인 목록이었다.

생활 밀착형 요구를 통해 진보정치의 효능감을 높이고 대중성을 확장하겠다는 기획이었다. 노회찬이 생활정치를 강조한 것은 '과거 민주노동당 활동에 대한 비판적 성찰'에 기초했다. 그는 거대 담론과 생활정치를 대립시키고 그중 하나를 취사선택해야 한다는 논리나 주장에 근본적으로 반대했다. 생활정치가 거대 담론으로 연결되고 구체성을 확보한 거대 담론이 더 풍부한 생활정치로 다시 되돌아가는 순환이 이루어져야 한다고 강조했다.[5]

노회찬은 당의 지역조직을 '노동·민생 상담센터', '대안 에너지 센터', '민중의집', '마을학교', '지역 활동 뱅크' 등 다양한 형태로 조직해 진보정치의 지역 모델을 실험하고 싶어 했다. 지역에서 '중학생도, 동네 할머니도 찾아오는 당'을 만드는 것이 대표로서 그가 만들고 싶어 했던 당의 모습이었다.

'생활진보365' 운동은 단순한 당 혁신 캠페인이 아니라 그 이상의 의미가 있었다. 노회찬은 진보신당의 공식 노선은 사회주의적 방향을 지향해야겠지만 그렇다고 해서 실패한 북한식이나 소련식 사회주의의 경험을 답습할 수는 없다고 보았다. 아직까지는 모델이 없는 사회주의의 여정을 걸어갈 수밖에 없는데, 생활정치는 대중과 함께 그 길을 찾아가려는 시도 중 하나였다. 이와 관련해 진보정당운동의 요체를 설명한 노회찬의 말은 주목할 만하다.

저는 진보정당도 운동으로서 자기실천을 해야 하고, 정치도
운동으로서 해야 된다고 생각하는데 그 방향은 두 가지가 있다고
생각합니다. 하나는 먼저 생활정치의 현장, 고통의 현장을
찾아가고 연대하는 운동이라고 생각합니다. 그것은 정치적
이해관계에서 계산된 행위가 아니라 영혼을 가지고, 진심으로
행하는 실천이어야 하고요. 다른 하나는 사람들의 고통을
현실적으로 해결할 수 있는 정책을 도출해내고 그것을 실현해낼
수 있다는 믿음을 가지게 하는 일반적 의미에서의 정당정치적
실천입니다.[6]

당대표 노회찬의 다양한 실험과 시도는 지방선거에서의 패배
와 이어진 진보 재통합이라는 당의 존폐를 둘러싼 의제에 가려 지
속적으로 추진할 수 없게 됐다.

진보신당 재창당과 함께 노회찬에게 주어진 중요한 과제 중
하나는 2012년에 지역구에서 재선 의원으로 생환하는 일이었다.
그는 2008년 11월 사단법인 '노회찬마들연구소'(마들연구소)를 만
들고 상계동 마들역 인근에 사무실을 마련했다. 마들연구소는 지
역주민과의 소통과 정책 생산의 산실로서 주민들의 생활에 밀착
해서 지역정치 활동의 전형을 만들어내는 데 성공했다는 평가를
받았다. '명사 초청 월례 특강', '학부모와 함께하는 교육아카데미',
'나눔과 돌봄을 통한 활기찬 지역공동체 만들기 사업', '활동가와
함께하는 공부모임', '여성교실', '마들 정책포럼과 지역정책 연구'

마들연구소 송년의 밤(2011) ⓒ노회찬재단

활동 등을 통해 지역사회에 뿌리를 내렸다. 활발한 지역 활동과 주민들의 열띤 호응은 서울시장 선거에서 낙선하고 진보신당과 통합진보당에서 탈당하면서 힘들어 하던 그가 버틸 수 있는 에너지를 얻던 주요 동력원이었다.

다양한 지역사업이 성공한 것은 마들연구소의 상근 인력이던 조현연, 박규님, 오재영, 유성재의 역할이 컸다. 이와 함께 '노공주'라는 이름으로 불린 40~50대 여성 주민 모임의 적극적인 활약도 한몫했다. '노공주'는 '노원의 공주들', '노회찬과 공주들', 'NO 공주들'을 뜻한다. 이들은 모임 이름을 정한 후 노회찬에게 '일방적'으로 그 사실을 통보했다. 2008년 총선 당시 유급 선거운동원으로 참여했다가 처음 노회찬을 알게 된 이들은 '높은 사람처럼 안 보이고, 거들먹거리지 않고, 시골 아저씨처럼 생긴' 후보에게 반해서 선거 후에도 모임을 만들어 지역사업 자원봉사단 역할을 했다. 이들은 지역행사 홍보 전단지를 거리에 붙이는 일, 3·8여성의 날에 꽃 배달하는 일 같은 소소하지만 중요한 일을 했다. 노공주는 노회찬이 2016년 창원에서 당선된 이후에도 지속적으로 관계를 맺으면서 자원봉사에 나섰다.

총선 다음 해인 2009년 4월 재보궐선거는 진보신당으로서는 놓쳐서는 안 되는 선거였다. 현대자동차 노동자들이 많이 살고 있는 '울산 북구'가 포함되었기 때문이다. 이 지역은 2004년 민주노동당 지역구 의원을 최초로 탄생시킨 곳이었다. 민주노동당 분당 때 이른바 '종북' 논쟁을 이끌면서 탈당을 주도했던 조승수와 자주파의 핵심 리더로 이에 맞섰던 김창현이 분당 후 처음 겨루는, 물러설 수 없는 승부처였다. 전국에 있는 두 당의 당원들도 선거를 지원하기 위해 울산 북구로 대거 몰려들었다.

노회찬과 민주노동당 대표 강기갑은 후보 단일화에 원칙적 합의를 봤다. 단일화는 당선으로 가는 확실한 입장권이었고, 각자 출마는 공멸의 길이었다. 노회찬은 울산에 상주하면서 단일화 협상을 진두지휘했다. 피 말리는 협상 끝에 투표 3일 전에야 조승수로 후보 단일화에 성공했다. 그리고 마침내 진보신당 조승수 49.2%(2만 5,346표), 한나라당 박대동 41.4%(2만 1,313표)로 조승수가 당선되었다. 이로써 진보신당은 원외 정당 신세를 면했다. 그날의 승리를 기뻐하는 노회찬의 모습은 유명한 '노회찬 빗자루 연주' 사진으로 남아 있다.

스마트폰에 반한 '남자가 봐도 멋진 남자'

이 시기 화제가 됐던 일화 몇 개를 소개한다. 노회찬은 일상이 변화하는 것, 그게 혁명이라고 생각했다. 하지만 일상은 대륙처럼 광활하고 단단해서 쉽게 변하지 않는다. 그런 일상생활을 혁명적으로 변화시킬 작은 물건이 등장했다. 전화기와 인터넷이 손바닥 안에서 구현되는 '똘똘한 놈 하나'. 2007년 1월 스티브 잡스가 탄생을 알린 아이폰은 한국에서는 2009년 11월이 되어서야 구입이 가능했다. 이미 블랙베리 폰을 사용하고 있던 노회찬은 즉각 아이폰을 구입했다. '좌사우포'. 그는 자신을 왼쪽엔 사과(애플사 아이폰), 오른쪽엔 포도(블랙베리)를 차고 다니는 '쌍권총을 찬' 사람이라고 소개하고 다녔다. 얼리어답터인 그는 1990년대 초 '손전화'가 처음 한국에 등장했을 때도 거금 150만 원을 주고 구입해 '운동권 최초 핸드폰 사용자'가 되었다. 핸드폰 구입 비용은 사업하는 후배가 지원해주었다.

그즈음 민생 대장정에 나선 노회찬은 제주를 방문했을 때 '다음' 본사를 찾았는데, 그 자리에서 중앙당 당직자 전원에게 사비를 털어 아이폰을 선물하겠다고 '공약'했다. 그는 이 선물이 '이미지 제고나 유행에 편승'하는 것이 아니라 실질적인 혁신의 계기를 만들기 위한 것이라고 의미를 부여했다. 그는 '선거비용을 마련하기 위해 그동안 모아놓았던 강의료와 출연료'로 약속을 이행했다.

젊은 남성들을 독자층으로 하는 유명 패션 월간지 『GQ』에서 100호(2009년 6월호) 기념 특집으로 '남자가 봐도 멋진 남자 100 인'을 뽑았는데. 노회찬이 순위 안에 들었다. 그것도 정치인 중에서 1위, 전체에서는 공동 30위를 기록했다. 노무현 공동 36위, 강기갑·유시민·이명박이 공동 74위를 기록했다. 정색을 하고 순위를 분석할 만한 조사는 아니지만, 현역 의원도 아니고 게다가 진보정당 소속인 그가 정치인 순위 1위라는 점은 눈에 띄는 일이다. 순위 안에 든 사람들은 대부분 체육인, 영화인을 비롯한 대중 예술인들이었고, 언론인과 소설가도 몇 명 포함되었다. 전체 1위는 박지성, 2위는 손석희였다. 이 기사를 본 노회찬이 트위터에 글을 남겼다.

잡지 『GQ』에서 '남자가 봐도 멋진 남자' 설문조사를 했는데 제가 30위네요. 정치인 중에선 1등! 전체 1위는 박지성이네요. 이정재, 조인성도 저와 같이 공동 30위! 많이 닮은 모양이죠. ㅋㅋ. MB가 꼴찌로 나온 걸 보면 꽤 정확한 조사인 듯…. 참, 가수 비도 저와

함께 공동 30위네요. 닮은 사람이 참 많네요.^^ 하나도 안 닮은
강호동은 36위!

남성 라이프 스타일을 주로 다루는 대중 잡지에서 실시한 설
문조사에서 노회찬이 정치인 1위에 꼽힌 것은 짐작건대 그의 정
치 이념이나 노선보다는 정치 스타일이 더 영향을 주지 않았을까
생각된다. 품격 있는 언어와 태도를 갖추고서 사회적 약자 편에서
벗어나지 않고 삼성 X파일 대응처럼 강자에 당당하게 맞서는, '교
과서'에서 말하는 정치인다운 정치인이라는 사실이 그를 그 자리
에 오르게 한 것이 아닐까 싶다.

서울시장 선거, 평생 먹을 욕을 다 먹다

진보신당은 2010년 지방선거 제1목표를 'MB 정권 심판 및
부실 야당 교체, 대안 야당 육성'으로 정했다. 그런데 이 세 가지 목
표에 이르는 길이 좀 복잡하게 엉켜 있어서 목표 지점까지 가는 발
걸음은 꼬일 수밖에 없었다. 이명박 정권을 심판하기 위해서는 교
체 대상인 부실 야당 민주당과 손을 잡아야 했는데, 이 선택은 진
보신당이 독자적 목소리를 가진 대안 야당으로 성장하는 길과 충
돌할 수도 있었기 때문이다. 실제로 진보신당 내부에서는 민주당
과의 선거 연합에 대해 비판적인 목소리가 작지 않았다. 하지만 당
시 시민사회에 이명박 정권에 대한 심판 정서가 강하게 형성되어
서 야권 후보, 특히 광역단체장 후보를 향한 단일화 압력으로 이어
졌는데, 진보신당으로서는 이를 외면하기 어려웠다. 당대표이자

서울시장 후보인 노회찬의 고민도 깊어졌다. 사실 이런 고민은 한국에서 진보정당을 하는 사람들에게는 숙명이었다. 2012년 총선과 대선 때도 이 문제를 놓고 갈등을 겪어야 했다.

2010년 지방선거는 2년 후에 있을 총선과 대선의 전초전이었다. 진보신당 입장에서 보면 분당에 대해 유권자들의 평가를 받는 중요한 선거이기도 했다. 이명박 정부와 여당은 반대파의 강한 비판에도 불구하고 여전히 40% 안팎의 견고한 지지율을 기록했다. 진보신당은 결국 민주당, 민주노동당, 국민참여당(참여당), 창조한국당 등 5개 야당과 4개 시민단체가 함께하는 선거연합 논의틀에 합류했지만 중도에 철수할 수밖에 없었다. 당내에 민주당이 포함된 선거 연합 테이블에 참가하는 것 자체를 부정적으로 여기는 의견도 있는 데다 진보신당의 제안이 회의에서 받아들여지지 않았기 때문이다. 진보신당은 노회찬, 심상정이 당락에 영향을 줄 수 있는 후보임을 내세워 서울, 경기의 광역단체장 중 한 곳은 민주당이 양보하고 안 할 거면 기초단체장 자리를 내놔야 한다는 입장이었다. 그런데 민주당에서는 강남구처럼 한 번도 민주당 소속 단체장을 배출하지 못한 지역을 양보 카드로 내놓았고, 결국 협상은 이루어지지 않았다.

2010년 초, 노회찬은 서울시장 후보 3자 경쟁 구도를 전제한 각종 조사에서 13% 정도의 지지율을 얻었다.[7] 이 시기 여당 오세훈은 40~50%대, 한명숙은 30~40%대를 기록했다. 노회찬이 야권 단일후보가 되었을 때의 지지율은 여론조사로는 30% 수준이었다. 하지만 6월 선거일이 다가오면서 노회찬의 지지율은 지속적으로 추락해 선거 직전에는 1~3% 수준까지 떨어졌다.

서울시장 출마 선언(2009) ©노회찬재단

서울시장 선거에서 언론의 관심은 오로지 노회찬과 한명숙의 단일화 여부였다. 노회찬은 선거 기간 내내 후보 단일화, 사실상 사퇴 압박을 받았다. 6월 2일 투표일 직전까지도 단일화를 할 건가 말 건가라는 언론의 질문은 집요하게 계속되었다. 노회찬이 들고나온 '생활진보와 복지혁명'은 언론과 대중의 관심사로 부각되지 못했다. 노회찬이 구로에서 강남으로 가는 버스인 6411번 새벽 첫차를 탄 것도 이때였지만 주목받지 못했다. 노회찬이 평생 먹을 욕을 다 먹었던 선거, 박카스 한 병 안 들어온 쓸쓸한 선거라는 말이 나왔다.

서울뿐이 아니었다. 경기도지사 후보 심상정도 마찬가지였다. 경기도에서는 한나라당 김문수 후보와 민주당 김진표를 후보 단일화 경선에서 누른 참여당 유시민 후보가 선두를 다투고 있었다. 심상정은 투표일을 사흘 앞두고 후보직을 사퇴하고 유시민 지지 선언을 하기로 했다. 노회찬은 이날 저녁에 심상정과 만났다. 이 자리에서 노회찬은 사퇴하면 당내 혼란이 크게 염려되므로 끝까지 완주하면 좋겠다는 뜻을 밝혔다. 심상정은 서울시장과 경기도지사 후보 중 1명은 사퇴, 1명은 완주하는 문제를 당 차원에서 결정해야 하며, 그것이 당내 혼란을 줄이고 민심도 반영하는 최선책이라는 입장을 밝혔다.[8] 둘은 다음 날도 만났지만 합의점을 찾을 수 없었다. 심상정은 기자회견을 열고 후보직 사퇴와 유시민 지지 입장을 밝혔다. 이는 당 안팎에 큰 파장을 불러일으켰고 경기도지사 선거판이 출렁였지만, 결국 유시민은 낙선했다.

심상정이 사퇴한 이후 노회찬은 측근 참모 몇 명과 후보로서의 거취 문제를 놓고 심각하게 논의했다. 외부에는 흔들리지 않고 완주할 것이라는 입장이 나갔지만, 그 역시 고민이 없었던 것은 아니었다. 이 자리에서는 사퇴를 검토해봐야 한다는 의견도 나왔지만, 대중적 비난을 감수하더라도 선거 후 당을 추스를 수 있는 동력을 보존하려면 완주해야 된다는 의견이 더 많았다. 경기도뿐 아니라 부산, 충남 등에 출마한 진보신당 후보들도 민주당과 단일화를 선언하고 사퇴하는 일이 벌어졌다. 당대표 노회찬도 자신이 사퇴하면 당내에 삼각한 후폭풍이 불 것이라는 사실을 너무도 잘 알고 있었다.

서울시장 선거 결과는 한나라당 오세훈 47.4%, 208만 6,127표, 민주당 한명숙 46.8%, 205만 9,715표, 진보신당 노회찬 3.3%, 14만 3,459표였다. 2만여 표 차이로 한명숙이 떨어지자 사람들은 노회찬이 한명숙 낙선의 '주범'이라도 되는 양 공격했다. 민주당 지지자들에게 사퇴한 진보정당 후보는 대의를 위해 자신을 희생한 정치인이 되었고, 완주한 후보는 이명박 정권의 X맨이 되었다. 하지만 당내에서는 사퇴 후보는 배반자, 완주 후보는 영웅이 되었다. 당시에 회자되던 "당 안에서 죽은 심상정과 당 밖에서 죽은 노회찬을 살리는 방안을 찾자"라는 말도 이런 맥락에서 나온 것이었다.

노회찬은 자신을 향한 비난에 대해 그럴 수 있는 현상이라고 인정했지만, 민주당이 자신의 패인을 분석하고 반성해야 할 때 정치적 책임을 다른 당 후보에게 뒤집어씌우는 것은 사실관계도 다를 뿐 아니라 민주당을 위해서도 올바른 태도는 아니라는 점을 분명히 했다. 사람들은 민주당 표를 진보신당이 가져갔다고 생각하는데, 보기에 따라서는 노회찬 지지표를 한명숙 후보가 가져간 것으로 볼 수도 있다. 노회찬도 이런 뜻의 이야기를 방송 인터뷰에서 하기도 했다. 그럼에도 2010년 서울시장 선거는 대중 정치인 노회찬으로서는 다시는 겪고 싶지 않은 힘들고 괴로웠던 선거였다.

민주노동당 7.4%, 진보신당 3.1%. 이는 2010년 지방선거 광역의회의원 정당 득표율이었다. 분당된 민주노동당의 정당 득표율은 2006년 지방선거 때 얻은 12.1%보다 크게 떨어졌지만, 의석수는 약진했다. 인천, 울산에서 구청장 3명, 광역의회의원 24석, 기초의회의원 115석으로 지방선거 사상 최고 의석수를 기록했다. 권영길, 강기갑, 이정희가 선봉장으로 나선 민주노동당이 노회찬, 심상정의 진보신당을 득표율에서 두 배, 의석수에서 다섯 배 이상 앞섰다. 민주당과의 선거 연합에 힘입은 결과였다. 진보신당은 광역의회의원 3석, 기초의회의원 22석을 얻어 민주노동당과의 경쟁에서 2008년 총선에 이어 또 한 번 패배를 맛보았다. 일반 국민이야 쪼개진 두 정당의 경쟁에 관심이 크지 않았겠지만, 진보신당의 당직자들과 당원들에게는 힘 빠지는 결과였다. 2년 후 총선과 대선에서 살아남을 수 있을지도 불투명해졌다. 진보정당의 재통합이 화두로 떠오를 수밖에 없었다.[9]

난생처음 청바지를 입다

서울시장 후보가 되면서 노회찬이 난생처음 해본 일이 몇 가지 있었다. 청바지를 입어봤고, 스니커즈 운동화를 신어봤다. 그로서는 '획기적'인 일이었다. 처음엔 어색했으나 이내 적응했고 시간이 지나면서 자주 즐겨 입고 신었다.

노회찬의 획기적인 스타일은 선거운동본부에서 '이미지 전략 기획가'라 불린 권영신의 아이디어였다. 권영신은 대학 다닐 때 백기완 선거운동본부에서 일한 적이 있었기에 진보신당에는 그녀를 알고 있던 또래 친구들이 많았다. 당시 그녀는 일본에 진출한 한류 스타들의 이미지를 기획, 관리하는 일을 하다가 잠시 쉬던 참이었다. 이전에는 패션 전문지 에디터, 밴드 공연기획자, 패션 미디어 강사 일을 했다. 마침 진보신당 여성위원회에서 권영신에게 '20대 여성을 어떻게 볼 것인가'라는 주제의 강연을 요청했다. 노회찬도 꼭 듣고 싶었던 주제였는데, 다른 일정 때문에 참석할 수 없었다. 그래서 얼마 뒤에 노회찬은 직접 권영신에게 연락해 '과외 교습'을 요청했다.

　　'이미지는 말보다 강하고, 사람의 마음을 움직인다'는 지론을 가진 30대 강사의 '정치인과 이미지'에 대한 강의에 특유의 호기심으로 빠져든 노회찬은 항상 가지고 다니던 손바닥 수첩에 강사의 이야기를 열심히 받아 적었다. 강의를 다 들은 학생은 강사에게 옷 사는 일을 도와달라고 했다. 그러잖아도 노회찬의 복장을 보고 답답한 인상을 받았던 권영신은 흔쾌히 그의 제안을 받아들였다. 노회찬은 다섯 벌 정도 옷이 필요했지만 예산이 부족해 두 벌만 샀다. 권영신은 꼼꼼하게 옷을 고르던 노회찬의 모습이 인상적이었다고 했다. 노회찬이 옷을 살 때 꼼꼼하다는 건 알 만한 사람은 다 아는 그의 오래된 습성이었다. 그는 첫 직장에서 첫 월급을 받자 어머니께 선물할 오리털 파카를 사기 위해 동대문 평화시장에 간 적이 있었다. 그때 함께 갔던 노회찬의 친구 이성우의 기억이다. "옷을 살 때 바느질 마감, 소매 실밥 같은 걸 꼼꼼하게 보는데, 시

간이 엄청 걸리더라고요. 옷 가게도 한두 군데가 아니라 수십 군데
는 다녔던 것 같아요. 내가 화가 나서 막 뭐라 하면서 빨리 사라고
해도 들은 척도 안 했어요." 이성우는 자기가 입을 작업복을 평화
시장에 들어서자마자 이미 구입 완료한 상태였다.

권영신은 스니커즈 운동화, 와이셔츠, 넥타이 등을 고를 때 평
소 노회찬이 고르던 것과 다른 스타일을 권했고, 심지어는 자신의
남편 것을 가져다 입힌 적도 있었다. 권영신은 노회찬의 구두를 보
고서 오른쪽 뒤축이 먼저 닳는다는 걸 알아챘다. 공장 다니던 시절
에 발등을 다쳐 걸음걸이가 좀 부자연스러웠던 것이다. 노회찬은
함께 옷을 사러 다니면서 권영신에게 들었던 자잘한 얘기를 자신
의 손바닥 수첩에 모두 메모했다. 예컨대 이런 것들. '옷은 보는 사
람을 위해 입는다. 파파라치 룩이 대세다. 스트리트룩, 화이트 드
레스 와이셔츠' 등등.

노회찬 선거운동본부에서는 권영신에게 후보의 스타일에 대
한 기획뿐 아니라 공약집 제작까지 부탁했다. 선거운동본부의 요
청은 기존 공약집과 완전히 다를 것, 많이 팔릴 수 있게 만들 것, 이
두 가지였다. 권영신이 주도해서 만든 공약집 『노회찬의 약속』은
내용과 함께 획기적인 디자인으로 사람들의 눈길을 끌었다. 청바
지를 입은 노회찬이 표지를 장식한 이 공약집은 한때 인터넷 서점
에서 종합베스트셀러 3위를 기록했다. 노회찬과 선거운동본부 사
람들은 크게 만족했다. 노회찬이 감사의 뜻으로 권영신에게 따로
식사를 대접했을 정도였다. 그 자리에서 그는 자신이 좋아하는 음
식과 사람 얘기가 담긴 책을 함께 만들자고 제안했고, 권영신은 흔
쾌히 수락했다. 하지만 그 계획은 이루어지지 못했다.

노회찬은 음식과 사람 얘기 말고도 축구를 좋아했다. 지방선거가 있던 2010년은 남아프리카공화국에서 월드컵이 열린 해였다. 진보신당은 당의 상징색을 월드컵 국가대표팀 유니폼의 색깔인 '퓨처레드'로 정했다. 이 대목을 놓치지 않은 스포츠 전문 매체가 노회찬에게 인터뷰를 청했다. 노회찬은 해박한, '아주 정치적'인 축구 지식을 정치 얘기보다 재미있고 신나게 쏟아냈다. 음식 얘기를 할 때처럼.

현대 축구가 영국 상류사회에서 시작이 되기는 했지만 대중화된
것은 노동조합들의 클럽 축구가 활성화되면서부터였죠.
맨체스터 유나이티드, 첼시, FC바르셀로나, AC밀란 같은
클럽들도 주요 공업도시들을 기반으로 성장했습니다. …
당시에는 이른바 '노동자 3대 조직'이 '노동자 정당', '노동조합',
'축구클럽' 이렇게 셋이었지요. 당시 이론가들, 이를테면 그람시
같은 사람들도 '야외에서 할 수 있는 가장 인간적이고 품위 있는
활동이 축구'라고 얘기한 적이 있어요. 체 게바라도 골키퍼를
했었구요. 축구 대중화에서 노동자의 역할이 컸던 것은 부인할
수 없는 사실인 거죠. 그런데 대중화된 축구가 돈벌이가 된다
싶으니까 대기업이나 재벌들이 끼어들고 점점 큰손들에 의해
좌우되기 시작하고 있어요. 어떤 노력이 필요하다고 생각합니다.
강제적으로 막을 수야 없겠지만, 영리 추구를 최선의 목적으로
삼는 재벌이 축구를 장악하게 된다면 축구의 건실한 발전에
장애가 될 수도 있으니까요. 그래서 맨체스터 지역 팬들이
글레이저 가문의 맨유에 대항해 유나이티드 오브 맨체스터를

만든 것에 관심을 두고 있어요. 그런 사회 축구가 활성화되어야 한다고 봅니다. … 대표급 선수들의 경기를 보고 즐기는 것도 좋지만, 제자리로 돌아온 뒤에 그런 축구를 즐기는 경험이 연계가 될 때 훌륭한 선수들도 더 많이 나오고 발전할 수 있다고 봅니다.[10]

대표직에서 물러나다

노회찬은 2010년 지방선거 결과에 책임을 지고 대표직 사퇴 의사를 밝혔으나, 당에서는 현 상황을 수습하는 일이 우선이라며 사퇴를 보류했다. 이에 노회찬은 당내 의견을 받아들여 당면한 당의 과제를 처리하고 임기 이전인 10월에 지도부를 새로 선출한 후 조기 퇴임하기로 했다. 10월 15일 국회의원 조승수가 당대표로 선출되었다. 조승수가 대표로 당선되고 얼마 지나지 않아 민주노동당의 이정희와 진보진영 대표자회의 소집을 합의하면서 진보정당 재통합 논의에 시동이 걸렸다.

노회찬의 마지막 당대표 일정은 진보신당 당사가 입주해 있던 건물의 미화원들과 점심을 함께하는 것이었다. 그날 트위터에 그가 올린 글이다.

저는 오늘 물러납니다. 진보신당 대표로서 마지막 공식 일정은 당사가 입주한 건물 청소 용역 아주머니들과의 점심 식사입니다. 작년 어버이날에 이어 두 번째입니다. 늘 곁에서 수고하시지만 투명인간처럼 존재를 무시당하는 분들과 늘 함께하겠습니다.

퇴임 3일 전 노회찬은 저녁시간에 서울 마포아트센터를 찾았다. 재즈 가수 말로의 콘서트가 있는 날이었다. 말로는 그즈음 옛 대중가요 몇 곡을 재즈로 편곡한 앨범 〈동백아가씨〉를 내고 이를 기념하는 공연을 열었다. 장르를 가리지 않고 음악을 즐겼던 노회찬은 말로의 앨범을 이미 구입했고, 그 소식을 전해 들은 말로가 트위터로 감사의 뜻을 전했다. 노회찬은 말로의 공연 표도 벌써 두 장 구입해놓았지만 일정 때문에 정작 공연장에는 갈 수 없었다. 김지선은 할 수 없이 혼자 공연을 봤다. 그러고 나서 다시 부부가 함께 공연을 보러 갔다. 공연이 끝난 뒤 노회찬은 사인을 받기 위해 줄을 섰다. 말로의 기억이다.

"그 공연장에 와주신 많은 관객들을 만나뵈러 공연 후에 간단한 사인회를 마련했던 차였어요. 점점 줄어드는 사람들 너머로 너무나 반가운 얼굴이 보였습니다. 마음이 순간 깃발처럼 펄럭거렸죠. 노회찬 의원님이 그 줄 끝에 서 계셨어요. 그 줄 맨 끝에서, 수줍고 반가운 미소를 띠며 사인을 기다리고 계셨습니다."

"나를 용서하지 말라"

노회찬은 진보신당을 탈당하고 통합진보당으로 간 2011년이 인생에서 '최악의 해'였다고 말했다.[11] 그러나 2011년은 분열로 인해 바닥까지 가라앉은 진보진영의 정치적 생존과 재도약을 위한 과제들을 수행해야 하는 해이기도 했다. 노회찬 개인으로는 이듬해 총선에서 재선 의원으로 당선되는 것을, 당 차원에서는 2012년 이전에 복수의 진보정당을 하나로 재통합하는 것을 기획했다. 나아가 통합된 진보정당의 힘을 바탕으로 2개의 선거에서 승리하기 위해 민주-진보 진영의 폭넓은 연합전선을 구축하는 것이 눈앞의 과제였다. 뒤의 두 가지는 진보진영 다수가 공유하는 내용이기도 했다.

노회찬은 '서울에서 진보정당 최초의 지역구 의석을 확보하는 것'이 자신의 소명이라고 말했다.[12] 2008년에 낙선한 뒤 바로 다음 날부터 하루도 빠짐없이 지역 사무실에 출근했고, 마들연구소를 중심으로 지역구 활동을 하는 데 힘을 쏟았다. 그리고 2012년 총선에서 서울 노원병에 출마해 낙승했다.

노회찬이 2011년 한 해 동안 공을 들인 진보정당의 통합은 두 번째 탈당이라는 통한의 '용서받지 못할 선택'을 비용으로 치르고서야 이루어졌다. 그는 진보신당 창당 3년여 만에 다시 탈당했다. 노회찬은 삼성 X파일 사건에 대한 대법원 판결로 의원직이 박탈됐을 때보다 '천 배 이상의 아픔'을 느꼈다고 말했다. 이 과정에서 그는 일부 당원들에게 공개적인 자리에서 수모를 당하기도 했다. 그는 "나를 용서하지 말라"며 진보신당을 떠났다. 그는 동시에 이 시기에 이런 말도 했다. "같이 죽는 길로 가자고 하면 함께할 수 없다." 그가 말한 '죽는 길'은 개인 노회찬이 아니라 당의 미래를 의미했다. 공식 발표한 노회찬의 탈당문이다.

마지막 인사

존경하는 당원동지 여러분께
9월 4일 진보신당 당대회의 결정을 존중합니다. 그러나 꺼져가는 진보대통합의 불씨를 되살리기 위해 부득이 탈당하고자 합니다. 오랫동안 동지적 우정을 함께 나눈 분들, 분에 넘치는 사랑을 베풀어주신 분들께 머리 숙여 사죄의 말씀을 드립니다. 정말 죄송합니다. 늘 건강하십시오. 제대로 된 진보정당에서 다시 만날 날을 기약합니다.

2011년 9월 23일 노회찬 올림

2011년 11월 20일 노회찬은 유시민, 이정희와 함께 국회에서 공동기자회견을 열고 통합진보정당 출범에 합의한 사실을 발표했다. 12월 5일에는 통합진보당 당명을 확정하고 심상정, 유시민, 이정희를 공동대표로 선임했다. 공식적으로 통합 논의가 시작된 지 1년 만의 일이었다. 하지만 진보신당 독자파의 입장에서 보면 이는 노회찬, 심상정의 배신이었고 용서가 안 되는 일이었다. 진보신당 독자파 대부분은 4년 뒤 제20대 총선을 앞둔 2015년 11월 정의당에 합류했다.

진보진영의 연합 구축과 관련해 노회찬은 진보정당 통합 논의가 공식적으로 시작되던 2011년 초에 다음 해에 있을 총선과 대선에서 야권 연대를 위한 한시적 '가설정당'을 창당할 것을 제안해 주목을 받았다. 민주당과 진보정당까지 포괄하는 범야권 정당이 선거용 가설정당을 만들고 국민참여경선을 통해 야권 단일후보를 뽑자는 내용이었다. 노회찬의 제안에 『조선일보』는 1면 고정 꼭지인 「팔면봉」을 통해 "야권에서 페이퍼(paper) 정당론 등장. 오죽 정권교체 하고 싶으면 그런 꿈까지…"라며 이 제안을 비꼬았다. 이에 대한 노회찬의 응답이다.

가설정당론이 상당히 걱정되는 꼼수였으니까 민감한 반응을 보인 것 아닌가. … 이 기회를 빌려 『조선일보』에 하고 싶은 얘기가 있다. 난 이 정권을 교체하기 위해선 별짓을 다할 예정이다. 이게 내 대답이다.[13]

당시 대선 여론조사에서 압도적 차이로 1위를 기록하고 있던 박근혜 후보에게 대적할 야권 후보들은 지지율 한 자릿수를 기록하고 있을 때였다. 이 같은 상황을 정치적으로 돌파하는 방책이 가설정당과 국민참여경선이었다. 사실 노회찬의 이 제안은 2010년 서울시장 선거 때 겪었던 아픈 경험이 반영된 것이었다. 노회찬이 민주당과의 다양한 수준의 연대를 말할 때 항상 따라붙는 게 있는데, 그것은 '가치, 정책'의 공유를 전제로 한다는 점이었다. 노무현 대통령의 대연정[14] 제안에도 당내에서 거의 유일하게 '조건부 찬성' 입장을 밝혔던 노회찬이 그 당시 내세운 전제는 '비정규직 문제 해결 방안과 선거제도 개혁'이었다. 가설정당을 제안할 때 내세운 것도 이 두 가지였다.

노회찬은 정당 간 연합정치에 대해 유연했다. 진보정당의 정체성을 지키면서 그때그때 현실에 부응하는 다양한 형태의 연합정치를 고민하고 제안했다. 이런 그의 태도에 대해 비판도 적지 않았지만 자신의 원칙을 바꾸지 않았다. 노회찬의 연합정치에 대해서는 뒤에서 별도로 다룬다.

노회찬의 가설정당 제안은 현실적으로는 심도 있는 논의로 이어지지 않은 채 무산되었다. 그러나 총선과 대선에서 범야권 선거 연대는 통합진보당, 진보정의당을 거치면서 당 차원의 공식 입장이 되었다.

노회찬과 유시민

2010년 경기도지사 선거에서 패배한 후 국민참여당(참여당)의 진로를 고민하던 유시민은 민주노동당과 손을 잡는 길을 선택했다. 유시민의 측근과 민주노동당 당권파(경기동부연합) 핵심 사이의 물밑 접촉은 2010년 겨울부터 시작됐다. 노회찬, 심상정은 이런 사정을 당시에는 몰랐다. 민주당에 흡수 통합되는 길을 피해 진로를 모색하던 유시민은 원내 진보정당이었던 민주노동당에 눈길을 돌렸고, 2012년 대선에 나갈 후보가 마땅치 않았던 민주노동당 당권파는 유시민의 정치적 효용에 주목했다.[15]

유시민은 민주노동당과의 비공개 회동을 진행하면서 시차를 두고 노회찬과도 접촉했다. 참여당 입장에서는 당시 진보신당 소속이었던 노회찬, 심상정과 함께하는 것이 중요했다. 반면 민주노동당 당권파는 두 사람과 함께하는 것을 원치 않았다.

2011년 6월경 낚시를 좋아하던 노회찬과 유시민은 충남 아산의 한 낚시터 좌대에 앉아 밤새 대화를 나눴다. 평소 과묵한 편이었던 노회찬은 이날도 주로 듣는 쪽이었다. 유시민이 민주노동당 당권파와의 접촉과 경과 등을 자세하게 설명하고 의견을 물어보면 노회찬은 짧은 대답만 했다. 유시민이 경험한 노회찬의 대화 스타일은 분석적이기보다 종합적이었고 때로는 선문답 같기도 했다. 유시민은 노회찬과 대화를 자주 나누다 보니 어느 순간부터는 선문답의 의미를 '깨칠' 수 있었다. 그날 낚시터 대화 이후 유시민은 진보통합을 적극 추진해도 되겠다는 판단을 내렸다. "진보신당에서 통합안이 부결되면 어떻게 할 건가, 이런 종류의 물음에 대해서 노회찬 의원은 부결돼도 간다, 안 간다는 식으로 얘기하지 않습니다. 그 대신 이런 식입니다. '일이 닥치면, 그때 가서 봐야죠.' 나는 이걸 부결이 돼도 함께할 거라는 뜻으로 해석했습니다."

당시 노회찬에게 가장 중요한 과제는 민주노동당과 진보신당의 온전한 통합이었지만, 참여당과도 같이할 수밖에 없다는 판단을 내렸다. 초기에 유보적이었던 태도에서 불가피하다는 입장으로 바뀐 것은, 통합 진보정당의 결성이 불가피하다는 대전제 아래 참여당과 함께하겠다는 민주노동당 당권파의 확고한 입장을 철회시킬 방법이 현실적으로 없었고, 참여당이 5·31합의(410쪽 참조)에 동의한다고 밝힌 이상 배제할 명분이 부족했기 때문이다.

마지막으로 통합 과정에서 노회찬의 고민과 심정이 담겨 있는 이메일 한 통을 소개하고 넘어가겠다. 진보정당 통합을 위한 논의 테이블에 참여한 조직 중 '진보정치 세력 연대를 위한 교수-연구자모임'(진보교연)은 참여당과 함께하는 통합을 반대했다. 진보교연은 참여당과 함께하지 않는다는 것을 전제로 진보신당을 탈당한 노회찬, 심상정 등 통합파(새진보통합연대)에 힘을 실어주었다. 그러나 노회찬과 심상정의 최종 선택은 약속과 달랐다. 그에 대해 조돈문 교수를 비롯한 진보교연에서는 두 사람에게 해명을 요구했다. 노회찬이 통합진보당 합의를 발표하기 직전 조돈문에게 보낸 답장 내용 가운데 일부다.

민주노동당과의 선통합 후 참여당 문제를 논의한다는 것은 지난 수개월간 견지된 방침이었습니다. 그러나 9월 25일 민주노동당 당대회 이후 민주노동당과의 선통합은 사실상 실현 불가능한 경로임이 확인되었습니다. … 결과적으로 사전에 충분히 상의드리지 못하게 된 점 사과드립니다. 진보정당의 정체성을 확고히 지켜내는 것과 진보 세력의 대연합을 추구하는 것은 결코 포기할 수 없는 전략 방침이자 대원칙이라는 생각에 변함이 없습니다. 지난 20년이 진보 세력의 독자적 정치세력화를 위한 제1기였다면 총선, 대선을 거친 2013년부터 새로운 제2기가 시작되어야 한다고 생각합니다. 1년여에 걸친 진보 대통합 추진 과정에서 저는 그 어느 때보다도 '진보 재구성'의 필요성을 절감하고 있습니다.

1년 동안의 진통 끝에 태어난 통합진보당은 출범 후 한 달 동안 당원이 1만 100명이나 급증했고 지지율도 한때나마 두 자릿수를 기록했다. 통합 전 3개 정당의 지지율을 합한 것보다 높았다.

통합진보당은 합의문에 따라 3인의 공동대표 체제였다. 민주노동당은 이정희, 참여당은 유시민으로 결정되었다. 새진보통합연대 몫의 대표 자리를 놓고는 노회찬과 심상정 사이에 합의가 이루어지지 않았다. 심상정은 통합 과정에서 노회찬, 조승수가 적극적으로 움직이지 않은 데 대해 실망했고, 그런 만큼 대표는 자신이 맡아야 한다고 주장했다. 최종적으로는 심상정이 대표를 맡는 것으로 결정되었다. 노회찬은 3인 공동대변인 중 1명에 선임되었다.

통합진보당은 의원 5명의 소수정당이었지만, 노회찬, 심상정, 유시민 등 대중 정치인들이 포진해 있어 2012년 4월 총선의 기대

주로 등장했다. 통합진보당은 민주당과의 선거 연합을 주요 전략으로 채택했고, 2012년 초부터 민주당을 향해 공세적으로 후보 단일화를 제안했다. 독일식 정당명부제 도입을 공동공약으로 하고 권역별 정당 지지도만큼 단일 후보의 지역구 수를 보장하자는 내용이 있었다. 총선을 한 달 앞둔 3월 11일 양당 대표인 이정희, 한명숙이 전국을 포괄하는 단일화 방안에 합의했다.

문제는 당 내부에서 터져나오기 시작했다. 당은 통합되었지만 통합 리더십이 발휘되지 못했고, 지역구와 비례대표 후보를 선출하는 방식을 놓고 정파 간의 갈등이 위험 수위까지 차올랐다. 이 과정에서 공동대표 유시민이 당무를 거부하는 사태가 발생했다.

정당에서 지역구 후보를 선출하는 방식을 둘러싼 갈등은 불가피한 상수로, 이를 둘러싼 대립은 봉합 수준이나마 관리가 가능했다. 하지만 여의도 진출 가능성이 지역구 후보보다 높은 비례대표 후보의 '선거 부정'을 둘러싼 갈등은 선을 넘었다. 부정선거는 부실하고 취약한 선거 관리 시스템과 이를 최대한 악용한 정파 중심 이기주의가 결합되어 일어난, 당내 민주주의의 근간을 허물어뜨린 사건이었다. 선거인단 수보다 투표자 수가 더 많은 곳이 여럿 나왔고, 인터넷 투표에서는 서버 소스 코드가 변경되었다는 의혹도 불거졌다. 하지만 총선 전에 진상조사를 하기에는 시일이 촉박했다. 공동대표 회의에서는 총선 직후 부정선거 진상조사위원회를 구성해 결과에 따른 조치를 소급 적용하기로 하고 조준호 공동대표를 진상조사위원회 위원장에 선임했다. 통합진보당은 폭발력을 미처 예상할 수 없는, 총선 후 언젠가로 시간이 맞춰진 시한폭탄을 품고 총선을 맞았다.

진보정당 통합의 막전 막후

민주노동당이 분당된 후 2년 만에 진보정당 통합의 움직임이 수면 위로 등장하게 된 배경은 무엇일까? 여러 가지 이유가 있겠지만, 민주노동당과 진보신당이 분당 이후 치른 두 차례 전국 단위 선거의 결과가 직접적인 계기가 되었다. 2008년 총선과 2010년 지방선거의 실패는 진보신당의 생존 전망을 어둡게 했다. 민주노동당 역시 분당 이전의 지지율과 당세를 유지하기 어려웠다. 이와 함께 민주노총, 전농 등 대중조직의 진보진영 통합 압박도 중요하게 작용했다. 우여곡절 끝에 통합진보당이 창당된 것은 총선을 4개월 앞둔 2011년 12월이었다. 갈라섰던 진보정당의 재통합은 입장이 다른 다수 행위 주체들의 다양한 이해관계가 얽히면서 복잡한 과정을 거쳤다. 2008년 민주노동당이 분당될 때 자주파 내의 강경파(경기동부연합 등)와 온건파(인천연합 등), 평등파 내의 쇄신파와 선도 탈당파가 서로 부딪치고 협력했는데, 재통합 과정에서도 여전히 이들이 주요 행위자였다. 거기에다 유시민, 천호선 등이 중심이 된, 친노무현 세력인 참여당이 합류해 2008년 분당 때보다 훨씬 더 복잡해졌다. 각 주체들의 기본 입장, 통합 협상 과정에서 드러난 주요 쟁점, 통합 과정을 간략하게 살펴보도록 하자.

경기동부연합이 중심이 된 민주노동당 당권파는 2012년 총선 때 모습을 드러낸 이석기가 중심인물이었다. 이들은 노회찬, 심상정의 진보신당을 제치고 유시민의 참여당과 손을 잡으려 했다. 인천연합과 권영길, 강기갑 등 대중조직 지도자 출신이 중심이 된 온건파는 참여당과의 통합보다 진보신당과의 통합을 중시한 선(先)진보통합론 입장이었다. 민주노동당 내의 강온파는 이 문제를 놓고 심각한 갈등을 겪었다.

진보신당의 경우 노회찬, 심상정 등 민주노동당 분당 시기의 쇄신파는 이제 통합파가 되었고, 선도 탈당파는 노선 변화에 대한 민주노동당의 분명한 입장 표명 없이는 재통합에 반대한다는 독자파

410

입장을 고수했다. 이들 중 다수는 참여당과의 통합에도 반대했다. 진보신당 내부 역시 통합을 둘러싼 입장 차이로 진통을 심하게 앓았다.

참여당의 경우 유시민의 경기도지사 낙선과 그 후에 있었던 보궐선거 패배로 2012년 총선을 거치면서 한국 정치판의 게임 체인저(결과나 흐름의 판도를 뒤바꿔놓을 만한 중요한 인물)가 되겠다는 야망이 물거품이 되었다. 특히 2011년 노무현 전 대통령의 고향인 김해에서 치러진 보궐선거에서 참여당 후보의 낙선으로 '친노' 적자를 자임했던 참여당은 큰 타격을 받았다. 참여당 내부에는 진로를 놓고 다양한 입장이 있었는데, 유시민의 진보진영 합류 입장에 동의한 사람들이 통합에 함께했다. 참여당과 민주노동당 당권파 사이에서 비공개 접촉이 진행될 때 유시민은 노회찬, 심상정이 있는 진보신당과 함께하는 통합을 염두에 두고 있었지만, 먼저 민주노동당 당권파와 '직거래'를 했다.

이 밖에 통합 협상 주체로 사회당과 민주노총, 전농 등 시민사회단체도 참여했는데, 사회당은 중도에 철수했고 민주노총 등 대중조직은 양당 간 협상의 중재자 혹은 협상 결렬을 막는 감시자 역할을 자임하며 끝까지 그 역할을 수행했다.

통합 논의 테이블 위에 올라온 의제는 통합 주체들이 합의할 수 있는 강령 수준의 가치 20건, 주요 정책 과제 20건, 통합 진보정당 건설 일정 등이었다. 이 가운데 마지막까지 남은 핵심 쟁점은 분당 당시의 충돌 사항과 동일했다. 북한 문제와 패권주의를 둘러싼 사안이었는데, 북한 문제에 관한 최종 합의 내용은 이렇다.

"새로운 진보정당은 6·15정신에 따라 북의 체제를 인정하고, '북의 권력 승계 문제는 국민 정서에서 이해하기 어려우며 비판적 입장을 밝혀야 한다'는 견해를 존중한다."

절묘한 타협으로 볼 수도 있고, 애매한 봉합이라고 말할 수도 있다. 하지만 이 한 구절의 합의문을 이끌어내기 위해 수차례의 정회와 문안 조정, 밤샘 회의가 필요했다. 민주노동당과 진보신당 내부에서는 불만의 목소리가 나왔다.

패권주의에 관한 한 양쪽 모두가 심각한 문제라는 점을 인식했기 때문에 문안 조정과 관련된 어려움은 상대적으로 적었다. 문제는 문안이 아니라 실행이었는데, 실제로 문안의 내용은 지켜지지 않았다. 패권주의와 관련된 합의문 내용이다.

"새로운 진보정당이 당원들의 자발적 참여와 상호 소통을 일상화하고, 당 운영에 있어 패권주의를 극복하고 당원들이 중심이 되는 민주적인 당 운영을 실현한다."

합의문에는 이를 실행하기 위한 구체적인 방안으로 공직, 당직 선거 1인 1표제, 합의제 존중 등을 실천하기로 하고 별도 부속합의서에 구체적인 실행 방안을 담았다. 나름 공을 들인 흔적이 엿보인다.

이제 합의 과정을 시간순으로 살펴보자. 진보정당 통합의 필요성은 일찍부터 제기되었다. 2010년 12월 진보신당 조승수 대표와 민주노동당 이정희 대표가 공식적으로 만나 진보통합을 위한 진보진영 대표자회의 소집에 합의했다. 분당된 지 2년 9개월 만이었다. 동시에 민주노동당 당권파와 참여당의 물밑 접촉이 비밀리에 진행되고 있을 때였다.

이때부터 시작된 '진보진영 대표자 연석회의'(연석회의)가 위에서 언급한 다양한 의제에 대한 합의안을 이끌어낸 때는 2011년 5월 31일이었다. 노회찬은 당시 진보신당 대표를 그만두고 당내 조직인 '새로운 진보정당 추진위원회' 위원장을 맡아 통합 논의를 주도했다. 민주노동당과 진보신당의 대의원대회에서 합의문이 통과되면 그해 9월 통합 진보정당이 만들어질 참이었다. 합의문이 나온 후 유시민은 참여당도 새로운 진보정당에 함께하겠다는 의사를 공개적으로 밝혔다.

민주노동당은 당대회에서 5·31합의문을 만장일치로 승인했지만, 진보신당은 6월 당대회에서 최종 승인 여부를 8월 당대회로 연기하기로 했다. 통합파 입장에서 보면 우려되는 사태였다. 북한 정권과 관련된 문구에 대한 불만과 참여당과 같이할 수 없다는 입장이 반영된 결과였는데, 한두 달 지난다고 조건이 바뀔 수 있는 상황이 아니었기 때문이다.

이후 통합 논의는 계속되었고, 조승수, 이정희 대표는 8월 28일 통합 정당의 지도부 구성 방안, 2012년 총선 비례대표 후보 선출 방안 등 민감한 정치적 의제들이 포함되어 있는 진전된 잠정 합의문을 발표했다. 이 합의문이 양당 대의원대회를 통과하면 통합 절차가 마무리되는 셈이었다. 새로운 진보정당 창당이 8부 능선까지 도달했다.

같은 날 민주노동당 당대회가 열렸고, 이번에도 만장일치로 잠정 합의문을 통과시켰다. 하지만 1주일 후 열린 진보신당 당대회에서는 이를 부결시켰다. 새로운 진보정당 건설 합의문에 찬성한 대의원은 54.1%, 과반은 넘었지만 '합당' 의결 정족수 3분의 2에 미달되었다. 이미 만장일치로 통과시킨 민주노동당과 노회찬, 심상정 등을 비롯한 진보신당 내의 통합파 쪽 인사들은 당혹해했다. 이로써 1년 가까이 진행되었던 통합 논의는 당 차원에서는 무산되었다.

진보신당 당대회가 열린 지 4일 뒤 노회찬, 심상정 등 진보신당 내부의 통합파들은 '새로운 진보정당 건설을 위한 통합연대'(새진보통합연대)를 출범시켰다. 노회찬이 상임대표를 맡았다. 노회찬을 비롯한 통합파는 진보신당이 독자 노선을 유지할 경우 대중정당으로서의 정치적 생존이 어렵다고 판단했다. 노회찬은 심상정과 진보신당 통합파 당원 3,000여 명과 함께 탈당했다. 진보신당은 창당 3년여 만에 또 쪼개졌다.

민주노동당도 내홍에 빠졌다. 이정희 대표 등 당권파는 진보신당에서 합의문이 부결된 직후 당대회를 열어 진보신당을 제외한 채 참여당과 합당을 강행하려 했으나 표결 결과 의결 정족수 525명

(66.6%)에 15명이 부족해 부결되었다. 민주노동당도 이 과정에서 깊은 내상을 입었다.

하지만 2012년 총선을 눈앞에 둔 시점에서 통합은 정치적 생존을 위한 불가피한 선택이었다. 협상의 주도권을 쥐고 있던 민주노동당 당권파는 10월 말경 협상 테이블을 복원했다. 복원된 테이블에는 참여당도 함께했다. 이석기의 의도가 민주노동당 당권파를 통해 강하게 작용한 결과였다. 통합 협상 과정에서 삼자 모두 내부적으로 큰 상처를 입었고, 막다른 골목에 몰린 그들은 보름 동안에 걸쳐 집중적으로 협상을 진행해 합의에 이르렀다.

제9장

'정치적 사형' 그리고 부활

2012~2016년:

사민주의와 진보의 '세속화'를 내세우다

2012년 4년 만에 국회에 다시 진입한 노회찬은 1년도 못 되어 대법원의 어이없는 판결로 국회의원직을 상실했다. 하지만 자신의 의원직 상실보다 더 큰 괴로움은 그해 통합진보당의 분열이었다. 진보정의당 출범 이후 노회찬은 당의 이념과 노선, 새로운 주체 형성 등에 대해 깊이 고민했다. 한국형 사회민주주의의 길을 당의 노선으로 채택할 것을 제안하기도 했다. 이와 동시에 노회찬은 이 시기에 정의당의 독자 노선보다 민주당과의 전략적 동맹관계를 중시하는 발언을 많이 했다. 노회찬이 또 부쩍 강조한 부분은 진보정치의 '세속화'였다. 많은 사람에게 감동을 주었던 '6411 버스 연설'은 이런 배경에서 나온 것이었다.

재선 의원이 되다

2012년 4월 11일에 실시된 제19대 국회의원 선거에서 노회찬은 서울 노원병 선거구에 출마하여 57.2%의 득표율로 당선되었다. 2위인 새누리당 후보를 20%포인트에 가까운 차이로 넉넉하게 이겼다. 사실 이 본선은 야권 후보 단일화를 위해 민주당[1] 후보와 치렀던 예선에 비하면 쉬웠던 편이었다. 이로써 노회찬은 서울 지역에서 첫 진보정당 출신 재선 지역구 국회의원이 되었다. 그의 당선 제일성을 들어보자.

저는 19대 국회가 한국 사회가 선진 복지국가로 가는 초석을 놓는 국회가 되도록 경제민주화에 앞장서서 견인차 역할을 해내겠습니다. 그리고 야권연대를 보다 강화시켜서 이번 12월 정권교체를 반드시 이루도록 노력하겠습니다.

통합진보당은 처음으로 지역구(7명)에서 비례대표(6명)보다 많은 당선자를 배출했다. 진보정당으로서는 역대 최다 의석이었지만, 당초 목표로 했던 교섭단체 구성이 무산되어 실망도 컸다. 지역구 당선자를 많이 낼 수 있었던 것은 진보정당과 민주당이 처음으로 전국을 포괄하는 단일화 합의를 이룬 데 따른 결과였다.[2] 단일화 지역구 당선자 5명 중 4명은 당권파인 경기동부연합 쪽 인사들이었다.

총선 이후 당 안팎의 이목이 쏠린 것은 당내 비례대표를 선출할 당시의 부정선거 문제에 대한 조사 결과와 이석기의 등장이었다. 통합진보당 비례대표 후보로 등록한 이석기를 아는 사람은 당내에서도 극히 소수에 불과했다. 노회찬은 물론 통합진보당 의원과 대다수 당직자들도 모르는 인물이었다. 이석기는 당내 비례대표 후보 투표 때 압도적 표 차이로 1위를 차지하면서 당권파의 숨어 있던 실세임이 확인되었다. 대중정당에서는 일어나기 힘든 일이었다. 통합진보당 내에 '지하 권력'이 존재했던 것이다.[3]

부정선거 소용돌이에 빠져 다시 침몰하다

총선 다음 날인 4월 12일, 예고된 대로 통합진보당 당내의 부정선거 진상조사위원회가 활동하기 시작했다. 조사 결과를 발표하기에 앞서 조준호 조사위원장은 고민에 빠졌다. 드러난 사실을 감출 수도 없었고, 그대로 발표하자니 후폭풍의 크기를 가늠하기 어려웠다. 그 무렵 조준호는 노회찬과 수차례 만나 이 문제를 상의했다. 공동대표단, 특히 유시민, 이정희는 문제가 된 정파의 수장이었기 때문에 따로 만나지 않았다.

조준호는 당시 노회찬이 정파 이익을 떠나 당을 중심에 놓고 판단해야 한다는 평소 지론을 강조했고 진상조사 결과를 있는 그대로 발표하겠다는 자신의 입장을 지지한다며 힘을 실어주었다고 말했다. 조준호는 5월 2일 오전, 국회에서 조사 결과를 공개했다. 그는 기자회견 30분 전이 되어서야 발표문을 대표 비서실, 대변인실에 전달했다. 발표문을 본 당직자들은 "이렇게 발표해도 괜찮을까요?"라면서 걱정했지만 화살은 이미 시위를 떠났다.

"총체적 부실·부정 선거, 당 근본적 쇄신 불가피" 사실상 비례대표 후보 선거에 대한 무효 선언과 맞먹는 강도 높은 표현이었다. 충격파는 당 안팎으로 강하고 빠르게 퍼져나갔다. 조준호는 당이 있는 그대로 '총체적 부정' 선거로 규정해야 검찰이나 언론 등 외부에서 조사 결과에 의문을 제기하면서 당으로 치고 들어오는 것을 방어할 수 있을 것으로 판단했다. 또 당 차원에서 신속하게 진상조사, 책임자 처벌, 대국민 사과를 하고 당선권 비례대표 후보가 사퇴하면 국민이 납득할 것이고 위기 국면을 벗어날 수 있을 것으로 기대했다. 하지만 결과적으로 그렇게 되지 못했다. 당은 격렬한 소용돌이 속으로 빠져 들어갔다.

당권파는 진상조사위원회의 조사 결과를 인정할 수 없다며 곧바로 이를 반박하는 입장을 냈다. 그들은 부실은 있었으나 부정은 없었다고 주장했다. 내란선동죄 혐의의 빌미가 되었던 이석기의 2013년 합정동 강연에는 이런 내용이 들어 있다.

"작년에 우리가, 5·2사태죠. 5·2의 성격을 단순한 당내 쿠데타라 볼 것이 아니라, 종파분자들의 당권 찬탈 음모이고 … 최종적으로는 근본주의적 혁명 세력을 도려내서, 혁명 세력 또는 자주, 민주, 통일로 표현되는 가장 유일한 진보 세력의 정통성을 무너뜨리고, 일부의 개량주의 세력으로 표현되는 우연분자[4]들을 자신의 품에 끌어안아서 체제 내화하고, 종당에는 야권연대연합 고리를 파탄시켜서, 자신들의 장기적 집권 음모를 관철시키려는 것이 작년 한 해였다고 봅니다."

부정선거 사태를 바라보는 이석기의 시각은 독특했고, 사실과도 달랐다. 이석기의 '정파적 해석'에 따르면 대화나 타협의 여지는 애초부터 없었다. 그들의 입장에서 보면 부정선거 논란은 이석기 제거 음모였기 때문이다.

사실 선거 부정은 당권파만 저지른 일이 아니었다. 정파와 후보를 낸 여러 조직이 연루됐다. 참여당계의 부정도 심각한 수준이었다. 사태 해결에 대한 책임은 특정 개인과 정파 문제를 떠나 공당으로서 온전히 당의 몫이 되었지만, 당권파는 '내부의 적'이 자신들을 '숙청'하려는 음모라고 봤기에 결국 당이 깨지더라도 결사항전하겠다는 것이었다. 결국 당은 또 깨졌다.

5월 11일 저녁, 통합진보당 분열의 결정적 계기가 됐던 '폭력 중앙위원회'를 하루 앞둔 날. 심상정, 유시민 당 공동대표가 이석기를 만났다. 심상정은 이정희에게 이석기를 만나겠다고 제안했고, 이정희가 연결해주었다.

3자 만남에서 이석기는 심상정에게 눈길 한 번 주지 않았다. 이석기는 모든 사태가 음모와 내부의 권력 투쟁에서 비롯되었으며, 부정선거 진상조사와 관련된 언론 보도 역시 자신과 자신의 그룹을 정조준해서 기획된 것이라고 생각하고 있었다. 심상정은 그날 대화를 나누면서 사태 해결이 어려울 것 같다는 느낌을 강하게 받았다. 그 자리에서 심상정이 국민은 물론 대다수 당원들조차 이름 석 자를 모르던 사람이, 그것도 제3당의 내부 선거에서 압도적 1위를 기록하며 수면 위로 올라왔으면 이목이 집중되는 건 당연한 일이며, 대중적 검증을 통과해야 대중 정치인으로 설 수 있는 것이고, 정조준은 다른 사람이 아니라 이석기가 스스로 기획한 것이나 마찬가지라고 말했지만 그의 반응은 시큰둥했다.

유시민은 이석기에게 지금이라도 사태 수습에 나서야 한다며 경쟁 명부 비례대표 후보는 다 사퇴해야 하고 의석수가 줄어든다고 해도 국민에게 사과하고 다음을 기다려야 한다는 의견을 밝혔다. 이에 대해 이석기는 자신들은 이번 일보다 더 어려운 상황도 겪어봐서 걱정하지 않는다고 했다. 유시민은 앞으로 예상되는 싸움은 그들이 지금까지 겪었던 것과는 완전히 차원이 다르며 견디기 쉽지 않을 것이라고 말했다. 이석기는 이번 사태를 유시민이 자신과 경기동부연합에 불만이 있어서 의도적으로 기획한 일로 이해하고 있는 듯했다. 심상정의 말이다. "이석기 씨는, '내가 유 선생을 신뢰해서 대권 후보로 나가게 하고, 우리 쪽에서는 당권을 갖고 해서 서로 잘하면 아무 문제가 없는데, 당신이 왜 이걸 문제 삼느냐, 우리가 뭐 서운하게 한 게 있나', 이런 식으로 아주 대놓고 얘기했어요. 유시민의 제안이 아니라 원래 자신의 구상을 말하는 것처럼 들렸습니다."⁵

이날의 대화는 아무 소득 없이 끝났다. 5월 12일, 통합진보당 제1차 중앙위원회에서는 혁신비상대책위원 인준, 강령 당헌 개정, 부정선거 진상조사위원회 결과 보고 등의 안건이 다뤄질 예정이었다. 특히 부정선거의 파장에 따른 사태 수습 보고와 공동대표단 총사퇴, 순위 경쟁 명부 비례대표 후보 당선자 전원 사퇴, 선거 부정 책임자 전원 당기위원회 회부 등의 세부 안건이 포함되어 있었다.

5월 12일 오후 2시 30분경 일산 킨텍스 회의장에서 중앙위원회 회의가 시작되었다. 밤 11시 30분 정회를 선언할 때까지 그 넓은 회의장에 악에 받친 고함과 구호 소리가 그칠 줄 모르고 이어졌다. 당권파 중앙위원들은 모든 수단을 동원해서 회의 진행을 방해했고, 당권파가 동원한 인원들은 몇 시간 동안 단 한 번도 쉬지 않고 구호를 외쳤다. 이정희가 당대표 사퇴 의사를 밝히고 자리를 떠난 뒤였다. 당권파 중앙위원들은 심상정이 회의 진행을 강행하자 단상을 점거했고 의장단에게 폭력을 휘둘렀다. 그 과정에서 조준호 대표는 목을 다쳐 병원으로 이송되었다. 노회찬은 맨 앞줄 가운데 자리에 앉아서 말없이 사태를 지켜보고 있었다. 언론은 '아비규환, 아수라장, 막장'의 현장 소식을 속보로 내보냈다. 중앙위원회는 다음 날 오후 8시부터 그 이튿날 오전 10시까지 다시 회의를 속개해 전자투표를 통해 안건을 처리했다. 처리된 안건 중에는 비례대표 당선자 전원 총사퇴도 포함되어 있었다.

통합진보당의 부정선거 파문은 언론 보도를 통해 정파 간의 갈등이 주범인 것으로 집중 조명되었다. 그런 측면이 있는 것도 사실이었지만 정파 간 갈등 이전에 상식의 문제였다. 중앙위원회에서 비례대표 후보 전원에게 사퇴하라고 결정한 것은 그들이 선거 부정 주범이어서가 아니라 참가한 경선이 부정, 부실로 인해 사실상 무효화되었기 때문이다.

5월 14일 심상정, 유시민, 조준호 3인 공동대표가 사퇴했고, 강기갑을 위원장으로 하는 혁신 비상대책위원회가 출범했다. 이석기, 김재연 등 당권파의 당선자를 제외한 나머지 비례대표 당선자는 모두 사퇴했다. 둘의 의원직 사퇴를 둘러싼 길고 치열한 양쪽의 싸움은 이해 10월 21일 통합진보당을 나온 사람들이 진보정의당을 출범시키면서 종료되었다. 이 기간 동안 당기위원회의 이석기, 김재연 제명, 검찰의 당사 압수수색, 당권파 강병기와 비당권파 강기갑의 대표 경선 등 숱한 일들이 벌어졌다. 유시민은 2013년 2월 정계 은퇴를 선언했는데, 통합진보당 때 겪은 일련의 사건이 결정적 원인이 되었다.

노회찬의 마지막 호소

부정선거 파문으로 당이 쪼개지기 직전의 위기 상황에서 노회찬은 통합진보당의 파국을 막기 위해 '개인' 차원에서 카드를 한 장 꺼내 들었다. 이 때문에 주변이 발칵 뒤집혔다. 9월 3일, 당 최고위원이자 대변인을 맡고 있던 이정미는 노회찬 보좌관인 오재영이 보낸, 기사가 첨부된 문자 한 통을 받았다. 이정미는 문자를 보고 급히 오재영에게 전화를 걸었다. 오재영도 사전에 전혀 몰랐다고 했다. 이정미는 의원회관으로 달려갔다. 그날은 강기갑 대표가 이석기, 김재연 의원의 사퇴 문제를 풀기 위해 물도 소금도 끊는 단식을 하기 시작한 날이었다. 이정미는 의원실 문을 열자마자 "의원님, 이거 어떻게 된 거예요?" 하고 큰 소리로 물었다.

노회찬은 그날 오전 당 홈페이지의 당원 게시판에 글을 하나 올렸다. 출입기자들은 그 내용을 보자마자 기사로 만들어서 송고했다. 기사 제목은 "노회찬, 이석기와 동반 사퇴, 파격 제안"이었다. 노회찬의 글이다.

마지막으로 호소드립니다.

지금 이 시각 강기갑 지도부의 마지막이 될지 모르는 통합진보당 최고위원회가 열리고 있습니다. 오늘까지의 상황을 볼 때 파국은 이미 임박해 있습니다. … 한국 정치의 맨 왼쪽에서 세상을 바꾸겠다며 온갖 멸시와 고난을 감내해온 세력들이, 불과 9개월 전에 서민의 희망이 반드시 되겠다고 국민들에게 약속한 통합진보당이 이제부터 서로 갈라서서 온 국민이 보는 앞에서 상대에게 할 수 있는 최대의 저주와 분노를 퍼붓는 일만 남았습니다.

진보정당이 스스로 혁신하지 않고선 세상 바꾸는 일은 요원합니다. 동시에 진보 세력이 단결하고 외연을 넓히지 않고선 집권 근처에도 갈 수 없습니다. 정권교체를 위해 다른 야당 세력과도 연대하겠다고 하면서, 같은 입으로 '하지만 진보정당의 분열은 기꺼이 감수하겠다'고 말씀하고 계십니까?

…

마지막으로 호소드립니다.

이석기 의원은 저와 함께 의원직을 동반 사퇴합시다. 모든 절차가 끝나고 이 문제는 이미 해결되었다고 생각하는 국민은 없습니다. 따지고 보면 우리 모두의 잘못입니다. 한쪽만 죄를 뒤집어쓰는 것 같다는 억울함도 이해합니다. 속죄하는 심정으로 저와 함께 인당수에 몸을 던져서 국민에 대한 죄송함과 밑바닥에서부터 다시 노력하겠다는 결의를 보여드립시다.

…

존경하는 당원 동지 여러분!

당이 이러한 사태에 처하게 된 데 대해 진심으로 사과드립니다. 통합진보당에 입당해달라는 저의 호소를 듣고 총선 전에 입당했는데 이젠 어찌해야 하냐며 저에게 물어온 분께도 저는 아직 아무런 답변도 주지 못하고 있습니다. 정말 죄송합니다. 지금이라도 저의 마지막 두 가지 당부가 받아들여진다면 돌팔매질을 당하는 한이 있더라도 '탈당, 분당 없는 혁신재창당'을 위해 앞장서겠습니다. 거듭 엎드려 사죄드립니다.

2012년 9월 3일 노회찬

자기 삶의 거의 모든 것이었던 당의 두 번째 분당 위기를 막기 위한 그의 간절한 호소였지만 반향은 없었다. 민주노동당에 이은 통합진보당의 분당은 그의 상상 속에서도 없었던 사태였지만, 이 글을 올리고 열흘 뒤 노회찬은 통합진보당을 탈당했다. 권영길, 강기갑, 천영세, 심상정, 유시민, 이정미, 천호선 등 선출직 공직자 및 당직자들과 당원 수천 명도 집단 탈당했다. 통합진보당 소속 지방의원 다수도 탈당 대열에 합류했다. 주목할 만한 것은 자주파의 중심축 가운데 하나였던 인천연합도 조직 차원에서 탈당을 선택했다는 사실이다. 통합진보당은 이제 경기동부연합, 광주, 울산 지역 자주파 중심의 6석 정당으로 축소되었다.

통합진보당의 분열이 '당권파'의 반민주적 행태에서 비롯된 것은 사실이지만, 민주노동당, 진보신당 탈당파, 참여당이라는 세 주체의 통합 자체가 문제의 근원이라는 시각도 적지 않았다. 분열은 '진보정치의 원칙도, 노동 중심성에 대한 확신도, 연대 세력에 대한 검증도 없는 닥치고 통합'[6]의 필연적 귀결이라는 이야기다. 이 같은 시각에서 보면 노회찬도 책임의 큰 몫을 질 수밖에 없다.

민주노동당 탈당, 진보신당 탈당 후 세 번째 탈당까지 할 수밖에 없었던 노회찬은 그의 입에서 나온 거라고는 믿기지 않는 말로 당시의 고통을 표현했다. "정치를 그만둬야 하는 것 아닌가 하는 생각까지 했습니다."

보좌관이 고마워한 이유

당은 난파했지만 국회의원으로서의 의정 활동은 멈출 수 없었다. 노회찬의 제19대 국회 첫 공식 일정은 국회의 청소 노동자들과 함께 점심을 먹는 일이었다. 그는 이 자리에서 청소 노동자 직접 고용과 식대 현실화를 위해 노력하겠다고 약속했다. 이들의 정규직 전환은 2016년 제20대 국회에서 이루어졌다.

노회찬은 제19대 국회에서는 초선 때 활동하지 못했던 정무위를 소속 상임위로 선택했다. 경제민주화 의제를 본격적으로 다룰 수 있는 위원회였기 때문이다. 정무위는 경제민주화와 관련된

제19대 국회 첫 공식 일정으로 국회 청소노동자들과 함께 점심식사를 하는
자리를 마련했다.(2012) ⓒ노회찬재단

핵심 법안인 공정거래법, 하도급법, 재벌 지배구조 등과 관련된 법을 다루며, 공정거래위원회와 금융위원회, 총리실을 소관 부서로 두고 있다. 제19대 총선에서 각 당이 내세운 주요 공약은 '경제민주화'와 '복지국가'였고, 이 의제는 12월 대선까지 이어졌다.

앞서 노회찬의 입법 활동을 살펴보면서 언급했던 재벌개혁과 경제민주화 법안 발의는 제19대 정무위 시절에 이루어졌다. 노회찬은 재벌 문제를 다루기 위한 두 가지 원칙을 정했다. 중소기업이나 일반 국민, 특히 경제적 약자 편에서 문제를 바라볼 것, 재벌개혁이 일반인의 삶과 직접 연결된 문제라는 점을 드러낼 수 있도록할 것. 보좌관 박창규의 말이다.

"노 의원님은 국민이 재벌개혁을 자신의 삶과 무관한 것으로 생각해서 관심을 덜 갖는 점에 대해 신경을 많이 쓰셨어요. 우리에게는 항상 '경제적 약자들이 피부로 느낄 수 있는 경제민주화를 하자'고 강조했습니다."

하지만 노회찬이 이때 발의한 재벌개혁과 경제민주화 관련법은 의정 활동 기간이 짧게 끝나는 바람에 대부분 임기 만료 폐기되었다.

재벌 총수, 계열사 대기업 사장이 증인으로 불려나올 확률이 높은 곳이 정무위다. 국회를 상대로 대관(對官) 업무를 하는 기업관계자들은 이런 일을 막는 게 주요 임무 중 하나였다. 제19대 국회 첫해 정무위 국정감사가 시작되기 얼마 전 노회찬 의원실로 민원이 1건 접수되었다. 현대자동차 그룹 계열 건설회사인 현대엠코의 하청업체가 원청의 갑질을 고발한 건이었다. 보좌관 박창규가 내용을 검토해보니 충분히 문제 삼을 만했다. 박창규는 하청업체 대표에게 자칫 잘못하면 원청회사의 보복으로 큰 피해를 볼 수도 있는데 버틸 수 있을지 물어봤다. 하청업체 대표는 9억 원 상당의 피해를 입었다고 주장하며 싸우겠다고 했다. 박창규는 노회찬에게 상황을 보고하고 일을 진행했다. 의원실에서는 현대엠코 쪽에 원만한 합의를 권유했으나 성사되지 않았다. 노회찬은 현대엠코 대표이사를 증인으로 신청했고, 상임위에서 이를 받아들여 국정감사 첫날 출석할 것을 당사자에게 통보했다. 현대자동차 그룹에 비상이 걸렸다. 박창규는 증인 출석 하루 전, 밤늦게 전화 한 통을 받았다. 합의가 이루어졌다는 하청업체 대표의 전갈이었다. 다음 날 노회찬은 정무위 국정감사장에서 의사진행 발언을 통해 자신이 증인으로 신청한 현대엠코 대표를 돌려보내줄 것을 요청했다. 현대엠코 대표는 증언대에 서지 않고 돌아갔다. 그날 국정감사가 끝난 뒤 노회찬이 박창규에게 짧게 소회를 건넸다.

"그동안 말은 안 했지만, 내가 이 건 때문에 얼마나 많은 외압을 받았는지 알아? 정말 엄청 힘들었어."

노회찬은 학교 동문인 현대 계열사 사장을 비롯해 온갖 인연으로 연결된 사람들로부터 증인 신청을 철회해달라는 연락을 받았던 사실을 뒤늦게 털어놓았다. 그동안 이 사안에 대해 아무 말이 없었고 곤란한 내색도 전혀 없었던 터라, 박창규는 노회찬의 말을 듣고 놀란 한편 내심 그의 침묵이 고마웠다.

의정 활동을 하는 동안 대기업과 관련된 일이 이 건이 처음은 아니었다. 노회찬은 초선 의원으로 첫 국정감사를 할 때 삼성 이건희 회장을 증인으로 신청한 적이 있었다. 신청 발언을 한 다음 날 '학교 동창을 비롯해서 그가 아는 모든 사람'이 연락을 해서 만나자고 했다. 연락은 노회찬에게만 온 게 아니었다. 당시 한나라당 의원이 "노회찬 의원의 증인 신청을 반드시 막아주세요"라는 내용의, 자신이 받은 문자 메시지를 노회찬에게 보여주었을 정도였다. 당시 이건희의 증인 채택은 무산되었다.

진보정의당 출범과 6411 버스 연설

2012년 10월에 일요일은 7일, 14일, 21일, 28일이었다. 첫 번째 일요일에 진보정의당 창당 준비위원회가 결성되었고, 당명도 결정되었다. 2000년 민주노동당 창당 이후 12년 동안 노회찬이 네 번째 갖게 된 당적이었다. 두 번째 일요일에 심상정이 대선 출마 선언을 했고, 노회찬이 공동선거대책위원장을 맡았다. 세 번째 일요일에는 진보정의당 창당대회가 열렸고, 노회찬은 조준호와 함께 공동대표가 되었다. 통합진보당을 탈당한 사람들이 만든 진보정의당이 출범함으로써 경기동부연합이 중심이 된 통합진보당, 독자파(민주노동당 선도 탈당파)가 잔류하고 있는 진보신당과 함께 진보 다당 시대를 맞게 됐다. 진보정의당은 자주파와 평등파 그리고 자유주의 정파인 참여당계가 공존하는 정당이 되었고, 통합진보당은 자주파 당이 되었다.

10월 21일, 노회찬은 '6411 버스 연설'로 널리 알려진 당대표 수락 연설을 했다. 2010년 서울시장 선거 때 구로에서 출발해서 강남 개포동까지 가는 6411번 버스 첫차를 탔을 때 만난 버스 안 풍경을 떠올리며 준비된 원고 없이 한 연설이었다.

6411번 버스라고 있습니다. 서울 구로구 가로수공원에서
출발해서 강남을 거쳐서 개포동 주공 2단지까지 대략 2시간
정도 걸리는 노선버스입니다. 내일 아침에도 이 버스는 새벽
4시 정각에 출발합니다. 새벽 4시에 출발하는 그 버스와 4시
5분경에 출발하는 그 두 번째 버스는 출발점에서 출발한 지 15분
만에 신도림과 구로시장을 거칠 때쯤이면 좌석은 만석이 되고
버스 사이 그 복도 길까지 사람들이 한 명 한 명 바닥에 다 앉는
진풍경이 매일 벌어집니다.

새로운 사람이 타는 일은 거의 없습니다. 매일 같은 사람이
탑니다. 그래서 시내버스인데도 마치 고정석이 있는 것처럼 어느
정류소에서 누가 타고 강남 어느 정류소에서 누가 내리는지
모두가 알고 있는 매우 특이한 버스입니다. 이 버스 타시는
분들은 새벽 3시에 일어나서 새벽 5시 반이면은 직장인 강남의
빌딩에 출근을 해야 하는 분들입니다. 지하철이 다니지 않는
시각이기 때문에 매일 이 버스를 이용하고 있습니다. 한 분이
어쩌다가 결근을 하면 누가 어디서 안 탔는지 모두가 다 알고
있습니다.

그러나 시간이 좀 흘러서 아침 출근시간이 되고 낮에도 이 버스를
이용하는 사람이 있고 퇴근길에도 이용하는 사람이 있지만,
그 누구도 새벽 4시와 4시 5분에 출발하는 6411번 버스가
출발점부터 거의 만석이 되어서 강남의 여러 정류장에서 오십
대, 육십 대 아주머니들을 다 내려준 후에 종점으로 향하는지를
아는 사람은 없습니다. 이분들이 아침에 출근하는 직장도
마찬가지입니다. 아들, 딸과 같은 수많은 직장인들이 그 빌딩을

드나들지만, 그 빌딩에 새벽 5시 반에 출근하는 아주머니들에
의해서 청소되고 정비되고 있는 것을 의식하는 사람들은
없습니다. 이분들은 태어날 때부터 이름이 있었지만 그 이름으로
불리지 않습니다. 그냥 아주머니입니다. 그냥 청소하는 미화원일
뿐입니다. 한 달에 85만 원 받는 이분들이야말로 투명인간입니다.
존재하되 그 존재를 우리가 느끼지 못하고 함께 살아가는
분들입니다. 지금 현대자동차 그 고압선 철탑 위에 올라가
있는 비정규직 노동자들도 마찬가지입니다. 23명씩 죽어나간
쌍용자동차 노동자들도 마찬가지입니다. 저 용산에서 지금은
몇 년째 허허벌판으로 방치되고 있는 저 남일당 그 건물에서
사라져간 그 다섯 분도 역시 마찬가지, 투명인간입니다.
저는 스스로에게 묻습니다. 이들은 아홉 시 뉴스도 보지 못하고
일찍 잠자리에 들어야 하는 분들입니다. 그래서 이분들이
유시민을 모르고 심상정을 모르고 이 노회찬을 모를 수도
있습니다. 그러나 그렇다고 해서 이분들의 삶이 고단하지 않았던
순간이 있었겠습니까? 이분들이 그 어려움 속에서 우리 같은
사람들을 찾을 때 우리는 어디에 있었습니까? 그들 눈앞에
있었습니까? 그들의 손이 닿는 곳에 있었습니까? 그들의 소리가
들리는 곳에 과연 있었습니까?
그 누구 탓도 하지 않겠습니다. 오늘 우리가 함께 만들어나가는
이 진보정의당이 대한민국을 실제로 움직여온 수많은
투명인간들을 위해 존재할 때 그 일말의 의의를 우리는 확인할
수 있을 것입니다. 사실상 그동안 이런 분들에게 우리는
투명정당이나 다름없었습니다. 정치한다고 목소리 높여

외치지만 이분들이 필요로 할 때 이분들의 손에 닿는 거리에
우리는 없었습니다. 존재했지만 보이지 않는 정당, 투명정당.
그것이 이제까지 대한민국 진보정당의 모습이었습니다.
저는 이제 이분들이 냄새 맡을 수 있고 손에 잡을 수 있는
곳으로 이 당을 여러분들과 함께 가져가고자 합니다. 여러분
준비되었습니까?
강물은 아래로 흘러갈수록 그 폭이 넓어진다고 합니다. 우리의
대중정당은 달리 이루어지는 것이 아니라 더 낮은 곳으로 내려갈
때 실현될 것입니다. 여러분! 진보정의당의 공동대표로 이 부족한
사람을 선출해주신 데 대해서 무거운 마음으로 수락하고자
합니다. 저는 진보정의당이 존재하는 그 시각까지, 그리고 제가
대표를 맡고 있는 동안 저의 모든 것을 바쳐서 심상정 후보를
앞장세운 진보적 정권교체에 성공하고, 그리고 우리가 바라는
모든 투명인간들의 당으로 이 진보정의당을 거듭 세우는 데
제가 가진 모든 것을 털어 넣겠습니다. 여러분. 함께합시다.
감사합니다.[7]

6411 버스 연설은 노회찬이 세상을 떠난 후 다시 언론의 주목
을 받으면서 많은 사람에게 깊은 울림을 주었다. 하지만 노회찬이
이 연설을 할 당시 국민에게 비친 진보정당은 국민은 안중에도 없
고 자기들끼리 분열을 일삼는 정당이었다.

노회찬이 6411 버스 연설에서 불러낸 첫차를 타는 버스 승객,
현대차 비정규직, 쌍용차 해고 노동자, 용산 참사 피해자들은 노회
찬 정치의 존재 이유였다. "개인을 위한 정치를 하는 게 아니라 이

사회 다수를 위한 정치를 하고 있기 때문에 항상 더 어려운, 많은 사람들 편에 서는 것"[8]이 노회찬이 밝힌 노회찬 정치의 '제1원칙'이었다. 그 이후 심상정, 이정미, 김종철 등 진보정의당 대표는 6411 버스 연설 내용이 노회찬의 정신이며 '진보정의당의 창당 정신'이라고 공언했다. 하지만 이 연설에서 노회찬이 더 강조한 것은 투명인간에게 가까이 다가가지 못한 '투명정당'에 대한 자성과 자책이었다.

2012년 대선, 출마의 뜻을 접은 까닭

노회찬과 심상정은 2007년에 이어 2012년 대선에도 출마할 뜻이 있음을 밝혔다. 통합진보당은 이정희를 후보로 내세웠고, 진보신당은 후보를 내지 않았다. 진보정의당 내부에는 불출마 의견이 많았다. 당의 체력도 부족했고, 갈등과 분열의 상징이 된 진보정당에 대한 여론도 우호적이지 않았다. 이와 함께 문재인을 지지하는 성향의 진보정의당 내의 참여당계도 출마에 반대하거나 소극적인 입장이었다. 참여당계뿐만이 아니었다. 노회찬과 심상정의 핵심 참모 중에서도 출마에 반대하는 사람들이 있었다. 두 사람 모두 출마 의지를 꺾지 않으면 경선을 치러야 했다. 유시민과 조준호는 둘을 만나서 출마를 하더라도 경선은 하지 말아야 한다는 입장을 전달했고, 노회찬도 경선은 피해야 한다는 생각이었다. 노회찬과 심상정 사이에 후보 문제를 놓고 대화는 없었으며, 일종의 기 싸움만 팽팽했다. 결국 노회찬은 10월 12일 오후 5시 31분, 후보 추대 불발에 대한 유감을 표명하고 출마하지 않겠다는 입장과 그 배경을 당 홈페이지에 공개했다.[9] 진보정의당(창당추진위) 대선 후보 출마 접수의 마감시간을 29분 남겨놓고서였다.

이틀 후 심상정은 출마 선언을 했다. 심상정은 '자기가 고집해서' 출마했지만 당 차원의 지원은 거의 없었다고 당시 사정을 전했다. 어느 지역에서는 후보 유세차가 오면 불을 질러버리겠다는 격한 반응까지 나왔었다고 한다. 심상정은 결국 TV 토론회에 나가지 못한 채 도중에 주저앉았다. 2012년 대선에서 박근혜는 51.6%의 득표율로 48%에 그친 문재인을 누르고 당선되었다.

'정치적 사형' 선고

제19대 국회가 시작되면서 보좌관 오재영, 박창규 등은 노회찬의 정치 기획과 정책 활동 이외에 줄곧 신경 써야 했던 사안이 하나 있었다. 삼성 X파일 대법원 재상고심의 대응 방안을 마련하는 일이었다. 노회찬은 그동안 1심과 2심이 진행되던 2007년과 2009년에 자신에게 적용된 통신비밀보호법에 대한 위헌법률심판 제청 신청을 두 번 냈고, 헌법재판소는 기각 또는 합헌 판정을 내린 바 있었다. 두 보좌관은 임기가 시작된 직후부터 서둘러 대책을 세우려 했지만, 통합진보당의 내분 사태 대응과 의정 활동이 겹쳐서 이 문제에 집중할 수 없었다. 그런 와중에 대법원 재상고심 재판 기일이 2013년 2월 14일로 확정되었다. 의원실은 급하게 움직일 수밖에 없었다. 노회찬의 법률 자문 역할을 맡은 박갑주 변호사와 논의한 끝에 재판 연기 신청, 국회의원 탄원서 조직, 벌금형 조항 신설이 포함된 통신비밀보호법 개정안을 발의하기로 하는 등

방어 전선을 치기로 했다.

2월 4일 당시 민주당 의원이었던 서영교를 대표 발의자로, 여야 의원 154명이 발의자로 이름을 올린 통신비밀보호법 개정안이 국회에 제출되었다. 서영교가 대표 발의자로 나서게 된 배경에는 이전에 유사한 법안을 제출한 까닭도 있었지만 노회찬 의원실의 요청 때문이기도 했다. 같은 날 변호사 박갑주, 김수정은 대법원에 선고 연기 요청서를 제출했다. 변호인들은 '현재 발의된 통신비밀보호법 개정안이 통과되면 원심 판결 파기 사유에 해당된다'는 점 등을 들어 재판 연기를 요청했다. 5일에는 여야 의원 159명이 대법원에 판결을 미뤄달라는 탄원서를 냈다.

150여 명의 여야 의원들로부터 탄원과 법률 개정안 발의에 필요한 도장을 받는 일은 쉬운 일이 아니었다. 직접 전화를 걸고 의원 사무실에도 찾아가 날인을 받아야 했다. 보좌관 박창규의 기억이다.

"그때 의원들 도장을 받기 위해 제일 열심히 뛴 사람은 심상정 의원이었어요. 노회찬 의원보다 훨씬 더요. 노 의원님은 전화를 잘 안 돌렸어요. 남에게 아쉬운 소리를 정말 못하는 분이었습니다. 그런 점에서 특이한 분이셨죠."

워낙 남에게 아쉬운 소리 못하는 걸로 유명한 그였지만 보좌관들 입장에서는 좀 어이가 없었던 듯했다. 노회찬의 기질 탓인지, 스타일인지, 자존심 때문인지 의견이 분분했지만, 그 때문에 주변 사람들은 적잖게 힘들어했다.

대법원 재상고심 판결이 나오기 하루 전에 박근혜는 삼성 X파일 수사 책임자였던 황교안을 초대 법무부 장관으로 지명했다.

'폐암 걸린 환자의 위장을 들어낸' 의사가 그 공을 인정받아 대통령 주치의 겸 국립병원 원장이 된 셈이었다. 2013년 2월 14일, 대법원은 노회찬에게 징역 4개월, 집행유예 1년, 자격정지 1년을 최종 확정했고, 노회찬은 9개월 만에 의원직을 박탈당했다.[10]

대법원의 유죄 판결 요지는 이렇다. 첫째, 삼성 X파일 사건은 노회찬이 공개한 2005년보다 8년 전에 발생한 일이어서 '비상한 공적 관심'의 대상이 되지 않는다. 온 국민이 '비상한' 관심을 갖고 사태를 주시했고, 299명 의원 중 290명이 삼성 X파일 사건을 수사하기 위한 특검 설치 법안을 제출한 사건이 비상한 공적 관심이 아니라는 대법원 재판관들의 '주장'은 반박할 말이 떠오르지 않을 정도의 '비상한' 판결이었다. 노회찬은 이를 '해괴망측'한 판결이라고 비난했다. 둘째, 노회찬이 해당 내용을 보도자료로 만들어 언론사에 배포한 것은 국회의원 면책특권에 해당되지만 같은 내용을 인터넷에 올린 것은 통신비밀보호법 위반이다. 보도자료를 인터넷 홈페이지에 올리는 것은 모든 의원이 하는 통상적인 의정 활동이었지만, 대법원은 이를 인정하지 않았다. 노회찬은 이를 '시대착오적 궤변'이라고 비판했다.

대법원 판결은 '정치적 살인' 행위였다. 대법관들이 국민을 무시하지 않았다면, 노회찬의 정치 생명을 끊어놓겠다는 의도가 없었다면, 이 같은 상식에 벗어난 수치스러운 판결문을 쓸 수는 없었을 것이다. 노회찬도 "믿고 싶지 않지만, 정치적 의도를 의심하지 않을 수 없는 판결"이라고 말했다.

2011년 당시 삼성 X파일 사건을 맡은 소부(대법원 2부)는 4명의 대법관으로 구성되었는데, 주심의 발언권이 크게 작용하기 때문에 나머지 대법관들이 주심의 판단에 동의하지 않으면 싸움을 각오해야 했다. 당시 주심 양창수의 '해괴망측'한 유죄 판단에 소부 대법관 누구도 맞서지 않았다. 당시 소부 대법관 중 1명이 나중에 노회찬의 변호를 맡았던 변호사 박갑주에게 지나가는 말로 미안하다고 이야기했지만, 미안함으로 면죄가 될 일이 아니었다.

삼성 X파일 사건으로 타격을 받은 삼성과 정치 검찰이 휘두른 '칼'에 노회찬이 쓰러졌다. 사법부의 흑역사로 길이 남을 대법원의 판결문이었다.

한편, 대법원은 2014년 6월 안강민, 김진환 등 전직 검찰 고위 간부가 노회찬을 상대로 제기한 민사소송에서는 노회찬 승소 판결을 내렸다. 형사소송은 통신비밀보호법 위반 여부를, 민사소송은 명예훼손 여부를 각각 따진 것이어서 서로 다른 성격의 재판이긴 했지만, 형사소송에서 위법 행위라 했던 보도자료 인터넷 게재에 대해 민사소송은 공공의 이익을 위한 행위로 위법성 조각 사유에 해당한다고 판결했던 것이다. 하지만 이 판결이 과거 대법원 판결의 면죄부가 될 수는 없었다.

노회찬 의원실 사람들은 예상을 못한 것은 아니지만 막상 판결이 나자 망연자실할 수밖에 없었다. 그들은 짐을 싸면서 마지막으로 남은 일을 처리했다. 박창규 보좌관은 국회 의안과에 전화를 걸었다. 의원직을 잃은 이날 법안 발의가 가능한지 물었고, 가능하다는 답을 들었다. 노회찬이 짧은 제19대 의원 시절에 마지막으로 발의한 법안은 소방관 처우와 관련된 3개 법안 개정안이었다. 업무상 순직한 소방 공무원의 국립묘지 안장 기준을 확대하는 '국립묘지의 설치 및 운영에 관한 법률 개정안'과 소방 공무원 순직 보상 요건을 확대하는 '공무원연금법 개정안', 소방 공무원의 국가 유공자나 보훈 대상자 지원 범위를 확대하는 '소방공무원법 개정 안'이었다. 앞의 2개 법안은 그해 6월에 통과되었고, 마지막 법안 은 폐기되었다.

"이제부터 당신이 집안일을 해야 해. 그동안 내가 해온 만큼 만 해줘요."

2013년 3월 10일 김지선이 4·24보궐선거 노원병 출마를 선언 한 날 노회찬에게 정색하고 한 말이었다. 김지선은 3월 10일 국회 에서 기자회견을 열고 공식 출마 선언을 했다. 다음 날 2012년 대 선 이후 미국에 있던 중 급히 귀국한 안철수가 노원병 보궐선거 출 마 기자회견을 했다. 사람들의 짐작과는 달리 노회찬은 김지선의 출마에 대해서 끝까지 자신의 의견을 밝히지 않았다. 김지선이 의 견을 물어봐도 "알아서 판단하라"라는 말뿐이었다. 출마를 결정한 후 김지선이 자신의 출마가 정의당에 도움이 되는지 물었다. 노회 찬이 대답했다. "도움은 되지." 4월 24일 치러진 보궐선거에서 김 지선은 득표율 5.73%로 3위를 기록했다. 안철수가 당선되었다.

김지선의 출마에 대해 경쟁 상대는 물론 유권자들 중에서도 지역구 '세습'을 내세우면서 비판하는 목소리가 있었다. 노회찬은 세습 논란이 나올 줄은 전혀 예상치 못했다. 그는 김지선이 아내이 기 이전에 자질 있는 노동운동 선배였고, 출중한 능력을 가진 활동 가였으며, 외부에서 먼저 출마 요청이 있었다는 사실을 언급하면 서 '세습' 딱지를 붙인 것을 이해할 수 없다고 항변했다. 진보진영 과 진보언론에서조차 김지선의 자질에 관심을 보여주지 않는 것을 보고 마음이 많이 아팠다고 토로했다. 하지만 이 같은 논란이 나올 것을 예상하지 못했다는 노회찬의 판단을 선뜻 이해하기 어렵다는 시각도 있었다.

사민주의를 말하다

"야심성유휘(夜深星逾輝, 밤이 깊을수록 별은 더욱 빛난다)."

당대표였던 노회찬이 2013년 1월 1일 진보정의당의 새해 인사 때 인용한 구절이다. 앞 구절은 현실이었고, 뒤 구절은 희망이었다. 현실은 분명했지만 희망은 빛나지 않았다.

2004년 총선 이후 치러진 열 차례 전국 단위 선거에서 노회찬이 속했던 정당의 득표율이 2004년의 13%를 넘어선 적이 한 번도 없었다. 성장의 지체, 후퇴 현상이 뚜렷하게 나타나고 있었다. 특히 2012년 두 번째 분당과 그 과정에서 당이 보여준 모습은 진보정당의 추락에 결정적 영향을 주었고, 쉽게 복원될 일이 아니었다.

이즈음 그를 아끼는 주변 사람들은 '진보정당 그만하고 심상정과 함께 민주당으로 가라'거나 '김문수처럼 새누리당에 가서 더 큰 변화를 꾀하라'는 이야기를 종종 했다. 밖에서 볼 때도 당의 전망은 불투명해 보였다. 노회찬이 "진보 세력들이 스스로 붕괴하는 게 아닌가 하는 두려움도 있다"라고 고백하던 때였다.[11] 그는 위기의 원인과 대안을 찾아내야 했다. 그가 꼽은 위기의 근본 원인은 두 가지였다. 첫 번째는 내적 요인으로 2004년 '예고편'을 보고 지지해준 국민의 기대를 저버린, 진보정당의 분열과 무능이라는 주체적 한계였다. 바닥을 기는 지지율은 그 결과였다.[12]

노회찬이 두 번째 위기 요인으로 파악한 것은 진보정당으로서의 '정체성 위기'였다. 특히 2012년 총선과 대선을 지나면서 이런 생각이 더 확실해졌다. 부유세, 무상교육 등의 복지 담론을 들고나왔던 진보정당은 제도개혁을 통해 세상을 뒤바꿀 힘은 부족했지만 정당 간의 경쟁에서 복지 이슈를 선도하면서 정치적 의제 설정에 적잖은 역할을 했다. 하지만 담론을 현실화하는 정교한 프로그램을 만들고 일상 정치 활동에서 제한된 역량으로나마 실천하는 모습을 보여주는 데는 실패했고, 대중과의 소통을 중시하지 않은 채 '운동권 사투리'를 쓰면서 내분만 일삼는 정당으로 낙인찍혔다. 이 같은 상황에서 기존 거대 양당이 과거 진보정당과 차별성이 없는 정책과 복지 담론을 자신들의 것으로 포장해 내놓으면서 진보정당의 정체성은 애매해질 수밖에 없었다.

실제로 2012년 새누리당의 대선 공약은 2007년 민주당보다 진보적이었고, 2012년 민주당의 대선 공약은 2007년 민주노동당만큼 진보적이었다. 2012년 박근혜 후보의 무상보육 공약은 2010년 노회찬 서울시장 후보의 무상보육 공약보다 더 진보적이었다.[13] 이제 한국의 진보정당은 진보라는 정체성만으로 그리고 과거의 방식으로 자신을 차별화하기 불가능한 새로운 국면을 맞고 있었다.[14]

당대표였던 노회찬이 당의 위기를 극복하는 새로운 길을 공개적으로 제시하면서 '사회민주주의'(사민주의)를 들고나온 것은 이즈음이었다. 이해 7월 노회찬은 진보정의당의 당명을 '사회민주노동당'(사민당)으로 바꾸자는 제안을 했다. 그는 당의 진로를 토론하는 자리에서 사민주의와 관련된 발제를 맡았으며, 언론 인터뷰 등을 통해 이런 입장을 지속적으로 밝혔다. 스웨덴 등 북유럽의 모델을 참고로 제시하면서 "(북유럽 국가들은) 철저히 민주주의가 보장되면서 자본주의 폐해를 고쳐가고 진정한 복지국가로 가기 위해 사회주의를 도입한 것"이라고 설명했다.[15]

노회찬이 이 시기에 사회민주주의를 집중적으로 당 안팎에 강조한 배경은, 그가 새삼스레 사민주의 노선을 새로 발견해서도 뒤늦게 사민주의자가 되었기 때문도 아니었다. 위기에 빠진 진보정당의 탈출구를 찾기 위한, 당의 정체성을 차별화하기 위한 '방편'으로서 내세운 측면이 있었다. 그는 그동안 이념 논쟁에 빠질까 봐 애써 기피했던 사민주의 문제를 꺼낼 때가 됐다고 판단했다. 당시 노회찬과 사민주의 노선과 관련해서 깊이 얘기를 나눴던 진보정의연구소 소장 조현연의 말이다. "정의당과 스웨덴 사민당의 정책적 유사성도 있었지만 우리의 노선과 비전을 대중에게 쉽게 설명할 수 있는 방법으로, 실물로 있는 스웨덴이라는 나라를 자주 불러냈던 것입니다."

물론 우리와 스웨덴 사이에는 지리적 거리만큼이나 먼 사회적 조건, 정당 구조의 차이가 있다. 따라서 우리에게는 현실성이 낮은 모델이라는 시각도 있다. 그럼에도 노회찬이 스웨덴 등 북유럽 사회를 공공연하게 자주 언급한 것은 '이미 도래한 미래'로서의 스웨덴 사회의 구체적 모습을 보여주는 것이 사민주의를 대중적으로 알리는 데 가장 현실적이고 효과적인 방법이라고 판단했기 때문이다. 어떤 사람은 스웨덴을 "노동계급이 만든 최선의 자본주의 나라"[16]라고 말했지만, 노회찬은 조직된 노동자와 사민당이 만든, 사회주의적 가치를 구현한 나라로 봤다.

노회찬은 사민주의가 정의당 내의 다양한 당내 노선을 인정하는 '진보 다원주의'의 원칙 아래 합의할 수 있는 최소 강령이라는 점을 강조했는데, 이는 불필요한 이념 논쟁으로 번지는 것을 막기 위해서였다.

노회찬이 이즈음 사민주의와 함께, 처음 사용한 것은 아니지만 자주 동원했던 키워드가 몇 개 있었다. '경제민주화, 선진복지국가, 북유럽, 스웨덴.' 서로 다른 이 표현들이 가리키는 방향은 한 곳이었다. '복지 원조 정당, 복지 정통 정당'으로서 진보정당의 정체성 확립이었고, 그것의 이념적 표현이 사민주의였다. 노회찬은 사민주의가 이제는 한국 사회에서 대중의 지지를 얻을 가능성이 상대적으로 높아졌으며, 기존 거대 양당을 오른쪽으로 밀어내면서 진보정당의 차별적 정체성을 보여주는 데 필요하다는 판단을 내렸던 것 같다.

노회찬이 복지국가 앞에 선진을 붙인 것은 미국이 세계 최고의 경제 규모를 가진 선진국이지만 복지국가는 아니라는 점을 대중에게 쉽게 설명하기 위해서였다. 상당수 국민이 경제가 성장하면 복지는 자동적으로 따라올 것이라는 사고에 익숙해 있었다. 성장 우선, 복지 유예라는 기득권 이데올로기 때문이었다. 복지나 분배가 중요한 건 알겠는데 전체 파이를 키워야 가능하다고 믿는 '국민 상식'을 바꿔야 했다. 그래야만 박정희나 이명박 같은 '성장의 아이콘'이 대안적 리더십이 될 수 없다는 국민적 공감대를 형성할 수 있기 때문이었다.

노회찬은 각종 강연 등에서 대중에게 이 부분을 충분히 설명하지 못한 것을 아쉬워했다. 사민주의든 다른 무엇이든 그것이 현실 속에서 대중 사이에서 이해되지 않으면 아무런 의미가 없었다. 고민 끝에 그가 찾아낸 것은 대학등록금이었다. 그것을 고리로 어떻게 하면 국민이 쉽게 이해할 수 있을지 이런 저런 방법을 고민한 끝에 우리 국민이라면 누구나 관심을 가질 만한, 대학 등록금을 소재로 한 교재를 만들었다. 그가 자주 했던 교육 또는 강연 내용의 일부를 소개한다.

세계 주요 국가는 대학등록금을 기준으로 세 부류로 나눌 수 있다. 대학 등록금이 아주 비싼 나라, 부담되지 않을 정도인 나라, 무상인 나라. 왜 이런 차이가 날까? 각 나라의 사정을 조사해보니 2개의 상관 변수가 나타났다. 노동조합 조직률과 사회민주당 계열 정당의 집권 기간이었다. 대학 등록금이 아주 비싼 나라는 노조가 없거나 조직률이 10% 안팎이었다. 대학 등록금 순위에서 1위와 2위를 차지한 미국과 한국이 여기에 속했다. 부담되지 않을 정도인 나라는 30% 안팎이었고, 무상인 나라는 적어도 40%에서 90%에 육박했다.

각 나라의 최근 100년 동안 사민당 계열 정당의 집권 기간을 같은 기준으로 나눴을 때 첫 번째 나라들에서는 집권을 하지 못했거나 한 번 정도였다. 등록금이 비싼 순서인 미국, 한국, 일본이 여기에 해당되었다. 두 번째 나라들은 평균 집권 기간이 23년, 세 번째 나라들은 40년 이상이었다.[17] 세 번째로 분류되는 나라들이 북유럽 복지국가들이다.

이처럼 대중이 관심을 가질 만한 소재를 골라 누구든 쉽게 이해할 수 있는 통계를 만들고 사례를 모아 우리 실정과 비교해서 설명하는 노회찬의 강연은 인기가 높았고, 교육 요청도 많이 들어왔다.

진보정의당 부설 진보정의연구소는 2013년 1월 당 간부들을 대상으로 '바람직한 국가 모델'에 대한 선호도를 조사했다. 그 결과 스웨덴형 복지국가가 91.6%로 압도적 지지를 받았다. 독일형, 영국형은 한 자릿수 지지율을 기록했고, 미국형은 1.4%로 가장 낮았다. 노회찬은 진보정의당의 간부나 당원에 대한 교육에도 열심이었는데, 이 경우 대중 강연의 내용에서 한 걸음 더 나아가 가치를 중심에 둔 정책과 정치 연합에 대한 '담대한 접근' 등을 강조했다.

노회찬은 대통령 당선자 시절 박근혜에게 "일자리·복지 문제 해결을 위해 전략적 동맹을 맺을 자세가 되어 있다"라며 사회연대협의회 구성을 제안했고, 민주당과 안철수 쪽에도 복지국가라는 동일한 가치를 내세운다면 협력할 수 있다고 밝혔다. 이러한 노회찬의 공세적 제안은 복지국가라는 가치와 담론을 주도하는 진보정당의 정체성을 대중에게 심어주기 위한 전술로 볼 수 있다. 동시에 제2창당을 조직 과제로 삼았던 진보정의당 내부를 향해 외연을 확대하기 위해서는 담대하고 금기를 깨는 상상력이 필요하다는 메시지를 전하고자 한 의미도 있었던 것 같다. 민주당 측에서 진보정당이 민주당의 왼쪽 방을 차지해야 한다는 주장을 하자 노회찬은 오히려 진보적 가치를 공유하는 민주당 소속 정치인들이 진보정당의 오른쪽 방으로 오는 것이 맞다고 응수했다.

2013년 7월에 대표 임기를 마칠 때까지 노회찬이 기획한 당명 변경을 비롯한 진보정의당의 사민주의 노선으로의 전환은 의미 있는 성과를 거두지 못했다. 진보정의당의 새로운 당명은 표결에서 '사회민주당'을 이기고 '정의당'으로 결정되었다. 당내 주요 정파인 인천연합이 사회민주당 당명을 반대했고, 당명 논쟁으로 당에 갈등이 생기는 것을 피하고 싶어 했던 지도부가 논란이 없는 당명을 택하기로 한 데 따른 결과였다. 당 이름이 바뀐다고 당이 바뀌는 것은 아니지만, 새로운 출발점으로 사민주의를 채택하고 그에 맞춰 당명을 개정할 필요가 있다고 봤던 노회찬으로서는 상당히 아쉬운 결과였다. 진보정의당이 당명을 정의당으로 바꾼 날, 진보신당은 노동당으로 이름을 바꿨다.

노회찬의 '슬기로운 이중생활'

2014년과 2015년 노회찬은 두 번의 중요한 선거를 치렀다. 하나는 2014년 7월 동작구 보궐선거였고, 다른 하나는 2015년 정의당 당대표 선거였다. 둘 다 패배했다. 두 차례의 선거 이야기를 하기 전에 2000년 민주노동당 창당 이후 처음으로 아무런 당직도 맡지 않았던, 그 덕분에 상대적으로 덜 바빠서 '저녁이 있는 삶'이 조금은 허용되었던 시절, 그의 일상을 먼저 살펴본다.

노회찬은 미식가였고 요리하는 것을 좋아했다. 그리고 바다낚시도 좋아했는데, 하루는 직접 잡은 우럭으로 양념 없는 중국식 생선찜 '칭쩡위'를 만들었다. 이름은 어렵지만 요리하기는 그리 어렵지 않은 메뉴다. 특별한 양념을 넣지 않는 대신 간장이 중요한데, 그는 시중에서 쉽게 살 수 있는 양조간장을 사용했다. 칭쩡위를 만드는 과정을 찍은 사진을 트위터에 올렸는데, 이게 화제가 되었다. 심지어 요리에 사용한 간장을 판매한 식품회사에서 감사의 뜻으로 조미료를 한 상자 보내주기까지 했다. 선물을 잘 안 받는 노회찬이지만, 이 선물은 주변 사람들과 고루 나눠 가졌다. 이 소식을 들은 몇몇 사람들은 다음번에는 다른 경쟁사 제품을 사용하라는 제안을 하기도 했다.

한번은 노회찬이 지인 몇 명과 이름이 알려진 작은 식당에 간 적이 있었다. 그때 그 식당 요리사가 특별한 메뉴를 내놓았다. 이름하여 '노회찬 레시피로 만든 벨기에식 홍합 요리'였다. 노회찬이 오래전에 유튜브[18]를 통해 요리법을 공개했던 메뉴였다. 유튜브에서 노회찬은 홍합 요리를 완성하고 나서는 "하느님, 정녕 이 요리를 제가 만들었단 말입니까?" 하며 스스로 감탄했다고 하는데, 이날 식당에서 먹었던 요리와 비교해 노회찬이 어느 것이 더 맛있다고 평가했는지는 전해지지 않았다.

노회찬은 어머니와 아내에게 종종 풍성한 맛의 특선 요리를 선사했다. 신혼 때 집에서 혼자 김치를 담그다가 우연히 들른 처남한테 그 장면을 '들켜서' 3년 유효 기간의 '만점 신랑' 칭호를 얻었던 그였다. 새우와 마른 해삼을 주재료로 하는 홍소새우, 고기와 해산물로 만드는 유산슬, 야채를 밑에 깔고 직접 만든 해물 소스로 맛을 낸 생선찜, 다채로운 빛깔과 다양한 맛의 스파게티, 모시조개를 넣은 봉골레 파스타, 탕수육 등이 그가 시도한 메뉴였다. 노회찬은 면류를 아주 좋아했지만, 아내 김지선은 아니었다. 그런데 남편이 만들어준 스파게티는 맛있게 먹었다. "어떤 것은 맛이 좋았지만, 어떤 건 별로였죠. 다 잘한 건 아니에요." 남편의 요리에 대한 김지선의 평가다. 노회찬은 행복한 결혼생활을 원하는 남성이라면 요리를 배워라, 요리 솜씨는 남자의 가장 중요한 혼수라고 말하기도 했다.

노회찬은 요리하는 것 못지않게 요리 재료나 음식에 얽힌 이야기를 좋아했다. 요리책도 직접 사서 볼 정도였다. 평소에는 과묵한 편인데 음식 이야기를 할 때는 완전히 다른 사람이 되었다. 갑자기 얼굴빛이 환해지고 눈빛이 초롱초롱해지면서 그렇게 신나할 수가 없었다고 여러 사람이 이구동성으로 증언해주었다.[19]

노회찬이 쓰고 싶어 했던 책 중에는 음식 관련 책도 있었다. 유명 요리 전문가가 함께 책을 내자는 제안을 한 적도 있었다. 그의 얼굴과 눈빛을 밝게 빛나게 하는 이야기 주제는 음식뿐만이 아니었다. 본업인 정치를 제외한 대부분의 이야기 주제가 그를 즐겁고 수다스럽게 만들었다. 그는 다양한 분야에 걸친 방대한 독서량으로도 유명했다. 2014년 한 인터뷰에서 요즘 무슨 책을 읽고 있느냐는 물음에 이렇게 대답했다.

> 저는 대화할 때 사람을 가리지 않듯 책도 가려 읽지는
> 않습니다. 다만 저는 다큐를 선호하는 편입니다. 얼마 전
> 정약전의『자산어보(玆山魚譜)』와 이태원의『현산어보를
> 찾아서』를 읽으면서 마치 한 달 동안 정약전과 대화하면서
> 살다온 듯했어요. 또 이븐 바투타가 쓴『이븐 바투타 여행기』를
> 읽으면서는 그 시대로 들어가 대화를 나누는 것이지요. 18세기
> 말 조선의 학자 심노숭이 (선비의 일상을) 생생하게 기록한
> 『자저실기(自著實記)』라든지, 19세기 초 126일 동안 평안도
> 암행어사를 지내며 적은 박래겸의『서수일기(西繡日記)』, 조선

중기의 무신 노인(魯認)이 지은 시문집『금계집(錦溪集)』도
똑같은 마음가짐으로 자주 읽습니다. 책을 사람 만나듯 읽고,
사람을 책 읽듯 만나고 있습니다.[20]

바다에 사는 물고기에 특히 관심이 많았던 노회찬은『자산어
보』에 대한 사랑이 남달랐다. 그 책을 풀어쓴 5권짜리『현산어보
를 찾아서』를 다 읽고 나서도, 또 다른 번역본인『자산어보』와 신
안군 흑산면에서만 파는『자산어보』관련 책도 읽었다.

노회찬은 자기 삶에 큰 영향을 끼친 책으로『감옥으로부터의
사색』과『전태일 평전』을 꼽은 적이 있다. 특히『감옥으로부터의
사색』은 그가 다른 사람에게 가장 많이 선물한 책이었다. 그는
아내 몰래 겸재 정선의 화첩을 거금 30만 원이나 주고 산 적도 있
었다.

그는 업무 이외 시간에 만난 사람들과는 정치 이야기를 하지
않는 것으로도 유명했다. 의도적이다 싶을 정도로 피했다. 그런 자
리에서는 음식과 책 이야기 이외에 음악, 미술, 영화, 건축, 문학 등
인문학과 문화예술 분야를 횡단하며 좌중을 휘어잡았다. 그 자리
에 함께했던 사람들은 예외 없이 그의 '다방면에 걸친 해박한 지
식'에 놀랐다고 털어놓았다.

혁명적 노동운동 현장에서 엄격한 규율을 따르던 활동가 시
절과 문학과 예술을 이야기하면서 친구들과 술잔을 기울이던 시
절의 공존. 노회찬은 이 같은 '슬기로운 이중생활'을 즐겼다. 그에
게 세상은 점진적으로, 혹은 조건이 맞으면 혁명적으로 바꿔야 할
대상인 동시에 도처에 숨어 있는 삶의 즐거움과 기쁨을 찾아내 누

릴 수 있는 공간이었다. 전자가 직업정치인으로서의 평생 과제였다면, 후자는 인간 노회찬이 살면서 즐기고 향유한 것이었다. 혁명가와 직업정치인에게 필요했던 것이 '70%의 긴장과 직업전투원'의 태도였다면, 낭만파 인간 노회찬은 '흠뻑 취해 사는 삶'을 원했고 또 그렇게 살았다. 그것이 술이든, 음악이든, 영화든, 다른 무엇이든. 노회찬은 스스로를 일러 하루에 사용 가능한 에너지를 다 소진하고 나서야 잠자리에 드는 사람이라고 말했다. 때로는 과소비할 때도 있었다.

누구에게나 하루는 24시간이지만, 사람마다 시간의 농도는 다르다. 노회찬은 고밀도의 시간을 보낸 사람이었다. 밀도는 집중 또는 깊이와 연관이 되는데, 그가 "책을 사람 만나듯 읽고, 사람을 책 읽듯 만나고 있습니다"라고 말했을 때 그것은 '깊은 만남'을 의미했다. 책이든 음악이든 다른 분야도 마찬가지였다. 넓고 깊게 만난 것들이 많았기 때문에 쉽고 재미있는 이야기가 나올 수 있었다. 대지로 스며드는 물이 심층 지하수가 되어 서로 만나듯, 노회찬이 사랑한 정치와 인문학, 문화예술은 그의 내면 깊은 곳에서 만나 '노회찬 언어'의 수원지가 되었다. 노회찬과 오랜 시간 가까이 지내온 테라코타 작가 한애규의 말이다.

"음악뿐 아니라 예술 전반에 관한 그의 생각은 일관적이었다. 유명한 그의 말대로 예술은 만 명을 위한 것이 아니라 만인을 위한 것. 특수한 계층의 전유물이 아니라 모두가 함께 누려야 한다는 생각을 그는 '모든 국민이 악기 하나쯤은 다룰 수 있는 세상'이라는 말로 표현해왔다."[21]

동작구 재보궐선거 석패

2014년 7월 8일 오전 10시. 국회 정론관에서 7·30보궐선거 출마 기자회견을 마친 노회찬은 국립현충원 무명용사탑을 찾았다. "이름 있는 사람 앞에 줄 서는 정치가 아니라 이름 없는 사람들을 주인으로 모시는 정치를 펼쳐나가겠다"라는 그의 오랜 다짐을 다시 다지기 위한 것이었다. 사실 그는 동작구 국회의원 보궐선거에 출마하는 것을 썩 내켜 하지 않았다. 2년 전에 노원구에서 당선되었던 노회찬으로서는 지역구를 옮기면서까지 당선이 불투명한 동작구에 출마를 해야 하나 하며 주저할 만도 했다. 하지만 당에서 적극적으로 요구하는 바이기도 하고 마땅한 다른 후보도 없어 '숙명'이라 생각하고 출마를 결정했다.

그가 출마를 주저했던 이유 중 하나는 동작에서 오랫동안 지역 활동을 해왔던 상대 후보 때문이었다. 노동당 후보로 출마 예정이었던 김종철은 민주노동당에서 한배를 탔던 동지였다. 노동당 측에서는 안철수가 노원에 출마한 것과 노회찬이 동작에 출마한 것이 뭐가 다르냐며, 노회찬 후보의 사퇴를 요구했다. 민주당 후보와 단일화가 성사되지 않을 경우 노회찬의 3위 낙선을 예상한 여론조사 결과도 있었다. 김종철은 자신은 동작구에서 활동하면서 출마한 경험도 있고 정의당이 후보를 내지 않고 자신을 지지해주면 향후 정의당과 노동당의 통합에도 도움이 될 수 있을 것으로 판단하고 있었다.

하지만 노회찬이 나가야만 하는 이유도 많았다. 당 이름을 바꾸면서 재창당을 선언한 지 1년이 된 정의당은 지지율이 바닥에 머무는 등 어려움을 겪고 있었다. 앞서 6월 4일 지방선거에서도 정당 득표율이 3.6%에 그치면서 참패를 기록했다. 당으로서는 이런 상황을 돌파해야 했고, 노회찬은 돌파용 병기 1순위였다. 천호선 대표를 비롯해 이정미 등 당내 주요 인사들도 수도권에 출마하는 등 적극적으로 대응했고 당 지도부도 노회찬의 '출전'을 강하게 요구했다.

당의 요구가 강했지만, 노회찬의 의지도 중요했다. 지역구를 옮기는 것이 간단한 일은 아니었다. 게다가 안철수가 2013년 노원구 국회의원 재보궐선거에서 얻은 60.5%의 높은 득표율도 신경 쓰였다. 노회찬은 더 기다렸다가 2016년 노원구에 출마할지, 2014년 재보궐선거에 출마할지, 출마한다면 어느 지역구를 선택할지 고민이 많았다. 결국 동작구 출마를 결정했다. 수도권 지역구 중 '해볼 만한' 곳이라고 판단했기 때문이다.

먼저 넘어야 할 고개가 민주당과의 후보 단일화였다. 단일화 실패는 패배를 의미했다. 노회찬이 민주당 후보에게도 뒤진 3위로 낙선하면 정치적 타격이 클 수밖에 없었다. 민주당 후보 기동민은 노회찬과도 잘 알고 지내던 사이였다. 선거가 1주일여밖에 남지 않았을 때까지도 단일화에 진전이 없었고 전망도 불투명한 채 답답하게 시간만 보내고 있었다.

7월 22일 오후 노회찬이 선거대책본부 사무실에서 긴급 기자회견을 열면서 동작구 보궐선거의 분위기가 확 바뀌기 시작했다. 언론도 크게 주목했다. 이날 노회찬은 후보 단일화 시한을 24일까지로 못 박고, '그때까지 야권 연대에 응하지 않으면 자신이 사퇴하고 기동민 후보를 지지하겠다'고 밝혔다. 기동민 쪽뿐 아니라 노회찬의 선거 참모들도 기자회견 내용을 듣고 깜짝 놀랐다. 회견 내용을 미리 알고 있던 사람은 없었다. 기동민 선거대책본부는 긴급하게 회의를 열고 노회찬 제안의 배경을 분석했고, 노회찬이 양보 의사를 밝힌 것으로 결론을 내렸다. 이날 밤 12시가 넘은 시간에 두 후보가 만났다.

노회찬은 다음 날 기자들을 만나 심야 회동 사실을 공개하며 기동민 후보가 "여론조사를 통한 단일화에 응할 수 없다"라고 해서 크게 실망했다고 밝혔다. 그러면서 "기동민 후보가 노회찬의 양보를 요구했다"라는 말을 기자들에게 전했다. 기동민 선거대책본부는 당황했다. 감동적인 장면을 연출하며 단일화를 성사시켜도 시원찮을 판에 단일화를 거부하고 양보를 강요한 후보라는 딱지가 붙는다면 명분도 실리도 다 잃을 수밖에 없었다. 승리도 더욱 멀어질 판이었다. 노회찬의 제안과 자신의 양보 요청 발언이 외통수가 되어버린 셈이었다. 그렇다고 노회찬이 자신의 조건부 사퇴 카드를 회심의 '외통수'로 보고 상대방에게 던졌다고 볼 수만은 없었다. 노회찬으로서는 단일화가 성립되지 않았을 때 불 보듯 뻔한 2, 3위 낙선은 감당하기 어려운 정치적 부담이 될 수밖에 없었다. 최소한 단일화를 양보한, 보기 나쁘지 않은 '채권자' 모양새로 판을 정리하는 '출구 전략'도 필요했다. 조건부 사퇴는 공수 겸용의 다목적 카드였다고 볼 수 있다. 23일 오후 3시 기동민은 긴급 기자회견을 열고 후보 사퇴를 발표했다. 5시 30분경으로 예정되어 있던 노회찬의 사퇴 기자회견은 없던 일로 됐다.[22]

통합진보당의 유선희는 후보를 사퇴하면서 노동당 김종철 후보에 대한 지지를 선언했다. 사실상 두 당의 후보 단일화가 이루어졌다. 이념과 노선이 한참 멀어도 필요에 따라 손을 잡는 게 정치였고, 그것에는 보수와 진보가 따로 없었다.

새누리당 나경원 3만 8,311표(49.9%), 정의당 노회찬 3만 7,382표(48.7%), 노동당 김종철 1,076표(1.4%). 노회찬이 929표 적었다. 선거 결과가 나온 후 김종철은 노회찬에게 "도와드리지 못해서 죄송하다"라는 문자를 보냈고, 곧바로 노회찬으로부터 답이 왔다. "내가 더 미안하지." 선거 다음 날 노회찬은 일본에 전화를 걸었다.

일본과 영국을 여행하다

삿포로에서 노회찬이 낙선했다는 소식을 듣고 낙심하고 있던 박권호는 선거 다음 날 노회찬의 전화를 받았다. 박권호는 노회찬 보좌관을 그만두고 그곳에서 가족과 함께 살고 있었다. 노회찬은 잠시 쉬러 가고 싶다고 했다. 2013년 노회찬이 의원직을 박탈당했을 때는 박권호가 먼저 전화를 걸어 좀 쉬러 오시라 한 적이 있었는데, 그때는 오재영과 함께 다녀갔다. 노회찬은 이번에는 김지선과 동행할 것이라고 말했다. 1988년 결혼한 후 26년 만의 첫 부부동반 해외여행이었다. 부산에서 결혼식을 마치고 경북 울진의 백암온천으로 떠났던 신혼여행 이후 두 사람은 제대로 된 여행을 함께 가본 적이 없었다. 선거운동에 지친 두 사람은 아는 사람 없는 조용한 곳에서 쉬고 싶었다. 삿포로에서도 곳곳에서 노회찬을 알아보는 한국 관광객들을 마주치긴 했지만 오랜만에 부부가 한적하게 푹 쉴 수 있었다.

운전기사를 자청해 둘을 안내했던 박권호는 본의 아니게 뒷좌석에 앉은 두 사람의 이야기를 듣게 됐다. 부부는 도란도란 얘기하다가 가끔 티격태격하기도 했는데, 예전에 가난하고 힘들었던 시절 이야기들을 주로 나눴다. 한 달에 15만 원으로 생활하던 일, 신혼 시절 인천 만수동에서 도서대여점을 할 때 힘들었던 이야기 등. 그중에 집에 두고 온 반려견 '하늘이' 이야기가 가장 많았다. 수시로 걱정하고 서울로 전화를 해서 '개의 안부'를 물어봤다. 부부는 반려견을 키우는 여느 사람들처럼 10년 이상 함께 지내온 '하늘이'를 끔찍이 좋아했다.

일본을 여행한 후 9월에는 영국에 사는 교민모임 초청으로 영국을 방문했다. 노회찬은 옥스퍼드, 케임브리지, 런던 대학교에서 "한국 민주주의의 위기와 진보의 역할"이라는 제목으로 강연을 했다. 초청 주역 중 1명인 강한록 박사는 2008년 노회찬과 노원구에서 맞붙은 홍정욱의 친구였다. 강한록은 당시 영국 의회 산하의 연구기관에서 일하고 있었는데, 선거 때 홍정욱을 돕다가 노회찬의 매력에 끌려 가까이 지내게 됐다.

2012년 대선 때 문재인 후보를 지지한 영국 교민들이 김어준을 비롯해 인기 팟캐스트 '나꼼수'[23] 팀을 선거운동의 일환으로 영국에 초청한 적이 있었다. 당시 초청 비용은 교민들의 헌금으로 충당했다. 그때 헌금 요청을 거절했던 한 식당 주인은 2년 후 노회찬 초청 강연 때는 1,000만 원을 쾌척했다. 강한록이 놀라서 "아니, 사장님. 노회찬은 빨갱이가 아닌가요?" 하고 묻자, 식당 주인이 대답했다. "노회찬 같은 빨갱이가 필요해."

이런 일도 있었다. 훗날 보리스 존슨 영국 총리의 핵심 측근이 된 올리버 루이스는 부인이 한국인이었다. 강한록은 이들에게 노회찬을 안내해줄 것을 요청했다. 루이스 부부는 노회찬을 안내하면서 여러 번 놀랐다. 한국에서 온 다른 의원들은 보통 인증 사진을 찍기에 바쁜데, 노회찬은 방문지마다 그곳에 얽힌 이야기를 자기가 직접 설명하느라 더 바빴다. 대학에서 영국 역사를 전공한 올리버도 모르는 역사 이야기를 노회찬이 해설해주었으니 부부가 혀를 내두를 만도 했다.[24]

노회찬은 여행을 가기 전에 목적지에 대한 정보를 샅샅이 확보하고 동선도 미리 촘촘하게 정해놓는 스타일이었다. 이런 면에서 그는 어머니를 빼닮았다. 어머니는 함흥 영생여고보 시절 평양으로 수학여행을 갔을 때 현지에 대한 정보는 물론 구매할 특산품과 각자 자유시간을 활용할 계획까지 미리 정해놓는 주도면밀함으로 친구들을 놀라게 했다.

영국에 머물던 어느 날 새벽, 노회찬은 서울로 전화를 했다. "안녕하십니까, 영국 통신원 노회찬입니다"라는 인사에 이어 당시 영국에서 실시되었던 스코틀랜드 분리 독립 주민투표 결과에 대해 깊이 있는 해설을 전했다. 전화기 반대편에는 유시민과 진중권이 있었다. 팟캐스트 방송 〈노유진의 정치카페〉 녹음 시간에 맞춘 새벽 통화였다.

〈노유진의 정치카페〉는 2014년 5월 21일 첫 방송을 내보낸 후 2016년 4월까지 2년 동안 방송된 팟캐스트 프로그램으로, 당시 정의당 당원이었던 노회찬, 유시민, 진중권 세 사람이 출연했다. 이 기간 동안 모두 1억 2,000여만 회의 다운로드를 기록했다. 한 편당 평균 100만 명이 넘는 시민이 청취한 셈이다. 노회찬은 방송 기간 동안 동작구 보궐선거, 정의당 당대표 선거, 창원 총선을 치렀고, 이른바 '노유진 당원'이 1만 명가량 늘어났다.[25]

진보의 세속화

노회찬이 생각한 정치는 '세상을 바꾸는 가장 빠르고 올바른 길'이었다. 세상이라는 일상의 대륙을 바꾸려면 권력이 있어야 했고, 그 권력은 국민의 마음을 얻어야 가질 수 있었다. 그 과정에서 온갖 수단이 동원되는데, 아름다운 비전과 좋은 공동체를 건설하기 위한 선의뿐 아니라 증오와 편견도 함께 등장한다. 노회찬이 "정치란 곧 권력 획득을 위한 실전의 장"이라고 한 것은 그 과정에서 벌어지는 정치 세력들의 경쟁과 분투를 말한 것이었다.

노회찬은 특히 진보 진영 내의 반정치주의적 인식을 줄기차게 비판한 '직업정치인'이었다. 정치권력은 선거를 통해서, 국민의 지지 정도에 따라서 정당에 배분된다. 집권해서도 이루기 어려운 수준의 사회 변혁을 말하면서 권력을 차지하기 위한 현실 정치 활동에 냉소적인 진보진영의 반정치 분위기는 모순이었다. 노회찬은 정치를 공동체와 관련된 중요한 공적인 문제의 합의 과정이 아니라 야심가, 탐욕가들의 진흙탕 싸움으로 폄하하는 것은 기득권층이 노리는 반정치 정서의 토양인데 진보진영의 적잖은 사람들이 비슷한 생각을 하고 있다며 답답해했다.

선거와 무관한 가치 추구는 운동의 영역에서 하면 된다. …
정당은 계속 국민들에게 평가받아야 한다. 좋게 평가받으면

456

그만큼 권력을 갖게 되고, 권력을 잘 행사하면 더 큰 것을 얻을 수 있다. 그런데 평가받기를 두려워하거나 평가하기를 거부한다. 자신의 공동체나 신념을 지키는 것이 더 중요하다는 것이다. … 그런 활동은 출세하려는 정치 지망생이 하는 일이라고 본다. 진보는 이런 관념을 탈피해서 좀 더 확실하게 세속화돼야 한다.[26]

'진보의 세속화'는 2014년 말 출간된 『대한민국 진보, 어디로 가는가?』에서 노회찬이 강조했던 핵심 키워드였고, 진보정당 내부를 향한 쓴소리였다. 세속화라는 표현은 이 책에서 처음 언급했지만 그 문제의식은 오래되었다. 세속화에 대한 다양한 해석이 나오기도 했는데, 그가 직접 설명한 내용은 이렇다.

세속적 이해관계에 몰두하는 그런 지나친 세속화는 당연히 경계해야겠지만 이 세상을 무시하고 세상을 안중에 두지 않고 자기 세계에만 갇혀 있는, 이게 사실 이제까지 좀 우리의 진보나 운동권 출신들의 어떤 약점 아니었는가라는 거죠. 나는 민주화를 위해서 고생했다, 헌신했다, 희생했다, 나는 진보진영에 속해 있으니까 나는 무조건 옳다, 아니면 우리 진영은 무결점, 무오류다. … 이건 설득력이 없다는 것이죠.[27]

세속화는 대개 부정적으로 쓰이는데요. 제가 말하는 세속화는 '세상 속으로 들어가자'라는 뜻입니다. 진보가 세상 속이 아닌 주변에 있지 않았느냐는 성찰 속에서 '민생의 한복판에 뛰어들자', '국민의 상식 수준으로 달려가자'는 겁니다.

'타락하자'는 얘기가 아닙니다. 지금 진보는 국민을 설득하지 못해요. 노동자, 서민에게 지지를 못 받아요. 더 노동자, 서민 속으로 들어가 그들의 아픔이 무엇인지를 알고, 잘 대변하도록 노력해야죠.[28]

어렵지도, 오해할 것도 하나 없는 말이었다. 문제는 언제나 그렇듯이 실천이었고, 쉽지 않은 일이었다. 진보정당이 만들어진 지 10여 년이 훨씬 지났음에도 세상 속으로 충분히 들어가지 못한 이유가 나태해서라면 오히려 방안을 찾을 수 있을 터인데, 능력 부족 때문이라면 곤란한 문제였다. 세상 속으로, 대중 속으로 들어가지 못한 채 그들이 겪는 어려움에 귀 기울이지 않으면서 자신들만의 경전을 꺼내놓고 교리만 설교하는 정치 세력은 생존, 성장할 수 없었다. 이념조차 내려놓고, 경전은 덮으라는 소리였다.

"집권해야 혁명할 수 있다"

집권이 비현실적인 꿈이 아닙니다. 민주노동당 사람들 머릿속에도 달성해야 할 현실적인 목표, 이뤄야 될 현실적 계획에 집권이 안 들어가 있는 경우가 있습니다. 그러다 보니까 앞을 내다보고 어떤 걸 배치할 것인지 전략적 관점이 없는 거죠. … 집권을 굉장히 비현실적으로 보는 건 패배주의라고요.[29]

국회의원이 되기 전에 노회찬이 인터뷰에서 한 말이다. 정당이라면 당연히 시간표 작성 수준을 넘어서는 집권 전략과 그에 맞는 전술 배치를 장기적 관점에서 항시적으로 기획하고 집행해야 했다. 노회찬 옆에서 그의 집권 의지를 읽어냈던 심상정의 말이다.

"나는 처음 국회 들어갔을 때부터 노회찬 대표를 굉장히 크게 봤습니다. 그는 확고한 권력 의지를 가지고 정치를 했습니다. 노 의원이 구상하는 정치는 전략적입니다. 등대정당이 아니라 대안 집권정당으로 나가야 한다는 생각을 나보다 훨씬 더 일찍, 확고하게 가지고 있었습니다. 노회찬의 권력 의지는 개인이 아니라 당으로 표현됐습니다."[30]

목표가 없으면 전략이 나올 수 없다. 목표까지 도달하는 데는 다양한 경로가 있지만 반드시 통과해야 하는 지점들이 있다. 그 지점들을 정확하게 설정하고 거기까지 도달하기 위한 다양한 맞춤 전술들을 마련하고 배치하는 것이 전략의 내용이자 효용이다. 예컨대 1990년대 초반부터 시도하여 2002년에 부분적으로 성취했던 1인 2표제는 노회찬이 정해놓았던 전략적 과제였던 셈이다. 노회찬이 반드시 돌파해야 할 전략적 목표에는 선거제도의 변화도 당연히 포함되었다. 2018년 민주평화당과의 공동교섭단체 구성, 선거법 개정을 위한 정치개혁특별위원회 위원장 확보는 전략적 고지를 확보하기 위한 주요 전술이었다. 전략적 경로는 시간표가 아니라 지도였다.

진보정당이 집권한다고 세상이 바뀌는 것이 아니라는 말을 노회찬이 강조했다는 사실을 앞에서 언급한 적이 있다. 그렇다면 어떻게 해야 세상이 바뀐다는 말일까? 2008년 연말쯤에 기록된 것으로 보이는 노회찬의 손바닥 수첩 메모 중에 눈길을 끄는 구절이 있었다.

손바닥 수첩에 메모하는 노회찬(2010) ©노회찬재단

"혁명하기 위해 집권, 집권해야 혁명할 수 있다."

혁명의 정의에 대한 발상의 전환이었다. 집권이 국민의 마음을 얻어야 가능한 것처럼, 혁명적 변화는 국민의 힘이 받쳐줄 때만 가능한 일이었다. 그리고 사회를 혁명적으로 변화시키는 것은 일상의 변화가 장기적으로 축적되어야만 가능하다는 것이 혁명가에서 현실 정치인이 된 노회찬의 생각이었다. 물론 그는 2016~2017년의 촛불혁명처럼 대중의 역동성이 만들어내는 '파격'적인 변화의 가능성을 염두에 두었지만, 그것 역시 수행 주체로서 준비된 정당이 없다면 정치적 성과로 담아낼 수 없기 때문에 여전히 중요한 것은 일상의 정치였고 정당이었다.

노회찬은 정권이 바뀌는 것과 세상이 바뀌는 것의 차이를 분명하게 구분했다. "사회의 공기를 바꿔야 한다." 그가 만든 자신만의 표현이었다. 바뀐 공기는 바뀐 세상의 은유다. 사회의 공기를 바꾸는 일은 대통령을 바꾸는 일보다 어렵다. 집권당의 교체도 공기의 교체에 비하면 덜 어려운 일이다. 노회찬은 이 표현을 북유럽 여행 체험에서 떠올린 것 같다. 그는 유럽의 여러 나라에서 진보정당이 집권한 사례는 있지만 그 사회의 공기까지 바뀐 경우는 북유럽 국가가 대표적이라고 생각했다. 우리와 북유럽이 다른 점은 바로 보통 사람의 일상이었다. 따지고 보면 혁명도 정권을 바꾸는 것이 아니라 일상을 바꾸는 것이다. 2016~2017년의 촛불혁명이 미완인 것은 정권은 바뀌었지만 일상은 그대로였기 때문 아니던가. 박근혜를 쫓아냈던 민심이 윤석열을 불러온 것도 그 때문이다.

노회찬은 2008년 노르웨이를 방문했다. 그곳에서 노르웨이의 평범한 시민과 만나 장시간 이야기를 나눴다. 그가 한국을 떠날 때부터 준비한 만남이었다. 교사, 간호사 출신의 은퇴한 60대 여성들이었다. 그는 세금, 교육, 의료, 주거 등 노르웨이 사람들의 일상생활에 대해 궁금한 것들을 물어보았다. 그들과 나눈 얘기를 기록한 것으로 추정되는, 깨알 같은 글씨로 쓴 손바닥 수첩이 남아 있다. 그 만남의 소감을 들어보자.

그들은 세금, 교육, 의료 등 자기 나라의 여러 제도들에 높은 만족도를 보였고, 그것을 위해 기꺼이 세금도 많이 내고 있었다. 이것처럼 좋은 것이 없다고 얘기하는 걸 보면서 이런 생각이 들었다. 우리나라를 보면 잘사는 사람도 있고 못사는 사람도 있지만, 잘사는 사람조차도 자기가 얼마나 노력해서 잘살게 됐는지를 얘기할망정 자기의 행복한 삶이 사회제도 때문에 유지된다고 이야기하지는 않는다. 못사는 사람은 더 말할 나위도 없다. 그 사람들은 제도를 탓하니까. 그런데 그곳에서는 평범한 일반 시민들조차도 사회에 작동하고 있는 제도를 굉장히 소중히 여기고, 이 제도의 유지를 위해 자신도 기꺼이 무언가를 할 수 있다고 생각한다. 그리고 단순히 제도만이 아니라 제도가 갖는 정신과 철학을 체화하고 있었다.[31]

은퇴한 노르웨이 시민이 들려준 이야기에서 노회찬은 '바뀐 공기' 냄새를 맡았고, 그것은 그가 늘 강조했던 사람답게 사는 세상이 만들어낸 냄새였다. 북유럽 나라라고 해서 아무런 갈등과 문제도 없을 리 없다. 하지만 그것이 '인류가 도달한 가장 선진적 수준의 나라'라는 노회찬의 평가[32]를 부인할 이유가 되지는 못했다.

집권만으로는 바꾸어낼 수 없는 사회의 공기를, 즉 일상을 바꿀 수 있는 길은 무엇일까? 그것은 진보정당의 일회성 집권이 아닌 '장기 집권'이 이루어져야 가능한 일이다. 물론 국민의 동의에 바탕을 둔 장기 집권이고, 공기의 질은 국민의 동의 수준과 직결될 수밖에 없다. 이때 진보 집권은 보수에 대한 승리를 넘어서 시대적 보편성 확보라는 의미를 갖는다. 앞서 노회찬이 대학 등록금 제도와 노조 조직률, 사민당 계열 정당의 집권 기간을 말할 때 이는 이미 '진보정당의 오랜 집권'을 전제로 한 것이었다. 다만 드러내놓고 강조하지 않았을 뿐이다. 또한 그가 사민주의 체제가 역사 발전의 종착점이라고 생각한 것도 아니었다.[33]

노회찬이 아직 때가 아니어서 드러내놓고 강조하지는 않았지만, 반드시 거쳐가야 할 전략 지점으로 여겼던 통과해야 할 문이 또 있었다. 2012년 재선 의원으로서 임기를 시작할 무렵, 『중앙일보』에서 국회의원들을 대상으로 개헌 관련 설문조사를 했다. 권력 구조를 묻는 문항에 노회찬은 박창규 보좌관이 '대통령 중임제'라고 표시해놓은 것을 보고는 "이거 내각제로 바꿔요"라고 했다. 설문조사 결과 개헌선인 3분의 2를 넘는 의원이 개헌에 찬성했고, 대통령 중임제는 68.2%, 이원집정부제 10.3%, 내각제는 9.4%였다. 정치인, 정당에 대한 불신 때문에 국민 여론도 내각제 지지는 소수에 불과했다. 노회찬은 내각제에 찬성하는 입장이었지만, 이 견해를 공적으로 밝힌 적은 없었다. 노회찬에게 정당명부 비례대표제와 내각제는 진보정당이 집권을 위해 통과해야 할 전략 지점이자 한국 정치의 '선진화'에 필수 전제가 되는 제도이고 권력구조였다.

장기 집권 이전에 진보정당의 집권까지 가는 길이 더 장기간일 수 있다. 하지만 기간과 무관하게 반드시 요구되는 것이 '세상 속으로, 국민 속으로' 들어가는 진보의 세속화였고, 그 바탕에는 노회찬이 인천 시대 때부터 강조해온 실사구시 정신이 있었다.

노회찬과 심상정

이승배는 노회찬의 고등학교 1년 선배다. 고교 시절에는 서로 아는 사이가 아니었다. 그는 1975년 대학에 들어간 후 고교 후배 정광필, 장석 등을 알게 되었다. 1977년 학내 시위로 무기정학을 당했고, 1983년 늦은 졸업을 한 후 노동운동에 투신했다. 1987년 6월 시민항쟁 이후 정광필이 고등학교 때 가까이 지내던 노회찬, 이종걸 등 친구들을 그에게 소개했다. 이승배는 그들과 가끔 만나는 관계가 되었다. 1992년 어느 날 노회찬이 출소한 지 얼마 되지 않았을 때 이승배는 이 모임에 한 여성을 데리고 나왔다. 이름은 심상정, 둘은 결혼할 사이였다. 노회찬은 심상정의 이름을 오래전부터 익히 들어왔지만 얼굴을 직접 본 것은 그때가 처음이었다.

나중에 민주노동당에서 만난 노회찬과 심상정은 정치적 동지이자 경쟁자가 되었다. 진보정당의 분열과 통합 과정에서 그들의 전략적 판단과 선택은 다르지 않았다. 2008년 민주노동당이 쪼개졌을 때 둘은 분당을 반대했으나 결국 함께 탈당할 수밖에 없었고, 자주파로부터 분열주의자라는 비난을 받았다. 진보신당을 나와서 함께 통합진보당을 만들 때도 배신자, 기회주의자, 출세주의자라는 욕설을 들으면서 행동을 같이했다.

하지만 둘의 스타일은 달랐다. 심상정은 국회의원이 된 후 노회찬과 이야기할 기회가 많았는데, 이야기를 할수록 노회찬은 심상정에 대해 많이 알게 되는 듯했으나 심상정은 노회찬을 알 수가 없었다고 한다. 노회찬은 말수가 적은 편이었고, 말을 하지 않으니 속내를 알 수 없었다.

"노회찬 의원과 경쟁적 협력관계가 되면서 서로 동병상련하면서도 내가 늘 뭐랄까, 다가갈 수 없는 사람 같은 느낌을 가졌어요. 깊이 얘기 나눠보고 싶은데 늘 대화가 안 됐어요. 깊은 고민을 나눌 기회가 없었고, 주로 침묵이 대화였어요. 어떤 사안이 있을 때, 대체로 이심전심으로, 가끔 툭 내뱉는 말로 서로 입장을 확인하는 정도였어요."[34]

앞서 소개한, 유시민이 낚시터에서 겪었던 느낌과 유사했다. 심상정은 처음에는 오해를 했지만 시간이 좀 지나면서 그가 워낙 과묵한 사람이라는 걸 알게 되었다. 노회찬의 비서실장을 지냈던 김종철도 같은 말을 했다. 그는 노회찬이 사람들의 말을 경청하지만 말하는 사람 입장에서 보면 자기 의견이 어느 정도 수용되었는지, 무엇을 궁금해하는지 잘 모르는 경우가 많다고 했다. 묵묵히 듣고만 있을 때가 많았기 때문이다. 반면 심상정은 일단 궁금한 게 있으면 주변 여러 사람에게 전화를 돌리든 다른 방법을 쓰든 부지런히 말하고, 귀찮을 정도로 물어보고, 열심히 듣는 편이다. 심상정은 다른 사람과 얘기를 나누면서, 말을 많이 하면서 사태를 정리하는 편인데, 노회찬은 자기 머릿속이 정리가 되어야 얘기를 하는 스타일이었다. 김종철은 노회찬과 심상정 둘 중에 도와주고 싶은 마음을 들게 하는 사람은 심상정이었다고 말했다.

몇몇 당내 인사들은, 상대적이긴 하지만, 노회찬이 심사숙고형이라면 심상정은 돌파형이라고 평가했다. 본인들은 동의하지 않을 수도 있겠지만, 비교하자면 심상정은 YS 같고, 노회찬은 DJ 같았다고 말하는 사람도 있다. 노회찬이 자기 원칙을 포기하면서 정파와 거래하는 것에 소극적이었다면, 심상정은 경쟁 정파와의 타협과 협상에 적극적이고 능숙했다는 평가를 받았다. 이 같은 차이는 당내 선거의 승패에도 중요한 영향을 미쳤는데, 2015년 당대표 선거가 대표적 사례였다.

'노회찬 43.0%, 심상정 31.2%, 조성주 17.1%, 노항래 8.7%.'

2015년 7월 치러진 정의당 당대표 선거 제1차 투표 결과다. 1위와 2위의 표 차이가 크지만 과반수 득표자가 없어서 결선 투표를 해야 했다. 하지만 노회찬의 당선을 의심하는 사람은 별로 없었다. 최종 결과가 나오기 하루 전 중앙당 총무부 담당자가 노회찬 캠프의 박창규에게 전화를 걸어 당대표가 사용할 법인 카드를 가져가라고 연락할 정도였다.

1주일 후 결선 투표 결과가 여의도 중앙당사에서 발표되었다. 선거관리위원회 위원장이 개표 결과를 공개하자 여기저기서 "어" 하는 외마디 소리가 동시에 터져나온 후 중앙당사는 한동안 적막에 휩싸였다. 당선자 측도 낙선자 측도 아무 말을 하지 못했다. 심상정이 52.5%를 얻어 과반수를 넘긴 반면, 노회찬은 47.5%에 그쳤다. 5%포인트, 비교적 큰 차이로 심상정이 역전했다.

노회찬과 심상정 후보의 공약에는 사실상 의미 있는 차이가 없었다. '강한 정당'을 구호로 내세운 것까지 똑같았다. 패인이 다양하게 지적되었지만, 결정적인 변수는 가장 표가 많았던 정파인 인천연합의 조직 투표였다. 이들은 제1차 투표 때는 자유 투표를 방침으로 정했지만, 결선 투표는 내부 토론 끝에 심상정을 지지하기로 했다. 승부는 여기서 갈렸다.

인천연합의 리더 그룹 중 한 사람은 심상정 후보는 자신한테 다섯 번 정도 전화를 걸었고 그때마다 장시간 이야기를 했는데 노회찬은 한 번도 전화를 안 했다고 당시를 회상했다. 노회찬이 인천연합 쪽의 핵심 인사들과 연락을 아주 안 한 것은 아니었지만, 적극적이지는 않았다. 전화 횟수도 중요했지만, 통화 내용은 더 중요했다. 진보정당 내부의 권력 경쟁에서도 정치적인 주고받음이 있는 것은 당연했다.

심상정은 대표가 된 후 인천연합 쪽의 인사를 사무총장에 임명했고, 결선 투표 때 심상정을 지지한 조성주는 부설연구소 소장이 되었다. 2007년 당내 대선 경선 때 노회찬과 심상정이 한목소리로 권영길과 손잡은 자주파의 조직 투표를 비판했지만, 2015년에는 심상정과 손잡은 인천연합이 조직 투표를 했다.

"노 대표님은 숱한 어려운 난관을 개인기로 뚫고 왔어요. 지지자들을 세력화하지 못했습니다. 지지하는 사람들은 많은데 모래알처럼 있었죠. 그게 정말 안타까웠습니다. 어떤 게 맞는지 모르겠습니다. 그나마 노회찬이니까 개인기가 통한 거죠. 너무 특출났으니까요."[35]

인천연합 소속으로 정의당 대표를 지낸 이정미의 말이다. 노회찬 선거운동본부에서는 특정 정파의 영향력이 이렇게까지 결정적일 것이라고 예상하지 못했다. 노회찬 선거운동본부는 후보의 뜻에 따라 정파 중심의 조직 선거를 지양하고 당원들에게 밀착한 새로운 선거운동과 홍보 방식을 다양하게 시도했다. 조직 투표가 없었던 제1차 투표 결과는 그 성과였다. 하지만 조직 투표는 누구도 예상치 못했던 결과를 가져왔다. 노회찬 선거운동본부에서 중심 역할을 했던 박창규는 "우리의 다양한 시도들이 정파 선거라는 낡은 방식 때문에 결과적으로 빛을 보지 못했던 선거"였다고 평가했다.

2015년 심상정은 현역 의원이었고, 노회찬은 삼성 X파일 대법원 판결로 의원직을 상실한 시절이었다. 현역 의원으로서 정의당 원내대표를 맡고 있던 심상정이 대표를 양보할 생각은 없었을까 싶지만, 권력 투쟁에는 양보가 없는 법이다. 양보를 한다면 그에 상응하는 보상이 따라야 한다. 대표 선거는 양보에 대한 보상이 없는 게임이었다.

창원으로 가다

동작구 보궐선거에서 낙선한 후 공중에 붕 떠 있는 상태였던 노회찬에게 2016년 총선은 중요한 고비이기도 했다. 이번에도 낙선하면 10년 가까이 원외 상태가 되고, 2020년 총선은 더 어려울 수도 있다. 가장 큰 난제는 지역구였다. 서울 노원구에서 살고는 있었지만 동작구에서 출마한 이후에는 노원구를 딱히 자신의 지역구라고 말하기도 어려웠다. 당시 잠깐이라도 거론됐던 지역은 노원, 광주, 창원, 남양주, 부산 등이었다. 이 가운데 노원과 창원이 진지한 검토 대상이었다.

창원에서 노동운동가로 자란 여영국은 2000년 진보신당 소속 경남도 광역의회의원에 당선되었고, 2014년에는 노동당 소속 재선 도의원이 되었다. 그 뒤 2015년 11월에 정의당에 합류했다. 그는 2015년 10월 28일 자신이 주도해서 만든 '창원미래연구소' 창립총회 때 노회찬을 강연자로 초청했다. 주변에서는 여영국이 2016년 총선에 출마하기 위해 연구소를 설립한 거 아니냐, 노회찬을 창원에 출마시키려고 초청한 것 아니냐 하는 여러 소문이 나돌았다. 여영국은 그때 노회찬이 창원에 출마하는 것도 괜찮겠다는 생각을 하게 되었다. 정의당에 마땅한 후보가 없었고, 노회찬이 내려오면 당선을 기대할 수도 있을 것 같았다. 창립총회가 끝나고 뒤풀이가 길어졌다. 4차 자리에 가서야 여영국은 말을 꺼냈다. "의원님, 우리 지역으로 오시죠." 노회찬이 지역구 결정을 놓고 고민하고 있던 때였다. 속내를 잘 드러내지 않는 노회찬은 가타부타 반응하지 않았다. 그날은 거기서 끝났다. 여영국은 빠듯한 지역구 살림에 돈을 만들어 노회찬의 출마를 상정한 여론조사를 했다. 결과가 나쁘지 않았다. 여영국은 노회찬에게 조사 결과를 전달하면서 12월 말까지 입장을 정해달라고 '압박'했다.

이때쯤부터 지역 언론은 노회찬의 창원·성산 출마설을 보도하기 시작했다. 지역 신문 지면에는 때 이른 노회찬 찬반 논쟁이 펼쳐졌고, 지역 노조 활동가와 대학생들은 '창원에 내려오라', '오지 말라'는 기자회견을 경쟁적으로 열었다. 민주당도, 새누리당도 당연히 노회찬의 창원 출마를 반대했다. 창원이 관심 지역으로 떠올랐다. 창원·성산은 권영길이 두 번 당선된 곳이었다. 직전 총선에서는 통합진보당 후보 손석형이 43.8%를 얻었지만 2위로 낙선했다. 새누리당 후보는 49.0%였고, 진보신당 후보는 7.1%를 얻었다. 단일화에 실패한 두 진보정당 사이에는 앙금이 쌓여 있었다. 노회찬이 창원에 가면 통합진보당 손석형과 예비경선을 해야 했다. 구원이 있는 노동·진보 진영의 양대 정파가 다시 맞붙는, 본선만큼 부담이 큰 예선이 될 수밖에 없었다.

2016년 1월 하순, 노회찬은 고민 끝에 서울 노원병 출마를 결정했다. 그러고는 미안하다는 말과 함께 그 소식을 여영국에게 전했다. 노회찬의 수락을 학수고대하던 정의당 경남도당은 연락을 받고 긴급회의를 소집했고, 매일 회의를 열어 대책을 논의했다. 당장 서울에 가서 설득하자, 이미 정해졌는데 분란만 더 만드는 거다라는 여러 의견이 나왔지만 뾰족한 수가 없었다.

1월 28일, 그날도 여영국은 소득 없는 회의를 끝내고 늦게 집에 들어갔다. 밤 11시쯤 전화가 걸려왔다. 노회찬이었다. "여 동지, 거기는 준비 잘 되고 있어?" 전화기 너머로 들려오는 목소리를 듣고 여영국은 뭔가 이상한 촉을 느꼈다. 논리적으로 설명할 수는 없지만, 어떤 틈이 보이는 것 같았다. 여영국은 한마디만 하고는 전화를 먼저 끊었다. "내일 KTX 새벽 첫차 타고 서울 가겠습니다. 서울역에서 만납시다."

29일 아침 노회찬과 여영국은 서울역에서 만났다. 무슨 일이 있어도 다음 날까지는 결정을 내려야 했다. 정의당 지역구 후보는 전국위원회의 인준을 받아야 하는데, 다음 날이 전국위원회가 열리는 날이었다. 둘은 하루 종일 같이 다니면서 세 끼를 같이 먹었다. 여영국은 창원 출마의 중요성에 대해 입술이 닳도록 설명했다. 무엇보다 민주노총 차원에서 실시되는 후보 단일화 경선에서 이길 수 있다는 확신을 심어주는 게 중요했다. 노회찬은 답답할 정도로 말을 하지 않았다. 이날도 노회찬은 확답을 주지 않았다.

여의도 호텔에서 잠을 잔 여영국은 다음 날 노회찬을 또 만났다. 여전히 말이 없었다. 여영국은 답답해 미칠 것 같았다. 오후 2시경 전국위원회가 시작되었다. 10분쯤 지나자 여영국의 핸드폰 액정 화면에 노회찬의 메시지가 떴다. "여 동지, 저 창원에 내려가겠습니다." 이 상황은 마지막 초읽기에 돌입해서야 중요한 결정을 내리는 그의 습관이 재현된 것이었지만, 그만큼 그의 고민이 깊었고 끝까지 많이 흔들렸다는 점을 보여주는 것이기도 했다. 2013년 노원구 보궐선거 때 60%를 넘는 득표율을 보여준 안철수라는 존재도 부담이 아닐 수 없었다.

창원에 노회찬의 출마 소식이 전해지자 그를 기다리던 사람들은 크게 기뻐했다. 하지만 경쟁자들은 일제히 철새, 낙하산 등의 표현을 써가며 반발했다. 그쪽 입장에서는 그럴 수밖에 없었다. 밤길 조심하라, 칼 맞는다 같은 험한 표현도 나올 정도였다.

2월 1일 노회찬은 창원에서 공식 출마 기자회견을 가졌다. 전날 하루 동안 기자회견을 준비하고 창원 여영국의 집으로 주거지를 옮기는 등 번갯불에 콩 볶듯 움직였다. 이제 세 차례의 전투를 치러야 했다. 먼저 민주노총의 공식 지지 후보를 뽑는 예비경선 제1차전. 통합 창원시(마산, 창원, 진해)에 사는 민주노총 조합원의 투표로 결정될 예정이었다. 창원 지역에서 오랫동안 호각지세로 겨뤄오던 두 정파의 총력전이 시작되었다. 통합진보당이 해체되어 무소속으로 나온 손석형도 호락호락한 상대가 아니었다. 창원에서 수십 년 동안 노동운동을 해왔고 통합진보당 경남 도의원을 지낸 인사였다. 한때 당을 같이했던 동지이기도 했다.

여영국과 그의 동지들은 노회찬의 정치생명이 달린 선거에서 예선 탈락은 생각조차 하면 안 되었다. 여영국은 당초 1,000표 안팎의 차이로 승리할 것으로 기대했는데, 막상 뚜껑을 열어보니 그게 아니었다. 최종 결과 289표 차, 피 말리는 승부였다. 총 투표자 수 1만 5,236명 중 노회찬이 7,600표(49.9%), 손석형은 7,311표(48.0%)를 얻었다.

노회찬은 제2차 예선에서 더불어민주당 허성무와 여론조사를 통한 단일화에 합의했고, 복수의 여론조사 기관의 조사를 통해 야권 단일 후보로 확정되었다. 이 과정에서 김종인에게 비대위원장을 맡기고 양산에 와 있던 문재인 더불어민주당 전 대표가 도움을 주었다. 두 번째 고비를 넘겼다. 이제 본선만 남겨놓았다. 그런데 두 번째 고비를 넘기기 전에 밖으로 알려지지 않은 결정적인 고비가 한 차례 더 있었다.

제1차 예선에서 통과한 후 후보 등록을 며칠 앞둔 어느 날. 이른 아침 사무실에 출근한 여영국의 눈에 노회찬이 보이지 않았다. 지금껏 노회찬은 한 번도 늦은 적이 없었다. 이상하다 싶어 수행 담당에게 즉각 전화를 걸었다.

"의원님, 출발하셨습니까?"

"사무실로 가다가 방금 급하게 집으로 다시 들어가셨습니다. 숨이 가쁘다고 하셨어요. 말도 잘 못하셨어요."

'청천벽력' 같은 소식이었다. 여영국은 가슴이 철렁했고, 우선 병원부터 찾았다. 여영국은 평소에 알고 있던 병원 원장에게 직접 전화를 걸어 보안을 신신당부한 후 노회찬과 함께 병원에 갔다. 극비리에 노회찬의 상태를 진단하고 진료해야 했다. 응급 처치를 한 후 정밀진단을 해보니 기흉이었다. 폐에 구멍이 뚫린 것이다. 노회찬은 구멍 난 폐에 호스를 꽂아야 했다. 이 사실은 병원 측 외에는 부인인 김지선과 수행 담당, 여영국 그리고 서울에서 내려간 박규님, 박창규, 조현연만 알고 있었다. 아는 사람이 더 늘어나면 안 됐다. 후보는 폐의 구멍에 연결된 피 주머니를 옆구리에 차고 다니면서 유세를 해야 했다. 김지선과 여영국은 건강에 더 큰 문제가 생기면 어쩌나, 유세 중에 이 사실이 알려지면 어떻게 해야 하나 노심초사했다.

그 와중에 인근 지역구에 출마한 민주당 후보가 모친상을 당해 문상 갈 일이 생겼다. 여영국은 노회찬과 동행하면서 큰절 말고 목례로 묵념만 하라고 했다. 노회찬은 예법이 아니라며 두 배 반절을 올렸다. 두 번째 절을 하고 일어나는 노회찬의 바짓가랑이 사이로 피가 흘러나왔다. 놀란 여영국은 얼른 양말로 핏자국을 닦아내고 급히 장례식장을 빠져나왔다. 그야말로 여러모로 악전고투의 연속이었다.[36]

4월 13일, 정의당 노회찬 51.5%, 새누리당 강기윤 40.2%. 적잖은 표 차이로 노회찬이 승리했다. 재벌, 검찰 등 기득권 연합 세력이 쓰러뜨린 노회찬을 보통 사람들이 일으켜 세웠다는 점에서 각별한 의미가 있는 선거였다.

선거가 끝난 뒤 노회찬은 서울에 있는 한 대형 병원에 가서 치료를 받았다. 병원장이 노회찬의 상처를 보더니, 이런 상태에서 죽을 줄도 모르고 선거운동을 하다니 미친 짓이다, 선거운동을 강요한 책임자는 인권위원회에 제소해야 한다, 아니 구속시켜야 한다라면서 크게 화를 냈다. 노회찬과 같이 갔던 부인 김지선이 대신

혼났다. 노회찬은 병원에서 수술을 받고 회복 후 퇴원했지만, 몸이 예전 같지 않았다.

제20대 총선 결과는 여론조사 결과와 달리 야권의 승리로 끝났다. 새정치민주연합 등 민주당 계열 정당에서 이탈한 안철수와 천정배 등이 중심이 된 국민의당이 정당 투표에서 지지율 2위를 기록하면서 더불어민주당을 눌렀다. 그동안 양당 정치의 문제점을 비판하고 자신을 대안이라 주장해왔던 진보정당으로서는 뼈아픈 대목이었다. 노회찬도 이 결과를 지적하면서 정의당의 통렬한 자기비판과 성찰이 필요하다고 강조했다. 정의당은 지역구에서 노회찬, 심상정이 당선되었고, 정당 지지율 7.2%를 얻어 4명의 비례대표 당선자를 배출해 6석을 얻었다. 노회찬은 자신과 심상정, 초선 의원 4명의 정당이라는 의미로 '노심초사'당이라고 불렀다. 중의적 호칭이었다. 3선 국회의원이 된 2016년은 그가 환갑이 된 해였다.

제10장

노회찬의 정신과 이념

휴머니즘-사회주의-사민주의

노회찬 삶의 마지막 국면을 살펴보기에 앞서 그의 발언과
기록을 중심으로 그의 정신과 이념 또는 사상을 간단히
정리해본다. 적지 않은 사람들이 '6411 버스 연설'에
'노회찬 정신'이 요약되어 있다고 말한다. 가난하고 어려운
이웃과 함께하는 '호민관' 정신이 그것이다. 그의 사후에
설립된 노회찬재단은 '평등과 공정'을 노회찬의 정신으로
앞세웠다.[1] 해석은 다양할 수밖에 없고, 노회찬의 정신도
하나로 특정될 수 없다. 노회찬의 공적, 정치적 실천의 맨
밑바닥에 깔려 있는 가치는 무엇이었을까? 노회찬이
정치적 현실 속에서 자신의 가치를 실현하기 위해 선택한
무기와 새로운 사회에 대한 비전은 무엇이었던가? 전자를
'노회찬의 정신', 후자를 '노회찬의 이념 또는 사상'이라고
말할 수 있다. 여기서 휴머니즘, 사회주의, 사민주의
그리고 그 각각에 짝하는 민중성, 급진성, 현실성을
키워드로 그의 정신과 사상을, 가급적 그 자신의 표현을
빌려 설명해보자.

휴머니즘과 민중성

휴머니즘(Humanism)은 노회찬의 정신이자 이념이었다.[2] 그는 운동가로서 평생을 살아가는 동안 한결같이 자신을 받쳐주었던 변치 않는 초심이자 삶의 원칙과 가치관이 '휴머니즘'이라 했다. "가장 진보적인 이념은 휴머니즘"이라 했으며, "내가 가장 좋아하는 칭호는 휴머니스트다"라고도 했다.

사회적 존재로 처음 출발할 때 제 바탕에 있는 가치는
휴머니즘이었죠.[3] 지금도 여전히 다른 것은 다 왔다가도 가고,
마치 계절에 따라서 옷이 바뀌는 것처럼 달라지기도 하지만,
여전히 변하지 않고 있는 거는 휴머니즘이고요. 인간을
실망시키는 것은 인간이고, 인간의 가장 무서운 적 또한
인간이지만, 그럼에도 불구하고 인간에 대한 신뢰 없이는 못
산다는 생각, 오히려 그것까지 놓아버리게 되면 겁이 나는 거죠.
내가 그걸 놓아버리게 될까 겁나서, 죽어도 그건 쥐고 있는
거예요. 두려운 거죠. 존재의 이유를 찾지 못할까봐 그것만은
안 놓으려고.[4]

휴머니즘은 보편적 가치이면서 다양한 해석이 가능한 역사적 개념이다. 현명한 무신론자였고 가슴이 따뜻한 유물론자였던 노

회찬은 휴머니즘을 신본주의의 반대편에 있는 인본주의로 이해했을 수도 있겠지만 그보다는 근대 이후 형성된 인권 개념 또는 인간 존엄성 사상을 바탕으로 한 사회과학적 맥락의 휴머니즘으로 이해한다. 다만 그의 휴머니즘은 부르주아 계급이 혁명적 성격을 띠고 있던 시대의 인간관, 즉 사회적·계급적 맥락에서 분리된 진공 상태의 개인이 중심이 된 휴머니즘과는 거리가 있다. 실존적 개인의 모든 것이 사회와 계급으로 환원될 수는 없겠지만, 사회적·계급적 조건을 떠난 개인은 허상이거나 부분적이다.

그의 휴머니즘은 자본주의 체제의 비인간적 측면을 극복하기 위한 이념이었고, 사회주의는 휴머니즘과 사상적 동반자가 되었다. 그가 "가장 진보적인 이념은 휴머니즘"이라고 말한 까닭이 바로 여기에 있다.

인간이 인간을 부당하게 억압하고 착취하는 일을 근절시켜 모든 인간이 인간답게 사는 세상을 만드는 일—그런 사회운동, 정치운동을 펼치는 것이 바로 저의 직업입니다. (1992년 출소 직전 부모님께 보낸 편지 중에서)

민주주의와 평등, 평화를 위해 20년이 넘게 싸워왔다. 자연과 인간이 다 함께 존중되고 자유로운 인간 의지가 넘치는 인간다운 세상을 만드는 것은 앞으로도 어느 한순간에도 포기할 수 없는 나의 직업이다. (1996년 국회의원 출마 인터뷰 중에서)

변하지 않은 것은 목표이고, 변한 것은 방법입니다. 인간 해방,

노동 해방의 신념은 변하지 않았습니다. (2004년 국회의원 첫
당선 후 인터뷰 중에서)

사람이 사람답게 사는 세상을 만드는 일, 그것을 가로막는
부당한 억압과 착취를 근절하기 위해 싸우는 일이 노회찬의 직업
이었고, 바탕에는 인간 사랑, 휴머니즘이 있었다. 그의 휴머니즘
은 사회적 조건이나 맥락을 고려하지 않은 초역사적 이념이 아니
라 자본주의의 구체적 현실에서 고통받는 사람들을 위한 휴머니
즘이었다.

노회찬 정치에서 휴머니즘이 들어갈 자리에 '민중성'을 넣어
도 의미가 크게 변하지 않는다. 민중성은 노회찬 정치의 출발점이
며 목적지였다. 그는 1981년 참당암에서 결의할 때도, 인천에서
노동운동을 할 때도, 2004년 초선의원이 되었을 때도, 2016년 창
원 선거에 나섰을 때도 그가 전하는 핵심 메시지는 같았다. '민중
의 바다'로 나아가서 그들과 함께 싸우고 세상을 바꾸는 일을 쉬지
않겠노라, 이게 수십 년 동안 그가 일관되게 해온 말이다. 이 같은
일관성은 세상을 바꾸는 일이 하루 아침에 이뤄지는 일이 아니라
는 사실을 반증하는 것이기도 했다.

노회찬은 정치의 출발점이 '생활정치의 현장', '고통의 현장'
을 찾아서 연대하는 운동에 있으며 '정치적 이해관계에서 계산된
행위가 아니라 영혼을 가지고 진심으로 행하는 실천'이라 했다. 그
에게 정치나 진보정당은 인간이 인간답게 살 수 있는 세상을 만들
기 위한 수단에 불과했다. 노회찬은 자신마저도 이 같은 가치를 실
현하는 수단으로 삼고자 했다. 그래야 역사 발전에 참여하는 주체

가 될 수 있다고 생각했다. 이는 그가 40대 위기론을 '떠벌리고' 다닐 때 다짐했던 내용이기도 하다.

젊은 시절 자신은 "역사가 요구하는 천재의 길을 갈 것"이라 맹세했고, 그의 마지막 비서실장 김종철은 그를 "고독한 천재"라 말했지만, 그는 정치인으로서 자신의 정체성을 천재성에 두지 않고 민중성에 두었다. 민중성은 '6411정신'의 다른 표현이고, 노회찬 정치의 '심장'이었다.

사회주의와 급진성

노회찬에게 현실에서의 사회주의는 두 가지 경로로 자기를 실현한 이념이었다. 하나는 20세기 말에 붕괴된 소련과 동구권의 사회주의였고, 다른 하나는 유럽, 특히 북유럽의 사민주의였다. 그가 보기에 사민주의는 정치적 다원주의 시대에 맞게 변화하고 적응한 사회주의였다.

> 사회주의와 사민주의는 공존할 수 있고, 공존해야 한다.
> SO(사회주의: 인용자)는 指向(지향)으로서, SD(사민주의:
> 인용자)는 現實(현실)로서. 党(당)으로서도 共存(공존) 가능.
> 제2 Int'l(인터내셔널: 인용자), 제3 Int'l 시대에 SO와 SD의
> 적대적 대립-역사적 배경을 살펴봐야 한다. 오히려 우리는
> WWⅡ(제2차 세계대전: 인용자) 이후 Europe SD의 점진적
> 쇠퇴에 대해 살펴봐야 한다.

이 메모는 그가 항상 가지고 다니던 손바닥 수첩 속 내용으로, 진보신당 시절인 2008년에 작성한 것으로 보인다. 이 짧은 메모에는 사회주의, 사민주의에 대한 노회찬의 인식과 고민이 묻어 있다. 지향과 원칙으로서의 사회주의는 그가 2010년대 이후 사민주의 노선을 공개적으로 강조할 때도 변치 않은 노선이었다. 그는 국회의원이 된 이후에도 자신은 여전히 사적유물론 위에 서 있으며 '자본주의를 근본적으로 변혁해야 한다'는 생각을 가지고 있었다고 말했다.

노회찬이 사적유물론 위에 서 있다고 말한 것은 "자연과 인간, 인간과 인간, 인간과 역사의 관계를 해석하는 세계관으로서 사적유물론을 받아들이고 있으며, 세계는 초자연적 힘이 아니라 인간의 노동에 의해 변화하기 시작했다는 것, 인간의 존재가 의식을 결정한다는 것, 생산력과 생산관계의 모순이 역사를 발전시킨다는 것 등의 명제를 여전히 받아들인다는 뜻"이었다.[5]

노회찬의 수첩 기록 중 눈에 띄는 대목은 "제2차 세계대전 이후 유럽 사민주의가 점점 쇠퇴한 대목"에 관심을 가져야 한다는 내용인데, 그는 통상적인 사민주의에 대한 비판, 즉 1970년대 이후 제3의 길이라는 이름으로 신자유주의에 '투항한' 유럽 사민주의에 대한 비판과는 다른 문제의식을 가지고 있었다. 유럽 사민주의는 이미 제2차 세계대전 이후부터 한계를 드러냈다는 건데, 이는 사회주의든 사민주의든 방법론의 차이는 있지만 '자본주의의 근본적 변혁'이라는 목표를 가지고 있어야 한다는 노회찬의 인식이 반영된 평가로 보인다. 제2차 세계대전 이후 유럽 사민주의 정당이 복지국가의 건설에 전념한 반면 탈자본주의 전환 기획이 부재했다는 것이 그의 문제의식이었다. 노회찬의 메모는 그가 복지국가 수립 과제와 탈자본주의 과제를 연관시키며 이를 아우르는 관점에서 '사회주의'를 이해했다는 사실을 보여준다. 노회찬이 생각한 역사적 사민주의의 문제점은 점진적이라는 방법론이 아니라 자본주의 극복이라는 최종 목표의 실종이었다.[6]

노회찬이 2010년대 들어 사민주의 노선을 부쩍 강조한 것은 21세기 한국에 사는 사회주의자의 현실적 고민이 반영된 '방책'의 성격도 있었다. 그와 지근거리에서 정치를 함께한 사람들 중에는 그를 사회주의자로 보는 이도, 사민주의자로 보는 이도 있고, 그런 규정에 가둬놓을 수 없다는 이도 있지만, 그가 변하지 않고 가지고 있던 사상적·이념적 토대는 스스로 소리 높여 내세운 적이 별로 없는 사회주의였다. 현실 사회주의가 붕괴했을 때도 그가 크게 흔들리지 않았던 것은 자신을 사회주의자로 만든 눈앞의 한국 현실이 바뀌지 않았기 때문이다.

노회찬 정치에서 '급진성(radicality) 혹은 급진주의(radicalism)'는 사회주의와 짝을 이루는 개념이다. 여기서 급진성은 제한적 의미로 사용된다. 흔히 급진과 함께 연상되는 과격함이나 극단주의, 원리주의와는 다르다. 노회찬 정치의 급진성은 오히려 그 반대편에 있다. 사물이나 사태의 근본 뿌리와 전모를 파악하고 문제도 뿌리로부터 해결하려는 태도와 입장을 말한다. 이런 해석이 '래디컬(radical)'의 어원에도 더 잘 들어맞는다.

노회찬이 말한 목표의 '불변성'은 흔들리지 않는 바위보다는 나침반의 바늘 같은 것이었다. 나침반의 바늘은 끊임없이 흔들린다. 흔들리지 않는 바늘은 방향을 알려줄 수 없다. 그의 불변성은 부동이 아니라 흔들림 속에서의 '지속'에 더 가까웠다. 그는 '스스로 생각해도 놀라울 정도'로 자신이 초심이 변하지 않은 사람이라고 말한 적이 있다.

그가 말한 인간다운 세상은, 그의 표현에 따르면 '자본주의를 근본적으로 변혁한, 원천적으로 극복한 사회'다. 이를 위해서는 자본주의를 뿌리로부터 개혁해야 했다. "언젠가는 우리가 만들어야겠지만 아직은 모델 없이 출발하는 사회주의로의 지향과 열정을 가진 진보정당"의 집권이 그의 변하지 않는 목표였다.[7] 다만 기존 체제를 단번에 뿌리째 뽑는 혁명 노선에서 뿌리에 영향을 주는 토양을 변화시키는 길로 옮겨온 것이었다. 토양의 변화는 단기간에 이루어낼 수 있는 일이 아니었다. 장기전은 점진적, 개혁적, 민주적 방식, 달리 말하면 비혁명적 방식에 의한 사회주의로의 전환 전략이었다.

점진적 방식으로 급진적 목표를 달성한다는 말은 형용모순처럼 보일 수도 있다. 하지만 이는 방법론과 목표라는 다른 층위를 설명하는 용어라는 점에서는 모순이 없다. 흥미로운 것은 노회찬이 목표를 설명하기 위해 만들어낸 표현이 일종의 형용모순이었다는 점이다. '사회주의로의 긴 여정'에서 중요한 것은 '지금 여기에서 이룰 수 있는 목표의 현실적 좌표를 설정하는 것'이며, 그 좌표에 도달한 세상을 그는 프랙티컬 유토피아(practical Utopia), 즉 "실현 가능한 유토피아"라고 표현했다.[8] '실현 가능한 유토피아'는 역사적 낙관주의자 노회찬의 말에 따르면 '토머스 모어의 유토피아보다 목표는 더 거창하지만 실현 가능한 꿈이 이루어진 세상'이었다.

노회찬은 "민주주의는 곧 사회주의"라고 했는데, 이 말은 "사회주의는 최고 형태의 민주주의"라고 밝힌 선언[9]을 염두에 둔 것으로, '노동자, 서민의 벗'이 되는 민주주의, 사회경제적 민주주의를 의미했다. 민주주의를 뿌리까지 추구하면 기업 내부 권력의 민주화가 구현되고, 사회 보장과 공공성 논리가 시장 논리보다 우위에 있는 복지국가에 이를 수 있다. 절차적·형식적 민주주의가 내용적으로 보수와 진보가 대체로 공유하는 자유권적 기본권이 중심이라면, 사회경제적 민주주의는 진보와 보수의 경쟁 결과에 따라 그 내용과 수준이 결정된다는 점이 달랐다. 노회찬은 로자 룩셈부르크와 안토니오 그람시를 사회주의자로서 높게 평가했는데, 그 이유가 눈길을 끈다. "로자 룩셈부르크와 안토니오 그람시는 생각하는 사회주의자였고, 고민하는 사회주의자였습니다. 사회주의란 이름으로 저질러질 수 있는 야만과 오류의 가능성을 인정했다는 점에서 빼어납니다."[10]

그들은 사회주의의 이름으로 행해지는 반민주주의 행태를 경고하거나 인민의 동의를 바탕으로 하는 헤게모니 정치를 강조했고 대중의 자발성과 동의를 기초로 한 아래로부터의 민주주의를 중시했던 사회주의자였다. 노회찬의 오랜 동지 황광우는 노회찬을 두고 "대한민국이 세계 무대에 자랑해도 좋을 정통 사회주의자"라 말한 적이 있는데, 이는 사회주의자들의 국제 콘테스트를 의미하는 것이 아니라 21세기에도 여전히 유효한 사회주의를 고민하는 노회찬의 면모를 말한 것이 아닐까 싶다.

노회찬은 세상의 변혁이라는 목표와 일상의 개혁, 개량이라는 경로와 수단이 분절되지 않고 이어질 수 있는 방안을 현실 정치에서 부단히 고민했다. 노회찬이 2007년 당내 대통령 후보 경선에서 내걸었던 주요 공약들, 즉 복지국가 건설을 위해 정부와 재계, 노동자, 농민, 서민 대표가 참여해 국가 경제 전체의 기본 계획을 짜고 시장을 조절하는 '평등경제위원회'의 설치, 토지 소유 상한제와 1가구 2주택 이상 보유 금지 등 '사회주의적 방식' 도입, 교육·의료·주택·일자리의 국가 완전 보장 등은 뿌리까지 내려간 민주주의가 만나는 혁명적·급진적 정책이었고, 현행 헌법 기준으로 보면 '위헌적' 정책이었다. 2018년 1월, 노회찬이 위원장이었던 정의당 헌법개정특별위원회(개헌특위)가 만든 개헌안에도 노동자 사업 운영 참가권과 제헌 헌법의 이익 균점권이 포함되었다. 이 같은 급진성은 노회찬 정치의 '머리'였다.

사민주의와 현실성[11]

사회주의의 이상과 원칙을 실현하는 것은 무엇인가? 저는 그것이 사민주의라고 본다. 사민주의 말고 사회주의 이상과 원칙을 실현하고 있는 것이 어디 있나?[12]

사회주의와 사민주의를 구분하는 것도 21세기에는 안 맞다 생각합니다.[13]

2010년대 이후, 특히 2012년 진보정의당 출범 전후로 노회찬은 사회주의가 구체적으로 실현되는 형태가 사민주의일 수밖에 없다는 말을 자주 했다. 이 시기는 진보정의당이 통합진보당에서 갈라져 나온 시절로, 그가 진보의 재구성을 거듭 강조하면서 그 내용을 고민하던 때였다. 그는 자주파(민족주의)와 평등파(사회주의, 사민주의) 그리고 자유주의 세력이 함께하는 정당에서 이들이 공유할 수 있는 이념으로 사민주의를 내세우려 했다. 또 이미 언급한 것처럼 복지 담론이 경쟁하는 시대에 다른 정당과의 차별성을 확보하기 위한 방편의 차원에서도 사민주의를 앞세울 필요가 있었다.[14] 노회찬은 자신이 사회주의자로 비치든 사민주의자로 불리든 별로 괘념치 않았을 사람이다. 그보다는 당이 국민에게 어떻게 인식되는가를 중시했다. 심상정의 말이다.

"노회찬 대표가 스스로 어떤 이념으로 자신을 표현하지 않았던 것은 그가 진보적 실용주의 노선을 걸었기 때문입니다. 노 대표님은 이념의 틀에 갇힌 진보를 경계했습니다. 노 대표님이 늘 강조했던 말은 '이론은 회색이고, 늘 푸른 것은 국민의 삶'이라는 말이었어요."

노회찬이 사회민주주의를 내세우면서 자유주의와 가치를 공유할 수 있는 공간의 가능성을 인정하고 있다는 점도 주목할 만하다. 19세기 자유주의 세력이 아동 착취를 자유라는 이름으로 강요하고 노동자 민중이 참여하는 민주주의를 반대한 것은 역사적 사실이다. 그럼에도 그는 당시 자유주의가 가지고 있던 혁명성이 사회주의 사상에도 긍정적 영향력을 미쳤음을 인정하고 있다. 노회찬의 말이다.

파시즘을 제외하고는 어떤 사상도 자유주의로부터 영향을 받지 않은 것은 없다고 본다. 심지어 마르크시즘도 그 근간에는

자유주의가 있다고 본다.[15]

물론 그가 사민주의와 가치를 공유할 수 있을 것으로 본 자유주의는 내부의 문제점과 한계를 성찰한 이후의 자유주의, 이른바 진보적 자유주의, 수정자유주의, 자유주의적 사회주의 등으로 불리는 이념을 말한다. 자유주의에 대한 노회찬의 입장은 논쟁적인 내용을 포함하고 있지만, 여기서는 그가 사상과 이념에 대해 유연한 태도를 보여주었다는 점만 확인하고 넘어가자. 현실에서 정의당은 이념적으로 사회주의, 사민주의, 민족주의, 자유주의, 여기에 페미니즘 등까지 다양한 이념이 갈등하고 협력하면서 공존하는 정당이다. 정의당이 정파 간 공통의 목표를 공유하고 당내 민주적 절차와 조직 문화를 통해 갈등을 관리하고 내부 통합을 이루어낸다면 모순이 중첩된 한반도와 남한 사회의 이념 갈등을 해결하는 데 좋은 본보기가 될 텐데, 현실은 그렇지 못했다.

민중성, 급진성과 함께 노회찬 정치의 중심 가치는 현실성, 현장성이었는데, 이는 대중과 함께 실현해갈 수 있는 사회주의의 한 형태로서 사민주의를 내세운 그의 문제의식과 맞닿아 있다. 노회찬은 "흔히들 좌파 하면 이상(理想) 이러는데, 실제 성공한 좌파들을 보면 그지없이 대중적이고 현실적이었다"라고 강조했다.[16]

노회찬에게 이상은 고통스런 현실이 낳은 자식이다. 노회찬이 "자신이 현실에서 하는 일이 자기 이상이 되어야 한다"라고 말했던 까닭이다. 그의 꿈은 항상 구체적이었다. 노회찬이 젊은 시절 "나에게 있어서 모든 이상은 실현됨을 전제로 존재하고 있는 것"이라고 규정했을 때부터 그는 도저한 현실주의자였다. 정치는 현실 문제를 다루는 일인데 새삼스레 현실성을 강조하는 것이 이상하게 보일 수도 있다. 하지만 지금 여기의 구체적 현실보다 강령적 사고가 우선하는 정치를 한다는 비판과 지적을 받는 진보정치에서 이것을 강조하는 것은 의미가 있다. 노회찬의 말이다.

> 가장 중요한 문제는 정치를 재인식하는 것이다. 현실 정치는 현실의 국민과 소통하고, 그들에게 이해를 구하고, 지지를 얻고 참여를 도모하는 것이다. 그런데 우리는 정치를 자기 운동의 관성과 관념을 위한 하나의 수단으로 본다. 정치 그 자체를 중시하는 게 아니라 운동을 통해 다른 어떤 것을 추구하는 경향이 있다. … 그동안의 관념성을 버리고 적극적으로 정치의 영역을 활용하는 현실주의적 접근을 중시해야 한다는 것이다. 아직도 활동가들의 목표 자체가 굉장히 비현실적인 경우가 많다.[17]

현실성은 그가 평소에 강조했던 실사구시, 세속화, 실용성, 실현 가능성, 현안 중심 정치, 유연성, 개량적·점진적 접근, 생활정치 등 여러 의미를 포괄하고 있다. 현실성과 동일한 범주는 아니지만 밀접하게 연결되어 있는 '현장성'도 노회찬의 현실주의 정치에서 중요한 부분이었다. 그가 평생 민중 지향의 가치를 놓지 않은 정치인이 될 수 있었던 것은 불변의 원칙과 강한 의지의 소유자였기 때문이기도 하지만, 힘없고 가난한 사람들의 눈물과 한숨이 있는 현장을 떠나지 않았기 때문이다. 그에게는 아픈 곳이 세상의 중심이었고, 그는 그 중심에서 벗어나지 않았다. 그가 이 세상에 마지막으로 남긴 공적 발언도 삼성전자 백혈병 환자와 KTX 승무원의 투쟁과 성과를 축하하는 내용이었다. 노회찬이 꼽은 '내 인생의 한마디'는 신영복이 말한 '함께 맞는 비'였고, 그는 비가 내리는 현장을 떠난 적이 없었다. 표현에는 차이가 있지만 대부분의 정치인들이 입에 달고 다니는 민중성(서민을 위한 정치)과 '골방 사회주의자'들의 급진성은 실천과 동떨어져 있다는 점에서 닮아 있다. 민중성과 급진성을 실현하는 과정에서 필수적인 '현실성과 현장성'은 노회찬이 가장 그다울 수 있었던 특성이었고, 노회찬 정치의 '발'에 해당되는 가치였다.

제11장

너무 짧았던 마지막 봄

2016~2018년:

당당한 전진을 위한 '멈춤'

나이 예순이 되던 해에 3선 의원이 된 노회찬은 광화문
촛불이 처음 켜질 때 현장에 간 몇 안 되는 정치인 중
하나였다. 노회찬에게 촛불은 새로운 공화국을 열라는
국민의 목소리였다. 그 뒤 노회찬은 문재인 정부를 1년
남짓 경험했다. 노무현 정부 때와는 달리 문재인 정부에
대한 기대와 믿음이 컸다. 노회찬이 문재인 대통령에게
신뢰를 보낸 것은 연동형 비례대표제 도입이 그의
지론이었고, 대통령이 된 후에도 개헌과 함께 선거법
개정의 로드맵을 구체적으로 밝히면서 강한 의지를
보였기 때문이다. 노회찬의 비원이던 연동형
비례대표제는 우여곡절 끝에 그의 사후에 도입되었지만,
거대 양당이 담합해 위성정당이라는 괴물을 만들면서
제도 도입의 취지는 실종되었다.

그는 문재인 정부가 초기에 집중했던 적폐 청산의 성공을
위해 선봉장 역할도 마다하지 않았다. 그는 누구보다
문재인 정부의 성공을 기대했다. 그것이 진보정당이
성장하는 길이라고 판단했기 때문이다. 하지만 대선
과정에서 발생한 민주당 인사들의 댓글 조작 논란으로
야당이 추천하고 문재인 대통령이 임명한 특별검사의
수사 과정에서 유탄에 맞아 쓰러졌다.

다시 법사위로

노회찬은 제20대 국회가 개원하기 전인 2016년 4월, 가까운 동지 몇 명과 함께 서울 홍대 부근에서 당선 축하 모임을 가졌다. 김윤철, 박창규, 오재영, 조현연이 함께했다. 이날 모임은 노회찬의 당선을 축하하는 깃뿐 아니라 오재영의 복귀를 환영하는 사리이기도 했다. 오재영은 2013년 노회찬이 의원직을 상실하고 그해 7월 당대표 자리도 내놓았을 때, 스스로 자신의 진로를 놓고 고민한 끝에 당을 떠났었다. 2014년 동작구 재보궐선거와 2015년 당대표 선거 때 오재영은 노회찬 옆에 없었다. 노회찬은 제20대 총선을 준비하면서 오재영에게 돌아와 같이 일하자고 제안했다. 오재영은 그 제안에 자신이 복귀하는 것은 노회찬을 2017년 대선 후보로 만들기 위해서라고 했고, 노회찬도 그의 뜻을 이해했다.

정의당은 노회찬, 심상정 등 2명의 3선 의원과 4명의 초선의원(이정미, 김종대, 추혜선, 윤소하)으로 이루어진 이른바 '노심초사'[1] 당으로, 심상정이 당대표를 맡고 있었던 만큼 노회찬이 원내대표를 맡는 것은 자연스러운 일이었다. 원내대표 일을 보좌할 사람이 필요했는데, 노회찬이 염두에 둔 인물이 있었다. 오재영은 김종철에게 연락해 같이 일을 해보자는 노회찬의 뜻을 전했다. 김종철은 그동안 분당과 통합 과정에서 노회찬의 노선과 대립했던 후배였고, 동작구 재보궐선거 때는 경쟁 후보였다. 오재영은 김종철에게 노회찬의 뜻을 전하면서 자신의 생각도 보태서 2007년에 실패했던 대선 후보를 이번에는 한번 같이 만들어보자고 제안했다. 그렇게 김종철은 노회찬 원내대표의 비서실장이 되었다.

노회찬은 앞으로 활동할 상임위 가운데 법사위, 산업통상자원중소기업위, 교육문화관광위 등을 검토한 끝에 법사위를 선택했다. 산업과 관련된 상임위는 제조업 공단이 있는 지역구의 특성 때문에 검토 대상이 되었으나 후반기 국회 때 하는 것으로 정리했다. 교육문화관광위는 제20대 국회 때 교육과 문화가 분리되면서 검토 대상에서 제외했다.

노회찬의 제20대 국회 첫 공식 일정은 제19대 국회 때와 같았다. 국회의 청소 노동자들과 함께 의원식당에서 점심을 먹는 일이었다.

첫 행사로서 여러분들과 함께 식사를 하는 행사를 가진 것은 늘 여러분들을 직장 동료로서 우리나라 곳곳에서 힘들게 일하고 있는, 여러분들과 같은 처지에 놓인 많은 분들이 저희들과 똑같은 처지에 놓여 있고, 저희들이 누구보다도 먼저 생각하고, 대변해야 하는 분들이라는 사실을 잊지 않기 위해서입니다. 다소 어색하고 다소 불편할지도 모릅니다. 그러나 그보다 더 중요한 것은 우리의 진심이라고 저는 생각합니다. 진심과 진심이 잘 통하길 바라고, 저희들이 정신 똑바로 차리고 일을 제대로 할 수 있도록 옆에서 깨우쳐주시기 바라고, 또 여러분들이 일하는 동안 겪는 여러 문제들에 대해서 저희들이 저희들 일로 생각하고 함께 노력하겠습니다. 그리고 지금 들리는 소문이 사실이 아니길 저는 바라고 여러분들이 원래 쓰던, 여러분들의 노조가 쓰는 공간이 잘 유지되기를 바랍니다.[2] 그러기 위해서 저희들이 노력할 것이고요. 혹 일이 잘 안 되면 저희들 사무실을 같이 씁시다, 공동으로. 저희 정의당이 국회에 있는 한 여러분들이 외로워지는 일은 없을 것입니다. 제가 원내대표로서 약속드리겠습니다. 오늘 식사 맛있게 드시고, 종종 뵙겠습니다.[3]

촛불혁명과 탄핵

제20대 국회는 개원한 후 얼마 되지 않아 대통령 탄핵이라는 격랑에 휩싸였다. '박근혜-최순실 게이트'가 터졌다. 2016년 7월 〈TV조선〉이 미르재단과 관련된 첫 보도[4]를 내면서 '게이트'의 문고리를 잡아당겼고, 청와대의 강한 반격에 『조선일보』가 주춤하고 있던 사이 『한겨레』가 최순실과 K스포츠재단의 커넥션을 실명으로 특종 보도[5]하면서 '게이트'가 활짝 열렸다. 10월 24일 JTBC의 최순실 태블릿 PC 보도[6]는 박근혜-최순실 게이트의 온갖 '농단'을 숨겨왔던 대형 댐을 단숨에 폭파했다.

노회찬은 9월 『한겨레』 기사가 나온 직후 정치인으로서는 최초로 '보도된 내용이 사실이라면'이라는 전제 아래 박근혜 대통령의 탄핵소추 가능성을 언급했고, 청와대는 격하게 반발했다. 노회찬은 10월 청와대 국정감사장에서 박근혜 대통령이 재벌에게 돈을 뜯어내고도 잘못을 깨닫지 못하는 '죄의식 없는 확신범'이라고 공격했고, 당시 여당인 새누리당 국회의원들과 이원종 청와대 비서실장이 이에 강하게 반발하면서 국정감사가 중단되었다. 여당 지도부는 노회찬을 국회 윤리위원회에 제소하겠다며 사과를 요구했지만, 그는 거부했다.

JTBC가 최순실 태블릿 PC를 보도한 날은 10월 24일 월요일이었고, 그 주 토요일인 10월 29일 첫 촛불집회가 서울 청계광장에서 열렸다. 노회찬은 주최 단체가 어딘지도 모른 채 5,000명 정도 모이면 많이 온 거라 생각하며 촛불집회에 참석했는데, 이날 2만 명이 모였다. 정치인으로는 노회찬 외에 민주당 소속의 이재명 성남시장과 표창원 의원, 무소속 김종훈 의원 정도가 참석했다. 그들은 끝까지 자리를 지켰고, 덕분에 노회찬도 마이크를 잠깐 잡을 수 있었다. 정치인이 촛불 무대에서 마이크를 잡은 건 그게 마지막이었다. 그다음부터는 보통 사람들에게만 마이크가 돌아갔다. 2주 후 촛불집회 참석자는 주최 측 발표 100만 명으로 늘어났다.

정치권에서는 예상치 못했던 민심의 거대한 저항에 직면해 대통령의 즉각 퇴진, 단계적 퇴진, 거국내각 구성[7] 등 다양한 주장이 쏟아져나왔다. 모든 대안이 박근혜 대통령이 조기에 물러나는 것을 전제로 한 것이었다. 정의당은 대통령의 하야, 과도 내각 구성 및 위기 관리, 조기 대선이라는 3단계 방안과 함께 탄핵검토위원회 구성을 제안했다. 정당으로서는 가장 먼저 박근혜 대통령의 퇴진을 요구하는 등 보수 야당보다 발 빠르게 움직였다. 하지만 박근혜 대통령은 국민의 요구에 응답하지 않았고, 거대 정당들도 대통령 퇴진 요구를 앞세우지 않았다. 분노한 촛불은 횃불이 되어 더 강하게 타올랐고, 그 힘으로 집권 여당을 두 동강 냈다. 2016년 12월 9일 국회는 노회찬(정의당), 우상호(더불어민주당), 박지원(국민의당) 등 당시 야당 원내대표가 발의자가 된 대통령 탄핵소추안을 통과시켰고, 2017년 3월 10일 헌법재판소는 재판관 전원 합의로 박근혜 대통령을 파면했다. 대통령에게 탄핵 판결이 내려지면 헌법 조항에 따라 60일 이내에 선거를 치러야 했다. 헌법재판소 판결이 나온 지 닷새 후 국무회의는 당초 12월에 실시될 예정이었던 대통령 선거를 5월 9일에 치르기로 의결했다. 각 정당과 대선 후보들은 탄핵 결정이 나기 전에 이미 조기 대선 가능성을 염두에 두고 나름의 셈법을 가지고 발 빠르게 움직이기 시작했다. 2007년과 2012년 대선후보 경선에서 패배 또는 포기했던 노회찬도 결정을 내려야 했다.

2016~2017년 촛불혁명은 1960년 4·19혁명과 1987년 6월 시민항쟁 이후 한국현대사에서 세 번째로 기록될 시민혁명이었다. 노회찬은 앞선 두 번의 '혁명'이 쫓아내려 했던 정권을 온전히 극복하지 못하고 연장시킨 사실을 환기하며 촛불혁명은 그 전철을 밟지 말아야 한다고 강조했다. 그는 촛불이 한창 타오를 때 실시된 미국 대선에서 도널드 트럼프가 당선된 것은 '이유 있는 항변이 잘못된 대안을 만나서' 생긴 현상이라고 평가했는데, 촛불의 성과를 정치적으로 제대로 담아내야 한다는 그의 문제의식과 맞닿아 있는 발언이었다. 이제 그 성과는 2017년 대통령 선거의 결과로 나타날 터였다.

대선에 불출마하다

2017년 1월 7일, 심상정 정의당 대표가 대선 출마 의사를 공개적으로 밝혔다. 사람들은 2007년(민주노동당 대선후보 경선)과 2015년(정의당 당대표 경선)에 이어 노회찬과 심상정이 당내에서 다시 한번 맞붙을지 촉각을 곤두세웠다. 노회찬은 자신의 대선 후보 출마 여부에 대해 입을 다물고 있었다. 가까운 동료들의 의견을 듣는 자리에서도 속내를 털어놓지 않았다. 중요한 정치적 결정을 내릴 때 항상 그랬던 것처럼. 동작구 재보궐선거에서 단일화가 무산될 시 후보를 사퇴하겠다는 선언을 할 때도 그랬고, 창원 선거구를 결정할 때도 그랬다. 노회찬을 대선 후보로 만드는 것이 자신의 가장 중요한 책무라고 생각했던 오재영은 그때까지만 해도 출마를 의심하지 않았다. 그런데 주변에서 노회찬 의원이 출마하지 않을 수도 있을 것 같다는 얘기들이 흘러나오기 시작했다. 노회찬의 출마 여부를 당사자 말고 가장 먼저 알게 될 사람이 오재영이었다. 박창규가 오재영에게 문자를 보내온 건 심상정이 출마 선언을 한 후 닷새가 지난 때였다.

2017년 1월 12일 목요일.

"박창규: 형, 갑자기 든 직감인데 안 하시는 거 아닐까? 벌써 목요일도 다 갔는데…."

"오재영: 한다. 준비해."

박창규가 묻고 오재영이 대답한 모바일 메신저 내용이다. '안 한다'는 건 '불출마'를 뜻했다. 오재영과 참모들은 노회찬의 결정을 기다렸지만, 그는 일주일 동안 침묵을 지켰다.

2017년 1월 18일 수요일.

"오재영: 의원님 접기로 했음. 아직 말하지 말고. … 내일 자연스럽게 알려지게 될 것임."

"박창규: 주말 모임 같은 거 하나요?"

"오재영: 하자고 했는데, 좀 더 생각해보자시네."

2017년 1월 18일 밤. 노회찬, 오재영, 박창규, 박규님은 영등포에 있는 한 주점에서 술을 마셨다. 아무도 말하지 않았다. 침묵이 어색하다는 생각도 잊은 채 술을 마시다 헤어졌다. 노회찬 대선 후보 만들기를 주된 임무로 여기고 그 일에 전념했던 오재영에게 이날 노회찬의 결정은 충격이었다. 노회찬이 2016년 노원을 떠나 창원에서 출마했을 때도 이런 식으로 막판에 가서 급작스레 알게 된 기억이 있었던 박창규도 마찬가지였다.

다음 날 노회찬은 정의당 대선 후보 불출마를 선언했고, 같은 날 심상정은 출마 선언을 했다. 심상정은 강상구 후보와 경선 끝에 승리해 정의당 대선 후보가 되었다. 노회찬이 불출마한 이유를 아는 사람은 없다. 그가 아무에게도 말하지 않았기 때문이다. 불출마한 배경에 대해 다양한 분석이 나올 수 있을 테지만, 경선에서 이길 수 없을 것이라는 판단이 가장 컸던 것으로 보인다. 가까운 참모들은 어렵더라도 해봐야 한다는 쪽과 승산도 명분도 충분치 않다면서 접어야 한다는 쪽으로 나뉘었다. 양쪽 다 어려운 승부가 될 것이라는 건 인정하고 있었다.

이와는 다른 맥락에서 노회찬의 불출마를 바라보는 시각이 있다. 2010년 서울시장 선거의 재현이 될지도 모른다는 우려가 작용했을 것이라는 가설이다. 노회찬이 출마를 고민하던 시기는 헌법재판소에서 탄핵 판결이 나기 이전으로 정권교체가 당연시되던 때는 아니었다. 문재인, 반기문이 선두를 다툴 경우 한명숙, 오세훈이 겨룰 때의 서울시장 선거구도가 다시 반복될 수 있을 것이라는 예상이 가능했던 때였다. 당내 경선의 승패 전망이 아니라 대선 전체 판세에 대한 예측이 출마를 접게 했을 것이라는 추론이었다.[8]

대선 후보로서 자신이 꿈꾸는 나라를 국민에게 직접 설명하려 했던 노회찬의 목표는 2007년, 2012년에 이어 이번에도 이루어지지 못했다. 노회찬이 출마 여부를 놓고 한참 고민하고 있을 무렵 그는 마치 대선 출사표를 방불케 하는 긴 글을 한 편 작성했다. 2016년 12월 27일 정의당 부설 연구소인 '미래정치센터'(현 정의정책연구소) 송년 시국토론회 발제문이었다. 「촛불시민혁명과 '새로운 민주공화국'을 위한 우리의 과제」라는 발제문에 노회찬은 촛불혁명의 의미와 새로운 민주공화국을 건설하기 위한 다양한 개혁 과제에 대한 자신의 입장을 담았다. 박근혜 정부 적폐 청산을 비롯해 개헌과 정치개혁, 재벌개혁, 사법개혁 등 주요 분야가 망라되었으며, 전체를 꿰뚫는 키워드는 '새로운 민주공화국'이었다. 10년 전 당내 대선 후보 경선 때 들고나왔던 '제7공화국' 화두의 연장선상에 있는 내용이다. 현실에서는 이루어지지 않았지만, 노회찬이 정의당 대선 후보가 되면 국민에게 하고 싶은 이야기였을 것이다. 발제문 중 일부를 옮긴다.

2016년 11월의 촛불시민혁명은, 주권자로서 국민들이 스스로 자신들의 정치적 힘을 보여주고 있는 과정입니다. … 주권자인 국민이 정치의 존재 이유를 확인할 수 있도록 하는 효능감 있는 정치로 '새로운 대한민국'을 만들어내야 합니다. 그런 점에서 대통령 선거를 치르게 되는 2017년은 대단히 의미가 큰 한 해입니다.

2017년은 1987년 민주화 이후 30년이 되는 해입니다. 30년 전에
우리는 정치민주화와 경제민주화를 양대 축으로 민주주의를
설계했습니다. 하지만, 현실은 그렇게 실현되지 못했습니다.
경제민주화는 30년 동안 미뤄온 과제입니다. … 이제 2017년
대선을 통해 촛불시민혁명을 따르는 진보개혁정치는 경제
불평등을 해소하는 경제민주화, 재벌체제 해체, 중소기업과
노동자·자영업자·농민 등 경제적 약자들의 공생공존에 관한
경제 전략과 정책을 제시하고 정치적 합의를 이끌어내야 합니다.
그것을 통해 선진복지국가를 실현하겠다는 오래된 미래 구상을
국민들께 제시하고 확인받아야 합니다.

또, 2017년은 IMF 외환위기를 겪은 지 20년 되는 해이기도
합니다. IMF 외환위기는 대한민국 국민들의 가치관을
뒤흔들어놓은 역사적 사건이었습니다. 한국 사회에서
평생직장이라는 말을 없앴고, 경쟁 만능과 물질 우선의
가치관을 확산시켰습니다. 또, '개천에서 용 날 수 없다', '가난이
대물림되고 있다'는 사회적 좌절감을 맛보게 만들었습니다.
이 과정에서 정치는 경제 불평등 확산과 사회 양극화 확대 앞에서
무기력하기만 했습니다. 이제 다시 진보개혁정치가 현실을
돌려놓아야 합니다. 좋은 일자리와 따뜻한 사회보장을 통해
'함께 사는 평등한 대한민국을 만들자'고 국민들께 제안하고
다가가야 합니다.

그리고 2017년은 새누리당 이명박, 박근혜 정부가 집권한 지
10년이 되는 해이기도 합니다. 대통령과 정부의 무능과 불통의
극치를 국민들께 보여준 시간이었습니다. 2017년 대선을 거쳐

지난 10년의 새누리당 정부가 남겨놓은 적폐를 청산해야 합니다.
경제민주화, 재벌 해체, 선진복지국가로 나아가는 대한민국의
국정 목표를 되돌릴 수 없도록 최소한 30년 동안은 새누리당
보수 세력이 집권할 수 없게 만들어야 합니다.
강조하건대, 촛불시민혁명을 통해 분출한 국민들의 요구에
부응하고 2017년 대선의 정치적 목표를 실현하는 길은, 국민들의
촛불민심을 수용할 수 있는 정치 세력이 차기 정권을 잡는
것입니다. … 정의당은 가장 먼저 대통령의 퇴진을 주장한 정치
세력으로서 국민들의 촛불시민혁명에 앞장서서 동참해왔습니다.
정의당은 국민들에 의해 시작된 촛불시민혁명을 정치적 결과로
만들어내는 일, 2017년 대선에서 정권교체를 이루는 일을
주도적으로 맡을 충분한 자격과 능력을 가지고 있음을 국민
여러분들께 감히 말씀드립니다.

전반적으로 평소 그가 강조하던 내용이었지만, 그중 제7공화
국을 연상시키는 '새로운 대한민국'을 특별히 강조하면서 이를 이
루어낼 정치 주체로 '진보(와) 개혁 세력'을 꼽았다는 점과 새누리
당의 '30년 집권 배제론'이 눈길을 끈다. '87년 체제'를 넘어서고
집권당과의 정치적 연대를 통한 '장기 집권'으로 새로운 공화국을
만들자는 그의 청사진은, 당시 촛불 정국의 뜨거운 분위기 속에서
충분히 그려볼 수 있는 그림이었다. 그가 겪었던 문재인 정부 1년
남짓 동안은 그의 낙관이 허용되었던 시절이다. 또한 사적인 자리
였지만 문재인 정부의 출범 초에 대통령의 신임이 두터웠던 조국
민정수석과 촛불혁명의 성공을 위한 진보와 개혁 세력의 연대에

대해 깊은 이야기를 나눴고, 큰 방향에서 공감하기도 했다. '30년 집권 배제론'은 노회찬의 진보 '장기 집권론'과 같은 맥락에서 나온 말이었다.

당선자가 누군지 궁금해하지 않았던, 누가 2등을 할지가 더 관심사였던 제19대 대선이 끝났다. 문재인 후보가 득표율 41.1%로 당선되었고, 홍준표가 2위(24.0%), 안철수가 3위(21.4%)를 기록했다. 심상정은 득표율 6.2%, 201만 7,458표를 얻어 유승민(6.8%)에 이어 5위를 기록했다.

이재영과 오재영

이재영과 오재영. 이 둘은 이름 말고도 같은 게 몇 가지 더 있다. 둘다 40대에 세상을 떠났으며, 사람들은 둘의 직함 앞에 '영원한'이라는 수식어를 붙여주었다. 노회찬이 이 둘을 처음 만난 해는 1992년이었다. 진보정당의 '영원한 정책실장' 이재영은 1967년생이고, '영원한 조직실장' 오재영은 이재영보다 한 해 뒤에 태어났다. 마흔다섯 이재영은 2012년 12월 12일 대장암으로, 마흔아홉 오재영은 2017년 3월 22일 급작스런 심근경색으로 짧은 삶을 마쳤다. 두 사람을 보내면서 추도사를 읽은 사람이 노회찬이었다. 노회찬은 장례 기간 내내 두 사람의 빈소를 떠나지 않았다.

이재영이 노회찬과 같은 조직에서 일하기 시작한 것은 인민노련이 전국 조직으로 발전하면서 출범시킨 '사회주의자연합' 때부터였고, 1992년 진정추의 사무실에서 얼굴을 처음 보았다. 한때 50여명에 이르던 진정추의 중앙 상근자들이 모두 떠나고 노회찬과 함께 남은 마지막 한 사람이 이재영이었다. 운동권으로부터도 '왕따'를 당하면서 진보정당 건설을 향한 이들의 고군분투가 '국민승리

21'로 성취되었던 1997년, 노회찬은 이 해를 '자신과 이재영 인생의 최고의 해'였다고 회고했다.

민주노동당 창당과 국회 진출 시기에 내세웠던 부유세, 무상교육, 무상의료 등 당의 대표적 공약과 "부자에게 세금을, 서민에게 복지를" 같은 구호에는 예외 없이 이재영의 손때와 땀이 묻어 있었다. 하지만 평생 같이할 것 같았던 노회찬과 이재영은 통합진보당이 만들어지면서 정치적으로 갈라섰다. 노회찬은 통합진보당으로 갔고, 이재영은 진보신당에 남았다.

이재영이 암과 싸울 때 통합진보당은 정파 간 내전을 치르고 있었다. 이때에도 노회찬은 이재영이 입원한 병원을 자주 찾았다. 이재영이 좀 더 오래 살았더라면 다시 같은 당에서 만났을 가능성이 높았겠지만, 생전에 정치적 재회는 없었다.

이재영이 떠난 후 5년, 노회찬은 또 한 번 큰 상실을 겪었다. 바로 오재영의 죽음이다. 오재영이 옆에 없는 노회찬은 상상이 안 되는 일이었다. 다른 누구보다 노회찬이 그랬다. 둘은 1992년 백기완 선거운동본부에서 처음 만났다. 24살, 36살 띠동갑이었다. 둘은 국민승리21에서 다시 만나 민주노동당에서 정의당까지, 사무총장과 조직실장으로, 당대표와 비서실장으로, 국회의원과 수석 정무보좌관으로, 무엇보다 동지로 '고락'을 함께했다. 노회찬과 함께한 훌륭한 참모, 동지, 후배들이 많았지만, 오재영은 그중에서도 각별했다. 노회찬의 부족한 부분을 채워줄 수 있고 노회찬의 가장 깊숙한 속마음까지 헤아릴 수 있는 사람이 그였기 때문이다. 노회찬은 정세를 읽고 정책을 정치화하는 데는 탁월한 능력을 가졌지만, 드러나지 않은 채 드러난 부분을 결정하는, 경쟁하는 당내 권력인 정파 간의 갈등을 조정하고 타협하는 일에는 약했거나 나서지 않았다. 노회찬이 사무총장이던 시절부터 당내 대선 후보, 당대표, 국회의원을 지내는 동안 이 일은 오재영의 몫이었다. 소속 정파를 불문하고 사람들은 오재영의 조정자로서의 탁월한 역량을 인정했다. "노회찬이 대중을 움직이면, 오재영은 개인을 설득한다." 둘을 잘 아는 김윤철의 말이다. 대중과 개인의 차이는 숫자가 아니다. 노회찬이 조직화되지 않은 대중을 상대했다면 오재영은 조직을 책임지는 영향력 있는 개인을 상대했다. 덩치가 작은 진보정당에서는 노회찬처럼 대중에게 지지를 많이 받더라도 당내에서 조직적 지지를 얻지 못하면 빛을 못 보는 경우가 많다.

2017년 당내 대선 경선에서 노회찬과 함께 '이번에는' 승리를 만들어내고 싶어 했던 오재영은 그 기회를 얻지 못한 채 세상을 떠났다. 노회찬에게 그의 부재는 비통함 그 이상이었다. 둘 사이를 잘 아는 사람들 중에는 오재영이 있었다면 노회찬의 마지막 선택은 없었을지도 모른다고 얘기하는 이들도 있다.

노회찬이 눈물 흘릴 때

2017년 10월 24일, 법사위 국정감사가 진행되고 있는 대구 고등법원. 천종호 판사는 자신이 마이크를 잡고 이야기를 할 기회가 있으리라고는 전혀 생각지 못했다. 국정감사장에서 '관심을 받을 사람이 아닌' 자신에게 마이크가 넘어오자 깜짝 놀랐다.

노회찬 　국정감사(監査)는 묻고 따지고 호통 치는 장이긴 한데,
　　　　　오늘 제가 가정법원장님께 묻는 질문은 고맙다는
　　　　　의미에서 감사(感謝)입니다. 가정법원의 천종호 판사
　　　　　지금 나와 계십니까?
천종호 　예.

노회찬　보통 1년만 맡는다는 소년 재판을 8년째 맡고 있는 게 사실입니까?

천종호　예, 그렇습니다. 2010년부터 지금까지….

노회찬　1만 2,000명 정도 소년범을 다뤘습니까?

천종호　예, 그렇습니다.

…

노회찬　천종호 판사 같은 경우에 단순하게 소년범 재판을 많이 했다는 것만이 아니라, 문제를 해결하기 위해, 제가 본 바에 따르면, 소년 사건이 가정이라는 뿌리를 잃고 학교 밖으로 밀려난 저소득 결손 가정에서 많이 나오기 때문에 사회적 관계를 회복하는 경험을 위해서 … 청소년회복센터의 사법형 그룹홈 제도를 처음 제안했고, 그것이 정착되어 있고, 가정법원장께서도 이 제도를 적극적으로 지원하는 것으로 알고 있는데, 맞습니까?

문형배　네, 맞습니다.

…

노회찬　천종호 판사님께 다시 한번 마이크를 주십시오.

천종호　네.

노회찬　제가 이 말씀은 꼭 드리고 싶었습니다. (7초간 침묵 후 떨리는 목소리로) 제가 다른 자리에서 사법부 신뢰가 떨어진 데 대한 질문을 많이 했는데요. … 고맙습니다.[9]

노회찬의 갑작스런 침묵과 붉어진 눈시울을 보고 국정감사장에 있던 사람들은 놀라고 의아해했다. 국정감사가 끝나고 천종호는 노회찬을 찾아가 감사 인사를 했고, 노회찬은 열심히 하시라며 격려 인사를 전했다. 이후 노회찬은 소년법원의 예산을 늘리는 데 힘을 써 7억 원 예산을 12억 5,000만 원으로 증액했다. 국정감사장에서 그의 '울컥함'은 어디서 나온 것일까? 스스로 제어할 수 없었던 감정의 심층을 논리적으로 설명하는 것은 불가능한 일일 것이다.

2002년 12월 19일 오전 6시 36분. 야전침대에서 잠시 눈을 붙이다 전화벨 소리에 잠을 깼다. 40대 남자의 목소리.

"여기 선거 공보물 보니까 무상교육 내걸었는데…, 그거 진심입니까?"

"네, 진짜 진심입니다."

"지금 투표하러 가는데 물어보고 가려구요."

"아, 그렇습니까? 무상교육, 무상의료 모두 가능합니다. 진심입니다."

"없이 사는 노동자인데요. 애들 교육비가 걱정돼서요."

"네…, 노동자라면 더욱 권영길 후보를 찍어야죠."

"여긴 부산인데요…, 서민들을 위해 계속 일해주세요."

"네, 고맙습니다. 열심히 하겠습니다."

아침부터 목이 멘다.[10]

환경미화원, 도로준설원, 도로보수원 등 351명의 입당 기자회견이 국회 앞에서 열렸다. … 흐린 하늘에서 축복처럼 진눈깨비가 흩날린다. 목이 메고 눈시울은 뜨겁다.[11]

2000년 10월 평양에서의 일입니다. 지하철 령광역에서 아버지와 함께 외출한 강정옥 양은 흰 블라우스에 붉은 머플러 차림의 예쁜 소녀였습니다. 남쪽의 초등학교 1학년 정도로 보였어요. 인사를 나누고 몇 학년이냐고 물으니 고등중학교 2학년이라는 거예요. 놀라서 나이를 물으니 12살이랍니다. 그 소녀를 다시 쳐다볼 수가 없었습니다. 지켜보던 북측 안내원이 겸연쩍은 듯 "그놈 참 키가 작네"라고 하더군요. 목이 메었습니다.[12]

인천 송림동. 용접공 시절 월세 5만 원 사글세방 살던 동네입니다. 재래시장, 20년 전과 그대로입니다. 흰 고무신 한 켤레 사는데 끝까지 돈을 안 받으시네요. 고무신 한 켤레 얻었는데 가슴이 미어집니다.[13]

지난여름 뜨거웠던 서울광장 앞에서 우리는 고인들을 생각하며 삼보일배를 했습니다. 미안하다는 대통령의 단 한마디 말을 기대하며 청와대로 향했던 유가족과 시민들의 삼보일배는 또다시 경찰의 방패에 가로막혔습니다. 삼보일배가 가로막힌 그 자리에 하늘에서 억수 같은 비가 내렸습니다. 유족도 울고, 시민도 울고, 하늘도 울고, 저도 울었습니다.[14]

가난한 집안에서 태어나 부모로부터 사랑받지 못한 채 '소년범'이 된 아이들, 청소 노동을 하면서 지금보다 살기 좋은 세상을 만들고 싶어 입당하는 중년의 노동자들, 나이 많은 영세 자영업자 그리고 인민을 제대로 먹여 살리지 못하는 나라에서 태어난 키 작은 아이들, 이들의 삶과 아픔에 대한 깊은 공감이 노회찬의 눈물샘을 자극했을 것이다. 용산 참사 유가족과 삼보일배 할 때 경찰의 저지에 맞서 유가족과 부둥켜안고 뜨거운 눈물을 흘렸다. 이들은 노회찬이 6411 버스 연설에서 '투명인간'이라는 이름으로 호명한 사람들이었다. 이들에게 노회찬은 말 잘하는 정치인이 아니라 자신들의 말을 들어주고 자신들의 심정을 대신 말해주는 정치인이었다. 노회찬에게 정치는 앞서 언급한 것처럼 '고통의 현장을 찾아가고 연대하는 운동'이며 '정치적 이해관계에서 계산된 행위가 아니라 영혼을 가지고 진심으로 행하는 실천'이 우선이었고 당 차원의 실천은 그다음이었다. 영혼과 진심이 현실 속의 가슴 아픈 사연과 사람들을 만났을 때 그의 눈물샘은 자극을 받았다.

노회찬은 자신이 대변하고 함께하고자 했던 서민들의 아픔에는 공감의 눈물을 흘렸지만, 개인적인 일로 우는 경우는 없었다. 김지선은 결혼 후 딱 한 번 남편이 서럽게 우는 장면을 봤다. 자식이 없던 부부가 자식처럼 키우던 반려견 '하늘이'가 세상을 떠났을 때다. 김지선은 그 장면을 보고 '아, 이 사람도 눈물이 있는 사람이구나' 하고 생각했다. 노회찬은 하늘이 사진을 지갑 속에 지니고 다녔다.

"협치하려면 문서화해야 한다"

촛불 정국 이전부터 전략적 동반자 관계, 공동정부 구성 가능성을 내세우며 민주당과의 공조 노선을 강조했던 정의당은 문재인 정부가 출범한 이후에도 같은 노선을 유지했다. 정의당은 문재인 정부 출범 전후로 공동정부 구성 문제에 대해 비공식적으로 검토한 적이 있었다. 하지만 실질적인 진척이 없어서 검토는 중단되었다. 청와대와 여권 일각에서도 당시 여소야대였던 국회 상황 등을 감안해 협치를 위해 탄핵에 함께했던 야권 정치인들의 입각이 필요하다는 목소리가 있었다. 이런 의견은 다수 야당을 상대해야 했던 더불어민주당 쪽에서 주로 나왔다. 하지만 정책 연대를 바탕으로 한 본격적인 연립내각 구성 수준이라기보다는 적극적인 협치의 외양을 보여주자는 정치적 행보 차원의 의견들이었고, 결국 그마저도 무산되고 민주당 '독식'으로 귀결되었다.

당시 여당 원내대표였던 우원식은 더불어민주당과 정의당이 중심이 되고 바른정당까지 포괄하는 '탄핵 연대'를 해야 한다는 입장이었고 당내에서도 같은 생각을 가진 사람이 있었지만, 당시 청와대나 당내의 전반적 분위기는 이 문제를 공식적으로 논의할 상황이 아니었다고 전했다. 그는 정의당 원내대표였던 노회찬도 탄핵 연대에 동의했다고 말했다.[15]

노회찬에게 연합정치는 단순히 야당 정치인의 개별적 입각 수준을 넘어서서 공유할 수 있는 가치와 구체적 정책에 대한 합의를 전제로 하는 것이었다. 그는 특히 공식적인 문서화가 필요하다고 보았다.

여야가 분명히 다르다. 국민은 '힘을 합쳐서 가면 되지 않느냐'고 하지만 말처럼 쉽지가 않다. 누구 한 명 장관에 앉히고 사이좋은 관계로 가자는 건 협치가 아니다. 이렇게 모호하고 낭만적으로 갈 수 있는 길이 아니다. 협치를 하려면 문서화해야 한다. 독일은 어디에서부터 어디까지를 같이한다고 약속하고 이를 문서로 만든다. 책임을 공적으로 뒷받침할 수 있는 문서 시스템이 굉장히 중요하다.[16]

이 시기에 언론은 확인되지 않은 비민주당 의원의 입각 예상 인사 명단을 보도하기 시작했다. 유승민 경제부총리, 심상정 노동부장관 등의 '설'이 그런 사례였다. 촛불연정의 가능성을 높이 보고 있던 언론이 여의도에서 떠도는 이야기를 중심으로 기사를 내보내고 있었고, 그 대상에는 탄핵 찬성 정당들이 망라되었다. 더불어민주당 의원 표창원은 노회찬이 법무부 장관이 되면 좋겠다는 '사견'을 밝혀 기사화되기도 했다. 하지만 청와대는 연립내각을 검토한 적이 없으며 심상정, 유승민에게 입각을 제안한 적도 없다고 언론에 공식적으로 밝혔다. 정의당 쪽에서도 이는 '가짜뉴스'라며 개별 의원의 입각이 협치는 아니라는 입장을 밝혔다. 청와대 정무수석 전병헌이 심상정 정의당 대표를 찾아온 것도 이즈음이었다. 그는 심상정에게 2018년 6월 지방선거 전까지는 더불어민주당 단독 책임정부로 가겠다는 입장을 전했다. 물론 정의당이 사전에 문재인 정부에 연합정치에 관한 어떤 요청을 한 바는 없었다.

연립내각을 둘러싼 얘기들은 문재인 정부 초기에 잠시 나왔다가 사라진 의제였지만, 더불어민주당과의 '개혁 공조와 견인'이라는 정의당의 기본 입장은 변하지 않았다. 노회찬이 이 시기에 공조 노선에 적극적이었던 것은 문재인 정부에 대한 기대가 컸기 때문인 것으로 보인다. 그는 문재인 대통령이 당선 후 첫 행보로 인천공항을 방문한 자리에서 비정규직을 정규직화하겠다는 입장을 밝힌 데 대해 '기립박수'를 보내고 싶었다며 환영했다. 문재인 정부에 대한 그의 기대는 대통령 개인에 대한 신뢰도 있었겠지만 촛불이 만들어낸 정권으로서 시대적 소임을 충실히 할 것이라는 낙관적 전망에 바탕을 둔 것이었다.

물론 노회찬이 더불어민주당과의 연합정치를 강조한 것은 그 과정에서 정의당의 성장에 도움이 되는 길을 찾을 수 있을 것으로 봤기 때문이다. 공조를 통해 획득해야 할 최우선 목표는 연동형 비례대표제의 도입이었다. 노회찬은 문재인 정부 아래서 그 어느 때보다 이 제도의 도입 가능성이 높다고 예측했고, 실제로 제20대 국회에서 이 제도가 도입되었다. 물론 거대 양당의 '협잡과 공모'로 누더기 법이 되었지만, 심상정이 정치개혁특위 위원장으로서 패스트트랙[17]에 태워 통과시킨 선거법 개정안을 기준으로 하면 정의당은 2020년 총선에서 20석을 얻어 교섭단체를 구성하는 데 성공하는 것으로 나타났다. 노회찬이 생존해 있었더라도 거대 양당의 비상식적인 반칙 행위를 막기는 어려웠을 테지만, 그는 누더기 법안 통과를 저지하기 위해 자신의 정치 인생을 걸고 최고 수준의 정치 투쟁을 했을 것이다.

노회찬이 공조 노선을 강조한 배경에는 또 다른 그의 고민이 있었는데, 그것은 정의당과 더불어민주당의 지지층이 겹쳐 있는 현실이었다. 그는 촛불을 들고 거리로 나왔던, 문재인 후보에게 투표한 사람들을 정의당의 잠재적 지지자로 보았다. 노회찬은 더불어민주당과의 경쟁도 중요하지만, 정의당을 지지하고 있거나 지지할 가능성이 큰 국민의 눈높이가 어디에 맞춰져 있는지, 그들이 정의당에 무엇을 바라는지 섬세하게 볼 필요가 있다고 강조했다.

정의당의 문턱에 있는 지지자들이 문턱을 넘어오게 하기 위한 의식적인 노력이 필요하다는 뜻이었다. 하지만 이 같은 노회찬의 입장에 대해, 정의당이 더불어민주당 지지층에 일종의 '전향'을 기대하는 것은 잘못된 판단이며 색깔이 불분명한 다수파 확보 전략은 더불어민주당 2중대론의 빌미를 제공할 뿐이라는 비판도 있었다. 더불어민주당과의 공조 노선을 버리고 진보정당의 정체성을 분명히 하면서 계급적 지지 기반을 단단하게 다지는 것이 필요하다는 입장이었다.

노회찬의 계획표에 전혀 없었던 2008년 분당과 2012년 '통진당 사태'를 지나는 동안 그가 속했던 정당의 전국 단위 선거 득표율은 장기 하강 곡선을 그렸다. 2004년 13.1%로 최고점을 기록한 이후 진보신당 시기에는 2~3% 수준에서 맴돌았다. 노회찬이 3선 의원이 된 2016년부터 장기 하락 추세가 멈추고 7~10% 수준을 기록하며 상승세로 접어든 것처럼 보였다. 노회찬은 이 같은 흐름을 유지하면서 촛불혁명 이후 국면을 잘 타고 넘어가면 자신이 생각한 집권으로 가는 전략적 고지이자 숙원 목표였던 교섭단체 구성이 가능하리라 기대했던 것으로 보인다. 대선 직후에 실시한 정당 지지도 조사에서 의원 6명의 정의당은 창당 이래 최고치인 9.6%를 얻어 2위를 위협하는 3위 정당이 되었고, 40석 국민의당을 따돌렸다. 언론은 "일대파란", "정치권 술렁"이라는 다소 과장된 표현을 동원해 이 사실을 전했다.

노회찬이 진보와 개혁 세력의 연대를 강조한 것은 이를 통해 보수 수구 정당인 자유한국당을 오른쪽으로 밀어내고 그 열린 공간을 진보정당이 차지해야 한다는 판단 때문이었다.

개혁적인 민주당과 진보적인 정의당이 1, 2위를 다투는 구도라면 그야말로 대한민국을 위한 하늘의 축복이 아니겠나, 그렇게 생각되고 환상적인 정치구도라고 생각합니다.[18]

말 그대로 환상적인 전망, 비현실적 낙관으로 보일 수도 있지만 그는 이런 구도를 '현실화'하기 위한 경로와 방법을 많이 고민한 것 같다. 정의당이 당내의 일부 반발을 감수하면서 민주평화당과 공동교섭단체를 꾸려 의회 내의 교섭력을 높이고 이를 바탕으로 최초로 국회직인 정치개혁특위 위원장 자리를 맡은 것은 낙관적 전망을 현실로 바꾸는 데 긍정적 기여를 한 기획이었다. 정의당이 2018년 지방선거에서 '제1야당 교체'를 구호로 내세운 데에도 이런 전략적 배경이 깔려 있었다.

적폐 청산에 대한 노회찬의 생각

노회찬은 연합 노선의 정치적 손익 계산과 무관하게 촛불혁명의 성공을 위해서 문재인 정부와 공동보조를 맞춰야 한다는 생각도 컸다. 앞서 잠깐 언급한 것처럼 그는 한국 현대사에서 시민혁명으로 부를 수 있는 촛불 이전의 두 혁명, 즉 1960년 4·19혁명과 1987년 6월 시민항쟁이 군부 쿠데타와 자유주의 세력의 분열로 실패 또는 제한적 성취로 귀결되었지만, 2016~2017년 촛불혁명은 세상의 변화를 가져와야 하며 그럴 가능성이 이전보다 높을 것이라 전망했다. 전망이라기보다 정치인으로서 그렇게 만들어야 했다. 두 번의 혁명 때는 없었던 진보정당의 존재가 그 가능성을 높여주는 요인 중 하나였음은 물론이다.

당시 노회찬 원내대표를 가까이에서 보좌하고 국회 연설문을 작성하는 과정에도 함께 참여했던 의정지원팀장 한경석은 노회찬이 문재인 정부와의 관계 설정을 어떻게 할지 고민하던 모습을 잘 기억하고 있다. 노회찬은 적폐 청산과 일반 개혁 과제에 대해서는 문재인 정부가 이를 완수할 수 있도록 협력관계를 유지하는 게 중요하지만, 진보적 의제에 대해서는 경쟁을 통해 차별화하고 문재인 정부를 '견인'하는 게 필요하다고 보았다. 하지만 현실에서는 두 과제가 뒤섞일 때도 있었고, 후자의 모습은 상대적으로 눈에 덜 띄는 경향이 있었다.

일반적 개혁 과제와 관련해 노회찬은 더불어민주당과 보조를 맞추는 데 그치지 않고 정의당이 더 적극적이고 강하게 반개혁 세력과 싸워야 한다고 생각했다. 노회찬이 단기필마로 적진을 휘저어놓는 장수, 혹은 적진 깊숙이 들어가 상대방의 급소를 명중시키는 저격병 역할을 자처한 것은 이런 맥락에서 나온 선택이었다. 그의 과녁은 자유한국당이었고, 주무기 중 하나는 사태의 본질을 꿰뚫으면서도 유쾌하고 신랄한 유머였다. 그의 공격을 받은 상대방은 치명상을 입지만 그래도 웃을 수밖에 없는 화살이었다.

노회찬은 적폐 청산을 정치보복이라 비난하던 주장을 두고 "청소가 먼지에 대한 보복이냐?"라고, 공수처 설치를 반대하는 입장에 대해서는 "동네 파출소가 생긴다고 하니까 그 동네 폭력배들이 싫어하는 것과 똑같은 거다. 모기들이 반대한다고 에프킬라 안 사냐?"라고 일갈했다. 이 싸움에서 노회찬의 위치는 더불어민주당과 자유한국당 사이에 형성된 전선의 최전방이었다. 마치 더불어민주당을 대신해 싸워주는 장수 같아 보일 때도 있었지만, 그는 '정의당을 지지하고 있거나 지지할 가능성이 높은 국민의 눈높이'에 맞춰서 '더 적극적이고 세게' 적폐 세력과 싸움을 했다.

이 시기 노회찬의 최전방 단독 전투가 힘을 받을 수 있었던 것은 그가 〈김어준의 뉴스공장〉이라는 진지를 확보했기 때문이다. 2016년 9월부터 방송된 이 TBS 시사 프로그램은 2018년부터 프로그램이 폐지된 2022년 말까지 청취율 1위를 달렸다. 노회찬은 2017년 3월 박근혜 탄핵 후 대선을 앞둔 시기부터 2018년 7월까지 매주 고정 출연했다. 그의 말이 전파를 탈 때마다 '어록'이 탄생할 정도로 노회찬의 활약은 두드러졌고, 〈김어준의 뉴스공장〉에서 한 발언은 각종 매체에 인용되었다. 노회찬의 공격이 '적폐 세력'에 집중되었던 것은 프로그램 진행자와 청취자들의 정치적 성향 때문이기도 했다.[19]

여기서 한 가지 짚고 넘어가야 할 대목이 있다. 문재인 정부 시절 청와대와 여권을 중심으로 진행되던 적폐 청산은 이전 정권의 국정 농단 실태의 전모를 드러내고 책임자를 찾아서 엄벌하는 것이었는데, 이 청산 작업이 상대를 정략적으로 공격하는 것이 되면 안 된다는 게 노회찬의 생각이었다. 노회찬에게 적폐 청산은 국정 농단 세력에 대한 책임 추궁을 포함해 사회의 불공정, 불평등 같은 양당 모두에게 책임이 있는 '구조적 적폐'를 해결하는 것이었다.

노회찬은 적폐 청산 과제, 일반적 개혁 과제가 아닌 비정규직, 최저임금 이슈 등 진보적 의제를 현실에서 관철하기 위해서는 더불어민주당과 차별성을 보이면서 '압박, 견인'해야 한다는 생각이었지만, 이 역시 각을 세운 대립보다는 상호 보완할 수 있는 쪽으로 조율하는 것이 더 필요하다는 입장이었다.

노회찬의 이 같은 시각은 문재인 정부의 초기 의제 설정과 실행, 정책과 정치 기획 프로그램이 사람들의 예상을 뛰어넘는 성공을 거두고 있던 정치 상황이 반영된 것으로 보인다. 공공기관 비정규직의 정규직화, 소득주도성장 정책, 최저임금 고율 인상, 검찰과 국정원 개혁 등 문재인 정부의 초기 정책은 정의당의 그것과 크게 차이가 나지 않았다. 노회찬이 생전에 겪었던 문재인 정부 초기의 1년간은 대통령의 국정 지지율이 80% 안팎으로 고공행진을 하던 시기였다.

노회찬의 입장이 정의당의 공식 입장과 다르지는 않았지만, 당내 일각에서 노회찬의 발언과 행보에 대한 비판의 목소리도 있었다. 그들은 통합진보당 이후 노회찬과 심상정 등 지도부가 가졌던 연합 노선이 정의당이 더불어민주당과 차별성을 보여주지 못함으로써 오히려 진보정당의 장기적 발전에 발목을 잡았다고 비판했다.

하지만 문재인 정부가 초기에 보여주었던 진취적인 사회경제 정책과 남북 관계 개선은 얼마 지나지 않아 용두사미로 끝났다. 최저임금 인상 등 소득주도성장은 보수 진영와 관료들의 저항을 넘어서지 못했고, 남북문제도 미국 강경파의 벽을 뚫지 못한 채 과거로 돌아갔으며, 사법개혁도 검찰 기득권의 저항을 제압하지 못하면서 당초의 정책 목표를 달성하는 데 실패했다. 그 결과 정권은 5년 만에 그들이 말한 '적폐 세력'에게 넘어갔다.

정의당의 개헌안 '국민헌법'을 만들다

2016년 10월 24일 박근혜는 '최순실 게이트'를 덮으려 느닷없이 개헌을 공식화했다. 같은 날 JTBC의 태블릿 PC 보도로 개헌 의제가 날아갔지만, 여야 정당은 국회 안에 헌법개정특별위원회(개헌특위)를 만드는 데 합의했다. 국회 차원의 개헌특위가 만들어진 것은 1987년 시민항쟁에 따른 '민주화' 시기 이후 처음이었다. 개헌특위가 실제로 가동되기 시작한 것은 2017년 1월부터였으며, 노회찬은 비교섭단체 몫의 개헌특위 위원으로 참여했다. 탄핵의 격랑을 타고 넘기 위해 각 정당은 개헌이라는 수단을 최대한 활용하려 했다. 2017년 대선에 출마한 후보 5명 모두 2018년 지방선거때 개헌안을 국민투표에 부치겠다고 했지만, 성사되지 않았다. 개헌특위도 그해 6월로 활동이 종료되었다.

정의당은 국회에서 개헌 논의가 진행되던 2017년 하반기에 당내 개헌특위를 만들었고, 노회찬이 위원장을 맡았다. 당시 문재인 대통령의 강력한 의지 표명으로 개헌이 정치 현안으로 떠오르긴 했지만, 자유한국당이 입장을 바꿔 개헌 반대로 돌아서면서 어차피 안 될 거라는 전망이 많았다. 노회찬이 정의당의 개헌안을 만들자고 했을 때, 당 안팎에서는 노회찬이 정세 판단을 잘못한 것 아니냐는 얘기까지 나왔다.

하지만 노회찬은 각 당의 대선 후보가 2018년 6월 지방선거 때 개헌안 국민투표라는 공약을 낸 만큼 개헌 동력을 최대한 만들어서 공세적으로 나갈 필요가 있다고 생각한 것 같다. 정의당이 당 차원에서 2018년 지방선거 때 개헌안을 국민투표에 부치겠다는 공약을 지킨다는 의미도 있었다. 노회찬은 개헌이 될지 안 될지에 대한 정치적 계산보다 정의당이 대안적 개헌안을 만들어서 가지고 있는 것이 중요하다며 개헌특위 위원들의 작업을 독려했다. 노회찬은 개헌특위 첫 회의에서 "당 개헌안은 정의당이 만들 세상을 보여주는 것이다. 광범위한 사람들의 이해관계가 있는 정보기본권, 주거권 등 보편적인 '삶'에 대한 것이 필요하고, 노동문제는 강하게 가야 한다"라고 강조했다. 그것이 개헌안이든 법안이든 미리 준비해놓고 적절한 기회를 포착해 다양한 퍼포먼스와 언론 홍보를 거쳐 입법과 정책으로 연결하는 경로를 거치는 게 노회찬의 일관된 사업 방식이었다. 정의당 개헌특위가 2018년 1월 '국민을 위한 개헌'(일명 '국민헌법')이라는 이름으로 발표한 개헌 초안에는 노회찬이 그렸던 '나라다운 나라'의 모습이 어른거린다.

정의당의 '국민헌법' 전문에는 5·18광주민주화운동, 6월 시민항쟁, 촛불시민혁명 등이 새로운 헌정사적 사건으로 추가되었고, 노동 존중, 평등사회, 복지국가, 지속가능성[20]은 새로운 헌법적 가치로 포함되었다. 헌법 제1조 제3항으로 "대한민국은 지방분권 국가이다"라는 내용을 신설했다. 개헌안의 기본 방향은 기본권, 노동권, 지방분권의 강화였다.

또한 촛불시민혁명의 정신를 실현하기 위해 국민발안, 국민소환, 국민투표제를 신설 도입해 직접민주주의를 강화했고, 모든 종류의 차별을 금지하는 내용을 추가해 평등권의 개념을 확장했다. 노동 관련 조항도 강화했는데, '살찐 고양이법'의 헌법적 근거인 공정임금 보장, 동일가치노동 동일임금 원칙, 노사대등 결정 원칙을 도입하고, 최저임금이 보편적 인권 차원에서 논의되고 그 수준이 결정될 수 있는 헌법적 근거도 마련했다. 노동3권의 강화와 함께 노동자의 사업 운영 참가권과 제헌헌법의 이익균점권도 부활했다.

정치 분야에서는 연동형 비례대표제의 헌법적 근거로서 선거의 비례성 원칙을 헌법에 규정하고, 현재 200명 이상인 국회의원 정수를 300명 이상으로 늘리며, 대통령 선거에 결선투표제를 도입할 근거도 마련해놓았다. 사법 분야에서는 법원의 재판에 법관뿐 아니라 국민도 참여할 수 있는 헌법적 근거를 마련했고, '제왕적 대법원장'의 폐해를 막기 위한 사법행정의 지방분권화도 명문화했다.

이처럼 정의당 개헌특위에서는 권력구조 문제를 뺀 정치, 경제, 사회 분야의 헌법 조항을 검토했다. 하지만 당시 국회 내의 논의에서는 기본권 등에 대한 관심이 전무했고, 대통령제, 이원집정부제, 내각제 등 권력구조 문제만 쟁점으로 부각했다. 권력구조 문제는 주로 여의도라는 '링' 위에서 벌어지는 국회의원들만의 리그이지만, 정의당 개헌특위가 마련한 시안이 개헌 논의의 테이블에 올라오는 순간 이를 두고 벌어질 싸움은 격렬한 계급전쟁이 될 것이었고 그 파장은 훨씬 넓고 깊을 수밖에 없었다.

노회찬이 '국민헌법안'의 실현 가능성을 어느 정도 예상했는지는 알 수 없다. 다만 그가 바꾸고자 하는 세상의 면모가 정의당 '국민헌법안'의 각종 조항에 고루 새겨져 있다는 점에서 개헌안의 의미를 찾을 수 있다. 2004년 초선 의원 때부터 개헌의 필요성을 틈틈이 강조했던 그는 '헌법 바깥에 있는 70% 국민'을 헌법의 보호 안에 들어올 수 있게 하는 게 정치가 해야 할 중요한 과제 중 하나로 생각했다.

정의당의 개헌 시안을 만들 즈음 노회찬에게는 고민이 하나 있었다. 만약에 문재인 정부의 개헌 드라이브에 반발하던 자유한국당이 입장을 뒤집고 개헌에 동참했을 때 어떻게 대응할 것인가였다. 탄핵당한 세력인 자유한국당이 점차 왜소화되고 장기적으로 정치적 연명이 어렵다고 판단되면 그들이 권력구조를 바꾸는 개헌을 통해 생존을 모색할 수도 있으리라고 봤다. 개혁적인 민주당과 진보적인 정의당이 1, 2위를 다투는 '환상적' 정치구도의 뒷면은 자유한국당의 생존 위기였다. 탄핵 후의 상황을 기준으로 볼 때 향후 상당 기간 대선에서 이길 수 있는 전망이 보이지 않는 자유한국당이 유력한 정당으로서 생존할 가능성은 줄어들고 그 자리를 안철수의 국민의당이 대체할 수도 있다는 게 당시 노회찬의 전망이었다.

자유한국당이 그런 악몽에서 벗어나기 위해 내놓을 수 있는 자구책이 내각제와 연동형 비례대표제 개헌일 가능성이 있는데, 이때 정의당이 그 안을 받아야 하느냐 마느냐는 것이 그의 고민이었다. 한국의 보수가 위기 때 탈출구를 내각제에서 찾은 적이 없었던 것도 아니었다. 노태우 정부가 그랬다. 노회찬이 이런 정치 상황이 실제로 등장할 가능성을 얼마나 높게 봤는지는 알 수 없지만, 그의 고민은 그가 당시 자유한국당의 미래를 상당히 비관적으로 보고 있었음을 말해주는 방증이기도 하다.[21]

공동교섭단체 원내대표를 맡다

안철수를 대통령으로 만들기 위한 '프로젝트 정당'이었던 국민의당에 대선 후 균열이 생긴 것은 당연한 일이었다. 국민의당이 탄핵 찬성 세력인 유승민의 바른정당과 합당 움직임을 보이자 이에 반대하는 의원들이 떨어져나와 14석의 민주평화당을 만들었다. 의석수 14석이면 6석 정의당과 협력해 20석으로 원내 교섭단체를 구성할 수 있었다.

2018년 2월 6일 민주평화당 창당대회 때 참석했던 더불어민주당 원내대표 우원식은 그 자리에서 정의당 원내대표 노회찬, 민주평화당 원내대표 장병완과 함께 저녁 약속을 잡았다. 얼마 후 셋은 마포에 있는 음식점에서 만나 술을 한잔 하면서 '상호 관심사'에 대해 이야기를 나누었다. 촛불혁명으로 대통령은 바뀌었지만 국회는 그 이전의 여소야대 지형이었다. 우원식은 더불어민주당 대 자유한국당·바른정당·국민의당의 교섭단체 협상 구도를 바꾸고 싶었다. 국민의당이 쪼개져서 바른정당과 합해지고 여기서 떨어져나온 민주평화당과 정의당이 교섭단체를 만들면 1 대 3 협상 구도가 2 대 2로 될 수 있었다. 우원식이 공동교섭단체의 구성을 적극 권유한 이유였다. 공동교섭단체가 다른 당 원내대표의 '권유'로 되고 말고 할 문제는 아니었다. 우원식의 입장에서는 공동교섭단체의 '전도가 양양'할 것이라는 긍정적 신호를 전해야 했을 테고, 나머지 두 사람은 여러 가지 고려 사항 중 하나로 공동교섭단체 제안을 받아들였을 것이다.

우원식의 권유와 무관하게 민주평화당 안에서는 공동교섭단체를 꾸리는 문제를 일찍부터 검토하고 있었다. 그러나 노회찬은 3인 식사 모임 전에 언론 인터뷰에서 공동교섭단체의 구성은 '사랑 없는 결혼'이라며 반대 입장을 밝힌 바 있었다. 노회찬이 이러한 입장을 밝힐 때만 해도 정의당은 당 차원에서 이 문제를 고민하거나 검토하지 않았다. 하지만 3당 원내대표의 만남 전후로 노회찬은 당내에 공동교섭단체를 구성하는 문제에 대한 검토를 지시했고, 이때부터 내부 논의가 시작되었다.

무엇보다 정체성이 다른 두 정당이 교섭단체를 함께 꾸리는 것이 원칙에 맞는 것인지가 쟁점이 됐다. 노회찬과 상당수 당직자들도 처음에는 부정적이었다. 게다가 6월 지방선거를 앞두고 있어 판단이 더 쉽지 않았다. 하지만 정의당은 내부 검토 결과 긍정적인 방향으로 가닥을 잡아갔다. 당 정체성을 훼손하지 않고 교섭단체로서의 실익을 극대화할 수 있다는 판단이 선 것이었다. 의원단은 몇 차례 집중 논의를 거쳐 마침내 공동교섭단체를 꾸리기로 결정했다. 노회찬은 주요 당직자들에게 당원들과 당 밖의 관련 단체들한테 공동교섭단체를 꾸리는 배경과 의미를 설명하도록 했고, 다른 한편으로는 민주평화당과의 협상을 주도했다.

정의당은 민주평화당과의 협상에서 모든 것을 양보해도 하나만 지키면 된다는 내부 지침을 정했는데, 그것은 교섭단체의 첫 원내대표는 노회찬이 되어야 한다는 것이었다. 양당은 교섭단체 이름을 '평화와 정의의 의원 모임'(일명 '평화와 정의')으로 하고 첫 원내대표는 노회찬이 하는 것으로 최종 합의했다. 이와 함께 개헌과 선거제도 개혁, 한반도 평화 실현, 노동 존중 사회, 식량주권 실현, 특권 없는 국회, 중소기업과 골목상권 살리기, 성평등 사회, 검찰과 국정원 등 권력기관 개혁 등 8대 정책 과제에 합의했다. 선언적 차원의 합의였지만, 정의당 입장에서는 '선거제도 개혁'만큼은 이번 기회에 성과로 남겨야 했다.

2018년 4월 1일. 일요일임에도 노회찬은 여의도로 출근했다. 일요일 출근이 드문 편은 아니었지만, 그가 이날 보좌관 박규님과 함께한 일은 흔히 볼 수 없는 일이었다. 수선화, 풍로초, 개나리자스민, 설란, 등심붓꽃 등 다채로운 야생화가 심겨 있는 작은 화분 30여 개가 사무실 한쪽을 채우고 있었다. 야생화를 좋아한 노회찬의 부탁으로 박규님이 집에서 만들어온 화분이었다. 노회찬은 정성을 들여 직접 쓴 '봄이 옵니다. 노회찬' 구절이 적힌 작은 팻말을 화분에 꽂았다.

원내대표로서 공식 일정이 시작된 다음 날 아침, 이 화분들은 '평화와 정의' 소속 의원 20명과 더불어민주당, 자유한국당, 바른미래당 대표와 원내대표, 국회의장과 사무총장에게 전달됐다. 앞날이 봄날일 것이라는 기대보다는 결실을 맺어보자는 의지를 적은 문구였지만, 그의 봄날을 너무 짧았다.

노회찬의 첫 일정은 매주 열리는 국회의장과 교섭단체 원내대표 간의 정례 모임이었다. 노회찬은 이 자리에서 민심과 괴리를 좁히는 국회, 민심이 그대로 반영되는 선거제도 개혁, 민심을 반영한 개헌을 위해 '평화와 정의' 의원 모임이 앞장서겠다는 포부를 밝혔다. 하지만 교섭단체 원내대표로서 일을 시작한 지 보름도 되지 않아 교섭 테이블 위에 올라와 있던 기존 의제들을 모두 날려버릴 정치 현안이 등장했다. 권력구조 개편을 포함한 개헌안, 공수처법과 방송법, 추가경정예산안 처리 등 굵직한 의제들이 사라지고 그 자리에 '드루킹'이 올라왔다.

노회찬은 공동교섭단체 구성을 계기로 더불어민주당과의 연대 수준과 질을 높여나가고 이를 선거제도 개혁을 추동하는 뒷심

공동교섭단체 원내대표로서 첫 일정이 시작된 날, 야생화 화분 앞에서(2018)
ⓒ노회찬재단

으로 만들겠다는 구상을 가지고 있었고, 성과도 있었다. 노회찬이 원내대표를 맡고 있던 당시 더불어민주당 원내대표는 우원식에서 홍영표로 바뀌었다. 홍영표와 중요하게 논의한 주제 가운데 하나가 하반기의 원 구성에 관한 것이었다. 원 구성은 각 교섭단체에 의장단, 상임위, 특위를 배분하는 아주 복잡한 정치협상을 통해 이뤄진다. '평화와 정의'에도 2개의 상임위가 배분되어야 하는 상황이었다. 민주평화당은 호남을 지역구로 둔 정당이었기 때문에 농림축산식품해양수산위원회(농해수위)를 원했고, 정의당은 환경노동위원회(환노위)를 요구했다. 민주평화당은 농해수위를 가져갔지만 정의당의 요구는 거부되었다. 홍영표에 따르면 자유한국당쪽에서 정의당의 요구를 절대 받아들일 수 없다고 했기 때문이라 하지만, 자기 당의 몫이 줄어드는 것을 감수하고서 정의당에 상임위 위원장 자리를 하나라도 넘겨줄 교섭단체는 없었다. 특히 환노위를 넘긴다는 것은 국회 차원을 넘어선 사안이었다. 전국경제인연합회(전경련)와 한국경영자총협회(경총)가 가만히 있을 리가 없었다.

홍영표는 문재인 정부에서 정치개혁특위와 사법개혁특위가 중요한 역할을 하게 될 것이라며 노회찬에게 정치개혁특위를 제안했다. 선거제도 개혁의 계기를 만드는 것을 우선 과제로 삼고 있던 정의당과 노회찬은 정치개혁특위를 받았다(정치개혁특위가 공식적으로 설치된 때는 2018년 7월 26일, 노회찬이 세상을 떠난 사흘 뒤였다). 심상정이 정치개혁특위 위원장이 되었다. 심상정은 다음 해인 2019년 4월, 노회찬과 진보정당의 숙원이었던 연동형 비례대표제를 패스트트랙 법안으로 지정하는 데 성공했다. 공동교섭단체를 꾸리지 않았으면 불가능했을 일이었다. 노회찬이 밭을 일궈 놓았고 심상정이 농사를 잘 지었지만, 위성정당 파문[22]으로 나무에 열린 과일은 썩어버렸다.

정의당 김용신의 최근 연구[23]에 따르면, 패스트트랙에 태운 선거법을 기준으로 하면 위성정당이 없었을 경우 정의당의 실제 득표율(9.67%)을 기준으로 2020년 총선에서 얻을 수 있었던 비례대표 의석수는 19석이었다. 지역구 당선자 심상정까지 포함하면 20석, 노회찬과 정의당이 그렇게 원했던 원내교섭단체가 가능했다.[24] 노회찬이 2018년 7월 23일 세상을 떠나면서 '평화와 정의' 교섭단체는 해체되었다. 이런 경우 특위 위원장도 자리를 내줘야 했다. 하지만 노회찬이 떠난 시간에 그런 말을 꺼낼 국회의원은 없었고, 심상정은 계속 위원장을 맡을 수 있었다. 노회찬이 떠난 지 정확하게 1년 뒤인 2019년 7월 23일 심상정은 '해고'되어서 정치개혁특위 위원장 자리를 내놓아야 했다.

지방선거와 대통령의 제안

드루킹과 관련된 언론 보도와 보수 야당의 공세가 노회찬을 향하고 있던 2018년 5월 21일, 정의당은 지방선거 공동선대위원회를 발족시켰고 노회찬은 공동선대위 위원장을 맡았다. 정의당은 "제1야당 교체, 정당 투표는 오비이락"을 주요 슬로건으로 내세웠다. 오비이락은 '기호 5번 정의당을 찍으면 2번 자유한국당을 떨어뜨린다'는 뜻을 지닌 구호였다. 노회찬은 네거티브 성격을 띠는 이 구호에 대해 우려를 표했지만, 다수가 오비이락을 지지했다. 정의당은 지지율이 고공행진 중인 여당과의 대립각을 세우기보다는 집권당의 개혁을 발목 잡기에 급급한 보수 야당에 대한 심판을 강조했다. 노회찬이 공동선대위 발족식에서 국민에게 보낸 메시지다.

> 이번 6·13지방선거는 촛불시민혁명 이후 처음 치러지는 지방선거입니다. 이번 지방선거에서도 지방자치에서 국정 농단 세력을 심판하고 지역에서부터 나라다운 나라의 초석을 만드는 일이 가장 중요한 과제라고 생각합니다. 이번 선거에서는 총7표의 투표권을 행사합니다. 현명하게 분산 투자해주시길 바랍니다. … 하지만 자유한국당을 필두로 하여 현 정권의 발목 잡기에만 여념이 없는 자칭 보수정당들에는 분산 투자하지 말아주실 것을 당부드립니다. … 정의당이 반드시 한국당을 이기도록 전국의 개혁진보 유권자들께서 현명하게 포트폴리오 해주십시오.

2018년 지방선거는 남북정상회담, 북미정상회담 등 세계적인 대형 이슈가 연이어 터지는 가운데 진행되었기 때문에 유권자의 관심이 낮을 것이라는 예상도 있었지만 60%를 넘는 비교적 높은 투표율을 보였다. 이는 보수 야당에 대한 심판 의지가 강한 결과로 분석되었으며, 실제로 집권 여당인 더불어민주당이 역대급 압승을 거두었다. 정의당은 광역 비례의원 정당 득표율 9.0%(226만 7,690표)를 얻어 더불어민주당, 자유한국당에 이어 3위를 기록했다.

지방선거운동 기간 동안 정의당이 언론과 국민의 관심을 모아낸 이슈가 하나 있었다. 국회 교섭단체 원내대표의 특수활동비 (특활비) 공개와 반납이었다. 특활비는 사용 내역을 밝힐 필요가 없고 지출 영수증이 없어도 되는 돈으로, 국회 의장단, 교섭단체 원내대표, 상임위 위원장 등에게 지급된다. 국회의 특권을 내려놓겠다는 정의당의 결정에 대해 국민은 지지했고, 언론도 처음으로 특활비의 실체가 드러나자 관심을 많이 보였다. 특활비의 공개와 반납이 노회찬의 아이디어에서 시작된 것은 아니었다. 앞서 4월에 공동교섭단체가 구성된 이후 특활비 수령 문제에 대해 정의당 의정기획팀에서 어떻게 할 것인지 논의를 시작했다. 수령 거부, 수령 보관 후 적절한 방식으로 반납 등 여러 가지 아이디어가 나왔지만, 노회찬은 최종 결정을 내리지 않았다. 의정기획팀장 한경석에게 특활비를 받으면 잘 보관해놓으라고만 말하면서 언제, 어떤 방식으로 처리할지는 더 고민해보자고 했다. 정의당은 4월부터 6월까지 세 차례 걸쳐 3,000만 원이 조금 넘는 특활비를 받았다. 중앙당과 의원실 주변에서 어떻게 할 거냐, 빨리 결정하자 등등 의견이 분분했지만 노회찬은 별 행동을 취하지 않았다. 그러다 6월 7일, '전격적'으로 공식 기자회견을 통해 특활비를 반납하겠다는 발표를 했다. 지방선거운동이 한창일 때였다. 4월부터 받았던 특활비를 6월에 공개하고 반납한 것은 홀수 달과 짝수 달의 수령액이 다르고 현금과 통장 두 경로로 들어오는 특활비의 실제 내용을 파악할 시간이 필요했기 때문이다. 이와 함께 지방선거 전술 차원에서도 특활비 공개와 반납을 활용할 필요가 있었다. 노회찬은 7월 5일 특활비를 폐지하는 국회법 개정안을 발의했다. 이는 노회찬의 마지막 발의 법안이었다.

지방선거가 집권 여당의 압도적 승리로 끝난 직후 문재인 대통령은 측근 참모 몇 명을 청와대로 불러 이야기를 나누었다. 대통령은 이 자리에서 지방선거 결과가 "한편으로는 두렵기도 하다"라며, 중앙권력에 이어 지방권력까지 가져간 정권을 대표하는 정치인으로서 무거운 책임감을 토로했고, 야권과의 협치 문제에 관한 자신의 의견을 얘기했다. 비민주당 인사의 입각 문제도 협치의 한 방안으로 검토하고 있었다. 참석자들은 문재인 대통령이 향후 국정 운영 기조를 야권과의 '협치' 강화로 전환한 것에 대해 공감과 지지를 표시했다. 여소야대 국회의 1년 경험과 지방선거 압승의 여유가 협치로의 전환을 가능하게 했다. 그 자리에 참석했던 양정철의 말이다.

"진보든 보수든 나름대로 정치적 콘텐츠와 실력 있는 분들과 내각에서 같이 일을 하자는 생각이었습니다. 연정 수준은 아니었고 개별 입각 차원이었습니다. 노무현 대통령 시절 연정 제안 때, 선의는 사라지고 후폭풍만 컸던 것을 문 대통령께서 잘 알고 계셨습니다."[25]

야권 인사를 입각하자는 제안은 더불어민주당 쪽에서 먼저 나왔다. 지방선거가 있기 한 달 전 더불어민주당 원내대표로 선출된 홍영표는 국회의 상시적인 대치 상황을 뚫을 돌파구가 필요했고, 여야정 상설협의체의 운영과 협치 내각은 이를 위한 카드였다. 홍영표는 청와대에서 문재인 대통령과 '독대'한 자리에서 자신이 여야정 상설협의체의 구성과 야권 인사의 입각을 제안했고 대통령은 흔쾌히 받아들였다고 밝혔다. 홍영표는 여야정 협의체 구상이 현실화된 데에는 노회찬의 역할이 컸다고 기억했다. 2012년 총선을 앞두고 노회찬 의원의 후원회장을 맡았던 조국은 문재인 정부의 초대 청와대 민정수석이 되었다. 조국의 말이다.

"민정수석이 된 후 겸사겸사 노 의원님과 만나서 허심탄회한 의견을 나누었습니다. 촛불혁명의 정신을 제도로 구현하기 위하여 문재인 정부와 정의당이 더 긴밀하게 협력할 수 있으면 좋겠다는 '사견'을 피력했고, 노 의원님도 원칙에 동의했습니다. 물론 진보적 정책을 공유하는 작업이 필요하다는 것을 전제로 한 것이었습니다. 저는 노 의원께 문재인 대통령은 비민주당 인사의 입각을 적극 고려하고 계신다는 말을 했습니다."[26]

야권 정치인의 입각은 기존 장관의 임명 절차와는 다른 경로를 거칠 수밖에 없었다. 우선 각 정당에서 이 제안을 받아들이느냐 여부가 중요했다. 당시 문재인 정부는 지방선거 이후 개각 수요가 있었다. 홍영표에 따르면, 청와대는 산업통상자원부, 고용노동부, 환경부, 농림축산식품부 등 4개 부처를 야권 인사의 몫으로 검토했다. 노회찬에게 제안한 부처는 환경부였다. 협치 내각 제안은 자유한국당, 바른미래당 등 야당의 반대로 무산되었다. 당 대 당의 공식적 정책 연대가 전제되지 않은 개별 의원의 입각은 협치라고 볼 수 없다는 이유를 내세웠고, 결국 이는 의원 빼가기, 야당 붕괴 음모라는 정치적 공세의 빌미가 되었다. 노회찬 역시 정책 연대가 담보되지 않는 개별 입각 방식의 협치에 부정적 입장을 밝힌 바 있었다.

청와대와 여당이 협치 내각을 성공시키기 위해 어느 정도 진정성을 갖고 전력을 기울였는지도 생각해볼 일이다. 연정 수준까지는 아니더라도 입각 인사는 개인적 선택이 아니라 당 차원의 결정이 전제되어야 하는데, 이는 입법이나 정책 공조에 대한 최소한의 합의가 전제될 수밖에 없는 사안이다. '야당 붕괴 음모'가 과도한 역공일 수는 있지만, 제안하는 쪽도 '안 되면 말고' 식의 정치적 제안 수준이 아니었나 하는 의심을 받을 만했다. 결국 문재인 정부의 협치 내각 시도는 없었던 일이 되었다.

노회찬과 연합정치

진보정당의 연합정치를 둘러싼 논쟁은 아주 오래된 것이었고, 현재도 진행 중이다. 노회찬은 '비판적 지지론, 민주대연합론'에 맞서 독자적 진보정당론을 고수한, 운동권 내의 소수파였다. 그 소수파의 입장이 운동권 내에서 다수의 입장이 되면서 만들어진 정당이 바로 민주노동당이었다. 노회찬과 민주노동당은 노무현 정부와는 대립적 관계였고 2012년 이후 통합진보당, 정의당 시기에는 더불어민주당과의 연합 노선에 무게를 두었다. 특히 2017년 촛불 정국이 탄생시킨 문재인 정부 시기에는 연합 노선에 보다 적극적인 모습을 보여주었다.

이와 관련해 한 가지 언급하고 넘어갈 것은 노회찬이 정의당 시절에 노무현 대통령 시대를 회고하면서 민주당과의 관계에 대해 '서로 건강하게 경쟁하면서 유연하게 연대'했어야 했는데 그렇게 못한 것을 후회한다는 발언을 한 적이 있다는 사실이다. 당시에는 노무현 정부도 민주노동당도 서로 함께하는 것을 원치는 않았다.[27] 노회찬은 노무현 대통령이 세상을 떠난 후 노무현 정신을 말하면서 '좌회전 깜빡이를 켠 사실' 그 자체가 바로 노무현 정신이라고 말했다.[28]

연합정치, 연립정부에 대한 노회찬의 원칙은 분명했다. 진보의 중심성이 확보된다는 것을 전제로 당 차원에서는 외연을 확대하는

데 개방적이어야 한다는 것이고, 정당 간의 관계에서는 '가치, 정책 연합'을 중심으로 한 연합 노선에 유연하게 대응해야 한다는 입장이었다. 연립정부 참여에 대해서는 진보정당이 대중적 신뢰도를 높이고 정치 역량을 키울 수 있는 기회의 측면과 진보정당이 추구하는 고유의 가치가 훼손되거나 지지율이 오히려 더 떨어질 수 있는 위험도 동시에 가지고 있기 때문에 신중한 접근이 필요하다는 입장이었다. 어느 측면을 더 중요하게 보느냐에 따라 논쟁으로 점화될 수밖에 없는 의제였다. 2012년 노회찬이 했던 말이다.

> 연립정부는 선거 전술의 연장이라는 의미를 담고 있는 경우도 있고, 한 세대의 전략적 발전 경로로 설정되는 경우도 있지만 … 반드시 해야 하거나, 해서는 안 된다, 라고 볼 문제가 아니라는 뜻이다. … 이전부터 가진 생각이, 연립정부에 반대하지는 않지만 현재 우리 진보정치 세력이 독자적으로 발전해야 한다고 생각한다면 지금으로서 가장 바람직한 연합의 수준은 정책연합이 오히려 더 낫다고 본다.[29]

대립적 관계였던 노무현 정부 시절에도 대통령이 대연정을 제안했을 때 노회찬은 정당명부 비례대표제의 도입을 골자로 한 선거법 개정, 비정규직 문제를 해결하기 위한 입법 등이 받아들여진다면 대연정 제안을 받아들일 수 있다고 공개적으로 밝힌 유일한 의원이었다. 이에 대해 당 차원에서 노회찬에게 공식적으로 유감을 표한 일도 있었다. 노회찬은 연합정치, 연립정부를 둘러싼 진보정당 내부의 논쟁이나 갈등은 전술적 또는 전략적 유효성 여부가 아니라 상호 불신에 뿌리를 두고 있다고 진단했다.

실제로 연합정치에 대한 진보정당 내부의 논쟁이 진보정당의 강화에 대한 서로 다른 대안들 간의 충돌 수준을 벗어나, 도덕과 정의의 잣대로 '기득권 편입 욕망, 출세' 같은 수사를 대동하여 특정 정치인을 향한 공격으로 나아가는 경우가 많았다. 노회찬도 주변으로부터 이런 의혹을 받은 적이 있었다. 연합정치 또는 연립정부에 관한 결론으로 삼을 만한 노회찬의 발언을 인용한다.

> 연립정부의 기본은 행정부가 아니라 의회에서 이루어지는 것이다. 연립정부는 행정부에서 각료를 배분하는 방식과 공동정책의 실현을 위한 연합 방식이 있는데, 어떤 경우라도 그 시작과 끝은 의회 내에서 공동행보, 협력관계를 유지하느냐 아니냐의 문제이다. … 어차피 세상에 공짜는 없는 법이다. 특히 정치에서는 더 그런 것이다. 그래서 이해타산, 발전 경로를 면밀히 따져보는 것이 필요하다.[30]

노회찬의 연합정치에 대한 이러한 입장은 2016년 의원이 된 이후에도 변함없이 유지되었다. 그는 여러 매체와의 인터뷰를 통해 민주당 등 야당 세력과의 폭넓은 제휴와 이를 기초로 한 2017년 대선 승리와 연립정부 구성도 적극적으로 선택할 수 있다는 자신의 생각을 밝혔다. 물론 이런 일은 진보정당이 힘이 있을 때 가능한 것이었다.

드루킹과 특검

원래 노회찬은 누우면 이내 잠들고, 과음을 하거나 새벽에 잠들어도 새벽 6시면 일어났다. 자는 동안 잠꼬대 한 번 안 했고, 꿈도 안 꾸는 사람이었다. 그런데 2018년 5월 어느 날 김지선이 자다가 깜짝 놀라 깼다. 시계를 보니 새벽 2시쯤이었다. 남편이 자신을 세게 때린 것 같았다. 잠결에 휘두른 것 치고는 팔 힘이 너무 셌다. 남편을 마구 흔들어서 깨웠다. 눈을 뜬 남편이 무슨 일이냐고 물었다. 뭔 힘이 그렇게 세, 아프게도 때리네, 그랬나…? 괜찮으니까 그냥 자, 이런 말을 주고받았고, 남편은 이내 다시 잠이 들었지만 김지선은 잠이 멀찌감치 달아났다. 조금 있다가 노회찬은 꿈이 계속 이어지는지 몸을 움찔거렸다. 다시 깨워서 눈을 뜨게 했다. 도대체 무슨 꿈을 꾸는 거냐고 물었다. 커다란 그물 같은 게 자기를 덮치면서 조여오는 꿈이라고 했다. 그걸 걷어내려고 팔을 세차게 휘둘렀던 거다. 그리고 다시 잠이 들었다. 노회찬은 그날 이후에도 몇 차례 더 나쁜 꿈을 꾸었다.

드루킹 김동원은 2000년경부터 인터넷 블로그와 카페를 통해 활동했다. 처음에는 재테크 상담, 사주풀이 글쓰기를 하면서 사람을 모았다. 2009년 필명을 드루킹으로 바꿨고, 비공개로 운영하던 카페 '경제적 공진화 모임'(경공모)도 공개로 전환했다. 2012년 이후에는 관심 분야를 정치 쪽으로 전환했고 활동 범위를 오프라인으로 넓혔다. 회원을 대상으로 모임과 강의를 활발하게 조직했다. 김동원이 변호사 도두형을 통해 노회찬을 처음 만난 것도 이 무렵이었다. 노회찬과 고교 동기인 도두형은 김동원의 최측근이었다. 노회찬과 도두형은 고교 때 가깝게 지냈던 사이는 아니었다. 김동원은 공개 카페로 전환한 경공모의 조직을 확대하고 위상을 제고하기 위해 유명 정치인과의 연결 고리를 만드는 것이 필요했다. 김동원은 주로 도두형을 통해 노회찬과 연락했다.

노회찬은 2013년부터 2015년까지 매년 한 차례씩 총 3회 경공모 초청 강연을 했다. 이 기간은 노회찬이 삼성 X파일 재판 판결 후 국회의원직을 상실했을 때였다. 소액주주운동과 재벌개혁, 경제민주화를 앞세운 경공모 입장에서 노회찬은 재벌, 특히 삼성과 맞서 싸운 관심 정치인이었다.

2016년 2월 23일, 도두형이 노회찬에게 전화를 걸어왔다. 창원에서 출마해 선거운동을 하던 중이었다. 도두형은 선거를 도울 수 있는 방안을 상의하기 위해 한번 만났으면 한다는 김동원의 뜻을 전달했고, 3월 7일 파주에 있는 경공모 사무실에서 만나기로 했다. 이날 오후 노회찬은 경공모 사무실이 있는 파주를 방문했고, 그곳에서 2,000만 원을 받았다. 김동원은 이날 경공모 회원의 단체 대화방에 자금 전달 사실을 공개했고, 추가 모금을 위해 강의를 개설할 예정이니 비용을 기부해줄 것을 요청하는 글을 올렸다. 김동원은 17일 창원에서 경공모 회원 200여 명이 모은 2,000만 원을 노회찬 쪽에 전달했다.[31] 김동원은 선거 기간 중 후보 부인인 김지선을 수행하던 차량의 운전기사 장영숙(가명)에게 돈을 건넸고, 그녀는 이를 김지선에게 전달했다. 장영숙은 김동원이 심어놓은 경공모 회원이었다. 김지선은 그 사실을 몰랐다. 노회찬이 2,000만 원씩 두 차례에 걸쳐 받은 경공모의 후원금은 회계 담당에게 전달되었다. 그 돈은 선거 비용과 선거 후의 부채를 갚는 데 사용되었다.

2018년 4월 13일, 경찰은 네이버 카페 경공모의 회원 3명을 댓글 조작 혐의로 구속했다고 발표했다. 네이버 측과 더불어민주당이 고발한 사건의 수사 결과였는데, 잡고 보니 2명이 더불어민주당의 권리당원들이었고 그중 1명이 '드루킹' 김동원이었다. 그 다음 날 조간신문은 일제히 관련 내용을 보도하면서 이들과 김경수 더불어민주당 의원이 연관되어 있다는 경찰의 수사 내용을 주요 뉴스로 다루었다. 김경수는 즉각 이를 반박하는 긴급 기자회견을 열었다. 하지만 이어지는 경찰과 검찰발 속보 내용은 댓글 조작과 대선 연관성, 문재인 정부 청와대 인사의 청탁 의혹 등 강한 후폭풍을 몰고 올 만한 사안들이었다. 4월 임시국회는 전면 중단되었고, 6월 지방선거와 개헌안 동시 투표안, 추경 예산 심의 등 당시 정국의 주요 현안은 드루킹에 휩쓸려 모두 사라졌다. 자유한국당은 사건의 정치적 인화성을 감지하고 당의 모든 화력을 집중했다. 자유한국당 원내대표 김성태는 단식에 들어갔고, 그 밖의 의원들은 국회에서 농성과 장외 투쟁을 시작했다. 언론도 관련 보도를 쏟아냈고, 다른 야당들도 대여 투쟁에 가세했다.

드루킹 기사의 홍수 속에 뜬금없이 노회찬의 이름이 나왔다. 노회찬이 드루킹 김동원이 만든 경공모에 가서 강의를 한 적이 있으며, 2016년 창원 선거운동 당시 노회찬 선본 관계자가 경공모로부터 돈을 받은 혐의로 재판에 넘겨져 벌금 200만 원을 선고받았다는 내용이었다. 드루킹이 노회찬에게 후원금을 전달하기 위해 5,000만 원을 인출했으나 전달하지 않았으며 검찰이 무혐의 처리했다는 보도도 나왔다. 자유한국당이 이 문제를 정치 이슈화했다. 자유한국당은 드루킹과 연관이 있는 노회찬은 특검 협상에서 물러나라며 공세를 펼쳤다. 결국 더불어민주당은 5월 14일 특검 도입을 야당과 합의했고, 문재인 대통령은 6월 7일 야당이 추천한 변호사 허익범을 특검에 임명했다. 정치권의 특검 공방은 6월 13일 지방선거를 겨냥한 득표 전술의 일환이기도 했다.

'더불어민주당원 댓글 조작 사건의 조사를 위한 특검법'에 따라 임명된 허익범 특검은 6월 말부터 수사팀 진용을 갖추고 본격 수사에 착수했다. 언론은 이미 노회찬 5,000만 원 수수설에 관한 기사를 보도하기 시작했다. 특검은 김경수, 드루킹, 댓글 조작과 그 대가로서의 자리 청탁이라는 수사의 본줄기보다 곁가지를 먼저 치기 시작했다. 곧 노회찬, 김지선의 계좌를 추적하기 시작했고, 수사 속도와 강도를 높여갔다.

정의당의 관계자와 지지자들은 처음에는 노회찬이 그럴 리가 없다는 생각에서, 그리고 당사자가 계속 부인하는 상황이었기에 '황당한 보도'라고 여겼는데, 언론 보도가 구체적 사실과 함께 쏟아져 나오면서 긴장하기 시작했다. 하지만 당 차원에서 공식적으로 논의하기 어려운 사안이었다. 이정미 당대표는 노회찬을 찾아갔다. 노회찬은 걱정하지 마라, 내가 알아서 한다라고만 말했다. 당내 누구도 이 이야기를 공공연하게 꺼내놓을 수 없는 분위기였다. 상상할 수도 없는 일이었지만, 언론은 그 상상도 못할 일이 현실일지도 모른다는 신호를 계속 보내고 있었다. 그리고 마침내 김동원이 특검에서 노회찬에게 돈을 주었다고 진술했다는 '확인' 보도가 나왔다. 특검은 노회찬 소환의 가능성을 밝혔다.

노회찬은 2018년 7월 18일 5개 정당 원내대표단의 일원으로 미국을 방문하기 위해 출국할 예정이었다. 그 전날 17일 새벽 도두형이 특검에 긴급 체포되었다. 이정미는 노회찬에게 다시 연락했다. 출국하기 전에 만나서 방미 기간 중 당에서 어떻게 대응해야 할지 상의해야 했다. 노회찬은 걱정 말라는 말을 거듭했고, 귀국 후 만나서 얘기하자고 했다.

김지선은 이미 자신의 계좌를 특검이 들여다봤다는 사실을 은행으로부터 통보받았다. 노회찬의 계좌도 마찬가지였다. 17일 저녁, 김지선은 출국을 앞둔 남편에게 말했다.

"여보, 내 계좌는 수십 년 전 것부터 다 뒤져도 걸릴 게 하나도 없잖아. 우리 그동안 쓰는 것도 버는 것도 별로 없이 살아왔잖아.”

“나도 그렇지 뭐.”

“내 의견인데, 특검 수사를 받을 바에야 차라리 우리가 먼저 기자회견을 하자. 있는 사실 그대로 국민들에게 말씀드리자. 우리가 그 돈을 착복한 것도 아니고, 나는 양심에 찔리는 거 하나도 없어. 법적으로 잘못된 거 있으면 책임을 져야지. 나도 필요하면 그 자리에 함께 갈게. 고백하고 용서를 빌자. 그게 노회찬이잖아.”

“그것도 방법이지.”

한참 동안 둘은 말이 없었다. 긴 침묵 끝에 노회찬이 말했다.

“한 방에 해결하는 방법도 있지.”

김지선은 이 말이 기자회견을 하겠다는 뜻이 아닐까, 생각했다. 7월 18일, 노회찬은 다른 당의 원내대표 4명과 함께 워싱턴으로 떠났다.

워싱턴에서 인민노련 얘기를 하다

워싱턴으로 가는 비행기에서 노회찬은 항공사가 제공하는 술을 마시고 도착할 때까지 별말 없이 긴 잠을 잤다. 4박 6일 예정이었던 방미 기간 중 소화한 일정은 모두 18건이었다. 대표단은 당시 트럼프 대통령의 한국산 자동차에 대한 관세 부과 방침의 문제점과 한국의 입장을 미국 정부와 의회에 전달하는 것이 주요 임무였다. 남북정상회담, 북미정상회담이 열리던 때인 만큼 이에 대한 지지 요청도 임무 가운데 하나였다. 워싱턴에 있는 동안 미국 상무부 장관, 미국 무역대표부 부대표, 국무부 차관, 양당 의회 지도자, 미국 자동차협회와 상공회의소 관계자들을 만났다. 대표단이었던 홍영표는 노회찬이 윌버 로스 미국 상무부 장관을 만난 자리에서 트럼프가 밝힌 한국 자동차에 대한 고율 부과 관세 방침의 부당함과 문제점을 조목조목 설명하고 설득하는 모습이 인상적이었다고 기억했다.

대표단이 미국에 도착하자 워싱턴 특파원들은 "미안하지만 국내 데스크 지시라서 어쩔 수 없다"라며 공항에서부터 노회찬을 취재하기에 열심이었다. 방미 대표단 기자간담회에서도 드루킹 관련 질문이 나오자, 노회찬은 '방미 성과를 설명하는 자리에 어울리지 않는 주제'라며 따로 30분 정도 기자들의 질문에 대답했다. 대표단은 원래 공식 일정이 끝나면 토요일 하루는 국내 현안을 자유로운 분위기에서 논의하고 다음 날 귀국할 예정이었다. 그런데 노회찬이 국내 일정 때문에 하루 일찍 귀국하겠다고 했다. 월요일에 있을 JTBC〈썰전〉녹화 때문이라고 했다. 대표단의 다른 의원들도 노회찬과 같이 일정을 하루 앞당겨 귀국하기로 했다.

귀국 전날 의원들은 머물던 호텔 1층에 있는 작은 주점에서 맥주와 와인을 두세 시간 정도 마셨다. 노회찬이 과거 인천에서 노동운동 하던 시절 이야기를 재미있게 풀어놓았다. 인민노련 이야기도 나왔고, 용접 얘기도 있었다. 같이 있던 사람들은 노회찬이 이렇게 재미있게 얘기하는 사람이라는 걸 처음 알게 되었다고들 했다. 이야기는 주로 노회찬이 많이 했고, 다른 사람들은 재미있게 들었다. 돌아오는 비행기에서 노회찬은 영화를 여러 편 봤고, 옆자리에 앉은 홍영표와도 별다른 이야기를 나누지 않았다.

귀국, 그리고 노회찬의 마지막 하루

7월 22일 일요일 오후 5시. 인천공항에 도착한 노회찬은 집으로 전화를 했다. 집에 들러 짐만 내려놓고, 입원 중인 어머니를 뵈러 병원에 들렀다가 사무실에서 다음 날 있을 〈썰전〉 녹화 준비를 하고, 집에는 늦게 들어올 거라 했다. 병원에서 어머니의 얼굴 사진을 한 장 찍고 잠시 머물다 국회로 향했다. 그곳에서 한 시간 정도 머물렀다. 노회찬이 세상에 남긴 마지막 글, 세 통의 유서는 국회 사무실에만 있는 메모 용지에 적혀 있었다.

노회찬은 저녁 8시경 국회에서 나와 남산에 있는 동생네 아파트로 향했다. 그는 아파트 1층의 엘리베이터 안에서 아무 버튼도 누르지 않은 채 8분 동안 고개를 숙이고 생각에 잠겨 있다가 다시 밖으로 나와서 방화동 집으로 갔다. 엘리베이터 안에서 8분 동안 그가 무슨 생각을 했는지는 알 수 없지만, 인천공항에서 전화했을 때 "오늘 저녁 같이 못 먹겠네"라는 김지선의 말이 떠올랐을 것이다.

그가 집에 도착한 시간은 밤 9시 10분이었다. 그날 김지선은 혹시 몰라서 돼지고기를 좀 사다 놓았다. 집에서 고기를 굽는 일이 거의 없는데, 특별한 이유 없이 고기를 사고 싶었다. 김지선은 남편을 기다리다 많이 늦을 것 같아 혼자 밥을 먹고 있었다. 삼겹살 한두 점, 밥 한두 술 남았을 때 남편이 왔다. 어쩌면 영원히 없었을 뻔한 마지막 귀가였다는 걸 김지선이 알 리 없었다.

"당신이 웬일로 고기도 다 굽네."

"당신 주려고 했는데, 안 와서 내가 먹던 중이었어."

"술이나 한잔하지 뭐."

"내일 〈썰전〉 준비 안 해?"

"괜찮아, 다 기본으로 하면 되지."

김지선은 거실에 작은 상을 펴고 밥 한 공기와 고기 몇 점이 놓여 있는 접시를 올려놓았다. 노회찬 앞에 차려진 이 세상에서의 마지막 밥상이었다. 언제나처럼 노회찬은 TV를 바라볼 수 있는 쪽에, 김지선은 그의 오른쪽에, 마주 보지 않고 직각으로 앉았다. 노회찬이 TV를 보면서 식사와 반주를 하기 위한 자리 배치였다. 그는 아내가 먹다 남긴 밥과 고기를 안주 삼아 맥주 한 병을 보통 때보다 느릿느릿 마셨다. 부부는 두 시간 정도 이런저런 얘기를 나눴다. 노회찬은 다른 때보다 출장 이야기를 좀 많이 했고, 평소 잘하지 않던 아내의 건강을 염려하는 얘기도 했다.

그사이 술 한 병이 비워졌다. 노회찬은 딱 한 병만 더 마시고 싶었지만, 김지선은 내일 녹화도 있으니 오늘은 이것만 마시자고 했다. 김지선의 말을 듣고 한 병으로 끝낸 것은 그때가 처음이었다. 김지선은 다음 날 녹화를 끝낸 후 같이 한잔하자고 했고, 노회찬은 그러자고 했다.

23일 월요일 아침 여느 출근 때와 마찬가지로 둘은 서로 안아주었고, 김지선은 현관문을 열고서 엘리베이터를 타는 노회찬에게 손가락으로 브이 자를 만들어 흔들었다. 다른 때와 달리 엘리베이터 문이 닫힐 때까지 노회찬은 아내와 눈을 마주치지 않았는데, 김지선은 시차 적응이 안 되어 피곤해서 그러려니 했다.

오전 8시에 방화동 집을 나선 노회찬은 40분 후 국회에 도착했다. 정의당 상무집행위원회가 열리는 날이었다. 귀국하는 날 당

대표 이정미 등과 드루킹 문제를 논의하기로 했으나 이날로 약속을 하루 미뤄놓았다. 노회찬은 회의에 들어가지 않고 잠시 차에 있었다. 그렇게 15분 정도 있다가 남산 동생네 집으로 출발했다. 상무위원회 모두 발언 원고를 검토한 후 김종철 비서실장에게 보내고 난 뒤였다. 삼성전자 백혈병 환자들과 KTX 승무원의 10여 년에 걸친 투쟁이 성과 있게 마무리된 것을 축하한다는 내용이었다. 이 세상에서의 마지막 현안 발언이었다.

노회찬은 동생네 집으로 가는 차 안에서 수행 보좌관 하동원에게 고생했다고 말했다. "의원님은 텔레비전에서 보면 유쾌하지만 무뚝뚝한 분이셨어요. 2년 넘게 모시고 다녔지만 고생했다, 이런 말은 두세 번밖에 들어보지 못했는데, 그날 해주시더라고요."

오전 9시 33분 남산 아파트에 도착했다. 노회찬은 아무 말 없이 차에서 내렸다. 5분 후 아파트 경비원은 투신 사망한 노회찬을 발견했고, 112에 신고했다. 정신없이 현장에 달려온 박갑주 변호사가 시신을 확인했다. 노회찬의 시신은 잠시 경찰병원에 안치되었다가 세브란스병원으로 옮겨졌다. 이날은 대서, 1년 중 가장 더운 절기였다. 40도에 육박하는 기록적인 무더위로 전국에는 폭염경보가 내렸다. 온몸에 줄줄 흘러내리는 땀과 쉴 새 없이 흐르는 눈물이 뒤섞인 채 정의당 사람들은 그를 보내는 의식을 준비해야 했다. 세상이 온통 비현실적이었다.

닷새 동안의 장례식[32]

"진보정당 대표의원, 자유인, 문화인, 평화인, 고 노회찬 국회의원 정의당장". 장례의 공식 명칭이었다. '자유인, 문화인, 평화인'은 노회찬이 평소 좋아했던 경기고의 교훈이다. 첫 사흘은 정의당장, 나머지 이틀은 국회장으로 치르기로 했다. 국회장으로 할 경우 국회 규정에 따라 장례 주관 주체가 바뀌어야 했지만, 문희상 의장, 유인태 사무총장의 배려로 사실상 정의당이 주관하면서 최종 영결식만 국회 사무처가 주관해서 국회에서 치르는 방식으로 조율했다. 2012년 정의당 창당 이후, 더 길게는 2000년 민주노동당 창당 이후 당의 이름으로 장례를 치른 것은 처음이었고, '좌파 정치인'[33]을 추모하는 최초의 국회장이었다.

7월 23일 오후 4시. 빈소가 마련되고 유족이 조문했다. 이어 당대표단, 의원단, 당직자들이 조문했다. 5시부터 김지선, 노회건, 이정미, 심상정이 조문객을 받기 시작했고, 전현직 정의당 의원과 대표단이 돌아가면서 상주가 되었다. 전국 광역시도당 사무실에도 빈소가 마련되었다. 첫날 문희상 국회의장이 조문을 오기로 했다. 정의당 관계자들은 의전 문제를 두고 국회의장이 줄을 서지 않고 곧바로 조문이 가능하도록 할 것인가 토론했으나 그렇게 하지 않기로 했다. 의장실 쪽에 얘기를 하니, 그렇게 하겠다고 했다. 그 후로 누구도 예외가 없었다. 첫날 3,000여 명의 조문객이 다녀갔다. 그중에는 노회찬을 직접 만난 적이 없는 사람도 많았다. 사람들은 각자 마음속에 간직하고 있던 노회찬의 모습을 추모의 벽에 남겼다. 그 각각이 한 편의 평전이었다.

노회찬 의원님께, 아직도 이렇게 많은 사람들이 있습니다. 모두 평범한 얼굴입니다. 당신을 사랑하고 고마워한 이들이 이렇게

추모의 벽에 붙어 있는 추모 글들(2018)

많았기에 그 작은 짐이 무거우셨나 봅니다. 부디 편히 쉬소서.
상계동에서 그 웃음을 잊지 않겠습니다.

삼가 고인의 명복을 빕니다. 영면하십시오. 고 고동영 일병을
보시면 안아주십시오. 죄송해요. 거기까지 힘들게 해서요. 보고
싶네요.

7월 24일. 이틀째도 이른 시간부터 늦은 밤까지 조문객들이
끊이지 않았다. 줄이 1층 장례식장 입구부터 지하 2층까지 길게
늘어섰다. 병원 측은 장례식장으로 내려가는 에스컬레이터의 작
동을 멈춰야 했다. 새벽 1시가 지나면 빈소 식당의 불을 끄게 되어
있었다. 하지만 아침까지 불을 끄지 않는 공간이 마련되어 있었다.
새벽 교대 시간에 빈소를 찾는 택시 기사들을 위한 자리였다. 이날
오전부터 추모 홈페이지에서 시민장례위원을 모집했다. 각 지역
단체에서 자발적으로 분향소를 만들었다. 베이징과 로스앤젤레스
등 해외에도 분향소가 마련되었다. 이날 조문객은 집계 가능한 곳
만 해서 9,100명을 넘어섰다.

어젯밤 9시에 노회찬 의원 조문을 갔다. 줄을 선 지 1시간 만에
조문을 할 수 있었다. 재난 수준의 폭염과 열대야에도 불구하고
세브란스병원 장례식장 입구부터 지하 2층까지 이어진 추모
행렬. 거기에는 어떤 특권도 없었다. 나라의 한다 하는 고위층
인사도 추모 행렬에 서서 한 걸음 한 걸음 앞으로 옮겨서야
조문을 할 수 있었다. 노회찬 의원을 추모하는 마음에서는 모두

평등했고, 어떤 새치기도 건너뛰기도 없었다. 줄에 서서 조문을 기다리는 고위층 인사들을 보면서 노회찬 의원이 만들어낸 모습이라고 생각했다. (7월 25일 페이스북 박래군 글 중에서)

7월 25일. 민동준 연세대 부총장과 학장들은 심각한 표정으로 회의를 하고 있었다. 다음 날 있을 노회찬 추모제 장소로 대강당을 사용하게 해달라는 정의당의 요청에 답을 전해야 했다. 학장회의에서 결론을 못 내리고 해외 출장 중인 총장과 컨퍼런스 콜 회의를 이어갔다. 숙의 끝에 대강당 사용을 허가하기로 했다. 결정에 시간이 많이 걸린 데에는 이유가 있었다. 연세대는 기독교 재단에서 운영하는 학교다. 스스로 목숨을 끊는 것을 죄라고 여기는 기독교 교리가 있고, 대강당은 예배를 보는 곳이다. 결정이 늦어진 이유였다. 입관식이 있던 이날도 1만 2,000여 명이 조문했다.

7월 26일. 넷째 날, 정의당장에서 국회장으로 장례의 격이 바뀌었다. 오후 7시 연세대 대강당에서 추모제가 열리는 날이었다. 1,600명을 수용할 수 있지만, 혹시나 해서 대강당 밖에 대형 화면을 설치하기로 했다. 추모제가 시작되기 전에 이미 강당은 꽉 찼고, 안에 있는 수만큼 바깥에도 사람들이 앉아 있었다. 어둠이 내렸지만 무더위는 물러가지 않았다. 다음 날 조간에 게재될 추모 광고에 참여한 시민장례위원은 3,583명이었다. 정의당은 장례 기간 동안 전국에서 7만 2,000명의 조문객이 빈소를 찾았다고 발표했다.

7월 27일. 오전 9시 빈소에서 발인제를 올린 후 장례 행렬은 여의도 국회를 향했다. 길을 가던 시민들은 걸음을 멈추고 장례 행렬을 바라보았다. 고개 숙여 조의를 표하는 사람들, 손수건을 흔들어주는 사람들도 있었다. 장례 행렬이 국회 안으로 들어갔다. 국회 도서관 앞에 19명의 중년 여성들이 두 손을 모은 채 고개를 숙이고 있었다.

국회 청소노동자 김영숙은 이날도 새벽 4시에 출근했다. 출근길에 아들이 기사를 하나 보내주었다. 노회찬 추모 기사였다. 거기에 노회찬의 '6411 버스 연설' 전문이 실려 있었다. 6년 만에 그녀에게 도착한 연설문이었다. 국회 청소노동자들은 자신들이 나설 자리가 아닌 듯싶어 운구차를 배웅할 엄두를 내지 못했다. 더구나 근무 시간이었다. 국회 환경미화원노조 위원장을 맡고 있던 김영숙은 새벽에 읽은 연설문이 생각나 도저히 가만히 있을 수가 없었다. 동료들과 함께 그를 맞이하기로 했다. "우리를 투명인간에서 사람대접 받게끔 끌어내준 분인데 마지막 모습은 봬야 하지 않겠냐고. 그래서 시간 되는 사람들 모아서 바로 나간 거예요. 우리가 그분께 할 수 있는 마지막 진심이었어요."[34] 이정미가 차에서 내려 그들과 부둥켜안고 함께 울었다.

오전 10시, 영결식이 시작되었다. 이제부터는 국회 사무처가 주관했다. 문희상, 이정미, 심상정, 김호규가 추도사를 읽었다. 조카 노선덕이 유족 인사를 했다. 삼촌 노회찬은 진로 상담을 하던 선덕이 미래를 알지 못하면서 어떤 선택을 해야 할 때 그 기준이 무엇이었는지 묻자 이렇게 말해주었다. "결정하기 어렵거나, 잘 모르겠을 때는 제일 어려운 길을 선택하는 게 맞다." 유족 인사말에서 노선덕은 삼촌의 말을 추모객들에게 전했다. 노회찬의 마지막 선택도 그랬을 것이다.

영결식이 끝나고 위패와 영정 사진은 노회찬 집무실이었던 의원회관 510호와 국회 앞 정의당 당사를 들렀고, 장례 행렬은 서초구 원지추모공원으로 향했다. 화장은 두 시간 남짓 걸렸다. 유골함이 유족에게 전달되었다. 노회찬은 이제 자신이 묻힐 곳, 마석 모란공원을 향했다. 행렬이 남양주시로 들어서자 예상치 못했던 광경이 사람들 눈에 들어왔다. 남양주시 개인택시연합회 택시들이 대열을 갖춰 노회찬을 맞이했다. 교차로마다 택시 기사들이 배치되어 교통정리를 해주었다. 장례 행렬이 지나가는 동안 도열해 있던 택시가 일제히 노회찬을 애도하는 상향등을 켰다. 슬픔 가득한 차에 타고 있던 이들 중 몇몇은, 위로 멀리 향하는 한낮의 불빛 안에서 노회찬을 발견하고 눈물을 흘렸다.

오후 4시 30분 하관식. 노회찬은 대지의 품으로 돌아갔다. 그는 이제 지척에 있는, 먼저 와 있던 오재영도 만나고 전태일도 만나면서 아직 살아 있는 자들이 바라는 대로 근심 없이 평안하게 쉴 수 있는 곳에 막 도착했다.

'백척간두'에서 내디딘 한 걸음

비현실적인 오일장이 끝나고도 사람들에게 이 사건은 쉽게 현실로 받아들여지지 않았다. 왜라는 질문이 사라지지 않았고, 가짜뉴스도 횡행했다. 많은 사람이 원인이 된 사건과 결과로서의 그의 선택 사이의 인과관계를 듣고도, 공개된 유서를 접하고도 자신의 상식으로는 상황을 쉽사리 이해할 수 없었기 때문이다. 하지만 짧지 않은 시간 고민하면서 한 자, 한 자 적어갔을 마지막 글에 그가 하려 했던 이야기들이 담겨 있다.

2016년 3월 두 차례에 걸쳐 경공모로부터 모두 4천만 원을 받았다.
어떤 청탁도 없었고 대가를 약속한 바도 없었다.
나중에 알았지만, 다수 회원들의 자발적 모금이었기에 마땅히 정상적인 후원 절차를 밟아야 했다. 그러나 그러지 않았다. 누굴 원망하랴. 참으로 어리석은 선택이었으며 부끄러운 판단이었다. 책임을 져야 한다.

무엇보다 어렵게 여기까지 온 당의 앞길에 큰 누를 끼쳤다.
이정미 대표와 사랑하는 당원들 앞에 얼굴을 들 수 없다.
정의당과 나를 아껴주신 많은 분들께도 죄송할 따름이다.

잘못이 크고 책임이 무겁다.

법정형으로도, 당의 징계로도 부족하다.

사랑하는 당원들에게 마지막으로 당부한다.

나는 여기서 멈추지만 당은 당당히 앞으로 나아가길 바란다.

국민 여러분! 죄송합니다.

모든 허물은 제 탓이니 저를 벌하여주시고,

정의당은 계속 아껴주시길 당부드립니다.

2018. 7. 23.

노회찬 올림

천칭의 한쪽 접시에 놓인, 그가 말한 '잘못'과 다른 접시에 올려놓은 그의 '속죄'는 같은 무게였을까? 사람들은 둘의 무게 차이가 너무 크다고 생각하며 비통해했지만 노회찬의 기준은 그렇지 않았다. 그의 유서는 사건의 내용, 그에 대한 자기 평가, 그리고 당부로 구성되어 있다. 청탁과 대가 없는 정치 후원금 처리 과정의 잘못을 인정했고, '어리석은 선택', '부끄러운 판단'이었다며 자책했다. 유서의 절반은 '사랑하는 당원들'에게 당과 함께 당당히 앞으로 나아갈 것을, 국민에게는 용서를 구하며 당을 아껴줄 것을 부탁하는 내용이었다. 그는 평생 선당후사의 삶을 살았지만 따지고 보면 선후가 없었다. 당은 노회찬의 확장된 자아였다.

생의 마지막 몇 달 동안 그가 겪었을 정신적 압박은 견디기 힘들 만큼 무거웠고, 마음은 홀로 외로웠으며, 심신은 점차 지쳐갔을 것이다. 특히 그 기간 동안 '사랑하는 당원과 국민'에게 사실과 다른 이야기를 할 수밖에 없었던 사정도 그를 무척 괴롭혔을 것이다. 사는 동안 그래본 적이 없었다. 숱한 고뇌의 날들을 보내면서 그는 결국 선택의 기로에 섰다. 하지만 그의 선택에 감상 또는 감정이 결정적 요소였을 리 없다. 그는 상황에 내몰린 채가 아니라 평소 자신의 원칙에 근거해서 판단을 내렸을 것이다. 자신의 생명과도 같은 당의 진로를 최우선의 가치로 두고 선택했을 것이다. 그 결과 그는 '잘못'의 무게가 '법정형'이나 '당의 징계'보다 더 무겁다고 판정했다.

무엇이 그 일을 그토록 무겁게 만들었을까? 그 사건이 드리울 길고 깊은 그림자를 생각했을 것이다. 평생 추구하고 지켜왔던 자신의 가치와 이념, 삶의 목표가 현실로 '외화'된 것이 당이었고, 그 당은 무한 사랑, 무한 책임의 대상이었다. 당원과 국민으로부터 받은 신뢰와 사랑이 클수록 그 책임감은 더 크게 느껴졌을 것이다. 그는 당과 동지들이 '혈육보다 더 소중할 수 있다'고 했다. 김지선은 "사는 동안 남편은 동지들을 너무너무 사랑했었다는 사실을 꼭 말해주고 싶다"라고 했다.

노회찬은 그토록 사랑했던 당의 앞길에 자신의 잘못이 '큰 누'를 끼치게 하는 사태를 용납할 수 없었다. 그에게 당은 하다가 안 되면 그만두고 떠나도 되는 곳이 아니었다. 그는 모든 것을 제단과도 같은 '접시' 위에 올려놓고 당원과 국민에게 용서를 빌었다. 노회찬은 자신의 마지막 선택이 당과 자신을 살리는 길이라고 생각했을 것이다. 그리고 자신이 내려놓은 것을 딛고 당은 앞으로 나아가라고 당부했다. 당을 만들기 위해 자신의 모든 것을 바쳤던 그는 자신의 '잘못'으로 어려움에 처한 당을 지키기 위해 자신의 모든 것을 내려놓고 떠났다.

노회찬이 '잘못'의 무게를 그렇게도 크게 여긴 것은 '부끄러움' 때문이기도 했다. 그가 토로한 부끄러움의 무게를 잴 수 있는 저울은 세상에 없다. 손석희는 노회찬을 "돈 받은 사실이 끝내 부끄러워 목숨마저 버린 사람"이라 말했고 많은 사람이 그의 말에 공감했지만, 지금 말하려는 노회찬의 부끄러움은 한 가지 사건에서만 유래된 것은 아니다. 노회찬 정치의 바탕에는 '공적 부끄러움'이 있었다.[1]

참으로 부끄러운 나날이다. … 부끄러운 마음은 점차 참담한
심사로 변해간다. 혼자 있는 방에서도 얼굴을 들기 힘들다. …
부끄럽고 가슴 아프다. 얼굴을 들지 못할 뿐이다.[2]

유서의 내용과 닮아 있는 이 표현은 노회찬이 국회의원 시절에 남긴 짧은 기록의 일부다. 현안과 관련된 문제를 가지고 찾아온 한 민원인의 이야기를 듣고도 자신이 소속된 상임위와 관련된 사안이 아니라는 이유로, 또 사안을 깊숙이 들여다볼 여유도 없었기에 문제 있는 법안이 해당 상임위를 거쳐 법사위와 본회의에서 통과될 때 강 건너 불 보듯 했던 자신을 책망하는 글이었다.

고인들께 엎드려 사죄합니다. … 지켜드리지 못해 죄송합니다.
이 비정하고 단말마 같은 세상에서 고인들을 외롭게 투쟁하도록
내버려두었던 우리 자신이 너무도 부끄럽고 서러울 뿐입니다.

용산 참사 추도사이다. 노회찬이 생전에 남긴 기록 중에는, 힘없고 가난한 사람들의 고통스런 현실을 대면했을 때 그가 느꼈던 부끄러움의 흔적이 여러 곳에서 발견된다.

2005년 3월 8일, '여성의 날'에 장미 한 송이를 선물하기 시작한 것은 한국의 여성 인권이 세계에서 최하위 수준을 벗어나지 못한 데 대한 '부끄러움'을 고백하는 일이라고 했다. 중산층이 붕괴되면서 자영업자들의 수가 급증하고 그들의 삶이 어려워졌을 때, 그가 그 문제를 해결할 수 없었을 때, 그는 부끄럽다고 했다. 조합원 100만 명이 넘는 규모를 자랑하는 양대 노총이 전태일 기념관 하나 자신들의 힘으로 세우지 못하는 것을 보고도 '과거 노동운동을 했던 자신의 부끄러움'을 토로했고, 독립운동가의 후손들이 겪고 있는 가난의 서러움, 교육조차 못 받는 어려운 현실이 개선되지 않았을 때도 그는 부끄러워했다. '정치가 세상을 바꾸는 게 아니라 정치인의 팔자를 바꾸는 수단으로 악용'되는 현실에 대한 부끄러움도 그의 몫이었다. '6411 버스 연설'에서 그가 강조하고 싶었던 말은 '투명인간'에게 다가가지 못한 '투명정당'의 부끄러움이었다. 세상을 바꾸는 직업을 가진 그에게 지금 눈앞의 현실은 부끄러움의 원인이었고, 동시에 노회찬 정치를 이끌어가는 에너지원이었다. 노회찬의 부끄러움은 정치인으로서의 책임감에서 나온 것이었다.

정치인 노회찬이 특별히 한 치의 실수도 용납하지 않았던 부분은 정치 자금 관리였다. 국회의원 시절에 불법도 아니고 액수가 큰 것도 아니었지만 정치 후원금의 처리를 허술하게 한 사실을 알고 나서 '나를 불구덩이에 떨어뜨리는 일'이라며 담당자를 무겁게 질타한 적이 있었다. 담당자가 처음이자 마지막으로 본 노회찬의 화내는 모습이었다. 노회찬이 직접 표현하지는 않았지만 유서의 내용을 들여다보면 그의 '잘못'은 한순간 마음을 내려놓은 상태에서 발생한 실수에 가까운 것이었다. 하지만 그는 이를 실수라 하지 않고 무거운 벌로 단죄해야 할 '부끄러운 판단'이라 했다. 자신의 '잘못'이 빚어낸 '개인적' 부끄러움의 '공적' 무게를 그는 이겨낼 수 없었다.

노회찬을 '죽음에 이르게 한 부끄러움'은 이 사건에서 시작되었지만, '존재까지 흔드는' 무게를 느끼게 만든 것은 사건 자체보다 여러 차례 국민을 상대로 이를 '부인'했다는 사실이었을 것이다. 스스로도 상상할 수 없었던 자신의 행동은 그를 괴로움과 부끄러움의 깊은 늪으로 점차 빠져들게 했고 결국 헤어날 수 없는 곳까지 도달하게 했을 것이다. 작은 진보정당 정치인으로서 노회찬 힘의 원천은 국민의 신뢰였는데, 그 원천이 붕괴되는 모습을 보는 것은 참으로 괴로운 일이었을 것이다. 이런 부끄러움은 정치적 에너지로 전환되기 어려운, 오롯이 자신의 잘못으로 귀속되는 것이었다. 사람들은 '정치를 그만두더라도 다른 할 일도 많고 잘할 수도 있는데 스스로 삶을 마감한 것'을 무척 안타까워했지만, 정치와 떨어진 그의 삶은 상상하기 어려웠다. 하지만 그가 느꼈던 부끄러움은 당과 노회찬, 정치와 노회찬을 분리시킬 정도의 강한 '척력(斥力)'을 가지고 있었다. '백척간두'에 선 그가 척력을 이기기 위해 선택한 것은 '진일보'였고, 그것은 그의 정치와 꿈, 가치를 온전하게 지상에 남겨놓을 수 있었던 한 걸음이었다. 그리고 그가 의도하지는 않았겠지만 우리에게, 무엇보다 정치인들에게 부끄러움을 가르쳐준 한 걸음이었다.

예기치 않은 인연으로 노회찬의 62년 삶을 찾아 나선 여정의 어디쯤에선가부터 그의 삶과 겹쳐지는 한 인물이 마음속에 떠올랐다. 산을 옮긴 중국의 옛사람 '우공'[3]이다. 고사 속의 노인이 마을 사람들의 편리한 통행을 위해 집 앞의 큰 산 2개를 옮기는 일에 평생을 바쳤다면, 노회찬은 진보정당 창당과 집권이라는 산을 쌓기 위해 일생을 던졌다. 친한 이웃 지수(智叟, 지혜로운 노인)가 아흔이 넘은 우공(愚公, 어리석은 노인)을 말렸지만, 그는 자신이 죽으면 후손이 산을 옮길 것이고 언젠가는 그 뜻을 이룰 것이라며 쉬지 않고 돌과 흙을 퍼 날랐다. 후손과 몇몇 이웃이 우공의 뜻을 따랐다. 노회찬에게 진보정당을 만들고 키워서 집권에 이르는 산을 쌓는 일은 주변의 냉소나 말리는 소리에도 멈추지 않고 '지속'되어야 했다. 노회찬이 삶의 마지막 순간에 선택한 것이 '삶의 중단'이었고 이 중단은 바로 그 '지속'을 위한 것이었다는 사실은 참으로 슬픈 역설이다. 우공의 이야기는 그의 갸륵한 뜻을 어여삐 여긴 옥황상제가 2개의 산을 옮겨주는 해피엔딩으로 끝났지만, 국민의 마음을 얻어야 꼭대기까지 쌓아 올릴 수 있는 노회찬의 산은 아직도 작은 언덕이다. 그와 함께했던 '길동무'들이 산을 쌓아 올리는 일을 멈추지 않는 한 그는 기억되고 호출될 것이고, 응원의 목소리로 살아 돌아올 수 있다.

　　나는 특정 개인이 역사를 바꿀 수 있다는 생각에는 동의하지 않아요. 개인의 사정에다 역사가 요구하는 과제를 끼워 맞추는 것처럼 무모한 일은 없죠. 역사가 요구하는 것 중에서 내가 열을 할 수 있으면 열을 하는 거고, 아홉을 할 수 있으면 아홉을 하는

있으면 아홉을 하는 거고, 기왕에 좀 더 노력해서 열하나 정도
하면 나는 굉장히 시간을 잘 보낸 것이고, 내가 못해도 얼마든지
다른 사람들이 오히려 이 일을 더 잘할 수도 있는 것이죠.[4]

사람들은 노회찬이 가난하고 힘없는 사람들과 함께 비를 맞
으며 함께 잘사는 세상을 만들기 위해 분투하는 삶을 살았다고 생
각한다. 틀린 생각은 아니다. 하지만 자기를 희생하고 타인을 위해
서 살다간 사람이라고 말하는 것만으로는 그에 대한 충분한 설명
이 되지 않는다. 오히려 노회찬은 다른 누구보다 온전히 자신의 삶
을 살았다. 그는 자기애가 강한 사람이었다. 중요한 것은 스스로
인정해줄 만한 존재가 되는 일이었다.

남들이 안 알아주는 것은 참을 수 있단 말예요. 그런데 자기가
자기를 안 알아주면 이건 굉장히 골치 아픈 일이에요. 존재가
흔들려버리는데.[5]

마지막 선택의 순간은 그의 존재가 흔들린 시간이었다. 낮은
곳으로 내려가 그곳에 있는 사람들의 편에 서서 세상을 바꾸는 일
을 자기의 소명으로 기꺼이 받아들였고, 그 일을 좋아했고, 잘했던
그가, 그것이 삶의 의미였던 그가, 더 이상 그 일을 하기 힘들어졌
다고 판단했을 때, 흔들리지 않는 원칙 아래 내린 마지막 선택이
이 책을 세상에 태어나게 했다.

노회찬은 자신을 만든 것은 '교과서'라 말했다. 이제 그는, 마

지막 장을 채우지 못한 교과서로 남은 채 떠났다. 노회찬은 그렇게 떠나면서 미완성으로 남은 자신의 꿈과 살아 있는 사람들의 꿈이 만나 교과서의 빈 장이 채워지기를 바랄 것이다.

"지금 노회찬이라면 뭐라고 말할까?"

이 질문은 우리가 현재에서 미래로 건너가는 도상에 섰을 때 우리와 노회찬을 이어주는 가교다. 그는 여전히 우리 곁에 있다.

제1장 "나를 키운 8할은 학교였다"

1 일제강점기 초등교육기관의 명칭은 보통학교, 소학교, 국민학교 순으로 바
  뀌었다. 원태순이 졸업한 1943년에는 국민학교로 불렸다. 하지만 그 시대를
  살았던 이들 중에는 소학교나 보통학교라고 기억하는 사람도 많다. 해방 이
  후 북한 정부는 초등교육기관의 명칭을 인민학교로 바꿨다.

2 『獨立新報』, 1947년 6월 8일(2면), 「民主愛國靑盟, 宣言綱領登을 發表」; 〈프
  레시안〉, 2019년 4월 19일, 「노회찬, '대한민국 민주주의의 이정표' 4.19를
  만나다」.

3 1950년 12월 1일 자 『워싱턴포스트』 1면에는 "트루먼, 원폭 투하 신중 검토"
  라는 제목의 기사가 실렸다. 전날 미국의 트루먼 대통령은 공식 기자회견을
  통해 원폭 사용 가능성을 언급했다. 빌 길버트 지음, 류광현 옮김, 2015, 『기
  적의 배』, 비봉출판사, 77~78쪽.

4 한국전쟁에 개입한 중화인민공화국의 군대. 실제로는 정규군인 인민해방군
  을 파견했지만 형식상 정규군이 아닌 지원병을 보낸다는 모양새를 취하기
  위해서 붙인 명칭이다.

5 원태순의 흥남 서호인민학교 제자인 이후자도 사흘에 한 번씩 함흥에서 보
  급된 주식과 부식을 자신의 집에서 직접 받아 70~80명 분량의 음식을 조리
  해서 군인들에게 제공했다고 기억했다.

6 징병제는 1944년부터 도입되었지만 이미 1938년부터 지원병제도가 실시되
  었다. 자발적 지원보다 관청에 의한 종용과 할당에 따른 징집이 65%를 기록했
  다. 최유리, 2000, 「일제 말기 징병제 도입의 배경과 그 성격」, 『외대사학(外大
  史學)』 제12집, 한국외국어대학교 역사문화연구소, 396~399쪽.

7 이광호 인터뷰, 2019.

8 노회찬과 노회득은 유복자로 기억하고 있지만, 회건, 영란 남매는 아버지가
  기어다니던 시절 할아버지가 세상을 떠난 것으로 알고 있다.

9 노회찬은 생전 인터뷰에서 아버지가 원산 도서관에서 일했다고 했는데, 이
  는 기억의 오류로 보인다. 흥남에서 원산까지는 매일 출퇴근하기가 불가능

한 거리다.

10 유엔한국민사처(UNCACK, United Nations Civil Assistance Command in Korea)는 한국민사원조처(KCAC, Korean Civil Assistance Command)로 바뀌었다. 유엔한국민사처는 유엔한국민사지원단, 유엔한국민간원조사령부 등으로 번역되지만, 이 책에서는 당시 노회찬 부친의 결혼식 축전에 표기된 유엔민사처로 통일한다.

11 하청중학교로 기억하는 사람들도 있다.

12 구영식 인터뷰, 2014.

13 이광호 인터뷰, 2019.

14 친구 전재근도 그 사건을 기억하고 있었다. "어린 시절 회찬이 이야기를 하자면 제일 먼저 생각나는 게 그 사건이죠. 나이 들어서도 회찬이를 만나면 그 이야기를 자주 했어요." 이광호 인터뷰, 2019.

15 〈프레시안〉, 2011년 8월 30일, 「"삼성 X파일은 19금, 미성년자 관람불가 판결"」

16 구영식 인터뷰, 2014.

17 국민학교 시절 친구들은 회찬이 공부는 물론 운동 등 모든 면에서 지고는 못 사는, 승부욕이 강한 친구였다고 기억하고 있다. 초등학교 4학년 때 반에서 1등 자리를 빼앗기자 회찬은 일기장에 '졌다, 분하다'는 표현을 통해 감정을 드러냈는데, 담임선생님은 '그렇게 생각하면 옹졸한 남자가 된다'는 내용을 숙제 검사 평가로 남기기도 했다.

18 이광호 인터뷰, 2019.

19 〈프레시안〉, 2011년 8월 30일, 「"삼성 X파일은 19금, 미성년자 관람불가 판결"」.

20 서울은 1969년부터, 부산 등 10대 도시는 1970년부터 중학교 무시험 전형이 시작되었다.

21 노회찬은 성인이 되어서도 종종 신덕만 선생님 이야기를 했다. 노회찬은 KBS의 〈TV는 사랑을 싣고〉라는 프로그램에 출연한 적이 있는데, 그때 만난 사람이 신덕만 선생님이었다.

22 통계청. https://www.index.go.kr/potal/stts/idxMain/selectPoSttsIdxSearch.do?idx_cd=1520(2022년 2월 4일 검색).

23 『동아일보』, 2013년 2월 7일, 「진보가 박근혜에게 말한다/릴레이 인터뷰 〈4〉 노회찬 진보정의당 공동대표」.

24 구영식 인터뷰, 2014.

25 김보영, 2013, 「휴전협정 제59조 「실향사민(失鄕私民, displaced civilians) 조

항을 통해 본 전시 민간인 납치 문제의 쟁점과 귀결」,『역사와 현실』제87호.

26   정부 기록에는 집결 인원이 모두 76명이었지만, 최종 월북한 사람은 37명이
      다. 그 이유는 확인되지 않았다.

27   노회찬의 외할머니 이름은 '현송섭'이고, 북으로 돌아갈 때 나이는 쉰여덟 살
      (1896년생)이었다. 이유를 확인할 수 없었지만, 정부 자료는 오기일 가능성
      이 높다.

28   원본에는 문연히로 되어 있지만 문연희일 가능성이 높다. 여성 이름으로 보
      이는 명단 중 '히' 자로 끝나는 이름이 3명이고, 명단 가운데 '희'는 한 글자도
      없다. 이유는 모르겠지만 '희'를 표기할 수 없었던 것 같다.

29   『경향신문』, 1945년 3월 1일.

30   『동아일보』, 1945년 3월 1일

31   『동아일보』, 1954년 3월 3일

제2장 첼로와 유인물

1   1970년 광화문 정부종합청사가 완공되면서 중앙청 등에 있었던 대부분의
     정부 부처가 신축 청사로 옮겼다. 유신이 선포된 1972년 현재 중앙청에는 국
     무총리실이 있었고, 국무회의도 이곳에서 열렸다.

2   https://personweb.com/2003/01/01/노회찬-민주노동당-사무총장/
     (2022년 2월 16일 검색).

3   1823년에 먼로 대통령이 내세운 미국의 외교 방침. 미국에 대한 유럽의 간섭
     이나 재식민지화를 허용하지 않는 대신 미국도 유럽에 대하여 간섭하지 않
     겠다는 내용이다.

4   노회찬은 인터뷰에서 책 제목을『마르크스 경제학 비판』으로 언급했는데,
     기억에 착오가 있었던 것으로 보인다.

5   노회찬은 그날을 이렇게 기억했다. "정말 무한대로 맞았어요. 귀싸대기를 양
     쪽으로 무한대로 맞고 나니까 기분이 좀 그랬죠. 선생님이 과도했고 어른답
     지 못하다, 그렇게 생각했지요. 하지만 한편으로는 내가 괜히 폼을 잡아 선생
     님으로 하여금 학생을 때리게 만든 건 아닐까 그런 생각이 들었어요. 그래서
     억울하게 맞고도 교무실에 찾아가서 "죄송합니다!" 이랬어요. 그런데 선생
     님이 사과를 받아들이지 않더라고요." 노회찬, 2018,『우리가 꿈꾸는 나라』,
     창비, 148쪽.

6   이광호 인터뷰, 2019.

7   이광호 인터뷰, 2019.

8   1974년 12월 박정희 유신정권의 언론 탄압으로『동아일보』광고주들이 무더기로 광고를 해약했던 사건을 말한다. 광고가 없는 지면에 독자들의 응원 광고가 채워졌다. 하지만 회사가 결국 정권에 굴복하고 언론 자유를 위해 저항하던 기자를 대량 해고하면서 사태는 끝이 났다.

9   이광호 인터뷰, 2019.

10 고등학생 노회찬의 첫 정치적 '거사'는 사실 4·19묘지 참배보다 먼저 있었다. 그는 1학년 초, 화장실 벽에 이렇게 썼다. "아우들아 일어나라. 고3 형이." 노회찬의 '학생운동 데뷔'는 화장실 낙서 투쟁이었다.

11 그때 함께 갔던 최용석의 말이다. "그 일은 아마 회찬이와 광필이 두 사람이 작당해서 다른 사람을 설득해서 갔던 거 같아요. 그 둘은 거의 항상 붙어 다녔어요. 말도 잘 통하고 기운도 잘 맞았죠. 그러니까 나중에 인민노련도 진정 추도 같이하고 평생을 같이 다닌 거죠. 이 둘이 정치의 '정' 자도 모르는 우리들을 물들인 거예요." 이광호 인터뷰, 2019.

12 최용석은 고교 시절 노회찬을 이렇게 기억했다. "회찬이는 노숙한 얼굴에 입담 좋은 애로 기억되고 있죠. 방학 때 지리산 여행을 다녀왔다면서 거기서 겪은 일을 과장을 좀 섞어서 엄청 재미나게 얘기했어요. 서울 애들은 좀 얌전한 편인데, 부산 사투리를 써가면서 장광설을 거의 '왕구라' 수준으로 펼쳐 보여주니까 애들이 무지하게 좋아했어요. 그전에도 말 잘한다는 인상은 있었지만 그 일이 있은 다음부터 애들한테 '이거 물건이다' 이렇게 판정을 받은 겁니다." 이광호 인터뷰, 2019.

13 당시 선우휘의 직책은 주필이었다.

14 고2 때면 1974년인데,『다리』는 1972년 10월 유신 직후 폐간되었다. 당주동 사무실에 찾아갔을 때는 잡지가 나오지 않고 있을 때였다. 다만 유명한 『다리』지 필화사건'의 재판이 당시 진행 중이었고, 1974년 7월에 정기간행물 등록이 취소되었다.

15 노회찬은 함석헌과의 만남에 대한 소회를 일기에 남겼다. "함석헌 옹을 뵙고 말씀을 들었다. 첫 인상은 소탈하다는 것뿐이었다. 별로 기대했던 바가 없었기에 실망도 없었다. 다만 좀 더 냉철히 그를 평가 못하는 나의 빈약한 思惟力(사유력)을 안타까이 여길 뿐이다."(1974년 11월 21일 일기)

16 『동아일보』, 1973년 12월 1일, 「경기고 방학 당겨, 1~2년 오늘부터」.

17 정광필은 목사가 아니라 교회 전도사로 기억하고 있다.

18 1973년 10월 제1차 석유파동으로 기름값이 폭등하자 정부는 난방비를 절약하기 위해 그해 초·중·고 겨울방학을 12월 25일에서 12월 4일로 20여 일 앞

당긴다는 방침을 이미 밝혔다. 그럼에도 다시 3일을 당겨 긴급하게 1일에 조기 방학을 실시한 것은 고등학생의 교내 시위 움직임을 우려한 유신정권의 방침에 따른 것이라고 당시 언론은 보도했다.

19 경기고에서는 1972년 유신 선포에 맞서 2학년 학생 몇 명이 유신 반대 유인물을 학내에 뿌렸고, 수도경비사령부(현 수도방위사령부)가 주모자를 연행해 조사한 일도 있던 터였다.

20 이범은 노회찬이 말한 '방위 시절 긴급조치로 구속된 고교 친구들' 중 1명이었다. 고려대 정치외교학과를 다니고 감옥에 세 번 다녀왔다. 2014년 지병으로 세상을 떠났다. 노회찬은 동생 회건에게 친구 최만섭을 이렇게 설명했다. "우리들 중 책을 제일 많이 읽는 친구." 만섭은 독서와 토론은 적극적으로 함께했지만 자신은 형편상 운동은 하지 않을 것이라고 일찍부터 친구들에게 이야기해왔다. 한기범은 원래 한 학년 위였는데, 투포환 선수를 하다가 허리를 다쳐서 같은 학년이 되었다. 조숙한 편이었던 그는 2학년 때 반유신 데모를 주도한 학생들 중 1명이었다. 한기범은 1985년 사고로 사망했다.

21 당시 비주류 모임 멤버는 아니었지만 지금까지 그들과 가깝게 지내는 김창희의 말이다. "고등학교 때가 소위 세상에 대한 문리를 갖기 시작하는 나이잖아요. 지금 돌이켜보니 그 무렵 자신이 어떤 길을 갈 것인지 생각했던 것 같아요. 그때 자기가 관심 있는 영역에 대해 매진할 수 있는 기회를 가졌다는 건 세상 무엇하고도 바꾸기 힘든 경험이에요. 그렇지만 고1은 정치에 눈을 뜰 나이는 아니죠. 회찬이는 좀 남다른 경우인 것 같아요. 그 모임 친구들은 서로 자극받고 상승작용을 일으켰겠죠." 이광호 인터뷰, 2020.

22 1949년부터 1981년까지 열렸던 정부 주관의 미술 전시회이다.

23 1974년 8월 1일 작곡할 당시 악보에는 제목이 "石南花"로 되어 있으나, 노회찬은 서정주의 시 제목을 따라 "소연가"라 불렀다.

제3장 참당암의 결의

1 1976년부터 1978년까지 매해 47회, 17회, 2회, 모두 66회 썼다.

2 노회찬, 2019, 『노회찬의 진심』, 사회평론아카데미, 82쪽.

3 그가 주로 사용한 노트 애플리케이션은 '에버노트(Evernote)'였다.

4 "저의 판단을 항상 반추해서 검토했어요. 내 판단이 옳았을 수도 있고, 약간 잘못됐을 수도 있고, 또는 완전히 잘못됐을 수도 있는데, 그러면 그때 내가 어떠어떠한 이유 때문에 그런 판단을 했는가, 그때 제대로 살피지 못한 게 무

엇이었느냐, 이걸 계속 반복했어요." 노회찬·홍세화 외, 2010, 『진보의 재탄생: 노회찬과의 대화』, 꾸리에, 135쪽.

5 『경향신문』, 2011년 1월 16일, 「겨울철 낚시꾼이 행복한 이유」.

6 구영식 인터뷰, 2014.('구영식 인터뷰, 2014'는 구영식 기자의 노회찬 인터뷰 책 『대한민국 진보 어디로 가는가』의 원본 녹취록으로, 출간돼 나온 책에는 나오지 않았거나, 표현이 일치하지 않는 부분이다.)

7 이광호 인터뷰, 최만섭 편, 2020.

8 노회찬이 생전에 참당암을 선택한 이유를 밝힌 기록은 없지만 추론할 수 있는 단서는 있다. 노회찬이 참당암에 머물기 4개월 전, 정외과 수학여행 코스 중 하나가 동학농민운동 유적지였다. 사전 답사를 맡은 그가 참당암과 함께 선운사의 산내 암자 중 하나인 도솔암이 동학농민운동과 관련된 전설이 있는 곳이라는 사실을 알게 된 것이 계기가 되었을 수도 있다. 노회찬은 자신이 만약 타임머신을 탈 수 있다면 19세기 말로 돌아가 동학농민군이 되어 우리 근대사를 다시 쓰고 싶다고 말한 적이 있다.

9 노회찬·홍세화 외, 2010, 『진보의 재탄생: 노회찬과의 대화』, 꾸리에, 58쪽.

10 『월간 불광』, 2010년 1월호, 「참당암의 여름에 내린 결정」, 8쪽.

11 노회찬이 선운사 참당암을 찾은 1981년, 같은 해 조계종 24교구 본사인 선운사로 출가한 젊은이가 있었다. 그는 선운사에서 스님이 되었고, 40년 동안 선운사가 주 거처였다. 2007년부터 2015년까지 8년 동안 선운사 주지 스님이었다가 참당암 암주 스님이 되었다. 법만 스님이다. 2018년 9월 초. 법만 스님이 정의당 중앙당에 전화를 걸었다. 처음이었다. 스님이 상의할 문제가 있다며 먼저 이야기를 했다. 정의당에서도 며칠 있으면 치를 한 의식에 대해 의논하려던 참이었다. 스님 얘기를 들은 정의당 쪽에서는 감사의 마음을 전했다. 정의당 중앙당에서는 자신들은 모란공원 묘역에서 의식을 치를 것이니 참당암에서는 정의당 전북도당 쪽 사람들이 함께할 수 있도록 하겠다고 말했다. 9월 9일, 경기도 모란공원에서 그리고 젊은 날 '출가'를 결단했던 참당암에서 노회찬 49재가 치러졌다. 때도 아닌데 선운사 동백처럼 떨어져 내린 노회찬은 '중음(中陰)의 시간' 동안 아마도 참당암을 다녀갔을 것이었다. 생전에는 본 적이 없던 스님과 정치인은 그렇게 만나고, 헤어졌다.

12 정운영, 2004, 『우리 시대 진보의 파수꾼, 노회찬』, 랜덤하우스중앙, 70쪽

13 〈딴지일보〉, 2007년 5월 2일, 「2007년 일망타진, 노회찬을 만나다」.

14 『서울신문』, 2019년 7월 22일, 「잘 되지 않아도 진짜 좋아서 했던 진보정치」.

제4장 지하에서 꿈꾼 지상의 혁명

1   정운영, 2004, 『우리 시대 진보의 파수꾼, 노회찬』, 랜덤하우스중앙, 76~77
    쪽.

2   이광호 인터뷰, 2020.

3   주방용품 브랜드인 '키친아트'로 유명한 회사다.

4   1980년대의 공장 이전 학생들은 '광주 세대'라고 부를 수 있다. 이들은 광주
    를 보면서 학생운동만 가지고는 독재 정권에 대응할 수 없다는 사실을 절감
    하고, 조직된 노동자들이 투쟁의 주체로 나서야 한다고 믿게 되었다. 이를 위
    해서는 사회구조의 분석과 변혁과 해방을 위한 사회과학적 인식과 혁명이론
    이 필요했다. 반독재 민주화를 넘어 자본주의 사회를 극복할 대안 사회의 건
    설이 변혁적 노동운동의 목표가 되었다. 그들이 당시 접하게 된 마르크스의
    경제이론과 레닌의 당이론은 매혹적이면서 윤리적이었고, 또 과학적 사회주
    의라는 이름으로 역사적 필연성까지 담보하고 있었다. 그들은 스펀지에 물
    이 스며들듯 이론을 빨아들였다. 마르크스와 레닌은 그들의 교과서였고 손
    에 쥔 무기였다. 노동자는 더 이상 불쌍한 공돌이, 공순이가 아니라 세상을
    바꿀 주인공이라는 '복음'을 전파하려는 '사명감'을 가진 젊은 혁명가들은 그
    렇게 노동자계급을 만나기 위해 전국 공단에 도착하고 있던 중이었다.

5   구해근 지음·신광영 옮김. 2002, 『한국 노동계급의 형성』, 창비, 160쪽.

6   1954년생인 정태윤은 서울대 한국사회연구회(일명 '한사') 서클 출신으로,
    당시에 현장에는 서클 후배들이 많았다. 후배 정광필, 황광우, 신보연 등과
    가까이 지냈던 그는 후배들의 요청을 받고 1984년경에 인천으로 내려갔다.
    정태윤은 후배 활동가들과 함께 학습을 이끌면서 조직을 확대하는 작업을
    하고 있었는데, 이 과정에서 정광필, 권우철을 통해 최봉근을 만났다. 최봉근
    은 1983년 대학 졸업 후 부친과의 약속을 지키기 위해 럭키금성그룹(LG 그
    룹의 전신) 계열사에 공채로 들어가 잠시 다니다가 인천 경동산업에 위장 취
    업했다. 노회찬처럼 '학출' 티가 전혀 나지 않았던 최봉근은 특유의 친화력으
    로 현장 노동자들과 잘 어울렸다. 서로 다른 캐릭터의 여섯 살 차이 나는 정
    태윤과 최봉근은 1985년 초에 만났다. 정태윤은 최봉근의 활동적이고 발이
    넓은 장점을 눈여겨봤고, 최봉근은 도처에서 활동하고 있는 서울대 후배들
    을 통솔할 수 있는 정태윤이 역량을 발휘하기를 기대했다. 둘은 자신들과 조
    직 건설 논의를 같이할 사람을 추가로 물색하던 중 정광필의 소개로 노회찬
    을 만나게 된다. 노회찬, 정태윤, 최봉근 3인은 인민노련을 조직한 초기 핵심
    인물이었다. 속도가 붙지 않던 조직 사업은 노회찬이 결합하면서 탄력을 받

았다.

7 소수의 훈련된 혁명가들로 구성된 지하 정당이 노동자 대중을 지도하고 이끌어 세상을 바꿔야 한다는 정치 노선. '차르' 시대나 군부독재 시대에나 가능한 혁명 노선으로, 한국사회주의노동당의 경우 출범 직후 전위정당 노선을 폐기하고 대중정당을 표방하는 '신노선'을 채택했다.

8 이광일, 성공회대 구술사 '노회찬 편', 2006. 인용 부분은 문장을 다듬었다.

9 이원보, 2013, 『한국노동운동사 100년의 기록』, 한국노동사회연구소, 275쪽.

10 유경순, 2015, 『1980년대, 변혁의 시간 전환의 기록 1』, 봄날의박씨, 432쪽.

11 MBC 〈이제는 말할 수 있다〉, 92회, 2005.

12 과학적 사회주의자 그룹인 인민노련의 혁명 노선에 민족해방(NL)이 포함된 것이 모순처럼 보일 수 있지만, '미제로부터의 해방'을 의미하는 자주파의 민족해방론과는 달리 분단국가의 특수성을 고려해야 한다는 정도의 문제의식이 반영된 것으로 보면 될 것 같다. 흥미로운 것은 인민노련의 핵심 지도부에서는 조직의 혁명이론과는 결이 다른 문건을 조직원들에게 읽혔다는 사실이다. 당시 '유행'하던 혁명이론들에 따르면 한국 경제는 성장할수록 독점이 강화되고 종속이 심화될 뿐이다. 즉, 자본주의적 발전도, 자주도, 민주주의도 불가능하기 때문에 남한에서 혁명이 필연적이라는 논리구조였다. 1980년대 사회구성체 논쟁은 이 같은 인식 또는 논리를 바탕으로 하고 있었다. 인민노련에서 혁명론과 조직 노선을 제시하는 이론적 글쓰기의 중심에 있었던 주대환은 권우철의 소개로 대학원생 양우진의 석사학위논문을 접하게 된다. 양우진은 『한국 자본주의 성격 구명을 위한 일시론: 70년대 중반~80년대 초반의 축적 과정과 위기의 분석을 중심으로』(양우진, 1986)라는 논문을 통해 혁명론의 바탕이 되는 논리가 실상을 반영하지 못한 것이며 한국 경제는 자본주의 발전의 일반적 경로를 거치고 있다는 사실을 논증했다. 당시 유행하던 혁명이론들의 기본 전제를 뒤흔드는 논문이었다. 주대환은 이 논문을 읽고 생각이 많이 바뀌게 되었으며 이 논문이 인민노련의 노선을 정하는 데 이론적 자원이 되었을 뿐 아니라 신노선의 씨앗이 되었다고 말했다.

13 공식 문건에는 약칭이 '타도투위'로 되어 있으나, 당시 인천 지역에서는 '타투'로 불렸다. 여기서도 '타투'로 표기했다.

14 노회찬은 당시 분위기를 이렇게 전했다. "2월 7일, 3월 3일 이때부터 6월항쟁의 조짐이 보였습니다. 우리는 더욱 확신하게 됐죠. 이미 정세 변환의 조짐을 읽었습니다. 그래서 이럴 때 비상하게 대응해야 한다고 해서 인천에 있던 여러 노동운동 조직들에게 반합법, 반공개 정치조직인 정치적 대중조직을

결성하자고 했어요. … 그동안 노동조합이 경제문제를 중심으로 다뤘다면 이제는 정치를 다루자는 것이죠." 구영식 인터뷰, 2014.

15 주대환은 정태윤이 해방투쟁동맹에서 타투로 이전하면서 노회찬과 최봉근에게 "너무 자유롭고 분방한 게" 걱정이긴 하지만 "좋은 후배"라며 추천한 인물이었다. 1986년 연말 즈음의 어느 날 오후, 노회찬과 최봉근은 여의도역 부근 상가의 한 레스토랑에서 주대환을 만났다. 그러고 나서 얼마 뒤에 해방투쟁동맹 지도부의 일원이 된 주대환은 '김철순'이라는 필명으로 운동권에서 일약 유명 인사가 되었다. 인민노련 기관지의 '지가(紙價)'를 높였던 주대환의 글은 운동권의 난해하고 현학적인 글쓰기 풍토를 교정하는 데 큰 영향을 끼쳤다. 주대환을 처음 만난 날 노회찬과 최봉근은 아무 말 없이 웃기만 했다. 맘에 든다는 표시였다. 자유롭고 분방한 사람, '운동권 사투리'를 안 쓰는 사람, 바로 노회찬과 최봉근이 찾던 인물이었다.

16 해방투쟁동맹이 비합법 지하 조직의 '핵심 지도 단위' 성격의 비공개 조직이었다면, 인민노련은 형식적으로는 현장 노동자에게 문을 열어놓은 반합법 조직이자 내용적으로는 '정치적 대중조직'을 표방했다. 반합법 조직이란 대중에게 조직의 이름을 드러내고 활동하지만 지도부 등의 전모를 공개하지는 않는 조직 형태를 말한다.

17 이광일, 성공회대 구술사 '노회찬 편', 2006.

18 위와 같음.

19 타투 활동을 열심히 하던 위장 취업자 김호규는 자신이 소속된 조직에서 7~9월 노동자 대투쟁을 분석, 토론하고 각자의 의견을 내라는 지침을 받았다. 그 조직이 인민노련이었다는 건 시간이 좀 흐른 다음에 알았다. 김호규는 조직의 활동 범위를 전국으로 넓히는 것이 좋겠다는 의견을 냈고, 1988년에 자신이 원했던 울산으로 파견되었다. 그는 나중에 전국민주노동조합총연맹(민주노총) 금속노조 위원장을 지냈다. 지금도 울산에 사는 김호규의 말이다. "당신의 상상력을 발휘해서 늘 연구해라. 현장 사람들을 만나라. 이게 내가 아직도 인상적으로 기억하는 조직의 강조 사항이었어요. 나의 지도선인 영이 동지가 실사구시라는 말을 자주 했는데, 나중에 보니 이 말은 노회찬 선배도 강조했던 말이더군요." 이광호 인터뷰, 2020.

20 이재성, 2014, 『지역사회운동과 로컬리티: 1980년대 인천의 노동운동과 문화운동』(전자책), DETO, 231쪽.

21 노회찬은 이때 김지선에게 선물한 책을 신영복이 쓴 『감옥으로부터의 사색』이라 했는데, 김지선은 호찌민 평전으로 기억하고 있다. 『감옥으로부터의 사색』은 그 당시에 출간되지 않았는데, 평소 주변 사람들에게 그 책을 자주 선

물해서 착각했던 것으로 보인다.

22 장소만의 의미라면 인천에서 서울로 옮긴 때는 구로동 기계공구상가에 비밀 사무실을 마련한 1987년이었다. 이때도 전국적 전망을 가지고 일을 하긴 했지만 여전히 인천 지역 사업이 주를 이루었다. 1989년에 서울로 옮겼다고 한 것은 구로동에서 여의도로 사무실을 옮겼기 때문이다.

23 노회찬·홍세화 외, 2010,『진보의 재탄생: 노회찬과의 대화』, 꾸리에, 32쪽.

24 당시 인노회의 부천 지역 책임자로 조직의 핵심 인물 중 하나였던 김순호가 윤석열 정부에서 행정안전부 경찰국장으로 임명되면서 '프락치' 논란이 급부상했다. 김순호가 찾아가 자수했다고 말한 홍승상은 인노회와 인민노련 수사 책임자였다. 인천 지역 비공개 조직의 기밀을 경찰이 속속들이 파악할 수 있었던 것은 김순호의 밀고 때문이었을 가능성도 있다. 인노회의 중심 인물 중에는 평등파와 자주파의 동거 시기였던 초기 인민노련에서 활동한 사람도 있었다. 두 조직에 대한 수사는 치안본부 홍제동 대공분실에서 이루어졌다. 홍승상은 2004년 노회찬이 국회의원이 되자 의원실로 축하 화분을 보내왔다.

25 당시 보도에는 구속자가 15명으로 되어 있는데, 1차 검거 첫날 15명, 둘째 날 2명으로 모두 17명이다. 12월 2차 검거 때는 첫날 김창덕, 둘째 날 노회찬 등 3명으로 모두 4명이 구속되었다. 인민노련의 구속자는 모두 21명이다.

26 은수미, 2005,「한국 노동운동의 정치세력화 유형 연구: 노동운동과 시민운동의 관계구조 분석」, 서울대학교 대학원 박사학위논문.

27 당시 지하조직의 평균 수명이 1년 남짓했던 것에 비해 인민노련이 두 차례에 걸친 조직원의 대량 검거에도 불구하고 살아남아 민중당과 민주노동당까지 이어질 수 있었던 이유는 특유의 조직 문화 때문이었다. 북한의 '혁명적 수령론'을 신봉했던 조직과 상명하달의 폐쇄적 명령 체제로 가동된 일부 좌파 조직과 달리 인민노련은 조직원들 사이의 수평적 관계와 '실사구시'를 중시했다. 이 같은 조직 문화는 조직원들에게 상대적 자율성을 부여했고, 현실 변화에 능동적으로 대응할 수 있는 힘을 키우도록 독려했다. 이 점이 지도부의 구속이 조직의 와해로 직결되지 않게 만든 요인 중 하나였다. 한 연구자는 "조직원들이 인민노련에 대한 자긍심도 상대적으로 높아 조직 상하부 간의 결합력이 강한 편이었다"라고 평가했다(김원,「인민노련, 그 빛과 그림자」, 노동자역사 한내,『뉴스레터』, 58호. 2013. 10. 14).

28 이광호 인터뷰, 2019.

29 김지선은 이 사실을 알리러 인천 지역의 민주노조 연대 조직인 인천지역노동조합협의회(인노협)에 찾아갔다. 임영탁과 노현기는 당시 인민노련 조직원이면서 인노협 상근자였다. 김지선은 경찰이 집을 무단 수색한 사실과 쪽

지 내용을 인노협 관계자들에게 전했다. 임영탁은 쪽지 명단에 자기 이름이 있는 것을 발견하고 그 즉시 몸을 피했다. 한편, 노현기는 그날 김지선의 이야기를 듣고 깜짝 놀랐다. 둘은 잘 아는 선후배 사이였다. 당시 경찰의 무단 압수 수색은 다반사였고, 속옷이 정보 운반 수단으로 이용되는 것도 새삼스런 일은 아니었다. 그가 놀란 건 전혀 다른 이유에서였다. 김지선과 노회찬이 1년 전에 결혼했다는 사실을 그때 처음 알았기 때문이다. 두 사람의 결혼 소식은 극소수만 알고 있었다. 1963년생 김창덕은 공고를 중퇴하고 공장에 다니다가 인민노련 조직원이 되어 상담소에서 일했는데, 2차 검거 때 노회찬과 함께 구속되었다. 김창덕의 말이다. "우리 동료들한테 노회찬 선배는 그냥 지선이 누나 남편일 뿐이었어요. 지선 누나는 인천에서 워낙 오래 일을 하셨고, 현장 노동자들한테 인기가 정말 많았어요. 근데 학출하고 결혼했다는 얘기를 뒤늦게 듣고 분노했던 남성 노동자들이 굉장히 많았습니다." 이광호 인터뷰, 2020.

30 이광호 인터뷰, 2020.

31 해바라기에 관한 이야기는 노회찬이 진보정당추진위원회(진정추) 대표 시절『신동아』, 1994년 10월호에 "해바라기처럼"이라는 제목으로 기고한 글을 중심으로 재구성한 것이다.

32 이른바 정원식 총리 밀가루 사건을 말한다. 노태우 정부의 공안 정국에 학생 등 시민들이 강력한 저항으로 맞서고 있던 1991년, 정원식 총리가 한국외국어대학교에서 강의를 한 뒤 학생들에게 계란과 밀가루 세례를 받은 사건이 발생했다. 언론이 이 사건을 자극적 사진과 함께 1면에 대대적으로 보도하면서 정세가 정권에 유리한 방향으로 급반전됐다.

33 조현연, 2009, 『한국진보정당 운동사』, 후마니타스, 124쪽.

34 유경순, 2015, 『1980년대, 변혁의 시간 전환의 기록 2』, 봄날의박씨, 128~129쪽.

제5장 창당으로 가는 여정

1 이광호 인터뷰, 2020.

2 노현기는 이날 노회찬의 현장 교육에 대해 이렇게 평했다. "대중 강연을 별로 안 했을 사람이, 빵에 다녀오자마자 사람들을 몰입시키며 그렇게 강의를 잘 할 줄 정말 몰랐어요. 퇴조기라는 단어를 그때 처음 들었습니다. 그냥 깨지는구나 생각하고 있었는데, 퇴조라는 말이 묘한 여운을 줬어요. 일종의 조류 현

상, 운동의 부침 현상이라는 거였으니까요. 국내외 정세와 노동운동의 역사를 넓고 깊은 맥락에서 설명해준 노회찬 선배의 이야기는, 적어도 저한테는 암울한 시기 희망과 큰 영감을 주었죠." 이광호 인터뷰, 2020.

3 당시 사무총장은 정광필이 맡았다.

4 이때 심상정은 전노협 쟁의부장을 맡고 있었다.

5 노회찬은 당시 심정을 이렇게 토로했다. "당(민주노동당: 인용자)은 2000년에 만들어졌지만, 본격적으로는 92년부터 시작했고 … 초기에 얼마나 멸시와 천대를 받았나. 특히 우리에게 제일 괴로웠던 것은 같은 운동 진영에서 보여준 냉소와 비판이었죠. 민주정부 세워야 되는데 쟤들 뭐하는 짓이냐는 시각도 충분히 있을 수 있지만, 그러나 과도하게 짓밟혔던 것이죠." 노회찬·홍세화 외, 2010, 『진보의 재탄생: 노회찬과의 대화』, 꾸리에, 129쪽.

6 당시 헌법재판소법에 따르면 선거법 위헌법률심판은 청구 사유가 발생한 직전 국회의원 선거일(1992년 3월 24일)로부터 180일 이내에 청구해야 한다. 하지만 진정추는 180일이 지난 1993년 10월 27일 헌법소원을 제기했고, 이 때문에 선거법 내용의 위헌 여부는 다뤄보지도 못한 채 각하됐다.

7 노회찬, 2013, 「발간사: 누가 그의 청춘이 짧다고 말하는가?」, 이재영 지음, 이재영추모사업회 엮음, 『비판으로 세상을 사랑하다: 진보정책의 아이콘 이재영 유고집 2』, 레디앙/해피스토리, 2쪽.

8 이런 명판을 '블루 플라크 스폿팅(Blue plaque spotting)'이라고 한다. 1867년 영국 왕립예술원이 바이런의 생가에 파란색 명판을 달면서 시작된 전통으로, 런던에 살았던 유명 인사들과 관련된 건물에 표식을 남겨 시민들에게 역사적으로 의미 있는 장소임을 알려주고 있다. 런던에만 약 950개의 파란색 명판이 있다.

9 구영식, 2014, 『대한민국 진보 어디로 가는가?』, 비아북, 4~5쪽.

10 정운영, 2004, 『우리 시대 진보의 파수꾼, 노회찬』, 랜덤하우스중앙, 121쪽.

11 노회찬과 함께 열흘 넘게 러시아 여행을 다녔던 이진경의 말이다. "둘이 무슨 얘기를 했는지 거의 기억이 없어요. 연금 제도가 박살나서 길거리에 나온 노인들이 벼룩시장 같은 곳에서 좌판을 벌여놓은 모습, 지하철 승객의 지치고 거친 표정, 이런 게 기억에 남아 있습니다. 시장, 길거리를 많이 다녔어요. 회찬이 형은 건축과 미술에 관심이 많아서 유명한 건축물을 많이 보러 다녔죠." 이광호 인터뷰, 2020.

12 2004년 『노회찬과 함께 읽는 조선왕조실록』이라는 제목으로 개정판이 출간됐다.

13 이 소제목 아래의 내용은 『노회찬, 함께 꾸는 꿈』(후마니타스, 2019)에 저자

가 쓴 「진보정당운동과 노회찬」을 바탕으로 일부 보완해서 쓴 것이다.

14 구영식, 2014, 『대한민국 진보 어디로 가는가?』, 비아북, 109쪽.

15 이근원, 2013, 『아빠의 현대사』, 레디앙, 249쪽.

16 구영식, 2014, 『대한민국 진보 어디로 가는가?』, 비아북, 54쪽.

17 노회찬·홍세화 외, 2010, 『진보의 재탄생: 노회찬과의 대화』, 꾸리에, 143, 361쪽.

제6장 민주노동당 창당과 일생일대의 승부

1 노회찬, 2004, 『힘내라 진달래』, 사회평론, 283쪽.

2 건물을 짓든 터널을 파든 공사 현장은 시끄러운 법이다. 대한민국 운동권 내의 수많은 정파가 모여서 만드는 정당 건설 현장도 마찬가지였다. 특히 모든 정파가 자기 입장을 반드시 관철하고 싶어 했던 강령 제정과 당명 결정 과정에서 큰소리가 났다. 민주노동당 초기에는 10개 안팎의 정파가 활동했다. 이들의 이념과 노선은 다양했지만, 크게 PD(평등파)와 NL(자주파)로 분류되었다. 황광우, 윤영상, 이재영 등 진정추 출신이 주축이었던 '혁신네트워크'는 PD 계열로, 2002년에 만들어져서 2007년까지 존속했다. 이들은 노회찬과 정치적 입장을 함께한 정파였지만, 노회찬이 정파 중심 활동에 적극적이지 않았던 데다 규모도 작았기 때문에 당내에서 조직적 영향력은 크지 않았다. 노회찬은 운동권의 모든 정파가 모여서 당을 만드는 것이 진보정당 건설의 중요한 전제 조건 가운데 하나였다고 했지만, 다양한 정파의 동거는 당내 갈등의 원천이 되었다. 정파 간의 갈등과 이견을 조정하고 통합하는 조직 문화와 리더십 구축은 정파 연합당인 민주노동당의 중요한 과제였지만 쉬운 일은 아니었다. 당명은 창당 4개월 전에 정해졌다. 1,628명의 창당 발기인이 여의도 63빌딩 국제회의장에 모여 네 차례 표결한 끝에 민주노동당으로 최종 결정했다. 공모를 거쳐 후보에 오른 당명은 모두 77개였다. 마지막까지 남은 당명은 민주노동당, 통합민주진보당, 민주진보당, 사회민주당이었다. 노동당, 녹색사회당, 사회노동당, 사회당, 진보당 등은 예선에서 탈락했다. 당명제정위원이었던 노회찬은 통일민주진보당처럼 나열식 이름은 당명으로 보기 어렵고, 민주진보당과 민주노동당 중에서는 대중성 차원에서 민주진보당이 더 낫다고 생각했다. 강령 제정 과정은 당명 제정 때보다 더 논쟁적이었고 치열했다. 그중에서도 가장 치열하게 부딪쳤던 쟁점은 '북한 문제'와 '사회주의 문제'였다. "궁극적인 통일 체제는 남한 자본주의의 천민성과 북한 사회

주의의 경직성이 극복되면서 민중의 권익과 민주적 참여가 보장되는 체제여야 한다." 통일 부문 강령의 한 부분이다. 북한 정권에 대한 비판을 금기시했던 자주파 쪽 대의원들이 "경직성"이라는 표현을 문제 삼아 이견을 보였지만 원안대로 통과되었다. 하지만 북한을 어떻게 볼 것인가에 대한 논쟁은 창당 이후에도 지속되었고, 당 분열의 씨앗이 되었다. 또 다른 심각한 쟁점은 사회주의에 관한 것이었다. "민주노동당은 국가사회주의의 오류와 사회민주주의의 한계를 극복하는 한편, 인류의 오랜 지혜와 다양한 진보적 사회운동의 성과를 수용함으로써, 인류사에 면면히 이어져온 사회주의적 이상과 원칙을 계승 발전시켜, 새로운 해방 공동체를 구현할 것이다." 사회주의를 전면에 내세워야 한다는 쪽에서는 "오류"라는 표현을 지적했고, 사민주의자들은 "한계"라는 용어가 부적절하다고 주장했다. 자주파는 사회주의, 사민주의가 강령에 들어가는 것을 반대했다. 이 부분도 수정 없이 최종 확정되었다. 이 같은 강령 논쟁은 충분히 예상된 일이었고, 쟁점이 된 내용도 사전에 예상한 범위를 벗어나지 않았다. 전체적으로 민주노동당 강령에는 평등파와 자주파의 동거 정당이라는 현실이 반영되었다. 일부에서는 민주노동당 강령을 '누더기 강령'이라며 조롱했지만, 공존을 위한 불가피한 선택이었다. 노회찬은 당시에는 사회주의에 대한 대중적 이해가 낮았고 서유럽식 사민주의에 대한 명시적 반대가 상당하다는 점을 감안할 때 '민주적 사회주의'를 쉽게 풀어 표현하는 수밖에 없다는 입장이었다.

3 구영식 인터뷰, 2014.

4 2007년 노회찬 민주노동당 대선 예비후보 선거운동본부 출범식 연설 중 (2007. 7. 17); https://archivecenter.net/hcroh/archive/srch/ArchiveNewSrchView.do?i_id=53123(2022년 8월 20일 검색).

5 『시사IN』, 2011년 10월 12일, 「강경대 세대, 갈림길에 서다」.

6 인터넷 포털 〈네이버〉 뉴스 검색 기준(2022년 8월 22일 검색).

7 조현연, 2000, 「진보정당운동과 4·13총선」, (사)참여사회연구소·한국정치연구회 공동 심포지엄 자료집 『4·13총선과 시민·민중운동 그리고 한국민주주의』, 47~63쪽.

8 현행 정당법에는 총선에서 지역구 의석을 1석도 얻지 못하거나 정당 득표율이 2% 미만일 경우 정당 등록이 취소되고, 같은 당명을 선거 이후 4년 동안 사용하지 못하게 돼 있다. 하지만 2000년 당시 정당법에는 동일 당명 사용에 대한 제한 조항은 없었다. 민주노동당은 취소 통보를 받은 직후 같은 당명으로 정당 등록신청서를 중앙선관위에 제출했다. 형식적으로는 새로 창당한 것이지만, 실제로는 민주노동당 활동이 지속됐다. 현행 정당법의 정당 취소

조항은 2014년 위헌 판정을 받았다.

9   총선평가위원장이었던 노회찬이 당시 밝힌 선거 평가다. "패배를 명확히 인
    정해야 한다. … 가장 중요한 것은 '원내교두보 확보'였다. 우리는 주·객관적
    으로 보기에도 당선자가 나올 수 있다는 평가가 지배적이었다. 이 같은 명백
    한 우선적 목표를 달성하지 못했다는 것은 패배한 것이다. 4·19 이후 단 한
    석의 원내 진출도 못했던 진보정당으로서는 한 석의 확보가 갖는 정치적, 물
    질적 의미를 과소평가해서는 안 된다. 패배와 선전은 양립할 수 있다. 일반
    대중들이 볼 때 이번 선거 결과는 패배와 가능성이라는 두 가지가 공존하고
    있다."『진보정치』4호, 2000년 4월 21일~27일, 「긴급좌담 : 총선 결과와 당
    의 진로」.

10 노회찬이 평소 공·사석에서 자주 발언했던 내용이다. 노회찬의 사후에 조승
    수 전 의원, 하승수 변호사 등이 언론을 통해 관련 발언을 소개해 보다 널리
    알려지는 계기가 되었다.

11 노회찬이 현역 의원이었을 때 선거제도 개편의 중요성을 강조하며 했던 발언
    이다. 심상정 의원, 박갑주 변호사 등이 언론을 통해 관련 발언을 소개했다.

12 총선과 대선을 한 해 앞둔 2011년 12월, 당시 통합진보당 대변인이었던 노회
    찬이 언론 인터뷰에서 한 발언이다. 『폴리뉴스』, 2011년 12월 28일, 「독일식
    정당명부제 합의 시 선거연합정당 가능」.

13 선거법 개정 결과 2004년 총선에서는 비례대표 의석이 56석으로 늘어났다.

14 『진보정치』53호, 2001년 7월 27일~8월 9일, 「이제 시작일 뿐이다」.

15 당시 노회찬과 지역 출장을 같이 다녔던 박권호 사무국장의 기억이다. "노회
    찬 사무총장님은 지역에서 돈도 조직도 없어서 힘들다고 하면, 아 그러면 안
    되겠네요, 이렇게 말한 적이 한 번도 없어요. 다소 무리가 되더라도 후보를
    내야 하는 이유를 설명했고, 중앙당에서 지원할 수 있는 수준과 지역도 함께
    분담할 수 있는 범위를 협의하면서 밀어붙였습니다. 그 결과 당초 어렵다고
    생각했다가 후보를 낸 곳도 꽤 있었습니다." 이광호 인터뷰, 2020.

16 『진보정치』92호, 2002년 6월 17일~6월 23일, 「갈 길은 멀고 할 일은 많다」.

17 〈오마이뉴스〉, 2002년 6월 21일, 「진보정당 '160만 표 시대' 열렸다: 민노당,
    2004년까지 국고보조 25억」.

18 〈오마이뉴스〉, 2002년 10월 29일, 「[대선 캠프 브레인 인터뷰③] 민주노동
    당 노회찬 선거대책본부장 : "97년 비판적 지지 2002년에 없다 두 자릿수 지
    지율 얻는 게 목표"」.

19 『노동과 세계』188호, 2002년 4월 1일, 「노무현, 노동자의 대안일 수 있나」.

20 『진보정치』116호, 2003년 1월 13일~1월 19일, 「"민주노동당 찍겠다"

10.3%」. 여론조사 전문기관 한길리서치의 조사 결과.

21 대한민국 국회의원 정수는 1987년 민주화 이후 299석을 유지했고, 2012년
부터 300석이 되었다. 2000년 총선 때 국회의원 수가 26석 줄어들어 273석
이 된 이유는 IMF 이후 고통을 분담한다는 차원에서 이루어진 조치였으며,
2004년 다시 299석으로 늘어났다.

22 노회찬은 노무현 정권의 정치개혁의 허구성을 이렇게 비판했다. "2003년부
터 노무현 대통령의 정치개혁은 '총선 승리'이다. 자신과 자신의 당이 승리하
는 것이 바로 '정치개혁'이다. … 그의 열우당(열린우리당: 인용자)이 '독일
식'('독일식 정당명부 비례대표제': 인용자)에 가까운 '범국민정치개혁협의
회안'을 폐기하는 데 24시간이 걸리지 않았다. 지금 그들에게 '개혁'은 한나
라당이 한 석이라도 덜 얻는 것이다. 골치 아픈 민주노동당이 한 석이라도 덜
얻는 것도 '개혁'이다."(노회찬, 2004, 『힘내라 진달래』, 사회평론, 135쪽);
"열우당과 노무현 정부의 17대 국회 운영 전략 차원에서 볼 때 제일 부담되
는 것은 한나라당보다 민주노동당일 수 있다. 2007년 대선구도를 생각하면
민주노동당의 약진은 더욱 경계 대상이다."(노회찬, 2004, 『힘내라 진달래』,
사회평론, 196쪽).

23 이처럼 선거법 협상 국면에 총력을 다해 즉각 대응하는 모습은 선거 기간 동
안 노회찬이 쓴 "난중일기"라는 제목의 선거대책본부 일기로 남았고, 이 기
록은 나중에 『힘내라 진달래』라는 제목의 책으로 묶여서 나왔다. 노회찬은
이 책으로 전태일 문학상을 받았다.

24 노회찬, 2004, 『힘내라 진달래』, 사회평론, 225쪽.

25 다음은 상위 10명의 투표 결과다.
  - 일반 명부: 단병호 7,225표(28.1%), 천영세 5,052표(19.6%), 강기갑 5,031
    표(19.5%), 노회찬 3,048표(11.9%), 이문옥 2,549표(9.9%)
  - 여성 명부: 심상정 6,046표(23.6%), 이영순 5,343표(20.8%), 최순영 3,903
    표(15.2%), 현애자 3,339표(13.0%), 이주희 3,163표(12.3%)

26 『매일노동뉴스』, 2005년 8월 19일. 「정파, 움직이기 시작하다」. '17인 모임'
은 훗날 민주노동당 내 평등파 계열의 최대 정파인 '전진'의 모태가 되었다.

제7장 눈부신 활약과 분당의 아픔

1 당시 공직선거법에는 국회의원 및 지방의회 선거에서 비례대표 후보의 50%
를 여성에게 할당하는 것이 의무였지만, 여성 후보자에게 홀수 번호를 부여하

는 것은 강제 이행 사항이 아니었다. 순서와 무관하게 비율만 5대 5로 맞추면 되었기 때문에 자민련은 비례대표 후보 1번이 김종필이었다. 2018년에 와서야 교호순번제 의무화로 매 홀수 순번에 여성을 공천하는 것으로 공직선거법이 개정되었다.

2   노회찬·홍세화 외, 2010, 『진보의 재탄생: 노회찬과의 대화』, 꾸리에, 7쪽.

3   https://personweb.com/2003/01/01/노회찬-민주노동당-사무총장/ (2022년 4월 26일 검색).

4   『일간스포츠』, 2004년 4월 25일, 「노회찬 총장 취중 인터뷰」.

5   노회찬, 2019, 『노회찬의 진심』, 사회평론아카데미, 82쪽.

6   민주노동당의 국회의원과 보좌관 및 정책연구원의 월급이 180만 원 이하로 책정된 것은 보좌관 및 정책연구원을 많이 채용하기 위한 의도에서였으나, 가난한 국회의원들의 생활고, 낮은 임금에 따른 정책연구원의 불만 등 문제점도 적잖이 발생했다. 이 제도는 초기에 일정 기간 운영하고 당 재정을 늘리면서 정상화하는 방향으로 설계되었으나, 제도가 정상적으로 정착되기 전에 민주노동당은 분당되었다. 도중에 보좌관 등의 월급이 220만 원으로 상향 조정된 적이 있었는데, 민주노동당 국회의원도 같은 액수를 받았다.

7   노회찬, 2012, 『노회찬과 삼성 X파일』, 이매진, 10쪽.

8   『신동아』, 2004년 11월호, 「용산기지 이전 협상 청와대 보고서의 진실」.

9   보안 유지를 무엇보다 중시하는 국방부와 외무부의 내부 기밀 자료를 소관 상임위 소속도 아닌 노회찬은 어떻게 입수할 수 있었을까? 주한미군기지 이전과 성격 변화 이슈는 보좌관 이준협의 정치보좌 '첫 작품'이었다. 그가 미군기지 이전에 관한 기밀 자료를 손에 넣은 때는 2003년 말, 열린우리당 국방위 소속 안영근 의원의 보좌관 시절이었다. 노무현 정부 첫 해에 군 개혁을 원하고 한미 간의 불평등조약에 문제의식을 가졌던 군 내부에서 자료가 흘러나왔고, 이 자료를 기초로 폭로가 시작되었다. 이준협은 당시 한 언론과의 인터뷰에서 이렇게 말했다. "나는 의원이 아니라 당에 소속된 사람이다. 민주노동당 보좌관은 의원 질서서 써주는 사람이 아니라 당의 사업을 하는 사람이다. 중요 사업 기획을 잡고 일할 수 있어서 좋다."(『매일노동뉴스』, 2005년 9월 22일, 「나는 의원이 아니라 당에 소속된 사람」) 사실 당시 민주노동당 국회의원의 보좌관들은 대부분 비슷한 생각을 가지고 있었다. 의원들도 그렇게 생각했다. 국회의원과 보좌관을 상하관계로 보는 것이 아니라 수평적 동지 관계로 인식했던 것이다.

10 박창규 보좌관의 말이다. "노회찬 의원님이 했던 진보정치는 진공 상태가 아니라 현실에서 그 이상이나 꿈을 구체적으로 펼치는 것이었습니다. 노회찬

의원님은 '불꽃이 튀어야 점화가 된다'는 말씀과 함께 언제나 이슈 파이팅을 강조하셨습니다. 2006년 제17대 국회 때 민주노동당 민생특위 위원장을 맡으시며 내게 '제2의 부유세 도입 같은 독자적인 정치 현안을 만들어내든지 아니면 벌어진 정치 현안에 제때 적극적으로 개입해야 한다'고 주문하셨죠. 이 주문은 '우리 요즘 현안 대응이 좀 부족한 것 같다. 최저임금법 개악, 노동시간 단축 유예 문제 잘 살펴봐요'라는 말씀으로 최근까지도 계속되었습니다. 아직 작은 진보정당이기에 언론의 주목을 받으면서 국민들에게 존재감을 보이기 위해서는 그렇게 해야 한다는 것이었습니다." 박창규, 2019, 「노회찬의 정치의제와 법안, 무엇을 남겼나?」, 제2회 노회찬포럼.

11 이광호 인터뷰, 이관후 편, 2020년. 이광호 인터뷰, 박상훈 편, 2021년.

12 노회찬, 2019, 『노회찬의 진심』, 사회평론아카데미, 150쪽.

13 MBC에서 자막으로 뽑은 제목만 보면 삼성 X파일 내용과 관련된 후폭풍을 짐작할 수 있다. MBC 〈뉴스데스크〉, 2005년 7월 22일.

MBC 입수한 안기부 도청 테이프 입수 과정과 X파일 내부 문건

97년 당시 홍석현, 이학수 씨 이회창 지원 자금 전달 계획 논의

서상목, 고흥길 의원, 삼성 측 돈 받아 이회창 후보 캠프로 전달

삼성과 이회창 후보 간 정치자금 창구는 이회성 씨로 일원화

이회창 후보 이미지 홍보 비용, 삼성 측 전폭 지원 내용은 사실

삼성, 야당 후보 김대중 전 대통령에게도 접근 드러나

홍석현 씨, 97년 대선 당시 여러 형태로 정치에 관여했음 밝혀

홍석현 씨, 당시 타 언론사 정보까지 삼성 측에 제공

언론사 사주, 대기업 고위 간부 검찰 간부들에게 거액 떡값 전달

홍석현 씨, 삼성 이건희 회장 지시로 대선자금 돈 심부름 역할

홍석현 주미대사, 불법 대선자금, 탈세 등 물의로 공직 수행 논란

홍석현 주미대사, 테이프 폭로 뒤 반응 기억 안 난다고

삼성의 불법 자금 수사 일지 정리

삼성 불법 자금 관련 이건희 회장은 대부분 무혐의 처분

대선자금 지원한 삼성, 문건에서 거론된 인사들 처벌 여부 관심

법원, 삼성 정치자금 관련 테이프 방송 금지 가처분 신청 결정

삼성, 도청 내용 관련 보도 내용 검토 등 분주/대규모 소송 예고

언론개혁시민연대, MBC는 방송 테이프 공개하라고 요구

여야 정치권, 안기부 불법 도청 관련 철저한 진상 규명 촉구

14 MBC 〈뉴스데스크〉, 2005년 7월 22일.

15 『문화일보』, 2005년 7월 28일, 「"X파일 최대 문제는 정경유착" 45.8%, "도청

행위 잘못" 37%…"검찰 수사해야" 77.9%」.

16 노회찬·홍아미, 2013, 「노회찬과 진보정치」, 『월간 인물과 사상』, 2013년 4월호.

17 〈고발뉴스〉, 2013년 2월 21일, "특명, 노회찬을 구출하라".

18 KBS 탐사보도팀이 노회찬을 파트너로 선택한 이유를 최경영은 이렇게 설명했다. "'대형 탐사보도'의 경우 경력이 있는 기자라 해도 가다가 방향을 잃는 경우가 많습니다. 노회찬 의원의 사회를 바라보는 시각, 시민사회의 욕구에 대한 정확한 이해, 기득권 세력에 대한 날카로운 관점, 그러면서도 무리하지 않는 건강한 시선, 반 보 앞선 진보, 이런 것들이 방향을 든든하게 잡아주었습니다. 무엇보다 정치인들에게서 잘 드러나는 치고 빠지는 한탕주의를 넘어 진지하게 사안에 접근하는 자세가 좋았습니다. 노회찬과 의원실의 인적 네트워크는 넓었고, 일도 정말 잘했습니다." 이광호 인터뷰, 2021.

19 〈레디앙〉, 2006년 8월 16일, 「340억 원 횡령 기업인은 집행유예, 77만 원 횡령 배달원은 징역 10개월」

20 2004년 10월 14일, 서울고등법원 국정감사장에서 김동건 법원장에게 한 발언이다

21 이 해 임시국회의 개회 기간은 6월 19~30일(260회), 8월 21~29일(261회)이었다. 12일 동안의 여행 중 3일은 임시국회 회기 중이었다.

22 『통일뉴스』, 2019년 7월 22일, 「'정수일의 여행기'를 고대하며」.

23 장석은 2023년 현재 한국문명교류연구소 이사장이다.

24 민주노동당의 지지율은 2004년 총선 직후에 최고점을 기록한 이후 지속적으로 하락하고 있었다. 총선 때 관심을 끌었던 민생 공약을 이행하기 위한 후속 작업의 부재, 밖으로 터져나오는 정파 간 갈등, 당직자가 연루된 간첩단 사건 등이 하락 요인이었다. 특히 진보정치 1번지라 불렸던 울산 북구의 조승수가 의원직을 박탈당하면서 실시된 2005년 재보궐 선거에서 민주노동당 후보가 한나라당 후보한테 패한 것은 당에 큰 충격을 주었다. 민주노동당 지도부는 총사퇴했고 당은 한동안 비상대책위 체제로 가동됐다. 2006년 지방선거에서 울산의 현역 기초단체장은 모두 낙선했고 서울시장 후보는 2% 수준의 득표율에 그쳤다. 광역후보 정당 득표율이 12%를 기록했고 광역과 기초 의원 당선자가 조금 늘어났지만, 목표에 훨씬 못 미치는 패배로 받아들였다. 노회찬은 이 같은 결과가 국회에 진출한 이후 민주노동당이 당 차원에서 서민들에게 감동을 전혀 주지 못했기 때문이라고 평가했다.

25 국회의원이 제출한 법안은 처리 결과에 따라 원안 가결, 수정 가결, 대안 반영 폐기, 임기 만료 폐기로 나뉜다. 원안 가결은 의원이 단독으로 낸 법안이

수정 없이 통과되는 것으로, 아주 드물다. 일부 자구나 내용이 변경되어 통과되는 수정 가결도 많지 않다. 대안 반영 폐기는 복수로 제출된, 내용이 비슷한 법안을 병행 심의한 후 조정 과정을 거치면서 하나의 법안으로 통과된 경우를 말한다. 사실상 대안 반영 '통과'를 의미한다. 임기 만료 폐기는 말 그대로 국회의원 4년 임기 동안에 법안이 통과되지 못한 채 사라지는 것을 말한다.

26 홍완식, 2019월 7월 11일, 「의원입법 증가와 질적 수준의 향상 방안」, 『입법의 현재와 미래: 국회의 역할과 과제를 중심으로』, 제헌 71주년 기념 학술대회, 17~37쪽.

27 국민의 권리 제한이나 의무 부과 사항은 반드시 법률로 규정해야 한다는 원칙. 당시 시각장애인 안마사 영업권 독점은 법률에 근거한 것이 아니라 보건복지부 부령에 따른 것이었다.

28 국민의 기본권 제한의 한계는 법률로 규정하며 이 경우에도 자유와 권리의 본질적인 내용은 침해할 수 없다는 헌법상의 원칙.

29 〈레디앙〉, 2007년 6월 16일, 「'붉은 삼반', 이반을 만나다」.

30 〈오마이뉴스〉, 2018년 7월 27일, 「거짓말처럼 꾸준했던 정치인, 노회찬은 그런 사람이었다」

31 "2005년 발표된 9·19 6자회담 공동성명은 북한의 핵 개발에 대한 의미 부여를 정확히 해놓았다. 북한은 평화적 방법으로 핵무기와 핵 개발 계획을 포기하는 대신 미국은 핵과 재래식 무기로 공격하지 않는다는 것이고, 한국은 핵무기 배치를 하지 않는다는 약속이다. 미국의 핵은 공격용이지만 북한 핵의 목적은 공격용이 아니라 자위용, 협상용이라는 사실은 세계적으로 인정된 것이기 때문에 더 이상 논란의 여지는 없다." 『진보정치』 296호, 2006년 10월 30일~11월 5일, 「노회찬 특별 인터뷰」.

32 『서울신문』, 2007년 1월 1일, 「새해맞이 여론조사: 대선 전망·정치 현안」.

33 『경향신문』, 2007년 1월 13일, 「대선주자 릴레이 인터뷰, 노회찬 민주노동당 의원」.

34 〈레디앙〉, 2007년 7월 22일, 「심 "가문의 영광 위한 문중정치 중단", 노 "정파 오더 거부하는 평당원의 힘", 권 "나는 1백만 민중대회 조직위원장"」.

35 〈프레시안〉, 2007년 8월 17일, 「노회찬 "'도로 권영길'로는 안 된다"」.

36 『진보정치』 336호, 2007년 8월 20일~8월 26일, 「진보적 상상으로 가득한 제7공화국 11테제」.

37 〈레디앙〉, 2007년 8월 17일, 「심상정 "혼전 속에 1위 가능하다", 노회찬 "1차, 2차에서 1위 할 것", 권영길 "1차에서 한번에 끝장나"」.

38 이광호 인터뷰, 2021.

39 이광호 인터뷰, 2021.

40 제17대 대통령 선거 후보별 득표 현황은 다음과 같다. 한나라당 이명박 1,149만 2,389표(48.67%), 대통합민주신당 정동영 617만 4,681표(26.14%), 무소속 이회창 355만 9,963표(15.07%).

41 구영식 인터뷰, 2014.

42 노회찬·홍세화 외, 2010,『진보의 재탄생: 노회찬과의 대화』, 꾸리에, 151쪽.

43 노선덕은 2018년에 큰아버지를 추모하는 사람들 앞에서 이 얘기를 소개했다.

44 민주노동당 분당을 본격적으로 다룬 대표적 논문의 저자가 조현연, 김윤철인데, 둘은 노회찬과 가까운 '정치적 동지'였다. 조현연이 정파·제도·리더십을 중심으로 접근하면서 '종북-패권주의'와 이들의 정치적 무책임성의 누적이 분당에 이르게 한 요인이라는 점을 강조했다면, 김윤철은 정파 갈등에서만 분당의 요인을 찾는 것은 제한적인 접근이며 대안적 정당 창당의 가능성이 분당과 창당을 가능하게 한 결정적 요인이라는 입장이다. 조현연, 2009,「민주노동당의 분당 과정 연구: 정파, 제도, 리더십을 중심으로」,『기억과 전망』20호; 김윤철, 2011,「민주노동당의 분당: 연대 유인의 다층적 약화와 대안으로서의 분당」,『한국정당학회보』제10권 1호.

제8장 진보신당과 주체의 재구성

1 조소앙의 사회당은 반공산주의, 반자본주의 노선을 채택한 민주사회주의 계열의 정당으로 평가되고 있다. 일부에서는 반공주의를 내세운 점을 들어 진보(좌파)정당이 아니라고 보기도 한다. 이와 함께 1981년 전두환 시절에 창당된 민주사회당 총재 고정훈은 그해 서울 강남에서 출마해 당선됐으나, 민주사회당은 관제 정당으로 진보정당으로 볼 수 없다. 민주사회당은 다음 해에 신정사회당으로 당명이 바뀌었다.

2 노회찬은 성전환자 등 성소수자는 그 이유만으로 어떤 부당한 차별도 당해서는 안 된다는 입장이었고, 대마초 합법화에 대해서는 찬반을 분명히 하지 않았으며 신중하게 검토해야 할 부분이 있다는 입장이었다.

3 노회찬, 2019,『노회찬의 진심』, 사회평론아카데미, 230쪽.

4 노회찬, 2019,『노회찬의 진심』, 사회평론아카데미, 231~232쪽.

5 노회찬·홍세화 외, 2010,『진보의 재탄생: 노회찬과의 대화』, 꾸리에, 402쪽.

6 노회찬·홍세화 외, 2010,『진보의 재탄생: 노회찬과의 대화』, 꾸리에, 400쪽.

7 『시사IN』, 2010년 1월 4일,「서울시장 '가상 대결'서 오세훈 현시장 1위 차지」

8   「진보신당 중앙당기위 결정문」, 2010년 8월 23일.

9   갈라진 진보정당의 재통합 논의는 그 이전부터 있어왔지만, 2010년 지방선거 결과로 인해 노회찬, 심상정 등 대중 정치인에게는 더 절실한 과제로 다가올 수밖에 없었다.

10   〈스포탈코리아〉, 2010년 4월 16일.「노회찬 "월드컵은 우리 모두의 축제"」.

11   어떤 인터뷰에서는 2012년을 '최악의 해'라고 말했는데, 구체적 시기보다는 통합진보당이 만들어지고 곧바로 갈라지면서 진보정의당이 만들어진 기간을 뜻하는 것으로 보면 될 것 같다.

12   노회찬은 조소앙의 사회당을 진보정당의 범주에 넣지 않았던 것으로 보인다.

13   〈오마이뉴스〉, 2011년 3월 18일,「〈조선〉, 상당히 걱정되니 민감하게 반응… 개인 노회찬 생각하면 가설정당 주장 못했다」.

14   둘 이상의 정당이 연합하여 정부를 구성하는 것을 '연합정부' 혹은 '연정'이라고 약칭하는데, 대연정은 원내 1, 2당이 함께 연정을 구성하거나 그에 준하는 포괄적 연정이 수립되는 경우를 의미한다. 여기서는 2005년 6월 노무현 대통령이 제안한 열린우리당과 한나라당의 연립정부 구성안을 이른다. 노무현 대통령은 지역구도 극복이라는 대의를 위해 보수 양당이 영호남에서 의원을 배출할 수 있는 중대선거구제 개편 등에 한나라당을 비롯한 야당이 동의하면 국무총리를 한나라당에 양보하고 야당과 공동으로 내각을 꾸리겠다는 내용의 '대연정'을 제안했다. 한나라당은 이를 거절했고, 민주노동당도 반대 의견이 주류를 이뤘다. 결국 야권은 물론 당시 여당이었던 열린우리당 일부에서도 반대하는 바람에 대연정 제안은 무산되었다.

15   민주노총 사무총장 출신으로 당시 참여당 최고위원이자 유시민의 비서실장이었던 김영대가 민주노동당과의 협상에 나섰다. 그는 경기동부연합의 핵심 인물인 이용대 등 당권파 인사들을 두루 만나면서 통합 가능성을 타진했다. 유시민은 2010년 연말경에 민주노동당의 이정희를 만났다. 그동안 실무 논의에서 진전이 있었다는 뜻이다. 유시민의 말이다. "참여당과 민주노동당 지방선거의 득표율이 7% 안팎으로 비슷했습니다. 후보 단일화 문제로 참여당과 민주당의 갈등도 엄청나게 심했고, 선거 결과 당 전망도 어둡게 됐습니다. 2012년 총선을 앞두고 민주노동당과 같이 손잡고 할 일이 있지 않을까 생각했습니다. 내가 개인적으로 논의를 시작한 겁니다." 흥미로운 것은 이때까지만 해도 노회찬, 유시민 등이 그 존재를 몰랐던 이석기가 국회의원이 된 후 자신이 참여당과의 통합을 가장 먼저 제기한 사람이라고 주장했다는 점이다. 이석기의 제안에 대해 조직 내부에서 논쟁도 많았지만 그는 이를 관철했다. 그가 조직의 실세였기 때문에 가능한 일이었다. 민주노동당 당권

파가 참여당 쪽과 물밑 접촉을 하면서 가장 궁금해한 것은 유시민의 2012년 대선 출마 여부였다. 유시민은 당시 출마 의사가 없었지만 상대방에게는 필요하면 출마할 수도 있다고 말했다. 당시 민주노동당 당권파가 그렸던 정치적 발전 전망은 참여당과 거의 같았다. 당권파인 경기동부연합 조직원들 중에는 당을 깨고 나간 '분열주의자'인 진보신당 탈당파와 참여당과 다시 같은 당을 해야 한다는 사실을 마뜩지 않아 하는 사람들이 적지 않았는데, 조직 지도부는 이들을 설득해야 했다. 그들의 설득 논리는 이랬다. '우리 조직의 목표는 2012년 총선에서 교섭단체 구성이고, 대선에서는 연합정치를 통한 공동정부 참여다. 그렇게 되면 여기 있는 사람 몇몇은 청와대로도 가고, 일부는 공공기관에 가서 경력도 쌓고, 그러다 2014년 지방선거에 출마해서 공직에도 진출하면서 우리 조직을 키우자. 당과 개인의 비전과 목표를 통일하고, 한국 사회의 유력한 조직으로 키워나가자. 이제 성남을 넘어서는 큰 비전을 만들어내자.' 실현 가능성을 떠나서 목표가 손에 잡힐 듯 현실적이고 구체적이었다. 사실 첫 문장은 통합진보당에 합류한 모든 사람이 공유하는 내용이었다. 문제는 정치적 성과를 당이 아닌 정파가 먼저 챙기겠다는 발상이었다. 처음에는 양당 간에 이야기가 잘 풀렸는데, 어느 순간 제동이 걸렸다. 노회찬과 심상정 그리고 진보신당이 '걸림돌'이었다. 초기부터 협상을 해오던 김영대는 시간이 지나면서 이상한 느낌이 들기 시작했다. 협상 상대방의 뒤에 보이지 않는 배후가 있는 것 같았다. 구두로나마 의견이 접근된 내용이 뒤집어지기 일쑤였다. 그는 이 문제가 심각하다고 보고 유시민에게 협상을 중단하자고 제안했다. 이에 대해 유시민은 '그러면 차라리 정치를 그만두겠다'는 반응을 보였다고 김영대는 기억했다. 그때 뒤에 있던 사람이 이석기였다는 사실은 나중에 가서야 알게 되었다. 참여당이 한때나마 한솥밥을 먹은 민주당을 배척하면서 자주파 중심의 민주노동당과 당을 함께한 이유는 자신들의 정치적 생존과 발전을 위해서였지만, 신념과 가치체계의 공통점을 찾기 어려운 두 정당의 합당이 자연스러운 것은 아니었다. 유시민은 당시 경기동부연합이나 이석기에 대해서는 잘 모르거나 전혀 몰랐지만 주체파의 이념과 행태에 대해서는 많이 알고 있었다. 그들이 모임을 가질 때 한다는 '충성 선서'에 대해서도 알고 있었다. 유시민은 1990년대 김영환, 이석기 등이 연루되었던 민족민주혁명당(민혁당) 사건과 김창현 등이 관련되었던 영남위원회(영남위) 사건을 잘 파악하고 있었다. 법원이 증거 능력을 인정하지 않은, 국정원의 불법 도감청 내용을 상세하게 알고 있었던 것이다. 유시민의 말이다. "거기에는 별별 내용이 다 나옵니다. 그분들이 모임 할 때 하는 (북한 정권에 대한) 충성 선서 이야기도 들어 있어요. 하지만 난 한때 그럴 수도 있다고 생각했죠. 그분들에게 대중 수준에 맞추는 정치를 하라고 했습니다. 그분들도 책임감을 느낄 만한 기반을 국회 안에서 구축하면 노선이 수정될 거라고 봤고, 그걸 위해서는 나를 이용하라고도 했죠. 그들도 바뀔 수밖에 없다고 본 거고, 그쪽에서도 그런 방향으로 노력해보겠다는 얘기를 했습니다." 유시민은 그들도 대중정치를 하는 이상 노선이 수정될 것이라는 기대 섞인 전망을 가지고 있었다. 그는 민주노동당 당권파의 진보신당 배제 방침에 대해서는 반대했다. 당권파는 특히 노회찬, 심상정과 함께하는 것에 거부감을 가지고 있었다. 하지만 유시민으로서는 노회찬, 심상정 등 대중정치인과 함께하는 것이 중요했고, 자주파가 중심이 된 당에 들어갔을 때 예상되는 갈등의 완충지대로서 진보신당의 쓰임새를 인정했다. 이건 진보신당 통합파의 생각과 같았다. 진보신당 통합파는 민주노동당의 패권적 행태에는 참여당이 완충 역할을 해줄 수 있고, 노선 문제에 대해서는 북한 문제를 제외하면 정책의 많은 부분이 일치하는 민주노동당과 함께 참여당의 자유주의 노선을 일정 수준 제어할 수 있을 것으로 봤다. 유시민은 통합된 진보정당을 100년 가는 정당으로 키우려는 생각보다는 일종의 '프로젝트 정당'으로 생각했다. 그 프로젝트의 단기 목표는 민주-진보연합을 통한 2012년 정권교체였다.

제9장 '정치적 사형' 그리고 부활

1   이 장에서 다루는 기간인 2011년 12월부터 2013년 5월까지 민주당의 이름은 민주통합당이었다. 그 전과 후는 민주당이었다. 여기서는 구분 없이 민주당으로 표기한다.

2   비례대표 의석수를 결정할 정당별 득표율은 새누리당 42.8%, 민주당 36.5%, 통합진보당 10.3%를 기록했다. 2008년 분당 이후 처음으로 정당 득표율이 두 자릿수에 이르렀다. 국민이 2004년에 이어 진보정당에 다시 한번 기회를 준 셈이다. 진보신당은 1.13% 득표했다.

3   노회찬의 말이다. "이제까지 경기동부연합이라는 정파가 있었음에도 불구하고 이쪽 사람들 한 명이라도 시인한 바 없다. … 이석기 의원의 경우에도 나는 2012년 당내 비례대표 선거 이전까지 이름을 들어본 적이 없다. … 이런 식으로 검증되지 않은 지하의 리더가 튀어나왔다. 이것 자체가 국민들에게 설명하기 힘든 것 아닌가? … 특정 정파가 지하당처럼 움직였다." 구영식, 2014, 『대한민국 진보 어디로 가는가?』, 비아북, 160~161쪽.

4   '혁명 대열 안에 들어올 수 없는 사람인데 우연한 기회를 타서 정체를 숨기고

혁명 대열에 끼어든 사람'이라는 뜻의 북한어.

5 이광호 인터뷰, 2021.

6 박권일, 「통진당 사태, 이럴 줄 정말 몰랐나?」, 『시사IN』, 2012년 5월 31일.

7 http://hcroh.org/speech/3/(2022월 5월 20일 검색).

8 CBS 〈변상욱의 뉴스쇼〉, 2011월 2월 2일.

9 다음은 노회찬의 불출마 입장 전문이다. "안녕하십니까? 노회찬입니다. 그동안 저는 진보정의당의 제18대 대선 후보는 합의 추대되는 것이 바람직하다는 뜻을 표명해왔습니다. 평소 같으면 치열한 경쟁을 통해 민주적으로 후보가 선출되는 것이 바람직하겠습니다만 지금 진보정의당 창당준비위원회가 처한 내외의 조건에선 합의 추대가 오히려 최선의 방안이라는 데 많은 분들도 공감해왔습니다. 그러나 유감스럽게도 후보 등록 마감일까지 대선 후보 합의 추대는 성사되지 않았습니다. 경선을 불사할 것인가 아니면 후보 등록을 포기할 것인가 하는 기로에 서서 저는 어떠한 방식의 대선 경선에도 참가하지 않겠다는 이제까지의 생각을 지켜가기로 하였습니다. 그것이 어렵고 힘든 현실에서 제대로 된 대중적 진보정당을 창당하기 위해 노력하고 있는 동지들에게 최소한의 도리를 다하는 길이라 생각합니다. 오랜 준비 과정에서 성원과 격려를 아끼지 않으신 많은 분들께 죄송하다는 마음을 전합니다. 진보적인 정권교체와 힘 있는 창당을 위해 다른 방식으로 더욱 노력할 것을 다짐합니다. 고맙습니다."

10 그는 대법원 판결이 있던 날 기자회견을 통해 다음과 같은 입장을 밝혔다. "…뇌물을 줄 것을 지시한 재벌그룹 회장, 뇌물 수수를 모의한 간부들, 뇌물을 전달한 사람, 뇌물을 받은 떡값 검사들이 모두 억울한 피해자이고, 이들에 대한 수사를 촉구한 저는 의원직을 상실할 만한 죄를 저지른 가해자라는 판결입니다. 폐암 환자를 수술한다더니 암 걸린 폐는 그냥 두고 멀쩡한 위를 들어낸 의료 사고와 무엇이 다릅니까? … 8년 전 그날, 그 순간이 다시 온다 하더라도 저는 똑같이 행동할 것입니다. … 법 앞에 만 명만 평등한 오늘의 사법부에 정의가 바로 설 때 한국의 민주주의도 비로소 완성될 것입니다."

11 유인경, 「유인경이 만난 사람: 의원직 잃은 노회찬 진보정의당 공동대표」, 『경향신문』, 2013년 3월 5일.

12 2008년 총선에서 정당별 비례대표의 득표율은 민주노동당 5.7%, 진보신당 2.9%로, 의원 수는 5명으로 반 토막이 났다. 2014년 지방선거에서는 비례대표 광역의회의원 선거의 전국 득표율이 통합진보당 4.2%, 정의당 3.6%, 노동당 1.2% 득표로 합계 9.0%를 기록했다.

13 노회찬이 2010년 서울시장 후보 때 내세운 0세에서 4세까지 무상보육 공약

은 황당무계한 정책이라고 비난받았지만, 박근혜는 2012년 대선 공약으로 5세까지 확대된 무상보육을 내놓아 호응을 얻었다. 무상보육 공약은 실제로 2013년부터 시행되었다.

14 노회찬, 2013, 「진보정치의 위기와 정체성 찾기」, 진보정의연구소 2차 집담회(2013년 1월 25일).

15 유인경, 「유인경이 만난 사람: 의원직 잃은 노회찬 진보정의당 공동대표」, 『경향신문』, 2013년 3월 5일.

16 이재영, 2002, 「스웨덴, 노동계급이 만든 최선의 자본주의 나라」, 『이론과 실천』; "스웨덴은 자본주의 사회 중 가장 평등한 나라이고, 비정규직 노동자, 여성 등 사회적 약자들이 살 만하다고 평가하는 공정한 사회이다." 조돈문, 2019, 「평등하고 공정한 나라를 위하여」, 제3회 노회찬 포럼(2019년 8월 30일).

17 2013년 강연 때 한 내용으로 통계 기준년도는 확인할 수 없었다.

18 노회찬은 2010년 서울시장 선거를 앞두고 자신이 평소에 즐겨하던 요리 장면 몇 개를 유튜브 동영상으로 남겼다. https://www.youtube.com/watch?v=PnflnLCto8I(2022년 10월 23일 검색).

19 노회찬에게 요리 열전, 재료 열전을 많이 들었던 비서실장 출신 김종철의 말이다. "예를 들면 이렇습니다. 횟집에 갔는데, 우리가 모르는 어류가 나오면 노 의원님께 묻죠. 이 생선은 뭡니까? 노 의원님 얼굴에 금방 화색이 돌면서 이야기보따리를 풀어놓습니다. 이 생선의 이름은 ○○○인데, 예전에는 우리나라 남쪽 해안 몇 킬로미터 떨어진 곳에서 잘 잡혔어. 그런데 이제 씨가 말랐어. 지금은 베링해에서도 많이 잡히지. 얘들은 8월에는 해류를 따라 이동해서 알래스카쪽 바다로 가 있지. 요리법도 나라별로 많이 다른데, 일본 사람들은 미소 된장을 끓일 때 이 생선을 넣기도 하지. 노르웨이 등 북유럽 바다에서도 많이 잡히는데, 노르웨이에서는 훈제 요리 종류가 많아. 내가 예전에 노르웨이 갔을 때 먹어봤다는 거 아냐. 그런데 이 생선의 연간 어획량이 최근 줄어들고 있는데 말이지…." 이렇게 노회찬은 흔히 듣기 어려운 음식 이야기를 들려주곤 했다. 이광호 인터뷰, 2020.

20 『인문의 향연』, 2014년 가을, 창간호. 이 잡지는 황광우가 광주에서 운영하는 고전 읽기 모임 '동고송'에서 펴내는 계간지다.

21 http://hcroh.org/notice/143/(2022년 5월 20일 검색).

22 『시사IN』, 2014년 7월 29일, 「기동민과 노회찬의 다큐 3일」.

23 2011년 4월부터 대선 하루 전인 2012년 12월 18일까지 방송된 팟캐스트(인터넷 라디오) 프로그램으로, 김어준, 김용민, 주진우, 정봉주가 공동진행했다. 파격적인 진행과 내용으로 언론계와 정가의 뜨거운 관심을 받았으며, 청

취율에서도 다운로드 1위를 기록하는 등 우리 사회에 돌풍을 일으켰다.

24 이인우, 2021, 『음식천국 노회찬』, 일빛, 170~171쪽.

25 〈노유진 정치카페〉를 기획하고 만들었던 백정현 PD는 방송을 하는 동안 노회찬이 정말 행복해하는 모습을 자주 보았다고 했다. 또 두 차례 공직, 당직 선거에서 패배한 노회찬이 전혀 내색하지 않고 방송에 열중하는 모습도 인상적이었다고 했다. 백정현 PD는 딱 한 번 노회찬에게 쓴소리를 들었다. 방송은 매주 월요일 점심 식사 후에 했다. 고정 출연자 3명과 초대 손님이 함께 점심을 먹었다. 백정현이 분위기 좋은 곳이라 생각해서 두 번 이상 같은 식당을 정하자, 노회찬이 가차 없이 문제 제기를 했다. 또 같은 것을 먹어야 되느냐는 것이었다. 노회찬은 종종 방송 주제를 선정하고 식당을 정하는 일을 즐거운 임무인 양 자청하곤 했다. 〈노유진 정치카페〉는 노회찬이 제20대 국회의원이 되면서 끝났다.

26 구영식, 2014, 『대한민국 진보 어디로 가는가?』, 비아북, 207쪽.

27 CBS 〈시사자키 정관용입니다〉, 2014년 11월 18일.

28 〈오마이뉴스〉, 2014년 11월 29일, 「세상 주변에 머문 진보… 세속화가 필요하다」.

29 〈퍼슨웹〉, 「노회찬: 의사당에 난입할 서민, 노동자들」, 2004년 4월 1일.

30 이광호 인터뷰, 2021.

31 구영식, 2014, 『대한민국 진보 어디로 가는가?』, 비아북, 211쪽.

32 "우리는 북유럽 국가와 역사성이 다르고 그 나라들도 많은 문제들이 있는 것을 안다. 하지만 지금까지 만들어낸 사회체제 중 지속가능하고 상대적으로 민주주의와 복지를 보장했던 가장 나은 체제는 북유럽 사민주의 체제라고 생각한다." 〈레디앙〉, 2015년 6월 25일, 「담대한 변화로 강한 진보정당을」.

33 "사민주의 체제가 인간이 이상으로 삼을 마지막 체제라는 것에 대해선 전혀 그렇게 생각하지 않는다. 그것보다 훨씬 나은 체제도 있을 수 있다. 문제는 그런 체제들은 이론 속에만 존재하기 때문에 그것을 국민들에게 보여주면서 같이 가자고 하기엔 아직 이른 부분이 있다는 거다. 앞으로의 과제로 열어둘 필요가 있다." 〈레디앙〉, 2015년 6월 25일, 「담대한 변화로 강한 진보정당을」.

34 이광호 인터뷰, 2021.

35 이광호 인터뷰, 2020.

36 여영국, 2019, 『여영국의 만인보』, 발코니, 52~54쪽

제10장 노회찬의 정신과 이념

1   그의 사후 유고집으로 나온 『우리가 꿈꾸는 나라』(창비, 2018)는 2018년 2월
    출판사가 "지혜의 시대"라는 제목으로 기획한 연속 강의 중 노회찬 편을 정
    리한 책이다. 이 책에서 노회찬은 촛불혁명 이후 시대적 과제로 평등, 공정,
    평화를 꼽았다.

2   휴머니즘이 하나의 정치적 이념 또는 사상인가에 대한 논의는 생략한다. 정
    신과 사상이 내포하는 뜻에는 유의미한 차이점이 있지만, 여기서는 휴머니
    즘을 노회찬의 정신이자 사상의 한 측면으로 보고 이야기를 풀어나가겠다.

3   원문의 표현 "사회적 존재로 처음 출발할 때가 휴머니즘이었죠"를 문법에 맞
    게 수정했다.

4   노회찬·홍세화 외, 2010, 『진보의 재탄생: 노회찬과의 대화』, 꾸리에, 141쪽.

5   정운영, 2004, 『우리 시대 진보의 파수꾼, 노회찬』, 랜덤하우스중앙, 156~
    157쪽.

6   "초기 사회민주주의와 오늘날의 사회민주주의가 많이 다르다는 점에서 사
    회민주주의도 스스로 돌아볼 필요가 있다는 것이다. 사회주의와 사회민주주
    의 차이는 출발에 있어서는 자본주의를 혁명적으로 극복할 것이냐, 아니면
    점진적으로 극복할 것이냐였다. 사회민주주의의 출발은 점진적 방법에 의해
    서 자본주의를 극복하자는 것이었다. 사회민주주의의 출발할 때의 문제의식
    이 지속되고 있는지 성찰할 필요가 있다는 것이다." https://www.pressian.
    com/pages/articles/4061(2022년 6월 1일 검색).

7   노회찬·홍세화 외, 2010, 『진보의 재탄생: 노회찬과의 대화』, 꾸리에, 394~
    395쪽.

8   노회찬·홍세화 외, 2010, 『진보의 재탄생: 노회찬과의 대화』, 꾸리에, 395쪽.

9   1951년 7월 독일 프랑크푸르트에서 결성된 사회민주주의 정당들의 국제 조
    직 '사회주의 인터내셔널'의 강령인 '프랑크푸르트 선언'을 말한다. 이 강령은
    스탈린 체제를 사회주의가 아닌 전체주의라 비판하고 민주주의와 함께 가는
    사회주의를 지향했다.

10 정운영, 2004, 『우리 시대 진보의 파수꾼, 노회찬』, 랜덤하우스중앙, 123쪽.

11 노회찬은 사회주의와 시민주의를 특별하게 구분하지 않았다. 창당 초기에는
    사회주의적 가치와 원칙 그리고 사민주의의 '한계'를 이야기했지만, 2010년
    이후에는 사민주의와 사회주의가 사실상 다르지 않다는 점을 강조했다. 따
    라서 그의 정치 이념을 사회주의, 사민주의로 구분하는 것은 부적절하다는
    지적이 나올 수 있음에도 따로 구분한 것은 '방편'으로서의 사민주의를 강조

한 그의 현실주의적 면모를 부각시키기 위해서이다.

12 구영식 인터뷰, 2014.

13 『폴리뉴스』, 2009년 5월 20일, 「한국정당실록 60년-진보신당 노회찬 대표 인터뷰 전문 ③」.

14 노회찬이 2013년 1월 진보정의당이 주최한 진로 모색 토론회에 참석해서 "진보정당의 위기와 정체성 찾기: 한국형 사회민주주의"라는 제목으로 발제한 것도 이런 노력의 일환이었다.

15 〈프레시안〉, 2011년 8월 30일, 「"삼성 X파일은 19금, 미성년자 관람불가 판결"」.

16 노회찬·홍세화 외, 2010, 『진보의 재탄생: 노회찬과의 대화』, 꾸리에, 135쪽.

17 구영식, 2014, 『대한민국 진보 어디로 가는가?』, 179~180쪽, 비아북.

제11장 너무 짧았던 마지막 봄

1 "노심초사"라는 표현은 2016년 5월 4일 노회찬이 국회에서 열린 정의당 신임 원내대표직 수락 기자회견에서 정의당 의원을 줄여서 사자성어로 만들면 '노심초사'라 한 데서 연유한다. 이때 노회찬은 "국민 여러분의 행복과 편안한 생활을 위해 노심초사하는 당이 되고, 대한민국의 장래를 노심초사하는 당이 되겠다"고 포부를 밝혔다. https://www.pressian.com/pages/articles/136234(2022년 10월 24일 검색).

2 당시 국회 사무처가 청소노동자들이 사용하던 휴게실과 노동조합 사무실에서 퇴거하라고 통보했는데, 노회찬은 이 같은 방침이 잘못되었으며 대책을 만들겠다고 약속했다. 국회 사무처는 이 방침을 철회했다.

3 https://omychans.tistory.com/1158(2022년 10월 24일 검색).

4 미르재단은 박근혜 대통령을 탄핵에 이르게 한 최순실 게이트의 발단이자 몸통이었다. 2015년 10월에 설립된 후 2017년 3월에 강제 폐쇄된 재단은 '창조문화, 창조경제, 국민행복'을 위한다는 명분을 내세웠지만 박근혜 대통령과 최순실의 사적 이익을 위한 재단이었다. 재단 설립 자금 774억 원(K스포츠재단 포함)은 청와대 안종범 경제수석이 주도해 전국경제인연합회를 이용해 대기업들에서 뜯어낸 돈이었다. 〈TV조선〉은 2016년 7월 6일 "안종범 수석, 미르재단 500억 원 모금 지원"이라는 제목으로 첫 보도를 했다. 이 보도는 이후 박근혜 대통령 탄핵의 도화선이 되었지만, 청와대의 압박 등으로 보도가 중단되었다.

5 　K스포츠재단은 미르재단과 함께 최순실 게이트의 몸통을 이룬 조직으로, 체육을 통한 건강한 사회 건설 등을 표방했지만 미르재단처럼 박근혜 대통령의 사적 이익을 위한 재단이었다. 『한겨레』는 2016년 9월 20일 최초로 '최순실' 실명 보도를 통해 K스포츠재단 관련 기사를 내보냈다. 이 기사 이후 최순실 게이트와 관련된 보도가 쏟아져 나오기 시작했다.

6 　전 언론의 지면과 화면이 최순실 게이트로 뒤덮이던 와중에 2016년 10월 24일, JTBC에서 최순실 게이트 논란의 '꼭지'를 딴 특종 기사를 내보냈다. 이날 JTBC는 자신들이 입수한 태블릿 PC에 들어 있던 파일을 분석해 최순실에 의한 '국정 농단'의 결정적 증거를 폭로했고, 이후 박근혜 대통령 탄핵 국면으로 정국은 급물살을 타게 되었다.

7 　거국내각 구성은 대통령의 임기는 보장하지만 실질적인 통치와 차기 대선 관리는 내각이 주도하고 대통령은 일선에서 물러나 있는 것을 전제로 하기 때문에 사실상 대통령의 권한을 내려놓는 것을 뜻한다.

8 　노회찬의 불출마 배경에 대해 조금 결이 다른 의견도 있는데, 창원 선거 이후 건강 상태가 좋지 않았던 점도 영향을 미쳤을 거라는 것이다. 실제로 노회찬은 그때의 후유증으로 면역력이 떨어진 데다 전신 피부병도 앓고 있었다. 주변에서는 몰랐지만 본인에게는 고통스런 질환이었다. 노회찬과 술자리를 갖던 사람들은 그즈음 노회찬이 주량도 줄고, 일찍 취하고, 가끔은 몸을 잘 가누지 못하는 등 전에 보지 못했던 모습을 목격했던 기억을 떠올렸다. 하지만 그의 건강 문제가 불출마의 직접적인 원인으로 작용할 정도는 아니었다.

9 　인용 부분은 유튜브 동영상에서의 발언을 요약 정리한 것으로, 실제 속기록에는 더 자세한 내용이 들어 있다.

10 　노회찬, 2004, 『힘내라 진달래』, 사회평론, 6쪽.

11 　노회찬, 2004, 『힘내라 진달래』, 사회평론, 230쪽.

12 　정운영, 2004, 『우리 시대 진보의 파수꾼, 노회찬』, 랜덤하우스중앙, 71~72쪽.

13 　2009년 9월 24일. 노회찬이 트위터에 올린 글.

14 　2010년 1월 9일 용산 참사 사망자 추모사 중에서.

15 　당시 여당 원내대표였던 우원식의 말이다. "나는 탄핵 연대를 해야 한다는 입장이었습니다. 민주당과 정의당이 중심이 되고 바른정당까지 포괄하는 그림이었습니다. 노회찬 의원도 동의하는 입장이었죠. 민주당 내에 그런 생각을 가진 사람들도 꽤 있었지만 이를 공식적으로 논의할 상황은 아니었습니다. 개별적인 아이디어 차원에서 끝나고 말았습니다." 이광호 인터뷰, 2021.

16 　『시사IN』, 2017년 7월 11일, 「노회찬, "한 달 동안 문재인 대통령 7번 만났다"」.

17 국회에서 법안 처리를 신속하게 하기 위한 입법 절차로, 패스트트랙 법안으로 지정되면 통상의 입법 절차보다 빨리 처리될 수 있다. 노회찬의 최우선 과제였던 연동형 비례대표제의 도입이 포함된 선거법 개정안이 그가 세상을 떠난 후 2019년 4월 자유한국당의 격렬한 반발에도 불구하고 더불어민주당, 바른미래당, 민주평화당, 정의당의 합의로 패스트트랙 법안으로 지정되었다.

18 CBS 〈김현정의 뉴스쇼〉, 「노회찬 "첫 3위, 국민이 정의당에 현관문 열어주셔"」, 2017년 5월 16일.

19 문재인 정부에 대해 비판적 내용이 나가면 청취자들의 즉각적이고 집단적인 항의가 쏟아졌다. 제작진으로서는 청취자 반응에 신경을 쓸 수밖에 없었다. 청와대나 민주당은 노회찬의 활약에 내심 고마워했고, 116석의 거대 야당이었던 자유한국당이 6석의 정의당 원내대표를 집중 공격하는 이례적 상황도 벌어졌다.

20 환경·생태 이슈가 인류의 주요 당면 과제로 떠오르면서, 성장, 개발 등의 과정에서 환경 파괴 없는 지속 가능한 자연과 인간 사회를 강조하기 위해 '지속 가능성'을 중요한 가치로 포함했다.

21 노회찬이 공식적인 자리에서 이 문제를 꺼내고 논의한 적은 없었다. 그는 이런 고민을 당시 정의당 개헌특위 위원이었던 정치학자 이관후에게 털어놓고 상의한 적이 있었다. 본문 내용은 이관후가 전한 내용을 토대로 한 것이다.

22 연동형 비례대표제의 핵심 내용은 국민 지지율만큼 의석수를 가져가는 것이다. 현재 실시되고 있는 연동형 비례대표제는 복잡한 계산식이 적용되어 일반인이 이해하기가 매우 어렵다. 다만 지지율보다 의석수가 많은 기존 거대 양당에 불리한 제도인 것은 분명하다. 선거법이 개정되자 미래한국당(현 국민의힘)은 자신들에게 불리한 결과를 피하기 위해 위성정당(미래통합당)을 급조했다. 지역구는 자유한국당에, 비례후보는 위성정당인 미래통합당에 투표하게 만드는 식이다. 더불어민주당도 이에 질세라 더불어시민당이라는 위성정당을 만들어 대응했다. 선거가 끝난 후 위성정당은 모두 해체되었다. 위성정당으로 인해 제도를 도입한 취지는 실종되었다.

23 김용신, 2021, 「좌초된 선거제 개혁과 21대 국회의 과제」, 정책연구용역 보고서.

24 패스트트랙 법안은 의원 정수가 지역구 225명, 비례대표 75명으로 되어 있었다. 나중에 본회의에서 통과된 법안은 지역구 253석, 비례대표 47석으로 수정되었는데, 이를 기준으로 하면 위성정당이 없을 경우 정의당의 비례대표 당선자는 15명이 된다.

25   이광호 인터뷰, 2020.

26   이광호 인터뷰, 2021.

27   월간 〈나들〉, 2014년 4월호, 「'취중진담' 노회찬, "진보 열망 들끓는데 대변할 정당이 없어…"」.

28   노회찬 외, 2019, 『당신은 정의로운 사람입니다』, 인물과사상사, 72쪽.

29   〈레디앙〉, 2012년 8월 20일, 「연립정부보다 정책연합 바람직」.

30   위와 같음.

31   언론에서는 3,000만 원을 전달한 것으로 보도되었는데, 이는 경공모 쪽 통장의 인출 기록을 기준으로 한 것으로 노회찬이 밝힌 실제 액수는 2,000만 원이었다.

32   장례식과 관련된 내용의 주요 사항은 장례위 집행위원장을 맡았던 정의당 사무총장 신장식의 기록을 참고했다.

33   "좌파, 좌파 하지 좀 마세요. 진짜 좌파 정당은 가만히 있는데 좌파가 아닌 사람들끼리 왜 그러십니까? 짝퉁을 명품이라고 하면 허위사실 유포예요." 2004년 11월 국회 대정부질문에서 열린우리당과 한나라당의 뜬금없는 좌파 논쟁을 보고 '좌파 노회찬'이 한 유쾌한 일갈이었다.

34   〈오마이뉴스〉, 2019년 7월 23일, 「노회찬 앞 오열한 청소노동자 "유일하게 사람 대접 해준 분"」.

에필로그: '백척간두'에서 내디딘 한 걸음

1   김윤철, 2019, 「약자들의 벗」, 『노회찬, 함께 꾸는 꿈』, 304쪽.

2   "노회찬의 난중일기", 2006년 9월 3일.

3   전국시대 열자가 쓴 『열자』에 나오는 '우공이산'이라는 고사의 주인공.

4   노회찬·홍세화 외, 2010, 『진보의 재탄생: 노회찬과의 대화』, 꾸리에, 135~136쪽

5   노회찬·홍세화 외, 2010, 『진보의 재탄생: 노회찬과의 대화』, 꾸리에, 152쪽.

노회찬이 걸어온 길

- 1956년 8월 31일 부산 출생
- 1963~69년 부산 초량국민학교 재학
- 1969~72년 부산중학교 재학
- 1972년 서울 상경, 고입 재수
- 1973년 경기고등학교 입학. 박정희 유신독재 반대 유인물(『귀 있는 자 들으라』) 배포
- 1976년 경기고 졸업
- 1977~78년 방위병으로 군 복무
- 1979~83년 고려대학교 정치외교학과 재학
- 1981년 전북 고창 선운사 참당암(懺堂庵)에서 한 달간 기거하면서 노동운동 투신 결심
- 1983년 전기용접기능사 2급 자격 취득, 서울·부천·인천에서 용접공으로 일하며 노동운동 시작
- 1985년 최형기라는 가명으로 최초의 저서 『노동자와 노동절』(석탑) 출간
- 1986년 정태윤, 최봉근 등과 함께 '인천지역노동자계급해방투쟁동맹' 결성
- 1987년 정태윤, 최봉근, 황광우 등과 함께 '살인·강간·고문 정권 타도를 위한 인천노동자투쟁위원회'(약칭 '타투') 결성
- 1987년 6월 26일 '인천지역민주노동자연맹'(약칭 '인민노련') 결성
- 1988년 12월 17일 김지선('인천해고노동자협의회' 사무국장)과 결혼.
- 1989년 12월 23일 국가보안법상 이적단체 가입 혐의로 체포, 구속
- 1992년 4월 1일 서울구치소(수인번호 272), 안양교도소(수인번호 5009)를 거쳐 청주교도소(수인번호 336)에서 만기 출소

- 1992년 12월 제14대 대통령 선거에서 '민중대통령 후보 백기완선거대책본부'(약칭 백선본) 조직위원장으로 활동
- 1993~98년 '진보정당추진위원회'(약칭 진정추), '진보정치연합' 대표
- 1993~2003년 『매일노동뉴스』 발행인
- 1993년 12월 전국구속해고노동자원상회복투쟁위원회 감사패 수상
- 1995년 '개혁적 국민정당'(약칭 '개혁신당') 준비위원
- 1996년 고려대 노동대학원 옥스퍼드 리더십 프로그램에 참여, 영국 방문, 생애 첫 해외여행
- 1997년 『어, 그래 조선왕조실록』(일빛) 발간(2004년 『노회찬과 함께 읽는 조선왕조실록』으로 개정

판 출간)

- 1997~99년 '국민승리21' 중앙선대위 공동위원장, 기획위원장·정책기획위원장
- 1999년 '진보정당창당추진위' 선출직 운영위원, 정치개혁특위 위원장

- 2000~02년 '민주노동당' 부대표
- 2000년 민주노동당 총선평가위원회 위원장, 조직강화특위 위원장
- 2000년 10월 북한 정부정당단체합동회의 초청으로 '조선로동당 창건 55돐 기념행사 참관단'에 민주노동당 방북대표단장으로 참가
- 2001~02년 민주노동당 시울시지부장, 강서을지구당 위원장
- 2002~04년 민주노동당 사무총장, 선거기획단장·중앙선거대책본부장
- 2002년 9월 브라질 노동자당(PT) 초청, 브라질대선연수단(민주노동당 10명, 민주노총 5명, 오삼교 위덕대 교수 등 총 16명) 단장으로 브라질 방문
- 2003년 민주노동당 '(이라크)파병반대 투쟁본부' 및 '비상시국투쟁본부' 본부장
- 2004년 1월 5일(~3월 31일) 민주노동당 중앙선대본부장으로 「선대본 일기」(일명 「노회찬의 난중일기」) 작성
- 2004년 3월 20일 KBS 심야토론("급변하는 민심 어떻게 볼 것인가") 출연, "삼겹살 불판" 발언으로 '노회찬 어록' 탄생. "50년 묵은 정치 이제는 갈아엎어야 합니다. 50년 동안 똑같은 판에서 고기 삼겹살 구워 먹으면 판이 시꺼메집니다. 판을 갈 때가 이제 왔습니다."
- 2004년 3월 민주노동당 선대본 회의에서 제17대 총선 구호 최종 확정: "부자에게 세금을, 서민에게 복지를!"
- 2004년 4월 15일 제17대 총선 당선(민주노동당 비례대표 8번). 제17대 국회 법제사법위원회 위원, 정치개혁특별위원회 위원, 예결산특별위원회 위원으로 활동
- 2004년 10월 14일 국회 법사위 서울고등법원·산하지방법원 국정감사: "대한민국 법정에서 만인이 평등하다고 생각하십니까? 법 앞에 만인이 평등하다고 하는 데 만 명만 평등한 것 아닙니까?"
- 2004년 11월 3일 「선대본 일기」로 제13회 전태일문학상 특별상 수상: "전태일의 이름이 들어간 상을 받게 된다니 노벨평화상을 받는 것보다 더 기쁜 일이다."
- 2004년 12월 『시민의 신문』 전국 시민운동가 403명 설문조사에서 '2004년 의정활동을 가장 잘한 의원'으로 선정
- 2005년 3월 8일~18년 3월 8일 세계여성의 날 축하 장미꽃과 손편지 전달
- 2005년 4월 8일 한국여성단체연합으로부터 '호주제 폐지 감사패' 수상
- 2005년 7월 민주노동당 '삼성 불법정치자금 및 안기부 불법도청에 관한 특별대책위원회' 위원장
- 2005년 8월 18일 국회 법제사법위원회에서 '삼성 X파일' 관련 '떡값 검사' 7명의 실명 공개
- 2005년 12월 22일 광복회로부터 '친일재산환수법 통과 감사패' 수상
- 2006년 1월 전현직 경찰관 모임인 '대한민국무궁화클럽'으로부터 감사패 수상

노회찬이 걸어온 길

- 2006년 6월 조계종 총무원장 지관스님으로부터 '조선왕조실록 환수 감사패' 수상
- 2006년 9월 시각장애인생존권되찾기운동본부 감사패 수상
- 2006~07년 민주노동당 민생특별위원회 위원장
- 2007년 3월 장애인차별금지법제정추진연대 감사패 수상
- 2007년 '한글날 국경일 제정 범국민추진위원회'로부터 '한글을 빛낸 큰별 감사패' 수상
- 2007년 '제7공화국 건설'을 슬로건으로 민주노동당 대선 후보 경선 출마, 낙선
- 2007년 제17대 대선 민주노동당 공동선대위원장
- 2007년 민주노동당 '삼성비자금사태 특별대책본부' 본부장
- 2007년 '국정감사 NGO모니터단 우수의원상' 수상
- 2007년 12월 7일 백봉(白峰) 라용균 선생의 정신을 기리며 가장 신사적 언행과 리더십, 모범적 의정
  활동을 편 국회의원에게 수여하는 '백봉신사상 베스트10' 수상
- 2007년 12월 한국게이인권운동단체 '친구사이'가 수여하는 '2007 제2회 무지개인권상' 수상
- 2008년 3월 7일 민주노동당 탈당

- 2008년 3월 16일 진보신당 창당 및 공동대표 취임
- 2008년 4월 9일 제18대 총선 노원병 출마, 낙선
- 2008년 5월~6월 '광우병 촛불집회' 참가
- 2008년 9월~2012년 9월 노회찬마들연구소 '마들명사초청특강' 프로그램 시작. 총 41회 진행
- 2008년 11월 노회찬마들연구소(이사장: 노회찬) 창립기념식
- 2009년 2월 9일 서울중앙지법, 삼성 X파일 사건 1심 선고 공판에서 징역 6월, 자격정지 1년, 집행유
  예 2년 선고
- 2009년 3월 29일 진보신당 당대표로 선출
- 2009년 12월 4일 서울중앙지법 삼성 X파일 사건 2심 선고 공판에서 무죄 판결
- 2010년 1월 9일 용산참사 희생자 영결식 참석, 조사
- 2010년 4월 13일 6411번 버스 새벽 첫차 탑승
- 2010년 6월 2일 지방선거, '엄마와 아이가 행복한 서울'을 슬로건으로 진보신당 서울시장 후보로 출
  마, 낙선
- 2010년 10월 15일 진보신당 당대표 퇴임
- 2011년 4월 진보신당 '새로운진보정당건설추진위원회' 위원장
- 2011년 5월 13일 대법원, 삼성 X파일 사건 파기환송
- 2011년 7월 13일~8월 11일 한진중공업 정리해고 철회 30일 천막 단식 농성
- 2011년 9월 4일 진보신당 제3차 임시 당대회, '새로운 통합진보정당 건설을 위한 통합안' 부결
- 2011년 9월 23일 진보신당 탈당
- 2011년 10월 박원순 서울시장 후보 선거대책위원회 공동위원장

- 2011년 10월 '새진보통합연대' 상임대표
- 2011년 10월 28일 서울중앙지법 삼성X파일 사건 파기환송심에서 징역 4월, 집행유예 1년,·자격정지 1년 선고.
- 2011년 12월 11일 통합진보당 창당, 통합진보당 대변인
- 2012년 4월 11일 제19대 국회의원 선거에서 통합진보당 후보로 노원병 선거구 출마, 당선
- 2012년 5월 2일 통합진보당 비례대표 경선 진상조사위원회, '비례대표 경선 총체적 부실' 발표
- 2012년 5월 12일 통합진보당 중앙위원회 폭력 사태
- 2012년 7월 11일 '한글판 국회의원 선서문' 첫 시행
- 2012년 8월 7일 통합진보당 내 '진보적 정권교체와 대중적 진보정당을 위한 혁신추진모임'(약칭 진보정치혁신모임) 결성
- 2012년 9월 13일 통합진보당 탈당

- 2012년 9월 16일 진보정치혁신모임, '새진보정당추진회의' 결성. 공동대표로 선출
- 2012년 10월 6일 우리말살리는겨레모임의 '우리말 으뜸 사랑꾼' 선정
- 2012년 10월 21일 진보정의당 출범, 공동대표로 선출. "6411번 버스를 아십니까?" 대표 수락연설: "6411번 버스라고 있습니다. … 이분들은 태어날 때부터 이름이 있었지만 그 이름으로 불리지 않습니다. 그냥 아주머니입니다. 그냥 청소하는 미화원일 뿐입니다. … 사실상 그동안 이런 분들에게 우리는 투명정당이나 다름없었습니다. 정치한다고 목소리 높여 외치지만 이분들이 필요로 할 때, 이분들이 손에 닿는 거리에 우리는 없었습니다."
- 2012년 12월 11일 '제11회 대한민국을 빛낸 21세기 한국인상-정치 공로 부문' 수상
- 2013년 1월 초정(楚亭) 박제가 선생의 정신을 기리며 소상공인을 위해 의정활동을 펼쳐온 국회의원에게 수여하는 '초정대상' 수상
- 2013년 2월 14일 삼성 X파일 사건 관련 대법원 판결, 통신비밀보호법 위반으로 징역 4월, 집행유예 1년, 자격정지 1년 선고. 국회의원직 상실, 기자회견: "8년 전 그날, 그 순간이 다시 온다 하더라도 저는 똑같이 행동할 것입니다. 국민들이 저를 국회의원으로 선출한 것은 바로 그런 거대권력의 비리와 맞서 싸워서 이 땅의 정의를 바로 세우라는 뜻이었기 때문입니다."
- 2013년 3월 진보정의당 '혁신과 전망위원회' 위원장
- 2013년 6월 16일 진보정의당 제2차 당대회. 「"더 가까이, 더 아래로' '모두를 위한 복지국가, 평화로운 한반도'를 위한 7가지 대국민 약속」 채택
- 2013년 7월 21일 정의당 창당. 진보정의당 공동대표 퇴임, 퇴임사: "우리는 혁신의 주체이지만 동시에 우리 스스로가 혁신의 대상이라는 사실을 겸허히 인정할 때 우리는 조금이라도 우리가 가고자 하는 곳에 다가설 수 있을 것입니다. 그동안 여러모로 부족한 저를 믿고 여기까지 함께 온 분들께 감사와 격려의 인사를 드립니다. 칠흑같이 어두운 밤길을 걸을 때 가장 소중한 사람은 함께 손을 잡고 그 길을 걷는 길동무들이라 합니다. 당원동지 여러분 사랑합니다."

- 2014년 2월 14일 삼성 X파일 사건으로 내려졌던 자격정지 해제
- 2014년 5월 27일~2016년 4월 18일 정의당 팟캐스트 〈노유진의 정치카페〉 방송 시작. 총 100회 방송, 내려받기 횟수 1억 2,000만 뷰 기록
- 2014년 7월 30일 7·30 동작을 국회의원 보궐선거에 정의당 후보로 출마, 929표차로 석패
- 2014년 10월 9일 한글학회로부터 '한글나라 큰 별'로 선정
- 2015년 7월 정의당 당대표 선거에 출마, 1차 투표 1위(43.0%), 결선투표 결과 낙선(47.5%)
- 2015년 11월 21일 한국소아당뇨인협회 공로패 수상
- 2015년 12월 대한안마사협회 감사패 수상
- 2016년 2월 제20대 총선 정의당 공동선대위원장
- 2016년 4월 13일 제20대 총선 경남 창원 성산 선거구에 출마, 3선 성공
- 2016년 5월 4일 정의당 원내대표(1기) 선출
- 2016년 5월 24일 '2016 대한민국혁신경영대상 정치혁신부문 대상' 수상
- 2016년 6월 20일 (사)한국지역신문협회 소속 200여 지역신문이 수여하는 '제34회 지구촌 희망펜상' 수상
- 2016년 7월 4일 국회 비교섭단체 대표 연설: "정의를 실현하는 20대 국회를 만듭시다"
- 2016년 12월 1일 '대한민국인물대상 의정발전부문특별대상' 수상
- 2017년 1월 17일 '2016 대한민국 국회의원 의정대상' 수상
- 2017년 2월 9일 국회 비교섭단체 대표 연설: "이게 나라냐 - 공정하고 평등한 대한민국으로 나아갑시다"
- 2017년 4월 14일 중대재해기업처벌법(일명 '한국판 기업살인법') 입법 발의
- 2017년 5월 30일 정의당 원내대표(2기) 선출
- 2017년 8월 소상공인연합회 감사패 수상
- 2017년 11월 15일 '제10회 대한민국 국회의원 소통대상' 수상. 정의당 성북구위원회의 '신문지두장 반 상' 수상: "위 사람은 대한민국의 진보정치인으로 정치가 사람들에게 쾌감을 줄 수 있다는 사실을 몸소 실천하였으며, 국회 맨바닥의 차가움을 경험해보았기에 이 상을 드립니다"
- 2017년 12월 1일 청소년들이 아름다운 언어 사용을 실천한 국회의원을 직접 뽑아 수여하는 '선플운동 선플대상' 수상
- 2017년 12월 28일 '2017 백봉신사상 베스트10', '국정감사 NGO모니터단 우수의원'상 수상
- 2018년 1월 28일 정의당 개헌특위 위원장 자격으로 정의당 개헌 시안 발표: "국민을 위한, 국민에 의한, 국민의 헌법"
- 2018년 2월 6일 국회 비교섭단체 대표 연설: "평등한 사회, 공정한 대한민국, 평화로운 한반도로 나아갑시다"
- 2018년 4월 1일 민주평화당과 정의당 공동으로 구성한 국회 교섭단체 '평화와 정의의 의원 모임' 출범, 첫 원내대표로 선출

- 2018년 6월 19일 정의당 원내대표(3기) 선출
- 2018년 6월 22일 '2018 세계불교평화공로대상 의정활동 공로 부문 대상' 수상
- 2018년 7월 5일 '국회 특수활동비 폐지 위한 국회법 개정안' 대표 발의
  JTBC〈썰전〉에 고정 게스트로 첫 방송
- 2018년 7월 18일~22일 여야 원내대표단의 일원으로 미국 방문
- 2018년 7월 23일 서거. 정의당장·국회장으로 장례식
- 2018년 7월 27일 마석 모란공원 안장
- 2018년 12월 10일 '대한민국 인권상' 수상, '국민훈장 무궁화장' 추서

도움 주신 분들

강성현, 강한록, 고성국, 구갑우, 구영식, 권영길, 권영신, 권우철, 김경수, 김기수, 김기자, 김대영, 김도형, 김문영, 김미숙, 김보영, 김봉룡, 김부선, 김석연, 김성완, 김성진, 김성희, 김영대, 김영숙, 김영훈, 김용신, 김원정, 김윤철, 김의열, 김재운, 김정진, 김조광수, 김종철, 김종해, 김지선, 김지현, 김창남, 김창덕, 김창한, 김창현, 김창희, 김태균, 김현성, 김현정, 김현주, 김형탁, 김혜영, 김호규, 나경채, 남수원, 남재희, 노선덕, 노영란, 노현기, 노현덕, 노회건, 노회득, 단병호, 마은혁, 문성현, 문명학, 박갑주, 박강호, 박경석, 박관일, 박권호, 박규님, 박노자, 박병우, 박상훈, 박석운, 박영선, 박용진, 박재명, 박종혁, 박창규, 박치웅, 박홍순, 백정현, 법만스님, 서종순, 성각스님, 성기연, 성유화, 손낙구, 손석희, 송옥규, 송태경, 신덕만, 신민영, 신보연, 신봉철, 신언직, 신인령, 신장식, 신태섭, 신학림, 심상정, 안병진, 양경규, 양난주, 양정철, 여영국, 예종영, 오동진, 오순부, 오정애, 오정해, 오진아, 오현아, 우상택, 우원식, 유경순, 유동우, 유시민, 유인태, 윤영상, 윤재설, 이관후, 이근주, 이근원, 이금희, 이기범, 이덕우, 이만동, 이문재, 이상기, 이상호, 이선근, 이성구, 이성립, 이성우, 이승배, 이승환, 이영이, 이영태, 이용선, 이용수, 이윤정, 이은주, 이재성, 이정미, 이종걸, 이종석, 이종수, 이준범, 이준협, 이진경, 이창복, 이창우, 이태복, 이형진, 이혜숙, 이호곤, 이후자, 이홍환, 이희경, 임동현, 임영탁, 장기표, 장명국, 장병완, 장 석, 장석준, 장치두, 전재근, 정광필, 정경섭, 정대균, 정수일, 정용상, 정종권, 정태윤, 조 국, 조대희, 조돈문, 조승수, 조영수, 조준상, 조준호, 조 진, 조진원, 조현연, 주대환, 주은경, 주희준, 진숙경, 채정호, 천영세, 천정배, 천종호, 천호선, 최경영, 최규엽, 최만섭, 최백순, 최봉근, 최순영, 최영민, 최용석, 최유리, 최정식, 최철호, 최헌걸, 최현숙, 하동원, 하효열, 한경석, 한상대, 한석호, 한애규, 한헌석, 허운, 호산스님, 홍기표, 홍순우, 홍승기, 홍승하, 홍영표, 홍현죽, 황광우

• 인터뷰에 응해주신 분들의 명단입니다. 일부 인사는 전화 또는 이메일로 인터뷰 했으며, 관련 자료를 제공해주신 분도 포함됐습니다.